WiWi klipp & klar

Reihe herausgegeben von

Peter Schuster
Fakultät Wirtschaftswissenschaften
Hochschule Schmalkalden
Schmalkalden, Deutschland

WiWi klipp & klar steht für verständliche Einführungen und prägnante Darstellungen aller wirtschaftswissenschaftlichen Bereiche. Jeder Band ist didaktisch aufbereitet und behandelt ein Teilgebiet der Betriebs- oder Volkswirtschaftslehre, indem alle wichtigen Kenntnisse aufgezeigt werden, die in Studium und Berufspraxis benötigt werden.

Vertiefungsfragen und Verweise auf weiterführende Literatur helfen insbesondere bei der Prüfungsvorbereitung im Studium und zum Anregen und Auffinden weiterer Informationen. Alle Autoren der Reihe sind fundierte und akademisch geschulte Kenner ihres Gebietes und liefern innovative Darstellungen – WiWi klipp & klar.

Weitere Bände in dieser Reihe: http://www.springer.com/series/15236

Cornelia Manger-Nestler
Ludwig Gramlich

Öffentliches Wirtschaftsrecht klipp & klar

Cornelia Manger-Nestler
HTWK Leipzig
Leipzig, Deutschland

Ludwig Gramlich
Technische Universität Chemnitz
Chemnitz, Deutschland

ISSN 2569-2194 ISSN 2569-2216 (electronic)
WiWi klipp & klar
ISBN 978-3-658-31939-7 ISBN 978-3-658-31940-3 (eBook)
https://doi.org/10.1007/978-3-658-31940-3

Die Deutsche Nationalbibliothek verzeichnet diese Publikation in der Deutschen Nationalbibliografie; detaillierte bibliografische Daten sind im Internet über http://dnb.d-nb.de abrufbar.

Springer Gabler
© Springer Fachmedien Wiesbaden GmbH, ein Teil von Springer Nature 2020
Das Werk einschließlich aller seiner Teile ist urheberrechtlich geschützt. Jede Verwertung, die nicht ausdrücklich vom Urheberrechtsgesetz zugelassen ist, bedarf der vorherigen Zustimmung des Verlags. Das gilt insbesondere für Vervielfältigungen, Bearbeitungen, Übersetzungen, Mikroverfilmungen und die Einspeicherung und Verarbeitung in elektronischen Systemen.
Die Wiedergabe von allgemein beschreibenden Bezeichnungen, Marken, Unternehmensnamen etc. in diesem Werk bedeutet nicht, dass diese frei durch jedermann benutzt werden dürfen. Die Berechtigung zur Benutzung unterliegt, auch ohne gesonderten Hinweis hierzu, den Regeln des Markenrechts. Die Rechte des jeweiligen Zeicheninhabers sind zu beachten.
Der Verlag, die Autoren und die Herausgeber gehen davon aus, dass die Angaben und Informationen in diesem Werk zum Zeitpunkt der Veröffentlichung vollständig und korrekt sind. Weder der Verlag noch die Autoren oder die Herausgeber übernehmen, ausdrücklich oder implizit, Gewähr für den Inhalt des Werkes, etwaige Fehler oder Äußerungen. Der Verlag bleibt im Hinblick auf geografische Zuordnungen und Gebietsbezeichnungen in veröffentlichten Karten und Institutionsadressen neutral.

Springer Gabler ist ein Imprint der eingetragenen Gesellschaft Springer Fachmedien Wiesbaden GmbH und ist ein Teil von Springer Nature.
Die Anschrift der Gesellschaft ist: Abraham-Lincoln-Str. 46, 65189 Wiesbaden, Germany

Vorwort

Der Markt bietet bereits eine breite Auswahl an Kurzlehrbüchern zum Öffentlichen Wirtschaftsrecht. Trotzdem sind wir der Meinung, dass das vorliegende Werk aufgrund seines inhaltlichen Zuschnitts und seines Aufbaus als Lehr- und Lernbuch gleichermaßen die vorhandene Vielfalt sinnvoll erweitert. Was ist daher unser Antrieb für dieses Lehrbuch, wo liegen seine Besonderheiten?

Wir wollen den Lesern einen sachlogisch strukturierten und sprachlich gut verständlichen Einstieg in ein facettenreiches Rechtsgebiet bieten, von dem Studierende wirtschafts- wie rechtswissenschaftlicher Studiengänge, aber auch interessierte Praktiker profitieren. Dem angepasst ist die „Flughöhe" des Buches: Ausgehend von den Grundlagen des nationalen Staats- und Verwaltungsrechts – einschließlich ihres ökonomischen und wirtschaftspolitischen Rahmens – werden ausgewählte, aktuell wichtige Bereiche des besonderen Wirtschaftsverwaltungsrechts behandelt und jeweils um Rechtsschutzaspekte ergänzt. Ziel ist es, einen systematischen Überblick über die wichtigsten Formen staatlichen Handelns bei und in Bezug auf wirtschaftliche Aktivitäten zu vermitteln. Dabei sollen die Leser die Schwerpunkte eines Rechtsgebiets „klipp und klar" erfassen, aus dem europäische wie internationale Vorgaben und Einflüsse nicht mehr wegzudenken sind. Der Rahmen des europäischen wie internationalen Wirtschaftsrechts wird daher sowohl generell skizziert als auch bei der Behandlung besonderer Bereiche und des Rechtsschutzes angemessen berücksichtigt.

Kap. 1 widmet sich zunächst dem Begriff des öffentlichen (Wirtschafts-)Rechts. Dafür werden Standort und Rechtsquellen (Abschn. 1.1) erläutert sowie ordnungspolitische Bezüge hergestellt (Abschn. 1.2) und methodische Hinweise zur Fallbearbeitung (Abschn. 1.3) gegeben. Ausgehend von den verfassungsrechtlichen Grundlagen und Staatszielen (Abschn. 2.1) bilden die Wirtschaftsgrundrechte (Abschn. 2.2) den Schwerpunkt von **Kap. 2**; ergänzt werden die verfassungsrechtlichen Basics um Bezüge zum europäischen und internationalen Wirtschaftsrecht (Abschn. 2.3). **Kap. 3** erläutert zunächst allgemeine Prinzipien und Verfahrensregeln des Wirtschaftsverwaltungsrechts (Abschn. 3.1) und skizziert Kompetenzen, Organisation und Handlungsformen der Wirtschaftsverwaltung (Abschn. 3.2) sowie Handlungsformen und Instrumente (Abschn. 3.3); die damit umrissenen Grundzüge des allgemeinen Verwaltungsrechts werden sodann in den Aufgaben der Wirtschaftsverwaltung (Abschn. 3.4) zusammengeführt. Anhand ausgewählter Referenzgebiete behandelt **Kap. 4** die Funktions- und Wirkungsweise von Eingriffs- und

Leistungsverwaltung für die Wirtschaftsverwaltungspraxis: Als Einstieg dienen die Grundstrukturen des allgemeinen Gewerberechts, gefolgt von praxisrelevanten Bereichen des besonderen Gewerberechts (Abschn. 4.1). Den Kontrast und die Ergänzung dazu liefert ein Überblick über das mittlerweile als eigenes Rechtsgebiet verselbstständigte Regulierungsrecht (Abschn. 4.2) sowie die Grundregeln der eigenwirtschaftlichen Betätigung des Staates (Abschn. 4.4), wohingegen das Subventions- und Beihilfenrecht (Abschn. 4.3) die Besonderheiten der Leistungsverwaltung prägnant erlernbar macht. Nachdem die vorangegangenen Kapitel von Rechtsfragen des materiellen Wirtschaftsverfassungs- und -verwaltungsrechts durchzogen sind, verknüpft **Kap. 5** diese mit den dafür notwendigen verfahrensrechtlichen Elementen: Neben allgemeinen Grundsätzen des Prozessrechts (Abschn. 5.1) sowie einem verfassungsprozessualen Überblick (Abschn. 5.2) ist der Fokus des Kapitels auf das Verwaltungsprozessrecht gerichtet und spannt den Bogen vom Widerspruchsverfahren (Abschn. 5.3) über den verwaltungsgerichtlichen Rechtsschutz (Abschn. 5.4) bis hin zu Sanktionen bei Verstößen gegen Vorschriften des öffentlichen Wirtschaftsrechts (Abschn. 5.5). **Kap. 6** gibt schließlich einen Ausblick auf die Perspektiven sowie die Herausforderungen, vor denen das öffentliche Wirtschaftsrecht als dynamisches Rechtsgebiet aktuell steht und zukünftig weiter stehen wird.

Um den Lernerfolg mit diesem Buch nachhaltig abzusichern, sind – das zeigen unsere eigenen Lehrerfahrungen – methodische Hinweise unersetzlich und stets hilfreich. Am Ende eines jeden Kapitels finden sich deshalb Wiederholungsfragen sowie Beispielsfälle, die wir jeweils mit Lösungshinweisen versehen haben, die jedoch weniger als „in Stein gemeißelte" Musterlösung gemeint sind, sondern dem Leser dazu dienen sollen, den individuellen Lernfortschritt zu überprüfen. Die am Ende jedes Kapitels aufgeführten Verzeichnisse der Rechtsprechung sollen zum Nachlesen im vertieften Selbststudium anregen.

Auch wenn das Manuskript zu diesem Buch in gewissenhafter Arbeit als sächsisch-hessische „Gemeinschaftsaufgabe" – und trotz manch unerwarteter, zusätzlicher Pflichten durch die Corona-Krise – entstanden ist, würde es ohne die Unterstützung durch andere in dieser Form nicht vorliegen. Unser besonderer Dank geht an Herrn cand. iur. *Sebastian Prosche*, der sehr sorgfältig und umsichtig bei der Aufbereitung des Manuskripts unterstützt hat. Danken möchten wir auch Herrn ass. iur. *Markus Gentzsch* sowie Herrn stud. iur. *Richard Kramer*, die das Manuskript überaus gründlich gelesen und mit wertvollen Anmerkungen ergänzt haben.

Dessen ungeachtet tragen wir als Autoren die alleinige Verantwortung für etwaige Fehler und Versäumnisse in diesem Buch und sind für Kritik, im positiven wie im negativen Sinne, jederzeit offen.

Leipzig/Münster (Hessen)	Cornelia Manger-Nestler
Januar 2021	Ludwig Gramlich

Inhaltsverzeichnis

1	**Grundlagen**			1
	1.1	Begriff, Standort und Rechtsquellen		2
		1.1.1	Öffentliches Wirtschaftsrecht	2
		1.1.2	Akteure des öffentlichen Wirtschaftsrechts	3
		1.1.3	Standortbestimmung und systematischer Überblick über das öffentliche Wirtschaftsrecht	4
		1.1.4	Rechtsquellen und Normgeltung	7
	1.2	Ordnungspolitische Bezüge		9
		1.2.1	Grundlagen	9
		1.2.2	Historische Einbettung	10
	1.3	Elemente der Methodenlehre für die Fallbearbeitung		12
		1.3.1	Auslegung von Rechtsvorschriften und Lösung von Normkonflikten	12
		1.3.2	Subsumtionstechnik und Fallbearbeitung	14
2	**Wirtschaftsverfassungsrecht**			17
	2.1	Verfassungsrechtliche Grundlagen und Staatsziele		17
		2.1.1	Wirtschaftsordnung und Wirtschaftsverfassung	17
			2.1.1.1 Allgemeine Fragen	17
			2.1.1.2 Wirtschaftsverfassung und Grundgesetz	18
		2.1.2	Staatsziele	21
			2.1.2.1 Begriff und Bedeutung	21
			2.1.2.2 Rechtsstaatsprinzip, Art. 1 Abs. 3, Art. 20 Abs. 3 GG	23
			2.1.2.3 Sozialstaatsprinzip, Art. 20 Abs. 1, Art. 28 Abs. 1 S. 1 GG	27
			2.1.2.4 Umweltschutz, Art. 20a GG	31
			2.1.2.5 Weitere wirtschaftsrelevante Staatsziele im Grundgesetz	33
			2.1.2.6 Staatsziele in Landesverfassungen	36
	2.2	Wirtschaftsgrundrechte		36
		2.2.1	Überblick	36
		2.2.2	Systematik und allgemeine Grundrechtslehren	37
			2.2.2.1 Funktionen der Grundrechte	38
			2.2.2.2 Grundrechtliche Funktionallehren als Prüfungsschema für die Fallbearbeitung	40

		2.2.3	Ausgewählte Wirtschaftsgrundrechte	45
			2.2.3.1 Berufsfreiheit, Art. 12 GG	45
			2.2.3.2 Eigentumsfreiheit, Art. 14 GG	49
			2.2.3.3 Vereinigungs- und Koalitionsfreiheit, Art. 9 GG	54
			2.2.3.4 Allgemeine Handlungsfreiheit, Art. 2 Abs. 1 GG	56
			2.2.3.5 Allgemeiner Gleichheitssatz, Art. 3 Abs. 1 GG	58
	2.3	Europäische und internationale Aspekte		60
		2.3.1	Europarechtliche Einflüsse auf das öffentliche Wirtschaftsrecht	60
			2.3.1.1 Verknüpfung der verschiedenen Ebenen. . . .	60
			2.3.1.2 Wirtschaftsverfassung und Grundfreiheiten. . .	61
			2.3.1.3 Enge Bezüge der Wirtschaftspolitik zu weiteren Politikbereichen	66
		2.3.2	Einflüsse des internationalen Wirtschaftsrechts, insbesondere des Welthandelsrechts	67
			2.3.2.1 Generelle Aspekte	67
			2.3.2.2 Die Europäische Union im internationalen Wirtschaftsrecht.	69
	2.4	Fälle und Lösungshinweise		72
3	**Allgemeines Wirtschaftsverwaltungsrecht**			83
	3.1	Grundlagen.		83
		3.1.1	Begriffe öffentliche Verwaltung und Behörde	84
		3.1.2	Allgemeine Prinzipien und Verfahrensregeln	84
	3.2	Kompetenzen und Organisation der Wirtschaftsverwaltung. . . .		85
		3.2.1	Gesetzgebungs- und Vollzugskompetenzen	85
			3.2.1.1 Gesetzgebungskompetenzen	86
			3.2.1.2 Vollzugskompetenzen	89
		3.2.2	Verwaltungsorganisation zwischen Bund und Ländern	92
			3.2.2.1 Staatliche Wirtschaftsverwaltung	93
			3.2.2.2 Selbstverwaltung der Wirtschaft	95
	3.3	Handlungsformen und Instrumente		97
		3.3.1	Grundlagen der Handlungsformenlehre	97
			3.3.1.1 Öffentlich-rechtliches Handeln als Regelfall	99
			3.3.1.2 Ausnahmen: Fiskalische und erwerbswirtschaftliche Betätigung des Staates.	99
		3.3.2	Verwaltungsakt.	102
			3.3.2.1 Funktionen und Merkmale	102
			3.3.2.2 Gebundene Entscheidungen und Ermessensverwaltungsakte	105
			3.3.2.3 Nebenbestimmungen, § 36 VwVfG	108
			3.3.2.4 Fehlerfolgen von Verwaltungsakten	110

	3.4	Aufgaben der Wirtschaftsverwaltung...................	115
		3.4.1 Überblick..	115
		3.4.2 Insbesondere Wirtschaftsüberwachung und -aufsicht ...	118
		3.4.2.1 Begriff und Gegenstand	118
		3.4.2.2 Schutzgüter.........................	119
		3.4.2.3 Instrumente........................	120
		3.4.2.4 Sanktionierung, insbesondere Befugnisse der Aufsichtsbehörden	125
	3.5	Fälle und Lösungshinweise	127
4	**Besonderes Wirtschaftsverwaltungsrecht**...................		**133**
	4.1	Gewerberecht.......................................	134
		4.1.1 Systematischer Überblick	134
		4.1.2 Allgemeines Gewerberecht, insbesondere Grundzüge der Gewerbeordnung.................	135
		4.1.2.1 Grundsatz der Gewerbefreiheit..........	135
		4.1.2.2 Gewerbebegriff.....................	136
		4.1.2.3 Gewerbearten	139
		4.1.2.4 Funktionsweise der Gewerbeaufsicht......	141
		4.1.3 Ausgewählte Bereiche des besonderen Gewerberechts................................	146
		4.1.3.1 Handwerksrecht	146
		4.1.3.2 Recht der betrieblichen Öffnungszeiten von Räumen	149
		4.1.3.3 Weitere Wirtschaftsbereiche	155
	4.2	Regulierungsrecht	161
		4.2.1 Begriff der Regulierung	162
		4.2.2 Regulierungskonzept und Gewährleistungsstaat	165
		4.2.3 Spektrum unterschiedlicher Regulierungsformen und -instrumente	166
		4.2.3.1 Überblick.........................	166
		4.2.3.2 Einflüsse des Europarechts	169
	4.3	Subventions- und Beihilfenrecht	171
		4.3.1 Begriff und Arten............................	171
		4.3.2 Relevante Grundsätze der Leistungsverwaltung	173
		4.3.2.1 Vorbehalt des Gesetzes und Gleichbehandlungsgebot................	173
		4.3.2.2 Rechtliche Qualifizierung des Subventionsverhältnisses	174
		4.3.3 Europarechtliche Einflüsse.	175
		4.3.3.1 Überblick.........................	175
		4.3.3.2 Grundzüge des EU-Beihilfenrechts	175
		4.3.3.3 Beihilfenkontrolle....................	176
	4.4	Eigenwirtschaftliche Betätigung des Staates und öffentliche Unternehmen	177
		4.4.1 Private und staatliche Akteure auf Märkten........	177
		4.4.2 Privatisierungsrecht	182
		4.4.2.1 Grundlagen und Grenzen	182

		4.4.2.2	Begriff und Grundformen	184
4.5	Fälle und Lösungshinweise			186

5 Rechtsschutz und Sanktionierung von Verstößen gegen Vorschriften des öffentlichen Wirtschaftsrechts 197

5.1	Grundlagen..			197
	5.1.1	Verfassungsrechtliche Einfassung		197
	5.1.2	Prozessuale Zweiteilung in Zulässigkeit und Begründetheit...............................		199
	5.1.3	Bedeutung des Unionsrechts sowie internationale Einflüsse...................................		199
5.2	Verfassungsprozessrecht			201
	5.2.1	Normenkontrollverfahren......................		201
	5.2.2	Organstreit.................................		202
	5.2.3	Bund-Länder-Streit		202
	5.2.4	Verfassungsbeschwerde.......................		202
5.3	Widerspruchsverfahren			204
	5.3.1	Standort zwischen Verwaltungsverfahren und Verwaltungsprozess		204
	5.3.2	Funktionen.................................		204
	5.3.3	Ablauf		205
	5.3.4	Sachentscheidungsvoraussetzungen des Widerspruchs...............................		206
		5.3.4.1	Eröffnung des Verwaltungsrechtswegs	206
		5.3.4.2	Statthaftigkeit	207
		5.3.4.3	Widerspruchsbefugnis..................	208
		5.3.4.4	Zuständige Behörde	208
		5.3.4.5	Beteiligten- und Handlungsfähigkeit	208
		5.3.4.6	Widerspruchsfrist und -form............	208
		5.3.4.7	Allgemeines Rechtsschutzbedürfnis.......	209
	5.3.5	Begründetheit...............................		209
		5.3.5.1	Grundsätze	209
		5.3.5.2	Sonderfall der reformatio in peius	209
5.4	Verwaltungsgerichtlicher Rechtsschutz..................			211
	5.4.1	Verfahrensgrundsätze.........................		211
		5.4.1.1	Dispositionsmaxime	211
		5.4.1.2	Amtsermittlungsgrundsatz	211
		5.4.1.3	Öffentlichkeitsgrundsatz................	212
		5.4.1.4	Postulationsfähigkeit...................	212
	5.4.2	Allgemeine Sachentscheidungsvoraussetzungen im Überblick..................................		212
	5.4.3	Eröffnung des Verwaltungsrechtswegs		212
		5.4.3.1	Generalklausel des § 40 Abs. 1 S. 1 VwGO...	212
		5.4.3.2	Verwaltungsgerichtliche Zuständigkeit und Instanzenzug	213
	5.4.4	Statthafte Klageart		213
		5.4.4.1	Anfechtungs- und Verpflichtungsklage.....	213
		5.4.4.2	Weitere Klagearten	216

		5.4.5	Klagegegner.................................. 217
		5.4.6	Beteiligten- und Prozessfähigkeit 218
		5.4.7	Allgemeines Rechtsschutzbedürfnis 219

    5.5 Sanktionierung von Verstößen gegen Vorschriften des öffentlichen Wirtschaftsrechts 219
          5.5.1 Begriff und Arten von Sanktionen 219
          5.5.2 Hoheitliche Reaktionen auf sozial unverträgliches Verhalten einschließlich Rechtsschutz............. 221
                 5.5.2.1   Straf- und Ordnungswidrigkeitenrecht 221
                 5.5.2.2   Zuständigkeiten und Verfahren 222
    5.6 Fälle und Lösungshinweise 223

6 Perspektiven und Ausblick............................... 229

Stichwortverzeichnis....................................... 233

Abkürzungsverzeichnis

AbfG	Abfallgesetz
AEG	Allgemeines Eisenbahngesetz
AEUV	Vertrag über die Arbeitsweise der Europäischen Union
AG	Aktiengesellschaft
AktG	Aktiengesetz
ALR	Allgemeines (Preußisches) Landrecht
AMG	Arzneimittelgesetz
AO	Abgabenordnung
ApoG	Apothekengesetz
ArbGG	Arbeitsgerichtsgesetz
ARegV	Anreizregulierungsverordnung
AsylbLG	Asylbewerberleistungsgesetz
AtG	Atomgesetz
AWG	Außenwirtschaftsgesetz
BaFin	Bundesanstalt für Finanzdienstleistungsaufsicht
BAföG	Bundesausbildungsförderungsgesetz
BauGB	Baugesetzbuch
BayGO	Bayrische Gemeindeordnung
BbgGastG	Brandenburgisches Gaststättengesetz
BbgLöG	Brandenburgisches Ladenöffnungsgesetz
BDI	Bundesverband der Deutschen Industrie
BerlLadÖffG	Berliner Ladenöffnungsgesetz
BetrVG	Betriebsverfassungsgesetz
BGB	Bürgerliches Gesetzbuch
BHO/LHO	Bundeshaushaltsordnung/Landeshaushaltsordnung
BImSchG	Bundes-Immissionsschutzgesetz
BImSchVO(en)	Verordnung(en) zur Durchführung des Bundes-Immissionsschutzgesetzes
BMWi	Bundesministerium für Wirtschaft und Energie
BNetzA	Bundesnetzagentur
BörsG	Börsengesetz
BremGastG	Bremisches Gaststättengesetz
BtMG	Betäubungsmittelgesetz
BVerfG(E)	(Entscheidungen des) Bundesverfassungsgericht(s)
BVerfGG	Bundesverfassungsgerichtsgesetz
BVerwG(E)	(Entscheidungen des) Bundesverwaltungsgericht(s)

BWahlG	Bundeswahlgesetz
BWVerf	Verfassung des Landes Baden-Württemberg
BzBlG	Benzinbleigesetz
BZRG	Bundeszentralregistergesetz
DPAG	Deutsche Post AG
DSGVO	Datenschutz-Grundverordnung
DSU	Dispute Settlement Understanding
EMRK	Europäische Menschenrechtskonvention
EnWG	Energiewirtschaftsgesetz
ERegG	Eisenbahnregulierungsgesetz
EStG	Einkommenssteuergesetz
EuGH	Europäischer Gerichtshof
EUGRCh	Charta der Grundrechte der Europäischen Union
EUV	Vertrag über die Europäische Union
EWR	Europäischer Währungsraum
FAG	Fernmeldeanlagengesetz
FGO	Finanzgerichtsordnung
FinDAG	Finanzdienstleistungsaufsichtsgesetz
FluLärmG	Fluglärmgesetz
FuAG	Funkanlagengesetz
GastG-Bund	Gaststättengesetz (des Bundes)
GastG LSA	Gaststättengesetz Sachsen-Anhalt
GATT	General Agreement on Tariffs and Trade
GATS	General Agreement on Trade in Services
GewO	Gewerbeordnung
GG	Grundgesetz
GmbH(G)	(Gesetz betreffend) die Gesellschaft(en) mit beschränkter Haftung
GüKG	Güterkraftverkehrsgesetz
GVG	Gerichtsverfassungsgesetz
GWB	Gesetz gegen Wettbewerbsbeschränkungen
HessVerf	Verfassung des Landes Hessen
HGastG	Hessisches Gaststättengesetz
HGB	Handelsgesetzbuch
HGrG	Haushaltsgrundsätzegesetz
HLöG	Hessisches Ladenöffnungsgesetz
HwO	Handwerksordnung
HWoAufG	Hessisches Wohnungsaufsichtsgesetz
IHKG	Gesetz zur vorläufigen Regelung des Rechts der Industrie- und Handelskammern
ImmaO	Immatrikulationsordnung
IfSG	Infektionsschutzgesetz
InvG	Investmentgesetz
JGG	Jugendgerichtsgesetz
KG	Kommanditgesellschaft
KrWaffKontrG	Kriegswaffenkontrollgesetz
KrWG	Kreislaufwirtschaftsgesetz
KSchG	Kündigungsschutzgesetz

KWG	Kreditwesengesetz
KWKG	Kraft-Wärme-Kopplungsgesetz
LÖffZeitG LSA	Ladenöffnungszeitengesetz Sachsen-Anhalt
LadÖG (BW)	Ladenöffnungsgesetz Baden-Württemberg
LadSchlG-Bund	Ladenschlussgesetz (des Bundes)
LadSchlG (Bremen)	Bremisches Ladenschlussgesetz
LandesverwaltungsG	Gesetz zur Neuordnung der Landesverwaltung (Sachsen-Anhalt)
LFGB	Lebensmittel- und Futtermittelgesetzbuch
LöffG M-V	Ladenöffnungsgesetz Mecklenburg-Vorpommern
LadöffnG RP	Ladenöffnungsgesetz Rheinland-Pfalz
LÖffZG SH	Ladenöffnungszeitengesetz Schleswig-Holstein
LÖG HA	Ladenöffnungsgesetz Hamburg
LÖG NRW	Ladenöffnungsgesetz Nordrhein-Westfalen
LÖG Saarland	Ladenöffnungsgesetz Saarland
LuftVG	Luftverkehrsgesetz
NatSchG	Naturschutzgesetz
NBauO	Niedersächsische Bauordnung
NGastG	Niedersächsisches Gaststättengesetz
NLöffVZG	Niedersächsisches Gesetz über Ladenöffnungs- und Verkaufszeiten
OECD	Organisation für wirtschaftliche Entwicklung und Zusammenarbeit
OHG	Offene Handelsgesellschaft
ÖPNV	Öffentlicher Personennahverkehr
OWiG	Ordnungswidrigkeitengesetz
PBefG	Personenbeförderungsgesetz
PDLV	Postdienstleistungsverordnung
PostG	Postgesetz
ProdHaftG	Produkthaftungsgesetz
ProdSG	Produktsicherheitsgesetz
PTNeuOG	Gesetz zur Neuordnung des Postwesens und der Telekommunikation
PUDLV	Post-Universaldienstleistungsverordnung
REGTPG	Gesetz über die Bundesregulierungsbehörde für Elektrizität, Gas, Telekommunikation und Post
ROG	Raumordnungsgesetz
SächsBO	Sächsische Bauordnung
SächsEigBG	Sächsisches Eigenbetriebsgesetz
SächsGastG	Sächsisches Gaststättengesetz
SächsGemO	Sächsische Gemeindeordnung
SächsGewODVO	Verordnung der Sächsischen Staatsregierung zur Durchführung der Gewerbeordnung
SächsHwAusfVO	Sächsische Handwerks-Ausführungsverordnung
SächsHO	Sächsische Haushaltsordnung
SächsLadÖffG	Sächsisches Ladenöffnungsgesetz
SächsLkrO	Sächsische Landkreisordnung

SächsOwiZuVO	Verordnung der Sächsischen Staatsregierung über Zuständigkeiten nach dem Gesetz über Ordnungswidrigkeiten
SächsSFG	Gesetz über Sonn- und Feiertage im Freistaat Sachsen
SächsVerf	Sächsische Verfassung
SächsVwOrgG	Sächsisches Verwaltungsorganisationsgesetz
SGastG	Saarländisches Gaststättengesetz
SGB	Sozialgesetzbuch
SGG	Sozialgerichtsgesetz
SparkassenG (BW)	Sparkassengesetz für Baden-Württemberg
StabG	Gesetz zur Förderung der Stabilität und des Wachstums der Wirtschaft
StGB	Strafgesetzbuch
st Rspr	ständige Rechtsprechung
StPO	Strafprozessordnung
StVO	Straßenverkehrsordnung
StVZO	Straßenverkehrs-Zulassungsordnung
ThürGastG	Thüringer Gaststättengesetz
ThürLadÖffG	Thüringer Ladenöffnungsgesetz
ThürVerf	Verfassung des Freistaats Thüringen
TKG	Telekommunikationsgesetz
TreuhG	Treuhandgesetz
TRIPS	Agreement on Trade-Related Aspects of Intellectual Property Rights
UAG	Umweltauditgesetz
UmweltHG	Umwelthaftungsgesetz
UWG	Gesetz gegen den unlauteren Wettbewerb
VAG	Versicherungsaufsichtsgesetz
VwGO	Verwaltungsgerichtsordnung
VwVfG-Bund	Verwaltungsverfahrensgesetz (des Bundes)
VwZG	Verwaltungszustellungsgesetz
WHG	Wasserhaushaltsgesetz
WRV	Weimarer Verfassung
WpHG	Wertpapierhandelsgesetz
WpÜG	Wertpapiererwerbs- und Übernahmegesetz
WTO	World Trade Organization
ZAG	Zahlungsaufsichtsgesetz
ZKG	Zahlungskontengesetz
ZPO	Zivilprozessordnung

Grundlagen 1

Das Verhältnis von Staat und Wirtschaft ist Gegenstand des öffentlichen Wirtschaftsrechts. Auf den ersten Blick scheint damit der Inhalt der Materie kurz und prägnant umschrieben; bei genauerem Hinsehen ergeben sich daraus aber viele weiterführende und komplexe, rechtliche wie ökonomische Fragen.

Kap. 1 liefert anhand der Grundlagen den Einstieg in das Rechtsgebiet; dazu werden zunächst der Begriff öffentliches Wirtschaftsrecht und sodann sein systematischer Standort innerhalb der deutschen Rechtsordnung geklärt. Für das grundlegende Verständnis der Zusammenhänge wichtig sind zudem die wesentlichen Rechtsquellen, die das Verhältnis der handelnden Akteure (Staat, Individuen) zueinander bestimmen („normieren"), sowie ein allgemeiner Überblick über die wesentlichen Inhalte des öffentlichen Wirtschaftsrechts. Rechtsvorschriften allein beschreiben das Verhältnis von Staat und Wirtschaft nur teilweise. Ebenso notwendig ist es, das öffentliche Wirtschaftsrecht einzubetten in grundlegende wirtschafts- und ordnungspolitische Rahmenbedingungen; erst diese gewährleisten, dass verbindliche Regeln erlassen und rechtssicher angewendet werden können. In der Rechtswirklichkeit sind schließlich Theorie und Praxis eng verknüpft, teils in bekannten, teils in ganz neuartigen Fallgestaltungen – und es ist nicht leicht, in der komplexen Welt von heute den Überblick zu behalten. „Musterlösungen" und Algorithmen helfen dabei nur bedingt, auch weil sie den Einzelfall („Faktor Mensch") ungenügend berücksichtigen. Es ist daher unerlässlich, den Blick für wirtschaftsrelevantes öffentliches Recht zu schulen und zu schärfen, der an Grundlagen ansetzt und darauf aufbauend Strukturen und Inhalte genauer verstehen hilft. Das hierzu erforderliche Wissen soll dabei nicht abstrakt, sondern jeweils anhand der einschlägigen Rechtsnormen und gekoppelt mit lebensnahen Fallbeispielen vermittelt werden. Für eine ertragreiche Lektüre ist es essenziell, die – zum Teil in Klammern – erwähnten Vorschriften auch nachzuschlagen und sorgfältig zu lesen. Nur so wird ein nachhaltiger Wissenserwerb eintreten! Unterstützt wird der Lernerfolg durch die methodischen Hinweise zur Fallbearbeitung sowie die eigenständige Bearbeitung der Wiederholungsfragen und Übungsfälle, die sich am Ende jedes Kapitels finden. Werden diese Tipps durchweg beachtet, verfügen die Leser am Ende der Arbeit mit diesem Buch über anwendungstaugliches Grundlagenwissen im öffentlichen Wirtschaftsrecht. Gefordert und gefördert wird aber auch der „Blick über den Tellerrand", denn erst dieser ermöglicht vernetztes Denken, das in der global(isiert)en Welt unumgänglich ist.

> **Lernziele**
> - Begriff und Systematik des öffentlichen Wirtschaftsrechts erkennen
> - Wirtschafts- und ordnungspolitischen Rahmen verstehen
> - Methodische Hinweise in der Fallbearbeitung anwenden

1.1 Begriff, Standort und Rechtsquellen

1.1.1 Öffentliches Wirtschaftsrecht

Das tägliche Wirtschaftsleben konfrontiert Unternehmen und Einzelpersonen (im Folgenden: Bürger) in ganz unterschiedlicher Weise mit staatlichen Stellen und Einrichtungen: Der Gesetzgeber eröffnet und beschränkt ihre Handlungsmöglichkeiten; Behörden erlauben, verbieten oder überwachen bestimmte Tätigkeiten; Organisationen und Individuen erhalten eine staatliche Förderung oder werden durch Steuern und andere Abgaben belastet. Ganz allgemein formuliert, bildet das Verhältnis zwischen Staat, Wirtschaft und Gesellschaft (Bevölkerung) den Gegenstand des öffentlichen Wirtschaftsrechts. Angesichts sich ständig wandelnder Vorstellungen von den Beziehungen zwischen diesen Akteuren ist eine klare und griffige Definition jedoch schwierig. Der Grund dafür liegt nicht zuletzt in einer starken Rechtszersplitterung, die wiederum die Folge einer großen Vielfalt von unternehmerischen Tätigkeiten und eines hochgradig arbeitsteilig organisierten, zugleich aber europäisch und global vernetzten Wirtschaftslebens ist. Insofern ist es wenig verwunderlich, dass es kein einheitliches, umfassendes Gesetz, keinen „Kodex" des deutschen öffentlichen Wirtschaftsrechts gibt, der – ähnlich wie bis heute das BGB für das allgemeine Zivilrecht – die wichtigsten, grundlegenden Vorschriften zusammenfasst. Zudem bestehen zahlreiche Überschneidungen zwischen öffentlichem Wirtschaftsrecht und anderen Rechtsgebieten, wie zum Beispiel Umwelt-, Datenschutz- oder auch Wettbewerbsrecht.

Um dennoch eine handhabbare begriffliche Fassung zu finden, ist das „öffentliche Wirtschaftsrecht" in seine einzelnen sprachlichen Bestandteile zu zerlegen, womit die Bezüge einerseits zum öffentlichen Recht, andererseits zum Wirtschaftsrecht als dem Recht der Wirtschaft verdeutlicht werden. Was aber ist kennzeichnend für das **öffentliche Wirtschaftsrecht** als **eigenes Rechtsgebiet**? Versucht man eine historische Einordnung, wird schnell klar, dass es keine weit zurückreichende Tradition gibt, anders als etwa im Zivilrecht. Öffentliches Wirtschaftsrecht ist, wie auch Großteile des allgemeinen und sonstigen besonderen Verwaltungsrechts, ein verhältnismäßig junges Rechtsgebiet; seine gewerberechtlichen Ursprünge liegen an der Wende des 19. zum 20. Jahrhundert. Nach Ende des Zweiten Weltkriegs erfolgte mit Gründung der Bundesrepublik eine wirtschaftspolitische Ausrichtung auf die soziale Marktwirtschaft und damit auf ein hoheitlich eingehegtes Wirtschaftssystem, in dem der Staat bewusst eine Gesamtverantwortung für den Markt – als das zentrale volkswirtschaftliche Steuerungsmodell – übernimmt. Dabei sind die Rollen von Staat, Wirtschaft und Gesellschaft nicht von vornherein und statisch festgelegt. Vielmehr ist ihr Verhältnis zueinander einem steten Wandel unterworfen, und hieraus folgt vor allem für wirtschaftsbezogene Rechtsvorschriften ein erhöhter Anpassungs- und Änderungsbedarf.

Im beschriebenen Kontext bedeutet **Wirtschaftsrecht** somit immer hoheitliche „Einflussnahme" auf Unternehmen und deren Aktivitäten, also „die Wirtschaft", die als Teil der Gesellschaft dem Staat gegenübersteht, wobei das „Recht der Wirtschaft" der Gesetzgebungskompetenz von Bund und auch Ländern unterfällt (vgl. Art. 74 Abs. 1 Nr. 11, Art. 72 GG). Das BVerfG fasst unter diese Zuständigkeit alle „Gesetze mit wirtschaftsregulierendem oder wirtschaftslenkendem Inhalt" (vgl. BVerfGE 4, 7 [18 f.] – Investitionshilfe; 29, 402 [409] – Konjunkturzuschlag; 67, 256 [275] – Investitionshilfegesetz; 68, 319 [330] – Bundesärzteordnung). Freilich besitzen sowohl privatrechtliche (z. B. BGB, HGB, Gesellschaftsrecht) als auch öffentlich-rechtliche Vorschriften (z. B. Gewerbe-, Handwerksrecht) einen starken Bezug zu wirtschaftlichen Tätigkeiten. Eine sol-

1.1 Begriff, Standort und Rechtsquellen

che sachliche Nähe allein liefert daher noch keine eindeutigen Abgrenzungsergebnisse. Der Blick in das Wirtschaftsprivatrecht zeigt aber, dass der Staat dort im Wesentlichen nur gesetzliche Rahmenbedingungen aufstellt, die nähere Gestaltung der wirtschaftlichen Abläufe einschließlich der Formen und Organisationen hingegen den privatautonomen Entscheidungen der Wirtschaftsteilnehmer überlässt. Das wirtschaftsbezogene öffentliche Recht rückt demgegenüber das vertikale Verhältnis in den Mittelpunkt, das durch eine Über-/Unterordnung zwischen privaten Akteuren und Hoheitsträgern gekennzeichnet ist. Das Wirtschaftsstrafrecht schließlich ahndet Verstöße gegen öffentlich- oder privatrechtliche Verhaltensnormen, deren Verletzung der Gesetzgeber als derart schwerwiegend erachtet, dass er entweder mit Geld- oder Freiheitsstrafen reagiert (z. B. Betrugsdelikte, §§ 263 ff. StGB; Insolvenzstraftaten, §§ 283 ff. StGB) oder ergänzend, insbesondere gegenüber Unternehmen, bei nicht kriminellen, aber sozial nicht mehr hinnehmbaren Ordnungswidrigkeiten eine Sanktion in Form von Bußgeldern vorsieht.

Um das private vom öffentlichen (Wirtschafts-)Recht sauber **abzugrenzen**, bedarf es einer griffigen Formel. Die herrschende Meinung zieht dazu die sog. Sonderrechtstheorie heran. Öffentliches Recht sei immer dann gegeben, wenn die das Wirtschaftsleben beeinflussende (streitentscheidende) Vorschrift ausschließlich Träger hoheitlicher Gewalt berechtigt, verpflichtet oder organisationsrechtlich beeinflusst; in allen anderen Fällen handelt es sich um Privatrecht. Der Rückgriff auf die jeweils streitentscheidende Norm führt in der Regel zu eindeutigen Zuordnungen. Daneben gibt es jedoch Sachverhalte, bei denen die maßgebliche Regelung sowohl privat- als auch öffentlich-rechtlich sein kann, z. B. § 3 UWG, §§ 19, 32 GWB als Teil des privaten wie öffentlichen Wettbewerbsrechts. Auch findet sich auf europäischer Ebene und stärker noch im anglo-amerikanischen Rechtskreis keine strikte Trennung zwischen privatem und öffentlichem Recht. Versteht man den Begriff daher stärker subjektbezogen, rücken die Wirtschaftsteilnehmer bzw. ihr **hoheitlich „reguliertes" Verhalten** in den Mittelpunkt; dadurch werden die zunehmend europarechtlichen Vorgaben und Verknüpfungen des Wirtschaftsverwaltungs-, aber auch -verfassungsrechts besser miterfasst.

▶ *Öffentliches Wirtschaftsrecht umfasst alle Rechtsvorschriften, mit denen der Staat (samt seinen Untergliederungen) oder überstaatliche („supranationale") Hoheitsträger regulierend auf das Wirtschaftsleben, d. h. die Grundlagen, Voraussetzungen und Bedingungen für die wirtschaftliche Tätigkeit sowie auf die Wirtschaftsteilnehmer einwirken.*

Der **Gegenstand** des öffentlichen Wirtschaftsrechts ist damit hinreichend klar umrissen: Im Mittelpunkt stehen die rechtlichen Vorgaben für das „Wirtschaften". Hierbei sind ökonomische Prozesse eng verknüpft mit dem ordnungspolitischen Rahmen, also der jeweils geltenden Wirtschaftsordnung („Wirtschaftsverfassung") sowie der sie gestaltenden Wirtschaftspolitik. **Wirtschaftsordnung** meint jedes in sich geschlossene System gesamtwirtschaftlicher Lenkung und Steuerung. Die ökonomischen Grundlagen und Vorgaben hierfür sind Thema der Volkswirtschafts- und öffentlichen Betriebswirtschaftslehre, zudem der Politikwissenschaften. Gemeinsam ist diesen traditionell als Staatswissenschaften bezeichneten Disziplinen, dass sie sich mit dem Wesen und der Institution des staatlich organisierten Gemeinwesens beschäftigen. Ihre methodischen Herangehensweisen (mathematische Methoden vs. soziale und rechtliche Normen im Kontext von Wirtschaft und Gesellschaft) unterscheiden sich dabei stark voneinander. Diese Divergenz ist jedoch kein Nachteil oder eine Schwäche, die es auszugleichen gilt. Vielmehr werden auf diese Weise in einem globalen Wettbewerb Ideen entwickelt, die ökonomische mit ökologischen und sozialen Elementen sinnvoll verbinden. Für die Lösung derart komplexer Fragen unumgänglich sind daher vernetzte Denkansätze, die auch bei der Arbeit mit diesem Buch schrittweise erlernt und eingeübt werden sollen.

1.1.2 Akteure des öffentlichen Wirtschaftsrechts

Wirtschaftsprozesse sind, juristisch betrachtet, Rechtsbeziehungen zwischen zwei oder mehreren Rechtssubjekten („Personen"). Im Gegensatz zu privatrechtlichen Rechtsverhältnissen, die (vor allem bei Verträgen) von Gleichordnung geprägt sind, stellt sich die öffentlich-rechtliche Beziehung in der Regel als Subordination im Sinne einer Über-/Unterordnung dar. Die **privaten Wirtschaftsteilnehmer**, die formal als Einzelkaufleute, Gesellschaften, Vereine und Verbände sowie als Privatpersonen, ferner in einer Rolle als Unternehmer oder Verbraucher auftreten, sind Regelungen und anderen Handlungen des Staates unterworfen. Dabei tritt „der Staat" nicht als singuläre Einheit auf, sondern wird mittels zahlreicher, vertikal wie funktional gegliederter Stellen tätig; genau genommen gibt es nicht nur eine, sondern viele „**öffentliche Hände**", die arbeitsteilig zusammenwirken. Die Überordnung des Staates über die privaten Wirtschaftsteilnehmer dient dazu, staatliche Aufgaben („Kompetenzen") effektiv und effizient im öffentlichen Interesse zu erfüllen. Zu diesem Zweck weist der mit dem Rechtsstaatsprinzip eng verbundene, in Art. 20 Abs. 3 GG verfassungsrechtlich verankerte Gewaltenteilungsgrundsatz die Rechtssetzung primär der Legislative zu, während Überwachung und Kontrolle der Handlungen der privaten Wirtschaftsteilnehmer zu den klassischen Funktionsbereichen der Exekutive zählen. Die Judikative als „Dritte Gewalt" gewährt Rechtsschutz nicht nur zwecks friedlicher Beilegung von Streitigkeiten zwischen Privaten, sondern auch gegen Akte der anderen beiden Staatsgewalten.

Neben der Einwirkung auf private Wirtschaftsteilnehmer in klassischen vertikalen Rechtsbeziehungen verfolgt der Staat auch selbst wirtschaftliche Interessen und tritt insoweit als spezieller, **öffentlicher Wirtschaftsteilnehmer** auf, beispielsweise durch kommunale Eigenbetriebe oder selbstständige öffentliche bzw. gemischtwirtschaftliche Unternehmen (Abschn. 4.4). Staatlichen Stellen ist eine wirtschaftliche Betätigung auf Märkten auch im Wettbewerb mit Privaten nicht prinzipiell untersagt. Hierfür gelten jedoch besondere Vorgaben und Grenzen. Diese folgen aus der Bindung allen staatlichen Handelns an die Grundrechte (Art. 1–20, 28, 38, 101 ff. GG) sowie an das Staatsorganisations- und Haushaltsrecht (Art. 30, 83 ff., 104 ff. GG), die eine „Flucht" ins Privatrecht sowohl organisationsrechtlich (durch Wahl der Rechtsform) als auch inhaltlich ausschließen. Anders ausgedrückt: Der Staat darf seine Sonderstellung nicht überkompensieren oder gar missbrauchen, für das Verhalten am Markt gilt vielmehr derselbe privatrechtliche Maßstab (BGB, HGB) wie für vergleichbare private Akteure.

1.1.3 Standortbestimmung und systematischer Überblick über das öffentliche Wirtschaftsrecht

Als wirtschaftsbezogenes öffentliches Recht zählt das öffentliche Wirtschaftsrecht zum öffentlich-rechtlichen Rechtskreis. Allerdings ergeben sich aus der Vielgestaltigkeit, Wandelbarkeit und auch Neuartigkeit wirtschaftlicher Abläufe Schnittstellen zum Privatrecht, wie beispielsweise im (privaten wie öffentlichen) Wettbewerbs-/Vergaberecht. In solchen Fällen muss dann der Gesetzgeber jeweils eine konkrete Festlegung treffen, vor allem im Hinblick auf das relevante Verfahren und den Rechtsschutz.

Bei der grundlegenden systematischen Einordnung staatlichen Handelns hilft – als eine Art geistige Navigationshilfe – die Klärung der Frage, welche Rechtswirkung hierdurch angestrebt wird. Aus Sicht des regelungsunterworfenen Wirtschaftsteilnehmers lässt sich öffentlich-wirtschaftsrechtliches Handeln einer von zwei großen Kategorien zuordnen: der Eingriffs- oder der Leistungsverwaltung. Zur **Eingriffsverwaltung**, der herkömmlichen Erscheinungsform von hoheitlichem Wirtschaftsverwaltungshandeln, zählen Eingriffe in wirtschaftliche Vorgänge, die nachteilige Folgen für private Akteure haben und diese direkt, im Sinne der Beschränkung eines Grundrechts, belasten (negative Wirkung). Beispiele dafür sind Zulassungen oder Erlaubnisse, die die Aufnahme oder Beendigung von Wirtschaftstätigkeiten erst bei Einhaltung gewisser Voraussetzungen gestatten, aber auch die ständige Kontrolle und Überwachung von bereits „laufenden" gewerblichen Tätigkeiten, notfalls der Einsatz von Sanktionen gegenüber rechtswidrig handelnden Personen.

Zur zweiten Gruppe (**Leistungsverwaltung**) zählen alle Formen des begünstigenden Wirtschaftsverwaltungshandelns, durch die in einem System staatlicher Förderung über Anreize positiv, aber indirekt das Verhalten von Wirtschaftsteilnehmern gelenkt werden kann. Beispiele hierfür sind Maßnahmen zur Globalsteuerung und Lenkung des Wirtschaftslebens wie Haushaltspläne und -grundsätze (Art. 104a ff. GG), Subventionen für bestimmte Wirtschaftszweige oder in Krisensituationen oder auch spezielle Steuerung öffentlicher Unternehmen in für die Allgemeinheit lebenswichtigen Bereichen, die sog. Daseinsvorsorge.

Die verschiedenen **Teilbereiche** des öffentlichen Wirtschaftsrechts sind ebenso mannigfaltig und einem steten Wandel unterworfen wie das tägliche Wirtschaftsleben selbst. Eine grobe Strukturierung führt zur Unterscheidung von Wirtschaftsverfassungs- und Wirtschaftsverwaltungsrecht. Zunehmend ist auch nicht nur nationales Recht bedeutsam, sondern es nehmen Einflüsse des Europa- und Völkerrechts bis hin zu unmittelbarer Geltung und Anwendung solcher internationaler Rechtsquellen zu.

In der Praxis werden alle Bereiche von Wirtschaft und Gesellschaft in immer stärkerem Maße von ausländischen oder gar globalen Entwicklungen betroffen und beeinflusst. Das öffentliche Wirtschaftsrecht ist davon keinesfalls ausgenommen, sondern wird aufgrund seines Regelungsgegenstandes besonders intensiv tangiert. Daher sind Maßstäbe und Regeln dafür erforderlich, wie inter-, supra- oder transnationale Vorschriften, die den unterschiedlichen Ebenen von Völker- und Europarecht entstammen, in die innerstaatliche deutsche Rechtsordnung einbezogen werden können.

Wirtschaftsvölkerrecht umfasst die Gesamtheit der Regelungen, die öffentlich-rechtliche (intergouvernementale) Beziehungen im internationalen Wirtschaftsverkehr gestalten. Angesichts der rasanten Zunahme grenzüberschreitender privater wie staatlicher wirtschaftlicher Aktivitäten ist es unabdingbar, vor allem für den Waren- und Dienstleistungsverkehr einen formellen Rechtsrahmen sowie materielle rechtliche Standards zu schaffen. Beispiel für eine derartige Institutionalisierung ist die **Welthandelsorganisation** (World Trade Organization, WTO), die als Dachorganisation Regelungen für die Handelsliberalisierung in drei „Säulen" – Waren (GATT), Dienstleistungen (GATS) und Schutz des geistigen Eigentums (TRIPS) – trifft und weiterentwickelt; zudem stellt sie einen zwischenstaatlichen Streitbeilegungsmechanismus (Dispute Settlement Understanding, DSU) zur Verfügung (Abschn. 2.3.2).

Angesichts der rechtsstrukturellen Verschiedenheit zwischen Völker- und Europarecht stellen die „Brückenklauseln" (vgl. Art. 23, Art. 24, Art. 32 sowie Art. 59 GG) zur deutschen Rechtsordnung ganz unterschiedliche Voraussetzungen auf. Dies betrifft vor allem die Frage, ob und wenn ja, inwieweit die jeweilige transnationale Rechtsordnung unmittelbare Geltung für den inländischen Rechtsanwender entfaltet. Das Recht der Europäischen Union bildet dabei einen Sonderfall, für den Art. 23 GG als sog. Integrationshebel die An- und Einbindung in das deutsche Recht regelt. Die Pflege der auswärtigen Beziehungen ist generell Sache des Bundes (Art. 32 GG). Völkerrechtliche Verträge werden erst durch das nationale Zustimmungsgesetz (gem. Art. 59 Abs. 2 GG) innerstaatlich wirksam (Transformation). Hingegen kann supranationales EU-Recht sowohl allgemein (bei „Verordnungen") als auch bei Einzelmaßnahmen („Beschlüssen") ohne weiteren nationalen Umsetzungsakt direkt gegenüber privaten Wirtschaftsteilnehmern Geltung entfalten (Art. 288 Abs. 2, 4 AEUV).

Weitaus größere Bedeutung als das Wirtschaftsvölkerrecht hat daher das **EU-(Wirtschafts-)Recht** (Abschn. 2.3.1), dessen Regelungsbreite und -tiefe mittlerweile fast die gesamte nationale Rechtsordnung erfasst und damit auch für das öffentliche Wirtschaftsrecht ganz erhebliche Bedeutung hat, die zukünftig noch weiter steigen wird. Die Gründungsverträge der heutigen Europäischen Union, EUV (Vertrag über die Europäische Union) und AEUV (Vertrag über die Arbeitsweise der Europäischen Union), enthalten grundlegende wirtschaftspolitische Zielvorgaben für die Union und die 27 Mitgliedstaaten (Art. 3 Abs. 3 EUV, Art. 119 AEUV), deren Gehalt materiell nationalen Verfassungsnormen entspricht. Dazu zählen etwa die „nachhaltige Entwicklung Europas auf der Grundlage eines ausgewogenen Wirtschaftswachstums und von Preisstabilität, eine in hohem Maße wettbewerbsfähige soziale Marktwirtschaft, die auf Vollbeschäftigung und sozialen Fortschritt abzielt, sowie ein hohes Maß an Umweltschutz" (Art. 3 Abs. 3 EUV). Ganz konkrete Vorgaben für grenzüberschreitende Wirtschaftstätigkeiten zwischen EU-Mitgliedern enthalten die Regelungen zum Binnenmarkt (Art. 3 Abs. 3 S. 2 EUV, Art. 26 ff. AEUV); sie errichten für alle Mitgliedstaaten und mehr als 500 Millionen Unionsbürger einen Raum ohne ökonomische Binnengrenzen (Art. 26 Abs. 2 AEUV), der, gemessen am Bruttoinlandsprodukt (BIP), derzeit der größte Wirtschaftsraum der Welt ist (2019: knapp 14 Billionen Euro). Ergänzt wird der einheitliche Markt um den sog. Schengen-Besitzstand in Bezug auf Freiheit, Sicherheit und Recht (Art. 67 ff., 77 ff. AEUV), die Wirtschafts- und Währungsunion (Art. 3 Abs. 3, 4 EUV, Art. 119 ff. AEUV), in der 19 Mitgliedstaaten einen gemeinsamen Währungsraum (Eurozone) bilden, sowie Regelungen zu Außenwirtschaftsbeziehungen der EU (Art. 206 ff. AEUV).

Innerhalb der nationalen **deutschen Rechtsordnung** umfasst das öffentliche Wirtschaftsrecht – als Teil des öffentlichen Rechts – sowohl Verfassungs- als auch Verwaltungsrecht. **Wirtschaftsverfassungsrecht** enthält die Vorgaben, die auf Ebene der Verfassung (im Bund: GG) formal ordnend auf das Wirtschaftsleben einwirken bzw. dieses gestalten. Dazu zählen allen voran die wirtschaftsrelevanten Grundrechte (Abschn. 2.2). Nicht weniger bedeutend sind die staatsorganisationsrechtlichen Regeln, die die Kompetenzen nach Maßgabe des Gewaltenteilungsprinzips begründen und unterschiedlich zuweisen sowie im vertikalen Verhältnis Aufgaben und Befugnisse zwischen Bund und Ländern aufteilen (Art. 30, 70 ff., 83 ff., 92 ff. GG) (Abschn. 2.1).

Hingegen enthält das **Wirtschaftsverwaltungsrecht** Vorgaben für das Handeln der Exekutive. Es umfasst die Summe der einfachgesetzlichen Rechtsnormen, die staatliche Stellen zur Einwirkung auf die Wirtschaft berechtigen oder verpflichten oder die organisations- und verfahrensrechtlichen Voraussetzungen für staatliche Kontrolle und Überwachung schaffen. Innerhalb des Wirtschaftsverwaltungsrechts lassen sich ein allgemeiner Teil und besondere Teile sowie das öffentliche Wettbewerbsrecht voneinander abgrenzen. Das **allgemeine Wirtschaftsverwaltungsrecht** zieht, ähnlich wie im Zivil- (BGB, AT, §§ 1–240) oder Strafrecht (StGB, AT, §§ 1–79), diejenigen Grundsätze und Vorschriften „vor die Klammer", die für alle Wirtschaftszweige und jede Form der staatlichen Einflussnahme auf die Wirtschaft gleichermaßen gelten. Dazu zählen Regeln für das Verwaltungsverfahren (VwVfG-Bund bzw. VwVfGe-Länder), zur Behördenorganisation, über Handlungsformen und Instrumente sowie das Verwaltungsprozessrecht (VwGO) als spezieller Zweig der Judikative. Allerdings existiert kein einheitliches Gesetzbuch, das alle wesentlichen allgemeinen Regeln strukturiert zusammenfasst. Für Fallbearbeitung und Rechtspraxis ist es daher notwendig, anhand eines guten Systemverständnisses das jeweils einschlägige Gesetz zu suchen, zu finden und anzuwenden.

Das **besondere Wirtschaftsverwaltungsrecht** bildet den Oberbegriff für verwaltungsrechtliche Regelungen im Hinblick auf einzelne Wirtschaftszweige sowie spezielle Teilbereiche der Beeinflussung wirtschaftlicher Aktivitäten. Hierzu zählt vor allem das Gewerberecht, das selbst noch einmal weiter in einen allgemeinen (GewO) und besondere Teile (Gaststätten- und Handwerksrecht, spezielle Dienstleistungsbereiche) untergliedert wird. Von den gewerberechtlichen Ursprüngen, die zugleich maßstabsbildend für das Verwaltungsrecht insgesamt waren, spannt sich der Bogen des besonderen Wirtschaftsverwaltungsrechts bis zum Regulierungsrecht (Abschn. 4.2), das als vergleichsweise neues Rechtsgebiet sektorspezifische Marktzutritts- und -lenkungsregeln für sachlich oder geschichtlich speziell funktionierende Märkte vorhält und vor allem die Bereiche von Telekommunikation, Energie, Bahn und Post umfasst. Als Teil des allgemeinen Wettbewerbsrechts dient das öffentliche Wettbewerbsrecht der

Kontrolle wettbewerbsrelevanter Staatstätigkeit und rückt – im Einklang mit der neueren Grundrechtssystematik – die Auswirkungen staatlichen Handelns auf Märkte und Wettbewerb in den Mittelpunkt; einbezogen werden Rechtsfragen der wirtschaftlichen Betätigung der „öffentlichen Hand", aber auch moderne Erscheinungsformen wettbewerbsrelevanter Staatstätigkeit, das sog. Privatisierungsrecht (Abschn. 4.4).

1.1.4 Rechtsquellen und Normgeltung

Rechtsquellen sind die Grundlage und der Ausgangspunkt juristischen Denkens und Handelns über alle Rechtsgebiete hinweg. Anders formuliert kann eine juristische Streitbeilegung nur gelingen, wenn und soweit ein grundlegendes Verständnis von Rechtsvorschriften („Normen"), ihrer Entstehung und Geltung sowie ihrer Wirkungsweise in der Lebenswirklichkeit gegeben ist. Grundlagenkenntnisse zu Sinn und Zweck von Rechtsquellen gehören daher zum soliden juristischen Basiswissen, sie sind für die Fallbearbeitung im Studium ebenso nützlich wie für die praktische Rechtsanwendung.

Um die **Rechtsquellen** des öffentlichen Wirtschaftsrechts systematisch zu erfassen, sind, ausgehend von der rechtlichen Wirkung und Reichweite der jeweiligen Normen, verschiedene Klassifizierungen möglich. Dabei bedingen sich die einzelnen Unterscheidungen weder gegenseitig noch schließen sie einander aus; vielmehr werden jeweils andere Differenzierungsmerkmale betont.

Generell stellen Rechtsvorschriften Verbote, Gebote oder Erlaubnisse für menschliches Verhalten auf. Sie gehören damit zu den Sozialnormen, ohne dass sich diese Kategorie in jenen Regelungen erschöpft: Von anderen sozialen (Ordnungs-)Normen wie Bräuchen, Sitten oder Moralvorstellungen lassen sich Rechtsnormen dadurch abgrenzen, dass ihre Durchsetzung über eine besondere Art der Sanktion erfolgen kann – die Ausübung von rechtmäßigem hoheitlichem Zwang, die notfalls mit Hilfe von physischer Gewalt geschieht („Gewaltmonopol" für bestimmte staatliche Einrichtungen wie Polizei und Militär).

Anhand des jeweiligen **Grades verfahrensmäßiger Formalisierung** lässt sich das geschriebene Recht von anderen Rechtssätzen abgrenzen. **Geschriebenes** („positives") **Recht** entsteht durch einen bewussten, ein spezielles Verfahren abschließenden förmlichen Hoheitsakt. Beispiele hierfür sind vom Parlament verabschiedete Gesetze jeder Art (wie VwVfG, VwGO, BGB, StGB), auch die Verfassung (GG) selbst, als Regelungen der Legislative, aber auch Rechtsverordnungen der Exekutive (BImSchVOen, StVO). Innerhalb des geschriebenen Rechts stellt sich die Frage der Normgeltung unterschiedlich, je nachdem, welcher Quelle die jeweiligen Vorschriften entstammen. Hier besteht eine Normenhierarchie: **Formelle** (Parlaments-)**Gesetze** müssen in einem ordnungsgemäßen Gesetzgebungsverfahren (im Bund: Art. 70 ff., 76 ff. GG) von den zuständigen Gesetzgebungsorganen behandelt und in Kraft gesetzt worden sein und höherrangiges Recht (Verfassungs-, aber auch EU-Recht) beachten. **Gesetze im materiellen Sinn** (Rechtsverordnungen und Satzungen), insbesondere **Rechtsverordnungen**, müssen von einer hierzu ermächtigten Stelle der Exekutive erlassen werden und eine den Anforderungen des Art. 80 GG genügende gesetzliche Grundlage haben. **Satzungen** (insbesondere auf kommunaler Ebene) bedürfen einer entsprechenden formell-gesetzlichen Basis in Bundes- oder Landesrecht (Satzungsermächtigung, etwa in den Gemeindeordnungen).

Die deutsche Rechtsordnung ist, ebenso wie die französische, spanische oder italienische, durch das römische Recht und dessen Konzept der Kodifizierung geprägt („Gesetzbücher"). Dem gegenüber steht das sog. *common law* des anglo-amerikanischen Rechtskreises, wo (bis in die heutige Zeit) weit weniger geschriebenes Recht existiert, so dass sich die Rechtsanwendung stärker an der bereits vorhandenen einschlägigen Rechtsprechung (*case law*) orientiert. Gleichwohl kennt auch die deutsche Rechtsordnung *ungeschriebenes Recht*, das entweder als Gewohnheitsrecht oder in Form von Richterrecht (ähnlich wie *case law*) entstehen kann. Als

Gewohnheitsrecht gilt jede ungeschriebene, durch kontinuierliche und allgemeine Anwendung (objektives Kriterium) von den Betroffenen als verbindlich und rechtmäßig akzeptierte Übung (subjektives Kriterium). Während das Wirtschaftsprivatrecht diverse gewohnheitsrechtliche Elemente (z. B. Handelsbräuche, § 346 HGB) enthält, finden sich aufgrund der starken Ausrichtung am politisch geprägten öffentlichen Interesse nur wenige Beispiele für das öffentliche Recht, etwa Regelungen zur Staatshaftung einschließlich des Aufopferungsgedankens (restriktiv BVerfGE 58, 300 [350 ff.] – Nassauskiesung) oder der Grundsatz des *effet utile* im Europarecht (EuGH, Rs. 41/74, ECLI:EU:C:1974:133 – van Duyn). Für das Strafrecht ergibt sich ein Verbot von Gewohnheitsrecht zulasten eines Angeklagten aus Art. 103 Abs. 2 GG (*nullum crimen, nulla poena sine lege*). Ebenfalls zum ungeschriebenen Recht zählt das sog. **Richterrecht**, das durch die Rechtsprechung „gesetzt", sprich in Entscheidungen formuliert und ebenfalls durch die Judikative fortgebildet wird, etwa bei Abmahnung oder im Arbeitskampfrecht. Denn trotz des hohen Grades an Formalisierung ist auch geschriebenes Recht meist konkretisierungsbedürftig, es ist selten eindeutig gefasst und häufig zumindest unterschiedlich auslegbar. Gerichte, die den ihnen vorgelegten Streit entscheiden müssen, haben daher in ihrer Praxis immer zu klären, wie die maßgeblichen Vorschriften zu verstehen sind, wie verbleibende Regelungslücken gefüllt werden können und wie sich eine denkbare Lösung in das vorhandene Rechtssystem einfügt. Erkenntnisse, die sie selbst erlangt oder aus anderen Gerichtsentscheidungen übernommen haben, bilden daher das positive Recht fort, indem sie der weiteren Spruchpraxis zugrunde gelegt werden. Vor allem bei Urteilen von Bundesgerichten (wie BVerwG, BGH, aber auch BVerfG) führt deren ständige Rechtsprechung (st Rspr) zu einer Rechtsfortbildung, die der Gesetzgeber ausdrücklich gebilligt hat (§ 137 GVG). Auch insoweit bleibt aber eine Bindung an höherrangiges Recht bestehen, und die Legislative kann Richterrecht durch Erlass neuer oder präziserer Vorschriften korrigieren.

Im Hinblick auf die **funktionale Reichweite** bzw. den Wirkungskreis öffentlich-rechtlicher Rechtsquellen lassen sich abstrakt-generelle Rechtsnormen von konkret-individuellen Regelungen unterscheiden. Während das Begriffspaar abstrakt-generell darauf abstellt, dass eine Rechtsvorschrift für eine Vielzahl von Sachverhalten einen unbestimmten Adressatenkreis anspricht (z. B. formelle und materielle Gesetze), beinhalten konkret-individuelle Regelungen typische Einzelfallentscheidungen, richten sich an eine einzige Person und beziehen sich auf einen einzelnen Sachverhalt (z. B. Verwaltungsakte, § 35 VwVfG). Abstrakt-generelle Normen bilden regelmäßig Grundlage und Rechtfertigung der in einem bestimmten Verfahren getroffenen Einzelfallentscheidung, was durch den Grundsatz der Gesetzmäßigkeit der Verwaltung (Art. 20 Abs. 3 GG) zum Ausdruck kommt.

Eine weitere Systematisierung unterscheidet zwischen objektivem und subjektivem Recht und knüpft damit an der Frage nach den **Regelungsunterworfenen** und **-berechtigten** an. Objektives Recht (nicht: Rechte) meint rechtliche Regeln in ihrer Gesamtheit, also die ganze Rechtsordnung eines bestimmten Rechtsraums, z. B. alle Gesetze im Geltungsbereich des GG. Hingegen beziehen sich subjektive Rechte (nicht: Recht) auf Befugnisse, die das objektive Recht einem Rechtssubjekt zuerkennt, beispielsweise bei Grundrechten die Funktionen als Abwehr- und Freiheitsrechte des einzelnen Trägers gegenüber dem Staat oder als Leistungs- und Teilhaberechte.

Die Normgeltung in einem bestimmten und begrenzten Territorium betrifft das **Rangverhältnis** oder die Hierarchie zwischen einzelnen Vorschriften innerhalb einer Rechtsordnung oder aber auch zwischen mehreren (nationalen oder transnationalen) Rechtsordnungen. In beiden Fällen können Normenkonflikte auftreten, wenn für einen Sachverhalt von ihren Anwendungsvoraussetzungen her mehrere Vorschriften gleichzeitig anwendbar sind, daraus jedoch abweichende Ergebnisse resultieren. Für die Bewältigung solcher Normenkonflikte existieren Konkurrenz- und Verdrängungsregeln (Abschn. 1.3.2).

Die **nationale Rechtsordnung**, d. h. die Gesamtheit der Rechtsvorschriften eines Staates für sein Hoheitsgebiet bzw. seine Angehörigen, steht regelmäßig im Kontext von **„über"**- oder **transnationalem Recht**, das durch völkerrechtliche Verträge zwischen Staaten geschaffen wird und nur für die jeweiligen Vertragspartner gilt. Einen Sonderfall bildet das Recht der EU (**Unionsrecht**), das als supranationales Recht nicht nur für, sondern teilweise auch direkt in den Mitgliedstaaten und für Unionsbürger gilt. Im Falle der Normenkollision zwischen nationalem und EU-Recht gilt ein sog. **Anwendungsvorrang**: Nach der Rechtsprechung des EuGH tritt nationales Recht jeder Rangstufe hinter dem Unionsrecht zurück. Dies gilt allerdings nur für grenzüberschreitende Sachverhalte, so dass das nationale Recht – anders als bei Art. 31 GG für das Verhältnis von Bundes- gegenüber Landesrecht – nicht seine innerstaatliche Geltung im Übrigen verliert (EuGH, Rs. 26/62, ECLI:EU:C:1961:1 – van Gend & Loos; Rs. 6/64, ECLI:EU:C:1964:66 – Costa/ENEL, dort 3. LS), sondern nur hinter dem vorrangig anwendbaren Unionsrecht zurücktritt (Anwendungs-, aber kein Geltungsvorrang). Dem stimmt das BVerfG prinzipiell zu, behält sich aber im Verhältnis des EU- zum nationalen Verfassungsrecht gewisse Letztentscheidungsrechte darüber vor, wie weit die „Integrationsverantwortung" die nationale Souveränität zurückdrängen darf, ohne *ultra vires* zu handeln (BVerfGE 123, 267 – Lissabon).

In der Normenhierarchie der deutschen Rechtsordnung gehen die Verfassungen (GG oder Landesverfassungen) den einfachen (Parlaments-)Gesetzen auf der jeweiligen staatlichen Ebene vor. Einfache Gesetze, die gegen die Verfassung verstoßen, sind nichtig; das BVerfG kann die Nichtigkeit im Normenkontrollverfahren (abstrakt: Art. 93 Abs. 1 Nr. 2 GG; konkret: Art. 100 GG) feststellen (Abschn. 5.2). Ausdruck des föderalen Staates („Bundesrepublik") ist die Verfassungsnorm des Art. 31 GG, wonach Bundesrecht Landesrecht bricht; bei einer Kollision entfaltet also das letztere (vorbehaltlich des Art. 142 GG) keine rechtliche Wirkung (Geltung).

1.2 Ordnungspolitische Bezüge

1.2.1 Grundlagen

Das öffentliche Wirtschaftsrecht prägt die Wirtschaftsordnung in rechtlicher Hinsicht. Entstanden ist das gegenwärtige Wirtschaftssystem jedoch nicht in Gelehrtenstuben oder im Gesellschaftslabor. Vielmehr ist es das Ergebnis einer historischen Entwicklung.

Das Zusammenspiel aus Wirtschaft, Gesellschaft und Staat hat sich im Laufe der Geschichte stark gewandelt. Die daraus entstandenen Wirtschaftsmodelle und -systeme sowie vor allem deren konkrete politische Umsetzung waren und sind vielgestaltig. Denn jede Wirtschaftsordnung beruht auf gesamtgesellschaftlichen und -wirtschaftlichen Aushandlungsprozessen und deren Wandlungen im Zeitablauf. Umgekehrt prägen die gelebte Wirtschaftsordnung und ihre – soweit vorhanden – theoretische Fundierung maßgeblich Art und Maß der staatlichen Einflussnahme auf wirtschaftliche Aktivitäten und Akteure. Diese wechselseitige Auseinandersetzung muss immer wieder aufs Neue geführt werden. Ansonsten droht gesellschaftlicher, ökonomischer und letztlich auch rechtlicher Stillstand.

Die Entwicklung von Wirtschaftsordnungen ist geschichtlich eng verbunden mit der Entstehung von Staatlichkeit. Ein staatliches Gemeinwesen (*res publica*) ist eine von der Bevölkerung unabhängige Organisation, die auf ein Gebiet bzw. einen Raum bezogen und beschränkt ist und dort ein verträgliches Zusammenleben anstrebt. Von Antike und Mittelalter über Absolutismus zum modernen Nationalstaat im supranationalen Staatenverbund verfolgte der jeweilige „Staatsapparat" dabei die Absicht, menschliches Wirtschaften, sowohl allgemein wie einzelne Wirtschaftsprozesse, zu kontrollieren und zu regulieren, mit je nach Entwicklungsstufe unterschiedlichen Zielsetzungen. **Ordnungspolitik** bezeichnet insoweit den Willen und die tatsächliche Möglichkeit jedes Staates, das Wirtschaftsleben steuernd und lenkend zu beeinflussen, geprägt durch eine Vielfalt von sozial-, struktur-, wettbewerbs-, konjunkturpolitischen sowie ökologischen Zielen, die sich zum Teil auch im Widerstreit zueinander befinden. Inhaltlich setzt Ordnungspolitik nur **Rahmenbedingungen**, innerhalb derer sich das Wirtschaftsleben so frei wie möglich entfalten soll. Dabei müssen Gefahren oder Krisen, die zu Staatsverfall oder Marktversagen führen können, im Blick behalten werden, um darauf rasch mit stets einsatzbereiten, notfalls auch robusten (*ultima ratio*) Eingriffsbefugnissen reagieren zu können. Als Grundsatz gilt: Die jedem Einzelnen (Menschen wie Unternehmen) zur Bedürfnisbefriedigung gewährten Freiheitsbereiche müssen im Einklang mit den Zielen des Allgemeinwohls (öffentlichen Interessen) stehen; Konflikten muss der Staat möglichst vorbeugen oder aber sie fair und unparteiisch beilegen. Bei knappen öffentlichen Gütern, beispielsweise Wasser oder Frequenzen im Telekommunikationssektor, kann Ordnungspolitik durch geeignete Kriterien und Mechanismen zudem für ein angemessenes Maß an Verteilungsgerechtigkeit sorgen.

Dem Kerngehalt nach konturiert Ordnungspolitik die wertbildenden Grundlagen von wirtschaftlichen Aktivitäten sowie deren Rechtsrahmen. Ökonomisch betrachtet wird die Verantwortung für das allgemeine Wohl dabei mit dem Begriff des „öffentlichen Gutes" verbunden. Hingegen zielt eine rechtsnormative Perspektive darauf ab, Grundregeln zu beschreiben, um die legitimen und legalen Handlungsspielräume der am Wirtschaftsprozess unmittelbar oder mittelbar Beteiligten abzustecken. Daraus lassen sich wiederum konkrete Schutzgüter ableiten, deren Gewährleistung dem Sozialordnungsauftrag eines Gemeinwesens entspringt. Da der ordnungspolitische Rahmen nur als Oberbegriff für die Zusammenfassung grundsätzlicher Systementscheidungen dient, muss und wird sich Ordnungspolitik entsprechend anpassen, wenn sich wesentliche volks- und sozialwirtschaftliche Prämissen, z. B. durch Klimawandel, Digitalisierung oder Migration, ändern.

1.2.2 Historische Einbettung

Ein Blick in die Vergangenheit zeigt, dass Handel und Handwerk bereits im **Hoch- und Spätmittelalter** (12. bis 15. Jahrhundert) reglementiert wurden, insbesondere in den sog. Freien und Reichsstädten, wie Frankfurt/Main oder Lübeck. Ziel war die Aufrechterhaltung von Rechtsfrieden, etwa durch die Gewährleistung von öffentlicher Sicherheit und Ordnung, die Kontrolle von Preisen (einschl. Löhnen) und Waren, Regeln für das Münz-, Maß-, Gewichtswesen, das Aufstellen und Durchsetzen bestimmter Befähigungsnachweise (Zunftwesen) sowie die städtische Gerichtsbarkeit. Auch wenn es sich dabei im Vergleich zur heutigen Wirtschaftsaufsicht nur um räumlich eng begrenzte und punktuelle Maßnahmen handelte, führte dies, trotz großer Bedrohungen wie der Pest, zu wirtschaftlicher Blüte und prosperierenden Handelsplätzen, wie den italienischen Stadtstaaten, den Städten Flanderns und dem Städtebund der Hanse an Nord- und Ostsee.

Der **Merkantilismus** (lat. *mercator* = Kaufmann) war das ordnungspolitische Pendant zur absolutistischen Staatsordnung im Europa des 17. und 18. Jahrhunderts. Auf der Suche nach steigenden und sicheren Staatseinnahmen, um hohe Militärausgaben, aber auch einen personell wachsenden Verwaltungsapparat zu finanzieren, betrieben die jeweiligen Monarchen eine von Interventionen geprägte Wirtschaftspolitik. Mit dem Ziel der Realisierung eines absoluten Machtanspruchs wurden mittelalterliche Zunftprivilegien abgeschafft und stattdessen eine starke Kontrolle der Löhne, des einzelwirtschaftlichen Warenaustauschs (durch Zölle) sowie die Kolonialisierung fremder, überseeischer Gebiete vorangetrieben.

Das moderne Verständnis von Ordnungspolitik entstammt dem Zeitalter des **Liberalismus**, der auch die sog. **klassische Nationalökonomie** hervorbrachte. Geprägt durch die Französische Revolution (1789) und Ideen der europäischen Aufklärung rückten der einzelne Mensch und seine individuelle Freiheitssphäre in den Mittelpunkt. Damit verbunden war eine völlige Neuausrichtung des Verhältnisses von Staat und Wirtschaft; der Staat soll auf ein Mindestmaß von Wirtschaftskontrolle (in Form einer *invisible hand*) zurückgedrängt werden, um das freie Spiel der Marktkräfte nicht zu behindern. Neben dem binnenwirtschaftlichen Modell der **freien Marktwirtschaft** (Adam Smith) propagierte die Theorie komparativer Kostenvorteile (David Ricardo) die Wohlfahrtssteigerung durch Außenhandel. Mit Gründung des Deutschen Reiches (1871) erhob zunächst der **Kameralismus** (lat. *camera* = Schatzkammer), die deutsche Variante des Merkantilismus, nunmehr auch die „Wohlfahrtssteigerung" (Bismarck'sche Sozialreformen) zur Staatsaufgabe. Gleichzeitig begrenzte der sog. Nachtwächterstaat die Aufgaben des Staates auf ein Mindestmaß an Gefahrenabwehr und Infrastrukturgewährleistung. Paradebeispiel einer wirtschaftsliberalen Gesetzgebung ist das erste Preußische Gewerbepolizeigesetz (1811), das als direkter Vorläufer der Gewerbeordnung (1867) gilt und die bis heute geltende Gewerbefreiheit als Grundsatz verankerte.

Die industrielle Revolution führte Mitte des 19. Jahrhunderts zu enormen gesellschaftlichen Veränderungen, die zum Teil in gewalttätige Konflikte (Märzrevolution 1848) über Rolle und Funktionen des Staates mündeten. Ausgelöst durch die entwicklungsrevolutionäre Wirtschafts- und Staatstheorie des Kommunismus (Karl Marx/ Friedrich Engels) nimmt diese Epoche eine herausragende Bedeutung für die wissenschaftlichen Grundlinien der **modernen Nationalökonomie** ein. In Abkehr vom frühkapitalistischen Nachtwächterstaat forderten die Vertreter eine stärkere Rolle des Staates sowie zunehmende hoheitliche Eingriffe in den Wirtschaftskreislauf. Aufgegriffen wurden diese Ideen jedoch weder in der durch die Folgen des Ersten Weltkriegs (1914–18) und der Weltwirtschaftskrise (ab 1929) instabilen Weimarer Republik noch durch den Nationalsozialismus, der durch Wirtschaftslenkung und Zwangsorganisation alle Bereiche der Gesellschaft „gleichschaltete". Nach Ende des Zweiten Weltkriegs (1939–45) brachte das 1949 erlassene Grundgesetz mit seiner freiheitlich-demokratischen Staatsordnung eine Rückbesinnung auf ordoliberale Ansätze, die für die Bundesrepublik Deutschland als sog. **soziale Marktwirtschaft** praktiziert wurden. Der **Ordoliberalismus** (sog. Freiburger Schule um Walter Eucken u. a.) hatte ein volkswirtschaftliches Konzept für eine marktwirtschaftliche Wirtschaftsordnung entworfen, für die der Staat einen Ordnungsrahmen schafft und sichert, der ökonomischen Wettbewerb und die Freiheit der Märkte wie der Individuen gewährleisten soll. Für das Gebiet der ehemaligen DDR (1949–90) hingegen wurde dem sozialistischen Arbeiter- und Bauernstaat eine Zentralverwaltungswirtschaft „verordnet", die Teil des ideologisch durch die Sowjetunion geführten Blocks sozialistischer Staaten war. Dem gegenüber standen die marktliberalen Wirtschaftsordnungen der Staaten dies- und jenseits des Atlantiks. Die unterschiedlichen Ausprägungen ihrer jeweils wirtschaftsfreundlichen Politiken sind geprägt vom Ideenwettstreit zwischen zwei volkswirtschaftlichen Grundpositionen in Gestalt von Interventionismus und Monetarismus. Während der Interventionismus (John Maynard Keynes) die gesamtwirtschaftliche Steuerung (vgl. Art. 109 GG i. V. m. StabG) für erforderlich hält, betont das Gegenmodell, die bis heute vorherrschende neoklassische Theorie des Monetarismus (Milton Friedman, Wirtschaftsnobelpreis 1976), die Vorteile des freien Marktes (Modell vollständiger Märkte) gegenüber staatlicher Eingriffspolitik und strebt eine konsequent marktwirtschaftliche, d. h. optimale Verteilung knapper Ressourcen an. Im Gegensatz zur Position von Keynes, der eine antizyklische Finanzpolitik unter Inkaufnahme von Inflation befürwortete, griff Friedman die Idee der „unsichtbaren Hand" wieder auf und forderte eine Reduzierung der Staatsquote (durch Privatisierung öffentlicher Aufgaben), freie Wechselkurse, den Abbau bzw. Wegfall von Handelsbeschränkungen sowie die Reduzierung staatlicher Fürsorge.

Die zunehmende Globalisierung von Wirtschaftsbeziehungen (seit Ende des 20. Jahrhunderts) und rasante gesellschaftliche Wandlungsprozesse, z. B. durch Digitalisierung, rufen in rasch zunehmendem Maße wirtschafts- wie staatspolitisch transnationale Denk- und Lösungsansätze hervor. Eine Antwort auf neue Herausforderungen sind engere Formen wirtschaftlicher Kooperation, wie in Gestalt der EU zwischen 27 Mitgliedstaaten geschaffen und zu einem weltweit bislang einmaligen Modell eines supranationalen Staatenverbundes fortentwickelt. Dabei hat die Finanz- und Wirtschaftskrise

(2008/2010) die Risiken real vor Augen geführt, die die ökonomische Theorie optimaler Währungsräume (Robert Mundell, Wirtschaftsnobelpreis 1999) beschreibt und die aus der Ungleichzeitigkeit von Wirtschafts- und Währungsunion (EU-27 vs. EU-19) resultieren. Nicht zuletzt die enormen Aufgaben, die der globale Klimawandel, aber auch Migration und Digitalisierung weltweit für Wirtschaftsakteure und -prozesse stellen, belegen eindrucksvoll, wie komplex die verschiedenen, gleichzeitig sich rasch wandelnden Einflussgrößen auf ordnungspolitische Optionen und Entscheidungen sind. Eine zukunftsgerichtete „gute" Ordnungspolitik muss daher zumindest den **Dreiklang** zwischen Ökonomie, Ökologie und gesellschaftlicher Entwicklung besser verstehen und national wie letztlich weltweit in sozial verträgliche, nachhaltige Politikkonzepte umsetzen können.

1.3 Elemente der Methodenlehre für die Fallbearbeitung

Der letzte Abschnitt dieses Grundlagenkapitels fasst wichtige methodische Hinweise zusammen, die das Verständnis und die Auslegung von Rechtsnormen erleichtern und dabei helfen, Normenkonflikte aufzulösen. Ein solcher Werkzeugkasten enthält sozusagen die Bordmittel, die verfügbar sein müssen, bevor das juristische Boot in See sticht, der Kapitän sich in die Untiefen des Meeres von rechtspraktischen Fällen begibt. Dabei gilt wie bei jeder Seereise: Wer den Hafen nicht kennt, in den er segeln will, für den ist auch kein Wind günstig. Am Beginn jedes juristischen Denkprozesses steht daher die einzelne konkrete Rechtsvorschrift, deren Bedeutung für das jeweilige praktische Rechtsproblem ausgelotet werden muss. Je differenzierter diese Analyse ausfällt, umso passgenauer – und damit überzeugender, sowohl für den Korrektor als auch für den Rechtssuchenden im Unternehmen – werden am Ende die Lösungsvorschläge.

Die gute Nachricht vorweg: Auch Rechtsfragen und Fälle aus dem öffentlichen Wirtschaftsrecht werden nach herkömmlichen, in anderen Rechtsgebieten erprobten Methoden und Techniken – durch Subsumtion – bearbeitet und gelöst. Man kann und sollte daher unbedingt auf das Wissen zurückgreifen, das beispielsweise aus dem Zivilrecht zur Fallbearbeitung bereits bekannt ist. Ein solches, verschiedene Rechtsbereiche vernetzendes Denken fördert Verständnis für die Rechtsordnung als ein einheitliches Ganzes und sorgt im eigenen Kopf dafür, dass sich die einzelnen Puzzleteile zu einem Gesamtwerk, einem fertigen „Rechtspuzzle" zusammenfügen.

1.3.1 Auslegung von Rechtsvorschriften und Lösung von Normkonflikten

Juristische Methodenlehre beschreibt den richtigen Umgang mit Rechtsvorschriften. Sie umfasst dabei sowohl die Rechtserzeugung, also die Lehre davon, wie solche Normen geschaffen und aufgestellt werden, als auch die Rechtsanwendung. Rechtserzeugung geschieht in der Regel über den Prozess der parlamentarischen Gesetzgebung, entweder in einem förmlichen Gesetzgebungsverfahren (sog. Parlaments- oder formelle Gesetze), teilweise auch weiter auf die Verwaltung delegiert, die dann qua gesetzlicher Ermächtigung Rechtsverordnungen oder Satzungen (Gesetze im materiellen Sinne) erlassen darf. Am Ende des Rechtserzeugungsprozesses steht in der Regel eine bestimmte Rechtsquelle (Abschn. 1.1.4). Außer der Rechtserzeugung umfasst die Methodenlehre aber auch, ja, vor allem die entsprechend der Vielfalt wirtschaftlicher Tätigkeiten vielgestaltige **Rechtsanwendung**. In Bezug auf die Gewaltenteilung ist Rechtsanwendung sowohl der Verwaltung, als ausführender Gewalt (Exekutive), als auch der rechtsprechenden Gewalt (Judikative) übertragen. Aber auch jede Person bzw. jedes Rechtssubjekt wendet Vorschriften an, wenn und soweit sie sich an deren Vorgaben hält oder davon betroffen wird, wenn dies nicht der Fall ist.

Bei der Anwendung von Rechtsnormen stößt man schnell auf eine Vielzahl von Begriffen, deren Inhalt oftmals nur aus dem spezifischen (ju-

1.3 Elemente der Methodenlehre für die Fallbearbeitung

ristischen) Zusammenhang heraus verständlich wird. Gerade im öffentlichen Wirtschaftsrecht gibt es nur wenige Vorschriften, welche die verwendeten Termini auch exakt definieren.

Beispiel

Beispiele sind die Definition der Merkmale des Verwaltungsaktes in § 35 S. 1 VwVfG oder der Begriff der Behörde in § 1 Abs. 4 VwVfG. ◀

Weite Teile juristischer Begriffsbestimmungen setzen erst einmal eine Auslegung voraus und sind deren Ergebnis. Damit gemeint ist nichts Anderes als die jeweilige Rechtsanwendung anhand bestimmter Methoden, die zur Konkretisierung einer Norm bzw. deren Inhalt und zuweilen sogar zur Rechtsfortbildung führt. Auslegung findet vor allem durch Gerichte und deren Entscheidungen, aber auch und zuvor durch die Verwaltung(spraxis) statt. Allen Auslegungsmethoden gemeinsam ist letztlich immer die Klärung der Frage: Warum ergibt sich *gerade das* aus dem Gesetz? Bei der Auslegung geht es daher nicht um die eigene Meinung oder gar um Rechtspolitik. Vielmehr muss geltendes Recht verwirklicht werden, wobei Argumente hin und her gewendet werden, um Antworten zu finden, die sich aus dem Gesetz und anderen Rechtsnormen mehr oder weniger direkt ableiten lassen. Zu diesem Zweck existieren vier verschiedene **Auslegungsmethoden** (sog. Topoi, von griech. *topos*), die Wortlaut-, die systematisch-logische und die historische Auslegung sowie die Interpretation nach Sinn und Zweck (teleologisch).

Die **Wortlaut-** oder **grammatikalische Auslegung** steht immer am Anfang eines Auslegungsvorgangs, da die in einer Rechtsnorm benutzten Begriffe im Hinblick auf ihre allgemeinsprachliche Bedeutung oder eine besondere Fachsprache und deren Terminologie verwendet und daher auch diesbezüglich ausgedeutet werden. Ist die grammatikalische Auslegung nicht ergiebig oder nicht eindeutig, werden die weiteren Auslegungsarten genutzt. Die **systematisch-logische Auslegung** hinterfragt die Stellung der einzelnen Vorschrift im größeren Normkontext (Warum steht die Vorschrift gerade da, wo sie steht?), der im Ergebnis als ein widerspruchsfreies System, eine Einheit verstanden wird. Die **historische Auslegung**, die vor allem für vertiefende wissenschaftliche Arbeiten sinnvoll ist, sucht nach dem Willen des historischen Gesetzgebers (Wie haben sich die an der Rechtsetzung Beteiligten den Inhalt der Norm vorgestellt?), indem sie Vorgängernormen sowie die Entstehungsgeschichte einer Vorschrift einbezieht. Von größter Bedeutung ist jedoch die **teleologische Auslegung**, die den Sinn und Zweck (griech. *telos*) ermitteln will, den eine Norm verfolgt (*ratio legis*). Da Rechtsvorschriften regelmäßig Beschreibungen von Zuständen oder Vorgängen enthalten, die hergestellt oder vermieden werden sollen (sog. Sollenssätze), ist die teleologische Auslegung die wichtigste Methode. Unter dem Gesichtspunkt der Normenhierarchie, also der Rangfolge im Falle der Normenkollision und ihrer Auswirkungen (Abschn. 1.1.4), stellt die zu klärende Vereinbarkeit mit höherrangigem Recht einen Spezialfall der teleologischen Auslegung dar. Mittels sog. **verfassungskonformer Auslegung** ist dabei die Übereinstimmung mit dem Grundgesetz sicherzustellen, im formellen (Kompetenz, Verfahren) wie im materiellen Sinne (Inhalt). Die **europarechtskonforme Auslegung** tritt als weitere Methode hinzu, wenn die Normenkollision das Verhältnis von nationalem und EU-Recht betrifft (s. zum Anwendungsvorrang Abschn. 1.1.4). Auch bei der Auslegung von Unionsrecht selbst wird ähnlich vorgegangen; hinzu kommt hier noch der Vergleich der verschiedenen, gleichermaßen verbindlichen EU-Amtssprachen.

Bei für die Fallbearbeitung einschlägigen Vorschriften können Normenkonflikte oder -kollisionen auftreten. Normenkonflikte sind dadurch gekennzeichnet, dass von den jeweiligen Tatbestandsvoraussetzungen her mehrere Rechtsvorschriften anwendbar sein könnten, dies jedoch je nach Heranziehen der einen oder anderen Rechtsvorschrift zu abweichenden Ergebnissen führt. Für die Bewältigung solcher Konflikte existieren diverse Konkurrenz- und Verdrängungsregeln (Kollisionsregeln), die die Einheitlichkeit und

Widerspruchsfreiheit innerhalb des Rechtssystems sicherstellen sollen und daher für die gesamte Rechtsordnung gelten. Die wichtigsten **Kollisionsregeln** betreffen die Normenhierarchie in territorialer Hinsicht sowie zeitlich und nach Maßgabe einer Spezialitätsregel. Die höherrangige Norm verdrängt solche Vorschriften, die in der Normenhierarchie unter ihr stehen (*lex superior derogat legi inferiori*), die zeitlich jüngere Norm geht der zeitlich älteren Vorschrift vor (*lex posterior derogat legi priori*), die spezielle(re) Norm verdrängt die allgemeine(re) Regelung (*lex specialis derogat legi generali*).

1.3.2 Subsumtionstechnik und Fallbearbeitung

Abstrakt betrachtet, sind die methodischen Grundlagen zunächst „graue Theorie"; erst durch den Einsatz der methodischen Werkzeuge bei der Lösung konkreter Fallgestaltungen (Lebenssachverhalte) wird daraus „des Lebens goldner Baum". Juristen benutzen dabei die sog. **Subsumtion** als methodisch-stilistisches Mittel. Deren Ziel ist es, den Text von Rechtsnormen zunächst in ihre einzelnen Bestandteile (abstrakt-generelle Tatbestandsmerkmale) zu zerlegen. In einem zweiten Schritt werden die einzelnen Tatbestandsmerkmale (Worte und Satzbau/-zusammenhang) mit dem je dazu gehörenden Sachverhaltsausschnitt „verglichen", also auf Passfähigkeit geprüft. Erst wenn sämtliche Merkmale eines Gesetzestatbestands betrachtet worden sind, kann über die Rechtsfolge befunden werden.

▶ *Der Begriff Subsumtion taucht als Überschrift nie im Rechtsgutachten auf, er beschreibt nur den Denkprozess, sozusagen das, was der Jurist tut.*

Rechtsanwendung und -auslegung ist Umgang mit Sprache, sprachliches Handwerk, weshalb sich Juristen je nach Anlass unterschiedlicher Sprachstile bedienen, um ihre Gedankengänge grammatikalisch passend einzukleiden. Während Gerichte den **Urteilsstil** nutzen und dementsprechend ihre Entscheidungen vom Ergebnis her in Bezug auf die jeweils wesentlichen Voraussetzungen (Tatbestandsmerkmale) aufbauen, ist für die juristische Ausbildung stilprägend, dass alle rechtlichen Aspekte des Falles sowie die notwendigen Lösungs(zwischen)schritte in Form eines Gutachtens zu formulieren sind. Im **Gutachtenstil** wird daher die Rechtsfolge vorab als Hypothese benannt („könnte"). Der Gang der Argumentation wird damit ausgehend von den einzelnen Tatbestandsmerkmalen strukturiert und so von Merkmal zu Merkmal zum Ergebnis geführt. Am Beginn jeder Fallbearbeitung steht daher der Prüfungsobersatz, der die Lösung als Hypothese im Konjunktiv formuliert und bereits die je einschlägige (im Folgenden geprüfte) Rechtsgrundlage nennt. Im öffentlichen (Wirtschafts-)Recht wird regelmäßig von Ermächtigungsgrundlage gesprochen, weil durch sie staatliche Stellen zum Handeln gegenüber Individuen „ermächtigt" werden.

▶ *Mögliche Obersätze können lauten: Die Rücknahme des Subventionsbescheides könnte nach § 48 Abs. 1 VwVfG rechtswidrig sein. A könnte in seinen Grundrechten aus Art. 12 Abs. 1, 14 Abs. 1 GG verletzt sein.*

Jedoch gibt es andere (umgekehrte) Fallkonstellationen, in denen der Einzelne gegenüber der Behörde einen Anspruch geltend macht.

▶ *Der Obersatz lautet dann etwa: F könnte gegenüber der Behörde nach § 7 Abs. 1 S. 1 HwO einen Anspruch auf Eintragung in die Handwerksrolle haben.*

Im nächsten Schritt der Fallbearbeitung muss die (öffentlich-rechtliche) Rechtsgrundlage in ihre einzelnen Tatbestandsmerkmale zerlegt werden, diese sind sodann jeweils ihrerseits zu definieren. Die Begriffsbestimmung kann dabei wiederum anhand der vier Auslegungsmethoden (Abschn. 1.3.1) erfolgen. Es folgt die eigentliche Subsumtion, indem jedes einzelne zuvor definierte Tatbestandsmerkmal mit dem konkreten Sachverhaltsausschnitt verglichen und auf Passfähigkeit geprüft wird. Dabei sollten weder der Sachverhalt noch der Gesetzestext einfach abgeschrieben werden. Gute Fallbearbeitungen zeichnen sich vielmehr dadurch aus, dass sie Argumente pro und contra präzise benennen, systematisieren und bewerten, um danach in einer eigenen Stellungnahme ein überzeugendes (Zwischen-)Ergebnis zu formulieren.

▶ *Wichtig ist, stets sauber zu subsumieren und keine „Sachverhaltsquetsche" zu betreiben, indem der Sachverhaltsausschnitt so lange verändert wird, bis er zur Norm bzw. dem einzelnen Tatbestandsmerkmal passt.*

Erst wenn alle Tatbestandsvoraussetzungen „abgearbeitet" sind, steht die Rechtsfolge – und somit das Gesamtergebnis – fest: Die gesetzlich vorgesehene Rechtsfolge tritt nur dann ein, wenn sämtliche Tatbestandsvoraussetzungen als erfüllt erachtet werden; ist dies auch nur bei einem Merkmal nicht der Fall, kann auch die Rechtsfolge der Norm nicht eintreten. Dementsprechend ist das jeweilige Endergebnis der Fallbearbeitung festzuhalten, und der Kreis schließt sich, indem die im Obersatz formulierte Hypothese nunmehr im Indikativ („ist rechtswidrig/verletzt", „hat Anspruch auf") formuliert wird. Ebenso ist ein negatives Resultat ausdrücklich zu formulieren („besteht kein Anspruch auf").

▶ *Wird bereits vor Abschluss der Subsumtion festgestellt, dass ein Tatbestandsmerkmal nicht erfüllt ist, so ist es bei einem Gutachten immer ratsam, „hilfsweise" (falls man sich hier vertan hat) mit der Prüfung fortzufahren. Das Ergebnis muss dann entsprechend differenziert bzw. als Hilfsgutachten formuliert werden. Das Hilfsgutachten hat auch in der Praxis (etwa im Unternehmen oder bei der rechtlichen Analyse des Anwalts) durchaus seinen Sinn, weil man bei einem möglichen Angriff, z. B. bei Widerspruch gegen einen Verwaltungsakt, darin alle erkennbaren Rechtsfehler aufzeigt, sozusagen mehrere „Pfeile im Köcher" hat.*

An einigen Stellen verwendet dieses Lehrbuch schematische Darstellungen, sog. **Prüfungsschemata**, um die Rechtsprobleme rund um ein Thema in einer bestimmten Reihenfolge (Algorithmus) zu sortieren und dabei fallorientiert einzuordnen. Wichtig dabei ist: Alle Prüfungsschemata haben Hinweischarakter! Für die Fallbearbeitung bedeutet das, dass nicht in jedem Fall das gesamte Schema insgesamt „abgeklappert" werden muss. Nur die problematischen Punkte sind ausführlich anzusprechen.

▶ *Unproblematisches ist immer in gebotener Kürze abzuhandeln. Bei problematischen Punkten wäre es falsch, sich „wegzuducken", sondern diese sind klar zu beschreiben und abzugrenzen, um danach das eigene Vorgehen mit plausiblen Argumenten zu untermauern.*

Rechtsprechungsübersicht
BVerfG
    BVerfGE 4, 7 – Investitionshilfe
    BVerfGE 29, 402 – Konjunkturzuschlag
    BVerfGE 58, 300 – Nassauskiesung
    BVerfGE 67, 256 – Investitionshilfegesetz
    BVerfGE 68, 319 – Bundesärzteordnung
    BVerfGE 123, 267 – Lissabon
EuGH
    EuGH, Rs. 26/62, ECLI:EU:C:1963:1 – van Gend & Loos
    EuGH, Rs. 6/64, ECLI:EU:C:1964:66 – Costa ENEL
    EuGH, Rs. 41/74, ECLI:EU:C:1974:133 – van Duyn

Wirtschaftsverfassungsrecht 2

Die Verfassung versammelt regelmäßig diejenigen „staatstragenden" Normen, die staatliches wie privates Handeln einer gemeinsamen Grund- und einheitlichen Rechtsordnung unterstellen. Da die Verfassung in der Normenpyramide an oberster Stelle steht, bestimmt sie den Rechtsrahmen für Gesetzgebung, Verwaltung und Rechtsprechung. Für ein grundlegendes Verständnis des öffentlichen Wirtschaftsrechts sind daher zunächst diejenigen Verfassungsbereiche zu behandeln, die ordnend und gestaltend auf wirtschaftliche Prozesse und Aktivitäten einzelner Wirtschaftsteilnehmer einwirken. Zum sog. Wirtschaftsverfassungsrecht zählen neben verfassungsrechtlichen Fragen der Wirtschaftsordnung vor allem die Grundrechte (Abschn. 2.2), insbesondere, wenn sie als individuelle Abwehrrechte gegenüber staatlichen Eingriffen wirken. Ebenfalls zum Wirtschaftsverfassungsrecht gehören Staatsziele und staatsorganisationsrechtliche Grundlagen, die die Kompetenzen gewaltenteilig begründen (Art. 70 ff. GG) sowie Aufgaben und Befugnisse zuweisen (Art. 30, 83 ff. GG) (Abschn. 2.1). Abgerundet wird das Kapitel durch die Bezüge zwischen der deutschen Verfassungsordnung und dem europäischen wie internationalen Wirtschaftsrecht (Abschn. 2.3).

> **Lernziele**
> - Verfassungsrechtliche Grundlagen und Staatsziele verstehen
> - Wirtschaftsgrundrechte in ihrer Relevanz für das öffentliche Wirtschaftsrecht begreifen
> - Bezüge zu europäischen und internationalen Ebenen aufzeigen

2.1 Verfassungsrechtliche Grundlagen und Staatsziele

2.1.1 Wirtschaftsordnung und Wirtschaftsverfassung

2.1.1.1 Allgemeine Fragen

Das öffentliche Wirtschaftsrecht konzentriert sich auf die rechtlichen Vorgaben für das Wirtschaftsleben, wozu einzelne wirtschaftliche Tätigkeiten ebenso zählen wie die Wirtschaftsordnung insgesamt. Außen vor bleiben (müssen) Fragen nach dem Wirtschaftssystem sowie der Gestaltung der Wirtschaftspolitik, die Themen der Volkswirtschaftslehre sind. Juristischen Erklärungsbedarf gibt es jedoch bei den Begriffen Wirtschaftssystem und -politik.

Der Begriff **Wirtschaftssystem** umfasst diejenigen ökonomischen Vorgaben, die einen wirtschaftlichen Prozess mit dem Ziel der Güterproduktion und -verteilung in Gang halten. Mit Marktwirtschaft und Zentralverwaltungswirtschaft stehen sich seit langem zwei idealtypische **Modelle** gegenüber, die gleichsam gegensätzliche Extrempositionen beschreiben. Die wirtschaftspolitische Realität kennt verschiedene „Graustufen" dazwischen. Während die **Zentralverwaltungswirtschaft** alle Wirtschaftsprozesse zentral durch den Staat planen und lenken will, nutzt die **Marktwirtschaft** zur Wirtschaftssteuerung eine dezentrale Lenkung durch den Wettbewerb zwischen vielen Akteuren. Die konkrete **Wirtschaftspolitik** fasst die Gesamtheit der staatlichen Maßnahmen zusammen, die der Gestaltung der Wirtschaftsprozesse dienen und auf einer Systementscheidung für Markt- oder Planwirtschaft beruhen. Die wirtschaftspolitische Realität in Deutschland basiert auf dem ordoliberalen Modell einer sozialen Marktwirtschaft. Ausgehend vom Prinzip der Selbststeuerung durch die Marktkräfte schafft der Gesetzgeber die notwendigen Rahmenbedingungen (Leitplanken), um wirtschafts- und sozialpolitische Ziele zum Ausgleich zu bringen. Daran wird deutlich, dass das jeweils praktizierte Wirtschaftssystem einen ordnungsrechtlichen Rahmen braucht, der primär durch rechtliche Vorgaben gebildet wird. Diese beschreiben in ihrer Gesamtheit die **Wirtschaftsordnung** als in sich geschlossenes System, das auf die Gesamtwirtschaft lenkend und steuernd einwirkt. Die **Wirtschaftsverfassung** enthält die Grundpfeiler des wirtschaftsordnungsrechtlichen Rahmens und lässt sich daher als Summe der verfassungsrechtlichen Gestaltungselemente beschreiben, die einen bestimmten ordnungspolitischen Ansatz, wie beispielsweise die marktliberal-soziale Wirtschaftsordnung des GG, verfolgen und dadurch den Wirtschaftsprozess determinieren und ordnen. Dabei erfährt die Wirtschaftsverfassung nach herrschender Meinung eine enge bzw. an formalen Kriterien orientierte Auslegung, die nur Normen mit Verfassungsrang umfasst. Davon sauber abzugrenzen sind einfachgesetzliche Vorschriften, wie das StabG, welche die verfassungsrechtlichen Grundannahmen näher ausformen und rechtlich gestalten. Diese Abgrenzung ist von enormer praktischer Bedeutung, da ansonsten wirtschaftspolitische Konzepte in einfachgesetzlichen Normen mit Verfassungsrecht vermischt werden. Dies wäre ein grober Verstoß gegen die Normenhierarchie, nach welcher die Verfassung maßgeblich ist für die Auslegung und Anwendung des einfachen Rechts.

▶ *Die Auslegung und Anwendung des einfachen Rechts erfolgen am Maßstab der Verfassung, niemals umgekehrt.*

2.1.1.2 Wirtschaftsverfassung und Grundgesetz

Die **soziale Marktwirtschaft** ist **wirtschaftspolitische Realität** in Deutschland. Aus Sicht des Wirtschaftsverfassungsrechts folgt daraus die Frage, ob das GG ein bestimmtes Wirtschaftssystem verfassungsrechtlich garantieren wollte und will. Oder anders formuliert: Inwieweit ist die soziale Marktwirtschaft als derzeit praktizierte Wirtschaftsordnung durch die Verfassung unveränderbar vorgegeben, oder ist vielmehr das GG wirtschaftspolitisch „neutral"?

Die Antwort auf die Frage liefert dabei nicht eine einzelne Verfassungsnorm, nötig ist vielmehr eine Gesamtschau auf verfassungsrechtliche und damit staatstheoretische Grundlagen und Prinzipien. Der Streit um die wirtschaftspolitische Positionierung des GG hat aus heutiger Sicht eher historische Bedeutung, denn er wurde zwischen Verfassungsrechtlern vor allem in der Zeit nach Gründung (1949) der Bundesrepublik vehement geführt. Hintergrund war, dass das GG im Gegensatz zur Weimarer Reichsverfassung kein eigenes Kapitel zur Wirtschaftsordnung und damit keine einheitliche, in sich abgeschlossene Wirtschaftskonzeption enthält. Die historische Auslegung (s. Auslegungsmethoden, Abschn. 1.3.1) liefert keine eindeutigen Ergebnisse, denn wie aus Dokumenten des Verfassungskonvents von Herrenchiemsee hervorgeht, vertrat der Parlamentarische Rat tendenziell eine markt-

2.1 Verfassungsrechtliche Grundlagen und Staatsziele

liberale Auffassung, wollte aber bewusst einen verfassungspolitischen Kompromiss zwischen Freiheit und sozialer Bindung finden, ohne sich auf ein bestimmtes Wirtschaftssystem festzulegen. In der Folge wurde daher die Auffassung vertreten (Hans-Carl Nipperdey, 1954), dass das GG eine institutionelle Garantie der sozialen Marktwirtschaft enthalte. Begründet wurde diese Position mit dem von Verfassungs wegen garantierten sozialen Rechtsstaat sowie den Freiheits(grund)rechten, allen voran der allgemeinen Handlungsfreiheit (Art. 2 Abs. 1 GG). Hätte sich diese Auffassung durchgesetzt, wären ihre Folgen keineswegs nur akademischer Natur gewesen. Vielmehr wäre die soziale Marktwirtschaft zu einem eigenen verfassungsrechtlichen Prüfungsmaßstab aufgewertet worden mit der Folge, dass jede Änderung des wirtschaftspolitischen Kurses zwangsläufig auch einer Verfassungsänderung bedurft hätte. Jede staatliche Wettbewerbslenkung würde *per se* einen Eingriff in das Wirtschaftssystem bedeuten, sodass der Gesetzgeber in der praktischen Konsequenz daran gehindert wäre, die ihm jeweils situativ und sachgerecht erscheinende Wirtschaftspolitik zu verfolgen.

Das BVerfG äußerte sich mehrfach zur wirtschaftspolitischen Ausrichtung des GG, erstmals im Urteil zum Investitionshilfegesetz 1954 (BVerfGE 4, 7 [17 f.]). Das Gericht führte aus, dass das GG weder eine vollkommene wirtschaftspolitische Wertfreiheit garantiere noch ein bestimmtes Wirtschaftssystem, beispielsweise die soziale Marktwirtschaft, verfassungsrechtlich festschreibe. In seiner Kernaussage bekräftigt das Urteil die **relative wirtschaftspolitische Neutralität** des GG, die jedoch nicht als Inhalts- und Konturenlosigkeit missverstanden werden darf. Vielmehr gewährt die wirtschaftspolitische Offenheit des GG der Legislative und der Exekutive (Regierung) den notwendigen Gestaltungsspielraum, um die ihnen jeweils sachgerecht erscheinende Wirtschaftspolitik zu verfolgen. Dabei müssen die Grundrechte, allen voran die Freiheitsrechte aus Art. 12, Art. 14 Abs. 1 S. 2, Art. 9 Abs. 1 und 3 GG sowie die sozialstaatlichen Verpflichtungen aus Art. 20 Abs. 1, aber auch die Sozialisierungsbefugnis (Art. 15 GG) angemessen berücksichtigt werden. Das BVerfG stellte auch klar, dass die praktizierte soziale Marktwirtschaft eine nach dem GG mögliche, keineswegs aber die allein zulässige Wirtschafts- und Sozialordnung sei. Im Angesicht der Grundentscheidung für Freiheit *und* Sozialstaatlichkeit, die Art. 109 sowie 14 Abs. 2 GG (beide Vorschriften lesen!) explizit zum Ausdruck bringen, sind jedoch Extrempositionen in die eine wie andere Richtung rechtlich ausgeschlossen: Mit dem GG unvereinbar wären sowohl eine Zentralverwaltungswirtschaft als auch eine sozial unkorrigierte Lenkung der Wirtschaft allein durch den Wettbewerb in Gestalt einer (reinen) Marktwirtschaft.

Die vom BVerfG geprägte Formel von der wirtschaftspolitischen Neutralität des GG ermöglicht es dem Gesetzgeber, zeitlich flexibel auf globale wie europäische Entwicklungen zu reagieren und dabei auch widerstreitende, notfalls unkonventionelle wirtschaftspolitische Ziele zu verfolgen, ohne damit gegen die Verfassung zu verstoßen. Dieser Gestaltungsspielraum hat sich sowohl in Phasen der Hoch- wie der Niedrigkonjunktur, zuletzt in der Finanz- und Wirtschaftskrise (2008), immer wieder bewährt.

Seine aus heutiger Sicht durchaus visionäre Position hat das BVerfG 1979 im Urteil zum Unternehmensmitbestimmungsgesetz (BVerfGE 50, 290) bestätigt und präzisiert. Dem vorausgegangen war das **Stabilitätsgesetz** (1967), welches das **gesamtwirtschaftliche Gleichgewicht** verfassungsrechtlich (Ergänzung des Art. 109 GG um Abs. 2 und 4) festschrieb, den Begriff selbst aber nicht auf Verfassungsebene definierte. Zur Auslegung der Verfassungsbestimmung dient § 1 Abs. 2 StabG, wonach Bund und Länder verpflichtet sind, ihre Wirtschafts- und Finanzpolitik im Rahmen der marktwirtschaftlichen Ordnung an den Elementen des sog. magischen Vierecks auszurichten; dazu zählen ein stabiles Preisniveau, ein hoher Beschäftigungsstand, außenwirtschaftliches Gleichgewicht sowie stetiges und angemessenes Wirtschaftswachstum. Magisch ist das Viereck deshalb, da eine gleichberechtigte Verfolgung, ja schon die gleichzeitige Annäherung an alle Ziele kaum möglich ist. Auf das StabG zurück geht zudem die Gründung des Sachverständigenrates zur Begutachtung der gesamtwirtschaftlichen Lage, dem führende Ökonomen („Die fünf Wirtschaftsweisen") angehören und der als unabhängiges Expertengremium die Regierung wirtschaftspolitisch berät.

Mit dem StabG verbunden war jedoch keine „globalgesteuerte soziale Marktwirtschaft"; vielmehr wurden die bis dato schon anerkannten Grundsätze hier speziell für das Finanzwesen (Art. 104a ff. GG) bestätigt, ohne dabei das wirtschaftspolitisch neutrale GG stärker ökonomisch zu fixieren oder gar neu auszurichten. In seinem Urteil zur Unternehmensmitbestimmung betonte das BVerfG, dass das gesamtwirtschaftliche Gleichgewicht keine „Verfassungsentscheidung für eine soziale Marktwirtschaft" enthalte. Zugleich präzisierte das Gericht den Prüfungsmaßstab hinsichtlich derjenigen „Einzelgrundrechte, die die verfassungsrechtlichen Rahmenbedingungen und Grenzen der Gestaltungsfreiheit des Gesetzgebers" (BVerfGE 50, 290 [336]) für die Wirtschaftspolitik markieren. Maßgeblich sind allein die einzelnen Grundrechte, die bei der Beurteilung einer wirtschaftsrelevanten staatlichen Maßnahme anhand des Einzelfalls genau zu prüfen sind. Heranzuziehen sind laut BVerfG vor allem die Berufs-, Gewerbe- und Unternehmensfreiheit (Art. 12 Abs. 1 S. 1), die Garantie des Privateigentums einschließlich seiner ökonomischen Nutzbarkeit (Art. 14) sowie das Recht zur Bildung von Vereinigungen und Gesellschaften (Art. 9 Abs. 1 GG). Einschränkungen der wirtschaftlichen Betätigungsfreiheit, z. B. durch Marktordnungen, sind nur zulässig, soweit sie durch überwiegende Gründe des Gemeinwohls geboten sind. Bestätigt wird damit die Funktionsgarantie für ein dezentrales Wirtschaftssystem, die aber im Sinne der wirtschaftspolitischen Offenheit gerade **keine Systemgarantie** für die soziale Marktwirtschaft enthält. Die freie wirtschaftliche Betätigung wird damit zur Regel, staatliche Beschränkungen – in Gestalt von Grundrechtseingriffen – sind nach den Grundsätzen der rechtsstaatlichen Verteilung („Erlaubt ist, was nicht verboten ist") nur ausnahmsweise zulässig.

Beispiel

Die freie Wahl von Beruf und Ausbildung (Art. 12 Abs. 1 S. 1) verhindert i. V. m. der verfassungsrechtlichen Ewigkeitsgarantie (Art. 79 Abs. 3 GG), dass unter dem GG eine staatlich gelenkte Planwirtschaft in Reinform eingeführt wird. Die Eigentumsgarantie (Art. 14 Abs. 1 S. 1 GG) sichert die Existenz und Nutzbarkeit des Privateigentums und verbietet (i. V. m. Art. 15) dessen komplette Vergesellschaftung (Volkseigentum). ◄

Der 1990 im Zuge der deutschen Einheit zwischen der BRD und der früheren DDR geschlossene sog. **Einigungsvertrag** (Staatsvertrag über die Schaffung einer Wirtschafts-, Währungs- und Sozialunion zwischen der BRD und der DDR v. 18.05.1990, BGBl. II, 518) nannte als Grundlage der Wirtschaftsunion explizit die „soziale Marktwirtschaft als gemeinsame Wirtschaftsordnung beider Vertragsparteien" (Art. 1 Abs. 3 EinigungsV). Diese Formulierung ist jedoch nur als normatives Bekenntnis zur seinerzeit (und gegenwärtig) praktizierten Wirtschaftsordnung zu werten. Da der EinigungsV weder Verfassungsrang noch formell-verfassungsrechtliche Qualität besitzt, sondern als völkerrechtlicher Vertrag zwischen zwei Staaten über das Zustimmungsgesetz (Art. 59 Abs. 2 S. 1 GG) lediglich im Range eines einfachen Bundesgesetzes steht, ist er nicht dazu geeignet, die Verfassung auszulegen. Die dort enthaltene wirtschaftspolitische Bezugnahme wirkt nicht verfassungsändernd und ergänzt das GG somit auch nicht um eine Staatszielbestimmung „soziale Marktwirtschaft". Vielmehr könnte die wirtschaftspolitische Neutralität des GG nur über eine Änderung der Verfassung selbst, mit entsprechender Zwei-Drittel-Mehrheit in Bundestag und Bundesrat (Art. 79 Abs. 2, 3 GG), modifiziert werden.

An diesem Ergebnis vermag auch der **Einfluss des Unionsrechts** zunächst nichts zu ändern, selbst wenn das einfache (nationale) Recht in immer stärkerem Maße durch europäisches (Sekundär-)Recht überformt oder vorgeprägt, teilweise auch verdrängt wird (Anwendungsvorrang, Abschn. 1.1.4). Der Vertrag von Lissabon (2007, in Kraft seit 2009; ABl. EU 2007, C 306, 1), der die europäischen Gründungsverträge zuletzt reformiert und neugestaltet hat (EUV, EuGRCh, AEUV), bekennt sich prominent und ausdrücklich zum Grundsatz einer offenen Marktwirtschaft mit freiem Wettbewerb (Art. 3 Abs. 3 UAbs. 1 EUV, Art. 119 Abs. 1, 2 AEUV). Damit gibt die EU sich selbst und ihren Mitgliedstaaten wirtschaftsverfassungsrechtliche Zielvorgaben, die neben einer in hohem Maße wettbewerbsfähigen sozialen Marktwirtschaft ein ausgewogenes Wirtschaftswachstum sowie Preisstabilität (Art. 3 Abs. 2 S. 1 EUV) umfassen. Die genannten Ziele spiegeln eine Mischung aus ökonomischem Liberalismus und koordinierender Marktintegration wider, wobei auch hier wirtschaftliche Freiheit den Grundsatz und deren Einschränkung die Ausnahme bilden. Allerdings ist die EU nicht auf die soziale Marktwirtschaft fixiert. Vielmehr finden sich im Unionsrecht eine Vielzahl gleichrangiger Ziele nichtwirtschaftlicher Art, beispielsweise Umweltschutz (Art. 3 Abs. 3 S. 1 EUV, Art. 191 ff. AEUV), Förderung des wissenschaftlichen und technischen Fortschritts (Art. 3 Abs. 3 S. 2 EUV), soziale Gerechtigkeit und Solidarität (Art. 3 Abs. 3 UAbs. 2, UAbs. 3 EUV, Art. 9 AEUV), Vielfalt und kulturelles Erbe (Art. 3 Abs. 3 UAbs. 4 EUV). Schließlich enthält das Unionsrecht nach wie vor Elemente restriktiver Wirtschaftslenkung, beispielsweise bei den Agrar-Marktordnungen.

Hinzu kommt, dass die **EU** keine Staatsqualität im Sinne eines (nationalen) Verfassungsstaats besitzt. Sie ist vielmehr ein **Staatenverbund**, wie das BVerfG mit Blick auf ihre Sonderstellung zwischen Staatenbund und Bundesstaat treffend formulierte (BVerfGE 89, 155 – Maastricht). Verfassungsrechtlich hat das zur Folge, dass die Bestimmungen des nationalen Verfassungsrechts mit denen des Unionsrechts verklammert und verzahnt sind. Auch wenn die EU-Verträge formell kein Verfassungsrecht darstellen, bilden sie einen materiell-verfassungsrechtlichen Rahmen für die Wirtschaftsordnungen der Mitgliedstaaten, somit auch für die Wirtschaftsverfassung des GG (ebenso wie die Verfassungen der übrigen 26 Mitgliedstaaten). Um einheitliche Zielvorgaben für die Wirtschaftspolitiken aller Mitgliedstaaten zu erzeugen, möglicherweise sogar eine gemeinsame Wirtschaftspolitik für die EU-27, müssten aus den Unionszielen konkrete wirtschaftspolitische Zuständigkeiten der EU folgen. Dies ist jedoch nicht wirklich der Fall. Vielmehr findet im Bereich der Wirtschaftspolitik nur eine Koordinierung der (27) nationalen Wirtschaftspolitiken statt (Art. 5 Abs. 1 AEUV); für die Mitgliedstaaten des gemeinsamen Währungsraums, der sog. Eurozone, gelten zwar besondere Regeln (Art. 5 Abs. 1 S. 2 AEUV), auch sie stellen allerdings der Währungsunion kein wirtschaftspolitisches Pendant („echte Wirtschaftsunion") zur Seite. Die EU verfügt nicht über spezifische, konkrete wirtschaftspolitische Kompetenzen, weshalb den Mitgliedstaaten ein erheblicher Gestaltungsspielraum für ihre jeweils eigene Wirtschaftspolitik verbleibt. Dieser Wettbewerb zwischen den wirtschaftspolitischen Modellen kann vorteilhaft sein, wenn der Binnenmarkt das maßgebliche Integrationsziel bildet. Sollen aber auch nichtwirtschaftliche Bereiche Teil des Integrationsprozesses sein oder existiert, wie im Falle der Eurozone, bereits ein gemeinsamer Währungsraum, werden nationale Wirtschaftspolitiken längerfristig nur begrenzt zum Ziel führen können.

▶ *Das GG folgt dem Prinzip der wirtschaftspolitischen Neutralität, weshalb wirtschaftsrelevante Staatstätigkeit immer an der einschlägigen grundgesetzlichen Einzelnorm zu messen sowie im Kontext des Unionsrechts zu bewerten ist.*

2.1.2 Staatsziele

2.1.2.1 Begriff und Bedeutung

Anders als das EU-Recht (Abschn. 2.1.1), die Weimarer Reichsverfassung (1919) und viele Landesverfassungen (vor allem der „Neuen" Bundesländer) hat das GG zunächst bewusst auf eine Festlegung formell verbindlicher Staatsziele verzichtet. Es formuliert lediglich in der Präambel, das „Deutsche Volk" wolle in der neuen Bundesrepublik „im Bewußtsein seiner Verantwortung vor Gott und den Menschen ... als gleichberechtigtes Glied in einem vereinten Europa dem Frieden der Welt" dienen.

Auch die Änderungen im Zuge der deutschen Wiedervereinigung beinhalten lediglich die Einfügung von Art. 20a, ohne jedoch diesen „Umweltschutzartikel" formal auf dieselbe Stufe zu stellen wie die ursprünglichen, im Kern auch gegenüber einer Verfassungsänderung nach Art. 79 Abs. 1, 2 GG resistenten, in Art. 20 GG verankerten Staatsfundamentalnormen bzw. **Staatsstrukturprinzipien** (Art. 79 Abs. 3 GG).

Der durch die Vorgaben des EU-Rechts zwar abgeschwächte, aber nicht beseitigte Verzicht auf eigene „Staatsziele" erklärt sich zum einen daraus, dass es in Deutschland wie in anderen EU-Ländern einen **festen Kern** von „**Staatsaufgaben**", die von staatlichen Stellen wahrzunehmen sind, nicht gibt. Selbst im Hinblick auf innere wie äußere Sicherheit oder Abgaben zur Finanzierung staatlicher Tätigkeiten ist eine Mitwirkung Privater an der Aufgabenerledigung nicht gänzlich verboten (Abschn. 4.4). Der konkrete Bestand wie eine Entwicklung „öffentlicher" Aufgaben in Anpassung an sozialen, gesellschaftlichen oder technischen Wandel werden im demokratischen Staat primär durch die Volksvertretung festgelegt, mit deren Beschlüssen politische Programme oder Kompromisse durch Gesetzgebung umgesetzt werden. Auf diesem Wege werden mehrheitsfähige politische Ziele durch die Legislative in rechtliche Form gegossen, wobei neben Inhalten auch Art und Weise sowie Zeitpunkt oder -dauer der Erfüllung konkretisiert werden. Zum anderen beinhalten Staatsziele lediglich objektives Recht, selbst wenn sie sprachlich als ein (subjektiver) Anspruch, z. B. auf Wohnen oder auf Arbeit, formuliert sind, weil hieraus gerade noch kein konkreter Rechtsanspruch gegenüber einem Vermieter oder Arbeitgeber resultiert. Vielmehr wird damit nur eine bestimmte (Wirtschafts-)Politik umschrieben, ohne Wege, Mittel oder Verfahren der Umsetzung bereits näher vorzugeben.

Diese vor allem **programmatische Bedeutung** von Staatszielen wird teils in Landesverfassungen verdeutlicht, etwa als Pflicht des betreffenden Gliedstaats, „nach seinen Kräften die in (der) Verfassung niedergelegten Staatsziele anzustreben und sein Handeln danach auszurichten" (so Art. 13 SächsVerf, ähnlich Art. 43 ThürVerf). Rechtlich zulässig ist die Verwirklichung aber nur in dafür jeweils verfassungsmäßig vorgesehenen Formen und Verfahren.

Trotz ihrer allgemeinen Formulierung und schwachen rechtlichen Wirkung gehören Staatsziele neben Wirtschaftsgrundrechten zu den wichtigsten Pfeilern des Wirtschaftsverfassungsrechts. Sie richten sich in erster Linie an den Gesetzgeber, für den sie rechtlich beachtlich sind, und fordern von diesem eine Präzisierung und Ausgestaltung durch einfaches Recht, also durch Gesetze des Bundes oder auch, je nach Zuständigkeit (Abschn. 3.2.1), der Länder. Erst infolge von Zuständigkeiten ergeben sich aus diesen Rechte oder Pflichten einzelner Akteure, die auch gerichtlich durchgesetzt werden können.

Staatsziele mit besonderer Bedeutung für das öffentliche Wirtschaftsrecht sind das **Rechts-** und das **Sozialstaatsprinzip** sowie der **Umweltschutz**; innerhalb der weiteren Staatsziele ist neben dem föderalistischen **Bundesstaats-** vor allem das **Demokratieprinzip** bei der Verwirklichung einer „guten" Wirtschaftsordnung bedeutsam. Mit (scheinbarer) Ausnahme des Umweltschutzprinzips (Abschn. 2.1.2.4) besteht keine Hierarchie oder Rangordnung zwischen den verschiedenen Staatszielen, da sie alle auf der gleichen, verfassungsrechtlichen Ebene verankert sind. Vielmehr hängen alle Staatsziele mehr oder weniger eng miteinander zusammen, sind allerdings im Hinblick auf die Gewaltenteilung unterschiedlich stark auf das Handeln von Legislative, Exekutive oder Judikative bezogen.

Die Staatsziele des GG gelten auch für die Bundesländer sowie für die kommunale Ebene, also Gemeinden und Städte bzw. Kreise. In Landesverfassungen werden sie teilweise wiederholt (etwa Art. 1 S. 2 SächsVerf), wirken insoweit dann aber als gliedstaatliches Recht, ebenso wie weitere Vorschriften vor allem im Bereich der **Kultur** (sog. Kulturstaatsprinzip, z. B. Art. 11 SächsVerf). Um sie umzusetzen, muss daher auch eine Gesetzgebungskompetenz der Länder (nach Art. 70 ff. GG) bestehen; auf Bundesebene können Länder insoweit lediglich Vorschläge über den Bundesrat auf den Gesetzgebungsweg bringen (Art. 76 Abs. 1 GG). Dies betrifft etwa „angemessenen Lebensunterhalt" oder „soziale Sicherung" (vgl. Art. 7 SächsVerf).

Schließlich ist die schon von Anfang an bestehende internationale Ausrichtung der Bundesrepublik Deutschland nach der deutschen Einigung und der Vertiefung der europäischen Integration durch den Maastricht-Vertrag (1992) verstärkt und weiter differenziert worden. Art. 23 Abs. 1 GG verknüpft die deutsche Mitgliedschaft in der EU mit der Gewährleistung wesentlicher **Prinzipien auf supranationaler Ebene** (Demokratie, Rechts-, Sozialstaatlichkeit, Föderalismus sowie Grundrechtsschutz); in den weiteren Absätzen der novellierten Vorschrift wird der Modus der Kooperation zwischen nationalen deutschen und EU-Stellen näher ausgeformt. Art. 24 GG erweitert die Möglichkeiten, staatliche Kompetenzen durch Internationale Organisationen wahrnehmen zu lassen, auch auf die Bundesländer. Zudem sollen völkerrechtliche Konflikte möglichst vor internationalen (Schieds-)Gerichten ausgetragen werden (Art. 24 Abs. 3 GG). Allerdings gibt es bisher keine „allgemeine, umfassende, obligatorische" Schiedsinstitution, weder im Rahmen der WTO noch anderer globaler Organisationen.

2.1.2.2 Rechtsstaatsprinzip, Art. 1 Abs. 3, Art. 20 Abs. 3 GG

Staatliche Gewalt wird von Menschen ausgeübt, die dabei aber umfassend rechtlich gebunden sein müssen; persönliche Eigenschaften und damit verbundene Subjektivität sollen in den Hintergrund treten, staatliche Entscheidungen und Maßnahmen müssen objektiv bewert- und kontrollierbar sein. Bereits im 18. Jahrhundert wurde dafür als prägnante Maxime formuliert, maßgeblich sei eine „**Rule of Law, not of Man**". Die bis heute primär von Staaten geschaffene und weiter entwickelte Rechtsordnung – Gesetze und andere Vorschriften des objektiven Rechts – hat die grundlegende Aufgabe, die vielfältigen Beziehungen privater Wirtschaftssubjekte, Menschen wie Organisationen, zum Staat sowie zu anderen Rechtssubjekten zu ordnen und zu gestalten, mit dem Ziel, ein hohes Maß sowohl an formaler Rechtssicherheit als auch an materieller Gerechtigkeit, auch in sozialer Hinsicht, zu gewährleisten. Weder diese beiden zentralen Elemente noch der Begriff „Rechtsstaat" als solcher sind im GG ausdrücklich und damit wörtlich verankert, aber an mehreren Stellen (vor allem in Art. 1 Abs. 3, Art. 20 Abs. 3 sowie in Art. 28 Abs. 1) der Sache nach als verfassungsrechtliche Grundentscheidung verbürgt. Dort zeigen sich vor allem die beiden Hauptpfeiler des Rechtsstaats: Zum einen beinhaltet er eine **staatsgewährleistende Ordnung**, gekennzeichnet durch Begrenzung staatlicher Macht, durch Festlegung von Kompetenzen und Verfahren, zum anderen bildet er zugleich eine **rechtsgewährende Ordnung**, die dem Ziel von (mehr) materieller Gerechtigkeit verpflichtet ist. Charakteristisch für den modernen Rechtsstaat sind einige wesentliche Elemente wie Gesetzmäßigkeit der Verwaltung, Bestimmtheit staatlicher Kompetenzen, Rechtssicherheit (einschließlich des Rückwirkungsverbots), Übermaßverbot als Aspekt der Verhältnismäßigkeit, Garantie des Rechtsschutzes gegenüber staatlichem Handeln (Art. 19 Abs. 4), generell die Pflicht zur Justizgewährleistung bei Streitigkeiten zwischen Rechtssubjekten (Art. 92 GG) und nicht zuletzt Grundrechte in ihrer abwehr- ebenso wie ihrer schutzrechtlichen Dimension (Abschn. 2.2.2.1).

Die in Art. 1 Abs. 3 speziell und in **Art. 20 Abs. 3 GG** allgemein postulierte **Gesetzmäßigkeit, die für alle Staatsgewalten** und somit auch die **Verwaltung** gilt, ist im **Verfassungsstaat** des Grundgesetzes in einen größeren Zusammenhang eingestellt, nämlich in die Verfassungsbindung des Parlaments als Hauptorgan der Gesetzgebung und in die Kontrolle sowohl der Legislative als auch von Regierung und sonstiger vollziehender Gewalt (Exekutive) durch „unabhängige" (staatliche) Gerichte (Judikative). Insoweit bedeutet Gesetzmäßigkeit der Verwaltung (Legalität) zum einen **Vorrang des Gesetzes**: Ein Handeln von Stellen der Verwaltung im Widerspruch zu bestehenden Rechtsnormen ist unzulässig bzw. rechtswidrig.

Beispiel

So darf etwa eine (Finanz-)Behörde auf die Erhebung von Steuern nur verzichten, wenn eine Ausnahme oder Befreiung von der Steuerpflicht ausdrücklich vorgesehen ist (vgl. § 227 AO). ◂

Aus Sicht der gesetzesunterworfenen Person, im Beispiel des Steuerpflichtigen, ergibt sich daraus auch die Anforderung an den Gesetzgeber, Vorschriften so klar und bestimmt wie möglich zu formulieren. Eine Bindung der Verwaltung besteht immer dann, wenn und soweit eine Situation durch rechtsverbindliche Regelungen geprägt ist. Allerdings verwendet der Gesetzgeber, da sein Handeln auf künftiges Verhalten einer Vielzahl von Personen in einer Vielfalt von Fällen (abstrakt-generell) abzielt, oft recht vage Begriffe und Formulierungen, die der sich darauf stützenden Behörde einen Gestaltungsspielraum (Ermessen) eröffnen. Ob dies so ist und ob der Verwaltung durch sog. unbestimmte Rechtsbegriffe (Abschn. 3.3.2.2) eine eigene Beurteilungsermächtigung an die Hand gegeben werden soll, klärt letztlich erst ein Verwaltungs- oder gar Verfassungsgericht.

Vom Vorrang ist der **Vorbehalt des Gesetzes** zu unterscheiden, der eine ausdrückliche, „positive" gesetzliche Grundlage für jeweils bestimmtes Verwaltungshandeln verlangt („kein behördliches Handeln ohne gesetzliche Ermächtigung"). In einem weiteren Sinne, als Rechtssatzvorbehalt, gilt diese Anforderung bei Eingriffsakten, d. h. ihren Adressaten belastenden (bzw. ihm zuvor gewährte Begünstigungen beseitigenden) staatlichen Maßnahmen. Erfasst davon sind direkt auf bestehende Rechtspositionen einwirkende („finale") Akte wie Ge- und Verbote, die Ablehnung oder Aufhebung einer Genehmigung, aber auch bloß tatsächliche Handlungen, die bei Betroffenen ebenso intensive negative Wirkungen entfalten. Dies ist bei reinen Mitteilungen, Ratschlägen und Hinweisen eher nicht der Fall, wohl aber bei behördlichen **Produktwarnungen** (BVerwGE 87, 37; BVerfGE 105, 252), weil diese zwar an Konsumenten gerichtet sind, aber letztlich Hersteller und Händler in ihrer wirtschaftlichen Betätigung treffen sollen. Zunehmend sind hierfür ausdrückliche gesetzliche Ermächtigungen vorgesehen (z. B. § 26 Abs. 2 ProdSG), denn eine Aufgabenzuweisung allein, wie etwa in Art. 64 Abs. 1, Art. 65 GG an Bundesregierung bzw. einzelne Mitglieder, begründet nicht ohne weiteres auch Befugnisse, durch die gezielt oder faktisch Rechte betroffener Personen verkürzt werden dürfen. Sachliche, neutral gehaltene Informationen zu verbreiten gehört freilich (als Öffentlichkeitsarbeit) zu den Aufgaben jeder öffentlichen Stelle im Rahmen ihrer jeweiligen Zuständigkeiten – unabhängig von speziellen Umwelt-, Verbraucher- oder allgemeinen Informations(zugangs)gesetzen – und umfasst auch Empfehlungen eines bestimmten Verhaltens. Außerhalb der Eingriffsverwaltung entfaltet der Rechtssatzvorbehalt seine Bedeutung für die sog. **Leistungsverwaltung**: Hier hat das BVerfG zunächst im Bildungs- und Schulrecht (BVerfGE 41, 29 [45]), später im Großanlagen- und Atomrecht (BVerfGE 49, 89; 53, 30) dargelegt, unabhängig von damit verbundenen Eingriffen in „Freiheit und Eigentum" müssten alle „wesentlichen Fragen" (zumindest in Grundzügen) vom Parlament als (Haupt-)Gesetzgeber selbst geregelt werden. Diese Festlegung umfasse nicht nur inhaltliche Fragen, sondern auch Aspekte von Verfahren und Organisation (etwa beim Datenschutz, vgl. BVerfGE 65, 1). Was in diesem Sinne „wesentlich" ist und wie weit das Parlament auch den Erlass von Vorschriften an Stellen der Exekutive delegieren darf (bzw. selbst normieren muss), lässt sich nur jeweils für konkrete Probleme oder Bereiche bestimmen und kaum verallgemeinern. Dessen ungeachtet sind zwei Vorgaben für die Abgrenzung des Parlamentsvorbehalts besonders wichtig: zum einen die Bedeutung des jeweiligen Regelungsgegenstands für die Ausübung und Verwirklichung der dabei tangierten Freiheits- und Gleichheitsgrundrechte, zum andern die Relevanz einer Regelung für das Gemeinwesen und das Allgemeinwohl, also zugleich für die Gesamtheit oder einen großen Teil der Bevölkerung. Daraus folgt auch, wie maßgeblich der Vorbehalt des Parlamentsgesetzes für das öffentliche Wirtschaftsrecht ist, denn hier müssen auch in Normal- und nicht allein in Not- oder Krisensituationen teils schwerwiegende Eingriffe, etwa Produktions-, Handels-, Ex- und Importbeschränkungen bis hin zu Totalverboten, ermöglicht werden. Zudem geht es vielfach um staatliche Leistungen von hoher einzel- oder gesamtwirtschaftlicher Bedeutung, wie Wirtschafts-Förderung oder Vergabe öffentlicher Aufträge (Abschn. 4.1.2).

Speziell für die Legislative wesentlich ist das rechtsstaatliche Prinzip der **Bestimmtheit von Normen**: Rechtliche Vorschriften bezwecken, Regeln für richtiges menschliches Verhalten aufzustellen bzw. aufzuzeigen, welche Sanktionen bei Missachtung drohen. Sie müssen daher „adressatengerecht" formuliert werden, damit sie nicht nur von Fachleuten (Juristen in Behörden oder Gerichten), sondern von allen Regelungsunterworfenen verstanden und befolgt werden können. Freilich bestehen hier Voraussetzungen und Einschränkungen: Die „Gesetzessprache" (auf nationaler Ebene deutsch, § 23 Abs. 1 VwVfG) deckt sich nur teilweise mit der Alltagssprache; sie hat ihre eigene Semantik und Logik, so dass Legaldefinitionen zentraler Begriffe für jedes Gesetz nötig sind. Zudem steht die Anforderung der Bestimmtheit (und Klarheit) in einem gewissen Widerspruch zur Lebensvielfalt, deren möglichst konfliktarme Bewältigung durch kompakte, systematisch durchdachte und nur daher noch allgemein verständliche Rechtsnormen ermöglicht oder jedenfalls erleichtert werden soll. Daher können und müssen Vorschriften (nur) so bestimmt sein, wie dies nach Eigenart der zu regelnden Sachverhalte mit Rücksicht auf den Normzweck möglich ist (BVerfGE 87, 234 [263]). **Tatbestände und Rechtsfolgen** rechtlicher Regelungen müssen hinreichend **präzise formuliert** sein, nicht nur im Bereich des Strafrechts (Art. 103 Abs. 2 GG), sondern darüber hinaus, also generell. Mit dem Gebot der Bestimmtheit eng verknüpft ist der Grundsatz der Normenklarheit, der insbesondere Struktur und System, innere Konsistenz und Widerspruchsfreiheit von Vorschriften betrifft. Eine Kontrolle der Gesetz- bzw. Rechtmäßigkeit von Verhalten (vor allem, aber nicht nur durch Gerichte, sog. Justiziabilität) kommt überhaupt nur dann in Betracht, wenn der durch Worte und andere Zeichen normierte Maßstab eine Überprüfung erlaubt, ob Vorgaben beachtet worden sind oder nicht. Dies gilt selbst bei Generalklauseln (z. B. „alle erforderlichen Maßnahmen") sowie bei unbestimmten Rechtsbegriffen, wie etwa „öffentliche Sicherheit" oder „Zuverlässigkeit". Bei derartigen Vorschriften will der Gesetzgeber Behörden häufig Beurteilungs- oder andere **Gestaltungsspielräume** (auf Tatbestandsseite) zuweisen oder (bei der Rechtsfolge) **Ermessen** belassen, ob und wie zu handeln ist. Gerade bei schnell wechselnden Situationen des wirtschaftlichen Lebens, die flexible vorbeugende Kontrollen bzw. rasche, adäquate Reaktionen auch bei nicht oder nur allgemein vorhergesehenen Situationen erforderlich machen, kann auf mehr oder weniger unbestimmte Begriffe beim Tatbestand und/oder bei Rechtsfolge einer Vorschrift nicht verzichtet werden.

> **Beispiel**
>
> *Verwiesen sei hier auf das „gesamtwirtschaftliche Gleichgewicht" nach Art. 109 Abs. 2 GG sowie dessen vier Teilziele („magisches Viereck") in § 1 StabG. Wichtig wäre dann, dass der Gesetzgeber selbst deutlich macht, ob und wie viel Spielräume er für eigenständige Behördenentscheidungen eröffnet; das geschieht recht selten, etwa in § 71 Abs. 5 S. 2 GWB (Würdigung der „gesamtwirtschaftlichen" Lage und Entwicklung durch Kartellbehörden) oder § 10 Abs. 2 S. 2 TKG (s. BVerfG, 08.12.2011, 1 BvR 1932/08, Rn. 18 ff.).* ◄

Im Zweifel bleibt es ohne eine solche Vorklärung im Hinblick auf Art. 19 Abs. 4 GG Sache der Gerichte zu bestimmen, wie ein gesetzlicher Terminus richtig auszulegen ist. Eine Konkretisierung von Begriffen erfolgt in der Rechtspraxis durch langjährige, gleichmäßige Übung seitens der Verwaltung, vor allem, wenn diese durch (ober)gerichtliche Entscheidungen gebilligt wird, so etwa bei „Zuverlässigkeit" im Gewerberecht (§ 35 GewO, Abschn. 4.1.2.4), oder bei „schädlichen" Umwelteinwirkungen i. S. v. § 3 Abs. 1, 4 BImSchG.

Während Normenklarheit und -bestimmtheit vor allem auf zukünftiges Verhalten Einfluss nehmen und Planungssicherheit vermitteln sollen, erfasst das **Prinzip der Rechtssicherheit** auch bestehende Rechtspositionen und enthält insbesondere ein **Rückwirkungsverbot** im Hinblick auf nachträglich erfolgende Verschlechterungen der Rechtslage, das speziell, aber eben nicht nur

Kriminalstrafen betrifft (vgl. Art. 103 Abs. 2 GG: keine Strafe ohne Gesetz). Berechenbarkeit und Kontinuität von Rechtsvorschriften sind höchst wichtig, um gerade auch autonome wirtschaftlich-finanzielle Dispositionen und damit jedwede Investitionstätigkeit zu ermöglichen. Im Rechts- und Verfassungsstaat wird das Vertrauen in erworbene Rechte geschützt, auch über den Bestandsschutz für Vermögensrechte hinaus (Eigentums- und Erbrecht als Institutsgarantien, Abschn. 2.2.3.2), und dürfen „berechtigte Erwartungen" zumindest nicht ohne Ausgleich zunichte gemacht werden. Die Vielzahl und Vielfalt von Gesetzesänderungen in heutigen Staaten hat dazu geführt, dass mit deren Verfassungsmäßigkeit befasste Gerichte, in Deutschland vor allem das BVerfG, im Laufe ihrer Rechtsprechung eine Unterscheidung nach mehreren Fallgruppen getroffen haben, wobei die Terminologie nicht ganz einheitlich ist. Danach ist die **Rückbewirkung von Rechtsfolgen** (**echte Rückwirkung**) regelmäßig unzulässig, weil sie im Nachhinein per Rechtsvorschrift in schon abgeschlossene, in der Vergangenheit liegende Sachverhalte eingreift (BVerfGE 30, 272 [285 f.]). Ausnahmen können zu bejahen sein, wenn das Vertrauen einer Person auf eine bestimmte Rechtslage nicht schutzwürdig ist oder aber ein Vertrauenstatbestand nicht existiert, etwa eine bisherige unklare, verworrene oder verfassungswidrige oder sonst lückenhafte Rechtslage neu gestaltet wird (BVerfGE 19, 187 [197]). Plausibel ist auch eine Rechtfertigung durch „zwingende Gründe des Gemeinwohls" (BVerfGE 13, 261; 30, 367; 72, 200; 88, 384). Andererseits ist eine **tatbestandliche Rückanknüpfung** (**unechte Rückwirkung**, BVerfGE 30, 367 [386]), bei der eine Rechtsnorm gegenwärtige, noch nicht abgeschlossene Sachverhalte mit Wirkung für die Zukunft umgestaltet, auch wenn dadurch Rechtspositionen mehr oder weniger entwertet werden, generell verfassungsrechtlich unbedenklich, z. B. beim Abbau von Subventionen zur Sanierung des Staatshaushalts. Die Vorgehensweise muss aber dem Gleichbehandlungsgrundsatz Rechnung tragen und übermäßige Beeinträchtigungen so weit wie möglich vermeiden, etwa durch Übergangsbestimmungen. Hierbei muss zudem die Einheit bzw. Widerspruchsfreiheit der Rechtsordnung gewahrt werden (vgl. BVerfGE 98, 83 [97]; 98, 106 [118 f.]; 98, 265 [301]), weil auch hieraus Schranken für Grundrechtseingriffe folgen.

Als übergreifende Leitlinie rechtsstaatlichen Handelns, die für alle Staatsgewalten und -organe verbindlich ist, gilt auch das **Übermaßverbot,** d. h. der **Grundsatz der Verhältnismäßigkeit** (im weiteren Sinne). Zwar hat ein angemessenes Verhältnis zwischen (legitimem, seinerseits verfassungsgemäßem) Zweck und den zur Erreichung eingesetzten Mitteln seinen zentralen Anwendungsbereich bei der Bewertung von Eingriffen in Grundrechte; es erfasst jedoch weit darüber hinaus alle Vorgänge der gestaltenden, leitenden oder planenden Staatstätigkeit. Dem zugrunde liegt die Maxime, die Freiheit des Einzelnen solle nur soweit eingeschränkt werden, wie es im Interesse des Gemeinwohls unabdingbar ist (BVerfGE 19, 342 [348]). Die zur Zweckerreichung tauglichen und passenden Mittel müssen folgenden drei Kriterien entsprechen:

- **Geeignetheit**: Das jeweilige Mittel darf nicht völlig ungeeignet sein, den angestrebten Zweck zu erreichen (Wirkung > Null). Der dabei angelegte Maßstab (Kontrolldichte) reicht in der gerichtlichen Praxis von bloßer Evidenz über Vertretbarkeit bis zur inhaltlichen (Voll-)Kontrolle. Bei insbesondere im wirtschaftlichen Bereich häufigen Prognoseentscheidungen belässt das BVerfG dem Gesetzgeber weite Spielräume (BVerfGE 50, 290 [334 f.]). Eine Fehleinschätzung von Entwicklungen oder Risiken allein führt daher noch nicht zur Verfassungswidrigkeit einer Regelung, wenn sie nicht offensichtlich falsch oder lückenhaft ist.
- Das Merkmal **Erforderlichkeit** setzt voraus, dass mindestens zwei geeignete Mittel in Betracht kommen. Dann gilt für die Auswahl zwischen diesen das Prinzip des mildesten Mittels bzw. geringstmöglichen Eingriffs. Dies ist etwa der Fall bei Kennzeichnungspflichten für Produktrisiken anstelle von Herstellungs- oder Handelsverboten oder Zulassung von Ausnahmen für bestimmte Personen, Güter oder Bereiche statt absoluter Beschränkungen für an sich gefährliche Aktivitäten.

- **Angemessenheit**: Während die ersten beiden Kriterien an der Intention der handelnden (staatlichen) Stelle ansetzen, geht es beim dritten und letzten Schritt um eine Bewertung der Zweck-Mittel-Relation aus Sicht des von einer Regelung Betroffenen, sprich um die Zumutbarkeit im Einzelfall (Verhältnismäßigkeit im engeren Sinne). Eine Befreiung von ansonsten abstrakt und generell verbindlichen Vorgaben ist hier im Hinblick auf Grundrechte geboten.

Beispiel

Ein Beispiel ist etwa die Nutzung einer eigenen Quelle durch eine Brauerei als Grundstoff („Kristallwasser") für die Bierproduktion, die insoweit im Hinblick auf Art. 12, 14 GG eine Freistellung vom Anschluss- und Benutzungszwang bezüglich der öffentlichen Wasserversorgung gestattet oder im dafür (aber nicht auch für anderen Wasserbedarf) notwendigen Ausmaß sogar gebietet. ◄

Der Rechtsstaat funktioniert nicht ohne effektiven **Rechtsschutz** gegenüber staatlichen und damit hoheitlichen Maßnahmen. Daher ist eine grundsätzlich umfassende Kontrolle der Verwaltung durch unabhängige Gerichte als Grundrecht speziell garantiert (**Art. 19 Abs. 4 GG**). Selbst wenn Rechtsvorschriften von den meisten Personen in der großen Mehrzahl von Fällen beachtet werden, muss solch' gesetzestreues Verhalten von Behörden (teils im Vorhinein, zumindest aber laufend) überwacht und gegen Verstöße wirksam eingeschritten werden. Dass die Exekutive auf diese Weise handelt und dabei ihrer Gesetzesbindung gerecht wird, unterliegt – regelmäßig ausgehend von dem jeweils betroffenen Einzelnen – der Überprüfung durch verschiedene Gerichtszweige, im Hinblick auf behördliches Handeln vor allem den allgemeinen und besonderen Verwaltungsgerichten (Finanz-, Sozialgerichtsbarkeit), gegenüber parlamentarischer Gesetzgebung den Verfassungsgerichten von Bund und (die jeweilige Landesverfassung betreffend) der Länder. Insofern gewährleistet das GG auch

außerhalb des Grundrechts-Kapitels weitere, sog. **Justizgrundrechte**, vor allem den Anspruch auf den gesetzlichen (d. h. je nach konkreter Zuständigkeitsvorschrift zur Entscheidung berufenen) Richter (Art. 101 Abs. 1 S. 2) sowie einen Anspruch auf rechtliches Gehör im Hinblick auf Tatsachen- wie auf Rechtsfragen vor Gericht (Art. 103 Abs. 1 GG). Meist unterliegen richterliche Entscheidungen noch einer Überprüfung durch eine oder mehrere Instanzen, wenn dem zunächst Unterlegenen im Gesetz (etwa der VwGO, §§ 124 ff., 132 ff., 146 ff.) ein Rechtsmittel eingeräumt wird. Allerdings schreibt das Grundgesetz nicht zwingend einen Instanzenzug vor („Rechtsschutz *durch*, nicht auch *gegen* den Richter").

Schon alle Fachgerichte, selbst bei Zivilsachen, müssen im Verfahren und bei der Entscheidung nicht nur den Justiz-, sondern allen Grundrechten hinreichend Rechnung tragen, sowohl bei der verfassungskonformen Anwendung der jeweils relevanten Bestimmungen als auch bei der Prüfung, ob diese denn insgesamt (im Hinblick auf Zuständigkeit, Form und Verfahren wie auf ihren Inhalt) mit der (höherrangigen) Verfassung vereinbar sind. Lediglich das BVerfG ist befugt (und zugleich verpflichtet), unter Geltung des GG erlassene oder geänderte (sog. nachkonstitutionelle) Parlamentsgesetze als verfassungswidrig zu verwerfen; dies hat dieselbe Wirkung wie eine förmliche Aufhebung (§ 31 BVerfGG).

Angesichts der zunehmenden Bedeutung des EU-Rechts, das nationale Gesetzgebung erzwingt, prägt und teils überlagert und verdrängt, hat das BVerfG unter Bezugnahme auf Art. 38 Abs. 1 GG als ebenfalls für eine Verfassungsbeschwerde taugliches „Maßstabsrecht" mehrfach indirekt auch die innerstaatliche Geltung von solch' **supranationalen Vorschriften** beurteilt, wobei auf die nur begrenzt zulässige Übertragung von Hoheitsrechten auf die Europäische Union abgestellt wird (vgl. BVerfGE 37, 271 – Solange I; 89, 155 – Maastricht; 142, 123 – OMT).

2.1.2.3 Sozialstaatsprinzip, Art. 20 Abs. 1, Art. 28 Abs. 1 S. 1 GG

Das Konzept des Sozialstaats wurde gegen Ende der Weimarer Republik von Hermann Heller entwickelt, bei der Schaffung des Grundgesetzes wieder aufgegriffen und rief in den 1950er-Jahren eine heftige wissenschaftliche Kontroverse zwischen Ernst Forsthoff und Wolfgang Abendroth hervor. Verfassungsrechtlich wird der „soziale" Staat in Art. 20 Abs. 1 und Art. 28 Abs. 1 S. 1 GG nur allgemein als Prinzip genannt, in einigen anderen, teils erst später ins GG aufgenommenen Vorschriften werden einzelne Teilaspekte angesprochen. Kerngedanke ist ein Gebot der **Fürsorge** der organisierten Allgemeinheit für schwächere, hilfsbedürftige und unmündige Personen und Gruppen im Inland (s. dazu Art. 74 Abs. 1 Nr. 6, 7 GG). Die rechtsstaatlich determinierte und demokratisch legitimierte Umverteilung betrifft aber nicht nur das Verhältnis von Arm und Reich, sondern erfasst zudem unterschiedliche Regionen oder Wirtschaftsbranchen, explizit verdeutlicht im Ziel der Herstellung und Sicherung „gleichwertiger Lebensverhältnisse" sowie einer gesamtstaatlich gebotenen „Wirtschaftseinheit" im Bundesgebiet (Art. 72 Abs. 2 GG). Sozialstaatliche Gesichtspunkte liegen auch zahlreichen ausschließlichen oder konkurrierenden Gesetzgebungskompetenzen in Art. 73 Abs. 1 (etwa Nr. 6, 7, 13) und Art. 74 Abs. 1 (z. B. Nr. 9, 10, 12, 27) GG zugrunde. Das ist folgerichtig, weil sich das Prinzip primär an die Legislative richtet und diese zur näheren Ausgestaltung berechtigt und zumindest grundsätzlich auch verpflichtet. Für einzelne zentrale Bereiche des öffentlichen Lebens mit eigener ökonomischer Relevanz und zugleich der Funktion als Infrastruktur für andere Wirtschaftssektoren und das Gemeinwesen als solches (Eisenbahn, Art. 87e, Art. 143a; Post und Telekommunikation, Art. 87f, Art. 143b GG) steckt bereits die Verfassung selbst – teils zur Umsetzung von EU-rechtlichen Vorgaben – sozialstaatliche Grundversorgungspflichten ab und trifft Vorkehrungen zu deren flächendeckender Erfüllung in Bezug auf ausreichend breite und gute Angebote wie für angemessene Preise. Selbst hier bleibt allerdings der Gesetzgeber noch weitgehend frei, wie er das Verfassungsprinzip konkretisiert; vor allem braucht die Umsetzung weder allein durch staatliche Behörden und/oder öffentliche Unternehmen (Abschn. 4.4) noch ausschließlich mittels der Handlungsformen des öffentlichen Rechts zu erfolgen. Freilich sind Bund oder Länder bei formeller oder funktioneller Privatisierung von Aufgaben gehalten, weiterhin hinreichend Einfluss auf die Erfüllung gerade auch des Sozialstaatsziels zu nehmen und mit solchen Aufgaben betraute Organisationen angemessen zu regulieren.

Erst durch gesetzliche Ausgestaltung werden auch (Sozial-)Leistungsansprüche Einzelner gegenüber staatlichen Stellen begründet; die Verfassung selbst bildet dafür nur die Grundlage und den Rahmen. Selbst der Rechtsanspruch jedes Menschen im Inland auf das **Existenzminimum**, der letztlich Ausfluss der Menschenwürde und des Lebensschutzes (Art. 1 Abs. 1, 2 Abs. 2 GG) ist, muss heute nicht mehr direkt aus Verfassungsvorschriften hergeleitet werden (so früher BVerwGE 1, 159 [161]; 27, 360 [362]; BVerfGE 40, 121 [140]), sondern ist mehrfach in Sozialgesetzen normiert (§§ 1, 2 SGB XII; §§ 1 – 10, 38 SGB I). Dabei bleibt allerdings für die Gesetzgebung, aber auch bei Anwendung und Auslegung von Regelungen durch Verwaltung und Rechtsprechung das Sozialstaatsprinzip als objektive bzw. Schutz-Dimension von Grundrechten maßgeblich:

So gewährleistet etwa die freie Wahl der Ausbildungsstätte als Bestandteil der Berufsfreiheit (Art. 12 Abs. 1 GG) nicht schon den Zugang zu (Aus-)**Bildungseinrichtungen**, auch wenn diese Schulen oder Hochschulen vom Staat errichtet sind und betrieben werden, und noch weniger die Schaffung neuer oder Erweiterung bestehender Anlagen. Auch jenseits der letztlich durch Art. 7 Abs. 1 GG verbürgten allgemeinen Schulpflicht und dem korrespondierenden schulgesetzlich präzisierten Recht auf Unterricht (z. B. Art. 102 SächsVerf, Art. 14 BWVerf) gilt aber über Art. 3 Abs. 1 GG gleicher Zugang für alle (qualifizierten) Bewerber, insbesondere dann, wenn vorhandene Kapazitäten (vorübergehend) nicht für alle ausreichen (Numerus-Clausus-Problematik, BVerfGE 33, 303 [331 f.]). Sozialstaatliche Gesichtspunkte sind auch für eine Ausbildungsförderung, generell wie für finanziell Schwache, maßgeblich (s. BAföG). Soweit allerdings private Bildungseinrichtungen gleichwertige Programme und Dienste anbieten, sind Aktivitäten von privaten Schulen wie von weiterführenden Aus-, Fort- und Weiterbildungsinstitutionen ihrerseits grundrechtlich geschützt (Art. 7 Abs. 4, Art. 5 Abs. 3 i. V. m. Art. 12 Abs. 1 GG). Werden hier ähnliche Vorgaben auferlegt wie bei staatlichen (Hoch-)Schulen, reicht das Sozialstaatsprinzip allein für damit verbundene Eingriffe in die Grundrechte der Schulträger nicht aus, vielmehr setzen sozialpolitisch motivierte Ge- oder Verbote anderweitig begründete Befugnisse voraus, bei Privatschulen sind sie bereits im GG selbst angelegt (Art. 7 Abs. 4 S. 2, 3 GG).

Die Bedeutung des Sozialstaatsprinzips für Wirtschaft und (öffentliches) Wirtschaftsrecht ist umfassend. Zwar wird es außerhalb des Sektors der Gesundheitsökonomie nur selten ausdrücklich als Ziel einer Regelung bzw. Genehmigungsvoraussetzung festgelegt; das Postwesen bildet hier eine entstehungsgeschichtlich bedingte Ausnahme (in § 2 Abs. 2 Nr. 5 und § 6 Abs. 3 PostG). Sozialstaatlich motiviert und geprägt sind vor allem Regelungen zum Mindestschutz im Hinblick auf die Stellung und Tätigkeit von Angehörigen schwächerer Bevölkerungsgruppen, wie der definitionsgemäß unselbstständigen und den Weisungen des Arbeitgebers unterliegenden Arbeitnehmer (unterhalb der Leitungsebene) oder der „Verbraucher" (§ 13 BGB), d. h. privater Personen im Verhältnis zu „Unternehmern" (§ 14 BGB), insbesondere wenn sie auf den Bezug von deren Gütern oder Leistungen faktisch angewiesen sind. In solchen Fällen sieht das Gesetz häufig eine Pflicht zum Vertragsabschluss (sog. Kontrahierungszwang, Abschn. 4.2.3) des Unternehmens vor (z. B. § 22 PBefG, § 36 EnWG), und zuweilen hängen nicht nur das wirksame Zustandekommen einer Vereinbarung zwischen Anbieter und Nutzer, sondern auch deren Inhalt und das zu entrichtende Entgelt von einer behördlichen Genehmigung ab (etwa § 23 PostG, § 37 TKG). Zunehmend wird Behörden in für das Alltagsleben wesentlichen Bereichen, die meist herkömmlich zur **Daseinsvorsorge** gezählt und heute zugleich als „kritische Infrastrukturen" ausgewiesen werden (s. Verordnung zur Bestimmung Kritischer Infrastrukturen nach dem BSI-Gesetz v. 22.04.2016, BGBl. I, 958), generell auch die Aufgabe der Wahrung von Verbraucherinteressen zugewiesen (z. B. für den Finanzsektor in § 4 Abs. 1a FinDAG). Sowohl für die Gesamtbevölkerung und die Volkswirtschaft als auch speziell für Beschäftigte und Anwohner von nach Art oder Größe bedeutsamen, aber „belästigenden" Anlagen (§ 4 BImSchG i. V. m. 4. BImSchV) höchst wichtig ist der Schutz von Leben und (körperlicher wie psychischer) Gesundheit vor mit deren Errichtung und Betrieb unvermeidbar einhergehenden Gefahren und Risiken. Was hier jeweils noch akzeptabel ist und wie weit bereits nicht völlig unwahrscheinliche Ereignisse (nicht nur Störfälle, s. 5. BImSchV) durch Vorsorgepflichten so weit wie möglich reduziert werden können, ist sozialstaatlich wie grundrechtlich (Art. 2 Abs. 2 S. 1 GG) jedoch nur in einem Mindestmaß gewährleistet. Darüber hinaus obliegt es wieder dem Gesetzgeber, alle wichtigen Interessen zu einem jeweils für einzelne Bereiche angemessenen Ausgleich zu bringen (etwa generelle Freiheit des Außenwirtschaftsverkehrs im AWG, aber auch zur Durchführung von Art. 26 GG strikte Begrenzungen des Handels mit Kriegswaffen im KrWaffKontrG; allgemeiner Anspruch auf Genehmigung auch „schmutziger" Industrieanlagen bei hinreichenden Schutz- und Vorsorgemaßgaben [§§ 4 ff. BImSchG], aber zunächst weitergehende Beschränkungen und heute absolutes Verbot der Neuerrichtung von Kernkraftwerken nach dem AtG). Schließlich sind auch bei der Wirtschaftsplanung, vor allem im größeren Kontext von Raumordnung und Stadtplanung/-entwicklung, sozialstaatliche Überlegungen anzustellen, um industriellen und demografischen Wandel zu begleiten und unerwünschte Folgen abzufedern (s. etwa § 1 Abs. 2, § 2 Abs. 2, insbesondere Nr. 3 ROG). Zudem dienen Instrumente oder Maßnahmen der Wirtschaftsförderung der indirekten, weil über Anreize und Vergünstigungen wirkenden Steuerung etwa in unterentwickelten Regionen (vgl. Art. 91a Abs. 1 Nr. 1 GG) oder von Krisen betroffenen Wirtschaftsbranchen (wie z. B. die Banken„rettung" in der Finanzkrise ab 2008), national wie auf der Ebene der Europäischen Union (vgl. Art. 107 Abs. 2, 3 AEUV). Darüber hinaus reicht, aber zumindest mittelbar berufsbezogen ist die Ausbildungsförderung.

Die Bindung des Gesetzgebers an Grundrechte aller Betroffenen führt hier dazu, dass in erster Linie und immer wieder neu von Regierung und Parlament eine wirtschaftspolitische Grundentscheidung getroffen werden muss, inwieweit die Herstellung sozialer Sicherheit und Gerechtigkeit den Kräften und dem Wirken des Marktes überlassen werden soll, muss oder darf. Maßgeblich dafür ist nicht zuletzt, dass Leistungen der **Grundversorgung** für alle dauerhaft aufrechterhalten und auch in **Not- und Katastrophenfällen** weitestgehend sichergestellt werden müssen. Hierbei sind zum einen die rechtlichen wie tatsächlichen Grenzen einer (Zwangs-)Verpflichtung („Inanspruchnahme") privater Unternehmen zu bedenken, zum anderen die Finanzierbarkeit, die bei staatlicher „Eigenvornahme" nicht nur über Zahlungen der Nutzer (Gebühren bzw. „Maut") erfolgen kann, sondern vor allem aus Einnahmen aus hoheitlich auferlegten Abgaben, vornehmlich Steuern, erzielt wird.

Eine in Deutschland schon recht alte, aber weiterhin zentrale Säule der Sozialstaatlichkeit ist das staatlich organisierte, differenzierte **Sozialsystem**: Die Sozialversicherungspflicht im Hinblick auf verschiedene spezifische Lebenssituationen – Krankheit, Alter; Unfall(folgen); Pflegebedürftigkeit; Arbeitslosigkeit; ferner Mutterschutz und Elternschaft – greift für beitragspflichtige Arbeitnehmer wie Arbeitgeber (z. B. § 249 i. V. m. § 5 SGB V) in Eigentum und allgemeine Handlungsfreiheit (Art. 14 Abs. 1, Art. 2 Abs. 1 GG) ein, wird jedoch als soziale Absicherung für Fälle gerechtfertigt, in denen der Einzelne seinen Lebensunterhalt nicht mehr ohne weiteres aus eigenen Kräften erwirtschaften kann. Für die Gruppe der im öffentlichen Dienst Beschäftigten (Beamte, Richter, Soldaten) folgt eine ähnliche Versorgung als staatliche Verpflichtung auch aus Art. 33 Abs. 5 und Art. 3 Abs. 1 GG. „Fürsorge" (heute: Sozialhilfe) für alle Not leidenden Personen ist jedenfalls solange sozialstaatlich veranlasst, wie der Gesetzgeber nicht den Schritt zu einer allgemeinen Grundsicherung, d. h. ohne spezielle Prüfung der Bedürftigkeit vollzieht. Die Verbindung von Menschenwürde und Sozialstaatsprinzip führt zur Einbeziehung sämtlicher sich im Inland aufhaltenden Personen, also auch für „Gastarbeiter" aus anderen EU- oder aus Drittstaaten sowie für sonstige (Im-)Migranten, jedenfalls solange sich diese im Bundesgebiet aufhalten. Erlaubt sind freilich im Hinblick auf voraussichtlich begrenzte Bleibedauer und notwendige Kontrolle der Rechtmäßigkeit von Einreise/Verbleib spezielle Vorschriften; auch hier muss aber eine Mindestversorgung sichergestellt werden, insbesondere, wenn arbeitsfähigen Personen eine legale Beschäftigung untersagt ist (wie vielfach bei Migranten, vgl. AsylbLG).

Im Hinblick auf Dauer und Zeiten wirtschaftlicher Betätigung ist das Sozialstaatsprinzip eine Leitlinie zur Lösung des Konflikts zwischen Arbeitnehmer- und Arbeitgeber-/Unternehmerinteressen und der jeweiligen Relevanz für Dritte bzw. die Allgemeinheit.

Beispiel

Beispiele hierfür bilden die Begrenzung der Fahrtzeiten für Lkw-Fahrer (auch zum Schutz anderer Verkehrsteilnehmer) oder allgemeine (an Sonn- und Feiertagen) wie spezielle Ladenschlussregelungen (wie bei der Corona-Pandemie, gestützt auf § 28 Abs. 1 IfSG). ◄

Schließlich bestehen Berührungspunkte zwischen Sozialstaatlichkeit und kollektivem Arbeitsrecht, von der durch die **Koalitionsfreiheit** (Art. 9 Abs. 3 GG) verbürgten Errichtung von betrieblichen (Betriebs- und im öffentlichen Sektor Personalräte) wie überbetrieblichen (Gewerkschaften) Arbeitnehmervertretungen über die innerhalb wichtiger Unternehmensrechtsformen vorgesehene „Mitbestimmung" (etwa § 96 AktG) in zentralen Gesellschaftsorganen bis hin zu Einzelfällen „paritätischer" Mitbestimmung in (früher) volkswirtschaftlich zentralen Branchen (Montansektor). Dies verwirklicht die speziell für Großunternehmen in Art. 14 Abs. 2 GG normierte „Sozialbindung" des Eigentums-Grundrechts (BVerfGE 53, 257 [292]). Ähnlich rahmensetzend ist im Bereich staatlicher Finanzpolitik die durch das StabG näher ausgestaltete „Globalsteuerung", wie sie seit 1967 in Art. 109 GG verankert ist.

2.1.2.4 Umweltschutz, Art. 20a GG

Nicht wie die anderen Staatsziele besonders gegen Änderungen geschützt (vgl. Art. 79 Abs. 3 GG), aber inhaltlich nicht weniger wichtig – auch wegen internationaler und EU-rechtlicher Vorgaben (s. Art. 191 ff. AEUV) – ist der nach der deutschen Einigung 1994 eingefügte Art. 20a GG über den „Schutz der natürlichen Lebensgrundlagen". Dem liegt, wie in der staatlichen „Verantwortung" auch für „künftige Generationen" angedeutet, das weltweit seit den 1980er-Jahren proklamierte Ziel „nachhaltiger" Entwicklung (*sustainable development*) zugrunde. Damit wird jede der drei Staatsgewalten im Rahmen ihrer jeweiligen Kompetenzen sowohl in Bezug auf das deutsche Staatsgebiet als auch in Kooperation mit anderen Staaten Europas und letztlich weltweit zu Schutz und Bewahrung des Planeten Erde für Individuen, Völker und die Menschheit überhaupt verpflichtet; dazu gehört auch die **Sorge für Um-, Mit- und Nachwelt** in ihrem ökologischen Systemzusammenhang.

Ökonomische, ökologische und gesellschaftliche Entwicklungen sind wechselseitig miteinander verknüpft; dies belegt die zunehmende Verfeinerung und Beachtung der **ESG-Kriterien** (*economic/environmental, social, governance*) auch jenseits gesetzlicher Pflichten (etwa „*corporate social responsibility*", „*green finance*"). Wirtschaftsbeziehungen und Umwelteinbzw. -auswirkungen überwinden Staatsgrenzen, werden durch diese aber auch nicht dauerhaft oder wesentlich aufgehalten. Das Konzept einer „beschränkten territorialen Souveränität" und das „Wirkungsprinzip" gestatten es den einzelnen Staaten, in Bezug auf extraterritoriale Effekte, die von (privaten) Tätigkeiten auf dem jeweils eigenen Gebiet ausgehen, gegenüber inländischen Verursachern geeignete Schadensverhütungsmaßnahmen zu treffen, aber auch vom Ausland her in das eigene Territorium übergreifende Wirkungen zu verringern, selbst wenn diese rein tatsächlich, durch Funkwellen, Strahlung, Geräusche oder verunreinigte Luft unmittelbar grenzüberschreitend eintreten. Die Verknüpfung von Mensch, Wirtschaft, Gesellschaft und Umwelt hat zudem eine verstärkte Einbeziehung (von Organisationen) der „Zivilgesellschaft" (wiederum oft aufgrund völker- und EU-rechtlicher Festlegungen) herbeigeführt, weil nur auf diese Weise vor allem für wirtschaftliche Großprojekte frühzeitig die Akzeptanz aller wesentlichen betroffenen Gruppen (*stakeholder*) erreicht werden kann.

Freilich verursacht jede menschliche Tätigkeit nicht nur durch den Verbrauch, sondern allein infolge der Nutzung diverser „natürlicher" Ressourcen Emissionen, die bei anderen Personen, aber auch bei Fauna und Flora und je vorhandenen Ökosystemen Änderungen oft negativer Art hervorrufen. Wirtschaft – wie menschliche Gesellschaft überhaupt – funktioniert zielgemäß und funktionsgerecht nur innerhalb einer intakten Umgebung. Wertschöpfung kann daher bei endlichen Naturressourcen nur dann auf Dauer erfolgen, wenn deren Erschöpfung so langsam und gering wie möglich vonstattengeht: Sie muss somit umgekehrt vermehrt auf erneuerbare Energien und auf Wiederverwertung von („sekundären") Rohstoffen setzen. Dabei geht es zugleich um „Glokalisierung" von Prozessen, um Umweltbeeinträchtigungen durch Transporttätigkeiten zu minimieren. Art. 20a GG enthält also in Bezug auf die Entwicklung der Volkswirtschaft das Ziel, langfristig – und damit nachhaltig – sich stetig ändernde Produktionsgrundlagen zu sichern, zugleich aber die damit einhergehenden negativen Auswirkungen auf die Umwelt möglichst gering zu halten. Die staatliche „Verantwortung" richtet sich insoweit an einem **Kreislaufmodell** aus, d. h. sie beobachtet und beeinflusst umweltrelevante Wirtschaftsprozesse „von der Wiege bis zur Bahre" (*cradle-to-grave-principle*), somit während der gesamten Wertschöpfungskette. Stoffströme werden von ihrer Entstehung an bis zu ihrem endgültigen Ziel (nur nachrangig bloße „Entsorgung" schädlicher Reststoffe, primär Wiederverwendung oder -verwertung) erfasst und so reguliert, dass in die natürliche Umgebung nur so viele Schadstoffe abgegeben werden, wie dies ohne Gefährdung einer auch in Zukunft lebenswerten Umwelt dem in Art. 20a GG vornehmlich angesprochenen Gesetzgeber als noch tragbar erscheint.

Art. 20a GG ist ein inhaltlich recht vages Staatsziel, eine objektive Verpflichtung in erster Linie der Legislative, auf ein hohes Maß an Umwelt- und (seit 2002) auch auf **Tierschutz** hinzuwirken, wobei letzteres sich aus dem Eigenwert dieser Lebewesen begründet. Verwaltung und Rechtsprechung müssen Art. 20a im gesetzlichen Rahmen insbesondere bei Abwägungsentscheidungen heranziehen. Nach Wortlaut und Systematik verbürgt die Vorschrift freilich kein Grundrecht auf Schutz nachhaltiger Lebensgrundlagen bzw. auf eine „saubere Umwelt". Art. 20a GG bezieht sich auf alle Umweltmedien, also Wasser, Luft, Boden, Flora und Fauna, klimatische Bedingungen. Von den insoweit bestehenden zahlreichen konkurrierenden Gesetzgebungskompetenzen, insbesondere in Art. 74 Abs. 1 Nr. 18, 24, 29–32 GG hat der Bund durchweg weitgehend Gebrauch gemacht, insbesondere auch was ökologische Aspekte wirtschaftlicher Aktivitäten betrifft. Die „natürliche Umwelt" wird jedoch unabhängig hiervon als eigenständiges i. S. eines **Nachweltschutzes** zu pflegendes und zu hegendes Gut betrachtet; ihre Belange sollen und dürfen vor allem spezielle Vereinigungen gewissermaßen treuhänderisch für alle gegenüber Behörden und vor Gerichten (Verbandsklage) wahren.

Die durch Art. 20a GG allen staatlichen Stellen aufgetragene **Zukunftsverantwortung** lässt sich in daraus ableitbaren Prinzipien weiter ausformen: der **Vorsorge**, die nicht nur bezüglich der gegenwärtig existierenden Umwelt, sondern auch als „Akkumulation" für künftige Generationen von Menschen gilt, der **Sparsamkeit** vor allem im Hinblick auf nicht erneuerbare, erschöpfliche und nicht durch Substitute ersetzbare stoffliche und andere Ressourcen sowie der **Nachhaltigkeit**, insbesondere für erneuerbare Ressourcen (renewables). Als Prinzip setzt sich der Dreiklang aus Ökonomie, Ökologie und auf Dauer funktionsfähiger Gesellschaft auch freiwillig in Strategien oder „Politiken" von privaten wie öffentlichen Unternehmen durch und wird zudem durch vielfache rechtliche Verhaltensanreize und -hinweise vorangetrieben, so dass insofern von einer Querschnittsregelung weit über den Bereich der Wirtschaft hinaus gesprochen werden kann (so explizit Art. 11 AEUV). Angesichts der Grenzen menschlicher Erkenntnis einerseits, der schwerwiegenden und langfristigen Folgen von Fehlverhalten zum anderen wirkt sich Nachhaltigkeit auch bei der Bewertung von Risiken aus und rechtfertigt die Anwendung eines **Vorsichtigkeitsprinzips**, wenn und soweit Art und Ausmaß nicht völlig unwahrscheinlicher Beeinträchtigungen und Schäden (sog. schwarze Schwäne, black-swan-Ereignisse, wie die „Dieselaffäre" oder die Corona-Pandemie) erst spät erfasst und zutreffend eingeschätzt werden können. Art. 20a GG ist keine selbstständige Grundlage für behördliche Eingriffsakte, muss aber im Rahmen der Rechtfertigung bei Eingriffen in andere, vor allem wirtschaftliche Grundrechte bzw. als verfassungsunmittelbare Schranke (bei der Rechtsanwendung) berücksichtigt werden, etwa innerhalb von Abwägungsentscheidungen zwischen privaten und öffentlichen Belangen im Planungsrecht, z. B. nach § 1 Abs. 7 und § 1a BauGB, §§ 73, 75 VwVfG oder für Gewässernutzungen § 12 WHG.

Beispiel

Art. 20a GG wäre ein verfassungsrechtlicher Anknüpfungspunkt und eine generelle Rechtfertigung für die (überfällige) Schaffung eines Umweltgesetzbuches (als Kodifikation der bislang verstreuten nationalen Regelungen), müsste aber dem Umstand Rechnung tragen, dass derzeit nicht alle umweltspezifischen oder gar nur umweltrelevanten Gesetzgebungskompetenzen in die ausschließliche oder konkurrierende Zuständigkeit des Bundes fallen. Hingegen wäre Art. 20a GG allein keine ausreichende Grundlage für eine Abfalltrennungs- oder Solarnutzungssatzung einer Gemeinde; vielmehr muss für in solchen untergesetzlichen Regelungen normierte Pflichten eine hinreichende bundes- oder (auch) landesgesetzliche Ermächtigungsgrundlage vorhanden sein. Im Hinblick auf Art. 20a GG dürfen Belange des Umwelt- und Tierschutzes auch bei wirtschaftslenkenden Gesetzen und Rechtsverordnungen gebührend berücksichtigt werden, vor allem im Hinblick auf die Art und Weise der Ausübung bestimmter generell erlaubter Tätigkeiten (etwa Vorgaben für Massentierhaltung oder die [Un-]Zulässigkeit des Schächtens von Tieren im Konflikt mit der

2.1 Verfassungsrechtliche Grundlagen und Staatsziele

Religionsfreiheit nach Art. 4 Abs. 1 GG, vgl. dazu BVerfGE 104, 337). ◄

Art. 20a GG wirkt nicht nur „nach innen", sondern hat gleichermaßen grenzüberschreitende Bedeutung: Im Zusammenspiel mit anderen Regelungen des GG, etwa Art. 23, 24, 59, 73 Abs. 1 Nr. 1, rechtfertigt die Vorschrift breitere und dichtere **internationale Zusammenarbeit**, (völker)vertraglich und zunehmend auch institutionell. Dabei geht es nicht nur um Umweltwirkungen aus bzw. auf Staatsgebiete (dreidimensional, d. h. auch unterhalb der Erdoberfläche und im Luftraum), sondern auch und wohl vornehmlich bei *common goods*, also Teilen des *common heritage of mankind*, das von früheren über heutige auf künftige Generationen weitergegeben wird und nur „geliehen" ist, also von vornherein zum Ge-, aber nicht Verbrauch dienen soll. Mehr oder weniger komplexe und funktionierende internationale Regimes sind daher errichtet worden (und bedürfen weiterer Konsolidierung) für das Klima (zuletzt durch das Pariser Abkommen, 2015), bereits früher für die Hohe See und die Antarktis als „6. Kontinent" sowie für den Weltraum. Dabei sind jeweils wirtschaftliche und nicht-wirtschaftliche, aber wirtschaftsrelevante Belange immer wieder miteinander in möglichst großen Einklang zu bringen, etwa bei der Hohen See Schifffahrt und Fischerei sowie Meeresbodennutzung; bei der Antarktis und dem Weltklima primär Erhaltung bzw. Stabilisierung wegen der allgemeinen, globalen Bedeutung des jeweiligen Systems. Ein anderes Regelwerk ist das (Baseler) Abkommen über die grenzüberschreitende Verbringung von (gefährlichen) Abfällen, das sowohl beim Transport als auch beim Umgang mit solchen speziellen Waren im Aus- und Einfuhrland ein hohes Maß an Umweltverträglichkeit gewährleisten will.

2.1.2.5 Weitere wirtschaftsrelevante Staatsziele im Grundgesetz

Im allgemeinen staatsorganisationsrechtlichen Kontext stehen drei weitere Staatsziele formal auf gleicher Stufe mit dem Rechts- und Sozialstaat; inhaltlich ist das Staatsziel Umwelt- und Tierschutz nicht weniger wichtig als die in Art. 20 i. V. m. Art. 79 Abs. 3 GG besonders hervorgehobenen.

▶ *Alle Staatsstrukturnormen stehen daher auf gleicher Stufe, d. h. es gibt keine Gewichtung zwischen den primären Staatszielen.*

Unter wirtschaftsrechtlichem Blickwinkel haben die drei nachfolgenden Staatsziele jedoch einen geringeren Stellenwert, weshalb sich eine knappere Behandlung rechtfertigt.

Demokratie, Art. 20 Abs. 1, Abs. 2 S. 1 GG
Das (Staats-)Volk erschafft „seine" staatliche Verfassung und auf dieser Basis die jeweils generell und abstrakt geltenden Rechtsvorschriften. Auf diese Weise gestaltet die Gesamtheit der mündigen (Staats-)Bürger auch den Rahmen, die Ziele und Inhalte sowie die Instrumente für eine „gute", d. h. in einem ordnungsgemäßen Verfahren debattierte und im Ergebnis mehrheitlich beschlossene Wirtschaftspolitik. Demokratie, abgeleitet aus dem altgriechischen Begriff *demos* für **Volksherrschaft**, ist allerdings geprägt dadurch, dass auch Minderheiten eine reelle Chance haben müssen, ihren Willen nicht nur zum Ausdruck zu bringen, sondern durch die „Kraft des Worts", basierend auf Meinungs- und Medienfreiheit (Art. 5 Abs. 1 GG), andere (Staats-)Bürger zu überzeugen und damit selbst künftig zur Mehrheit zu werden. Ohne diese Option auf einen Wechsel der Staatsleitung gibt es keine Demokratie.

Die maßgebliche Mitwirkung an der politischen Willensbildung und an getroffenen, rechtsverbindlichen Entscheidungen bedarf dabei einiger grundlegender **Organisations- und Verfahrensregeln**: Alle Staatsgewalt „geht vom Volke aus" (Art. 20 Abs. 2 S. 1 GG), ihre Ausübung wird jedoch nach S. 2 kanalisiert durch „Wahlen" von Repräsentanten, zunächst der Abgeordneten in Parlamenten auf Bundes-, Landes- und kommunaler Ebene (s. Art. 28 Abs. 1 S. 2 GG), oder durch „Abstimmungen" als Form direkter Demokratie; letztere ist allerdings im GG nur für Gebietsänderungen (in Art. 29) vorgesehen, findet sich aber, im Rahmen der jeweiligen Verbandskompetenzen, als Modus der Willensbildung in vielen Landesverfassungen (etwa Art. 70 ff. SächsVerf) sowie regelmäßig in Gemeinden und (Stadt- oder Land-)Kreisen (z. B.

§§ 24 f. SächsGemO, §§ 21 f. SächsLkrO). Wahlberechtigt und wählbar zu Volks-„Vertretungen" auf allen Ebenen sind nur „mündige" Personen, nicht zwingend allein volljährige Deutsche, in Kommunen im Hinblick auf EU-Recht und Art. 28 Abs. 1 S. 3 GG überdies unter gleichen Voraussetzungen auch ausländische „Unionsbürger" (Art. 20 AEUV). Fünf Wahlrechtsgrundsätze – allgemein, gleich, frei, geheim, unmittelbar, z. B. für den Bundestag Art. 38 Abs. 1 S. 1 GG – dienen dazu sicherzustellen, dass die durch Parlamentswahlen erfolgende Legitimation hinreichend breit abgestützt ist. Durch verfassungsrechtlich zulässige Ausgestaltung von Zugangshürden („Fünf-Prozent"-Klausel, § 6 Abs. 3 BWahlG; s. BVerfGE 120, 82) soll und kann sichergestellt werden, dass im Parlament parteipolitisch unterschiedliche, aber funktionsfähige Gruppen – Fraktionen – vorhanden sind, die ihrerseits allein oder über Koalitionen für die Dauer der jeweiligen Legislaturperiode eine handlungsfähige Exekutivspitze (Regierung) bilden, deren Legitimität wiederum auf einer Wahl durch die Parlamentsmehrheit beruht (s. Art. 63 GG). Die andersartige Situation auf EU-Ebene rechtfertigt bei Wahlen zum Europäischen Parlament nur eine erheblich niedrigere Hürde (BVerfGE 129, 300; 135, 259). Gewählt wird auch das Staatsoberhaupt, der Bundespräsident (Art. 54 GG), der zwar (anders als der Reichspräsident unter der Weimarer Verfassung) nur wenige Entscheidungsbefugnisse hat, von dessen Handeln aber sowohl das Inkrafttreten völkerrechtlicher Verträge (Art. 59 Abs. 1) als auch die formelle Wirksamkeit von Bundesgesetzen abhängt (Ausfertigung, Art. 82 Abs. 1 S. 1 GG) und der zudem eine wichtige Rolle bei Regierungskrisen spielen kann (Art. 63, Art. 67, Art. 68 GG).

Der **Bundestag** als wichtigstes Organ innerstaatlicher Gesetzgebung (Art. 76 ff. GG) wird gem. Art. 39 GG auf vier Jahre gewählt. Die damit verbundene zeitliche Begrenzung wirkt sich auch auf die amtierende Regierung aus (Art. 69 Abs. 2 GG). Damit steht solche **„Herrschaft auf Zeit"** in einem Konfliktverhältnis zu mittel- und langfristigen Strategien und Planungen, wie sie gerade auch für wirtschaftliche Akteure unverzichtbar sind, um die Gefahr eines Scheiterns zu minimieren, und birgt Risiken für „nachhaltige" Konzepte (auch im finanziellen Bereich), die über die jeweils aktuelle Amtszeit hinausreichen. Um solchen Nachteilen der „zweitschlechtesten" Staatsform zu begegnen, sind staatliche Raum- und Global- sowie Projekt- und Fachplanungen notwendig, die künftige oder bereits begonnene Vorhaben auch finanziell einrahmen und vor allem durch zeitliche Stufenfolgen wie sachliche Aufteilungen privater (wirtschaftlicher) Aktivität so viel Planungs- und Rechtssicherheit wie möglich verschaffen – auch weil dabei eine rechtzeitige und umfassende Partizipation der (betroffenen) Öffentlichkeit stattfinden muss und generell Transparenz (s. Art. 42 GG; allgemeiner Art. 15 AEUV) vorgeschrieben wird.

Bundesstaat, Art. 20 Abs. 1, Art. 28 Abs. 1 GG
Nach Zusammenbruch und Ende des Deutschen Reiches 1945 entstand, wie bis heute in der Präambel und in Art. 144 GG deutlich gemacht, die Bundesrepublik Deutschland als Bundesstaat, bei dem zunächst 11, seit 1990 die 16 Bundesländer (als **Glied-Staaten**) die Errichtung eines **Zentralstaates** (Bund) bewerkstelligten. Anders als bei einem bloßen Staatenbund und qualitativ unterschieden von der Konstruktion der (später geschaffenen) Europäischen Gemeinschaften bzw. seit 2009 der Europäischen Union sind die beiden staatlichen Ebenen staats- und nicht nur völkerrechtlich verbunden. Jedoch dürfen die Bundesländer weiterhin eigene Beziehungen zum EU-Ausland, zur EU als solcher (Art. 305 ff. AEUV; ferner Art. 23 Abs. 2–7 GG) und auch zu Drittstaaten pflegen (Art. 32 Abs. 3, Art. 24 Abs. 1a GG); zudem sind sie in die Bundesgesetzgebung und -verwaltung (über den Bundesrat, Art. 50 ff. GG) maßgeblich eingebunden. Andererseits genießen örtliche und überörtliche Einheiten (Gemeinden, Kreise) ihrerseits grundgesetzlich abgesicherte **kommunale Selbstverwaltung** (Art. 28 Abs. 2 GG) und können diese Rechtsposition, die ihnen Bestand und einen Kern lokaler Aufgaben verbürgt, auch gegen gesetzliche Eingriffe verteidigen (sog. Kommunalverfassungsbeschwerde, Art. 93 Abs. 1 Nr. 4b GG). Kommunen bleiben aber Teil der Landesebene, sind mittelbare Landesverwaltung, und daher wird der Bund gehin-

dert, ihnen gegenüber direkt verbindliche Maßnahmen zu treffen (Art. 84 Abs. 1 S. 7 GG). Im Unterschied zu zentralstaatlichen Strukturen, wie in Frankreich oder Polen, bleibt die Überordnung des Bundes über die Länder (trotz Art. 31, der aber durch Art. 142 GG wieder relativiert wird) beschränkt: Art. 28 Abs. 1, 3 verlangt insoweit nur „strukturelle Homogenität" (ähnlich wie Art. 23 Abs. 1 GG im Verhältnis Deutschlands als Mitgliedstaat zu einer Europäischen Union), nämlich die Beachtung der Staatsziele des Art. 20 sowie der Grundrechte (insbesondere Art. 1–19, aber auch Art. 101 ff. GG).

Kennzeichnend trotz einiger neuer Formen institutioneller Kooperation (vor allem bei IT, s. Art. 91c GG) bleibt eine klare Trennung von Bund- und Länderebene: Obwohl die „Ausübung der staatlichen Befugnisse" und die „Erfüllung der staatlichen Aufgaben" regelmäßig nach Art. 30 GG Sache der Bundesländer ist und diesen auch nach Art. 70 Abs. 1 das „Recht der Gesetzgebung" zusteht, gelten beide allgemeinen Zuordnungen nur, wenn und soweit nicht das GG etwas anderes ausdrücklich oder implizit (z. B. „Natur der Sache") vorsieht. Fast alle wichtigen **Gesetzgebungskompetenzen** fallen daher in die ausschließliche (Art. 71) oder konkurrierende (Art. 72 GG) Kompetenz des Bundes, allerdings bleibt eine Einflussnahme der Länder (Landesregierungen, Art. 51 GG) über den Bundesrat möglich und nötig. Dies umfasst gerade wirtschaftsspezifische Zuständigkeitsbereiche (Abschn. 3.2.1), insbesondere Art. 73 Abs. 1 Nr. 5, Art. 74 Abs. 1 Nr. 1, 11, 14–17, 20–23 GG, und nicht zuletzt alle wichtigen Steuern (Art. 105 Abs. 2 i. V. m. Art. 106 GG). Hingegen obliegt die **Aus- und Durchführung** nicht nur der im Rahmen der eigenen Kompetenzen erlassenen Landesrechtsvorschriften, sondern auch des Bundes(- und des unmittelbar anwendbaren EU-) Rechts in der Regel Behörden der Länder, die insoweit auch Organisation und Verfahren näher regeln (Art. 83 ff. GG; Abschn. 3.2.2). Zwar nur punktuell, aber in volkswirtschaftlich bedeutsamen Bereichen sind allerdings Verwaltungsbehörden des Bundes vorgesehen oder zugelassen (meist ohne eigenen Unterbau, als „Oberbehörden"). Grundlage hierfür sind Art. 87 Abs. 1 und Abs. 3 (etwa i. V. m. Art. 74 Abs. 1 Nr. 11) sowie Art. 108 GG, für spezifische Aufgaben Art. 88 (Deutsche Bundesbank) und indirekt auch Art. 87e Abs. 4 S. 1, Art. 87f Abs. 2 S. 2 GG (BNetzA).

Weder Sozialstaatsprinzip noch das Ziel gleichwertiger Lebensverhältnisse haben bewirkt oder werden erreichen, dass Unterschiede zwischen einzelnen Bundesländern und Regionen im Bundesgebiet völlig beseitigt werden. Vielmehr ist **Wettbewerbsföderalismus** durchaus erwünscht, soweit daraus entstehender Nutzen nicht einseitig ist oder bleibt. Ein verfassungsrechtliches und -politisches Dauerthema ist daher eine entsprechende Föderalismusreform: Soll dem Konnexitätsprinzip, nach welchem die Ausgaben derjenige trägt, der auch die betreffende Aufgabe erfüllen muss (Art. 104a Abs. 1 GG), dauerhaft fair Rechnung getragen werden, muss zum einen bedacht werden, dass das Gros der staatlichen Einnahmen auch angesichts der verfassungsrechtlichen „Schuldengrenze" (Art. 115 Abs. 2 GG) aus Steuern erzielt wird, für deren gesetzliche Ausgestaltung der Bund zuständig ist. Länder und vor allem Kommunen haben hingegen insoweit kaum Kompetenzen (Art. 105 Abs. 2a GG), und Einnahmen aus anderen Abgaben (etwa Beiträge) dürfen in der Regel nur die Kosten entstandener Aufwendungen decken. Daher ist ein **Finanzausgleich** zwischen Bund und Ländern (bzw. Kommunen), zwischen den Ländern und innerhalb der Flächenstaaten auch zwischen Land und Kommunen notwendig, den das GG in Art. 106, 107 teils unmittelbar anordnet, meist jedoch der Ausgestaltung durch den (zuständigen) Gesetzgeber überweist. Kern der Debatte ist eine Neuordnung des Bundesgebiets im Sinne der Bildung weniger, strukturell und nach Leistungsfähigkeit ähnlicher Länder, was allerdings bisher nur bei Baden-Württemberg (s. Art. 118 GG) erfolgreich war. Selbst oder vielleicht gerade bei Landesgrenzen überschreitenden Ballungsräumen wie Rhein-Main, Rhein-Neckar oder Leipzig-Halle muss bei Vorhaben, die mehr als ein einziges Landesgebiet betreffen, bisher daher ein Umweg über Staatsverträge bzw. Vereinbarungen über interkommunale Kooperation gegangen werden.

Inzwischen nimmt andererseits die EU durchaus Rücksicht auf die unterschiedlichen Strukturen der Mitgliedstaaten, vor allem auf die Bundesstaatlichkeit, indem eine solche dritte Ebene auch in Form eines eigenen Gremiums, des Ausschusses der Regionen, förmliche Anerkennung gefunden hat.

Republik, Art. 20 Abs. 1, Art. 28 Abs. 1 S. 1 GG
Verfassungsrechtlich bekräftigt diese Regelung nur die seit 1918 antimonarchische Staatsform mit einem auf Zeit gewählten Staatsoberhaupt, dem Bundespräsidenten. Verfassungstheoretisch und politikwissenschaftlich mag darüber hinaus aus der *res publica* als öffentliche „Sache" (Angelegenheit) hergeleitet werden, wenn und wo viele von einem einzelnen Problem betroffen sind, müssten sie auch in die Lage versetzt werden, an der Lösung aktiv mitzuwirken. Das wäre etwa für „öffentliche Güter" relevant.

2.1.2.6 Staatsziele in Landesverfassungen

Die Bayerische Verfassung von 1946 stellt sich im Hinblick auf die Hauptteile über das „Gemeinschaftsleben" und vor allem „Wirtschaft und Arbeit" (Art. 151 ff.) noch weithin als Fortschreibung der Weimarer Reichsverfassung dar; andere „alte" Bundesländer haben hingegen vor allem nach 1949 auf eigene bzw. ergänzende Staatsziele weithin verzichtet.

Die nach 1990 entstandenen Verfassungen der **ostdeutschen Bundesländer** betonen den wieder erlangten Status als (Glied-)Staat durch meist ausführliche Vorschriften zu den „Grundlagen des Staates", deren Bedeutung auch durch ihre Stellung zu Beginn der jeweiligen Landesverfassung betont wird. Hierbei werden neben klassischen Staatsstrukturprinzipien auch diverse Staatsziele normiert. So bezeichnet etwa die Sächsische Verfassung (1992) das „Recht eines jeden Menschen auf ein menschenwürdiges Dasein" ausdrücklich als solches Ziel (Art. 7). Bekräftigt werden ferner die Förderung der Gleichstellung von Mann und Frau sowie der Schutz von Kindern und Jugendlichen vor seelisch-sittlichen, geistigen oder körperlichen Gefahren (Art. 8, 9 SächsVerf), vorgegeben werden Inhalt und Verfahren zum Schutz natürlicher Lebensgrundlagen (Art. 10) sowie Maßnahmen zur Förderung von Kultur, Kunst, Wissenschaft und Sport (Art. 11). Schließlich wird grenzüberschreitende regionale Zusammenarbeit als Verpflichtung normiert (Art. 12 SächsVerf).

2018 wurde in **Hessen** im Wege einer Volksabstimmung ein eigenes Kapitel (IIa.) zu „Staatszielen" in die Landesverfassung aufgenommen. Hierbei wird „Nachhaltigkeit" nicht mehr nur auf den Schutz der natürlichen Lebensgrundlagen des Menschen bezogen (Art. 26b, 26c). Neueren Entwicklungen trägt Art. 26d HessVerf Rechnung, welcher das Land verpflichtet, auf die „Gleichwertigkeit der Lebensverhältnisse in Stadt und Land" hinzuwirken, und des Weiteren auch die Kommunen anhält, „die Errichtung und den Erhalt der technischen, digitalen und sozialen Infrastruktur" zu fördern. Bereits in der Originalfassung enthalten war ein Kapitel (3.) über „soziale und wirtschaftliche Rechte und Pflichten" (Art. 27–47), in dem u. a. verlautet: „Die Sozial- und Wirtschaftsordnung beruht auf der Anerkennung der Würde und der Persönlichkeit des Menschen" (Art. 27), und später: „Die Wirtschaft des Landes hat die Aufgabe, dem Wohle des ganzen Volkes und der Befriedigung seines Bedarfs zu dienen" (Art. 38 Abs. 1 S. 1), sowie: „Das Genossenschaftswesen ist zu fördern" (Art. 44 HessVerf). Die hier thematisierten Aspekte fallen heute freilich weit überwiegend in die konkurrierende Gesetzgebungszuständigkeit des Bundes (Art. 74 Abs. 1 Nr. 11, 12 i. V. m. Art. 72 GG).

2.2 Wirtschaftsgrundrechte

2.2.1 Überblick

Innerhalb der Wirtschaftsverfassung besitzen vor allem die Grundrechte eine herausragende Rolle für das Wirtschaftsleben. Für das öffentliche Wirtschaftsrecht sind nicht alle Grundrechte gleichermaßen bedeutsam, sondern vor allem die wirtschaftlich relevanten, sog. Wirtschaftsgrundrechte. Zu diesen zählen die Berufsfreiheit, Art. 12 Abs. 1, die Eigentumsfreiheit, Art. 14, die

2.2 Wirtschaftsgrundrechte

wirtschaftliche Vereinigungs- und Koalitionsfreiheit, Art. 9 Abs. 1 und 3, sowie die Allgemeine Handlungsfreiheit, Art. 2 Abs. 1 GG. Letztere wird auch als sog. Auffanggrundrecht bezeichnet, da Art. 2 Abs. 1 GG einen umfassenden Schutz der wirtschaftlichen Betätigungsfreiheit gewährt, soweit nicht ein spezielleres Grundrecht einschlägig ist, etwa für Nicht-Deutsche.

Ebenfalls von wirtschaftlicher Bedeutung sind die Meinungs- und Presse- (Art. 5 Abs. 1 GG) sowie die Freiheit von Wissenschaft, Forschung und Lehre (Art. 5 Abs. 3), die als Kommunikationsfreiheiten die Existenz und freie Betätigung der Kommunikationswirtschaft sichern und insoweit als *lex specialis* zu Art. 12, Art. 14 GG zu verstehen sind. Wirtschaftliche Relevanz besitzen zudem das Grundrecht auf Errichtung von Privatschulen, Art. 7 Abs. 4, die Freizügigkeit, Art. 11, sowie die Unverletzlichkeit der Wohnung, Art. 13 GG.

Mit der **EU-Grundrechtecharta** (EuGRCh) existiert darüber hinaus ein Grundrechtskatalog auf Ebene des Unionsrechts, der allerdings einen speziellen, auf zwei bestimmte Konstellationen begrenzten Anwendungsbereich hat (Art. 51 EuGRCh). Die EuGRCh ist anwendbar zum einen für die EU, ihre Organe und Einrichtungen, zum andern für die Mitgliedstaaten, aber nur, sofern sie Unionsrecht durchführen (Art. 51 Abs. 1 S. 1 EuGRCh). Stellt man die Schutzbereiche der nationalen und der EU-Grundrechte einander gegenüber, wird deutlich, dass das normative Konzept zwar gewisse Ähnlichkeiten besitzt, aber nicht deckungsgleich ist. Teilweise reicht der Schutz des GG über die EuGRCh hinaus, teilweise bleibt das nationale Schutzniveau hinter dem unionalen zurück. Auch wenn die EuGRCh den Geltungsbereich des Unionsrechts weder über die Zuständigkeiten der Union hinaus ausdehnt noch neue Kompetenzen für diese (Art. 51 Abs. 2) begründet, ist das Verhältnis zwischen beiden Grundrechtskatalogen (GG vs. EuGRCh) noch nicht endgültig geklärt. Im Rahmen seiner sog. Solange-Rechtsprechung stellte das BVerfG aus Art. 23 Abs. 1 S. 1 GG zunächst den Vorbehalt auf, sekundäres Gemeinschaftsrecht *solange* (daher der Name!) auf seine Konformität mit den nationalen (deutschen) Grundrechten zu prüfen, wie kein adäquater gemeinschaftsrechtlicher Grundrechtskatalog existiere (BVerfGE 37, 271 – Solange I). Später (1986) revidierte das BVerfG seine Position ein Stück weit und anerkannte die grundrechtliche Prüfungskompetenz des EuGH, *solange* dieser einen wirksamen Grundrechtsschutz generell gewährleiste (BVerfGE 73, 339 [387] – Solange II). Es ist daher nicht eine tatsächlich kaum realisierbare Kongruenz zwischen den Grundrechtskatalogen notwendig, sondern nur ein „im Wesentlichen vergleichbarer Grundrechtsschutz" auf EU-Ebene, dessen Schutz das BVerfG im „Kooperationsverhältnis" mit dem EuGH (BVerfGE 89, 155 [175] – Maastricht; BVerfG, Beschl. v. 06.11.2019, Az. 1 BvR 16/13 [Recht auf Vergessen I], Beschl. v. 06.11.2019, 1 BvR 276/17 [Recht auf Vergessen II] gewährleistet. Dieser Standard kann mittlerweile durch die EuGRCh (i. V. m. der EMRK, vgl. Art. 6 Abs. 2 EUV) in aller Regel als gegeben angesehen werden.

2.2.2 Systematik und allgemeine Grundrechtslehren

Bevor ausgewählte Wirtschaftsgrundrechte genauer behandelt werden, sind allgemeine Aspekte vor die Klammer zu ziehen, die die allgemeinen dogmatischen Grundsätze und grundrechtlichen Funktionallehren bestimmen und somit uneingeschränkt auch für die Wirtschaftsgrundrechte gelten. Da jede Grundrechtsprüfung dem gleichen aufbautechnischen **Dreiklang** (Schutzbereich – Eingriff – verfassungsrechtliche Rechtfertigung) folgt, wird diese Struktur auch auf sämtliche hier zu behandelnden Wirtschaftsgrundrechte angewendet. Dies hat gerade für den Lernprozess den Vorteil, dass sich wiederkehrende Prüfungsreihenfolgen einprägen und schrittweise um neue Elemente ergänzt werden. Dadurch gelingt es, vorhandenes Wissen systematisch zu verknüpfen und für die Anwendung am praktischen Fall aufzubereiten. Zu diesem Zweck verfolgt das Lehrbuch einen integrierten Ansatz, der versucht, das abstrakte grundrechtliche Wissen so zu „verdichten", dass es für die Fallbearbeitung anwendbar ist. Nach gründlicher Lektüre werden die Leser daher in der Lage sein, die Wirtschaftsgrundrechte auf praktische Fälle anzuwenden, und anhand des Prüfungsschemas zu handhabbaren Ergebnissen gelangen.

2.2.2.1 Funktionen der Grundrechte

Grundrechte besitzen unterschiedliche Funktionen. Typischerweise unterschieden werden fünf Funktionen, wobei ein Grundrecht nie alle, meistens aber mehrere Zwecke auf sich vereint. Die wichtigste Funktion, die allen Grundrechten gleichermaßen innewohnt, ist die als Abwehrrecht des Einzelnen gegen den Staat. Darüber hinaus können Grundrechte als Leistungs- und Teilhabe- sowie als Mitwirkungsrechte, als Einrichtungsgarantien sowie als wertentscheidende Grundsatznormen ausgestaltet sein bzw. wirken.

In ihrer klassisch-liberalen Hauptfunktion als **Abwehrrechte** sind Grundrechte subjektiv-öffentliche Rechte, die bestimmte Freiheitsbereiche des Einzelnen (sog. *status negativus*) gegen übermäßige staatliche Eingriffe schützen und ermöglichen, die verbürgte Freiheit notfalls auch gerichtlich durchzusetzen. In ihrer abwehrrechtlichen Rolle verpflichten die Grundrechte den Staat, die individuelle Lebenssphäre (Freiheitsbereiche, Rechtsgüter) der grundrechtsberechtigten Individuen zu respektieren.

> **Beispiel**
>
> *Beispiele für geschützte Freiheitsbereiche bilden die freie Wahl von Beruf und Ausbildungsstätte (Art. 12 Abs. 1) oder der Schutz des Privateigentums vor Enteignung (Art. 14 Abs. 1, 3 GG), der gleichzeitig eine Zentralverwaltungswirtschaft als Wirtschaftsordnung ausschließt. Die allgemeine Handlungsfreiheit (Art. 2 Abs. 1 GG) schützt als Auffanggrundrecht jedwede Betätigung, sofern kein spezielleres Freiheitsgrundrecht einschlägig ist* ◀

Grundrechte wirken somit in aller Regel im bilateralen Verhältnis zwischen dem Einzelnen als Grundrechtsberechtigten und dem Staat als Grundrechtsverpflichteten. Dies hat weitreichende Konsequenzen für das Wirtschaftsleben, denn als Abwehrrechte entfalten Grundrechte prinzipiell keine unmittelbare, sondern nur eine mittelbare Drittwirkung (bei der Auslegung von zivilrechtlichen Generalklauseln, wie z. B. „gute Sitten", § 138 BGB) zwischen einzelnen Wirtschaftsteilnehmern.

> **Beispiel**
>
> *Allerdings betonte das BVerfG, dass zumindest aus dem allgemeinen Gleichheitssatz (Art. 3 Abs. 1 GG, Abschn. 2.2.3.5) kein allgemeiner Grundsatz folge, wonach auch private Rechtsbeziehungen prinzipiell gleichheitsgerecht ausgestaltet werden müssten; für die speziellen Gleichheitssätze hat das BVerfG diese Frage bislang offen gelassen (BVerfG, Beschl. v. 27.08.2019, 1 BvR 879/12).* ◀

Eine **unmittelbare Drittwirkung** von Grundrechten in Privatrechtsverhältnissen ist daher nur in Ausnahmefällen gegeben. Sie bedarf der ausdrücklichen normativen Anordnung und ist explizit bislang nur für die Koalitionsfreiheit (Art. 9 Abs. 3 S. 2 GG) geregelt (Abschn. 2.2.3.3).

Da Grundrechte regelmäßig keine unmittelbaren Leistungsansprüche des wirtschaftlich Tätigen gegen den Staat garantieren, stellen sie keine echten Sozialgrundrechte dar. Leistungs- und Teilhaberechte (sog. *status positivus*) sind Grundrechte nur ausnahmsweise und zwar unter der engen Voraussetzung, dass sie im Einzelfall einen individuellen Anspruch auf positives Tun des Staates im Sinne staatlicher Fürsorge gewährleisten (z. B. bei der Teilnahme an Bildungseinrichtungen, Art. 7 Abs. 4 GG). Im Umkehrschluss (*e contrario*) folgt daraus, dass Grundrechte prinzipiell keine direkten Ansprüche auf Teilnahme an staatlichen Leistungs- und Versorgungssystemen beinhalten.

> **Beispiel**
>
> *Der Anspruch auf Gewährung des Existenzminimums wird aus der Menschenwürde (Art. 1 Abs. 1) in Verbindung mit dem Sozialstaatsprinzip (Art. 20 Abs. 1 GG) abgeleitet. Die konkreten Anspruchsvoraussetzungen sowie*

-berechtigten ergeben sich hingegen nur aus dem einfachgesetzlichen SGB XII. ◄

Als **Mitwirkungsrechte** (sog. *status activus*) gewährleisten Grundrechte und grundrechtsgleiche Rechte eine Teilhabe an der politischen Willensbildung. Da die Willensbildung im demokratischen Staat von unten nach oben erfolgt und damit von der Beteiligung aller Bürger (Abschn. 2.1.2.5) lebt, verbürgen ihnen bestimmte Grundrechte – als sog. Staatsbürgerrechte – entsprechende Rechte, beispielsweise bei den Wahlrechtsgrundsätzen (Art. 38 Abs. 1 S. 1, Abs. 2 GG).

Neben ihren subjektiv-rechtlichen Funktionen besitzen Grundrechte auch eine **objektivrechtliche Dimension**. Als Einrichtungsgarantien sichern sie die Existenz und den Fortbestand bestimmter Rechtsinstitute. Für den Gesetzgeber folgt aus einer grundrechtlichen Einrichtungsgarantie, dass er das Rechtsinstitut als solches in seinem Kern nicht antasten, d. h. dessen Bestand nicht gänzlich beseitigen darf.

Beispiel

Das private Eigentum und das Erbrecht werden durch Art. 14 gewährleistet; Koalitionen und Tarifvertragssystem werden durch Art. 9 Abs. 3 GG geschützt. ◄

Schließlich enthalten Grundrechte **wertentscheidende Grundsatznormen**, die in ihrer Gesamtschau eine objektive Werteordnung und Grundsatzentscheidung darstellen.

Beispiel

Derartige Maßstäbe bringt das GG beispielsweise zur Berufsbetätigung (Art. 12), zum Eigentumsgebrauch (Art. 14), aber auch zu Leib und Leben (Art. 1 und 2) sowie zur Religions- und Meinungsvielfalt (Art. 4, 5 Abs. 1) und Freiheit von Kunst und Wissenschaft (Art. 5 Abs. 3) zum Ausdruck. ◄

Die objektivierten Wertmaßstäbe des Grundrechtskatalogs (wie des gesamten GG) liefern Vorgaben für die Auslegung und Anwendung des einfachen Rechts; diese Ausstrahlungswirkung findet im öffentlichen Recht im Rahmen der verfassungskonformen Auslegung (Abschn. 1.3.1), im Privatrecht im Wege der mittelbaren Drittwirkung der Grundrechte Berücksichtigung.

Beispiel

Zivilrechtliche Generalklauseln, insbesondere Treu und Glauben (§ 242 BGB), auf die sich der Vertragspartner berufen kann, falls seine Grundrechte nicht beachtet werden, sind die guten Sitten (§ 138 BGB) oder auch billiges Ermessen (§ 315 BGB). ◄

Grundrechte setzen zudem objektiv-rechtliche Maßstäbe für die Gestaltung staatlicher Einrichtungen und Verfahren. Exekutive und Judikative haben Auslegungs- und Entscheidungsspielräume (in Gestalt von unbestimmten Rechtsbegriffen bzw. Ermessensnormen) stets im Lichte der Grundrechte auszulegen und anzuwenden. Zudem schaffen und gewährleisten Grundrechte als **Verfahrensrechte** formale und prozedurale Sicherungsmechanismen, wodurch die Ausübung wirtschaftlicher Grundrechte in einem konkreten Verwaltungs- oder Gerichtsverfahren erst ermöglicht und geschützt wird.

Beispiel

Herher gehören sind die Garantie eines effektiven Rechtsschutzes (Art. 19 Abs. 4) sowie sog. justizielle Grundrechte, insbesondere bei Freiheitsentzug (Art. 101 ff. GG), aber auch Ansprüche Dritter auf Beteiligung an wirtschaftsverwaltungsrechtlichen Genehmigungsverfahren (z. B. BImSchG, AtG), wenn ihre subjektiv-öffentlichen Rechte beeinträchtigt sind. ◄

Als „objektive Werteordnung" (BVerfGE 7, 198 – Lüth) soll das GG staatliche Macht begrenzen und drohende Grundrechtsverletzungen, sowohl von Seiten des Staates als auch von Seiten der Privaten, bereits vorbeugend verhindern. Der Staat soll sich in beide Richtungen schützend und fördernd vor die Grundrechte stellen. Allerdings sind derartige **Schutzpflichten** dogmatisch nicht unumstritten und vom BVerfG nur für ausgewählte Grundrechte (Art. 2 Abs. 1 und Abs. 2 S. 1, Art. 5 Abs. 3 S. 1, Art. 6 Abs. 4, Art. 8 Abs. 1 GG; vgl. grundlegend BVerfGE 39, 1 [36 ff.]) anerkannt. Ursprünglich für den Schutz des ungeborenen Lebens entwickelt, postuliert das BVerfG grundrechtliche Schutzpflichten mittlerweile auch für weitere Rechtsgüter und Gefährdungsbereiche (vgl. BVerfGE 49, 89 ff.; 53, 30 ff.; 56, 54 ff.). Beispielsweise darf der Staat nicht tatenlos zusehen (sog. Untermaßverbot), wenn seine Bürger durch zunehmende Umweltverschmutzung, die jedenfalls mitverantwortlich für Umweltschäden ist, in ihren Rechten auf Leben, Gesundheit oder Eigentum geschädigt werden. Zwar kann darauf regelmäßig kein klagbarer Individualanspruch auf konkrete Schutzmaßnahmen gestützt werden, jedoch leitet das BVerfG aus dem Schutzpflichtgedanken vor allem eine gesetzgeberische Pflicht ab, angemessene umweltrechtliche Schutzmaßnahmen zu treffen und deren Wirksamkeit zu beobachten.

> **Beispiel**
>
> *Eine Schutzpflichtlage hat das BVerfG beispielsweise angenommen bei der Genehmigung von Atomanlagen (BVerfGE 49, 89, 141 ff.), bei Fluglärm (BVerfG-K, Beschl. v. 29.07.2009, 1 BvR 1606/08, NVwZ 2009, 1494, 1495; Beschl. v. 15.10.2009, 1 BvR 3474/08, NVwZ 2009, 1489; Beschl. v. 04.05.2011, 1 BvR 1502/08, NVwZ 2011, 991, 993), bei Ozonbelastung (BVerfG-K, Beschl. v. 29.11.1995, 1 BvR 2203/95, NJW 1996, 651), bei verkehrsbedingtem Ausstoß von Stickoxiden (BVerfG-K, Beschl. v. 26.10.1995, 1 BvR 1348/95, NJW 1996, 651, 652), bei Verkehrslärm (BVerfGE 79, 174, 202).* ◄

Aus diesen Schutzpflichten kann freilich nicht ohne weiteres eine staatliche Pflicht zur Beachtung und Umsetzung europäischer sowie internationaler Umwelt- und Klimaschutzstandards, insbesondere des Pariser Abkommens, abgeleitet werden, zumal solche Vorschriften meist wenig verbindlich sind oder den (Mitglieds-)Staaten umfangreiche nationale Spielräume belassen.

2.2.2.2 Grundrechtliche Funktionallehren als Prüfungsschema für die Fallbearbeitung

Liest man die Art. 1 bis 20 GG, die den Kern des Grundrechtskatalogs beinhalten, begegnen einem prägnant formulierte und klar gegliederte Artikel. Indes ist das Verständnis dessen, was die Mütter und Väter des GG in unprätentiösen und kurzen Formulierungen zum Ausdruck bringen wollen, für den juristischen Laien nur ansatzweise möglich. Denn die grundrechtlichen Funktionallehren sind in weiten Teilen das methodische Ergebnis von Dogmatik, fortentwickelt durch die Rechtsprechung des BVerfG sowie Lehrmeinungen des Schrifttums. Um die **Wirkungsweise** von Grundrechten, insbesondere als Abwehrrechte des Einzelnen gegenüber dem Staat, zu verstehen, ist es nicht ausreichend, den Text des einschlägigen Artikels genau zu lesen. Es ist vielmehr notwendig, die grundrechtliche Dogmatik (die im Übrigen bei allen Grundrechten ähnlich ist!) zu verinnerlichen und die wichtigsten Meilensteine der Verfassungsrechtsprechung zu kennen.

Jede Grundrechtsprüfung folgt einem mehrschrittigen Aufbau, der sich denklogisch aus dem primären Zweck des Grundrechts als Abwehrrecht ergibt. Wenn Grundrechte vornehmlich im Verhältnis zwischen Staat und Individuum wirken und der Sicherung individueller Freiheitsbereiche dienen, ist zunächst der jeweilige Freiheitsbereich näher zu bestimmen, in den durch staatliches Handeln eingegriffen bzw. der hierdurch beschränkt wird. Sodann stellt sich die Frage, inwieweit sich der staatliche Eingriff durch Allgemeinwohlgründe rechtfertigen lässt. Jedes Freiheitsgrundrecht wird daher in den drei Schritten **Schutzbereich – Eingriff – verfassungsrechtliche Rechtfertigung** geprüft. Handelt es sich um ein Gleichheitsgrundrecht (z. B. Art. 3 Abs. 1 bzw. Abs. 2 und 3 GG), wird ähnlich, aber nur in zwei Schritten, getrennt nach Betroffenheit (Anwendungsbereich) und Differenzierung (Differenzierungsziel und -kriterium), vorgegangen (Abschn. 2.2.3.5). Da die Wirtschaftsgrundrechte überwiegend dem Schutz spezieller Freiheitsbereiche dienen, wird im Folgenden das dreischrittige Prüfungsschema zu Grunde gelegt.

▸ *Die Prüfung jedes Freiheitsgrundrechts erfolgt in drei Schritten, getrennt nach Schutzbereich, Eingriff und verfassungsrechtlicher Rechtfertigung.*

Schutzbereich

Den Ausgangspunkt jeder Grundrechtsprüfung bildet der Schutzbereich, der nochmals in den persönlichen und den sachlichen Schutzbereich untergliedert wird.

(1) Der **persönliche Schutzbereich** beantwortet die Frage, wer Träger des Grundrechts ist. Die Grundrechtsträgerschaft meint die Fähigkeit, sich auf ein Grundrecht berufen zu können; diese Fähigkeit besitzen grundsätzlich **alle natürlichen Personen**, unabhängig von ihrem Alter und ihrer Nationalität. Dem aufmerksamen Leser ist möglicherweise schon aufgefallen, dass die in den unterschiedlichen Grundrechtsartikeln teils von „allen Deutschen", teils von „jeder"mann/frau die Rede ist. Dahinter verbirgt sich nicht etwa eine sprachliche Ungenauigkeit des Verfassungsgebers, sondern die bewusste Unterscheidung zwischen sog. Deutschengrundrechten, wie z. B. Art. 12 Abs. 1 GG, und sog. Menschenrechten, beispielsweise Art. 4 oder Art. 5 GG. Wie ihr Name zeigt, sind Deutschengrundrechte nur auf deutsche Staatsbürger im Sinne von Art. 116 GG anwendbar. Hingegen beziehen sich Menschenrechte nicht nur auf Deutsche, sondern auch auf Ausländer, die sich im Geltungsbereich des GG aufhalten. Können sich ausländische Staatsangehörige im Einzelfall daher nicht auf Deutschengrundrechte berufen, sind sie nicht „schutzlos", sondern können sich auf den Schutzgehalt des jeweiligen Grundrechts, z. B. Art. 12 Abs. 1 GG, über Art. 2 Abs. 1 GG (Auffanggrundrecht) berufen.

Juristische Personen bzw. Personenvereinigungen sind nur im Rahmen von Art. 19 Abs. 3 GG durch Grundrechte geschützt. Die Verfassungsnorm erstreckt die Grundrechtsgeltung auf inländische juristische Personen des Privatrechts, aber nur, soweit sie wesensmäßig auf diese anwendbar sind. In dieser Kurzformel stecken mehrere und im Einzelnen näher zu klärende Voraussetzungen. Zu den juristischen Personen zählen sowohl Personenvereinigungen, die das Privatrecht als juristische Person anerkennt (z. B. GmbH und AG), als auch nach h. M. alle anderen Vereinigungen, die zu eigener Willensbildung und zu eigenständigem Handeln fähig sind (z. B. nicht-rechtsfähige Vereine, aber auch OHG und KG). Art. 19 Abs. 3 GG beschränkt die Anwendbarkeit der Grundrechte auf inländische juristische Personen, wobei auf den Sitz der jeweiligen Einheit innerhalb der Bundesrepublik Deutschland abzustellen ist. Im Gegenschluss folgt daraus, dass ausländische juristische Personen grundsätzlich keinen Grundrechtsschutz in Deutschland (Inland) genießen. Das BVerfG will (EU-)ausländische juristische Personen in Bezug auf Justiz- und Verfahrensrechte nicht schlechter stellen als inländische, wobei dieses Schutzniveau nicht aus Art. 19 Abs. 3 GG („Anwendungserweiterung"), sondern aus den unionsrechtlichen Diskriminierungsverboten (Grundfreiheiten bzw. Art. 18 AEUV) herzuleiten sei (BVerfGE 129, 78). Seinem Wortlaut nach beschränkt Art. 19 Abs. 3 GG zudem die Grundrechtsgeltung auf juristische Personen des Privatrechts.

Juristische Personen des öffentlichen Rechts, etwa (Gebiets-)Körperschaften, (Rundfunk-)Anstalten und öffentliche-rechtliche Stiftungen, sind der Sphäre des Staates zuzuordnen mit der Folge, dass eine Berufung auf Grundrechte dazu führen würde, dass der Staat gegen sich selbst Schutz sucht – ein Ergebnis, das mit der Rolle von Grundrechten als Abwehrrechte schwerlich vereinbar scheint. Juristische Personen des öffentlichen Rechts können sich daher nur insoweit auf Grundrechte berufen, wie sie vom Staat unabhängig und unmittelbar in dem vom Grundrecht geschützten Lebensbereich tätig sind („wesensmäßig anwendbar"). Daraus folgt, dass sich Hochschulen, Universitäten und außeruniversitäre Forschungseinrichtungen auf die Wissenschaftsfreiheit (Art. 5 Abs. 3 S. 1 GG), öffentlich-rechtliche Rundfunkanstalten auf die Rundfunkfreiheit (Art. 5 Abs. 1 S. 2 GG) stützen dürfen (BVerfGE 90, 60 [88 f.]). Generell anwendbar sind, auch bei ausländischen juristischen Personen, die Justizgrundrechte (Art. 101 ff. GG). Schließlich stellt Art. 19 Abs. 3 GG die Grundrechte für juristische Personen unter den Vorbehalt ihrer wesensmäßigen Anwendbarkeit. Dafür ist entscheidend, ob eine bestimmte (Erwerbs-)Tätigkeit ihrem Wesen und ihrer Art nach in gleicher Weise von einer juristischen wie von einer natürlichen Person ausgeübt werden könnte (BVerfGE 30, 292 [312]); 50, 290 [367]). Die wesensmäßige Anwendbarkeit von Art. 12 GG bejahte das BVerfG für juristische Personen des Privat-, nicht aber solche des öffentlichen Rechts (etwa Sparkassen, BVerfGE 75, 192); auch Art. 14, Art. 11 sowie Art. 3 Abs. 1 GG (allgemeiner Gleichheitssatz) sind wesensmäßig für alle inländischen juristischen Personen anwendbar. Bereits aus dem eigentlichen Wortsinn ergibt sich, dass die Menschenwürde (Art. 1 Abs. 1 GG), das Recht auf Leben und körperlichen Unversehrtheit (Art. 2 Abs. 2) sowie das Recht auf Ehe und Familie (Art. 6) für juristische Personen ihrem Wesen nach nicht passen. Eine gewisse Sonderstellung nimmt die Meinungsfreiheit (Art. 5 Abs. 1 S. 1 GG) ein (vgl. BVerfGE 61, 1).

(2) Für die Eröffnung des Schutzbereichs eines Grundrechts ist neben dem persönlichen auch der **sachliche Schutzbereich** zu prüfen. Dieser umfasst die vom speziellen Grundrecht geschützten Tätigkeiten, Verhaltensweisen oder Rechtsgüter.

Beispiel

Im Rahmen der Wirtschaftsgrundrechte schützt Art. 12 GG die freie Wahl von Beruf und Ausbildung, während Art. 14 das Rechtsgut Eigentum sichert. Art. 3 Abs. 1 GG normiert den allgemeinen Gleichheitsgrundsatz („alle Menschen sind vor dem Gesetz gleich"). Im Bereich der nichtwirtschaftlichen Grundrechte finden sich weitere prägnante Beispiele für den Schutzumfang in Gestalt der Meinungs- und Religionsfreiheit (Art. 5 Abs. 1 S. 1, Art. 4), der Presse- und Versammlungsfreiheit (Art. 5 Abs. 1 S. 2, Art. 8), der Freizügigkeit (Art. 11) oder dem Schutz von Ehe und Familie (Art. 6 GG). Die Stellung am Anfang der Grundrechtsartikel manifestiert, dass „die Würde des Menschen unantastbar" (Art. 1 Abs. 1 S. 1 GG) ist, woraus eine vorbehaltlose Gewährleistung des Grundrechtsschutzes folgt. ◄

Stehen mehrere Grundrechte zur Wahl (sog. Grundrechtskonkurrenz), geht das speziellere Grundrecht dem allgemeineren vor. Aus dieser Kollisionsregel ist abzuleiten, dass die allgemeine Handlungsfreiheit (Art. 2 Abs. 1 GG) in der Regel hinter spezielleren Freiheitsgrundrechten als subsidiär zurücktritt, da ihr sachlicher Schutzbereich immer auch den des spezielleren Grundrechts mitumfasst.

Zum besseren Verständnis der Grundrechte sei an dieser Stelle nochmals an die abwehrrechtliche Funktion der Grundrechte erinnert, die maßgeblich die Rechtsbeziehung bestimmt, innerhalb derer Grundrechte wirken. **Adressaten der Grundrechtsbindung** sind die natürlichen und eingeschränkt auch die juristischen Personen als Grundrechtsberechtigte/Träger; ihnen gegenüber steht der gewaltenteilig gegliederte Staat als Grundrechtsverpflichteter, der die ungehinderte Grundrechtsausübung gewährleisten muss. In privaten Rechtsbeziehungen, z. B. in Verträgen, finden Grundrechte aufgrund ihres Schutzzwecks prinzipiell keine Anwendung; einzige Ausnahme davon bildet die Koalitionsfreiheit (Art. 9 Abs. 3 S. 2 GG), bei der eine unmittelbare Drittwirkung im Grundrechtstext selbst angeordnet ist. Darüber hinaus entfalten sämtliche Grundrechte mittelbare Drittwirkung als Teil einer objektiven Werteentscheidung und -ordnung des GG (Abschn. 2.2.2.1).

▶ *Auch wenn die Ausführungen zum Schutzbereich vergleichsweise breit anmuten mögen, nimmt dieser Prüfungspunkt in der Fallbearbeitung einen eher geringen Umfang ein. In aller Regel kommt es darauf an, den persönlichen und sachlichen Schutzbereich präzise zu definieren und anhand des Sachverhalts festzustellen. Umfangreiche Ausführungen sind, wie bei allen unproblematischen Tatbestands-*

2.2 Wirtschaftsgrundrechte

merkmalen, fehl am Platz, da sie den Blick für das Wesentliche verstellen.

Eingriff

Der zweite wichtige Punkt bei der Prüfung eines Freiheitsgrundrechts betrifft den Eingriff und damit die Frage, wie weitreichend bzw. mit welcher Intensität der Staat in den grundrechtlich geschützten Freiheitsbereich „eingreift", sprich diesen durch hoheitliches Handeln beeinträchtigt. Die einzelnen (Wirtschafts-)Grundrechte stellen zum Teil spezielle sowie unterschiedliche Voraussetzungen für den Eingriff auf.

Beispiel

Beispielsweise hat das BVerfG für die Intensität eines Eingriffs in die Berufsfreiheit (Art. 12 Abs. 1 GG) die sog. 3-Stufen-Theorie entwickelt (Abschn. 2.2.3.1). Der finale Eigentumsentzug in Gestalt der Enteignung darf nur „durch oder aufgrund eines Gesetzes" erfolgen (Art. 14 Abs. 3 S. 2 GG). ◄

Der Eingriffsbegriff ist dogmatisch fest im Grundrechtsverständnis verankert, auch wenn das GG ihn – ebenso wie viele andere Grundrechtsbegriffe – nicht legal definiert, also nicht ausdrücklich klärt, was als Grundrechtseingriff anzusehen ist. Das BVerfG prägte und entwickelte in seiner Rechtsprechung schon früh den klassischen (heute noch für Art. 2 Abs. 1 GG anwendbaren), später den erweiterten (modernen) **Eingriffsbegriff**, der mittlerweile als herrschend gilt. Eingriff ist demnach jedes staatliche Handeln, das dem Einzelnen ein grundrechtlich geschütztes Verhalten ganz oder teilweise unmöglich macht (BVerfGE 105, 279 [299 ff.] – Osho). Um einen effektiven Grundrechtsschutz (Abwehrfunktion) zu gewährleisten, entwickelte das BVerfG **vier Kriterien** für die Qualität des Eingriffs: Das grundrechtsverkürzende hoheitliche Handeln muss zurechenbar, faktisch, vorhersehbar und intensiv sein. Das Handeln muss der hoheitlichen Sphäre **zurechenbar** sein. Dies ist gegeben bei unmittelbaren, direkten Eingriffen staatlicher Stellen (z. B. durch Ge-/Verbotsgesetze oder Verwaltungsakte), aber auch, wenn mittelbar wirkende Maßnahmen derselben (z. B. bei Produktwarnungen durch Bundesministerien) vorliegen, die in engem Zusammenhang mit einer grundrechtlich geschützten Tätigkeit stehen; bei Art. 12 Abs. 1 GG fordert das BVerfG zudem die sog. objektiv berufsregelnde Tendenz. Der Eingriff kann in Form eines Rechtsakts (z. B. durch Gesetz oder Verwaltungsakt, der auf einer Rechtsvorschrift beruht) oder aber durch Realakt, d. h. durch **faktisches** Handeln erfolgen. Zudem müssen die Eingriffsfolgen typisch und damit **vorhersehbar** sein oder aber als atypische Nebenfolgen in Kauf genommen werden. Schließlich muss die Verkürzung des grundrechtlich geschützten Freiheitsbereichs hinreichend **intensiv** sein, also eine schwere, unzumutbare Beeinträchtigung darstellen.

▶ *Als Grundrechtseingriff ist jedes staatliche Handeln zu qualifizieren, das dem Einzelnen ein Verhalten, das in den Schutzbereich eines Grundrechts fällt, rechtlich oder tatsächlich ganz oder teilweise unmöglich macht. In der Fallbearbeitung zahlt sich eine sorgfältige Prüfung des Eingriffs aus, da damit eine saubere, an der Eingriffsintensität (bzw. Stufe bei Art. 12 GG) orientierte verfassungsrechtliche Rechtfertigung „eingespurt" wird.*

Beispiel

Grundrechtseingriffe, die dem weiten Eingriffsbegriff des BVerfG entsprechen, wären beispielsweise staatliche Warnungen vor gefährlichen Produkten (Eingriff in Art. 12 GG), Vorschriften zur Einkommens-, Körperschafts-, Grund- oder Kapitalertragssteuer (jeweils als Eingriffe in Art. 14 bzw. Art. 2 Abs. 1 GG), das Verbot bestimmter Gesellschaftsformen (Eingriff in Art. 9 Abs. 1 GG) oder auch des Taubenfütterns im Park (Art. 2 Abs. 1 GG). ◄

Verfassungsrechtliche Rechtfertigung

Grundrechte werden nicht grenzenlos gewährleistet, sondern unterliegen gewissen Einschränkungen, den sog. **Schranken**. Ihr Ziel besteht darin, eine verhältnismäßige Abwägung zwischen dem Individualinteresse des Grundrechtsberechtigten und dem Wohl der Allgemeinheit zu gewährleisten. Gäbe es die Ebene der verfassungsrechtlichen Rechtfertigung nicht, wäre jedes staatliche Eingriffshandeln *per se* grundrechts- und damit verfassungswidrig. Dass ein solcher Zustand weder vom Verfassungsgeber beabsichtigt sein kann noch im Interesse einer sozialverträglichen, um Ausgleich bemühten Gesellschaft liegt, ist evident. Die Ebene der Rechtfertigung des Eingriffs durch Schranken und Schranken-Schranken bildet somit den zwingend notwendigen, dritten Schritt jeder Grundrechtsprüfung.

Mit Hilfe der Grundrechtsschranken eröffnet die Verfassung unterschiedlich weitreichende Spielräume für die einfache Gesetzgebung. Um den Maßstab der konkreten verfassungsrechtlichen Rechtfertigung festzulegen, muss die Reichweite des jeweiligen Schrankenvorbehalts ermittelt werden. In einem zweiten Schritt wird die Schranke ihrerseits auf Verfassungsmäßigkeit geprüft (sog. **Schranken-Schranken**). Der Wortlaut des jeweiligen Grundrechts gibt Aufschluss über die Art sowie besondere Anforderungen an die jeweilige Grundrechtsschranke. Die meisten Grundrechte enthalten geschriebene Schranken in Gestalt von Gesetzesvorbehalten. Von einem **einfachen Gesetzesvorbehalt** spricht man, wenn das Grundrecht die Einschränkung „durch" (formelles) Gesetz vorsieht oder aber „auf Grund eines Gesetzes", sprich durch Verwaltungsakt oder Rechtsverordnung, die sich wiederum auf ein formelles Gesetz als Ermächtigungsgrundlage stützen muss.

Beispiel

Art. 12 Abs. 1 S. 2, Art. 14 Abs. 1 S. 2 und Abs. 3 sowie – in Gestalt der sog. Schrankentrias – Art. 2 Abs. 1 GG. ◄

Grundrechte mit **qualifiziertem Gesetzesvorbehalt** enthalten zusätzliche Anforderungen an das einschränkende Gesetz, die sich ebenfalls direkt aus dem GG ergeben (z. B. Art. 11 Abs. 2 GG).

Auch wenn sich nicht in allen Grundrechten ausdrückliche Schrankenbestimmungen finden, unterliegen auch vorbehaltlos (schrankenlos) gewährleistete Grundrechte, wie beispielsweise Art. 4 Abs. 1 und 2, Art. 5 Abs. 3 S. 1 GG, schon prinzipiell verfassungsrechtlichen Grenzen, sog. verfassungsimmanente Schranken. Lediglich die Menschenwürde (Art. 1 Abs. 1 S. 1 GG) ist schrankenlos gewährleistet mit der Folge, dass jeder Eingriff in dieses Grundrecht verfassungswidrig ist. Die **verfassungsimmanenten Schranken** ergeben sich im Hinblick auf die Grundrechte anderer sowie sonstige Rechtsgüter mit Verfassungsrang, wozu insbesondere Grundwerte und Staatsziele zählen. Steht das Vorliegen einer Schranke, geschrieben oder ungeschrieben, fest, ist zu prüfen, ob das einschränkende Gesetz seinerseits grundrechtskonform und damit formell wie materiell verfassungsgemäß ist. Es handelt sich insoweit um die verfassungsmäßigen Grenzen, die für die Gesetzgebung gelten, wenn diese den Grundrechtsgebrauch beschränkt, kurz die sog. **Schranken-Schranken**. Im Rahmen der formellen Verfassungsmäßigkeit sind, soweit der Sachverhalt dazu Hinweise gibt, die Gesetzgebungskompetenz (Art. 30, 70 ff. GG), das Gesetzgebungsverfahren (Art. 76–78 GG) sowie die Form (Art. 82 GG) zu prüfen. Bei der materiellen Verfassungsmäßigkeit wird die Legitimität einer Grundrechtsschranke unter verschiedenen, insbesondere rechtsstaatlichen Verfassungsprinzipien betrachtet. Dazu zählen die Wesensgehaltsgarantie (Art. 19 Abs. 2 GG), der Bestimmtheitsgrundsatz, das Einzelfallverbot (Art. 19 Abs. 1 S. 1 GG) sowie das Verbot unzulässiger Rückwirkung (s. dazu jeweils Abschn. 2.2.2). Von überragender Bedeutung ist jedoch die Prüfung der Verhältnismäßigkeit, die als Verbot übermäßiger staatlicher Eingriffe einen Ausgleich zwischen dem Abwehr(grund)recht und dem Wohl der Allgemeinheit (öffentliches Interesse) gewährleisten soll. Jede Verhältnismäßigkeitsprüfung erfolgt in vier Schritten, beginnend mit dem (i) legitimen Zweck, gefolgt von der (ii) Geeignetheit, sprich generellen Zwecktauglichkeit der Maßnahme. Es folgen die (iii) Erforderlichkeit, die die hoheitliche Maßnahme insbesondere unter dem Prinzip des geringstmöglichen Eingriffs prüft, sowie (iv)

2.2 Wirtschaftsgrundrechte

die Angemessenheit (Verhältnismäßigkeit i. e. S.), bei der es um die Zweck-Mittel-Relation im Sinne der Zumutbarkeit geht (s. zu den einzelnen Voraussetzungen ausführlich Abschn. 2.2.2). Für einige Freiheitsgrundrechte hat das BVerfG die Verhältnismäßigkeitsprüfung durch besondere Anforderungen präzisiert; dies gilt insbesondere für die Berufsfreiheit (Art. 12 GG, sog. Dreistufentheorie) sowie die Eigentumsfreiheit (Art. 14 GG, Enteignungen und sog. enteignende bzw. enteignungsgleiche Eingriffe).

▶ *In der Fallbearbeitung sollte sich die verfassungsrechtliche Rechtfertigung strikt an den genannten Prüfungspunkten „abarbeiten" und vor allem die kontroversen argumentativ sinnvoll begründen. Eine ausgewogene Grundrechtsprüfung zeichnet sich nicht durch „freies Schreiben im Erzählstil", sondern dadurch aus, dass alle problematischen Prüfungspunkte (und auch nur diese!) sauber und angemessen gewichtet ausgearbeitet werden. Das folgende Prüfungsschema kann dafür als gedanklicher Leitfaden dienen.*

Prüfungsschema Freiheitsgrundrechte

i) Schutzbereich des Grundrechts
   (i) Persönlicher Schutzbereich
   (ii) Sachlicher Schutzbereich
ii) Eingriff (im Sinne des modernen Eingriffsbegriffs des BVerfG)
iii) Verfassungsrechtliche Rechtfertigung
   (i) Grundrechtsschranke
      (a) Geschriebene Schranken (einfacher/qualifizierter Gesetzesvorbehalt)
      (b) Verfassungsimmanente Schranken (Grundrechte anderer, Rechtsgüter mit Verfassungsrang)
   (ii) Formelle Verfassungsmäßigkeit
   (iii) Materielle Verfassungsmäßigkeit
      (a) Spezielle Anforderungen (aus Gesetzesvorbehalt bzw. BVerfG-Rechtsprechung)
      (b) Allgemeine Anforderungen, insbesondere Verhältnismäßigkeit, Bestimmtheitsgrundsatz, Rückwirkungsverbot

---

2.2.3 Ausgewählte Wirtschaftsgrundrechte

2.2.3.1 Berufsfreiheit, Art. 12 GG

Überblick

Beruf und Arbeit sind für die einzelne Person regelmäßig **„Lebensaufgabe und Lebensgrundlage"**. Das in Art. 12 Abs. 1 GG einheitlich geregelte Grundrecht der Berufs- und Ausbildungsfreiheit hat daher zentrale Bedeutung für die wirtschaftliche Betätigung. Seine typische, freiheitssichernde Wirkung entfaltet Art. 12 Abs. 1 GG dadurch, dass er als individuelles Abwehrrecht gegenüber hoheitlichen Maßnahmen wirkt, die die berufliche Freiheit (des einzelnen Wirtschaftsteilnehmers) einschränken. Aber auch der objektiv-rechtliche Gehalt des Grundrechts gewinnt zunehmend an Bedeutung. Dies betont das BVerfG in seiner Rechtsprechung zu immanenten staatlichen Schutzpflichten. Mit dem Ziel des Ausgleichs gegensätzlicher Grundrechtspositionen entfaltet die Berufsfreiheit immer dann einen objektiven Gehalt, wenn staatliche Schutzpflichten der Förderung des Arbeits- und Berufslebens dienen, indem sie missbräuchliches Verhalten „übermächtiger" Privatpersonen verhindern.

Beispiel

Die sog. Kleinbetriebsklausel (heute § 23, vormals § 9), wonach das KSchG in Kleinbetrieben erst ab einer bestimmten Beschäftigtenzahl anwendbar ist, stellte aus Sicht des BVerfG einen angemessenen Interessenausgleich zwischen den Belangen der Arbeitsvertragsparteien dar, da die betroffenen Arbeitnehmer Kündigungen durch den Arbeitgeber (ohne KSchG) nicht schutzlos ausgeliefert seien (vgl. BVerfGE 97, 169 [177]; s. auch BVerfGE 92, 26 [46]; 81, 242). ◄

Als Organisations- und Verfahrensrecht sichert Art. 12 Abs. 1 GG der Verwaltung gewisse Beurteilungsspielräume, die gerichtlich nur eingeschränkt überprüfbar sind. Dies gilt vor allem für die verwaltungsgerichtliche Kontrolldichte (Rechtsschutzgarantie, Art. 19 Abs. 4 GG) von Prüfungsentscheidungen, z. B. bei der Zulassung zu einem Beruf, die den Bewertungs- und Beurteilungsspielraum der Prüfungsbehörden in der konkreten Prüfungssituation respektieren müssen (vgl. BVerfGE 84, 34 [54 f.]; 84, 59 [79]).

Schutzbereich
In seiner Rolle als Abwehrrecht schützt Art. 12 Abs. 1 GG die Grundrechtsträger vor übermäßigen staatlichen Eingriffen in ihre berufliche Freiheit. In seinem persönlichen Schutzbereich gilt die Berufsfreiheit für „alle Deutschen" (sog. **Deutschengrundrecht**); Art. 116 Abs. 1 GG bestimmt, wer Deutscher im Sinne des GG ist. Aus dem Wortlaut folgt im Umkehrschluss, dass **Ausländer** nicht von Art. 12 Abs. 1 GG erfasst, jedoch nicht schutzlos gestellt, sondern in Bezug auf ihre Berufsfreiheit über das Auffanggrundrecht des Art. 2 Abs. 1 GG geschützt sind. Für EU-Ausländer, die als Unionsbürger (Art. 20 AEUV) besondere Rechte genießen, wird der nationale Grundrechtsschutz regelmäßig durch die Personenverkehrsfreiheiten (Arbeitnehmerfreizügigkeit, Art. 45 ff., sowie Niederlassungsfreiheit, Art. 49 ff. AEUV, Abschn. 2.3.1) überlagert.

Der sachliche Schutzbereich von Art. 12 Abs. 1 GG umfasst als einheitliches Grundrecht sowohl die **Berufswahl** (S. 1) als auch die **-ausübung** (S. 2), da beide Teilbereiche fließend ineinander übergehen und damit nicht klar voneinander trennbar sind (BVerfGE 7, 377 [402]). Der Beruf ist der zentrale Begriff im Schutzumfang von Art. 12 Abs. 1 GG, wobei ihn die Norm aber nicht näher bestimmt. Das BVerfG hat in seinem wichtigen sog. Apothekenurteil (BVerfGE 7, 377) und seither in st Rspr den Begriff definiert.

▶ *Als Beruf ist jede Tätigkeit zu verstehen, die auf eine gewisse Dauer angelegt ist und der Schaffung und Erhaltung einer Lebensgrundlage dient.*

Von dieser bewusst weitgefassten Begriffsbestimmung erfasst werden nicht nur tradierte oder rechtlich fixierte Berufsbilder, sondern auch zukunftsgerichtete, frei gewählte oder untypische berufliche Betätigungen.

Beispiel

Einbezogen sind etwa Landwirte, Profisportler, Blogger, Altenpfleger, Nachhilfelehrer, Polizisten. ◄

Wichtig ist, dass die berufliche Tätigkeit eine gewisse **Dauerhaftigkeit** (BVerfGE 32, 1) aufweist, wobei auch dieses Merkmal weit zu verstehen ist. Erfasst werden demnach auch gelegentliche Tätigkeiten (z. B. saisonale Beschäftigungen), Ferienjobs sowie Nebentätigkeiten, sofern sie mehr als bloße Liebhaberei sind (z. B. Hundezucht als Hobby, da die Welpen verschenkt werden).

Der Beruf muss der Schaffung und Erhaltung einer **Lebensgrundlage** dienen. Ausreichend ist es, dass dieses Ziel mit der Tätigkeit angestrebt, auch wenn es tatsächlich nicht erreicht wird. Erfasst sind daher selbstständige und unselbstständige Tätigkeiten (z. B. Bäckermeister/-geselle), Berufskombinationen, auch als Haupt- und Nebenberuf (z. B. hauptberufliche Gymnasial- und nebenberufliche Klavierlehrerin), Berufe im öffentlichen Dienst (z. B. Verwaltungsangestellte, Polizeibeamte), staatlich gebundene Berufe (z. B. Notar, Wirtschaftsprüfer, Rechtsanwälte). Unerheblich ist dabei, ob die Tätigkeit einzelne Gesetze verletzt (z. B. „Schwarzarbeit", die steuer- und abgabenrechtlich relevant ist). Der Gesetzgeber hat dabei die Befugnis, Berufsbilder in gewissen (verhältnismäßigen!) gesetzlichen Grenzen zu typisieren (BVerfGE 13, 97 [106]).

Nicht unumstritten ist hingegen, ob **nur erlaubte Tätigkeiten** vom verfassungsrechtlich geschützten Berufsbegriff erfasst sind. Da der Schutz der Berufsfreiheit nicht zur Disposition des einfachen Gesetzgebers stehen darf, wäre es problematisch, wenn gewisse Tätigkeiten durch Berufs „verbote" von vornherein (*ex ante*) aus dem Schutzbereich von Art. 12 Abs. 1 GG ausgeschlossen werden könnten. Systematisch ist daher die umgekehrte Frage zu stellen, ob das jeweilige Verbot eines Berufs mit Art. 12 Abs. 1 GG vereinbar ist. Dies ist zu bejahen, wenn die Tätigkeit „nicht schlechthin gemeinschaftsschädlich" (vgl. BVerwGE 22, 286) ist, sprich, wenn sie dem Menschenbild des GG diametral entgegensteht; dazu zählen beispielsweise Schmuggler, Berufsverbrecher, Spione, Drogendealer, Zuhälter, Menschenhändler. Hingegen sind auch sozial wenig geachtete, aber nicht illegale Berufe (z. B. Prostituierte, Versicherungsvertreter) vom Schutzbereich des Art. 12 Abs. 1 GG erfasst.

Zum Gewährleistungsumfang von Art. 12 Abs. 1 GG zählt der **Schutz des Wettbewerbs**, eines der Grundprinzipien der bestehenden Wirtschaftsverfassung (Abschn. 2.1.1). Als Bestandteil der Berufsausübung ist daher auch das Verhalten des Unternehmers (als Anbieter oder Nachfrager) im Wettbewerb geschützt. Das Grundrecht schützt somit den freien Wettbewerb, nicht aber den Wettbewerber vor Konkurrenz. Demnach erfasst der Grundrechtsschutz die Ausübung des Berufs und damit auch den Eintritt *in* den Wettbewerb, nicht aber *vor* Wettbewerb bzw. neu hinzutretenden Wettbewerbern. Das BVerfG sieht in der Wettbewerbsfreiheit eine wirtschaftsrechtliche Dimension von Art. 12 Abs. 1 GG (vgl. BVerfGE 105, 252 [265 f.] – Glykolwein), während das BVerwG die Wettbewerbsfreiheit – mit gleichem Schutzumfang – als Teilbereich der Allgemeinen Handlungsfreiheit allein durch Art. 2 Abs. 1 GG geschützt sieht (vgl. BVerwGE 30, 191 [198]; 65, 167 [174]; 60, 154 [159]).

▶ *Für die Fallbearbeitung wichtig ist eine saubere Herleitung der Wettbewerbsfreiheit („kein Schutz vor, wohl aber des Wettbewerbs"), entweder gestützt auf Art. 12 Abs. 1 (BVerfG) oder aber (nur) auf Art. 2 Abs. 1 GG (BVerwG).*

Eingriff

Die Intensität des Eingriffs in Art. 12 Abs. 1 GG wird nach der sog. **Drei-Stufen-Theorie** des BVerfG (BVerfGE 7, 377 – Apothekenurteil) beurteilt. Unterschieden werden damit drei verschiedene Grade von hoheitlichen Maßnahmen, deren Eingriffsintensität mit jeder Stufe steigt.

▶ *Für die Fallbearbeitung ist es entscheidend, bereits beim Eingriff die zutreffende Stufe einzugrenzen und sauber zu begründen. Die jeweilige Eingriffsstufe bestimmt den Maßstab der Rechtfertigungsanforderungen (und nicht umgekehrt!).*

Auf der 1. Stufe sind sog. **Berufsausübungsregeln** einzuordnen; diese regeln die Art und Weise (Modalitäten) der beruflichen Betätigung, also die Frage, wie ein bestimmter Beruf ausgeübt werden darf.

Beispiel

Für Berufsausübungsregeln finden sich unzählige Anwendungsfälle, beispielsweise in Gestalt von Ladenschlusszeiten mit oder ohne Verkaufsverbot für bestimmte Produkte bzw. Sperrzeiten für Gaststätten oder das Sonntagsfahrverbot für LKW. ◀

Eingriffe auf Stufe 2 und 3 betreffen hingegen nicht mehr nur die Art und Weise der Berufszulassung, sondern den Zugang zum Beruf selbst; sie werden als Berufszulassungsbeschränkungen bezeichnet.

Die 2. Stufe umfasst sog. **subjektive Zulassungsbeschränkungen**, die an die Zulassung zu einem bestimmten Beruf subjektive, d. h. in der Person des Bewerbers liegende Anforderungen stellen. Dies ist der Fall bei charakterlichen Eignungsprüfungen, Gesundheitsvoraussetzungen, fachlichen Befähigungen oder individuellen Leistungsmerkmalen. Bei all' diesen Vorgaben nimmt die Eingriffsintensität spürbar zu, da sich das Nichtvorliegen der subjektiven Zulassungsvoraussetzung wie ein individuelles Berufsverbot auswirkt.

> **Beispiel**
>
> *Subjektive Zulassungsbeschränkungen sind der Sporttest für den Zugang zur Bundeswehr, das Verbot, dass der Bundespräsident neben diesem Amt noch ein weiteres Amt ausübt (Art. 55 GG), der Personenbeförderungsschein oder Altersgrenzen für die Zulassung zum Kassenarzt.* ◄

Der schwerste Grundrechtseingriff liegt bei sog. **objektiven Zulassungsbeschränkungen** vor, die die 3. Stufe markieren und die Zulassung eines Bewerbers an objektive Kriterien knüpfen, die nichts mit seiner individuellen Person zu tun haben. Die Zulassungsbeschränkung ist also von Voraussetzungen abhängig, die außerhalb der Person und des Einflussbereichs des Bewerbers liegen, wie dies beispielsweise bei Kontingenten oder Errichtungsverboten sowie staatlicher Bedürfnisplanung für bestimmte Berufe der Fall ist.

> **Beispiel**
>
> *Solche Kontingente sind beispielsweise der notenabhängige numerus clausus für den Zugang zum öffentlichen Dienst; Errichtungsverbote stellen die Unvereinbarkeit von Anwaltsberuf und Beamtenstatus oder aber das Glücksspielmonopol dar.* ◄

Verfassungsrechtliche Rechtfertigung

Die Verfassungsmäßigkeit des Eingriffs in die Berufsfreiheit beurteilt sich, wie bei allen anderen Freiheitsrechten, letztlich nach der verfassungsrechtlichen Rechtfertigung des Grundrechtseingriffs. Dazu müssen die Verfassungsmäßigkeit des eingreifenden Hoheitsakts (Gesetzesvorbehalt als Schranke, vgl. Art. 12 Abs. 1 S. 2 GG) sowie die Schranken-Schranken geprüft werden. Die Prüfung der formellen Verfassungsmäßigkeit der Schranke folgt den allgemeinen Anforderungen (Gesetzgebungszuständigkeit, -verfahren, -form). Hingegen sind bei der materiellen Verfassungsmäßigkeit neben den generellen Aspekten (insbesondere Bestimmtheitsgebot, Rückwirkungsverbot) bei der Prüfung der Verhältnismäßigkeit gewisse Besonderheiten zu beachten, die sich aus der Drei-Stufen-Theorie ableiten. Das BVerfG nutzt die drei Stufen des Eingriffs auch als Maßstab für die Rechtfertigungsebene mit der Folge, dass mit zunehmender Intensität des Eingriffs auch die Anforderungen an die Verhältnismäßigkeit, genauer die Angemessenheit, auf dieser Ebene steigen. Die beim Eingriff gewählte Stufe bestimmt daher auch die Anforderungen an die verhältnismäßige Rechtfertigung – und nicht umgekehrt (das wäre ein schwerer Aufbaufehler!). Für den praktischen Fall bedeutet dies, dass im Rahmen der Verhältnismäßigkeit (Schranken-Schranke) zunächst wie üblich der legitime Zweck der hoheitlichen Maßnahme sowie deren Geeignetheit zu prüfen sind. Anstelle der sonst folgenden Erforderlichkeit und Angemessenheit der Maßnahme greift das BVerfG sodann auf die speziellen Rechtfertigungsgründe der Drei-Stufen-Theorie zurück und prüft, inwieweit diese tatsächlich vorliegen. Demnach sind Berufsausübungsregelungen (1. Stufe) gerechtfertigt, wenn **vernünftige Erwägungen des Gemeinwohls** sie als zweckmäßig erscheinen lassen, wobei dem Gesetzgeber ein weiter Gestaltungsspielraum zugebilligt wird.

> **Beispiel**
>
> *Gemeinwohlgründe sind Regelungen über Arbeitszeiten (BVerfGE 23, 50 – Nachtbackverbot), Kennzeichnungspflichten für Produkte (BVerfGE 46, 246 – Halbfettmargarine) oder auch Ladenschlusszeiten (BVerfGE 13, 237).* ◄

Subjektive Berufswahlregelungen (2. Stufe) sind gerechtfertigt, wenn sie dem Schutz **wichtiger Gemeinschaftsgüter**, z. B. der Gesundheit Einzelner dienen.

> **Beispiel**
>
> *Als wichtige Gemeinschaftsgüter hat das BVerfG zudem die Wirtschaftlichkeit der ge-*

2.2 Wirtschaftsgrundrechte

setzlichen Krankenversicherung bei der Einführung eines Höchstalters (55 Jahre) für die Zulassung zum Beruf als Kassenarzt (BVerfGE 103, 172) sowie das Erfordernis anerkannt, im öffentlichen Dienst für die freiheitlich-demokratische Grundordnung einzutreten (BVerfGE 39, 334). ◄

Als intensivste Stufe des Eingriffs unterliegen objektive Berufswahlregelungen (3. Stufe) auch den höchsten Rechtfertigungsanforderungen. Sie sind gerechtfertigt, wenn sie dem Schutz **überragend wichtiger Gemeinschaftsgüter** gegen nachweisbare oder höchstwahrscheinlich **schwere Beeinträchtigungen** dienen.

Beispiel

Anerkannte überragend wichtige Gemeinschaftsgüter sind das Leben sowie die Gesundheit anderer („Volksgesundheit", vgl. BVerfGE 7, 377 – Apothekenurteil), die Steuerrechtspflege (BVerfGE 69, 209) oder auch die Leistungsfähigkeit des öffentlichen Verkehrs (BVerfGE 11, 168 – Taxi-Beschluss zur Bedürfnisklausel des § 13 Abs. 4 PBefG). ◄

Auch staatliche Monopole, die zugleich eine absolute Berufssperre für den Einzelnen (jeden außer dem Monopolisten) mit sich bringen, prüft das BVerfG an den Rechtfertigungsanforderungen der 3. Stufe.

Beispiel

Dem früheren staatlichen Arbeitsvermittlungsmonopol billigte das BVerfG den Rang eines überragend wichtigen Gemeinschaftsgutes zu, da es der Vermeidung von Arbeitslosigkeit und Arbeitskräftemangel diene (BVerfGE 21, 245). Der EuGH sah im damaligen staatlichen Monopol einen Wettbewerbsverstoß (EuGH, C-41/90, ECLI:EU:C:1991:161). Mittlerweile existiert eine Öffnungsklausel für private Arbeitsvermittlungen und daher nur noch ein relatives staatliches Monopol. ◄

2.2.3.2 Eigentumsfreiheit, Art. 14 GG

Überblick

Die durch Art. 14 GG gewährleistete Eigentumsfreiheit besitzt sowohl als elementares Grundrecht als auch als grundgesetzliche Wertentscheidung besondere Bedeutung. In Abgrenzung zu Art. 12 GG, der stärker zukunftsgerichtet die individuelle Erwerbs- und Leistungsfähigkeit betrifft (den „Erwerb"), schützt Art. 14 GG das Innehaben sowie die Verwendung bereits vorhandener einzelner Vermögensgüter (das „Erworbene"). In seiner klassischen grundrechtlichen Abwehrfunktion sichert Art. 14 GG als Individualrechtsgarantie den Bestand an konkreten vermögenswerten Rechten und Rechtspositionen des einzelnen Eigentümers, die durch die **Privatnützigkeit** (Privatautonomie) des Eigentums, auch im Wege der Absicherung einer Rechtsnachfolge beim Tod (Erbrecht), gekennzeichnet sind. In seinem objektiven Gehalt verhindert Art. 14 GG als **Institutsgarantie**, „dass solche Sachbereiche der Privatrechtsordnung entzogen werden, die zum elementaren Bestand der grundrechtlich geschützten Betätigung im vermögensrechtlichen Bereich gehören" (BVerfGE 24, 367 [389]). Ergänzt wird die eigentumsrechtliche Gewährleistung durch Art. 15 GG, der den praktisch nur sehr begrenzt anwendbaren Eigentumsentzug durch Vergesellschaftung regelt.

Schutzbereich

Als Freiheitsgrundrecht gilt auch für Art. 14 Abs. 1 S. 1 GG die übliche Prüfungsreihenfolge, bestehend aus Schutzbereich, Eingriff und verfassungsrechtlicher Rechtfertigung.

Die Eigentumsfreiheit hat als sog. **Jedermann-Grundrecht** einen weitgefassten persönlichen Schutzbereich, der uneingeschränkt alle natürlichen inländischen wie ausländischen sowie auch staatenlose Personen umfasst. In den Grenzen von Art. 19 Abs. 3 GG können sich auch inländische juristische Personen des Privatrechts auf den Eigentumsschutz berufen. Juristische Personen des öffentlichen Rechts können zwar Eigentum im Sinne des BGB erwerben und veräußern, genießen aber keinen grundrechtlichen Eigentumsschutz aus Art. 14 GG, da ansonsten der Staat aus den Grundrechten gleichermaßen berechtigt und verpflichtet wäre.

> **Beispiel**
>
> *Nach Auffassung des BVerfG schützt Art. 14 Abs. 1 S. 1 GG „nicht das Privateigentum, sondern das Eigentum Privater" (BVerfGE 62, 81 [109] – Sasbach), weshalb es öffentlich-rechtlichen Sparkassen sowie Rundfunkanstalten die Berufung auf die Eigentumsfreiheit verwehrt hat (vgl. BVerfGE 75, 192 [197 ff.]; 78, 101 [102]).* ◄

Der sachliche Schutzbereich von Art. 14 Abs. 1 S. 1 GG umfasst sämtliche verfassungsrechtlich geschützten Eigentumspositionen, also jedes vom Gesetzgeber gewährte **konkrete vermögenswerte Recht** (BVerfGE 112, 93 [107] – Entschädigungsstiftung). Neben dem Sacheigentum (§ 90 BGB) und anderen absolut geschützten Rechten des Privatrechts geschützt sind damit auch der Besitz (weiter als im BGB!) sowie schuldrechtliche Ansprüche des Zivilrechts.

> **Beispiel**
>
> *Dem Eigentumsschutz des Art. 14 Abs. 1 S. 1 GG unterfallen daher das Sacheigentum (§ 903 BGB) an beweglichen Sachen und Grundstücken, dingliche Rechte (wie Hypotheken, Grundschulden, Pfandrechte), Vorkaufsrechte, das mietrechtliche Besitzrecht, Erbbaurechte, festverzinsliche Wertpapiere, Aktienrechte, Urheberrechte, Internet-Domains sowie alle anderen Rechte im Sinne von § 823 Abs. 1 BGB.* ◄

Öffentlich-rechtliche Ansprüche und Anwartschaften sind nur soweit geschützt, wie sie durch eigene Leistung erworben wurden; dies gilt vor allem für Renten aus der Sozialversicherung (BVerfGE 100, 1 [9 f.] – Rentenüberleitung I).

Nicht einbezogen sind hingegen bloße Gewinnchancen, Erwerbsaussichten und Verdienstmöglichkeiten, denn Art. 14 zielt allein auf den Bestands-, nicht auf den über Art. 12 Abs. 1 GG zu sichernden Erwerbsschutz (BVerfGE 105, 252 [278] – Glykolwein).

> **Beispiel**
>
> *Nicht geschützt sind beispielsweise Gewinneinbußen bei Veränderung der Lage an Kapital- oder Rohstoffmärkten (z. B. bei Tankstellen) oder auch durch Veränderung der Verkehrssituation (z. B. durch Straßensperrung und -verlegung).* ◄

Ebenfalls nicht vom grundrechtlichen Eigentumsbegriff erfasst ist das **Vermögen als solches**. Auch wenn sich aus dem Maßstab von Art. 14 Abs. 1 S. 1, Abs. 2 S. 2 GG keine allgemein verbindliche, absolute Belastungsobergrenze im Hinblick auf öffentlich-rechtliche Geldleistungspflichten (Steuern) ableiten lässt, ist der Gesetzgeber aber verfassungsrechtlich verpflichtet, übermäßige Belastungen, insbesondere Steuern mit erdrosselnder und somit sog. konfiskatorischer Wirkung, zu vermeiden.

> **Beispiel**
>
> *Ausdrücklich so entschied das BVerfG bei der Vermögensteuer (BVerfGE 93, 121); für Einkommens- und Gewerbesteuer erkannte das BVerfG an, dass Art. 14 GG zwar nicht den Erwerb, wohl aber den Bestand des Hinzuerworbenen schützt („Halbteilungsgrundsatz"; vgl. BVerfGE 115, 97 [110 f.])* ◄

Ebenfalls nicht geschützt sind **rechtswidrig erlangte Vermögenspositionen**, da die Rechtsordnung nicht die Fortdauer rechtswidriger Zustände gewährleisten soll.

Das BVerfG hat bislang offengelassen, wie weitreichend das **Recht am eingerichteten und ausgeübten Gewerbebetrieb** von Art. 14 Abs. 1 S. 1 GG geschützt ist. Begrifflich erfasst der eingerichtete und ausgeübte Gewerbebetrieb die „tatsächliche Zusammenfassung der zum Vermögen eines Unternehmens gehörenden Sachen und Rechte" (BVerfGE 105, 252 [278]), sprich alles, was den wirtschaftlichen Wert des konkreten Gewerbebetriebs ausmacht. Dazu zählen die gesamte Erscheinungsform und der Tätigkeitskreis, die gesellschaftlichen Verbindungen und Beziehungen sowie Kundenstamm, *know how* oder Technologie. Nach Auffassung des BVerfG soll der Schutz des Gewerbebetriebs allerdings „nicht weiter gehen als der Schutz, den seine wirtschaftliche Grundlage genießt" (BVerfGE 68, 198 [223]). Dabei wird erneut deutlich, dass die Schutzrichtung des Art. 14 GG auf einzelne, bereits (legal) erworbene Vermögenspositionen abstellt, nicht aber den Gewerbebetrieb als solchen schützen soll.

▶ *Eigentum umfasst alle konkreten vermögenswerten Rechte, die dem Einzelnen ausschließlich und zur privatnützigen Verfügung zugeordnet sind und die die Rechtsordnung zu einem bestimmten Zeitpunkt als Eigentum definiert. Art. 14 GG schützt das Erworbene, nicht (wie Art. 12 GG) den Erwerb.*

Eingriff und verfassungsrechtliche Rechtfertigung

Bereits beim aufmerksamen Lesen von Art. 14 GG fällt ins Auge, dass die Norm **zwei Formen** des Eingriffs vorsieht, mit denen der Gesetzgeber die Eigentumsgarantie beschränken kann: einerseits die sog. Inhalts- und Schrankenbestimmung (Art. 14 Abs. 1 S. 2, Abs. 2), andererseits die Enteignung (Art. 14 Abs. 3 GG). Dabei ist wichtig zu betonen, dass die hoheitliche Maßnahme entweder als Inhalts- und Schrankenbestimmung oder als Enteignung einzuordnen ist, da beide Eingriffsarten in einem strengen Alternativverhältnis zueinanderstehen. Diesen Ansatz vertritt auch das BVerfG in seiner sog. Trennungstheorie (BVerfGE 58, 300 – Naßauskiesung).

Eine **Inhalts- und Schrankenbestimmung** ist gemäß der Legaldefinition in Art. 14 Abs. 1 S. 2 GG gegeben, wenn der normausfüllungsbedürftige Schutzbereich der Eigentumsfreiheit durch den Hoheitsakt näher ausgestaltet und (ggf. neu) definiert wird. Inhalts- und Schrankenbestimmungen sind daher immer abstrakt-generelle Regelungen von Rechten und Pflichten, die dem Eigentumsschutz von Art. 14 GG unterfallen. Der damit verbundene Eingriff in Eigentumspositionen oder ihre Verkürzung ist dabei nur die **unbeabsichtigte Nebenfolge**.

> **Beispiel**
>
> *Inhalts- und Schrankenbestimmungen sind das Wasserhaushaltsgesetz, welches das Grundeigentum und den Zugriff auf das Grundwasser als verschiedene vermögenswerte Rechte definiert (BVerfGE 58, 300), das gesetzliche Verbot, die Miete um mehr als 30 % zu erhöhen (BVerfGE 71, 230), aber auch der gemeindliche Anschluss- und Benutzungszwang (etwa § 14 SächsGemO) sowie Vorschriften des Bauordnungs- (z. B. SächsBO, NBauO) und Bauplanungsrechts (z. B. BauGB).* ◀

Bei Inhalts- und Schrankenbestimmungen verfügt der Gesetzgeber grundsätzlich über eine weite Gestaltungsbefugnis, die erhebliche Prognose- und Beurteilungsspielräume einschließt. Gebunden ist der Gesetzgeber insofern, als er eine – auf Ebene der Rechtfertigung zu prüfende – dem Grundsatz der Verhältnismäßigkeit entsprechende Abwägung zwischen der Privatnützigkeit und der Sozialpflichtigkeit des Eigentums (Art. 14 Abs. 2 GG) sicherstellen muss. Das BVerfG betont die Funktion des Eigentumsschutzes dahingehend, dass die gesetzgeberische Befugnis bei Inhalts- und Schrankenbestimmungen umso weiter reicht, je mehr das Eigentumsobjekt in einem sozialen Bezug steht.

> **Beispiel**
>
> *Als verfassungsrechtlich zulässig erachtete das BVerfG daher die Erweiterung der Mitbestimmung in Großunternehmen (BVerfGE 50, 290 [339 ff.]), Neu- und Wiederanpflanzungsverbote für Weinreben auf ungeeigneten Böden (BVerfGE 21, 150), gesetzliche Beschränkungen der Veräußerungsbefugnis und des Erwerbsrechts für land- und forstwirtschaftliche Grundstücke (BVerfGE 21, 73). Eine unzulässige Inhalts- und Schrankenbestimmung sah das BVerfG hingegen im vergütungsfreien Zurverfügungstellen von Werken für Kirchen-,*

Schul- und Unterrichtsgebrauch (BVerfGE 31, 229) sowie im unentgeltlichen Ablieferungszwang von Druckwerken (sog. Pflichtexemplare), der unabhängig von Auflage und Herstellungsaufwand besteht (BVerfGE 58, 137). ◄

Inhalts- und Schrankenbestimmungen sind immer dann verfassungswidrig, wenn sie den bereits angesprochenen Anforderungen an die verfassungsrechtliche Rechtfertigung nicht genügen. Im praktischen Fall ist dafür vor allem die Prüfung der Verhältnismäßigkeit maßgeblich, bei der sich das private Interesse am unveränderlichen Bestand einerseits und die Sozialbindung des Eigentums (Art. 14 Abs. 2 GG) andererseits gegenüberstehen und in einen angemessenen Ausgleich zu bringen sind.

▶ *Eine unverhältnismäßige Inhalts- und Schrankenbestimmung ist verfassungswidrig und damit nichtig; sie kann in keinem Falle in eine (rechtmäßige) Enteignung „umschlagen" oder aber deren Rechtsfolgen auslösen.*

Inhalts- und Schrankenbestimmungen sind – im Gegensatz zu entschädigungspflichtigen Enteignungen (Art. 14 Abs. 3 GG) – aufgrund der Sozialbindung des Eigentums (Art. 14 Abs. 2 GG) grundsätzlich **entschädigungslos** hinzunehmen. Überschreitet der Gesetzgeber bei der Bestimmung von Inhalt und Schranken des Eigentums die dargelegten Grenzen, steht für Streitigkeiten über die Wirksamkeit der gesetzlichen Regelung nicht – wie im Falle der Enteignung – der ordentliche (1. HS), sondern der Verwaltungsrechtsweg (Widerspruch, Anfechtungsklage) offen; dies folgt aus § 40 Abs. 2 S. 1, letzter HS VwGO. Ausnahmsweise anerkennt das BVerfG auch für Inhalts- und Schrankenbestimmungen eine Ausgleichspflicht, nämlich in atypischen Einzelfällen (*ultima ratio*), wenn diese für den Einzelnen zu besonders belastenden Härtefällen (**Sonderopfer**) führen, die mangels Angemessenheit mit den Grundsätzen der Verhältnismäßigkeit nicht vereinbar sind (BVerfGE 58, 300 [330 ff.] – Naßauskiesung). In einem solchen Fall müßte der Ausgleichsanspruch „durch" (nicht nur „aufgrund" von) Gesetz i. S. v. Art. 14 Abs. 1 S. 2 GG geregelt sein, wobei der Gesetzgeber zwischen privatnütziger (Art. 14 Abs. 1 S. 1) und sozialpflichtiger (Abs. 2) Nutzung des Eigentums verhältnismäßig abwägen muss (BVerfGE 58, 137).

▶ *Eine Inhalts- und Schrankenbestimmung, die nicht im Einklang mit Art. 14 Abs. 1 S. 1 GG steht, ist verfassungswidrig. Hiergegen muss der Betroffene den Rechtsweg einschlagen, mit dem Ziel ihrer Beseitigung. Er kann sich nicht auf einen Grundsatz „dulde und liquidiere" stützen und direkt bzw. nur einen Vermögensausgleich fordern.*

Im Gegensatz dazu ist die **Enteignung**, geregelt in Art. 14 Abs. 3 GG, auf den vollständigen oder teilweisen **Entzug individueller Eigentumspositionen** (i. S. v. Art. 14 Abs. 1 S. 1 GG) gerichtet, wobei der gezielte hoheitliche Rechtsakt die Erfüllung öffentlicher Aufgaben zum Zweck hat (BVerfGE 104, 1 [9 f.]). Im Gegensatz zur Inhalts- und Schrankenbestimmung, die Eigentumspositionen als (oft unbeabsichtigte) Nebenfolge staatlichen Handelns beschränkt, ist der Entzug des Eigentums der finale Zweck der Enteignung, die zugleich der Erfüllung öffentlicher Aufgaben dienen muss. Je nach Rechtsqualität kann eine Enteignung entweder unmittelbar durch Gesetz (sog. Legalenteignung, Art. 14 Abs. 3 S. 2, 1. Var. GG) erfolgen oder ausnahmsweise auch „aufgrund eines Gesetzes", das zum Eigentumsentzug ermächtigt, wovon dann die Verwaltung Gebrauch macht (sog. Administrativenteignung, 2. Var.).

Beispiel

Entziehung von Grundstücken für den Bau eines Flughafens, eines Tagebaus oder von Hochwasserschutzanlagen; Belastung von Grundstücken mit dinglichen Rechten (vgl. BVerfGE 45, 297). ◄

Angesichts der Schwere der Grundrechtsbeeinträchtigung, die mit dem finalen Entzug von Eigentumspositionen verbunden ist, unterliegt

2.2 Wirtschaftsgrundrechte

die Enteignung hohen Anforderungen an eine verfassungsrechtliche Rechtfertigung. Die vier Voraussetzungen sind in **Art. 14 Abs. 3 GG** normiert. (i) Die Enteignung muss zunächst auf einer (parlaments)**gesetzlichen Grundlage** beruhen (Art. 14 Abs. 3 S. 2 GG, „durch" oder „aufgrund" eines Gesetzes). (ii) Sie muss dem sog. **Gemeinwohlerfordernis** genügen, sprich sie „ist nur zum Wohle der Allgemeinheit zulässig" (S. 1). Enteignungen zugunsten Privater sind ausnahmsweise und nur unter besonders strengen Anforderungen zulässig, die insbesondere das begünstigte Privatrechtssubjekt effektiv auf das Gemeinwohlziel verpflichten (BVerfGE 74, 264 – Boxberg). (iii) Das Gesetz, durch das oder aufgrund dessen enteignet wird, muss eine sog. **Junktimklausel** enthalten, die Art und Ausmaß der Entschädigung regelt (Art. 14 Abs. 3 S. 2 GG). Die Enteignungsentschädigung ist unter „gerechter Abwägung" der Interessen der Allgemeinheit und des betroffenen Privatrechtssubjekts festzulegen (Art. 14 Abs. 3 S. 3 GG). Für die Entschädigungshöhe wird in der Regel die Höhe des Verkehrswertes des Enteignungsgegenstandes herangezogen, wobei dieses Kriterium nicht unbedingt zwingend ist. (iv) Schließlich muss die Enteignung **verhältnismäßig** sein, wobei das Übermaßverbot sowohl das „ob" als auch das „wie" der Enteignung betrifft. Eine Enteignung kommt regelmäßig nur als *ultima ratio* staatlichen Handelns in Betracht, wobei zur Wahrung des effektiven Rechtsschutzes (Art. 19 Abs. 4 GG ist auf Legislativakte nicht anwendbar!) die weniger schwerwiegende Administrativ- der eingriffsintensiveren Legalenteignung vorzuziehen ist; auch kann es unter Umständen genügen, anstatt des vollständigen Entzugs das Eigentum nur teilweise zu entziehen.

Für Streitigkeiten über die Höhe der Entschädigung enthält Art. 14 Abs. 3 S. 4 GG eine, aus der Historie des sog. Aufopferungsgedankens (aus dem Preußischen Allgemeinen Landrecht, ALR) begründete Sonderzuweisung zu den ordentlichen Gerichten.

▸ *Keine Angst vor Art. 14 GG! Entscheidendes Merkmal für die Abgrenzung der Enteignung von der Inhalts- und Schrankenbestimmung ist die Finalität des Eingriffs. Wichtig ist, exakt zu prüfen, ob die Maßnahme der öffentlichen Gewalt auf den Entzug von Eigentumspositionen gerichtet ist oder nur deren Verkürzung bewirkt. Sodann sind vier Voraussetzungen, unter denen eine Enteignung verfassungsgemäß ist, gemäß Art. 14 Abs. 3 GG „abzuarbeiten".*

Nur überblicksartig sollen abschließend zwei Rechtsfiguren erklärt werden, die das BVerfG im Zuge der dogmatischen Weiterentwicklung des verfassungsrechtlichen Eigentumsbegriffs geprägt hat. Es handelt sich dabei um Entschädigungsansprüche aus sog. **enteignendem** bzw. **enteignungsgleichem Eingriff**. Beide dogmatische Konstruktionen setzen an der Grundaussage von Art. 14 Abs. 3 GG an, wonach eine Entschädigung bereits das Junktim für eine rechtmäßige Enteignung bildet. Eine solche Entschädigungspflicht müsse dann „erst recht" bei rechtswidrigen Eingriffen bzw. enteignenden Nebenfolgen an sich rechtmäßigen Handelns bestehen, folgerte das BVerfG (BVerfGE 58, 300 [324], und in der Folge BGHZ 90, 17 [29]). Als Anspruchsgrundlage für Ansprüche aus enteignendem bzw. enteignungsgleichem Eingriff dient der sog. allgemeine Aufopferungsgedanke (aus §§ 74, 75 Einleitung ALR). Dabei muss in eine vermögenswerte Rechtsposition mit hinreichender Intensität durch einen Hoheitsakt eingegriffen werden. Der Eingriff muss unmittelbar stattfinden und dem Betroffenen ein sog. Sonderopfer abverlangen. Um einen enteignenden Eingriff handelt es sich, wenn der Eigentumsentzug bzw. die Beschränkung die unbeabsichtigte, unvorhersehbare oder atypische Nebenfolge darstellt, wobei das Sonderopfer positiv festgestellt werden muss. Dies ist beispielsweise bei der Beeinträchtigung von Eigentumspositionen durch Straßen- oder infolge von Fluglärm der Fall. Ein sog. enteignungsgleicher Eingriff liegt hingegen bei rechtswidrigem Handeln infolge der Verletzung von Rechtspflichten vor, wobei das Sonderopfer aus der Rechtswidrigkeit des Handelns folgt. Ein Beispiel dafür sind Bauverzögerungen wegen ungerechtfertigter Änderungswünsche der Bauaufsichtsbehörde, obwohl das Vorhaben grundsätzlich zulässig ist.

2.2.3.3 Vereinigungs- und Koalitionsfreiheit, Art. 9 GG

Überblick

Getrennt durch die Untergliederung der Absätze, vereint Art. 9 GG zwei Grundrechte in einer Norm: die Vereinigungsfreiheit (Abs. 1) sowie die Koalitionsfreiheit (Abs. 3). Gemeinsam ist beiden Freiheitsgrundrechten, dass sie das Recht schützen, Vereinigungen zu bilden. Beide Grundrechte sind zudem sog. **Doppelgrundrechte**, schützen also sowohl die individuelle (Individualgrundrecht) als auch die kollektive Grundrechtsausübung (Kollektivgrundrecht). Während Art. 9 Abs. 1 GG allgemein die Freiheit gewährleistet, Vereine und Gesellschaften zu bilden, steht bei Art. 9 Abs. 3 mit der Bildung von Koalitionen ein spezieller Vereinigungszweck im Mittelpunkt.

Vereinigungsfreiheit, Art. 9 Abs. 1 GG

Schutzbereich

Der persönliche Schutzbereich weist Art. 9 Abs. 1 GG als **Deutschengrundrecht** (Art. 116 Abs. 1 GG) aus. Will sich ein Ausländer auf die Vereinigungsfreiheit berufen, kann er sich auf das Auffanggrundrecht des Art. 2 Abs. 1 GG stützen.

In seinem sachlichen Schutzbereich gewährleistet das Grundrecht die **Freiheit, Vereine und Gesellschaften zu bilden**. Geschützt ist zudem das Recht, in wirtschaftlichen wie nichtwirtschaftlichen Vereinen zusammenzuwirken, sowie die freiwillige Gründung von Personen- und Kapitalgesellschaften. Die Vereinigungsfreiheit bildet damit das verfassungsrechtliche Fundament der Vielfalt handels- und gesellschaftsrechtlicher Zusammenschlüsse, steht aber dem gesellschaftsrechtlichen Typenzwang in Bezug auf die Wahl der Gesellschaftsformen nicht entgegen.

Beispiel

Dem Schutz der Vereinigungsfreiheit unterfallen rechtsfähige wie nicht rechtsfähige Vereine (§§ 21 ff. BGB), die OHG (§§ 105 ff. HGB), die KG (§§ 161 ff. HGB), die GmbH (GmbHG), die AG (AktG) sowie Wirtschaftsverbände. ◄

Nicht geschützt sind hingegen juristische Personen des öffentlichen Rechts, wie Anstalten, Stiftungen oder Körperschaften, da dies dem abwehrrechtlichen Schutzzweck der Grundrechte zuwiderliefe. Zudem besteht hier regelmäßig, und im Gegensatz zu privatrechtlichen Vereinigungen, keine freiwillige, sondern eine Pflichtmitgliedschaft (etwa nach § 90 HandwO).

Als Doppelgrundrecht hat die Vereinigungsfreiheit zwei Schutzrichtungen: sie schützt sowohl die Grundrechtsinhaberschaft des Einzelnen als Individualgrundrecht als auch die kollektive Grundrechtsausübung der Vereinigung selbst (**kollektive Vereinigungsfreiheit**), wobei die Organisation selbst nicht rechtsfähig sein muss (wie z. B. die BGB-Gesellschaft). Als Individualgrundrecht garantiert Art. 9 Abs. 1 GG die Aktivitäten der gegenwärtigen oder künftigen Mitglieder; zur sog. positiven Vereinigungsfreiheit zählen das Recht, Vereinigungen zu gründen, bestehenden Zusammenschlüssen beizutreten, sich in ihnen zu betätigen und darin zu verbleiben (BVerfGE 50, 290). Spiegelbildlich dazu garantiert Art. 9 Abs. 1 GG auch die sog. negative Vereinigungsfreiheit, sprich das Recht, aus privatrechtlichen Vereinigungen auszutreten oder ihnen fernzubleiben.

▶ *Für Zwangsmitgliedschaften in öffentlich-rechtlichen Vereinigungen, insbesondere Kammern (z. B. IHK, Handwerks- sowie berufsständische Kammern für Ärzte oder Rechtsanwälte), lehnt das BVerfG die Anwendbarkeit von Art. 9 Abs. 1 GG ab. Da die positive Vereinigungsfreiheit nicht den Zusammenschluss zu öffentlich-rechtlichen Vereinigungen gewährleistet, fehlt e contrario auch das Recht, solchen Vereinigungen fernzubleiben. Grundrechtlicher Schutz sei daher nur über die Allgemeine Handlungsfreiheit (Art. 2 Abs. 1 GG) zu gewährleisten, wobei entscheidend sei, ob „legitime öffentliche Aufgaben" wahrgenommen werden (BVerfGE 15, 245 [239]; BVerfGE 146, 164). Die Frage der Pflichtmitgliedschaft stellt sich auch im Kontext der Selbstverwaltung der Wirtschaft* (Abschn. 3.2.2.2).

Eingriff und verfassungsrechtliche Rechtfertigung
Ein Eingriff in Art. 9 Abs. 1 GG ist in jedem staatlichen Handeln zu erblicken, das die Ausübung der individuellen oder kollektiven Vereinigungsfreiheit ganz oder teilweise unmöglich macht (moderner Eingriffsbegriff, Abschn. 2.2.2.2). Art. 9 Abs. 1 GG ist, ebenso wie Art. 14 Abs. 1 S. 2 GG (Inhalts- und Schrankenbestimmung), ein normgeprägtes Grundrecht, das unter dem **Ausgestaltungsvorbehalt** des Gesetzgebers steht. Halten sich die gesetzlichen Konkretisierungen des Grundrechts im Rahmen der verfassungsrechtlichen Vorgaben, liegt kein Eingriff in Art. 9 Abs. 1 GG vor.

> **Beispiel**
>
> *Von seinem Ausgestaltungsvorbehalt hat der Gesetzgeber zulässigerweise Gebrauch gemacht bei bestimmten gesellschaftsrechtlichen Rechtsformen (Typenzwang), Vorschriften zu Mindestkapital oder Haftung.* ◄

Art. 9 Abs. 1 GG ist ein vorbehaltlos gewährleistetes Grundrecht; Art. 9 Abs. 2 GG spielt praktisch kaum eine Rolle. Die verfassungsrechtliche Rechtfertigung eines Eingriffs in die Vereinigungsfreiheit bemisst sich nur an verfassungsimmanenten Schranken. In der Fallbearbeitung zu prüfen ist daher, ob ein Eingriff in Art. 9 Abs. 1 GG die **Grundrechte anderer** verletzt oder gegen **kollidierendes Verfassungsrecht** sowie den Verhältnismäßigkeitsgrundsatz (Schranken-Schranke) verstößt. Soweit die Vereinigungsfreiheit aus Art. 9 Abs. 1 GG durch kollidierendes Verfassungsrecht beschränkt wird, müssen die widerstreitenden Verfassungsrechtsgüter im Wege der praktischen Konkordanz in einen angemessenen Ausgleich gebracht werden.

Koalitionsfreiheit, Art. 9 Abs. 3 GG

Schutzbereich
Die Koalitionsfreiheit schützt als spezielle Ausprägung der Vereinigungsfreiheit Aktivitäten zur „Wahrung und Förderung der Arbeits- und Wirtschaftsbedingungen" (Art. 9 Abs. 3 S. 1 GG). Der sachliche Schutzbereich erfasst mithin einen spezifischen Vereinigungszweck.

Im persönlichen Schutzbereich handelt es sich um ein sog. **Jedermann-Grundrecht** mit der Folge, dass sich nicht nur Deutsche, sondern auch Ausländer oder Staatenlose auf Art. 9 Abs. 3 GG berufen können. Für den sachlichen Schutzbereich ist zunächst der Begriff der Koalition entscheidend. **Koalitionen** sind dadurch gekennzeichnet, dass sie gegnerfrei und gegnerunabhängig agieren sowie, nach h. M., überbetrieblich organisiert sind, da sie sonst ihre spezifischen Belange (Vereinigungszwecke) nicht wahrnehmen können.

> **Beispiel**
>
> *Als Koalitionen gelten Gewerkschaften, z. B. Verdi, sowie Arbeitgeberverbände, z. B. Bund der deutschen Industrie (BDI).* ◄

Als **Doppelgrundrecht** schützt Art. 9 Abs. 3 GG die Koalitionsfreiheit des Einzelnen und auch die kollektive Grundrechtsausübung, sofern es sich bei der Vereinigung um eine Koalition handelt. Im Rahmen der positiven Koalitionsfreiheit gewährleistet ist nicht mehr nur der „Kernbereich" (so früher BVerfG), sondern das Recht auf koalitionsmäßige Betätigung jedweder Art. Dazu zählen der Abschluss von Tarifverträgen, die Selbstdarstellung der Koalition nach außen sowie Arbeitskampfmaßnahmen, insbesondere Streiks sowie die Aussperrung (BVerfGE 84, 212 [215 ff.] – Abwehraussperrung). Im Gegenschluss zur positiven ist auch die negative Koalitionsfreiheit gewährleistet, sprich das Recht, sich nicht koalitionsmäßig zu organisieren bzw. zu betätigen.

> **Beispiel**
>
> *Daher gibt es keine Pflicht, als Gewerkschaftsmitglied an einer Arbeitskampfmaßnahme, z. B. einem Streik, teilzunehmen.* ◄

Zu den Grundrechtsverpflichteten, die die Ausübung des Grundrechts gewährleisten müssen, zählen zunächst alle drei Staatsgewalten. Im Gegensatz zu anderen Grundrechten erstreckt sich die abwehrrechtliche Rolle der Koalitionsfreiheit aber auch auf das Verhältnis zwischen Privatrechtssubjekten; das Grundrecht ist für den Einzelnen nicht disponibel, es hat sog. **unmittelbare Drittwirkung**. Wie aus Art. 9 Abs. 3 S. 2 GG folgt, sind Abreden, die die Koalitionsfreiheit beeinträchtigen, nichtig (§ 134 BGB). Begründet wird diese (atypische) Geltung des Grundrechts auch in Privatrechtsverhältnissen damit, dass die Koalitionsfreiheit ansonsten durch einzel(arbeits)vertragliche Abreden ausgeschlossen werden könnte und dadurch ihr Schutzzweck praktisch leerliefe.

Eingriff und verfassungsrechtliche Rechtfertigung

Wie auch bei Art. 9 Abs. 1 GG liegt ein Eingriff vor, wenn der Schutzbereich der Koalitionsfreiheit unzulässigerweise eingeschränkt wurde. Auf der Ebene der verfassungsrechtlichen Rechtfertigung ist die Koalitionsfreiheit zwar vorbehaltlos gewährleistet, enthält jedoch mit **Art. 9 Abs. 3 S. 2 GG** eine Regelung (*lex specialis*), die *vor* den allgemeinen Schranken aus Art. 9 Abs. 1 GG zu prüfen ist. Im Übrigen sind die sog. **verfassungsimmanenten Schranken** in Gestalt von kollidierenden Grundrechten Dritter sowie anderer mit Verfassungsrang ausgestatteter Rechte auch auf die Koalitionsfreiheit übertragbar (BVerfGE 84, 212, 3. LS; zuletzt BVerfGE 148, 296, 1. LS). Im Rahmen kollidierenden Verfassungsrechts zu berücksichtigen sind insbesondere die Grundrechte anderer, z. B. in Gestalt der Aufrechterhaltung lebenswichtiger Einrichtungen, wie Krankenhäuser, sowie die Grundsätze des Berufsbeamtentums (Art. 33 Abs. 4 und 5 GG), aus denen eine besondere Verfassungstreue sowie ein Streikverbot für Beamte folgen (BVerfGE 19, 303 [322], zuletzt BVerfGE 148, 296).

2.2.3.4 Allgemeine Handlungsfreiheit, Art. 2 Abs. 1 GG

Überblick

Art. 2 Abs. 1 GG garantiert die Handlungsfreiheit in einem umfassenden Sinne. Sie garantiert dem Einzelnen „zu tun und zu lassen, was er will" und schützt damit jede Form der menschlichen Freiheitsentfaltung „ohne Rücksicht darauf, welches Gewicht der Betätigung für die Persönlichkeitsentfaltung zukommt" (BVerfGE 80, 137 [152 f.] – Reiten im Walde). Angesichts dieses weiten Schutzbereichs „fängt" die allgemeine Handlungsfreiheit als *lex generalis* auch alle Betätigungen „auf" (sog. **Auffanggrundrecht**), die sachlich oder persönlich von keinem spezielleren Grundrecht erfasst werden.

▶ *Für die Fallbearbeitung entfaltet Art. 2 Abs. 1 GG nur dann eine eigenständige Bedeutung, wenn nicht der persönliche (z. B. weil Deutschengrundrecht) bzw. sachliche Schutzbereich eines spezielleren Freiheitsgrundrechts einschlägig ist. Nur dann ist die Allgemeine Handlungsfreiheit ausführlich zu prüfen; in allen übrigen Fällen reicht der Hinweis am Ende des Gutachtens, dass auch die Prüfung von Art. 2 Abs. 1 GG zu keinem anderen Ergebnis führt.*

Schutzbereich

Der Grundrechtsschutz aus Art. 2 Abs. 1 GG steht „jedem" zu. Der persönliche Schutzbereich ist daher für **natürliche Personen** (wie Deutsche, Ausländer, Staatenlose) uneingeschränkt eröffnet. Auch **Personenvereinigungen** des Privatrechts, allen voran privatrechtliche Handelsgesellschaften, können sich auf die allgemeine Handlungsfreiheit berufen, unabhängig davon, ob sie als juristische Person (Art. 19 Abs. 3 GG) anerkannt sind oder nicht.

Beispiel

Auf Art. 2 Abs. 1 GG berufen können sich sowohl die BGB-Gesellschaft (§§ 705 ff. BGB), vertreten durch ihre Gesellschafter, als auch die handelsrechtlichen Personen- (z. B. OHG und KG) und Kapitalgesellschaften (z. B. GmbH, AG). ◀

Nicht unumstritten ist, inwieweit sich Unternehmen in privater Rechtsform, bei denen

2.2 Wirtschaftsgrundrechte

(auch) der Staat Anteilseigner ist (sog. **gemischtwirtschaftliche Unternehmen**, Kap. 4), auf Grundrechte stützen können. Das BVerfG lehnt eine Berufung auf Grundrechte immer dann ab, soweit (i) öffentliche Aufgaben wahrgenommen werden und (ii) eine maßgebliche Beteiligung der öffentlichen Hand vorliegt (BVerfGE 45, 63 [80] – Stadtwerke Hameln; 128, 226 – Fraport).

Die liberale, individualschützende Zielrichtung von Art. 2 Abs. 1 GG bedingt einen denkbar weiten sachlichen Schutzbereich. Von diesem erfasst werden praktisch alle Betätigungen, jedes menschliche Tun oder Unterlassen, das nicht einem speziellen Grundrecht unterfällt (daher Auffanggrundrecht). Wirtschaftliche Bedeutung besitzt Art. 2 Abs. 1 GG vor allem in seiner Ausprägung als **wirtschaftliche Betätigungs- und Entfaltungsfreiheit**, die die Möglichkeit der wirtschaftlichen Betätigung als verantwortungsvoller Unternehmer einschließt. Die verfassungsrechtliche Garantie freier wirtschaftlicher Betätigung ist die Grundlage der autonomen Gestaltung privatrechtlicher Rechtsverhältnisse, insbesondere der Vertrags-, Unternehmens- und Wettbewerbsfreiheit. Die Vertragsfreiheit umfasst die Abschlussfreiheit ebenso wie die Form-, Inhalts- und Gestaltungsfreiheit bei zivilrechtlichen Rechtsbeziehungen. Die Unternehmensfreiheit beinhaltet das Recht zur Gründung und zur Veränderung, aber auch zur Schließung von wirtschaftlich organisierten privaten Unternehmen sowie einen „angemessenen Spielraum zur Entfaltung der Unternehmerinitiative" (BVerfGE 4, 7, 3. Leitsatz – Investitionshilfe). Neben der Werbefreiheit ebenfalls zur Unternehmensfreiheit zählt die im Zuge der digitalen Informationsgesellschaft immer wichtiger werdende **Freiheit der informationellen Selbstbestimmung** (grundlegend BVerfGE 65, 1), die auch wirtschaftliche Daten mitumfasst (Art. 2 Abs. 1 i. V. m. Art. 1 Abs. 1 GG). Die freie wirtschaftliche Betätigung ist schließlich untrennbar verbunden mit einem freien, unverfälschten Wettbewerb ohne staatlich bewirkte Wettbewerbsverzerrungen, wobei die grundrechtliche Wettbewerbsfreiheit (entweder aus Art. 12 [BVerfG] oder aus Art. 2 Abs. 1 GG [BVerwG]) den Schutz des, nicht aber *vor* Wettbewerb umfasst (Abschn. 2.2.3.1). In der Rechtspraxis wie auch in der Fallbearbeitung kann es allerdings im Einzelfall durchaus schwierig sein, den schmalen Grat der Verfassungsmäßigkeit nicht zu verlassen und gleichwohl der unternehmerischen Initiative einen möglichst weiten Spielraum einzuräumen. Dies gilt vor allem für ein angemessenes Zusammenspiel von Maßnahmen aus konjunkturpolitischen, sozialen, ökologischen und sonstigen allgemeinpolitischen Motiven. Insofern ist der praktische Gehalt des (Auffang-)Grundrechts auf freie unternehmerische Betätigung eher gering.

Eingriff

Angesichts des weiten Schutzbereichs ist als Eingriff **jede staatliche Maßnahme**, also jedes belastende Ge- und Verbot der öffentlichen Hand, zu qualifizieren.

> **Beispiel**
>
> *Eingriffe sind auch alltäglich begegnende Ge- und Verbote, wie das Verbot des Taubenfütterns im Park (BVerfGE 54, 143), das Gebot, im Walde nur auf gekennzeichneten Reitwegen zu reiten (BVerfGE 80, 137 – Reiten im Walde) oder die während der Corona-Pandemie geltende Pflicht zum Tragen eines Mund-Nasen-Schutzes.* ◄

Der weite Schutzbereich von Art. 2 Abs. 1 GG führt zwangsläufig dazu, dass jedes beeinträchtigende hoheitliche Handeln, insbesondere die gesamte Eingriffsverwaltung (Kap. 3), potenziell Gegenstand der verfassungsrechtlichen Überprüfung (Verfassungsbeschwerde als *ultima ratio*) sein kann. Um diese Ausuferung zu minimieren, verlangt das BVerfG als Korrektiv, dass es sich um eine Beeinträchtigung von erheblichem Gewicht bzw. von „gewisser Intensität" handeln muss.

▶ *Als Eingriff in Art. 2 Abs. 1 GG ist (nur) jede belastende staatliche Maßnahme von gewisser Intensität zu qualifizieren.*

Verfassungsrechtliche Rechtfertigung

Die allgemeine Handlungsfreiheit steht unter dem dreifachen Schrankenvorbehalt von Art. 2 Abs. 1, 2. HS GG, weshalb dieser vom BVerfG auch als **Schrankentrias** bezeichnet wird. Danach wird die allgemeine Handlungsfreiheit nur soweit gewährt, als das Verhalten der betroffenen Person nicht (i) die Rechte anderer verletzt, und weder gegen (ii) die verfassungsmäßige Ordnung noch (iii) das Sittengesetz verstößt. Die Einhaltung der verfassungsmäßigen Ordnung ist dabei die wichtigste Einschränkung und meint die Gesamtheit aller formell wie materiell verfassungsmäßigen Rechtsnormen (BVerfGE 6, 32 [37 ff.] – Elfes; 63, 88 [108]).

▶ *Zur verfassungsmäßigen Ordnung zählen daher neben (verfassungsgemäßen) Parlamentsgesetzen auch Rechtsverordnungen und Satzungen, also alle gültigen Rechtsnormen jeder Rangstufe sowie die darauf beruhenden Einzelmaßnahmen und nach h.M. auch das Gewohnheitsrecht.*

Damit das einschränkende Gesetz verfassungsmäßig ist, muss es die Schranken-Schranke beachten. Neben der Wesensgehaltsgarantie (Art. 19 Abs. 2 GG) ist, wie bei allen übrigen Freiheitsgrundrechten, die Prüfung der Verhältnismäßigkeit (legitimer Zweck, Geeignetheit, Erforderlichkeit und Angemessenheit der Schranke, Abschn. 2.2.2.2) die wichtigste Schranken-Schranke. Bei der Verhältnismäßigkeitsprüfung stellt das BVerfG vor allem darauf ab, ob die jeweilige Einschränkung die freie Entfaltung im privaten Lebensbereich oder in der gesellschaftlichen Sozialsphäre betrifft. Mit anderen Worten: Je stärker der Sozialbezug der Regelung, desto intensiver sind die Einschränkungsmöglichkeiten.

▶ *In der Regel sind gesetzliche Beschränkungen, wie Verbote, Kontrahierungspflichten oder Verbraucherschutzbestimmungen, nicht geeignet, Art. 2 Abs. 1 GG „in unerträglichem Maße" einzuschränken.*

2.2.3.5 Allgemeiner Gleichheitssatz, Art. 3 Abs. 1 GG

Überblick

Gleichheitsrechte finden sich an verschiedenen Stellen im GG, z. B. in Art. 3, Art. 6, Art. 33 sowie Art. 38 GG. Speziell die Gleichheitsgrundrechte sind in ihrer Schutzrichtung darauf ausgerichtet, Ungleichbehandlungen durch die öffentliche Gewalt zu verbieten oder nur unter besonderen Voraussetzungen zuzulassen. Gleichheitsgrundrechte dienen systematisch daher einem anderen Schutzzweck, da sie eine diskriminierungsfreie Behandlung bestimmter Gruppen bzw. deren Mitglieder bezwecken. Als absolute oder relative **Diskriminierungsverbote** schützen sie weniger absolute Freiheitsbereiche und unterscheiden sich insoweit von den Freiheitsgrundrechten.

▶ *Die besondere Schutzrichtung von Gleichheitsgrundrechten wirkt sich auch auf die Fallbearbeitung aus, weshalb das Ungleichbehandlungsverbot den Prüfungsaufbau bestimmt. Geprüft werden Gleichheitsgrundrechte nicht in einem dreistufigen Aufbau, sondern in zwei Schritten: der Betroffenheit (Anwendungsbereich) sowie der Verletztheit (verfassungsrechtliche Rechtfertigung). Im ersten Schritt, dem Anwendungsbereich oder auch der Betroffenheit, ist zu prüfen, ob eine Ungleichbehandlung von vergleichbaren Sachverhalten oder Personengruppen vorliegt. Ist dies der Fall, ist im zweiten Schritt zu untersuchen, ob die erfolgte Differenzierung verfassungsrechtlich gerechtfertigt ist (sog. Verletztheit).*

Art. 3 Abs. 1 GG enthält den sog. **allgemeinen Gleichheitssatz**, wonach alle Menschen vor dem Gesetz gleich sind. Demgegenüber normieren die sog. **speziellen Gleichheitsgrundrechte**, z. B. Art. 3 Abs. 2, Abs. 3, Art. 6 GG, besondere Merkmale, wie Rasse, Geschlecht, Sprache, Herkunft, anhand derer eine Gleichbehandlung

2.2 Wirtschaftsgrundrechte

geboten bzw. eine sachwidrige Ungleichbehandlung verboten ist. Für das Wirtschaftsrecht spielt der allgemeine Gleichheitssatz vor allem in Konkurrenz- oder Wettbewerbssituationen eine Rolle, beispielsweise bei der Vergabe von Kontingenten bzw. knappen Gütern oder Subventionen.

Indem die speziellen Gleichheitsrechte eine Gleichbehandlung in Bezug auf bestimmte, explizit festgelegte Kriterien gebieten bzw. eine sachwidrige Ungleichbehandlung verbieten, sind sie regelmäßig vorrangig (*leges speciales*) gegenüber dem allgemeinen Gleichheitssatz. Im Folgenden werden die grundlegenden Elemente des allgemeinen Gleichheitssatzes (Art. 3 Abs. 1 GG) dargestellt.

Anwendungsbereich
Beim Anwendungsbereich ist zunächst zu klären, ob ein spezielles Gleichheitsgrundrecht den allgemeinen Gleichheitssatz verdrängt (Subsidiarität).

> **Beispiel**
>
> *So wäre eine sachgrundlose Nichtberücksichtigung von Frauen bei der Vergabe von Stipendien zur Begabtenförderung unter dem speziellen Gleichheitsrecht aus Art. 3 Abs. 2 GG zu prüfen, hinter dem Art. 3 Abs. 1 GG zurücktreten würde.* ◀

Sind keine speziellen Gleichheitssätze einschlägig, wird der Anwendungsbereich des allgemeinen Gleichheitssatzes zum Prüfungsmaßstab. In seinem persönlichen Anwendungsbereich umfasst Art. 3 Abs. 1 GG alle **natürlichen Personen**, unabhängig von der Eigenschaft als Deutsche, sowie **juristische Personen** des Privatrechts in den Grenzen von Art. 19 Abs. 3 GG.

Ein eigenständiger sachlicher Anwendungsbereich, der von der Grundrechtsbeeinträchtigung als solcher abzugrenzen ist, lässt sich praktisch nicht ausmachen. Daher kann direkt die Grundannahme des Art. 3 Abs. 1 GG geprüft werden, die das BVerfG auf die griffige Formel gebracht hat, dass **wesentlich Gleiches gleich zu behandeln** ist (BVerfGE 1, 14 – Südweststaat). Art. 3 Abs. 1 GG verbietet auch, dass wesentlich Ungleiches gleich behandelt wird. Die Kurzformel verdeutlicht, dass es Art. 3 Abs. 1 GG um die Gleichbehandlung von wesentlich Gleichem geht, nicht aber um allgemeine „Gleichmacherei" von verschiedenen Situationen, Personen oder Gruppen. Grundsätzlich Gleiches liegt vor, wenn die verschiedenen Situationen, Personen oder Gruppen überhaupt vergleichbar sind, sprich einen gemeinsamen Bezugspunkt haben oder unter einen gemeinsamen Oberbegriff, eine sog. **Vergleichsgruppe**, gefasst werden können. Bei der Bestimmung der Vergleichsgruppe ist darauf zu achten, dass diese, um sachgerechte Ergebnisse zu erzielen, nicht zu weit, aber auch nicht zu eng zu ziehen ist. Vielmehr muss der gemeinsame Oberbegriff die im Hinblick auf ein bestimmtes Unterscheidungsmerkmal verschiedenen Situationen, Personen oder Gruppen vollständig und abschließend erfassen. Andernfalls lassen sich Inhalt, Ausmaß und auch möglicher Grund der Ungleichbehandlung nicht präzise bestimmen. **Ungleichbehandlung** ist demnach gegeben, wenn bestimmte Situationen, Personen oder Gruppen in einer bestimmten Weise rechtlich behandelt werden, andere Situationen, Personen oder -gruppen in einer bestimmten anderen Weise rechtlich anders behandelt werden und beide Situationen, Personen oder Gruppen einem gemeinsamen Oberbegriff (Vergleichsgruppe) unterfallen.

> **Beispiel**
>
> *In den Ladenschlussgesetzen der Länder werden allgemeine Kernöffnungszeiten festgelegt, die für alle Ladengeschäfte gelten. Bestimmten Verkaufsstellen, wie Apotheken, Bäckereien und Läden auf Bahnhöfen werden längere Öffnungszeiten eingeräumt, da all diese Verkaufsstellen spezielle Zwecke (sachlicher Grund) erfüllen (angelehnt an BVerfGE 13, 225 [228 f.]). Betriebliches Vermögen in kleinen und mittleren Unternehmen ist im Erbfall von der Erbschaftssteuer befreit, wohingegen*

Privatvermögen (ab einer gewissen Bemessungsgrenze, die vom Verwandtschaftsgrad abhängig ist) prinzipiell der Erbschaftsteuer unterfällt (vgl. BVerfGE 139, 1). ◄

Verletztheit
In einem zweiten Schritt ist zu prüfen, ob die Ungleichbehandlung verfassungsrechtlich gerechtfertigt ist, sog. Verletztheit. Nach Erörterung der formellen Verfassungsmäßigkeit (Gesetzgebungszuständigkeit und -verfahren sowie Form, Abschn. 2.2.2.2) ist auf Ebene der materiellen Verfassungsmäßigkeit nach einem sachlichen Grund für die Ungleichbehandlung zu fragen. „Der Gleichheitssatz ist verletzt, wenn sich ein vernünftiger, sich aus der Natur der Sache ergebender oder sonstwie sachlich einleuchtender Grund für die gesetzliche Differenzierung oder Gleichbehandlung nicht finden läßt, kurzum, wenn die Bestimmung als willkürlich bezeichnet werden muß" (BVerfGE 1, 14 [16]. Ein **sachlicher Grund** liegt vor, wenn der differenzierende Rechtsakt (z. B. Gesetz, Verwaltungsakt) (i) ein verfassungslegitimes Differenzierungsziel sowie (ii) Differenzierungskriterium enthält und (iii) die Relation zwischen Ziel und Zweck verhältnismäßig, also geeignet, erforderlich und angemessen ist (BVerfGE 55, 72 [88], sog. „neue Formel").

Beispiel

Infolge eines sachlichen Grundes für verfassungsrechtlich gerechtfertigt hielt das BVerfG längere Ladenöffnungszeiten für Bahnhofsapotheken gegenüber anderen Bahnhofsverkaufsstellen (BVerfGE 13, 225 [228 f.]) sowie die Besserstellung (Ungleichbehandlung) von Studierenden in den neuen gegenüber den alten Ländern bei der Tilgung von BAföG-Darlehen (BVerfGE 129, 49 [68 ff.]). Abgelehnt hat das BVerfG einen Verstoß gegen Art. 3 Abs. 1 GG auch beim abgeschwächten Kündigungsschutz in Klein- gegenüber Großbetrieben (BVerfGE 97, 169 [181 ff.]) sowie beim geringeren Rechtsschutz gegenüber Vergabeentscheidungen unterhalb der Schwellenwerte (BVerfGE 116, 135 [169 ff.]).

Hingegen bejahte das BVerfG einen Verstoß gegen Art. 3 Abs. 1 GG, sofern Ausländer mit Aufenthaltsbefugnis generell von der Gewährung von Erziehungsgeld ausgeschlossen seien (BVerfGE 111, 176). Auch im sog. Nachtarbeitsverbot (§ 19 AZO a. F.), das Arbeiterinnen im Vergleich zu Arbeitern und weiblichen Angestellten benachteiligte, sah das BVerfG einen Verstoß gegen Art. 3 Abs. 3 sowie Abs. 1 GG (BVerfGE 85, 191). ◄

2.3 Europäische und internationale Aspekte

2.3.1 Europarechtliche Einflüsse auf das öffentliche Wirtschaftsrecht

2.3.1.1 Verknüpfung der verschiedenen Ebenen

Die von der Europäischen Union erlassenen Rechtsvorschriften und von deren Stellen getroffene Maßnahmen decken weite Bereiche vor allem **grenzüberschreitender** wirtschaftlicher **Tätigkeit** ab, sowohl im Verhältnis zwischen EU-Mitgliedstaaten als auch gegenüber dritten Staaten außerhalb der Union bzw. des Europäischen Wirtschaftsraums (EWR), zu dem auch Island, Liechtenstein und Norwegen zählen. Soweit EU-Rechtsvorschriften persönlich und sachlich Anwendung finden, gehen sie jedem mitgliedstaatlichen Recht vor: Teils sind sie, wie vor allem Verordnungen nach Art. 288 Abs. 2 AEUV, von nationalen (deutschen) Behörden oder Gerichten unmittelbar anzuwenden, teils werden sie für betroffene Wirtschaftsteilnehmer erst und nur wirksam, wenn sie (wie bei Richtlinien, Art. 288 Abs. 3 AEUV) durch innerstaatliche Gesetzgebung als Bundes- oder Landesrecht (ordnungsgemäß) umgesetzt sind. Hier bleiben bei einer bloßen Mindestharmonisierung durch EU-Recht noch Gestaltungsspielräume der nationalen Legislative, um selbstständige Regelungen zu normieren, aber nur innerhalb des Rahmens, der durch das primäre EU-Recht (insbesondere EUV und AEUV) abgesteckt wird. Wie die jeweils maßgeblichen EU-Vorschriften richtig auszulegen sind, entscheidet letztlich der Europäische

Gerichtshof, dem Zweifelsfragen von nationalen Gerichten zur Vorabentscheidung vorgelegt werden müssen (Art. 267 [Abs. 3] AEUV). Überdies kann die Kommission vor dem Luxemburger Gerichtshof einen Mitgliedstaat wegen angeblich gegen EU-Recht verstoßenden Handelns (einschl. Gesetzgebung) verklagen (Art. 258 AEUV).

2.3.1.2 Wirtschaftsverfassung und Grundfreiheiten

Die deutsche nationale Wirtschaftsverfassung wird über den im Zusammenhang mit der Ratifizierung des Maastrichter Änderungsvertrags eingefügten „Integrationshebel" des Art. 23 GG mit der europäischen verknüpft. Während die GG-Regelung eine EU-Mitgliedschaft nicht explizit von wirtschaftsordnungsrechtlichen Kriterien abhängig macht, ist dies auf supranationaler Ebene anders. Von Beginn an (ab 1958) war das zentrale Ziel der Europäischen Wirtschaftsgemeinschaft (EWG) die Errichtung eines Gemeinsamen Marktes (*common market*). In den 1980er-Jahren wurde daraus der „**Binnenmarkt**" (*single market*), innerhalb dessen wirtschaftliche Grundfreiheiten möglichst umfassend gewährleistet werden sollten. Seit 1993 – und nunmehr durch Art. 3 Abs. 3 UAbs. 1 S. 2 EUV – wird der EU aufgegeben, auf eine „in hohem Maße wettbewerbsfähige soziale Marktwirtschaft" hinzuwirken, aber auch (für das „Wohlergehen" der „Völker" der Union, Art. 3 Abs. 1) wesentliche „soziale Gerechtigkeit und sozialen Schutz" zu sorgen sowie „den wirtschaftlichen, sozialen und territorialen Zusammenhalt und die Solidarität zwischen den Mitgliedstaaten" zu fördern (Art. 3 Abs. 3 UAbs. 2, 3 EUV). Damit dürfte (auch im Hinblick auf die allgemeinpolitischen „Werte" in Art. 2 EUV) die ursprünglich dem GG ähnliche, relative wirtschaftspolitische Offenheit des primären Gemeinschafts-/Unionsrechts zwar verringert, aber nicht gänzlich beseitigt worden sein (Abschn. 2.1). Nach wie vor sieht nämlich Art. 5 Abs. 1 UAbs. 1 AEUV vor, dass lediglich eine „Koordinierung" der mitgliedstaatlichen Wirtschaftspolitiken (als einer „Angelegenheit von gemeinsamem Interesse", Art. 121 Abs. 1 AEUV) erfolgen kann. Im Hinblick auf die Prinzipien von Einzelermächtigung und Subsidiarität (Art. 5 Abs. 1–3 EUV) hat die EU insoweit also lediglich begrenzte Zuständigkeiten, ebenso wie bei Beschäftigungs- und allgemeiner Sozialpolitik (Art. 5 Abs. 2, 3 AEUV).

Titel VII von Teil 3 des AEUV trifft präzisere Vorgaben zur Wirtschafts(- und Währungs)politik: Nach Art. 119 Abs. 1 AEUV umfasst die Tätigkeit der Mitgliedstaaten wie der EU selbst „die Einführung einer **Wirtschaftspolitik**, die auf einer engen Koordinierung der Wirtschaftspolitik der Mitgliedstaaten, dem Binnenmarkt und der Festlegung gemeinsamer Ziele beruht und dem Grundsatz einer offenen Marktwirtschaft mit freiem Wettbewerb verpflichtet ist".

Dabei wird, so Art. 119 Abs. 3 AEUV, die Einhaltung von vier „richtungweisenden Grundsätzen" vorausgesetzt: stabile Preise, gesunde öffentliche Finanzen und monetäre Rahmenbedingungen sowie eine dauerhaft finanzierbare Zahlungsbilanz.

Art. 120 S. 2 AEUV schließlich unterstreicht die Verbindung von marktwirtschaftlichem Prinzip und effizientem Ressourceneinsatz.

Schon die „internen Politiken und Maßnahmen der Union" (Art. 26–197 AEUV) beinhalten, ausgehend vom Ziel eines „Raums ohne Binnengrenzen, in dem der freie Verkehr von Waren, Personen, Dienstleistungen und Kapital" verwirklicht wird und auf Dauer gewährleistet ist (Art. 26 Abs. 1, 2 AEUV), eine Vielzahl von speziellen Wirtschaftsbereichen, von Verkehr über Wettbewerb, Steuern, Bildung, Verbraucherschutz, Industrie bis zu Energie und Tourismus. Betont wird mehrfach die soziale Komponente, insbesondere in den Titeln zu **Sozialpolitik** und **Verbraucherschutz**; beide Themen werden ebenso wie **Umwelt** zudem als Querschnittsklauseln vom Unionsgesetzgeber vor die Klammer gezogen (Art. 9, Art. 12 bzw. Art. 11 AEUV). Auch und gerade in der aktuellen Fassung ist das EU-Primärrecht (EUV und AEUV) nicht nur oder hauptsächlich „freihändlerisch" gestaltet und keineswegs wirtschaftspolitisch aus einem Guss: Vor allem im Agrarsektor (Landwirtschaft und Fischerei, Art. 38 ff. AEUV) finden sich nach wie vor auch dirigistische Ansätze, zudem sind **Grundfreiheiten** regelmäßig auf den Binnenmarkt bezogen, aber auch begrenzt, sie gelten also räumlich, sachlich und persönlich meist nur für „Unionsbürger" (Art. 20 EUV) bzw. in der EU ansässige Unternehmen.

Das Prinzip eines funktionierenden Binnenmarktes ergibt sich aus dem Zusammenwirken der Freiheiten des Personen-, Waren-, Dienstleistungs- und Kapital- sowie des für alle wirtschaftlichen Aktivitäten bedeutsamen Zahlungsverkehrs mit wirtschaftsspezifischen, aber auch anderen (Freiheits- und Gleichheits-)Grundrechten, wie sie heute gleichrangig Teil des EU-Primärrechts sind. Daraus folgt als Faustformel: Freie, selbstbestimmte wirtschaftliche Betätigung in und zwischen EU-Mitgliedstaaten ist die Regel, deren Einschränkungen sind zwar nach Zahl und Begründungen nicht nur seltene Ausnahmefälle, müssen aber jeweils sachlich gerechtfertigt werden. Beide Seiten der Medaille sind schon im Wortlaut von Art. 26 Abs. 2 EUV zu finden, zum begrenzenden Rahmen der „Bestimmungen der Verträge" zählt so nicht zuletzt das „Solidaritäts"-Kapitel (IV.) der EuGRCh.

Die Verwirklichung und dauerhafte Gewährleistung eines „Raums ohne Binnengrenzen" ist bisher vor allem durch **Angleichung, Harmonisierung** oder auch Vereinheitlichung von Rechtsvorschriften im Wege der EU-Gesetzgebung erfolgt, weniger durch eine Europäisierung der Verwaltung; behördliche Kontrollaufgaben sind auf supranationaler Ebene nur punktuell angesiedelt, vor allem bei der Kommission (Wettbewerbs- und Beihilfenaufsicht), der Europäischen Zentralbank (Geldrecht, Bankenaufsicht) und zunehmend bei diversen „Agenturen" als (oft weithin „unabhängigen" EU-Einrichtungen, Abschn. 3.1.2). Meist bleibt es beim Vollzug selbst von unmittelbar geltenden EU-Vorschriften durch mitgliedstaatliche Behörden; insofern werden diese aber verpflichtet, je nach Ausmaß und Tiefe einer Harmonisierung darauf basierende Regelungen und Maßnahmen anderer Mitgliedsländer wechselseitig anzuerkennen; das „Herkunftslandprinzip" führt zur EU-weiten Geltung und lässt nur begrenzt Eingriffs- oder Korrekturakte des Gaststaates zu. Insofern besteht eine Parallele zu den im EU-Primärrecht für alle Grundfreiheiten vorgesehenen Vorbehalten zugunsten nationaler, begrenzender Regeln aus nicht-ökonomischen Gründen (*ordre-public-*Klauseln).

Jede **Grundfreiheit** normiert in ihrem (sachlichen) Anwendungsbereich – und diese als Gesamtheit sich ergänzend – ein generelles Verbot für Vorschriften und Maßnahmen der einzelnen Mitgliedstaaten, grenzüberschreitende Wirtschaftsvorgänge stärker zu belasten oder zu behindern als gleichartige inländische wirtschaftliche Aktivitäten. Die jeweils spezielle Grundfreiheit richtet sich zunächst als objektives Recht an jeden EU-Mitgliedstaat und untersagt diesem (negativ) Diskriminierungen (**Diskriminierungsverbote**) grenzüberschreitender Tätigkeiten im Verhältnis zu solchen innerhalb des eigenen Staatsgebiets. Darüber hinaus enthält sie auch (positiv) **Liberalisierungsgebote**, welche die Mitgliedstaaten durch entsprechende Änderung des nationalen Rechts (ggf. in Umsetzung von Harmonisierungsrichtlinien) befolgen müssen. Das Konzept der größtmöglichen praktischen Wirksamkeit von Unionsrecht, sog. *effet utile*, verlangt dabei, dass auch bei der Auslegung bereits bestehender innerstaatlicher Vorschriften so weit wie methodisch möglich Grundfreiheiten zur Wirksamkeit gebracht werden müssen.

Seit 1958, d. h. schon im EWG-Vertrag, werden die sog. vier Grundfreiheiten gewährleistet und insbesondere in ihrem sachlichen Anwendungsbereich voneinander unterschieden: Auch im Hinblick auf die Geschichte von Theorie und Praxis des Freihandels steht der **Warenverkehr** (Art. 28 ff. AEUV) an erster Stelle, bei dem es um bestimmte transportier- und handelbare Gegenstände (bewegliche Sachen) geht, deren unterschiedliche Beschaffenheit und Zweckbestimmung zum einen durch eigene Sonderregeln erfasst wird (z. B. für Agrarprodukte; ferner Kriegswaffen, s. Art. 346 Abs. 1 lit. b] AEUV), zum anderen durch spezifische Beschränkungen oder Kontrollen legitimiert werden kann. **Dienstleistungen** (*services*) sind demgegenüber unkörperliche Gegenstände (*invisibles*), bei denen die Person (d. h. insbesondere die Qualifikation) des Dienstleistungserbringers für die ordnungsgemäße Ausführung einer kaufmännischen, handwerklichen oder anderen gewerblichen oder frei-

2.3 Europäische und internationale Aspekte

beruflichen, entgeltlichen Tätigkeit (s. Art. 57 AEUV) wesentlich ist. Die Rechtsprechung hat hier vor allem bei selbstständig unternehmerisch tätigen Personen die Grenzziehung gegenüber dem freien Personenverkehr präzisiert (EuGH, Rs. C-55/94, ECLI:EU:C:1995:411 – Gebhard). Im Unterschied zur **Niederlassungsfreiheit** (Art. 49 ff. AEUV) erfolgt bei Art. 56 ff. immer nur eine punktuelle und temporäre Tätigkeit außerhalb des Herkunftslands oder wird allein die Dienstleistung grenzüberschreitend zwischen In- und EU-Ausländern erbracht. Eine Niederlassung von Privatpersonen wie von Wirtschaftsunternehmen (Art. 54 AEUV) setzt hingegen eine feste Betriebsstätte im fremden Staat voraus, ohne dass dabei die bisherige im Heimatland aufgegeben werden müsste. Auch bei der Aufnahme und Ausübung unternehmerischer Tätigkeiten sowie der Gründung und Leitung von Unternehmen (einschließlich bloßer Zweigniederlassungen oder Agenturen, Art. 49 AEUV) ist jedoch demgegenüber die Kapitalverkehrsfreiheit (Art. 63 Abs. 1 AEUV) vorrangig, soweit diese grenzüberschreitende Direktinvestitionen erfasst, bei denen anders als bei Portfolio-Investitionen der Investor über Kapitalbeteiligung und/oder Stimmrechte wesentlichen Einfluss auf „sein" Unternehmen hat, also bei mindestens 20 % der Anteile, ggf. auch schon bei geringerer Höhe. Der zweite große Bereich freien **Personenverkehrs** betrifft definitionsgemäß unselbstständig tätige **Arbeitnehmer**; Art. 45 ff. AEUV gelten allerdings nicht für Beschäftigte im „öffentlichen Dienst" (Art. 45 Abs. 4), wohl aber für Mitarbeiter öffentlicher Unternehmen. Einbezogen wird nicht allein die Zeitspanne des aktiven Arbeitsverhältnisses, sondern auch Zeiten der Bewerbung und des Ruhestands (Art. 45 Abs. 3 AEUV).

Kapitalverkehr erfasst eine Vielzahl von (einseitigen) Transfers, von Direktinvestitionen, Grunderwerb, Kreditvergaben über Schenkungen und Erbschaften bis zur Ein- oder Ausfuhr von Bargeld. **Zahlungsverkehr** (Art. 63 Abs. 2 AEUV) findet hingegen statt, um die für den Erwerb von Waren oder Arbeitskraft, den Empfang von Dienstleistungen oder Kapital geschuldete monetäre Gegenleistung zu entrichten (z. B. Kaufpreis, Arbeitslohn, Kreditzinsen, Dividende).

Schließlich verbietet Art. 18 Abs. 1 AEUV „unbeschadet besonderer Bestimmungen der Verträge", d. h. ergänzend im gesamten Anwendungsbereich des EU-Rechts „jede Diskriminierung aus Gründen der Staatsangehörigkeit"; einbezogen in den Schutz der **Unionsbürgerschaft** sind auch juristische Personen, bei denen sich eine „Nationalität" aus dem Ort der Gründung und/oder des Hauptsitzes ergibt.

Die Vorschriften des AEUV behandeln bei allen Grundfreiheiten parallele Probleme und kommen dabei zu sehr ähnlichen rechtlichen Lösungen.

▷ *Vermeiden Sie das allzu starre Denken „in den Schubladen" des nationalen bzw. europäischen Rechts und erkennen Sie die Parallelen, aber auch Unterschiede bei der Prüfung von EU-Grundfreiheiten (und auch -Grundrechten) zu den Wirtschaftsgrundrechten des GG.*

Der jeweilige Anwendungsbereich ist durchweg weit zu verstehen, aber stets werden nur grenzüberschreitende Sachverhalte erfasst. Daher kann eine „Inländerdiskriminierung" entstehen, wenn und weil eine Ungleichbehandlung weder gezielt noch zumindest tatsächlich zwischen Angehörigen verschiedener EU-Staaten erfolgt.

Beispiel

Ein bekanntes Beispiel ist das deutsche Reinheitsgebot für Bier (s. EuGH, Rs. 178/84, ECLI:EU:C:1987:126 – Reinheitsgebot für Bier). Hier könnten sich lediglich aus innerstaatlichem Verfassungsrecht (nicht Art. 3 Abs. 3, wohl aber Art. 3 Abs. 1, verbunden etwa mit Art. 12 Abs. 1 GG) Bedenken ergeben. ◂

Träger von Grundfreiheiten sind zunächst Menschen, insbesondere Unionsbürger, aber teils werden organisierte Personenmehrheiten, insbesondere Gesellschaften und andere juristische Personen, explizit als gleichermaßen Begünstigte erwähnt (Art. 54 AEUV: Niederlassung; Art. 62:

Dienstleistung), teils wird ihre Einbeziehung schlicht vorausgesetzt (bei Waren-, Kapital- und Zahlungsverkehr). Lediglich die Arbeitnehmerfreizügigkeit ist begriffsnotwendig direkt und nur auf Menschen bezogen; humanoide Roboter oder Mittel künstlicher Intelligenz etwa werden hiervon nicht erfasst, sondern fallen unter andere Grundfreiheiten.

Grundfreiheiten sind auch insoweit eng mit dem Binnenmarkt verknüpft, als sie regelmäßig nicht oder allenfalls am Rande auch für die jeweiligen wirtschaftlichen Vorgänge mit Verhältnis zu in Drittländern ansässigen Personen oder Unternehmen gelten und ebenso meist nur Unionsan- oder -zugehörige berechtigen. Anders verhält es sich nur beim Kapital- und beim Zahlungsverkehr: Träger der jeweiligen Freiheit ist hier jede (einschl. einer juristischen) Person, auch wenn sie kein „Unionsbürger", wohl aber im Unionsgebiet (Art. 355 AEUV) **ansässig** ist, also dort Wohn- oder Firmensitz hat (*resident*). Primär maßgeblich ist nicht das rechtliche Band der „Nationalität", sondern ein tatsächliches Kriterium. Kapital- und Zahlungsverkehr gleichen sich auch darin, dass sie die Freiheit generell auch für die jeweiligen Transaktionen zu dritten Ländern (bzw. dort ansässigen Akteuren) gewährleisten.

Beschränkungs- und Diskriminierungsverbote werden vom EuGH in langjähriger, st Rspr (für Zölle etwa verb. Rs. 2/69 und Rs. 3/69, ECLI:EU:C:1969:30) nicht nur als verbindliche (objektiv-rechtliche) Vorgaben für die Mitgliedstaaten interpretiert, sondern haben auch eine **subjektiv-rechtliche Dimension**; der je berechtigte Träger kann sich hierauf direkt gegenüber „seinem" Staat berufen, und nationale Gerichte müssen dann nötigenfalls die Geltung des supranationalen vor formal abweichendem innerstaatlichen Recht durchsetzen. Wenn allerdings aktive Liberalisierungsmaßnahmen zur Umsetzung von Grundfreiheiten erforderlich sind, wie etwa nach Art. 50 AEUV, so muss erst einmal auf EU-Ebene eine diesbezügliche (Sekundär-)Rechtsetzung erfolgen; wenn und soweit dies in Gestalt von Richtlinien (Art. 288 Abs. 3 AEUV) geschieht, muss zunächst auf deren Regelungen Bezug genommen werden, können jedoch aber auch hier (vor einer bzw. bei fehlerhafter Umsetzung in nationales Recht) Rechtsansprüche unmittelbar aus diesen EU-Rechtsakten hergeleitet werden, weil auch diese innerstaatlichem Recht vorgehen.

Grundfreiheiten ähneln Grundrechten darin, dass sie das vertikale Verhältnis des Einzelnen zum Gemeinwesen regeln sollen; daher kommt auch ihnen grundsätzlich keine horizontale oder **Drittwirkung** im Verhältnis zu anderen privaten Personen oder Organisationen zu. Im Bereich des Arbeitslebens treten allerdings kollektiv zwischen Arbeitnehmer- und Arbeitgeberverbänden vereinbarte Regelwerke oft an die Stelle staatlicher Vorschriften bzw. überlagern oder ersetzen diese. Aus diesem Grunde erstreckt die Rechtsprechung des EuGH speziell und nur den Schutz der **Arbeitnehmerfreizügigkeit** ausdrücklich auch auf solche Verbandsregelungen (EuGH, Rs. C-415/93, ECLI:EU:C:1995:463 – Bosman; Rs. C-281/98, ECLI:EU:C:2000:296 – Angonese; Rs. C-379/09, ECLI:EU:C:2011:131 – Casteels). Eine vergleichbare Erweiterung haben Grundfreiheiten dadurch erfahren, dass sie – über Wortlaut und ursprüngliche Zielsetzung hinaus – auch als Maßstab für Rechtsetzungsakte der EU selbst herangezogen werden (etwa EuGH, Rs. 15/83, ECLI:EU:C:1984:183 – Denkavit; Rs. C-51/93, ECLI:EU:C:1994:312 – Meyhui).

Nach wie vor bezwecken Grundfreiheiten allerdings die Beseitigung aller nationalen, den Wirtschaftsverkehr mit dem (EU-)Ausland rechtlich oder tatsächlich hindernden oder verzerrenden Beschränkungen sowohl direkter als (zumindest teilweise) auch mittelbarer Art. Eine erste Unterscheidung im Hinblick auf verbotene mitgliedstaatliche Maßnahmen beruht auf der Wirkung von Eingriffen: Das **Diskriminierungsverbot** enthält ein Gebot zur Inländergleichbehandlung (in Bezug auf bzw. für andere Unionsbürger), untersagt also jede unterschiedliche Behandlung aufgrund der (fremden) Staatsangehörigkeit oder (bei Unternehmen) Herkunft. Hinzu kommt ein **Liberalisierungsgebot**. Der EuGH fasst in st Rspr (für Waren: Rs. 8/74, ECLI:EU:C:1974:82 – Dassonville) alle Grundfreiheiten als Verbot von (jedweden) „Beschränkungen" freien wirtschaftlichen Verkehrs auf, das auch alle unterschiedslos wirkenden staatlichen Maßnahmen umfasst, seien dies (am Wert

2.3 Europäische und internationale Aspekte

ansetzende) Abgaben (Art. 30 AEUV), Total- oder Teilverbote, Genehmigungserfordernisse oder andere belastend wirkende Vorgaben. Soweit keine Übergangsregelungen bestehen oder solches zulassen (etwa nach Art. 64 Abs. 1 AEUV), dürfen derartige Restriktionen weder aufrechterhalten noch gar neu eingeführt werden. Allerdings besagt dies gerade nicht, dass insoweit keine positiven Vereinheitlichungsmaßnahmen (mit dem Ziel eines hohen Schutzniveaus, s. Art. 114 Abs. 3 AEUV) durch EU-Rechtsakte getroffen werden dürften. Für den Personenverkehr wird (zumindest in normalen Zeiten) der angestrebte „Raum ohne Binnengrenzen" weiter konsolidiert durch den Abbau von Grenzkontrollen (sog. **Schengen-Raum**), wofür sich spezielle Rechtsgrundlagen aus Art. 67 ff. und 77 ff. AEUV ergeben. Der umfassende Liberalisierungsansatz, wonach sich jedes Hindernis auf eine objektive, tragfähige Rechtfertigung stützen lassen muss, wird auch für Kapitalbewegungen (EuGH, Rs. C-222/95, ECLI:EU:C:1997:345), Dienstleistungen oder die Niederlassung (EuGH, Rs. C-208/05, ECLI:EU:C:2007:16) herangezogen und passgenau nachjustiert. Dem Grunde nach gilt dies auch für die später ebenfalls zuerst bei Waren entwickelte Reduzierung durch eine Einschränkung des Tatbestandsmerkmals „Maßnahme gleicher Wirkung" in Art. 34 AEUV (s. EuGH, verb. Rs. C-267/91 und C-268/91, ECLI:EU:C:1993:905 – Keck).

Schranken der Reichweite von Grundfreiheiten ergeben sich einerseits bereits aus dem „**geschriebenen" Primärrecht** selbst. Die einzelnen Bestimmungen, vor allem Art. 36, Art. 45 Abs. 3, Art. 52 (auch i. V. m. Art. 62) und Art. 65 Abs. 1, 2 AEUV enthalten durchweg autonom auszulegende Begriffe wie öffentliche Ordnung, öffentliche Sicherheit und/oder öffentliche Gesundheit. Als Ausnahmen von der Regel (unbegrenzt) freier Betätigung sind diese restriktiv zu interpretieren; die von den Mitgliedstaaten zulässigerweise aufrechterhaltenen Regelungen und Maßnahmen müssen zudem das Prinzip der Verhältnismäßigkeit zwischen Zweck und Mitteln wahren und ferner berücksichtigen, wie weit bereits auf Unionsebene das Prinzip gegenseitiger Anerkennung (positive Integration) normiert worden ist. Unter früheren Fassungen der Gemeinschaftsverträge hat der EuGH darüber hinaus anerkannt, es könne weitere (ungeschriebene) „**zwingende Gründe des Allgemeinwohls**" geben (Rs. 120/78, ECLI:EU:C:1979:42 – Cassis de Dijon), die wiederum nicht nur beim Warenverkehr, sondern auch bei anderen Grundfreiheiten (zum Kapitalverkehr etwa EuGH, Rs. C-231/05, ECLI:EU:C:2007:439; Rs. C-284/09, ECLI:EU:C:2011:670) den Fortbestand oder auch Neuerlass nationaler Vorschriften rechtfertigen können; Voraussetzung dafür ist deren nichtdiskriminierende, also alle Betroffenen rechtlich wie tatsächlich in gleicher Weise behandelnde Anwendung sowie die Berücksichtigung der Verhältnismäßigkeit.

Grundfreiheiten und **Grundrechte** (der EuGRCh) (Abschn. 2.3.1) können sich sowohl gegenseitig verstärken als auch sich (partiell) überschneiden; letzteres vor allem dann, wenn sich unterschiedliche Akteure (Träger) auf die Freiheiten oder Rechte berufen und/oder es um sachlich verschiedene Rechtspositionen geht. Zudem binden anders als die meisten Grundfreiheiten die Unionsgrundrechte auch das gesamte und damit auch „auswärtige Handeln" der EU und ihrer Organe, die Mitgliedstaaten allerdings nur bei der „Durchführung" von EU-Recht (Art. 51 Abs. 1 S. 2 EuGRCh).

Beispiel

Eine etwa eintägige Blockade der Brenner-Autobahn durch eine dort durchgeführte Demonstration, die auf die Umweltbelastungen vor allem durch den Lkw-Verkehr hinweisen wollte, stellt zwar eine dem Staat Österreich zuzurechnende Beeinträchtigung des innergemeinschaftlichen Warenverkehrs (zwischen Italien und Deutschland) dar, weil die örtlich zuständigen Behörden diese genehmigten bzw. nicht auflösten. Der EuGH erachtete dies jedoch für objektiv gerechtfertigt, weil das angemessene Gleichgewicht zwischen Grundfreiheit und den Grundrechten der Meinungs- und Versammlungsfreiheit gewahrt worden sei. Daher bestehe auch keine Haftung der Republik Österreich gegenüber einem hierdurch betroffenen Transportunternehmen (Rs. C-112/00, ECLI:EU:C:2003:333 – Schmidberger). ◄

2.3.1.3 Enge Bezüge der Wirtschaftspolitik zu weiteren Politikbereichen

„Wettbewerbfähigkeit" wird bereits als Teil von Marktwirtschaft in Art. 3 Abs. 3 EUV genannt. Systematisch bilden die **„Wettbewerbsregeln"** im AEUV allerdings nur das erste von drei Kapiteln von Titel VII des 3. Teils, werden freilich durch weitere Bestimmungen zur Verhinderung oder Vermeidung von Wettbewerbsverzerrungen im Kontext der Rechtsangleichung im Binnenmarkt (Art. 114 f.) abgerundet (Art. 116 f. AEUV). Die Regeln enthalten zum einen Vorschriften für – private wie öffentliche – „Unternehmen". Bei Fehlen spezieller dem Gemeinwohl förderlicher Freistellungen verbietet Art. 101 Abs. 1 AEUV unmittelbar alle Vereinbarungen, aber auch andere Verhaltensweisen, die den Handel zwischen Mitgliedstaaten beeinträchtigen und eine Verhinderung, Einschränkung oder Verfälschung des Wettbewerbs im Binnenmarkt herbeiführen können; nach Art. 101 Abs. 2 AEUV sind diese das **Kartellverbot** missachtenden Verträge oder Beschlüsse nichtig, also rechtlich unwirksam. Art. 102 AEUV untersagt zwar nicht **marktbeherrschende Stellungen** von Unternehmen oder Unternehmensgruppen *per se*, wohl aber deren **„missbräuchliche Ausnutzung"**; ähnlich wie Art. 101 gibt auch Art. 102 (in Abs. 2) AEUV einige nicht abschließende Beispiele für solches Fehlverhalten. Das Missbrauchsverbot greift bereits bei Unternehmen ein, die lediglich in einem einzigen EU-Land („als wesentlichem Teil" des Binnenmarkts) eine dominante Stellung innehaben. Eine Kontrolle oder gar ein Verbot grenzüberschreitender Zusammenschlüsse (**Fusionen**) ergibt sich hingegen nicht direkt aus dem AEUV, hierzu ist aber gestützt auf Art. 103 Abs. 1 AEUV eine Verordnung des Rates (Nr. 139/2004) ergangen. Sich nur innerhalb Deutschlands auswirkendes wettbewerbsbeschränkendes oder -verzerrendes Verhalten wird ebenfalls auf der Basis des GWB überwacht; zuständig dafür ist meist das Bundeskartellamt, bei regional begrenzten Vorgängen sind Landesbehörden zum Einschreiten berufen.

Art. 106 AEUV sieht grundsätzlich eine Gleichbehandlung von privaten und „öffentlichen" Unternehmen vor (Abs. 1, Abschn. 4.4.2); Abs. 2 statuiert – im Anschluss an die allgemeine Regelung über „Dienste von allgemeinem wirtschaftlichen Interesse" in Art. 14 AEUV – aber die Einschränkung, hierdurch dürfe die Erfüllung der Unternehmen (gesetzlich) übertragenen besonderen Aufgaben weder rechtlich noch tatsächlich „verhindert" werden. Das meint mehr als nur eine bloße Behinderung oder Erschwerung.

Das durch Abs. 2 und 3 eingeschränkte **Beihilfeverbot** nach Art. 107 AEUV betrifft demgegenüber von Mitgliedstaaten getroffene oder diesen jedenfalls zuzurechnende, selektive Förderungsmaßnahmen aus öffentlichen Mitteln, die dadurch, dass sie nur einzelne Wirtschaftsteilnehmer oder -gruppen (einschließlich öffentlicher Unternehmen) adressieren bzw. begünstigen, (für andere Akteure) einen fairen Wettbewerb beeinträchtigen. Erfasst werden nicht nur direkte Geldzuwendungen (z. B. Zuschüsse oder zinsverbilligte Kredite), sondern auch im Ergebnis gleich wirkende Maßnahmen, wie Steuer- oder andere Abgabenbefreiungen. Eine sachlich unangemessene Ungleichbehandlung und damit eine Subvention kann auch bei anderen Ausgestaltungen gegeben sein („Realförderung"). Ausgespart bleiben allerdings Vermögensverschiebungen innerhalb des staatlichen/öffentlichen Sektors auch zwischen rechtlich selbstständigen Stellen unter bestimmten Voraussetzungen (sog. Altmark Trans-Kriterien; s. EuGH, Rs. C-280/00, ECLI:EU:C:2003:415 – Altmark Trans).

Eine enge Verbindung besteht auch zum Währungswesen und zur Währungspolitik, insbesondere seit mit dem Vertrag von Maastricht (1992) nähere Regelungen über eine zu verwirklichende **Währungsunion** in das EU-Primärrecht aufgenommen worden sind (vgl. Art. 3 Abs. 4 EUV). Bislang erfasst diese, seit 1999 bestehende und schrittweise erweiterte, verstärkte und vertiefte Kooperation allerdings nicht alle, sondern nur 19

2.3 Europäische und internationale Aspekte

der 27 EU-Staaten, so dass für die Noch-Nicht-Teilnehmer (*pre-ins*) bis auf weiteres spezielle Regelungen gelten (Art. 142 ff. AEUV).

Nach wie vor resultiert aus Art. 119 AEUV ein Ungleichgewicht im Verhältnis von supranationalen und mitgliedstaatlichen Kompetenzen, weil die Integrationsdichte bei der Wirtschaftspolitik weit schwächer ausgeprägt ist als bei der Währungspolitik, dort „Koordinierung" und Kooperation (Art. 119 Abs. 1 AEUV), hier (sukzessive) Vereinheitlichung sowohl bei der Geld- als auch bei der Wechselkurspolitik (Art. 219 AEUV) gegenüber Drittstaaten. Diese Divergenz zeigte sich auch beim Umgang mit der Finanz- und Staatsschuldenkrise seit 2008, da sich die wesentlichen volkswirtschaftlichen Parameter insbesondere in der zweiten Dekade der (Wirtschafts- und) Währungsunion ungeachtet der Erweiterung des Teilnehmerkreises nicht weiter angenähert, sondern eher auseinanderentwickelt haben.

Art. 119 Abs. 2 AEUV normiert im Anschluss an Art. 3 EUV als Tätigkeit von Union und von Mitgliedstaaten die Einführung einer „einheitlichen Währung", des Euro, sowie „die Festlegung und Durchführung einer **einheitlichen Geld- sowie Wechselkurspolitik**, die beide vorrangig das Ziel der Preisstabilität verfolgen". Diese wiederum ist das „vorrangige" Ziel des Europäischen Systems der Zentralbanken (ESZB), dessen Aufbau und Struktur sich vor allem aus Art. 282 ff. AEUV und einem (zum Primärrecht gehörenden), ebenfalls schon 1991 zustande gekommenen Protokoll (Art. 7 ff. ESZB-Satzung) ergibt; die Unterstützung der „allgemeinen Wirtschaftspolitik in der Union" ist demgegenüber nachrangig (Art. 127 Abs. 1 S. 1, 2 AEUV). Das ESZB umfasst eine zentrale Ebene, die rechtlich selbstständige **Europäische Zentralbank** (EZB) mit den Beschlussorganen Rat und Direktorium, und eine dezentrale, die nationalen Zentralbanken, zu denen auch die – nach wie vor rechtlich durch Art. 88 GG und das BBankG ausgestaltete – Deutsche Bundesbank zählt. Zu den Kernaufgaben des ESZB zählen die Festlegung und Durchführung der Geld- sowie Mitwirkung an der Wechselkurspolitik; hinzutreten Zuständigkeiten zur Ausgabe von Banknoten und Münzen (als „gesetzliche Zahlungsmittel", Art. 128 AEUV) sowie Aufgaben im Bereich des Zahlungsverkehrs (s. Art. 127 Abs. 2) und bei der Bankenaufsicht, die heute über eine bloße Unterstützung anderer Stellen (Art. 127 Abs. 5) hinaus eigene Entscheidungsbefugnisse in Bezug auf systemrelevante Institute umfassen (Art. 127 Abs. 6 AEUV, sog. Bankenunion). Nur für die Währungspolitik und die Ausübung der diesbezüglichen Kompetenzen (Art. 17 ff. ESZB-Protokoll) gilt die funktionsbezogene **Unabhängigkeit** von EZB und nationalen Zentralbanken (Art. 130 AEUV); diese richtet sich vor allem gegen Einflussnahme seitens der (EU- wie staatlichen) Exekutive und Legislative, während eine gerichtliche Kontrolle (durch Unionsgerichte) weiterhin ausdrücklich vorgesehen ist (z. B. Art. 271 AEUV) und in den letzten Jahren auch stattgefunden hat. Allerdings ist streitig, wie breit und tief diese erfolgen darf oder auch muss (s. EuGH, Rs. C-370/12, ECLI:EU:C:2012:756 – Pringle; Rs. C-62/14, ECLI:EU:C:2015:400 – Gauweiler; Rs. C-493/17, ECLI:EU:C:2018:1000 – Weiss; demgegenüber BVerfGE 142, 123 – OMT sowie mit teilweiser ultra vires-Erklärung BVerfG, Urt. v. 05.05.2020, 2 BvR 859/15 u. a. – PSPP).

2.3.2 Einflüsse des internationalen Wirtschaftsrechts, insbesondere des Welthandelsrechts

2.3.2.1 Generelle Aspekte

Während die wirtschaftlichen Beziehungen zwischen Deutschland und anderen EU- (und EWR-) Mitgliedstaaten fast ausnahmslos durch EU-Recht erfasst und geprägt werden, ist beim Verhältnis zum „**Rest der Welt**" zwischen der supranationalen und der jeweiligen nationalen Ebene zu unterscheiden – ähnlich wie innerhalb der Bundesrepublik zwischen Bund und Ländern, wo die Gliedstaaten ebenfalls nur (noch stärker) begrenzte Kompetenzen auf internationaler Ebene haben. Eine Parallele besteht auch insoweit, wie Zuständigkeiten nach außen, z. B. zum Abschluss von Verträgen oder anderem rechtserheblichen

Handeln, jedenfalls keinen breiteren Bereich umfassen als Gesetzgebungskompetenzen im Innern (vgl. Art. 24 Abs. 1a, 32 Abs. 3 GG).

Grundsätzlich sind (im Rahmen ihrer jeweiligen Zuständigkeiten) sowohl die EU selbst (Art. 1 und Art. 47 EUV) als auch jeder einzelne Mitgliedstaat als **Völkerrechtssubjekt** befähigt, Verträge (Konventionen, Übereinkommen o.ä.) mit dritten Staaten und Internationalen Organisationen zu schließen. Zu deren Umsetzung oder Ergänzung müssen in der Regel auch – wieder auf EU- und auf nationaler Ebene – weitere Regelungen erfolgen, für die dann die normalen Vorschriften zum Gesetzgebungsverfahren gelten, in der EU also Art. 289 ff. AEUV. Weitergehend als im deutschen Verfassungsrecht hat die EU insoweit in Art. 21 EUV verbindliche Vorgaben für ihre Außen- und speziell auch **Außenwirtschaftspolitik** getroffen, auf die Art. 205 AEUV als einleitende Vorschrift zum „auswärtigen Handeln der Union" (Teil V des AEUV) Bezug nimmt. Der Rahmen für eine **Gemeinsame Handelspolitik** wird dann insbesondere durch Art. 206 und 207 AEUV abgesteckt. Beim Abschluss völkerrechtlicher Verträge wirken Kommission, Rat und Europäisches Parlament zusammen, letzteres muss jedoch nur in wenigen (wichtigen) Fällen um eine Zustimmung ersucht werden (Art. 218 Abs. 6 AEUV). Anders als auf nationaler deutscher Ebene, wo nur bereits erlassene Rechtsvorschriften auf ihre Übereinstimmung mit dem GG überprüft werden können (Normenkontrolle, Art. 93 Abs. 1 Nr. 2, Art. 100 GG), ermöglicht es Art. 218 Abs. 11 AEUV der Kommission, vor Inkrafttreten eines („geplanten") Vertrags ein verbindliches Gutachten des Europäischen Gerichtshofs einzuholen. Fällt dieses negativ aus, darf das bereits ausgehandelte Übereinkommen nicht ratifiziert werden.

Beispiel

Jüngere Beispiele sind die positiven Gutachten zu den (erweiterten) Freihandelsabkommen mit Singapur (Rs. 2/15, ECLI:EU:C:2017:376) und mit Kanada (Rs. 1/17, ECLI:EU:C:2017:592 2019:341 – CETA), eine Unvereinbarkeit hat der EuGH hingegen für die konkrete Ausgestaltung des Beitritts der EU zur Europäischen Menschenrechtskonvention (EMRK) festgestellt, obwohl dieser generell in Art. 6 Abs. 2 EUV vorgesehen ist (Rs. 2/13, ECLI:EU:C:2014:2454 – EMRK). ◄

In der Praxis werden oft **gemischte Abkommen** geschlossen (wie bei CETA), weil die geregelten Inhalte nicht ausnahmslos in die Zuständigkeit der EU nach Art. 3 oder 4 bzw. Art. 216 Abs. 1 AEUV fallen, aber politisch mit einem oder mehreren dritten Vertragspartnern ein „Paket" geschnürt werden soll. Hier muss dann das Zustimmungsverfahren bis zur Ratifizierung und diese selbst sowohl auf EU-Ebene als auch in jedem einzelnen Mitgliedsland durchgeführt werden, damit auf europäischer Seite ein insgesamt erfolgreiches Ergebnis erzielt wird. Fällt, wie meist im Hinblick auf Art. 32 Abs. 1, 73 Abs. 1 Nr. 1 und 5 GG, in Deutschland der Vertragsabschluss thematisch in die Kompetenz des Bundes, läuft in der Regel ein etwas vereinfachtes Gesetzgebungsverfahren ab (Art. 59 Abs. 2 S. 1 GG), und die abschließende Ratifizierung obliegt dem zur völkerrechtlichen Vertretung zuständigen Bundespräsidenten (Art. 59 Abs. 1 GG). Bundesrat und Bundestag werden nach Maßgabe von Art. 23 Abs. 2 ff. GG aber auch in Vertragsverhandlungen auf EU-Ebene einbezogen. Als Problem wird zunehmend gesehen, dass diese parlamentarische Mitwirkung zu spät erfolgt, wenn nämlich die Verhandlungen in der Sache (zwischen Regierungen/Diplomaten) bereits beendet sind. Von der EU geschlossene völkerrechtliche Verträge binden nicht nur deren Organe auch beim Erlass von Rechtsvorschriften, sondern auch die Mitgliedstaaten (Art. 216 Abs. 2 AEUV); daraus folgt zugleich ein Vorrang gegenüber nationalem Recht. Hingegen hat ein deutsches „Vertragsgesetz" nur den Rang eines einfachen Gesetzes. Dass der Zustimmungsakt nicht ohne weiteres durch ein späteres Bundesgesetz aufgehoben oder wirkungslos gemacht werden kann, ergibt sich lediglich aus der allgemeinen völkerrechtlichen Pflicht, einen wirksam geschlossenen Vertrag einzuhalten und dessen Verpflichtungen auch zu erfüllen (Art. 26 WVRK).

2.3.2.2 Die Europäische Union im internationalen Wirtschaftsrecht.

Die EU ist – wie schon die Europäische (Wirtschafts-)Gemeinschaft als Vorgängerorganisation – an einer Vielzahl bi- und multilateraler völkerrechtlicher Verträge mit ausschließlich, primär oder doch zumindest teilweise wirtschaftsrelevanten Inhalten beteiligt. Im Hinblick auf die zentrale Vorschrift des Art. 207 AEUV handelt es sich dabei um einfache „klassische", aber auch seit einigen Jahren zunehmend um „tiefe und umfassende" **Freihandelsabkommen** meist mit einem einzelnen Drittland. Jedoch bestehen solche oder ähnliche Abkommen (etwa zur Assoziierung, Art. 217 AEUV) auch mit (regionalen) Gruppen von Staaten und kommen ebenso mit anderen, außereuropäischen Wirtschaftsintegrationen in Betracht (z. B. mit Mercosur in Südamerika). Bereits Freihandels- und andere Wirtschaftsverträge enthalten regelmäßig institutionelle Vorschriften über Informationsaustausch, Kooperation der Vertragspartner in gemeinsam besetzten Gremien und zur Streitbeilegung. Insofern gibt es Schnittstellen zu einer Mitgliedschaft der EU und/oder ihrer Mitgliedstaaten in globalen oder regionalen Internationalen Organisationen. In solchen Institutionen mit eigener Völkerrechtsfähigkeit werden dann, ähnlich, aber schwächer ausgeprägt als in der insofern bisher einzigartigen EU selbst, intern eigene („sekundärrechtliche") Regelungen und Maßnahmen getroffen. Derart auf eine höhere Ebene „übertragene" bzw. dort völkervertraglich geschaffene „Hoheitsrechte" vor allem rechtsetzender Art sind nicht nur für Mitglieder der Organisation als solche verbindlich, sondern in wachsendem Maße auch für Wirtschaftsakteure in deren Territorien rechtlich relevant, bis hin zu einer Geltung gleich nationalen Gesetzen. Eine Beteiligung der EU selbst an der Gründung/Errichtung oder ein späterer Beitritt setzen allerdings nicht nur voraus, dass die Union als solche für die der Organisation zugewiesenen Aufgaben zuständig ist (s. Art. 2 ff. AEUV) und eine vertragliche Mitwirkung zustande kommt, sondern auch, dass eine Mitgliedschaft in der jeweiligen Einrichtung nicht lediglich auf staatliche Völkerrechtssubjekte beschränkt bleibt. Art. 21 EUV ist daher trotz des ausdrücklichen Bezugs auf die **Vereinten Nationen** (UNO) zwar eine notwendige, aber keine hinreichende rechtliche Grundlage für eine Aufnahme der EU in diese Welt-Organisation, da die UN-Charta dies in Art. 3, 4 nur für „Staaten" vorsieht. Ebenso verhält es sich bisher bei fast allen anderen (globalen) Wirtschafts- und Finanzorganisationen, wie etwa dem Internationalen Währungsfonds (IWF) oder der Weltbank (Internationale Bank für Wiederaufbau und Entwicklung, IBRD), weil und solange auch in deren Statuten die volle Zugehörigkeit nur Staaten ermöglicht wird. Eine Zusammenarbeit ist hier allein in schwächerer, weniger verbindlicher Form, etwa über den Status von Beobachtern, zulässig und üblich.

> **Beispiel**
>
> *Ein Beispiel für die Gewährung einer Beobachterrolle (observer) ist der Status der ihrerseits rechtsfähigen Europäischen Zentralbank (EZB) beim IWF, speziell in dessen Leitungsgremium Gouverneursrat.* ◄

Den wichtigsten Fall einer echten Mitgliedschaft der EU (und zudem all' ihrer Mitgliedsländer) in einer globalen Internationalen Organisation bildet die **Welthandelsorganisation** (World Trade Organization, WTO). Für die seinerzeitigen E(W)G-Mitglieder hatte sich zuvor in der Vorgängerinstitution, dem GATT 1947, die unbefriedigende Situation ergeben, dass die in diesem Rahmen völkervertraglich eingegangenen Verpflichtungen immer weiter zunehmend nicht mehr in deren eigener Kompetenz verblieben, sondern (durch die Vertiefung der europäischen Integration) auf die EU-Ebene „hochgezont" wurden und für das **GATT** wesentliche Entscheidungen dort erfolgten. Um dieses Auseinanderfallen von (externen) Pflichten und (internen) Befugnissen zu bereinigen, war die Beteiligung der (damaligen) EG als Gründungsmitglied der neuen Organisation ein wichtiger Schritt, auch wenn sie dazu führte, dass sowohl die Gemeinschaft als solche (als einzige Internationale Organisation) als auch die Mitgliedstaaten (als bisherige Vertragsparteien des GATT) Mitglieder wurden (Art. XI WTO-Übereinkommen). Damit mussten auch, trotz oder eher wegen des Prinzips „ein Mitglied – eine Stimme" das Stimmverhältnis und weitere Verfahrensfragen im WTO-Recht geregelt werden (Art. IX WTO-Übereinkommen). Nachdem durch ein Gutachten des EuGH (Rs. 1/94, ECLI:EU:C:1994:384) geklärt war, wie (intern) die Kompetenzen von EU und Mitgliedstaaten im Hinblick auf die WTO-Aufgaben und die Erfüllung der völkervertraglichen Pflichten (s. Art. XVI WTOÜ) abzugrenzen sind, wurde durch mehrfache Änderung der europäischen Verträge weitestgehend erreicht, die außenwirtschaftlichen Kompetenzen der Union mit dem größer gewordenen Aufgabenspektrum der WTO zur Deckung zu bringen (Modifizierung des Art. 207 AEUV). Der Lissabon-Vertrag 2007 stellte klar, dass nicht allein die „Zollunion", sondern allgemein die „gemeinsame Handelspolitik" zur ausschließlichen EU-Zuständigkeit i. S. v. Art. 2 AEUV gehören (Art. 3 Abs. 1 lits. a], e] AEUV). Überdies wurde in Art. 207 Abs. 1 AEUV auch eine Unionskompetenz in Bezug auf ausländische Direktinvestitionen eingefügt, woraus sich weitreichende Auswirkungen auf den Fortbestand der Vielzahl von den meisten EU-Staaten mit Drittländern abgeschlossenen Investitionsschutzabkommen (*bilateral investment treaties*) ergeben, deren Geltung aber wegen Art. 351 AEUV nicht automatisch endet.

Die seit 1995 existente WTO fungiert – bildlich gesprochen – als Dach, unter dem sich (detailliert ausgestaltet in Anhängen zum Gründungsübereinkommen) vier Säulen befinden, zwei vor allem inhaltlich, zwei weitere verfahrensrechtlich geprägt. Bis auf die wenigen (noch) existierenden „plurilateralen" Vereinbarungen (vor allem das wirtschaftlich überaus wichtige Abkommen über Regierungskäufe, *Government Procurement Agreement*) sind alle anderen Verträge „**multilateral**", d. h. vorbehaltlich von Übergangsfristen in Beitrittsvereinbarungen (wie etwa bei China) sind ihre Regelungen für jedes Mitglied ohne weiteres rechtsverbindlich. Vor Errichtung der WTO beschränkte sich das Allgemeine Zoll- und Handelsabkommen (*General Agreement on Tariffs and Trade*) von 1947 allein auf Vorschriften über den grenzüberschreitenden Verkehr mit **Waren** (*goods*), und bis 1995 waren daneben lediglich einzelne ebenfalls warenbezogene weitere Abkommen getroffen worden, insbesondere ein sog. *standards code*. Den Rahmen dafür bildeten im GATT 1947 vorgesehene, sog. Zollrunden, bei denen die je interessierten Vertragsparteien über Zollsenkungen und -bindungen (Art. II GATT) verhandelten; diese Treffen erstreckten ihre Diskussionsthemen spätestens seit den 1970er-Jahren mehr und mehr auf andere Hindernisse oder Verzerrungen des internationalen Warenverkehrs. Grund dafür war vor allem, dass lediglich Zölle (*tariffs*) als Abgaben auf grenzüberschreitende Warenbewegungen durch das GATT erlaubt waren und sind, nicht hingegen (s. Art. XI Abs. 1 GATT) direkte Restriktionen wie Verbote oder mengenmäßige (Quoten, Kontingente) sowie andere „nicht-tarifäre Beschränkungen" (*non-tariff barriers*). Demgegenüber wurden Preis-Dumping und staatliche Subventionen vor allem der eigenen Ausfuhren nicht formell untersagt, waren insoweit jedoch Gegenmaßnahmen (*anti-dumping* bzw. *countervailing duties*) erlaubt (Art. XVI i. V. m. Art. VI GATT). Viele Unklarheiten im Detail luden aber zu „Grauzonen-Maßnahmen" förmlich ein, zumal wichtige Handelsbereiche (partiell) ausgenommen blieben; auch war eine institutionelle Beilegung von Streitigkeiten zwischen GATT-Vertragsparteien wenig effektiv. Andererseits hatten sich aber die allgemeinen Prinzipien der **Meistbegünstigungsbehandlung** (*most favored nation treatment*, Art. I, Art. XIII) und der **Inländer(gleich)behandlung** (*national treatment*, Art. III GATT) durchaus bewährt, im Sinne einer wesentlichen Liberalisierung des internationalen Waren-Handelsverkehrs.

Im Rahmen der WTO blieb daher das GATT 1947 fast unverändert bestehen und wurde lediglich in der durch einige zwischenzeitliche Vertragsänderungen modifizierten Fassung als

2.3 Europäische und internationale Aspekte

GATT 1994 übernommen; die weiteren bereits geltenden *„side agreements"* wurden ebenfalls in das WTO-Recht integriert, und zudem verständigte man sich auf Lösungen für Sonderbereiche wie den Handel mit Agrarprodukten oder Textilien sowie den Umgang mit *Trade-Related Investment Measures* (TRIMs). Neben das erneuerte GATT traten zwei ebenfalls „multilaterale" Vertragswerke, zum einen, vom Aufbau her dem GATT ähnlich, das *General Agreement on Trade in Services* (**GATS**), zum anderen ein Übereinkommen zu *Trade-Related Intellectual Property Rights* (**TRIPS**), das zu großen Teilen einen rechtlichen Rahmen für alle gängigen Immaterialgüterrechte aufstellt, von Urheber- und Patentrechten bis zu Know-how. Das GATS erfasst zwar eine Vielzahl privater und auch öffentlicher **Dienstleistungen** (Art. I), jedoch gelten wichtige Verpflichtungen, etwa zu Marktzugang (Art. XVI) oder Inländerbehandlung (Art. XVII) erst dann und soweit, wenn und wie WTO-Parteien diese untereinander konkretisieren haben. Dieser Prozess, für den ebenfalls Verhandlungsrunden vorgesehen sind (Art. XIX ff. GATS), hat sich als sehr mühsam und langwierig erwiesen und bisher wenig Ergebnisse gebracht. Durch das ebenfalls vertragsförmig geschaffene *Dispute Settlement Understanding* (DSU) konsolidiert wurde aber die bereits in Art. XXII, XXIII GATT 1947 errichtete **Streitbeilegung**: Zwar sind an dieser direkt weiterhin nur WTO-Mitglieder als Kläger oder Beklagter beteiligt, das Verfahren läuft aber (wenn eine Verständigung fehlgeschlagen ist) in zwei Stufen, zuerst vor einem ad hoc gebildeten *Panel* und bei Beschwerde dann vor einem *Appellate Body* ab, und der je erfolgte Schiedsspruch wird nur dann nicht verbindlich, wenn der für diese Entscheidung zuständige Allgemeine Rat der WTO dies einstimmig ablehnt („negativer Konsens"). Die Effektivität dieser intergouvernementalen Streitbeilegung wird noch gesteigert durch zeitliche Vorgaben für die Dauer der Verfahrensabschnitte sowie durch ein eigenes „Vollstreckungs"-Verfahren, wenn der Unterlegene sich nicht fügt. Hier ermächtigen dann wieder ein *Panel* oder auch ein einzelner Schiedsrichter dazu, Sanktionen gegen die säumige Partei zu treffen, um diese zur Korrektur ihres rechtswidrigen oder zumindest unerwünschten Verhaltens zu veranlassen. Die EU ist bis dato auf beiden Seiten recht häufig in diese WTO-Streitbeilegung involviert.

Beispiel

Ein langwieriger Streit zwischen den USA und der EU betraf „große Zivilluftfahrzeuge", nämlich Airbus bzw. Boeing. Hierbei ging es um diverse Subventionen und deren Vereinbarkeit mit GATT 1994 sowie dem speziellen WTO-Abkommen über Subventionen und Ausgleichsmaßnahmen, in einer zweiten Phase um „Sanktionen" nach Art. 21, 22 der Streitbeilegungsvereinbarung. ◄

In regelmäßigen Abständen wird die Praxis aller Mitglieder auf Einhaltung der rechtlichen Vorgaben überprüft; auch dieser (wiederum multilaterale) *Trade Policy Review Mechanism* (TPRM) wird vom Allgemeinen Rat bzw. unter dessen Ägide praktiziert.

WTO-Recht lässt in ähnlicher Weise sowohl bei GATT (Art. XXIV) als auch bei GATS und TRIPS als Ausnahme vom Meistbegünstigungsprinzip Regelungen über Vereinbarungen zwischen einzelnen Mitgliedern als *free trade areas* bzw. *customs unions* (mit gemeinsamem Zolltarif) gegenüber externen Zollgebieten oder „regionalen wirtschaftlichen Integration" ausdrücklich zu, wenn hierdurch insgesamt keine Verschlechterung des internationalen Handelsverkehrs eintritt; selten wurde diese Konformität formell von WTO-Organen bestätigt, auch nicht für die EU. Ebenfalls in allen drei Hauptabkommen wird den Mitgliedern das Recht eingeräumt, sowohl in ökonomischen Krisen (s. Art. XIX GATT) als auch in teils näher umschriebenen „allgemeinen" (Art. XX) oder „besonderen" nichtökonomischen **Ausnahmefällen** (sog. *security exception*, Art. XXI GATT, aber auch bereichsspezifisch, etwa in Art. XI Abs. 2) mehr oder weniger weit von den allgemeinen Grundsätzen abzuweichen; jedoch muss das einseitig handelnde Mitglied darlegen und nachweisen, dass sämtliche Voraussetzungen für die Inanspruchnahme der jeweiligen Ausnahme vorgelegen haben. Bisher standen die

WTO-Streitbeilegungsgremien solchem Verhalten sehr kritisch gegenüber, vor allem bei unilateral getroffenen Maßnahmen; als zulässig anerkannt wurden aber im „Asbest"-Fall (zwischen Kanada und der EG/EU) Importbeschränkungen im Hinblick auf evidente Gesundheits(- und Umwelt-)gefahren (s. Art. XX lit. b] GATT).

Engagiert ist die EU auch in weniger stark institutionalisierten Formen internationaler wirtschaftlicher Kooperation, nicht zuletzt im Finanzsektor. Hier wird etwa im Baseler Ausschuss für Bankenaufsicht (BCBS) bei der Bank für Internationalen Zahlungsausgleich (BIZ) seit fast 50 Jahren eine Vereinheitlichung wesentlicher Prinzipien, Instrumente und Regeln für international tätige Banken vorangetrieben, deren wesentliche (als Empfehlungen in zahlreichen Berichten ausformulierte) Ergebnisse unter den Schlagworten „Basel I" bis „Basel IV" weithin bekannt sind. Ähnliche Vorgänge spielen sich im Versicherungsbereich im Rahmen der IOSCO ab. Da insoweit durchweg breite Kompetenzen der EU (und allenfalls ergänzend noch der Mitgliedstaaten) bestehen, wird das auf internationaler Ebene gefundene Resultat zeitnah durch Unionsrechtsakte, zunehmend auch Verordnungen (etwa *Capital Requirements Regulation* 2013), innerhalb der EU rechtsverbindlich umgesetzt, aus „weichem" (*soft*) wird damit „hartes" Recht.

2.4 Fälle und Lösungshinweise

Fälle

Fall 1 – Erklären Sie, inwiefern das GG wirtschaftspolitisch neutral ist?

Fall 2 – Erläutern Sie, welche Bedeutung das Umweltstaatsprinzip als Querschnittsklausel auf EU- bzw. auf nationaler Ebene besitzt?

Fall 3 – Berufsfreiheit und staatliches Informationshandeln (angelehnt an BVerfGE 105, 252)

Medienberichten zufolge werden seit einiger Zeit in Deutschland Weine vertrieben, die mit dem gesundheitsschädlichen Diethylenglykol (DEG) versetzt sind. DEG wird normalerweise als Frostschutzmittel und als chemisches Lösungsmittel eingesetzt. In der Bevölkerung herrscht eine erhebliche Verunsicherung, da nicht genau bekannt ist, welche Weine mit DEG versetzt waren und welche gesundheitlichen Folgen der Genuss eines solchen Weines haben kann; dies führt zu einem massiven Rückgang des Konsums insbesondere österreichischer und deutscher Weine. Nachdem die Prüfergebnisse aus einem unabhängigen Labor den Verdacht bestätigen, gibt die Bundesregierung, gestützt auf Art. 65 GG, eine Liste der Weine heraus, in denen DEG festgestellt worden ist. In der veröffentlichten Liste werden die Namen der Abfüller lediglich deswegen genannt, um dem Verbraucher eine Identifizierung des beanstandeten Weins zu ermöglichen. Der deutsche Weingroßhändler W, der unter anderem österreichische Weine abfüllt und vertreibt und daher in der Liste genannt wird, sieht sich durch den Warnhinweis der Bundesregierung in seiner Berufsfreiheit beeinträchtigt. Zu Recht?

Fall 4 – Eigentumsfreiheit und Allgemeiner Gleichheitssatz (angelehnt an BVerfGE 58, 137)

Das Bundesland A erlässt ein Gesetz, das jeden Verleger dazu verpflichtet, von jedem Druckwert unabhängig von Auflagenstärke ein Exemplar (sog. Pflichtexemplar) an die Landesbibliothek unentgeltlich abzugeben. Die Verlags-GmbH (V), die ihren Sitz im selben Bundesland hat, hat sich auf die Erstellung besonders wertvoller bibliophiler Bücher in geringen Auflagen (ca. 50–500 Stück) spezialisiert. V hält das „Pflichtexemplargesetz" für völlig unverhältnismäßig. Sie sieht sich in ihrem Eigentumsrecht beeinträchtigt, da sie gezwungen werde, ihre Werke im Wert von teilweise einigen tausend Euro ohne jedwede Entschädigung einfach an eine öffentliche Bibliothek abzugeben. V führt an, dass ihre Situation nicht einfach mit der eines Großverlages verglichen werden könne, der Auflagen in großer Stückzahl produziere und daher finanziell in der Lage sei, ein Einzelexemplar kostenlos

2.4 Fälle und Lösungshinweise

abzugeben. Auch gebe es bei Online-Publikationen keinen vergleichbaren Zwang zu Pflichtexemplaren. Nach erfolgloser Ausschöpfung des Rechtsweges wendet sich V an Sie und fragt, ob und wenn ja, in welchen Grundrechten sie verletzt sein könnte.

Fall 5 – EU-Grundfreiheiten und staatliche Schutzpflichten (angelehnt an EuGH, Rs. C-265/95, ECLI:EU:C:1997:595 – Französische Agrarblockaden; EuGH, Rs. C-112/00, ECLI:EU:C:2003:333 – Schmidberger)

Französische Gemüsebauern protestieren seit geraumer Zeit gegen die niedrigeren Preise, die spanische Exporteure für Gemüse verlangen und damit den französischen Markt beherrschen. Um ihren Protesten mehr öffentliche Wirkung zu verschaffen, blockieren französische Bauern mit ihren Traktoren die Autoroute de l'Est Paris-Metz und vernichten teilweise Ladungen landwirtschaftlicher Erzeugnisse; zudem bilden sich kilometerlange Staus in beiden Richtungen. Die zuständigen französischen Behörden halten die Bauernproteste, die in Frankreich nicht untypisch sind, für zulässig und schreiten dagegen nicht ein. Die luxemburgische Spedition L, die auf der Strecke regelmäßig leicht verderbliche Lebensmittel nach Paris transportiert und auch im konkreten Fall im Stau steckt, sieht in der Untätigkeit der französischen Behörden einen Verstoß gegen die unionsrechtlich garantierte Warenverkehrsfreiheit. Zu Recht?

Fall 6 – WTO-Recht

Im Frühjahr 2018 traf die US-Regierung, gestützt auf den Trade Act von 1974, Maßnahmen betreffend die Einführung oder Erhöhung von (Einfuhr-)Zöllen auf bestimmte Produkte aus der Volksrepublik China. Kurze Zeit später verhängte China zusätzliche Abgaben auf aus den USA eingeführte Waren. Beide Staaten streben eine rechtliche Überprüfung der jeweiligen Maßnahme auf ihre Zulässigkeit hin an. Skizzieren Sie (1) die materiell-rechtlichen Probleme und (2) die verfahrensrechtlichen Möglichkeiten und Schritte.

Lösungshinweise

Fall 1

Das Grundgesetz hat (auch als zunächst nur vorläufige Verfassung) bewusst keine ausdrückliche Festlegung im Hinblick auf eine bestimmte Wirtschaftsordnung und dazu geeignete und erforderliche Ziele, Instrumente, Organisation und Verfahren staatlicher Wirtschaftspolitik getroffen. Damit obliegt die Ausgestaltung in erster Linie der dafür in der funktionenteiligen, bundesstaatlich verfassten Demokratie zuständigen parlamentarischen Gesetzgebung. Alle daran beteiligten Staatsorgane sind aber an die Verfassung, sowohl die Grundrechte (Art. 1 Abs. 3 GG) als auch an Fundamentalprinzipien/Staatsziele wie vor allem Sozial-, Rechts-, aber auch Umweltstaat (Art. 20, 20a, 28 Abs. 1 S. 1 GG) gebunden. Innerhalb des dadurch abgesteckten Rahmens kommt eine Vielzahl von Mischformen in Betracht; ausgeschlossen sind nur die extreme reine Markt- und reine Plan-/Zentralverwaltungswirtschaft. Im Hinblick auf die Mitgliedschaft Deutschlands in der EU, vermittelt über Art. 23 GG, ergeben sich jedoch striktere Vorgaben aus dem EU-Primärrecht, vor allem aus Art. 119, 120 AEUV. Jedoch verbleibt die Zuständigkeit für „Wirtschaftspolitik" (in einem engeren Sinne, abgegrenzt etwa zur Währungspolitik) bei den einzelnen Mitgliedstaaten, da insoweit die EU-Kompetenz auf eine enge Koordinierung der nationalen Maßnahmen beschränkt ist (Art. 5 Abs. 1 AEUV). Die Umsetzung der konkreten Wirtschaftspolitik durch Gesetzgebung erfolgt in Deutschland zumeist durch den Bundesgesetzgeber (teils ausschließlich: Art. 73 Abs. 1 Nr. 1, 4, 5 i. V. m. Art. 71 GG, teils konkurrierend: Art. 74 Abs. 1 Nr. 11, 16 i. V. m. Art. 72 GG).

Fall 2

Der Schutz der natürlichen Lebensgrundlagen bzw. der menschlichen Umwelt als Staatsziel ist sowohl seit den 80er-Jahren im EU-Recht (heute: Art. 3 Abs. 3 UAbs. 1 EUV, Art. 191 ff. AEUV) als auch ebenfalls seit mehreren Jahrzehnten im GG (Art. 20a) sowie vielen Landesverfassungen gewährleistet. Die Auswahl und Ausgestaltung der hierzu erforderlichen Maßnahmen und Mittel überlassen das EU-Primärrecht wie das nationale Verfassungsrecht insbesondere dem Gesetzgeber; das (Europäische wie das je nationale) Parlament wirkt hier auch bei mit anderen Staaten geschlossenen Verträge über Umweltschutzthemen mit. Da menschliche Aktivitäten in der Regel auf die Umwelt einwirken bzw. von dieser beeinflusst werden, spielen Belange der Bewahrung oder auch Wiederherstellung einer lebenswerten Welt bei vielen Gesetzen eine unterschiedlich große Rolle, indem hier Umweltbeeinträchtigungen minimiert und „gute" Umweltzustände auf Dauer („nachhaltig") erhalten werden sollen (daher Querschnittsmaterie). Im Unterschied zur Bedeutung als Querschnittsklausel in Bezug auf alle umweltrelevanten Vorschriften ist es etwa seit den 70er-Jahren des 20. Jahrhunderts ein breites Spektrum von umweltspezifischen Vorschriften entstanden, etwa bezüglich Abfall/Abwasser, E- und Immissionen (Geräusche, Luftverunreinigung), Gewässer-, Boden- oder Naturschutz im engeren Sinne. Auch diese sind wieder in verschiedenem Grade für wirtschaftliche Tätigkeiten bedeutsam, etwa bei der Wahl des Standorts oder bei der ressourcenschonenden Ausführung.

Fall 3

W könnte in seiner Berufsfreiheit aus Art. 12 Abs. 1 GG verletzt sein, wofür ein Eingriff in den Schutzbereich des Grundrechts vorliegen müsste, der nicht gerechtfertigt werden kann.

1) Der Schutzbereich der Berufsfreiheit ist sowohl in persönlicher (Deutschengrundrecht) als auch in sachlicher Hinsicht eröffnet, da W's Tätigkeit als Weingroßhändler der Schaffung und Erhaltung einer Lebensgrundlage dient. Die Warnung der Bundesregierung betrifft die Absatzmöglichkeiten des W und damit sein Auftreten am Markt. Da eine ständige Wechselwirkung zwischen der konkreten Ausübung des Berufs und dem Wettbewerb besteht, erstreckt sich der Schutzbereich des Art. 12 Abs. 1 GG auch auf die Wettbewerbsfreiheit.

2) Die in der Liste der Bundesregierung enthaltenen Warnhinweise könnten als staatliche Einflussnahme auf den Wettbewerb geeignet sein, den W gegenüber Wettbewerbern zu benachteiligen, da zu befürchten ist, dass die Verbraucher sämtliche Weine des W, der in der Liste genannt ist, „boykottieren". Nach dem klassischen Eingriffsbegriff, der nur finale, unmittelbare und imperative Rechtsakte umfasst, ist bei den Warnhinweisen keines der Merkmale gegeben. Insbesondere fehlt es an der Finalität und Unmittelbarkeit, da mit der Listenveröffentlichung lediglich die Aufklärung der Verbraucher bezweckt wird, wohingegen die Umsatzeinbußen erst die Folge der Verhaltensänderung (Kaufzurückhaltung) sind; allein die Veröffentlichung der Liste hat noch keine Auswirkungen auf die Berufstätigkeit des W.

Der erweiterte Eingriffsbegriff legt sämtliche Merkmale des klassischen Eingriffsbegriffs weit(er) aus, sodass – nach dem sog. 4-Kriterien-Test (BVerfG) – jedes grundrechtsverkürzende hoheitliche Handeln erfasst wird, das zurechenbar, faktisch, vorhersehbar und intensiv ist. Die Warnhinweise sind als Realakt der Bundesregierung der hoheitlichen Sphäre zurechenbar. Die Grundrechtsbeeinträchtigung war auch vorhersehbar, denn es war durchaus erkennbar, dass die Verbraucher nach Veröffentlichung der Liste sämtliche Weine der genannten Abfüller „boykottieren" würden. Schließlich muss die Verkürzung des grundrechtlich geschützten Freiheitsbereichs hinreichend intensiv sein, also eine schwere, unzumutbare Beeinträchtigung darstellen. Das BVerfG fordert hierfür eine sog. objektiv berufsregelnde Tendenz. Erforderlich ist demnach, dass durch das staatliche Handeln solche Tätigkeiten betroffen sind, die typischerweise beruflich ausgeübt werden. Da die Warnhinweise an die Herstellung und den Vertrieb von Weinen anknüpfen, besitzen sie eine besondere Nähe zur Berufsausübung. Die Warnhinweise stellen daher einen Eingriff in Art. 12 Abs. 1 GG dar.

3) Der Eingriff in die Berufsfreiheit könnte jedoch gerechtfertigt sein, sofern die eingreifende Maßnahme dem Regelungsvorbehalt aus Art. 12 Abs. 1 S. 2 GG genügen und verhältnismäßig (im Sinne der 3-Stufen-Theorie) sind.

   a) Mangels einer ausdrücklichen Ermächtigungsgrundlage (§ 8 S. 2 ProdSG wurde erst 1997 und damit nach dem BVerfG-Urteil eingeführt) ist fraglich, ob die Bundesregierung die Warnhinweise auf die Kompetenznorm des Art. 65 GG stützen durfte, da ein Schluss von der Kompetenz auf die Befugnis an sich unzulässig ist. Soweit der Staat Schutzpflichten zu erfüllen hat, wie hier die Pflicht zum Gesundheitsschutz der Bürger (Art. 2 Abs. 2 S. 1 GG), reichen diese als Eingriffsermächtigung grundsätzlich nicht aus. Ausnahmsweise sei, so die Auffassung des BVerfG, mit der Aufgabe der Staatsleitung auch eine Ermächtigung zum Informationshandeln verbunden, besonders bei potenziellen gesundheitlichen Schädigungen. Art. 12 Abs. 1 GG schütze nicht davor, dass inhaltlich zutreffende Informationen durch Hoheitsträger verbreitet werden. Erst durch die Befugnis zur Informationstätigkeit kann eine effektive Problembewältigung ermöglicht werden, wodurch der Staat seinen Schutzpflichten nachkommen kann (BVerfGE 105, 252 [268 ff.]; s. auch BVerfGE 44, 125 [149] – Öffentlichkeitsarbeit; BVerfGE 105, 279 [279] – Osho). Art. 65 GG genügt daher dem Vorbehalt des Art. 12 Abs. 1 S. 2 GG.

   b) Die Nennung der Namen der Abfüller in der Warnliste müsste verhältnismäßig sein. Die Veröffentlichung der Liste dient der Wahrung der Volksgesundheit (legitimer Zweck) und ist zur Zweckerreichung geeignet. Nur durch die Namensnennung wird dem Verbraucher eine schnelle Identifizierung DEG-haltiger Weine ermöglicht. Zwar unterliegt auch die Informationspflicht dem Gebot der Sachlichkeit, wonach Informationen weder unsachlich noch herabsetzend formuliert sein dürfen, um den Wettbewerb nicht unzulässig nicht zu beeinflussen (BVerfGE 57, 1 [8] – NPD). Die Warnliste enthält objektive Informationen, keine Handlungsempfehlungen, und ist daher erforderlich. Im Rahmen der Angemessenheit dürfen schließlich die Nachteile für W nicht außer Verhältnis zu den Vorteilen für die Volksgesundheit stehen, wobei zu berücksichtigen ist, dass W durch Abfüllen und Vertrieb DEG-haltiger Weine eine Gefahr für die Verbraucher gesetzt hat. Die Warnliste ist daher angemessen und damit verhältnismäßig. Eine Verletzung von Art. 12 Abs. 1 GG ist nicht gegeben. Weitere Grundrechtsverletzungen sind nicht zu besorgen, da Art. 14 Abs. 1 GG bereits im Schutzbereich nicht eröffnet ist (Art. 12 schützt den Erwerb, Art. 14 das Erworbene). Art. 2 Abs. 1 GG tritt aus Subsidiaritätsgründen hinter Art. 12 Abs. 1 GG zurück.

Fall 4

Die V-GmbH könnte durch das letztinstanzliche Urteil, das sie zur Abgabe von Pflichtexemplaren verpflichtet, in ihren Grundrechten aus Art. 14 Abs. 1 und Art. 3 Abs. 1 GG verletzt sein.

1) Zunächst müsste der Schutzbereich von Art. 14 Abs. 1 GG in persönlicher wie sachlicher Hinsicht eröffnet sein. Als in-

ländische juristische Person des Privatrechts (GmbH) kann die V Eigentum erwerben und veräußern, weshalb das Eigentumsgrundrecht wesensmäßig (Art. 19 Abs. 3 GG) auf sie anwendbar ist. Der sachliche Schutzbereich von Art. 14 Abs. 1 GG ist normgeprägt und umfasst neben dem privaten Eigentum an bestimmten Vermögenspositionen alle vermögenswerten Rechte, die dem Berechtigten durch die Rechtsordnung zur privaten Nutzung und zur eigenen Verfügung zugeordnet sind. Erfasst sind daher das zivilrechtliche Eigentum, aber auch Urheberrechte, Aktien oder Warenzeichen. Durch die Herstellung der Bücher erwirbt die V-GmbH das zivilrechtliche Eigentum an allen Werken. Der Schutzbereich von Art. 14 Abs. 1 GG ist damit eröffnet.

2) Das Urteil könnte als eigentumsrelevante Maßnahme einen Eingriff in den Schutzbereich von Art. 14 Abs. 1 GG darstellen. Als Eingriff ist jede staatliche Maßnahme zu qualifizieren, die dem Einzelnen ein grundrechtlich geschütztes Verhalten ganz oder teilweise unmöglich macht. Durch das letztinstanzliche Urteil wird die Pflicht der V zur Abgabe der Bücher endgültig und mit der Folge bestätigt, dass V nun einen Teil seines Eigentums kostenlos an Bibliotheken abgeben muss und darüber anschließend nicht mehr frei verfügen kann. Das Urteil stellt daher einen eigentumsrelevanten Eingriff dar.

3) Die durch das Urteil bewirkte, eigentumsrelevante Maßnahme ist verfassungsrechtlich gerechtfertigt, wenn sie auf einer verfassungsmäßigen Rechtsgrundlage beruht und diese im konkreten Fall verfassungsgemäß, insbesondere verhältnismäßig angewendet wurde. Art. 14 GG stellt unterschiedliche Anforderungen an die verfassungsrechtliche Rechtfertigung des Eingriffs, abhängig davon, ob es sich um eine Inhalts- und Schrankenbestimmung (Abs. 1 S. 2) oder um Enteignung handelt (Abs. 3). Bei Inhalts- und Schrankenbestimmungen ist erforderlich, dass das zugrunde liegende Gesetz formell und materiell verfassungsgemäß ist (einfacher Gesetzesvorbehalt); der Gesetzgeber ist gehalten, die Eigentumsfreiheit mit der Sozialpflichtigkeit (Art. 14 Abs. 2 GG) in einen angemessenen Ausgleich zu bringen. Weitaus strengere Anforderungen gelten bei der Enteignung gemäß Art. 14 Abs. 3 GG (Legal- bzw. Administrativenteignung, Entschädigungsregelung, Junktim-Klausel). Durch das Pflichtexemplargesetz begründet der Gesetzgeber generell-abstrakt eine Ablieferungspflicht für alle Verleger. Da hergestellte Werke von Anfang an mit dieser Abgabepflicht belastet sind, kann auch kein unbelastetes Eigentum entstehen. Auch die Tatsache, dass nur ein einziges Exemplar abzugeben ist, ändert hieran nichts. Denkbar ist es aber, dass eine Enteignung zumindest für diejenigen Werke vorliegt, die bereits vor Erlass des Gesetzes existierten, da diese bei ihrer Herstellung noch nicht mit der Abgabepflicht belastet waren. Entscheidend für eine Enteignung ist jedoch, dass die hoheitliche Maßnahme (hier das Pflichtexemplargesetz) final auf den Eigentumsentzug abzielt mit der Folge, dass jemandem ein bestimmtes Recht entzogen wird, während es bei anderen Rechtsträgern weiterhin Bestand hat. Eine solche Ungleichbehandlung liegt jedoch dann nicht vor, wenn bei einer Neuordnung Rechte abgeschafft werden, für die es im neuen Recht keine Entsprechung gibt. Daher ist im folgenden Fall die Abgabepflicht auch für die Eigentümer der Exemplare, die vor der Neuregelung bereits vorhanden waren, nicht als Enteignung zu qualifizieren. Das BVerfG hat das Pflichtexemplargesetz daher als Inhalts- und Schrankenbestimmung eingeordnet und gleichzeitig betont, dass der Gesetzgeber die besondere Position der Abgabepflichtigen im Rahmen der Verhältnismäßigkeit (etwa durch Übergangsregelungen) berücksichtigen müsse (BVerfGE 58, 137

[144 ff.]). Der legitime Zweck der gesetzlichen Abgabepflicht liegt darin, die Literatur der jetzigen Zeit einfach und effektiv zu dokumentieren und somit auch für zukünftige Generationen nutzbar zu machen. Die Abgabepflicht ist auch geeignet, denn sie dient dem Dokumentations- und Informationsbedürfnis der Allgemeinheit. Fraglich ist, ob die Abgabepflicht auch erforderlich ist, sprich es kein milderes, ebenso wirksames Mittel zur Zielerreichung gibt. Denkbar wäre eine entgeltliche Abgabepflicht, die allerdings nur mit höherem Verwaltungsaufwand zu leisten wäre, was die öffentliche Hand wiederum belastet. Auch sind Diskussionen um die Preispolitik nicht ausgeschlossen. Eine Pflicht der Verleger zur unentgeltlichen Abgabe von Kopien ihrer Werke wäre zwar ein einfacheres, aber nicht ebenso effektives Mittel, da das Dokumentations- und Informationsbedürfnis nur durch die Abgabe von Originalen (nicht aber von Kopien) genügt wird. Schließlich muss die Abgabepflicht angemessen sein, d. h. die individuelle Freiheit nicht unzumutbar zugunsten der Sozialpflicht einschränken. Für die Verleger, die eine größere Auflage produzieren, ist der wirtschaftliche Nachteil durch die Abgabepflicht geringer. Für kleinere Verleger, die eine kleinere Auflage und damit auch höhere Kosten produzieren, wäre der wirtschaftliche Nachteil größer, da die geringere Auflage Werke betrifft, deren Wert bei mehreren tausend Euro liegen kann. Für diese Personengruppe stellt sich die Regelung daher als unverhältnismäßig dar. Der Gesetzgeber hätte für kleine Verleger eine Entschädigung im Sinne der ausgleichspflichtigen Inhalts- und Schrankenbestimmung vorsehen müssen. Da dies jedoch nicht der Fall ist, ist das Gesetz für diese Personen unverhältnismäßig und daher wegen eines Verstoßes gegen Art. 14 Abs. 1 GG zumindest teilnichtig.

4) Vorliegen könnte zudem ein Verstoß gegen den allgemeinen Gleichheitssatz. Art. 3 Abs. 1 GG, der wesensmäßig auch auf juristische Personen des Privatrechts, hier die V, anwendbar ist (Art. 19 Abs. 3), verlangt, wesentlich Gleiches gleich und wesentlich Ungleiches seiner Verschiedenheit und Eigenart ungleich zu behandeln. Vorliegend müssen alle Verleger, gleich welcher Größe, bei Printwerken ein Pflichtexemplar abgeben. Es wird zum einen nicht zwischen kleinen und großen Verlegern differenziert; zum anderen werden Printmedien gegenüber Online-Publikationen benachteiligt, wenn für diese nach der gesetzlichen Regelung keine Abgabepflicht besteht.

Die Gleichbehandlung von großen und kleinen Verlagen ist dann nicht zulässig, wenn zwischen den beiden Normadressaten Unterschiede von solcher Art und solchem Gewicht bestehen, dass die gleichartige Behandlung nicht mehr zu rechtfertigen ist. In diesem Fall ist die Wirkung der gesetzlichen Regelung unter wirtschaftlichen Aspekten für kleine Verleger ungemein stärker als für die größeren. Daher war es notwendig, dass der Gesetzgeber hier eine Differenzierung vornimmt. Gleiches gilt für die Ungleichbehandlung von Print- und Online-Publikationen, da letztere infolge ihrer leichten digitalen Verbreitbar- und Nutzbarkeit Druckwerke zunehmend ersetzen und in ihrer Herstellung gleichzeitig viel preiswerter sind, wodurch Verleger, die überwiegend Online-Publikationen herstellen, ohne erkennbaren Sachgrund bessergestellt sind. Das Pflichtexemplargesetz ist daher sowohl mit Blick auf die Kleinverleger als auch hinsichtlich der Online-Publikationen nicht angemessen und damit unverhältnismäßig. V ist daher in ihrem Gleichheitsgrundrecht aus Art. 3 Abs. 1 GG verletzt.

Fall 5

Die Untätigkeit der französischen Behörden könnte eine Verletzung der Warenverkehrsfreiheit (Art. 34, 2. Alt. AEUV) darstellen. Eine solche ist gegeben, wenn ein nicht gerechtfertigter Eingriff in den (sachlichen wie persönlichen) Schutzbereich der Grundfreiheit vorliegt.

1) Der sachliche Schutzbereich ist eröffnet, wenn kein vorrangiges Sekundärrecht einschlägig ist, der Handel mit einer „Unionsware" betroffen ist und ein grenzüberschreitender Sachverhalt vorliegt. Vorrangiges Sekundärrecht ist nicht ersichtlich. Waren sind alle körperlichen Gegenstände, die einen Handelswert haben und zum Zwecke von Handelsgeschäften über eine Grenze verbracht werden können. Beim Transport leicht verderblicher Lebensmittel handelt es sich um „Waren", die innerhalb der EU zirkulieren und bei dem eine Grenze (LUX-F) überschritten wird. Der sachliche Schutzbereich ist eröffnet. Jede Person, die ein Interesse an der Durchsetzung der Warenverkehrsfreiheit hat, kann sich auf sie berufen, ohne selbst bestimmte Anforderungen erfüllen zu müssen. Die Warenverkehrsfreiheit knüpft allein an die Herkunft der Ware an (Art. 28 Abs. 2 AEUV). Die L-Spedition, ein privates Unternehmen aus Luxemburg, kann sich als juristische Person nach luxemburgischem Recht auf die Warenverkehrsfreiheit berufen, wie sich aus der entsprechenden Anwendung von Art. 54 Abs. 2 AEUV ergibt. Der Schutzbereich der Warenverkehrsfreiheit ist somit insgesamt eröffnet

2) Ein Eingriff liegt vor, wenn ein Adressat der Warenverkehrsfreiheit eine mengenmäßige Ein- oder Ausfuhrbeschränkung (Art. 34, 1. Alt. AEUV) oder – wie hier – eine Maßnahme gleicher Wirkung (2. Alt.) erlässt, die geeignet ist, den Handel im Binnenmarkt direkt oder indirekt, mittelbar oder unmittelbar, rechtlich oder faktisch zu beeinträchtigen (sog. Dassonville-Formel nach EuGH, Rs. 8/74; EuGH, Rs. C-265/95, Rn. 29). Eine (aktive) hoheitliche Maßnahme von Seiten der französischen Behörden gab es nicht; vielmehr unterließen sie es, gegen die Bauernproteste einzuschreiten und die Blockade der Autobahn aufzuheben bzw. abzumildern. Ein Unterlassen, so der EuGH, steht immer dann einem aktiven staatlichen Handeln gleich, wenn den Mitgliedstaat eine Rechtspflicht zum Handeln trifft. Eine solche Schutzpflicht ergibt sich aus den Grundfreiheiten i. V. m. der Pflicht zur loyalen Zusammenarbeit (Art. 4 Abs. 3 EUV), wonach der betreffende Mitgliedstaat alle geeigneten Maßnahmen zu ergreifen hat, um die volle, wirksame und korrekte Anwendung des Unionsrechts (*effet utile*) im Interesse aller Wirtschaftsteilnehmer sicherzustellen (EuGH, Rs. C-265/95, Rn. 32, 56; EuGH, Rs. C-112/00, Rn. 59).

3) Möglicherweise kann das Nichteinschreiten der französischen Behörden jedoch gerechtfertigt werden, sei es durch geschriebene (Art. 36 AEUV) oder ungeschriebene Rechtfertigungsgründe (immanente Schranken). Geschriebene Rechtfertigungsgründe i. S. v. Art. 36 AEUV sind nicht ersichtlich, denn die französischen Behörden haben nicht nachgewiesen, dass eine Gefahr für die öffentliche Sicherheit und Ordnung bestanden habe, die sie mit eigenen Mitteln nicht hätten bewältigen können; wirtschaftliche Gründe sind dabei nicht zu berücksichtigen (EuGH, Rs. C-265/95, Rn. 62 ff.).

Es könnten jedoch ungeschriebene Rechtfertigungsgründe, sog. „immanente Schranken" i. S. der Cassis-Rechtsprechung (nach EuGH, Rs. 120/78) greifen. Danach müssen Hemmnisse für den Binnenmarkt, die sich aus den Unterschieden der nationalen Regelungen über die Vermarktung von Erzeugnissen ergeben, hingenommen werden, soweit diese Bestimmungen notwendig sind, um zwingenden Erfordernissen des Allgemeininteresses gerecht zu werden; dazu zählen insbesondere Erfordernisse einer wirksamen steuerlichen Kontrolle, der Schutz der öffentlichen Gesundheit, die Lauterkeit des Handelsverkehrs sowie der Verbraucherschutz; wirtschaftliche Gründe bleiben jedoch regelmäßig außer Betracht. Bei den Rechtfertigungsgründen ist allein auf das Handeln bzw. Unterlassen des Mitgliedstaates (und nicht auf die Beweggründe der Bauernproteste!) abzustellen (EuGH, Rs. C-112/00, Rn. 68). Allerdings haben die französischen Behörden nicht vorgetragen, dass sie irgendwelche Schutz- oder Begleitmaßnahmen, etwa Informationskampagnen oder Umfahrungsmöglichkeiten, durchgeführt haben, um die Verkehrsbehinderungen so gering wie möglich zu halten und den freien Warenverkehr zu ermöglichen. Nach alledem ist der Eingriff in den freien Warenverkehr nicht gerechtfertigt und Spediteur L in seiner Grundfreiheit aus Art. 34, 2. Alt. i. V. m. Art. 52 Abs. 2 AEUV verletzt.

Fall 6

1) Da sowohl die USA als auch die VR China Mitglieder der Welthandelsorganisation (WTO) sind (nach Art. XI bzw. XII des WTO-Übereinkommens), müssen sie gem. Art. XVI Abs. 4 WTOÜ sicherstellen, dass ihre Gesetze, Verordnungen und Verwaltungsverfahren mit den Verpflichtungen im Einklang stehen, die sich aus den Anhängen zum WTOÜ ergeben. Zu solchen rechtlichen Bindungen gehört auch das Allgemeine Zoll- und Handelsabkommen (GATT), das in seiner Neufassung von 1994 als multilaterales Abkommen (Art. II Abs. 2 WTOÜ) den Anhang IA des Übereinkommens bildet. Zölle (*tariffs*) als Abgaben auf den grenzüberschreitenden Warenverkehr sind nach Art. II GATT generell erlaubt, wenn und soweit sich Staaten nicht etwa durch Höchstsätze bzw. Zolllisten gebunden haben. Die zwischen zwei Vertragsstaaten vereinbarten Zölle gelten jeweils auch allen anderen WTO-Mitgliedern gegenüber (Art. I Abs. 1 GATT), soweit davon keine Ausnahmen nach Art. I Abs. 2-4 oder Art. XXIV bestehen. Da diese hier nicht eingreifen, wäre die Einführung neuer Zölle oder die Erhöhung geltender Zollsätze eine Verletzung des GATT und damit des WTOÜ, wenn sie nicht nach Art. XX oder Art. XXI GATT gerechtfertigt werden kann. „Allgemeine" Ausnahmen nach Art. XX GATT sind hier offensichtlich nicht gegeben, und zudem dürften auch diese nur nichtdiskriminierend und transparent angewendet werden. Jedoch erlaubt Art. XXI (b) GATT jeder Vertragspartei Maßnahmen, die diese zum Schutz ihrer wesentlichen Sicherheit für erforderlich hält (also aus politischen Gründen) u. a., wenn ein Fall von *„emergency in international relations"* vorliegt. Zumindest die USA berufen sich auf diese Vorschrift.

2) Nach Art. 23 der Streitbeilegungsvereinbarung (DSU, Anhang II zum WTOÜ) müssen WTO-Vertragsparteien ausschließlich das in dieser ebenfalls multilateralen Vereinbarung vorgesehene Verfahren wählen, wenn sie sich gegen angebliche Rechtsverletzungen durch andere Mitglieder wehren wollen. Hierfür sieht Art. 5 DSU „gute Dienste", Schlichtungs-Verhandlungen (*conciliation*) oder Mediation vor. Regelmäßig findet aber ein mehrstufiges institutionalisiertes Verfahren der Streitbeilegung statt, das mit Konsultationen beginnt (Art. 4 DSU), bei deren Scheitern vor einem dreiköpfigen Gremium (*panel*) durchgeführt wird (Art. 6 ff.) und letztlich noch vor den *Appellate Body* gebracht werden kann (Art. 17). Die beiden Gremien unterbreiten rechtlich nur Vorschläge bzw. Empfehlungen, die erst durch Bestätigung durch den Allgemeinen Rat der WTO (als Streitbeilegungsorgan, DSB) verbindlich werden. An der WTO-Streitbeilegung können sich neben den Streitparteien auch dritte WTO-Mitglieder beteiligen (Art. 10

DSU), aber keine Privaten. Auch die Durchsetzung von Entscheidungen des DSB erfolgt in einem geregelten Verfahren (Art. 21), da die je erfolgten Rechtsverletzungen nicht direkt durch WTO-Gremien aufgehoben werden können, sondern lediglich Gegenmaßnahmen oder Kompensationen (Entschädigungen) möglich sind (Art. 22 DSU), die in einem angemessenen Verhältnis zur Beeinträchtigung stehen müssen. Ziel ist dabei, die rechtswidrig handelnde Partei zur Korrektur ihres Fehlverhaltens (d. h. Änderung oder Aufhebung der Maßnahmen) zu veranlassen. Sowohl die USA als auch die VR China würden also eine weitere Verletzung des WTOÜ begehen, wenn sie nicht den genannten Weg einschlagen.

Rechtsprechungsübersicht
BVerfG (amtliche Sammlung)
BVerfGE 1, 14 – Südweststaat
BVerfGE 4, 7 – Investitionshilfe
BVerfGE 6, 32 – Elfes
BVerfGE 7, 198 – Lüth
BVerfGE 7, 377 – Apothekenurteil
BVerfGE 11, 168 – Taxi-Beschluss
BVerfGE 13, 97
BVerfGE 13, 225
BVerfGE 13, 237
BVerfGE 15, 245 – Pflichtmitgliedschaft IHK
BVerfGE 13, 261
BVerfGE 19, 187
BVerfGE 19, 303
BVerfGE 19, 342
BVerfGE 21, 73
BVerfGE 21, 150
BVerfGE 23, 50 – Nachtbackverbot
BVerfGE 24, 367
BVerfGE 30, 272
BVerfGE 30, 367
BVerfGE 30, 292
BVerfGE 31, 229
BVerfGE 32, 1
BVerfGE 33, 303 – numerus clausus
BVerfGE 37, 271 – Solange I
BVerfGE 39, 1
BVerfGE 39, 334
BVerfGE 40, 121
BVerfGE 41, 29
BVerfGE 44, 125 – Öffentlichkeitsarbeit
BVerfGE 45, 63 – Stadtwerke Hameln
BVerfGE 45, 297
BVerfGE 46, 246 – Halbfettmagarine
BVerfGE 49, 89
BVerfGE 50, 290 – Unternehmensmitbestimmungsgesetz
BVerfGE 53, 30
BVerfGE 53, 257
BVerfGE 54, 143 – Taubenfüttern im Park
BVerfGE 56, 54
BVerfGE 57, 1 – NPD
BVerfGE 58, 137 – Pflichtexemplare
BVerfGE 58, 300 – Naßauskiesung
BVerfGE 62, 81 – Sasbach
BVerfGE 63, 88
BVerfGE 65, 1
BVerfGE 68, 198
BVerfGE 69, 209
BVerfGE 71, 230
BVerfGE 72, 200
BVerfGE 73, 339 – Solange II
BVerfGE 74, 264
BVerfGE 75, 192 – Sparkassen
BVerfGE 78, 101
BVerfGE 79, 174
BVerfGE 80, 137 – Reiten im Walde
BVerfGE 81, 242
BVerfGE 84, 34
BVerfGE 84, 59
BVerfGE 84, 212 – Abwehraussperrung
BVerfGE 85, 191 – Nachtarbeitsverbot
BVerfGE 87, 234
BVerfGE 88, 384
BVerfGE 89, 155 – Maastricht
BVerfGE 90, 60
BVerfGE 92, 26
BVerfGE 93, 121 – Vermögenssteuer
BVerfGE 97, 169
BVerfGE 98, 83
BVerfGE 98, 106
BVerfGE 98, 265
BVerfGE 100, 1 – Rentenüberleitung I
BVerfGE 103, 172 – Zulassung zum Kassenarzt
BVerfGE 104, 337
BVerfGE 105, 252 – Glykolwein
BVerfGE 105, 279 – Osho
BVerfGE 111, 176
BVerfGE 112, 93 – Entschädigungsstiftung
BVerfGE 115, 97 – Halbteilungsgrundsatz
BVerfGE 116, 135
BVerfGE 120, 82
BVerfGE 128, 226 – Fraport
BVerfGE 129, 49
BVerfGE 129, 78
BVerfGE 129, 300
BVerfGE 135, 259
BVerfGE 139, 1 – Erbschaftssteuer
BVerfGE 142, 123 – OMT
BVerfGE 146, 164
BVerfGE 148, 296

2.4 Fälle und Lösungshinweise

Nicht in der amtlichen Sammlung abgedruckt
BVerfG-K, Beschl. v. 29.11.1995, 1 BvR 2203/95, NJW 1996, 651
BVerfG-K, Beschl. v. 26.10.1995, 1 BvR 1348/95, NJW 1996, 651, 652
BVerfG-K, Beschl. v. 29.07.2009, 1 BvR 1606/08, NVwZ 2009, 1494, 1495
BVerfG, Beschl. v. 15.10.2009, 1 BvR 3474/08, NVwZ 2009, 1489
BVerfG, Beschl. v. 04.05.2011, 1 BvR 1502/08, NVwZ 2011, 991, 993
BVerfG, Beschl. v. 08.12.2011, 1 BvR 1932/08
BVerfG, Beschl. v. 27.08.2019, 1 BvR 879/12
BVerfG, Beschl. v. 06.11.2019, 1 BvR 16/13 – Recht auf Vergessen I
BVerfG, Beschl. v. 06.11.2019, 1 BvR 276/17 – Recht auf Vergessen II
BVerfG, Urt. v. 05.05.2020, 2 BvR 859/15 u. a. – PSPP

BVerwG
BVerwGE 1, 159
BVerwGE 22, 286
BVerwGE 27, 360
BVerwGE 87, 37

BGH
BGHZ 90, 17

EuGH
Entscheidungen
verb. Rs. 2/69 und Rs. 3/69, ECLI:EU:C:1969:30 – Sociaal Fonds voor de Diamantarbeiders
EuGH, Rs. 8/74, ECLI:EU:C:1974:82 – Dassonville
EuGH, Rs. 120/78, ECLI:EU:C:1979:42 – Cassis de Dijon
EuGH, Rs. 178/84, ECLI:EU:C:1987:126 – Reinheitsgebot für Bier
EuGH, Rs. 15/85, ECLI:EU:C:1984:183 – Denkavit
EuGH, C-41/90, ECLI:EU:C:1991:161 – private Arbeitsvermittlung
EuGH, verb. Rs. C-267/91 und C-268/91, ECLI:EU:C:1993:905 – Keck
EuGH, Rs. C-51/93, ECLI:EU:C:1994:312 – Meyhui
EuGH, Rs. C-415/93, ECLI:EU:C:1995:463 – Bosman
EuGH, Rs. C-55/94, ECLI:EU:C:1995:411 – Gebhard
EuGH, Rs. C-222/95, ECLI:EU:C:1997:345
EuGH, Rs. C-265/95, ECLI:EU:C:1997:595 – Französische Agrarblockaden
EuGH, Rs. C-281/98, ECLI:EU:C:2000:296 – Angonese
EuGH, Rs. C-112/00, ECLI:EU:C:2003:333 – Schmidberger
EuGH, Rs. C-280/00, ECLI:EU:C:2003:415 – Altmark Trans
EuGH, Rs. C-208/05, ECLI:EU:C:2007:16
EuGH, Rs. C-231/05, ECLI:EU:C:2007:439
EuGH, Rs. C-379/09, ECLI:EU:C:2011:131 – Casteels
EuGH, Rs. C-284/09, ECLI:EU:C:2011:670
EuGH, Rs. C-370/12, ECLI:EU:C:2012:756 – Pringle
EuGH, Rs. C-62/14, ECLI:EU:C:2015:400 – Gauweiler
EuGH, Rs. C-493/17, E-CLI:EU:C:2018:1000 – Weiss
Gutachten
EuGH, Rs. 1/94, ECLI:EU:C:1994:384 – WTO
EuGH, Rs. 2/13, ECLI:EU:C:2014:2454 – EMRK
EuGH, Rs. 1/15, ECLI:EU:C:2017:592 – CETA
EuGH, Rs. 2/15, ECLI:EU:C:2017:376 – Handelsabkommen EU – Singapur

3 Allgemeines Wirtschaftsverwaltungsrecht

Neben der Setzung ist die **Durch**setzung die zweite Voraussetzung, damit positives Recht wirksam ist. Jede Rechtsordnung ist nur in dem Maße effektiv, wie Rechtsverstöße nicht nur erkannt, sondern auch wirkungsvoll sanktioniert werden. Erst bzw. nur dann kann Recht seine gesellschaftspolitische Steuerungskraft in vollem Umfang entfalten. Für die einzelnen Wirtschaftsakteure wird staatliches Handeln daher weniger durch die Gesetzgebung als vor allem durch eine funktionsfähige Verwaltung spür- und erfassbar. Wenn der Staat – bildlich gesprochen – von der Brücke der Legislative aus gesteuert wird, findet deren Umsetzung und Vollzug im Maschinenraum der Exekutive (von lat. *executare* = ausführen) statt.

Das Wirtschaftsverwaltungsrecht beschreibt den Kernbereich staatlichen Handelns, der wirtschaftlich Handelnde unmittelbar betrifft und damit weitreichende, praktische Folgen für ihre wirtschaftliche Entfaltungsfreiheit besitzt. Es bedarf daher eines genaueren Verständnisses für die grundlegenden Prinzipien und Verfahrensregeln, mit Hilfe derer der Staat das Zusammenspiel zwischen wirtschaftlicher Entfaltungsfreiheit der einzelnen Wirtschaftsteilnehmer und Allgemeinwohlinteressen überwacht und die Einhaltung des öffentlich-rechtlichen Normgefüges kontrolliert. Ausgehend von allgemeinen wirtschaftsverwaltungsrechtlichen Grundsätzen und Regeln kommt es dabei auf kompetenzrechtliche Fragen (Zuständigkeiten) sowie die Organisation von Wirtschaftsverwaltung (auf Bundes- sowie Landesebene) und schließlich auf die Abgrenzung verschiedener verwaltungsrechtlicher Handlungsformen, insbesondere den Verwaltungsakt, an, bevor diese Grundlagen dann auf die Tätigkeit der Wirtschaftsaufsicht und -überwachung übertragen werden sollen.

Lernziele
- Allgemeine Prinzipien und Verfahrensregeln des Wirtschaftsverwaltungsrechts kennenlernen
- Kompetenzen, Organisation und Handlungsformen der Wirtschaftsverwaltung verstehen
- Materielle, organisatorische und prozedurale Grundlagen des Verwaltungsrechts auf die Wirtschaftsüberwachung und -aufsicht übertragen

3.1 Grundlagen

Bevor im folgenden Abschnitt (s. Abschn. 3.2) konkrete Zuständigkeiten und Organisationsformen behandelt werden, soll zunächst auf diejenigen materiellen Prinzipien und allgemeinen Verfahrensregeln eingegangen werden, die das

Wirtschaftsverwaltungsrecht verfassungsrechtlich rahmen. Sichere Kenntnisse der prägenden Verfassungsgrundsätze dienen dazu, die systematischen Bezüge zwischen Verfassungs- und (allgemeinem) Verwaltungsrecht besser zu verstehen. Gleichzeitig wird der Lernfortschritt aus den ersten Kapiteln anwendungsorientiert wiederholt und damit – hoffentlich – nachhaltig gefestigt.

3.1.1 Begriffe öffentliche Verwaltung und Behörde

Zu klären ist zunächst, was unter dem Begriff „öffentliche Verwaltung" zu verstehen ist. Allgemein anerkannt ist, dass Verwaltungshandeln immer dann vorliegt, wenn staatliche Stellen, die nicht Legislative oder Judikative sind, Individuen durch ihr Handeln unmittelbar betreffen. Gestützt wird dies durch die im Verwaltungsverfahrensgesetz (VwVfG-Bund) enthaltene Legaldefinition, die besagt, dass jede Stelle, die Aufgaben der öffentlichen Verwaltung wahrnimmt, als **Behörde** anzusehen ist (§ 1 Abs. 4).

Wirtschaftsverwaltung umfasst daher alle Bereiche, in denen öffentliches Wirtschaftsrecht vollzogen (exekutiert) wird, somit alle **öffentlichen Aufgaben**, die den Wirtschaftssektor in bestimmter Weise tangieren. Horizontal betrachtet, zählen dazu alle Bereiche der Exekutive, die weder Gesetzgebung noch Rechtsprechung sind. Beispielhaft genannt seien die Steuerverwaltung, die Wirtschaftsaufsicht (allgemeine und besondere Gewerbeaufsicht) und die Wirtschaftsförderung.

In vertikaler Hinsicht findet Wirtschaftsverwaltung auf allen Ebenen des Föderalstaates statt, sprich auf Bundes-, Landes- wie auf kommunaler Ebene. Beispiele dafür wären auf Bundesebene Bundesnetzagentur (BNetzA), Bundeskartellamt oder Bundesagentur für Arbeit, auf Landesebene Fachministerien (z. B. für Wirtschaft und Arbeit, Finanzen, Landwirtschaft und Verbraucherschutz) und Länderbehörden (z. B. Landesdirektionen oder Regierungspräsidien, Statistisches Landesamt). Auf kommunaler, speziell gemeindlicher Ebene genannt seien Markt-, Kultur-, Gesundheits-, Ordnungsamt und, eher in großen Kommunen, das Amt für Wirtschaftsförderung oder das Stadtplanungsamt. Auch Landratsämter sind in vielen Bundesländern kommunale Behörden (der Landkreise).

▶ *Öffentliche Verwaltung umfasst alle staatlichen Stellen, deren Handeln Individuen unmittelbar betrifft, ohne dass sie zur Legislative oder Judikative gehören.*

3.1.2 Allgemeine Prinzipien und Verfahrensregeln

Tatsächlich gibt es eine ungeheure Vielfalt von Situationen, in denen Wirtschaftsverwaltungshandeln stattfindet oder möglich ist. Umso wichtiger ist es daher, allgemeine Prinzipien und materielle Verfahrensregeln zu kennen, die auch für alle Bereiche der Wirtschaftsverwaltung gültig sind. Derartige Grundsätze finden sich in der Verfassung (GG), auf deren staatsfundamentale Ordnung sich alles hoheitliche Handeln zurückführen lassen muss (Vorrang der Verfassung, Kap. 2). Zentrale Prinzipien für die Wirtschaftsverwaltung folgen dabei aus dem Staatsziel **Rechtsstaat** (Art. 20 Abs. 3 GG), dessen staatsgewährleistende (Gewaltenteilung; Kompetenzen, Verfahren) und rechtsgewährende, d. h. materiell gerechte (faire) Ordnung den verbindlichen Rahmen für sämtliches Verwaltungshandeln bildet. Mit den Grundsätzen der Rechtmäßigkeit der Verwaltung (Vorrang und Vorbehalt des Gesetzes, Art. 20 Abs. 3 GG), dem Grundsatz der Verhältnismäßigkeit (Übermaßverbot), den Grundrechten als individuellen Abwehrrechten sowie der Rechtsschutzgarantie (Art. 19 Abs. 4 GG) finden sich weitere rechtsstaatliche Elemente, die das Handeln der Wirtschaftsverwaltung in rechtssicher(nd)en Bahnen lenken. Dem **Bundesstaatsprinzip** (Art. 20 Abs. 1) entstammt der Grundsatz, wonach im Föderalstaat (Mehrebenensystem) Zuständigkeiten (Art. 30, 70 ff.), Organisation sowie Aufgaben (Art. 83 ff. GG) der Wirtschaftsverwaltung streng voneinander zu trennen sind. Schließlich muss sich sämtliches Handeln der Exekutive demokratisch legitimieren lassen (**De-**

mokratieprinzip, Art. 20 Abs. 1, 2 GG), weshalb es aufgrund der Grundrechtsrelevanz von Verwaltungsentscheidungen prinzipiell keine weisungsfreien Spielräume geben darf, in denen exekutivisches Handeln keiner behördlichen und gerichtlichen Kontrolle unterliegt. Deutlich wird an dieser Stelle einmal mehr der rechtsstaatliche Grundsatz, wonach die materiell „gerechte" Ordnung nur eine Seite der Medaille darstellt. Für die effektive Durchsetzung von Recht braucht es zudem prozessuale oder Verfahrensgrundsätze, die ein geordnetes (z. B. Widerspruchsverfahren als Vorverfahren für verwaltungsgerichtliche Klage; Instanzenzug), rechtssicheres und effektives Verfahren (z. B. Suspensiv-/Devolutiveffekt des Widerspruchs; Grundsatz rechtlichen Gehörs, Art. 103 Abs. 1 GG, Amtsermittlung im Verwaltungsprozess) sichern.

▶ *Zum besseren Verständnis sind an dieser Stelle unbedingt die zuvor genannten Elemente der Staatsziele Rechtsstaat, Demokratie, Föderalismus aus Kap. 2 kurz zu wiederholen! Wer die Argumentation am Fall auf grundlegende Verfassungsprinzipien zurückführen kann, beweist systematisches Verständnis.*

Die genannten Grundsätze sind somit **universelle Prinzipien**, die den Lebenszyklus von Verwaltungsentscheidungen durchziehen, vom Zustandekommen der Verwaltungsentscheidung (z. B. Erlass von VA) über die Kontrolle durch die Verwaltung (im Widerspruchsverfahren) bis zum gerichtlichen Rechtsschutz im Verwaltungsprozess (zu Verfahrensgrundsätzen Kap. 5).

3.2 Kompetenzen und Organisation der Wirtschaftsverwaltung

Die Behandlung von kompetenz- und organisationsrechtlichen Fragen wird in der Fallbearbeitung gern als „notwendiges Übel" angesehen, das die Bewertung allenfalls negativ beeinflussen kann – nämlich immer dann, wenn diese Fragen nicht sicher beherrscht werden. Hilfreich kann es daher sein, sich den Sinn und Zweck von Kompetenz- und Organisationsregeln („wer darf was und warum?") nochmals genauer klar zu machen. Die Zuständigkeit der jeweiligen staatlichen Stelle ist für die Wirtschaftsteilnehmer und deren Individualrechtsschutz von entscheidender Bedeutung. Jede kompetenzwidrige Maßnahme, die einen Grundrechtseingriff darstellt, bedeutet immer auch allein wegen dieses Kompetenzverstoßes eine Grundrechtsverletzung, selbst wenn der Eingriff materiellrechtlich gerechtfertigt sein sollte (BVerfGE 6, 32 [41] – Elfes; 42, 20 [27 f.]).

▶ *Das heißt, dass Fragen der formellen Recht- bzw. Verfassungsmäßigkeit, zu denen neben der Zuständigkeit auch Verfahrens- und Formfragen zählen, für sich genommen nicht (ohne weiteres) zur Rechts- bzw. Verfassungswidrigkeit eines Hoheitsakts führen können, weil sie nicht zu dessen Nichtigkeit führen oder „heilbar" sind. Für das öffentlich-rechtliche Gutachten, das alle Fehler auflisten soll, sind sie aber wichtige Puzzleteile.*

3.2.1 Gesetzgebungs- und Vollzugskompetenzen

Will man Kompetenzfragen sauber beantworten, ist es essenziell, das Prinzip der Gewaltenteilung im föderalen Staat, sprich die zweidimensionalen Verbindungen zwischen zwei Staatszielen, richtig verstanden zu haben. Aus dem rechtsstaatlichen **Gewaltenteilungsgrundsatz** (Art. 20 Abs. 3 GG) folgt die horizontale Trennung der drei Staatsgewalten in Legislativ- und Exekutivkompetenzen sowie Befugnisse der Judikative. Das bundesstaatliche Mehrebenensystem (Art. 20 Abs. 1, Art. 28 Abs. 2 GG) erfordert aber auch eine Trennung von Aufgaben und Befugnissen zwischen Bund, Ländern und Gemeinden, somit in vertikaler Hinsicht.

Gesetzgebungskompetenzen stehen sozusagen am Anfang der wirtschaftsverwaltungsrechtlichen Nahrungskette (Lebenszyklus). Warum? Gesetze definieren den rechtlichen Rahmen für wirtschaftliche Abläufe und bestimmen Verhaltensregeln für alle oder bestimmte Wirtschaftsteilnehmer. Für den Vollzug der Gesetze sind regelmäßig die Träger der Wirtschaftsverwaltung (in Bund, Ländern und Gemeinden) zuständig. Wenn das öffentliche Wirtschaftsrecht alle Rechtsvorschriften umfasst, mit denen Hoheitsträger steuernd auf Wirtschaftsteilnehmer und deren Aktivitäten einwirken, muss die Darstellung der Aufgabenträger mit den Gesetzgebungskompetenzen beginnen, die wiederum maßgeblich für den Umfang von Verwaltungskompetenzen (Vollzug) sind.

Wichtig ist noch ein weiterer Punkt, nämlich die normative, sprich rechtstechnische Unterscheidung innerhalb der Kompetenznormen zwischen Zielvorgaben, Zuständigkeitsregeln (i. e. S.) sowie Aufgaben- und Befugnisnormen. Um in kompetenzrechtlichen Gemengelagen („Wirrwarr") den Überblick zu behalten, gilt der Grundsatz: Kein Schluss von der Aufgabe auf die konkrete Befugnis! Erst die konkrete, hinreichend bestimmte Befugnisnorm (und nicht bereits die Zielvorgabe oder Zuständigkeit) legt den Umfang der Befugnisse fest, aufgrund derer die Wirtschaftsverwaltungsbehörde handeln (Ermächtigungsgrundlage) und damit unter Umständen auch Grundrechte der Wirtschaftsteilnehmer einschränken darf (Sanktionen).

▶ *Für die Fallbearbeitung folgt aus dem Grundsatz: Kein Schluss von der Aufgabe auf die Befugnis, dass die Ermächtigungsgrundlage die entscheidende Norm ist, die Umfang und Reichweite der hoheitlichen Befugnisse hinreichend bestimmen muss.*

Historisch ist dieses Prinzip untrennbar verknüpft mit der Entwicklung des deutschen Verwaltungsrechts, weil es das normativ-rechtsstaatliche Verständnis manifestiert. Nicht ohne Grund trennt daher auch die Grundsatznorm des Art. 30 GG ihrem Wortlaut nach zwischen „Ausübung der staatlichen Befugnisse" und „Erfüllung der staatlichen Aufgaben". Hingegen handhabt der EuGH besagten Grundsatz bei der Auslegung und Anwendung des Unions(verwaltungs)rechts offener, indem er – auch weil ein europäisches Verwaltungsrecht als solches noch nicht existiert – weniger strikte Kriterien für die Ableitung von Befugnissen aus Zielen und Aufgabenregelungen anlegt.

3.2.1.1 Gesetzgebungskompetenzen

Überblick

Das GG widmet der Gesetzgebung des Bundes einen eigenen Abschnitt (VII.; Art. 70–82 GG) und gliedert die Kompetenzstruktur zwischen Bund und Ländern in übersichtlicher, gut strukturierter Form.

Die Grundsatznorm des Art. 70 GG legt dabei zwei Eckpunkte fest: Erstens, dass die Gesetzgebungszuständigkeiten zwischen Bund und Ländern geteilt (Abs. 2) sind. Daraus folgt zweitens eine **Zuständigkeitsvermutung**, die sich in ähnlicher Form schon in Art. 30 GG findet, zugunsten der **Länder**, soweit Gesetzgebungsbefugnisse nicht dem Bund verliehen sind (Abs. 1). Ein Blick in die tatsächliche Gesetzgebungspraxis zeigt hingegen ein umgekehrtes Bild, denn der Bund schöpft seine Zuständigkeiten extensiv aus, so dass den Ländern nur wenig Raum übrigbleibt.

Um im Falle einer Neuregelung oder Gesetzesänderung zu entscheiden, ob der Bund oder die Länder zuständig sind, ist entscheidend, welchem Sach- und Politikbereich die potenzielle Regelung unterfällt; sind mehrere Kompetenztitel berührt, ist der kompetenzbegründende Schwerpunkt der Gesamtregelung entscheidend (BVerfGE 97, 228 [251 f.]). Art. 70 Abs. 2 GG deutet bereits an, dass für die Zuständigkeitsabgrenzung zwischen Bund und Ländern **zwei Arten** (Kategorien) von Kompetenzen, ausschließlich und konkurrierend, zur Verfügung stehen. Bis 2006 sah das GG noch eine dritte Kompetenzart, die sog. Rahmengesetzgebung (Art. 75 a. F. GG), vor. Im Zuge der Föderalismusreform (G v. 28.08.2006 BGBl. I, S. 2034) wurde die ausschließliche Gesetzgebungskompetenz des Bundes erweitert und die Rahmengesetzgebung ersatzlos gestrichen; die meisten Zuständigkeiten daraus sind zu konkurrierenden geworden. Für die beiden übrig gebliebenen Kompetenzarten normiert das GG, jeweils in separaten Vorschriften, den aus der Verbandskompetenz (Bund/Länder) folgenden Umfang der (ausschließlichen oder konkurrierenden) Zuständigkeit sowie katalogartig die Kompetenztitel für die zugehörigen Sach- und Politikbereiche. Erst durch die Zusammenschau der Art. 70–74 GG (und zudem des Art. 105 GG) ergibt sich somit ein vollständiges Bild der Kompetenzstruktur zwischen Bund und Ländern.

Ausschließliche Gesetzgebung
In den Fällen der ausschließlichen Gesetzgebung, **Art. 71 GG**, dürfen die Länder gesetzgeberisch nur tätig werden, „wenn und soweit sie hierzu in einem Bundesgesetz ausdrücklich ermächtigt werden". Sollten die Länder die generelle Sperre für eigene Gesetzgebung missachten, führt dies zur Unwirksamkeit der entsprechenden Landesgesetze. Aus dem **Kompetenzkatalog** des Art. 73 (Abs. 1) GG sind folgende relevante Titel für das öffentliche Wirtschaftsrecht hervorzuheben: Nr. 4 (Währungs-, Geld- und Münzwesen), Nr. 5 (Einheit des Zoll- und Handelsgebiets), Nr. 6 (Luftverkehr), Nr. 6a (Eisenbahnverkehr), Nr. 7 (Postwesen und Telekommunikation), Nr. 9 (Gewerblicher Rechtsschutz, Urheber- und Verlagsrecht), Nr. 14 (Erzeugung und Nutzung der Kernenergie). Im Kapitel über die Finanzverfassung finden sich weitere einschlägige Bestimmungen, nach denen der Bund die ausschließliche Gesetzgebungsbefugnis besitzt, nämlich Art. 105 (Zölle, Finanzmonopole), Art. 104b Abs. 1 (Wirtschaftsinvestitionen, -subventionen); hinzu kommen Art. 143a Abs. 1 S. 1, Art. 143b Abs. 1 S. 2 GG (Privatisierung Bahn, Post).

Konkurrierende Gesetzgebung
Dem Wortlaut von **Art. 72** Abs. 1 GG zufolge haben die Länder im Bereich der konkurrierenden Gesetzgebung die Befugnis hierzu, „solange und soweit der Bund von seiner Gesetzgebungszuständigkeit nicht durch Gesetz Gebrauch gemacht hat". Auch hier erschließt sich der Kompetenzbereich der Länder erst im Umkehrschluss, was in den Bereichen, in denen der Bund von seiner Kompetenz abschließend Gebrauch gemacht hat, zur inhaltlichen Sperrwirkung (des Bundesrechts, arg. ex Art. 31 GG) für die Ländergesetzgebung führt. Auch wenn die Länder *de iure* in allen anderen Fällen uneingeschränkt gesetzgeberisch tätig werden können, bleibt dafür in der Praxis nur sehr wenig Spielraum. Die sog. **Bedürfnisklausel**, Art. 72 Abs. 2 GG, deren Wortlaut durch die Föderalismusreform nochmals geschärft wurde, stellt Teile der konkurrierenden Gesetzgebung unter die zusätzliche Voraussetzung der Erforderlichkeit. Der Bund muss daher darlegen (Beweislast), dass und wie weit „die Herstellung gleichwertiger Lebensverhältnisse im Bundesgebiet oder die Wahrung der Rechts- oder Wirtschaftseinheit im gesamtstaatlichen Interesse" ein Bundesgesetz erforderlich macht. Damit wird der Bund auf den geringstmöglichen Eingriff in das Gesetzgebungsrecht der Länder verpflichtet. Die Bedürfnisklausel stellt einen unbestimmten Rechtsbegriff (BVerfGE 106, 62 [148] – Altenpflegegesetz) dar mit der Folge, dass der Prognose- und Einschätzungsspielraum des Bundes umfassender gerichtlicher Kontrolle unterliegt. Eine entsprechende Klageart wurde in Art. 93 Abs. 1 Nr. 2a GG aufgenommen (Sonderform des Bund-Länder-Streits). Die Erforderlichkeitsklausel gilt nur für bestimmte Kompetenztitel aus **Art. 74 Abs. 1 GG**, nämlich auch diejenigen, die das öffentliche Wirtschaftsrecht direkt betreffen: Nr. 4 (Aufenthalts- und Niederlassungsrecht für Ausländer), Nr. 7 (öffentliche Fürsorge), Nr. 11 (Recht der Wirtschaft), Nr. 13 (Ausbildungsbeihilfen und wissenschaftliche Forschung), Nr. 15 (Sozialisierung), Nr. 19a (wirtschaftliche Sicherung der Krankenhäuser), Nr. 20 (Lebensmittelrecht), Nr. 22 (Straßenverkehrsrecht), Nr. 25 (Staatshaftung) sowie Nr. 26 (Fortpflanzungs- und Transplantationsmedizin).

Aus dieser Vielfalt hervorzuheben ist Art. 74 Abs. 1 Nr. 11 GG, der mit dem **Recht der Wirtschaft** eine extensive Auffangkompetenz für das öffentliche Wirtschaftsrecht enthält, wobei ausdrücklich wichtige Wirtschaftszweige (Bergbau, Industrie, Energiewirtschaft, Handwerk, Gewerbe, Handel, Bank- und Börsenwesen, privatrechtliches Versicherungswesen) benannt werden. Das BVerfG legt den Kompetenztitel weit aus und fasst darunter alle Vorschriften, „die sich in irgendeiner Form auf Erzeugung, Herstellung und Verteilung von Gütern des wirtschaftlichen

Bedarfs beziehen" (st Rspr seit BVerfGE 8, 143 [148] – Beschlussgesetz). Dem Recht der Wirtschaft unterfallen daher auch Maßnahmen der Wirtschaftslenkung, einschließlich der Konjunktursteuerung, sowie der -regulierung. Gleichzeitig trifft der Wortlaut von Art. 74 Abs. 1 Nr. 11 GG eine wichtige Einschränkung ("ohne"), indem er das Recht des Ladenschlusses, der Gaststätten, der Spielhallen, der Schaustellung von Personen, der Messen, der Ausstellungen und der Märkte ausnimmt; im Umkehrschluss folgt daraus, dass die Länder in diesen Bereichen ausschließlich zuständig bleiben. Dieses etwas verschachtelte Regel-Ausnahme-Verhältnis führt dazu, dass die Abgrenzung im Einzelfall erfolgen muss und manchmal aufgrund der inhaltlichen Überschneidungen nicht einfach zu beurteilen ist.

Beispiel

Während der Bund Regelungen zum Onlinehandel (e-commerce) auf Art. 74 Abs. 1 Nr. 11 GG stützen kann, sind Gesetze über die Öffnung stationärer Läden und Geschäfte (Ladenschluss) der ausschließlichen Landesgesetzgebung vorbehalten. Der Onlineshop einer großen Elektronikhandelskette unterfällt daher – materiell wie kompetenziell – anderen Regelungen als die stationären Filialen, deren Öffnungszeiten sich nach dem Ladenschlussrecht des jeweiligen Bundeslandes richten (und damit z. B. feiertagsbedingt voneinander abweichen können). ◀

In den Bereichen, die nicht der Erforderlichkeitsklausel unterliegen, darf der Bund uneingeschränkt Regelungen treffen, ohne dabei zusätzliche Erfordernisse berücksichtigen zu müssen. Dies gilt beispielsweise für das Kartellrecht (Art. 74 Abs. 1 Nr. 16 GG) oder das Apothekenwesen einschließlich der Medizinprodukte (Nr. 19).

Schließlich räumt Art. 72 Abs. 3 GG in den Fällen der Art. 74 Abs. 1 Nr. 27–33 GG den Ländern die Befugnis zu Regelungen ein, die von der Bundesgesetzgebung abweichen; dies ist beispielsweise im Bereich der Hochschulzulassung und -abschlüsse der Fall (Art. 74 Abs. 3 Nr. 6 GG). Die Abweichungsbefugnis kompensiert den Kompetenzverlust, den die Länder durch den Wegfall der früheren Rahmenkompetenzen (Art. 75 a. F. GG) erlitten haben. Die Länder dürfen bei eigenen Bestimmungen jedoch nur soweit gehen, dass der sog. abweichungsfeste Kern der Regelungen nicht beeinträchtigt wird. Zudem gilt die Sperrwirkung des Bundesrechtes nicht, sondern ist das jeweils zeitlich später erlassene Gesetz wirksam (Art. 72 Abs. 3 S. 3 GG).

Ausschließliche Landeskompetenz

Unterfällt eine Regelung weder der ausschließlichen Bundesgesetzgebung noch der konkurrierenden Kompetenz von Bund und Ländern, liegt ein Fall der ausschließlichen Länderkompetenz vor. Das GG führt diese Kategorie nicht ausdrücklich auf, sondern behandelt allein die Gesetzgebungsbefugnisse des Bundes. Sind diese nicht einschlägig, muss es sich im Gegenzug um eine Materie handeln, die den Ländern gesetzgeberisch vorbehalten ist (Art. 70 Abs. 1); der systematische „Anker" dafür findet sich nicht zuletzt in den Gewährleistungen des bundesstaatlichen Mehrebenensystems (Art. 20 Abs. 1 GG). Materien, die der ausschließlichen Landesgesetzgebung unterliegen, sind solche mit einem besonderen **Regionalbezug** sowie Bereiche, die eine bundeseinheitliche Gesetzgebung nicht zwingend erfordern. Dies ist beispielsweise in einigen, teils durch die Föderalismusreform ausgegliederten Bereichen des Rechts der Wirtschaft (Art. 74 Abs. 1 Nr. 11 GG) der Fall, konkret dem Ladenschluss- und Gaststättenrecht sowie dem Recht der Spielhallen, Messen, Ausstellungen, Märkte. Daneben existieren die Bereiche der „klassischen", weil historisch gewachsenen Landeskompetenzen für das Polizei-, Bauordnungs-, Gemeinde-/Kommunalrecht sowie für Kultus (Schule, Wissenschaft).

Steht fest, auf welche Kompetenzart ein Gesetzgebungsvorhaben gestützt werden kann, startet an dieser Stelle auf der jeweils zuständigen Ebene regelmäßig der praktische Gesetzgebungsprozess. Das Recht, Gesetzesvorlagen in den Bundestag einzubringen, steht dabei der Bundesregierung, dem Bundestag oder dem Bundesrat zu (Art. 76 Abs. 1 GG). Übt eines der genannten

Organe sein Gesetzesinitiativrecht aus, beginnt damit das mehrstufige Gesetzgebungsverfahren, das nach mehreren Lesungen im Bundestag beschlossen wird (Art. 77 Abs. 1 GG). Je nach Regelungsgegenstand ist sodann die ausdrückliche Zustimmung des Bundesrates (sog. **Zustimmungsgesetz**, Art. 77 Abs. 2, 2a GG) notwendig oder der Bundesrat kann sein Veto gegen die vom Bundestag beschlossene Fassung einlegen (sog. **Einspruchsgesetz**, Art. 77 Abs. 3, 4, Art. 78 GG). **Verfassungsändernde Gesetze** bedürfen einer besonders hohen Zustimmungsquote in beiden Kammern, sprich einer Zweidrittelmehrheit in Bundestag und Bundesrat (sog. verfassungsändernde Mehrheit, Art. 79 Abs. 2 GG). In materieller Hinsicht sind verfassungsändernde Gesetze nur so weit zulässig, wie sie nicht die föderale Ordnung, die Beteiligung der Länder an der Gesetzgebung sowie grundlegende, in den Art. 1 und 20 GG niedergelegte Verfassungsprinzipien beeinträchtigen (sog. Ewigkeitsgarantie der Verfassung, Art. 79 Abs. 3 GG). Einzelheiten des Gesetzgebungsverfahrens würden den Umfang eines Kurzlehrbuchs sprengen, weshalb an dieser Stelle darauf verzichtet wird. Wichtig ist jedoch der Hinweis, dass nach den Vorschriften des GG zustande gekommene Gesetze erst in Kraft treten, wenn sie vom Bundespräsidenten nach Gegenzeichnung ausgefertigt und im Bundesgesetzblatt verkündet (Art. 82 Abs. 1 S. 1 GG) worden sind.

3.2.1.2 Vollzugskompetenzen

Die bereits mehrfach erwähnten Grundsätze des gewaltenteilenden, föderalen Bundesstaates (Abschn. 3.1.2 sowie Kap. 2) sind auch für die Vollzugskompetenzen von entscheidender Bedeutung. Dies kann auch gar nicht anders sein, denn die Hauptaufgabe der Exekutive besteht darin, die Vorgaben der Legislative (auf Bundes- bzw. Landesebene) auszuführen und zu vollziehen. Dabei gilt, dass die Gesetzgebungskompetenz die **äußerste Grenze** jeglicher Verwaltungskompetenz bildet. Schlüsse von der Verwaltungs- auf die Gesetzgebungskompetenz sind daher unzulässig, denn „[e]s entspricht einem Grundsatz des deutschen Verfassungsrechts, dass die Bundeskompetenzen zur Gesetzgebung weiter reichen als die zur Verwaltung" (BVerfGE 12, 205 [229] – Deutschland-Fernsehen).

Systematisch aufgegriffen werden diese Grundsätze bereits in **Art. 30 GG**, der „die Ausübung der staatlichen Befugnisse und die Erfüllung der staatlichen Aufgaben" prinzipiell den Ländern zuweist. Wie bei der Gesetzgebung (Abschn. 3.2.1.1.) präzisiert das GG diese Regel auch für die Ausführung der Bundesgesetze und die Bundesverwaltung (Kap. VIII, Art. 83–91 GG). Für die Verwaltung auf kommunaler Ebene (vertikale Gewaltenteilung) wichtig ist die kommunale Selbstverwaltungsgarantie, wonach die Gemeinden alle Angelegenheiten der örtlichen Gemeinschaft in eigener Verantwortung zu regeln haben (Art. 28 Abs. 2 GG).

Der Zuständigkeitsvermutung des Art. 30 GG entsprechend normiert **Art. 83 GG** den Grundsatz, dass die **Länder** die Bundesgesetze als eigene Angelegenheit vollziehen. Da das GG ausdrücklich nur die Gesetzgebung des Bundes regelt, damit aber landeseigene Gesetze nicht ausschließt, beziehen sich die Verfassungsvorgaben zum Vollzug ebenfalls nur auf die Bundesebene. Beim Vollzug der in ausschließlicher Länderkompetenz erlassenen (Landes-)Gesetze hat der Bund daher kein Mitspracherecht; sie ist vollständig Angelegenheit der einzelnen Bundesländer mit der Folge von länderspezifischen Besonderheiten.

Vollzug als eigene Angelegenheit

Was bedeutet nun der Vollzug von Bundesgesetzen als eigene Angelegenheit der Länder? Darauf gibt **Art. 84 GG** Antwort, indem er Umfang und Reichweite der Vollzugskompetenz genauer regelt. Demnach obliegt den Ländern die Errichtung („Einrichtung") der Behörden sowie das Verwaltungsverfahren (Art. 84 Abs. 1 S. 1 GG); der Bund kann dies nur in Ausnahmefällen „wegen eines besonderen Bedürfnisses" selbst regeln (S. 5). Die praktische Konsequenz dieser Organisationshoheit der Länder zeigt sich darin, dass für den Bereich des allgemeinen Verwaltungsverfahrens in Deutschland 16 Verwaltungsverfahrensgesetze (VwVfG) der Länder und ein VwVfG des Bundes existieren (vgl. § 1 Abs. 2 S. 1 i. V. m. Abs. 3 VwVfG-Bund). In der Praxis enthalten vor allem die neueren LandesVwVfGe jeweils dynamische Komplettverweisungen auf das VwVfG-Bund, während ältere LandesVwVfGe inhaltsgleich das VwVfG-Bund wiedergeben. Im länderübergreifenden Vergleich existieren jedoch weitgehend ähnliche Regelungen im gesamten Bundesgebiet. Aus Gründen der Übersichtlichkeit und weil für die hier behandelten Bereiche des öffentlichen Wirtschaftsrechts Länderspezifika nicht zwingend erforderlich sind, wird dieser Darstellung daher das VwVfG-Bund zugrunde gelegt.

Beispiel

Ein Komplettverweis findet sich in § 1 SächsVwVfZG, wonach „[f]ür die öffentlich-rechtliche Verwaltungstätigkeit der Behörden des Freistaates Sachsen und der seiner Aufsicht unterstehenden Körperschaften, Anstalten und Stiftungen des öffentlichen Rechts [...] das Verwaltungsverfahrensgesetz (VwVfG) vom 25. Mai 1976 (BGBl. I S. 1253), zuletzt geändert durch Art. 7 § 3 des Gesetzes vom 12. September 1990 (BGBl. I S. 2002), in seiner jeweils geltenden Fassung entsprechend [gilt], soweit nicht etwas anderes bestimmt wird." Ähnliche Regelungen treffen Sachsen-Anhalt oder auch Berlin.

Hingegen verzichtet Bayern auf einen Verweis auf das VwVfG-Bund und trifft stattdessen weitgehend inhaltsgleiche Regelungen im Bayerischen Verwaltungsverfahrensgesetz (BayVwVfG v. 23.12.1976, BayRS 2010-1-I). Einen ähnlichen Ansatz verfolgen auch Baden-Württemberg und Nordrhein-Westfalen. ◀

Verwalten die Länder die Bundesgesetze als eigene Angelegenheit, übt der Bund lediglich die sog. **Rechtsaufsicht** aus (Art. 84 Abs. 3 S. 1 GG). Damit verbunden ist eine allgemeine Kontrolle der Rechtmäßigkeit des Gesetzesvollzugs (ob „die Länder die Bundesgesetze dem geltenden Rechte gemäß ausführen"). Die Rechtsaufsicht umfasst allerdings nicht die Kontrolle der Zweckmäßigkeit von Entscheidungen, weshalb Ermessensentscheidungen (Abschn. 3.3.2.2) in diesem Punkt von der Rechtsaufsicht nicht überprüft werden können. Da der Bund auf eine Rechtsaufsicht beschränkt ist, steht ihm auch nur in Ausnahmefällen das Recht zu, Einzelweisungen in der Regel an die obersten Landesbehörden zu richten (Art. 84 Abs. 5 S. 1 GG). Darüber hinaus sind dem Bund einzelne Sonderrechte eingeräumt, wozu insbesondere der Erlass von allgemeinen Verwaltungsvorschriften (Art. 84 Abs. 2 GG) zählt.

▶ *Vollziehen die Länder, wie im Grundsatz der Fall, die Bundesgesetze als eigene Angelegenheit, regeln sie die Errichtung von Behörden sowie das Verwaltungsverfahren (Art. 84 Abs. 1 GG); der Bund führt lediglich die Rechtsaufsicht (Abs. 5). Sach- und Wahrnehmungskompetenzen liegen beim Land.*

Der Grundsatz der Verwaltung als eigene Angelegenheit der Länder wird derzeit im Gefüge des Unionsrechts (noch) nicht flächendeckend durchbrochen. Es existieren bislang nur in einzelnen Bereichen europäische Behörden, die mit eigenständigen Vollzugsbefugnissen ausgestattet sind. Wichtigster Akteur auf Unionsebene ist die Europäische Kommission (Art. 13 Abs. 2, 17 EUV, Art. 244 ff. AEUV), die als Exekutivorgan diejenigen Bereiche verantwortet, in denen die Mitgliedstaaten der EU Verwaltungskompetenzen übertragen haben; dies ist vor allem im Bereich des Kartell- und Wettbewerbsrechts sowie der Beihilfenaufsicht der Fall. Neben der Kommission, teilweise wie deren verlängerter Arm („Satelliten") anmutend, errichtet der Unionsgesetzgeber immer mehr „Einrichtungen" (vgl. Art. 263 UAbs. 5 AEUV) bzw. Agenturen, die besonderen Sachverstand für spezielle Politikbereiche (z. B. Chemikalien, Arzneimittel, Lebensmittelsicherheit, Gesundheit, Finanzaufsicht, Energie) bündeln und, wie im Falle der EZB als Bankenaufseherin der Eurozone, teilweise über sehr eingriffsintensive Befugnisse verfügen (Kap. 4).

Bundesauftragsverwaltung

Vom Grundsatz, wonach die Länder die Bundesgesetze als eigene Angelegenheit vollziehen, trifft das GG zwei **Ausnahmen**: die Bundesauftragsverwaltung sowie die bundeseigene Verwaltung. Um einen Fall der sog. Bundesauftragsverwaltung (Art. 85 GG) handelt es sich, wenn, wie der Name schon sagt, die Länder die Bundesgesetze im Auftrag des Bundes ausführen; diese Form des Verwaltungsvollzugs kann obligatorisch oder fakultativ vorgesehen sein. Vollziehen die Länder die Gesetze im Auftrag des Bundes, bleiben die Einrichtung der Behörden sowie das Verwaltungsverfahren Sache der Länder. Abweichungen von diesem Grundsatz bedürfen eines Bundesgesetzes (Art. 85 Abs. 1 S. 1 GG), aufgrund der kommunalen Selbstverwaltungsgarantie (Kap. 2) dürfen jedoch keine gemeindlichen Aufgaben auf die Länder übertragen werden (S. 2). Der Bund kann allgemeine Verwaltungsvorschriften, z. B. für die Ausbildung der Beamten und Angestellten, erlassen (Art. 85 Abs. 2 GG). Organisationsrechtlich ist die Bundesauftragsverwaltung geprägt durch ein striktes Nachordnungsverhältnis, das den obersten Bundesbehörden (regelmäßig den Bundesministerien) ein **Weisungsrecht** einräumt (Art. 85 Abs. 3 GG). Infolgedessen sind die (obersten) Landesbehörden zum Vollzug der Weisung verpflichtet – und zwar unabhängig davon, ob die Weisung rechtmäßig ist oder nicht (arg. ex Art. 85 Abs. 3 S. 3 GG). Die Bundesaufsicht erstreckt sich, im Gegensatz zur Bundesauftragsverwaltung, auf die Prüfung der **Recht- und Zweckmäßigkeit** von Verwaltungsmaßnahmen (Art. 85 Abs. 4 S. 1 GG), wozu insbesondere auch die volle Kontrolle von Ermessensentscheidungen zählt. Rechtsstreitigkeiten über die Rechtmäßigkeit der Bundesauftragsverwaltung müssen im Wege des Bund-Länder-Streits (Art. 93 Abs. 1 Nr. 3 GG) vom BVerfG geklärt werden (zum Rechtsschutz Kap. 5). Die Anwendungsbereiche der Bundesauftragsverwaltung sind in den Art. 87 ff. GG geregelt. Einschlägige Bereiche des öffentlichen Wirtschaftsrechts sind die Kernenergie (Art. 87c GG), die Luftverkehrsverwaltung (Art. 87d Abs. 2 [i. V. m. Art. 73 Abs. 1 Nr. 6]) und die Verwaltung der Bundesstraßen und -autobahnen (Art. 74 Abs. 1 Nr. 22). Im Bereich des Haushaltsrechts zählen dazu Bundesgesetze, die Geldleistungen gewähren, wobei Geldleistungen ganz oder teilweise vom Bund getragen werden (Art. 104a Abs. 2, 3 GG), sowie die Verwaltung von Steuern, die ganz oder teilweise dem Bund zufließen (Art. 108 Abs. 3).

> **Beispiel**
>
> *Besonders oft kam es im Bereich der Kernenergie zu Bund-Länder-Streitigkeiten, in denen regelmäßig die Reichweite der Bundesauftragsverwaltung thematisiert wurde (vgl. BVerfGE 81, 310 – Kalkar; BVerfGE 84, 25 – Schacht Konrad; BVerfGE 100, 249 – Atomleitlinien; BVerfGE 104, 249 – Biblis); zuletzt befasste sich das BVerfG 2016 mit der Rechtmäßigkeit des von der Bundesregierung nach der Reaktorkatastrophe von Fukushima (2011) beschlossenen Atomausstiegs, der weitgehend als verfassungsgemäß eingestuft wurde (BVerfGE 143, 246 – Atomausstieg, sowie Beschl. v. 29.9.2020, 1 BvR 1550/19).* ◂

▶ *Bei der Bundesauftragsverwaltung liegt die Wahrnehmungskompetenz ausschließlich beim Land, sprich das Handeln nach außen (Wirtschaftsteilnehmern gegenüber) erfolgt immer im Namen des Landes; der Bund hat kein Selbsteintrittsrecht (Art. 85 Abs. 1 GG). Die Sachkompetenz im Sinne der Sachbeurteilung und -entscheidung liegt grundsätzlich beim Land, steht aber unter dem Vorbehalt der Inanspruchnahme durch den Bund (Weisungsrecht, Art. 85 Abs. 3 GG).*

Bundeseigene Verwaltung

Die bundeseigene Verwaltung (Art. 86 ff. GG) ist der zweite **Sonderfall**, der vom Grundsatz des Vollzugs als eigene Angelegenheit der Länder abweicht. Da die Verwaltung der Bundesgesetze grundsätzlich Sache der Länder ist (Art. 30 GG, Abschn. 3.2.1.1.), kann der Bund im Umkehrschluss nur dann als Verwaltungsträger agieren, wenn ihm die **Verwaltungskompetenz** ausdrücklich im GG zugebilligt wird. Ordnet das GG die bundeseigene Verwaltung an, regelt der Bund (und nicht die Länder) die Behördenorganisation durch eigene Bundesbehörden sowie das Verwaltungsverfahren (Art. 86 GG). Gegenstände der bundeseigenen Verwaltung sind in Art. 87 Abs. 1 GG geregelt; hervorzuheben sind der Auswärtige

Dienst, die Bundesfinanzverwaltung, deren Gegenstände Art. 108 Abs. 1 GG präzisiert, sowie die Bundeswasserstraßen/Schifffahrt. Für das **Regulierungsrecht** als Teilbereich des öffentlichen Wirtschaftsrechts (Abschn. 4.2) bedeutsam sind Luftverkehrsverwaltung (Art. 87d GG), Eisenbahnverwaltung (Art. 87e GG) sowie Post und Telekommunikation (Art. 87f GG). Schließlich findet sich in Art. 88 GG eine Vorschrift zur Rolle der Bundesbank, deren Aufgaben als Zentralbank und Währungsbehörde im Zuge der Errichtung der Europäischen Währungsunion (1999) weitgehend auf die EZB (Art. 127 ff., Art. 282 ff. AEUV) übertragen wurden.

▶ *In den Fällen der bundeseigenen Verwaltung obliegt dem Bund die Sach- und Wahrnehmungskompetenz (Art. 86 GG) für die Sachbereiche, die ihm ausdrücklich zugewiesen sind (Art. 87 ff.).*

Nur wenn im Ausnahmefall keine geschriebenen Kompetenzen einschlägig sind, kann sich der Bund auf **ungeschriebene Kompetenzen** zur Verwaltungsorganisation berufen, die als Annex der Vorbereitung und Durchführung der geschriebenen Kompetenz dienen (sog. Annexkompetenz) oder mit dieser kraft Sachzusammenhangs untrennbar verbunden sind. Bei der Inanspruchnahme ungeschriebener Vollzugskompetenzen ist immer besonders zu begründen, dass die Verwaltung durch den Bund (Zentralstaat) zwingend erforderlich ist.

Ausschließliche Länderzuständigkeit und Gemeinschaftsaufgaben

Für die Gegenstände, die bereits den Ländern zur Gesetzgebung zugewiesen sind, kann es denklogisch keine Form der Bundesverwaltung geben; sie fallen in die ausschließliche Verwaltungskompetenz der Länder (Art. 30 GG). Daraus folgt, dass den Ländern für die Bereiche der landeseigenen Verwaltung die Sach- und Wahrnehmungskompetenz komplett obliegt und sie daher Behördenorganisation und Verfahren eigenständig regeln können.

Beispiel

Typische Gegenstände landeseigener Verwaltung sind das Bauordnungs-, Polizei- und Kommunalrecht sowie die Kultushoheit (Schulen, Hochschulen/Universitäten). ◀

Die klare Trennung der Verwaltungszuständigkeiten entspringt dem Grundsatz, dass eine Mischverwaltung zwischen Bund und Ländern unzulässig ist. Die Verantwortlichkeit für Handeln mit Außenwirkung, sprich gegenüber den Wirtschaftsteilnehmern, liegt entweder beim Bund oder beim Land. Ein „Hin-und-Herschieben" von Verantwortung würde jede Kompetenzordnung untergraben mit der Folge, dass diejenigen, die von staatlichen Eingriffen betroffen sind, keine Klarheit darüber hätten, gegen wen sie sich, notfalls gerichtlich, zur Wehr setzen müssen. Schließlich, so das BVerfG, muss der Bürger wissen können, wen er wofür – auch durch Vergabe oder Entzug seiner Wählerstimme – verantwortlich machen kann (BVerfGE 119, 331 (365) – ARGE/Hartz IV).

Allerdings kennt das GG eine wichtige Ausnahme vom Verbot der Mischverwaltung, die sog. **Gemeinschaftsaufgaben** (Art. 91a–Art. 91e GG). In diesen Ausnahmefällen wirken Bund und Länder bei der Verwaltung von Aufgaben zusammen, die eigentlich den Ländern obliegen. Eine solche Gemeinschaftsaufgabe ist gegeben, wenn eine Kooperation zwischen Bund und Ländern bei der Aufgabenerfüllung für den Gesamtstaat bedeutsam ist; zudem muss die Mitwirkung des Bundes zur Verbesserung der Lebensverhältnisse erforderlich sein.

Beispiel

Verbesserung der regionalen Wirtschaftsstruktur (Art. 91a Abs. 1 Nr. 1); Zusammenarbeit in der Informationstechnologie (Art. 91c GG); Grundsicherung für Arbeitssuchende (Art. 91e GG, dazu auch BVerfGE 119, 331 – ARGE/Hartz IV); Art. 91b GG ermöglicht die staatsvertragliche Regelung von Gemeinschaftsaufgaben. ◀

3.2.2 Verwaltungsorganisation zwischen Bund und Ländern

Allein die Verteilung der Vollzugszuständigkeiten zeichnet noch kein vollständiges Bild des Kompetenzgefüges zwischen Bund und Ländern.

Dieses wird erst komplett, wenn klar ist, welche Organisationsformen auf Bundes- und Landesebene für den Gesetzesvollzug regelungstechnisch zur Verfügung stehen und welche Regelungen für die öffentliche Wirtschaftsverwaltung relevant sind. Auf Bundes- wie auf Landesebene sind **zwei Organisationsformen** voneinander zu unterscheiden: die in Behördenstruktur aufgebaute staatliche Wirtschaftsverwaltung sowie die Selbstverwaltung der Wirtschaft in selbstständigen öffentlich-rechtlichen Einrichtungen.

3.2.2.1 Staatliche Wirtschaftsverwaltung

Die staatliche Wirtschaftsverwaltung ist der Regelfall der Verwaltungsorganisation auf Bundes- wie auf Landesebene. Organisationsrechtlich bedeutet dies, dass der jeweils zuständige Verwaltungsträger (Bund, Land, Kommune) für die Erfüllung der Verwaltungsaufgaben eigene Behörden einsetzt. Die normative Grundlage dafür bietet der funktionale Begriff in § 1 Abs. 4 VwVfG, wonach Behörde jede Stelle ist, die Aufgaben der öffentlichen Verwaltung wahrnimmt. Werden die Verwaltungsaufgaben durch eigene Bundes- bzw. Landesbehörden vollzogen, spricht man auf Bundes- wie auf Landesebene von sog. **unmittelbarer Staatsverwaltung**. Die unmittelbare Staatsverwaltung wird vom Bund oder Land selbst in seiner Funktion als Hoheitsträger mit eigener Rechtspersönlichkeit als Körperschaft des öffentlichen Rechts ausgeübt. Davon abzugrenzen ist die Verwaltung durch selbstständige Verwaltungsträger, die sog. **mittelbare Staatsverwaltung**.

Bundesebene

Im Bereich der unmittelbaren Bundesverwaltung findet sich ein **mehrstufiger Verwaltungsaufbau**, an dessen Spitze die obersten Bundesbehörden, die Bundesministerien, stehen. Für das öffentliche Wirtschaftsrecht bedeutsam sind vor allem das Bundesministerium für Wirtschaft und Energie (BMWi) sowie das Bundesministerium der Finanzen (BMF). Bei den Aufgaben der obersten Bundesbehörden sind Regierungs- von Exekutivaufgaben zu unterscheiden. Während Regierungsaufgaben (sog. Gubernative) die Wirtschaftspolitik und deren Strategie betreffen, sind Exekutivaufgaben auf die Wirtschaftsverwaltung bezogen; letztere beinhalten beispielsweise den Erlass von Ausführungsverordnungen oder Verwaltungsvorschriften zu Bundesgesetzen.

Einige der obersten Bundesbehörden (aber nicht alle) verfügen über einen eigenen Verwaltungsunterbau, der – wie im Fall der Bundesfinanzverwaltung – verfassungsrechtlich vorgegeben ist (Art. 87 Abs. 1 GG) und eine Präsenz im gesamten Bundesgebiet sicherstellen soll.

Beispiel

Die Bundesfinanzverwaltung verfügt über einen dreistufigen Behördenaufbau. Dem Bundesfinanzministerium als oberster Bundesbehörde nachgeordnet sind die Oberfinanzdirektionen als Bundesmittelbehörde, denen wiederum die Hauptzollämter als untere Bundesbehörden unterstehen. ◄

Von den obersten Bundesbehörden - verwaltungsorganisatorisch wie sprachlich - streng zu trennen sind die Bundesoberbehörden. Bundesoberbehörden sind den obersten Bundesbehörden, sprich den Zuständigkeitsbereichen der Bundesministerien zugeordnet. Da sie für das gesamte Bundesgebiet zuständig sind, tragen sie die Hauptlast der wirtschaftsrelevanten Tätigkeit des Bundes. Bundesoberbehörden besitzen keine weiteren Verwaltungseinheiten in Gestalt von Unter- oder Mittelbehörden; teilweise verfügen sie, wie im Fall der Bundesnetzagentur (BNetzA), über Außenstellen im Bundesgebiet.

Beispiel

Bundesoberbehörden im Zuständigkeitsbereich des BMWi sind das Bundeskartellamt, die BNetzA, das Bundesamt für Wirtschaft und Ausfuhrkontrolle sowie die Bundesagentur für Außenwirtschaft. Dem Geschäftsbereich des BMF zuzuordnen ist das Bundesamt für Finanzen. Hingegen ist die Bundesanstalt für Finanzdienstleistungsaufsicht (BaFin) keine Bundesoberbehörde, sondern eine rechtlich selbstständige, bundesunmittelbare Anstalt öffentlichen Rechts (vgl. § 1 Abs. 1 FinDAG). ◄

Landesebene

Auf Ebene der Bundesländer findet sich für die Wirtschaftsverwaltung regelmäßig ein **dreistufiger Behördenaufbau**: Einer obersten Landesbehörde (z. B. Landesministerium, aber auch Landesumwelt- oder -gewerbeamt) ist eine Mittelbehörde nachgeordnet, der wiederum untere Landesbehörden unterstehen. Der dreistufige Behördenaufbau gilt ausnahmslos für die Flächenstaaten; die Stadtstaaten (z. B. Berlin, Hamburg) weichen teilweise ab.

Beispiel

Für die Landesfinanzverwaltung (z. B. in Baden-Württemberg und in Sachsen) sind dem Landesfinanzministerium (oberste Landesbehörde) die Oberfinanzdirektion (Mittelbehörde) sowie die Finanzämter (Unterbehörden) nachgeordnet (z. B. Baden-Württemberg: § 1 Abs. 2 LandesverwaltungsG; Sachsen: § 9 SächsVwOrgG). ◄

Mittelbare Staatsverwaltung

Bei der mittelbaren Staatsverwaltung werden die Verwaltungsaufgaben nicht durch eigene staatliche (Bundes- oder Landes-)Behörden erfüllt, sondern rechtlich selbstständigen Verwaltungsträgern zur Erledigung übertragen. In diesen Fällen hat der Bund bzw. das Land nur die **Rechts-**, nicht aber auch eine **Fachaufsicht**. Öffentlich-rechtlich organisierte Träger dieser mittelbaren Staatsverwaltung sind Körperschaften, Stiftungen und Anstalten des öffentlichen Rechts.

Als **Körperschaft des öffentlichen Rechts** sind alle mitgliedschaftlich organisierten Vereinigungen mit eigener Rechtspersönlichkeit anzusehen, denen die Erfüllung spezifischer hoheitlicher Aufgaben übertragen ist. Sie werden durch Hoheitsakt errichtet (z. B. IHKG). Die Mitglieder der Körperschaft haben, über eine Vollversammlung (z. B. Senat, Gemeinderat, Verbandsversammlung), wesentlichen Einfluss auf die demokratische Willensbildung der Einrichtung. Diese ist Rechtssubjekt qua Hoheitsakt.

Beispiel

Körperschaften des öffentlichen Rechts sind die Allgemeinen Ortskrankenkassen (AOKs), die Bundesagentur für Arbeit, Hochschulen, Industrie- und Handelskammern (IHK) sowie Sparkassen(-verbände). Einprägsames Beispiel für Gebietskörperschaften sind die Städte und Gemeinden (kommunale Selbstverwaltungsgarantie, Art. 28 Abs. 2 GG). ◄

Eine **Anstalt öffentlichen Rechts** kann ebenfalls über Rechtspersönlichkeit verfügen, es gibt aber auch nicht-rechtsfähige sowie teilrechtsfähige (z. B. Deutscher Wetterdienst) Anstalten. Der Gründungsrechtsakt bestimmt neben dem Status auch, welche Personal- und Sachmittel für bestimmte öffentliche Aufgaben (Anstaltszweck) zusammengefasst werden. Eine demokratische Mitbestimmung durch die Benutzer der Anstalt ist, im Gegensatz zur Körperschaft, gerade nicht zwingend vorgesehen, da die Anstaltsnutzer keine, jedenfalls nicht notwendigerweise Mitglieder der Einrichtung sind.

Beispiel

Anstalten des öffentlichen Rechts sind die Finanzaufsichtsbehörde BaFin, die Kreditanstalt für Wiederaufbau (KfW) als staatliche Förderbank, die Deutsche Bundesbank sowie viele (kommunale) Sparkassen. Besonders deutlich wird die fehlende demokratische Willensbildung bei den Justizvollzugsanstalten oder auch den Studentenwerken. ◄

Den Dreiklang der öffentlich-rechtlichen Rechtspersonen vervollständigen die **Stiftungen**. Ähnlich wie die privatrechtlichen (§§ 80 ff. BGB) haben auch Stiftungen des öffentlichen Rechts einen Stiftungszweck, der mit dem Stiftungsvermögen verfolgt werden soll. Öffentlich-rechtliche Stiftungen sind daher rechtsfähige Vermögensmassen, die nach dem Willen ihres staatlichen

Stifters öffentlich-rechtliche Aufgaben gegenüber bestimmten Begünstigten (Destinatäre) erfüllen.

> **Beispiel**
>
> *Beispiele bilden die Stiftung Preußischer Kulturbesitz sowie die Stiftung Weimarer Klassik.* ◀

3.2.2.2 Selbstverwaltung der Wirtschaft

Begriff, Zwecke und Aufgaben der funktionalen Selbstverwaltung

Aufgaben der Wirtschaftsverwaltung werden nicht nur direkt von staatlichen Behörden, sondern auch von zahlreichen weiteren Einheiten wahrgenommen. Besonders hervorzuheben sind dabei Strukturen, bei denen Wirtschaftsteilnehmer in die Aufgabenerfüllung miteinbezogen sind, die sog. Selbstverwaltung der Wirtschaft. Diese erfolgt vor allem durch die wirtschafts- und berufsständischen Kammern, wie die Handwerks- oder die Industrie- und Handelskammern. Die auch als **funktionale Selbstverwaltung** bezeichnete Organisationsform ist, im Gegensatz zur kommunalen Selbstverwaltung (Art. 28 Abs. 2 GG), verfassungsrechtlich nicht ausdrücklich garantiert, sodass es auch keine Verfassungsnorm gibt, anhand derer Begriff und Umfang eindeutig ablesbar sind. Jedoch lassen sich aus dem Demokratieprinzip (Art. 20 Abs. 2 GG) bestimmte Voraussetzungen ableiten, unter denen die funktionale Selbstverwaltung erlaubt ist. Diese bietet sowohl für die Wirtschaftsakteure als auch die staatliche Verwaltung unübersehbare Vorteile. In eigenen externen Selbstverwaltungsstrukturen kann wirtschaftlicher Sachverstand aktiviert und gebündelt werden, wodurch Wirtschaftsteilnehmern ein Mitspracherecht in den sie unmittelbar betreffenden Angelegenheiten eingeräumt wird. Entscheidungsstrukturen, die an den Wirtschaftsakteuren „näher dran" sind, werden von diesen besser akzeptiert und umgesetzt; gleichzeitig entlasten sie die staatliche Wirtschaftsverwaltung. Wie häufig im öffentlichen Wirtschaftsrecht kommt es dabei darauf an, einen sachgerechten, verhältnismäßigen Interessenausgleich zwischen den Zielen des Gesetzgebers (Allgemeinwohl) und den Gewinnerzielungsabsichten der Wirtschaft zu finden. Der Gesetzgeber verfügt daher über ein weitgehendes Ermessen, zweckgebundene Aufgaben durch Selbstverwaltungsstrukturen zu erfüllen. Die Grenze ist allerdings dort zu ziehen, wo Staatsaufgaben im engeren Sinne betroffen sind, die der Staat durch eigene Behörden in unmittelbarer Staatsverwaltung wahrnehmen muss. Es ist daher wichtig, beide Bereiche klar abzustecken und formale wie materielle Voraussetzungen zu benennen, die sicherstellen, dass die funktionale Selbstverwaltung einer effektiven demokratischen Kontrolle unterliegt.

In formaler Hinsicht muss eine meist öffentlich-rechtliche **Organisationsstruktur** (z. B. Körperschaft) durch Gesetz geschaffen und demokratisch legitimiert werden. In der Regel handelt es sich um öffentlich-rechtliche Rechtspersonen (z. B. Körperschaften), die durch Organe (z. B. Vollversammlung oder Vorstand) tätig werden und der Rechtsaufsicht einer obersten Landesbehörde unterstehen.

> **Beispiel**
>
> *Vor allem zu nennen sind die Industrie- und Handelskammern (IHKs), die als Körperschaften des öffentlichen Rechts (§ 3 Abs. 1 IHKG) organisiert und der Aufsicht durch die zuständigen Landesbehörden (§ 11 Abs. 1) unterstellt sind. Über einen ähnlichen Aufbau verfügen auch die Handwerkskammern (§§ 90 ff. HwO).* ◀

Der Umfang der den Selbstverwaltungsträgern **materiell** übertragbaren Aufgaben muss gesetzlich klar beschrieben sein. Nur so kann eine eigenständige, auf einen bestimmten Aufgabenkreis ausgerichtete Aufgabenerfüllung gewährleistet werden. Diese strikte Funktionsbezogenheit lässt es daher auch nicht zu, dass Selbstverwaltungsträger ihren Aufgabenkreis selbstständig erweitern oder über das demokratisch legitimierte und damit kontrollierbare Maß hinaus ausdehnen (keine Allzuständigkeit!). Schließlich dürfen die Selbstverwaltungsträger auch keine allgemeinpolitischen Mandate wahrnehmen, wenn diese sozialpolitischen oder arbeitsrechtlichen Einzelinteressen dienen (vgl. § 1 Abs. 5 IHKG, dazu BVerwGE 154, 296).

Neben der öffentlich-rechtlichen ist auch die privatrechtliche Organisationsform möglich. In Gestalt des nichtwirtschaftlichen, eingetragenen Vereins (e. V.; § 21 BGB) organisiert sind beispielsweise das Deutsche Institut für Normung (DIN e. V.), die Technischen Überwachungsvereine (TÜV), welche als Beliehene die Hauptuntersuchungen nach der StVZO durchführen, oder auch die Einlagensicherungssysteme zum Schutz von Sparern. Nicht zur funktionalen Selbstverwaltung zählen hingegen privatrechtlich organisierte Wirtschaftsverbände auf Seiten der Arbeitgeber (z. B. BDI) und Arbeitnehmer (z. B. Gewerkschaften). Sie erfüllen keine öffentlichen Verwaltungsaufgaben von allgemeinem Interesse, sondern vertreten nur die Belange ihrer Mitgliedergruppen.

Kammern
Besonderes Augenmerk verdienen die verschiedenen Kammern, da sie einerseits als Körperschaften des öffentlichen Rechts Aufgaben der Wirtschaftsverwaltung wahrnehmen und andererseits die Interessenvertretung für die in der Kammer zusammengeschlossenen Wirtschaftsteilnehmer bilden. Die typischen Selbstverwaltungskörperschaften der Wirtschaft sind die Industrie- und Handelskammern, die Handwerkskammern sowie die Landwirtschaftskammern; sie werden auch als wirtschaftsständische Kammern bezeichnet.

Den **IHK**s weist das IHKG die Aufgabe zu, „das Gesamtinteresse der ihnen zugehörigen Gewerbetreibenden ihres Bezirkes wahrzunehmen, für die Förderung der gewerblichen Wirtschaft zu wirken und dabei die wirtschaftlichen Interessen einzelner Gewerbezweige oder Betriebe abwägend und ausgleichend zu berücksichtigen" (§ 1 Abs. 1); dabei handelt es sich um sog. Pflichtaufgaben (s. auch § 1 Abs. 3). Hiervon zu unterscheiden sind die freiwilligen Aufgaben (§ 1 Abs. 2) sowie die sog. Aufgaben im übertragenen Wirkungskreis, die den IHKen durch Gesetz zur selbstständigen Erledigung übertragen werden können; darunter fallen beispielsweise die Bestellung und Vereidigung von Sachverständigen (§ 36 GewO) oder das Öko-Audit (§ 32 Abs. 1 S. 2 UAG). Die als Körperschaften des öffentlichen Rechts (§ 90 Abs. 1 HwO) organisierten **Handwerkskammern** vertreten und fördern die Interessen des Handwerks in vielfältiger Weise (vgl. Aufgabenkatalog in § 91), wozu auch die Führung der Handwerksrolle (§ 91 Abs. 1 Nr. 3 i. V. m. § 6 HwO) zählt.

Von den wirtschaftsständischen Kammern zu unterscheiden sind die berufsständischen Kammern, z. B. Ärzte- oder Rechtsanwaltskammer, in denen keine Gewerbetreibenden im Rechtssinne (GewO), sondern freie Berufe zusammengeschlossen sind. Im Bereich der Selbstverwaltung des Handwerks sind die sog. **Handwerksinnungen** von den Handwerkskammern zu unterscheiden. Historisch aus den Zünften als rein freiwilligen Zusammenschlüssen entstanden, sind die Innungen heute als Körperschaften des öffentlichen Rechts Träger der Wirtschaftsverwaltung des Handwerks (§§ 52 ff. HwO), aber auch Interessenvertretung; sie besitzen daher eine Art Doppelstellung. Hingegen sind die Auslandshandelskammern keine Selbstverwaltungskörperschaften, da sie als freiwillige Zusammenschlüsse auf Grundlage des Privatrechts des jeweiligen Gaststaates errichtet sind und die Außenhandelsinteressen bestimmter Wirtschaftsteilnehmer vertreten.

Kennzeichnend für das Kammerwesen ist die **Pflichtmitgliedschaft**, sprich alle Kammerangehörigen sind gesetzlich zur Mitgliedschaft in der Kammer und zur Tragung der Kosten für deren Tätigkeit verpflichtet. Durch die Pflichtmitgliedschaft wird die ordnungsgemäße Aufgabenerfüllung durch die Kammern gewährleistet (§ 2 IHKG, § 90 Abs. 2 HwO), woraus wiederum die Pflicht zur Zahlung der Mitgliedsbeiträge folgt (§ 3 Abs. 2–8 IHKG, § 113 HwO). Verfassungsrechtlich betrachtet stellt die Pflichtmitgliedschaft jedoch einen Grundrechtseingriff dar, der unter dem etwas sperrigen Stichwort der „entgeltlichen Zwangsverkammerung" immer wieder Gegenstand von gerichtlichen Entscheidungen wurde. Nach h. M. in Rechtsprechung und Literatur liegt nur ein Eingriff in die ansonsten subsidiäre allgemeine Handlungsfreiheit vor,

3.3 Handlungsformen und Instrumente

da die spezielleren Grundrechte der Vereinigungs- und Berufsfreiheit bereits im Schutzbereich nicht berührt werden. Der Schutzbereich des Art. 9 Abs. 1 GG (*status negativus*) ist nicht eröffnet, da er nur auf den Schutz privatrechtlicher Vereinigungen abzielt und damit die IHK als öffentliche-rechtliche Körperschaft nicht erfasst. Art. 12 Abs. 1 GG ist nicht tangiert, weil die Kammerzugehörigkeit nur eine Folge der Ausübung eines bestimmten Berufs und mangels objektiv berufsregelnder Tendenz die tatsächliche Berufsausübung nicht beeinträchtigt ist (BVerfGE 15, 235 [239] – Zwangsmitgliedschaft). Als Prüfungsmaßstab kann daher nur Art. 2 Abs. 1 GG herangezogen werden, in dessen Schutzbereich die jeweilige gesetzliche Regelung zur entgeltlichen Zwangsmitgliedschaft (z. B. IHKG, HwO) eingreift. Diese kann nur gerechtfertigt werden, wenn das eingreifende Gesetz zur verfassungsmäßigen Ordnung gehöre. Voraussetzung dafür sei, dass die Errichtung der öffentlich-rechtlichen Körperschaft und die Inanspruchnahme der Pflichtmitglieder zur Erfüllung legitimer öffentlicher Aufgaben erfolge und verhältnismäßig ist (BVerfGE 15, 235 [241]). Für die IHK sind derartige legitime Aufgaben in § 1 IHKG normiert. Etwaige Aufgabenüberschneidungen rechtfertigen keine andere Sichtweise. Es bestehe auch keine Konkurrenz zu privaten Vereinigungen (§ 1 Abs. 5 IHKG), beispielsweise Wirtschaftsverbänden, da diese regelmäßig einseitige (eigene) Interessen wahrnehmen. Die IHK stehe hingegen in einer „Mittlerrolle zwischen Staat und Wirtschaft", für die sie gegenüber ihren Mitgliedern zur Herstellung eines angemessenen Ausgleichs zwischen den durchaus gegenläufigen Interessen der Akteure verpflichtet sei. Der Nutzen der Mitgliedschaft müsse sich beim einzelnen Mitglied auch nicht in einem unmittelbaren wirtschaftlichen oder finanziellen Vorteil niederschlagen (BVerwGE 107, 169 [172 f.]).

Beispiel

Die Beitragsreform des IHKG (1992) führte dazu, dass ein Großteil der kammerzugehörigen Wirtschaftsteilnehmer erstmals Pflichtbeiträge zur IHK leisten musste. Mehrere IHK-Mitglieder klagten gegen den Beitragsbescheid, da sie darin nicht zu rechtfertigende Grundrechtseingriffe in Art. 9 Abs. 1, Art. 12 Abs. 1 sowie Art. 2 Abs. 1 GG sahen. Das BVerfG bestätigte die Verfassungsmäßigkeit der Pflichtbeiträge und rechtfertigte den damit verbundenen Eingriff in Art. 2 Abs. 1 GG mit der sachgemäßen Erfüllung der den Kammern übertragenen gesetzlichen Aufgaben, z. B. auch als institutionelle Träger der Einigungsstellen für Wettbewerbsstreitigkeiten (grundlegend BVerfGE 15, 235 [240]); später BVerwGE 107, 169) sowie entsprechend übertragen auf Handwerks- (BVerwGE 108, 169) sowie berufsständische Kammern, z. B. die Apothekerkammer (BVerwG, GewArch 1997, 237 ff.). ◄

Um auf die Veränderungen in der Berufswelt zu reagieren, hat der Bundesgesetzgeber 1999 die fast ausnahmslose Beitragspflicht für Kleingewerbetreibende als IHK-Mitglieder unter gewissen Voraussetzungen abgeschafft (BGBl. I 1998, S. 1887) und somit die Pflichtmitgliedschaft im Grundsatz bestätigt, aber um eine angemessene Härtefallregelung ergänzt. Zudem erhöht der EU-Binnenmarkt, insbesondere die **DienstleistungsRL** (2006/123/EG), den Anpassungsdruck auf eine „gute Kammerverwaltung", nachdem der EuGH die Pflichtmitgliedschaft und Eintragung in die Handwerksrolle (§§ 9 Abs. 2, 90 Abs. 2 HwO a. F.) nur für Niederlassungswillige (Art. 49 ff. AEUV) als unionsrechtskonform ansah; hingegen verstoße die Pflichtmitgliedschaft für Dienstleistungserbringer, die nur vorübergehend grenzüberschreitend Leistungen darbieten, gegen die Grundfreiheit aus Art. 56 AEUV (EuGH, Rs. C-215/01, ECLI:EU:C:2003:662 – Schnitzer).

3.3 Handlungsformen und Instrumente

3.3.1 Grundlagen der Handlungsformenlehre

Um die Ziele des öffentlichen Wirtschaftsrechts im Einzelfall gegenüber einem Wirtschaftsteilnehmer umzusetzen, benötigen die Träger der Wirtschaftsverwaltung wirkungsvolle Instrumente. Der Verwaltungsakt (VA), geregelt in § 35 VwVfG, besitzt dabei nach wie vor die größte Bedeutung, wenngleich andere, informale wie privatrechtliche Handlungsformen mittlerweile einen gewissen Stellenwert erlangt haben.

Der VA als Handlungsinstrument der Verwaltung ist keine Besonderheit des öffentlichen Wirtschaftsrechts, sondern Teil der Handlungsformenlehre des allgemeinen Verwaltungsrechts, auf die das öffentliche Wirtschaftsrecht als Teil des besonderen Verwaltungsrechts zurückgreift (zur Systematik Abschn. 1.1.3). Die Wirtschaftsverwaltungsträger handeln daher nicht durch spezielle „Wirtschaftsverwaltungsakte", sondern werden durch zahlreiche wirtschaftsverwaltungsrechtliche Einzelnormen zum Handeln auch oder gerade durch VA ermächtigt. Vor allem für die Aufgabe der Wirtschaftsaufsicht (Abschn. 3.4) benötigt die Verwaltung den VA als Instrument, um bestimmte Tätigkeiten untersagen oder durch gesetzliche Genehmigungs- und Lizenzpflichten überwachen zu können.

Beispiel

Briefbeförderungslizenz (§ 5 Abs. 1 PostG), die gewerberechtliche Untersagungsverfügung (§ 35 Abs. 1 GewO), die Rücknahme einer Subvention nach § 48 Abs. 1 S. 2, Abs. 2 VwVfG oder der verwaltungsprozessuale Widerspruchsbescheid (§ 68 VwGO). ◀

Die genannten Beispiele zeigen, dass die (Wirtschafts-)Verwaltungsträger für ihr Tätigwerden stets eine Rechtsgrundlage benötigen, die sie zum Handeln ermächtigt.

▶ *Ob und welche Maßnahme im konkreten Fall zur Beeinflussung wirtschaftlichen Verhaltens zulässig sind, wird erst durch die konkrete Befugnisnorm festgelegt („kein Schluss von der Aufgabe auf die Befugnis"). Befugnisnormen dienen als Ermächtigungsgrundlage zum rechtsverbindlichen Verwaltungshandeln, insbesondere zu Eingriffen in die grundrechtlich gewährleistete wirtschaftliche Betätigungsfreiheit.*

Die Notwendigkeit einer sog. **Ermächtigungsgrundlage** folgt aus dem rechtsstaatlichen Prinzip der Gesetzmäßigkeit der Verwaltung (Art. 20 Abs. 3 GG), das die Verwaltung an den Vorbehalt und Vorrang des Gesetzes bindet (Abschn. 2.1.2.2). Demnach darf die Exekutive weder ohne eine gesetzliche Grundlage (Vorbehalt des Gesetzes als „positive" Anforderung) handeln noch bei ihrer Tätigkeit gegen gesetzliche Regelungen verstoßen (Vorrang des Gesetzes als „negative" Vorgabe). Mit Blick auf die unübersehbare Vielzahl von Normen des öffentlichen Wirtschaftsrechts ist es wichtig, die als Ermächtigungsgrundlage ausgestalteten Normen zu erkennen, die nicht zuletzt für die Fallbearbeitung den entscheidenden „Aufhänger" liefern können.

Das Rechtsstaatsprinzip liefert mit dem Bestimmtheitsgrundsatz sowie dem Verhältnismäßigkeitsprinzip (Übermaßverbot) noch zwei weitere wichtige Leitplanken dafür, in welchen Spielräumen die Wirtschaftsverwaltung im Einzelfall gegenüber dem Wirtschaftsakteur handeln und entscheiden darf (Abschn. 2.1.2). Für die Reichweite der jeweiligen Ermächtigungsgrundlage, sprich die konkreten Befugnisse der Behörde, ist es zudem wichtig, dass die Trennung zwischen Gesetzgebungs- und Vollzugskompetenzen beachtet wird. Erinnert sei in dem Zusammenhang noch einmal an den Grundsatz, wonach aus Legislativkompetenzen weder Aufgaben noch direkte Befugnisse abgeleitet werden können.

▶ *Um den individuellen Lernfortschritt abzusichern, ist es wichtig, die staatsrechtlichen Grundlagen sicher zu beherrschen – und sie an dieser Stelle ggf. zu wiederholen! Nur so sind die Inhalte der Staatsziele verständlich und stehen als argumentatives Fundament (Basics) für das Wirtschaftsverwaltungsrecht und dessen Handlungsformen anwendbar zur Verfügung.*

3.3.1.1 Öffentlich-rechtliches Handeln als Regelfall

Betrachtet man die unterschiedlichen Maßnahmen, mittels derer die Wirtschaftsverwaltung jeden Tag tätig wird, zeigt sich eine große **Vielfalt von Handlungsformen**, deren Reichweite (Regelungsinhalte) sich auf den ersten Blick kaum erschließen. Warum ist der Steuerbescheid ein VA, der „Gewerbeschein" hingegen nicht? Wie „verbindlich" ist eine behördliche Auskunft am Telefon im Gegensatz zu einer solchen auf der Homepage der Behörde? Warum gilt eine Verwaltungsvorschrift nicht im Außenverhältnis zum Antragsteller, und welche Bedeutung haben Haushaltspläne für die Gewährung von Subventionen?

Legt man der notwendigen Kategorisierung jedoch gewisse, teleologisch begründbare Abgrenzungskriterien zugrunde, zeigt sich ein fein austarierter Instrumentenkasten, der je nach Adressaten, Regelungsinhalt und Bindungswirkung die Handlungsform bereithält, die für den Einzelfall hinreichend, aber auch notwendig (Übermaßverbot!) ist. Öffentlich-rechtliches Handeln, gekennzeichnet durch das Verhältnis von Über- und Unterordnung zwischen Hoheitsträger und Wirtschaftsakteur, beschreibt dabei den Regelfall des Verwaltungshandelns. Doch auch innerhalb des öffentlich-rechtlichen Handelns zeigt sich eine breit gefächerte Vielzahl unterschiedlicher Handlungsformen, von denen der VA unzweifelhaft das bedeutendste, keinesfalls aber das stets geeignete Instrument bildet. Neben Einzelfallregelungen in Gestalt von **Verwaltungsakten**, z. B. der Eintragung in die Handwerksrolle oder einem Subventionsbescheid, kann die Verwaltung auch Rechtsvorschriften, nämlich **Satzungen** und **Verordnungen** (wie Gebührensatzungen oder eine Bundesimmissionsschutzverordnung [BImschV]), sprich Gesetze im materiellen Sinne, erlassen. Darüber hinaus können **Staatsverträge** zwischen Bund und Ländern, z. B. zu Rundfunkorganisation und -programm, oder auf Ebene des Völkerrechts zwischen souveränen Staaten, z. B. zur Gründung einer internationalen (z. B. WTO, OECD) bzw. supranationalen (z. B. EU) Organisation, geschlossen werden. Ferner werden **Pläne** in unterschiedlichen Ausprägungen, beispielsweise als Haushalts-, Flächennutzungs- oder Bebauungsplan, von Hoheitsträgern erlassen. Schließlich können Behörden durch schlichtes Verwaltungshandeln (**Realakt**) tätig sein, wenn sie Behördenauskünfte erteilen oder Informationen, aber auch Warnungen und Empfehlungen (staatliche Informationstätigkeit) im Internet bereitstellen. Ohne an dieser Stelle auf die zum Teil beträchtlichen Unterschiede zwischen den einzelnen Erscheinungsformen einzugehen, ist allen gemeinsam, dass sie dem öffentlich-rechtlichen Rechtskreis zuzuordnen sind. In allen Fällen handelt es sich um **Sonderrecht des Staates**, das ausschließlich einen oder mehrere Hoheitsträger berechtigt oder verpflichtet.

3.3.1.2 Ausnahmen: Fiskalische und erwerbswirtschaftliche Betätigung des Staates

Wenn auch überwiegend, so erfüllt die staatliche Wirtschaftsverwaltung nicht sämtliche öffentlichen Aufgaben in einseitig hoheitlichen, also öffentlich-rechtlichen Rechtsformen – und der Staat ist dazu auch nicht verfassungsrechtlich verpflichtet. Dabei zeigt ein Blick in die Verwaltungspraxis, dass die öffentliche Hand recht erfinderisch ist, wenn es um erwerbswirtschaftliches Handeln geht.

> **Beispiel**
>
> *So kaufte die Bundesregierung aus Steuermitteln während der Corona-Pandemie dringend benötigte Schutzausrüstung für den medizinischen Bereich zu Preisen, die aufgrund der hohen Nachfrage stark überteuert waren. Verschiedene Bundesländer überlegen, aus „Wirtschaftlichkeitsgründen" Teile ihrer Wirtschaftsverwaltung zu „privatisieren". Kommunale Versorgungsbetriebe (Stadtwerke) werden in privatrechtlichen Rechtsformen, z. B. als GmbH oder AG, betrieben.* ◂

Ohne die einem späteren Kapitel vorbehaltenen (Abschn. 4.2) Einzelheiten zum Verhältnis von Markt und Staat vorwegzunehmen, steht hier die Abgrenzung der erwerbswirtschaftlichen von der hoheitlichen Staatstätigkeit im Vordergrund. Dazu ist es wichtig, die verfassungsrechtlichen Grenzen zu kennen, innerhalb derer die Wirtschaftsverwaltung privatrechtliche Gestaltungsformen nutzen kann. Den Ausgangspunkt dafür bildet die sog. **Wahl- und Gestaltungsfreiheit**, die aus dem rechtsstaatlichen Grundsatz der Gesetzmäßigkeit allen Verwaltungshandelns (Art. 20 Abs. 3 GG) hergeleitet wird. Die Wahlfreiheit gestattet der Verwaltung, *bevor* sie zu handeln beginnt, zu entscheiden, auf welche Rechtsordnung – öffentlich- oder privatrechtlich – sie sich stützen will. Die einmal getroffene Entscheidung bindet den jeweiligen Hoheitsträger an die Wahl der Rechtsform und -instrumente, sprich die öffentliche Hand kann und darf infolge ihrer Rechtswahl nur noch im Rahmen der gewählten Rechtsordnung gestalten. Neben dem Handeln in öffentlich-rechtlichen Rechtsformen, dem Normalfall des Exekutivhandelns, können Hoheitsträger ihre (öffentlich-rechtlichen) Aufgaben daher auch in Gestaltungsformen des Privatrechts, insbesondere durch (zivil-, handels- oder gesellschaftsrechtliche) Verträge, erfüllen. Umgekehrt können (und dürfen) staatliche Stellen nicht jede öffentlich-rechtliche Aufgabe in privatrechtlichen Rechtsformen wahrnehmen. Die Gestaltungs- und Wahlfreiheit eröffnet daher nur einen größeren Spielraum bei der Art und Weise, *wie* öffentlich-rechtliche Aufgaben erfüllt werden können. Die Voraussetzungen und Grenzen staatlicher Wirtschaftstätigkeit bei der Bewirkung öffentlicher Aufgaben werden unter dem Begriff **Verwaltungsprivatrecht** zusammengefasst; dabei handelt es sich jedoch eher um eine deskriptive Sammelbezeichnung mit unscharfen Konturen, deren rechtspraktischer Nutzen begrenzt bleibt.

Im Zentrum staatlicher Wirtschaftstätigkeit steht eher die Frage, zu welchem Zweck staatliche Einheiten **erwerbswirtschaftlich handeln**, sprich, *ob* eine zu erfüllende Aufgabe zum öffentlich-rechtlichen Rechtskreis zählt (oder eben auch nicht), und damit dem Allgemeinwohl und nicht wirtschaftlichen Einzelinteressen dient. Sorge für das Allgemeinwohl ist und bleibt originäre Aufgabe des Staates, weshalb sich dieser nicht seinen Pflichten und Bindungen, insbesondere an die Grundrechte, entziehen kann, indem er die „Flucht ins Privatrecht" antritt.

Liegt der Zweck des erwerbswirtschaftlichen Handelns in der Bedarfsdeckung der öffentlichen Hand, handelt es sich um sog. **fiskalische Hilfsgeschäfte**. Wie der Name verdeutlicht, werden diese Geschäfte zwar mit öffentlichen Mitteln, sprich durch den „Fiskus" finanziert, dienen aber allenfalls indirekt der Erfüllung öffentlicher Aufgaben (Hilfsgeschäft).

Beispiel

Typische Beispiele liefern privatrechtliche Kaufverträge (§ 433 BGB) staatlicher Behörden, wie allgemeiner Verwaltung oder Polizei, zum Erwerb von IT-Ausstattung oder Dienstwagen oder auch Verträge über spezielle Beratungsdienstleistungen zwischen (Bundes-/Landes-)Ministerien und privatwirtschaftlichen Unternehmensberatern oder Anwaltskanzleien. ◂

Geschlossen und abgewickelt werden fiskalische Hilfsgeschäfte regelmäßig in privatrechtlichen Rechtsformen (Verträge und andere zivilrechtliche Rechtsgeschäfte), weshalb die Verwaltungsträger sich in diesen Fällen in den privatrechtlichen Rechtskreis begeben und vollumfänglich an dessen Grundsätze und Regeln gebunden sind. Eine „Rückkehr" zu öffentlich-rechtlichen Einwirkungsmöglichkeiten ist damit insoweit ausgeschlossen.

Das fiskalische Handeln zur Bedarfsdeckung bildet jedoch nicht den Schwerpunkt des wettbewerbsrelevanten staatlichen Handelns. Eine weitaus größere Bedeutung besitzen die Fälle, in denen der **Staat** oder seine Untergliederungen sich am Markt **als Anbieter** am Wettbewerb beteiligen. Gegenüber dem Wirtschaftsteilnehmer tritt der Staat wie ein Unternehmer auf, denn er handelt in privatrechtlichen Gestaltungsformen, beispielsweise als AG oder GmbH und mittels (gegenseitigem) Vertrag. Bereits aus dem Grundsatz der Wahlfreiheit lässt sich ableiten, dass staatlichen Stellen die wirtschaftliche Betätigung auf Märkten nicht grundsätzlich untersagt ist. Gleich-

3.3 Handlungsformen und Instrumente

zeitig ist die öffentliche Hand auch hier an den Rahmen der einmal gewählten Rechtsordnung gebunden („Einbahnstraße"). Das Marktverhalten der öffentlichen Unternehmen wird daher, ebenso wie das der privaten Konkurrenten, an den Kriterien des Privatrechts gemessen, beispielsweise beim Abschluss oder Inhalt von Verträgen mit Dritten. Führt man sich daher die spezielle Gemengelage vor Augen, die aus der Erfüllung öffentlicher Aufgaben in privatrechtlicher Form entsteht, wird schnell klar, dass solche Konstellationen formal-organisationsrechtliche wie materielle, vor allem aber klare Rechtsregeln brauchen, damit Interessenkonflikte („innerhalb" der staatlichen Aufgabenerfüllung) vermieden werden.

Regelmäßig nimmt der Staat seine wirtschaftende Tätigkeit in der Rechtsform öffentlicher Unternehmen wahr. Das öffentliche Wettbewerbsrecht, als Teil des öffentlichen Wirtschaftsrechts, fasst darunter „Unternehmen, die ganz oder teilweise im Eigentum der öffentlichen Hand stehen oder die von ihr verwaltet oder betrieben werden" (§ 130 Abs. 1 S. 1 GWB). Typischerweise erfüllen öffentliche Unternehmen durch ihre (wirtschaftliche) Tätigkeit öffentliche Aufgaben, vorrangig in verschiedenen Bereichen der Daseinsvorsorge.

> **Beispiel**
>
> *Klassische Anwendungsfälle sind der Betrieb des kommunalen ÖPNV durch eine GmbH oder der Betrieb der Wasser- und Energieversorgung durch Stadtwerke in Rechtsform einer AG.* ◄

Entscheidend ist der Träger, d. h. die wesentliche Beteiligung oder Einflussnahme der Bundes- bzw. Landes- oder kommunalen Ebene auf das öffentliche Unternehmen. Als **öffentlich-rechtliche Organisationsform** in Betracht kommen daher (i) sog. Regie- oder Eigenbetriebe (als bloße wirtschaftlich-organisatorische Ausgliederungen, z. B. § 1 SächsEigBG), (ii) Anstalten öffentlichen Rechts, wie beispielsweise die Sparkassen, als verselbstständigte Vermögensmassen mit eigener Rechtspersönlichkeit sowie (iii) Zweckverbände, wie Verkehrsverbünde (ÖPNV) oder Abfall- oder Abwasserzweckverbände, an denen sich mehrere Gebietskörperschaften beteiligen.

Wird für öffentliche Unternehmen die **privatrechtliche Rechtsform** genutzt, geschieht dies regelmäßig als Kapitalgesellschaft, als AG oder GmbH. Diese Gesellschaftsformen lassen als Anteilseigner auch Private zu; in einem solchen Fall handelt es sich um sog. „gemischte Unternehmen". Ein Blick in die Haushaltsordnungen von Bund (BHO) und Ländern belegt, dass sich der Bund bzw. die Länder unter gewissen Voraussetzungen an privatrechtlichen Unternehmen beteiligen können (§ 65 BHO; § 65 SächsHO). Bestimmte Rechte und Pflichten, unter Umständen auch spezielle Zugangshindernisse (z. B. bei Sparkassen), zur „wirtschaftlichen Betätigung" finden sich auch auf kommunaler Ebene.

> **Beispiel**
>
> *§ 97 Abs. 1 SächsGemO setzt voraus, dass kommunale Unternehmen auch (s. § 94a SächsGemO) in den Bereichen der Strom-, Gas-, Wärme- und Wasserversorgung sowie Telekommunikation (kommunale Versorgungsunternehmen) bei Bindung an einen „öffentlichen Zweck" zulässig sind, „wenn sie nach Art und Umfang in einem angemessenen Verhältnis zur Leistungsfähigkeit der Gemeinde" stehen.* ◄

Die Erfüllung öffentlicher Aufgaben in verwaltungsprivatrechtlicher Form ist grundsätzlich solange und soweit zulässig, wie öffentlich-rechtliche Bindungen dem nicht entgegenstehen. Ausgeschlossen ist daher eine „Flucht ins Privatrecht", durch die öffentliche Unternehmen versuchen, verfassungsrechtliche Vorgaben, allen voran Grundrechte, zu umgehen. Das Verwaltungsprivatrecht ist bestrebt, die formalen wie inhaltlichen Grenzen für die wirtschaftliche Tätigkeit des Staates zusammenzufassen. Zu den unverzichtbaren Vorgaben zählen die Grundrechte, insbesondere Art. 12 Abs. 1, Art. 2 Abs. 1 sowie Art. 3 Abs. 1 GG.

> **Beispiel**
>
> *Für die Beförderung durch die kommunalen Verkehrsbetriebe gilt der sog. Beförderungszwang, der die Pflicht zur Vertragserfüllung (Beförderung) bei gültigem Fahrausweis beinhaltet und damit die zivilrechtliche Privatautonomie in einen Kontrahierungszwang für den Anbieter wandelt (§ 22 PBefG). Weitere Beispiele für den Kontrahierungszwang (bzw. einen entsprechenden Anspruch des Nutzungswilligen) finden sich beim Zugang zu Universaldienstleistungen, z. B. Post (§ 3 PDLV i. V. m. PostG), Telekommunikation (§ 84, § 16 TKG), Bahn (§ 10 AEG), Kreditinstitute (sog. Zahlungskonten, § 31 ZKG).* ◄

Weitere wichtige Verfassungsvorgaben für die Betätigung öffentlicher Unternehmen enthalten die Finanzverfassung (Art. 104 ff. GG), die Verwaltungskompetenzen (Art. 30, 83 ff. GG) sowie das rechtsstaatliche Verhältnismäßigkeitsprinzip. Für einzelne Sektoren im Regulierungsrecht kommen sektorspezifische Vorgaben, speziell Art. 87e und Art. 87f GG, hinzu, die auch die Form sowie das Ausmaß möglicher Privatisierungen (Abschn. 4.2 und 4.4) festlegen.

3.3.2 Verwaltungsakt

3.3.2.1 Funktionen und Merkmale

Will die Wirtschaftsverwaltung im Einzelfall gegenüber Wirtschaftssubjekten rechtswirksam tätig werden, ist der Verwaltungsakt regelmäßig die typische hoheitliche Handlungsform. Die Regelungsinhalte von Verwaltungsakten sind vielgestaltig und reichen von Ge-/Verboten und Gestattungen über Gestaltungs- bis zu Feststellungsakten. Aus der Sicht des Betroffenen kann ein Verwaltungsakt begünstigend oder belastend sein; von dieser Einordnung hängt ab, ob und wann ein VA im Nachhinein (durch Rücknahme oder Widerruf) aufgehoben werden kann.

Damit Verwaltungshandeln als Verwaltungsakt eingestuft werden kann, müssen mehrere Merkmale gegeben sein; konkret muss es sich um eine hoheitliche Maßnahme einer Behörde auf dem Gebiet des öffentlichen Rechts handeln, die der Regelung eines Einzelfalls dient und unmittelbare Rechtswirkung nach außen besitzt. Bevor die Merkmale, die § 35 S. 1 VwVfG zu einer Legaldefinition zusammenfasst, behandelt werden, soll kurz auf die verschiedenen Funktionen eingegangen werden, die Verwaltungsakte für die (Wirtschafts-)Verwaltung haben.

Verwaltungsakte dienen als Instrument dem Gesetzesvollzug im Einzelfall, in dem sie abstrakt-generelle gesetzliche Vorgaben fallbezogen konkretisieren (Individualisierungs- und Klarstellungsfunktion). Darüber hinaus besitzen sie **fehlerunabhängige Rechtswirksamkeit** ab dem Zeitpunkt, in dem sie bestandskräftig und damit dauerhaft bindend werden. Ein Verwaltungsakt erwächst nach Ablauf der Rechtsbehelfsfrist (§§ 70, 74 VwGO bzw. § 58 Abs. 2 VwGO) in **Bestandskraft**, was bedeutet, dass auch ein rechtswidriger Verwaltungsakt wirksam wird und ist, solange er nicht aufgehoben oder anderweitig erledigt ist (§ 43 Abs. 2 VwVfG), es sei denn, der VA ist ausnahmsweise nichtig (Abs. 3). Die Wirksamkeit des Verwaltungsakts (§§ 43, 41 VwVfG) ist daher die entscheidende Voraussetzung dafür, dass wesentliche **Verfahrensvorschriften** (§ 9 VwVfG) für dessen Zustandekommen anwendbar sind (Abschn. 3.3.2.4); dazu zählen insbesondere die Anhörung (§ 28) und das Begründungserfordernis (§ 39) sowie Vorschriften über Nebenbestimmungen (§ 36, Abschn. 3.3.2.3) und zur Aufhebung von Verwaltungsakten (§§ 48, 49 VwVfG, Abschn. „Rücknahme und Widerruf").

Verwaltungsakte bilden zudem regelmäßig die Grundlage für die **Verwaltungsvollstreckung**, denn sie sind ähnlich einem gerichtlichen Urteil ein Vollstreckungstitel zugunsten der Behörde. Diese ist in der Lage, den wirksamen Gesetzesvollzug dadurch sicherzustellen, dass sie sich selbst einen vollstreckbaren Titel verschaffen und diesen dann selbst vollstrecken darf, also nicht erst ein Urteil (im Klageweg) erstreiten muss. Daraus folgt jedoch nicht, dass Wirtschaftsteilnehmer sie betreffende Verwaltungsakte „klaglos erdulden" müssen. Das Gebot effektiven Rechts-

3.3 Handlungsformen und Instrumente

schutzes (Art. 19 Abs. 4 GG) erstreckt sich auch auf Verwaltungsakte, die mit förmlichen Rechtsbehelfen und dem Ziel angegriffen werden können, den Verwaltungsakt aufzuheben oder die Behörde zum Erlass eines solchen zu verpflichten (Anfechtungs- bzw. Verpflichtungssituation). Dabei ist zwischen dem verwaltungsbehördlichen Rechtsbehelf, dem Widerspruchsverfahren (§§ 68 ff. VwGO), sowie dem Rechtsschutz vor den (allgemeinen) Verwaltungsgerichten, z. B. im Wege der Anfechtungs- oder Verpflichtungsklage (§ 42 Abs. 1 VwGO), zu unterscheiden.

Um das Handeln der Wirtschaftsverwaltung als Verwaltungsakt einordnen zu können, müssen sechs **Merkmale** kumulativ erfüllt sein. Wie die Legaldefinition aus § 35 S. 1 VwVfG vorgibt, muss es sich um eine (i) hoheitliche Maßnahme einer (ii) Behörde auf dem Gebiet des (iii) öffentlichen Rechts handeln, die der (iv) Regelung eines (v) Einzelfalls dient und (vi) unmittelbare Rechtswirkung nach außen besitzt.

(i) Als **hoheitliche Maßnahme** ist jedes einseitige, zweckgerichtete Handeln mit Erklärungscharakter einzuordnen. Die Bezeichnung der Maßnahme als Bescheid ist regelmäßig ein Indiz für einseitig-hoheitliches Handeln. Abzugrenzen sind hoheitliche Maßnahmen von zweiseitigem, d. h. konsensualem Handeln durch Verwaltungsvertrag (§§ 54 ff. VwVfG).

(ii) **Behörde** ist jede Stelle, die Aufgaben der öffentlichen Verwaltung wahrnimmt (§ 1 Abs. 4 VwVfG). Der Begriff der Behörde ist dabei nicht (nur eng) organisatorisch, sondern (weiter) **funktional** zu interpretieren, sodass auch Beliehene (s. Abschn. „Rücknahme und Widerruf") als Behörde einzuordnen sind. Hingegen sind Maßnahmen, die funktional der Legislative (z. B. [Parlaments-]Gesetze) oder der Judikative (z. B. Gerichtsurteile) zuzurechnen sind, keine „Verwaltungs"akte.

(iii) Eine hoheitliche Maßnahme ist immer dann **öffentlich-rechtlich**, wenn die Vorschrift (Ermächtigungsgrundlage), aufgrund derer die Behörde tätig wird, dem öffentlichen Recht, speziell dem Verwaltungsrecht zuzuordnen ist; damit wird weder Verwaltungshandeln kraft Privatrecht noch kraft verfassungs- oder völkerrechtlicher Vorschriften erfasst.

▸ *Als Faustformel gilt, dass eine Norm immer dann dem öffentlichen Recht zuzuordnen ist, wenn sie ausschließlich oder überwiegend Träger der öffentlichen Verwaltung berechtigt oder verpflichtet und damit sog. Sonderrecht des Staates darstellt (sog. modifizierte Subjekts- oder Sonderrechtstheorie).*

(iv) Für die Rechtspraxis besonders relevant ist die Frage, unter welchen Voraussetzungen Maßnahmen der Wirtschaftsverwaltung als **Regelung** zu qualifizieren sind. Eine Regelung stellt sich regelmäßig als Willenserklärung (entsprechend dem BGB) dar, die unmittelbar auf die Setzung einer bestimmten Rechtsfolge zielt. Regelungen sind damit abzugrenzen von Maßnahmen, die (noch) keine Rechtsfolgen haben, also vorbereitende Verfahrensakte sowie tatsächliches Verwaltungshandeln durch sog. Realakte, z. B. durch Behördenauskunft am Telefon oder per E-Mail. In diesem Zusammenhang besonders wichtig sind die Fälle des sog. informellen Verwaltungshandelns, insbesondere behördliche Warnungen oder Empfehlungen, beispielsweise bei gefährlichen Produkten. Da informelles Verwaltungshandeln regelmäßig grundrechtsrelevante Eingriffe (z. B. in Art. 12 Abs. 1, sofern die objektiv-berufsregelnde Tendenz bejaht wird, zumindest aber in Art. 2 Abs. 1 GG) beinhalten kann (Kap. 2), ist die Regelungsqualität für die Frage des möglichen Rechtsschutzes (z. B. Widerspruch nur, sofern ein Verwaltungsakt vorliegt) entscheidend.

▸ *Eine Regelung liegt vor, wenn die Maßnahme nach ihrem objektiven Sinngehalt auf die Begründung, Änderung, Aufhebung oder verbindliche Festlegung von Rechten oder Pflichten gerichtet ist, kurz: Ein Verwaltungsakt muss unmittelbar auf die Herbeiführung einer Rechtsfolge abzielen.*

Verwaltungsakte können ganz unterschiedliche **Regelungsinhalte** haben, denn ihre Vielgestaltigkeit ist nichts anderes als die „verwaltungsrechtliche Antwort" auf die Vielfalt wirtschaftlicher Vorgänge. Entsprechend ihrem Regelungsinhalt lassen sich Ge-, Verbots- und Gestattungsverwaltungsakte sowie rechtsgestaltende und feststellende Verwaltungsakte unterscheiden.

Verwaltungsakte, die ein Gebot enthalten, verlangen von den Adressaten ein positives Tun bzw. Handeln (z. B. Gebotsverkehrszeichen). Hingegen untersagen Verbotsverwaltungsakte den Adressaten ein bestimmtes Verhalten (z. B. Gewerbeuntersagung, § 35 GewO). Rechtsgewährende Verwaltungsakte, sog. Gestattungen, erteilen eine Erlaubnis (z. B. Reisegewerbekarte, § 55; erlaubnispflichtige Gewerbe, §§ 30 ff. GewO) oder gewähren bestimmte Leistungen (z. B. Subventionen oder nicht rückzahlbare Zuschüsse). Rechtsgestaltende Verwaltungsakte begründen, verändern oder beseitigen ein konkretes Rechtsverhältnis, z. B. durch Aufhebung einer Genehmigung (nach HwO, GastG) oder Immatrikulation in einen Studiengang (nach Hochschulgesetz und ImmaO der jeweiligen Hochschule oder Universität). Die feststellenden Verwaltungsakte stellen ein Recht oder eine rechtlich erhebliche Eigenschaft einer Person bindend fest. Maßgeblich ist der Wille der Behörde nach dem objektiven Empfängerhorizont (z. B. Festsetzung des Besoldungsdienstalters eines Beamten).

(v) Das zentrale Merkmal des Verwaltungsakts besteht darin, eine verbindliche Rechtsfolge für den bzw. im **Einzelfall** zu setzen. **Konkret-individuell** bedeutet dabei, dass der Verwaltungsakt einen konkreten (nicht abstrakten) Regelungsgegenstand hat und an einen individuellen (nicht generellen) Adressaten gerichtet ist. Mit dem Begriffspaar konkret-individuell gelingt es daher, den Verwaltungsakt von der abstrakt-generellen Rechtsnorm, die für eine Vielzahl von Fällen gilt (z. B. materielle Gesetze im Sinne von Rechtsverordnung oder Satzung), sauber abzugrenzen.

▶ *Dieser Unterschied ist wichtig, denn materielle Gesetze sind, wenn sie rechtswidrig sind, nichtig; hingegen sind Verwaltungsakte, selbst wenn sie rechtswidrig sind, wirksam, aber anfechtbar. Dies setzt jedoch ein Tätigwerden, sei es des Klägers oder der Behörde, in jeweils unterschiedlichen Rechtsschutzformen voraus. Aus systematischen Gründen sei an dieser Stelle bereits darauf hingewiesen, dass gegen Verwaltungsakte Widerspruch und Anfechtungsklage (§§ 68, 42 Abs. 1, 1. Alt.) statthaft (Kap. 5) sind, während gegen Rechtsnormen die sog. Normenkontrolle (§ 47 VwGO) einschlägig wäre.*

Neben dem Regelfall, wonach jeder Verwaltungsakt konkret-individuell ist, also sich auf einen bestimmten Sachverhalt und einzelne Adressaten bezieht, sollen noch einige **Sonderfälle** hinsichtlich ihrer Einordnung als Verwaltungsakt genauer betrachtet werden.

Eine Regelung ist **abstrakt-individuell**, wenn sie an einen oder einzelne individualisierte Adressaten gerichtet, aber die Anzahl der geregelten Fälle unbestimmt ist.

Beispiel

Einem Kleinunternehmer wird von der zuständigen Gemeinde aufgegeben, bei Glatteis immer zu streuen. Weil der Adressat des Gebots eindeutig individualisierbar ist und (nur) eine Mehrzahl von Fällen (abstrakt) geregelt ist, liegt ein Verwaltungsakt (§ 35 S. 1 VwVfG) vor. ◀

Eine **konkret-generelle** Maßnahme liegt vor, wenn die Maßnahme einen bestimmten Sachverhalt betrifft, aber an eine unbestimmte Anzahl von Personen gerichtet ist. Dies ist der Fall bei sog.

Allgemeinverfügungen, die § 35 S. 2 VwVfG in drei Varianten vorsieht, denen gemeinsam ist, dass sie die Anforderungen an die Individualität lockern.

> **Beispiel**
>
> *Der Freistaat Bayern erließ im Zuge der Corona-Pandemie eine Allgemeinverfügung, gestützt auf § 23 Abs. 1 LadSchlG, zu befristeten längeren Öffnungsmöglichkeiten von Verkaufsstellen, um die Versorgung der Bevölkerung mit Lebensmitteln und Gütern des täglichen Bedarfs sicherzustellen.* ◄

Hier ist die Maßnahme auf einen konkreten Sachverhalt bezogen (zeitlich begrenzte Regelung aus Anlass der epidemischen Lage), aber der Adressatenkreis (Inhaber von Verkaufsstellen zur Versorgung mit bestimmten Waren) nicht genau vorhersehbar. Die Regelung ist daher konkret(-generell) und stellt eine Allgemeinverfügung (und keine Rechtsnorm!) dar, die adressatenbezogen im Sinne von § 35 S. 2, 1. Var. VwVfG ist.

▶ *§ 35 S. 2 VwVfG ersetzt lediglich das Merkmal individuell durch generell; für alle anderen Tatbestandsvoraussetzungen knüpft die Allgemeinverfügung an die Merkmale von S. 1 an und stellt daher lediglich einen Unterfall des Verwaltungsakts dar.*

Bei der **adressatenbezogenen** Allgemeinverfügung (§ 35 S. 2, 1. Var. VwVfG) wird kein individueller Adressat gefordert, es reicht die Bestimmbarkeit des Adressatenkreises aus. Würde man die Bestimmbarkeit zum Erlasszeitpunkt fordern, wären die problematischen Fälle keine Allgemeinverfügungen, sondern Rechtsverordnungen. Ausreichend ist jedoch die sukzessive Bestimmbarkeit, sobald die Maßnahme ihre Wirkungen entfaltet. Eine **sachbezogene** Allgemeinverfügung (§ 35 S. 2, 2. Var. VwVfG) liegt vor, wenn die Maßnahme auf die Eingrenzung des Adressaten komplett verzichtet. In Abgrenzung zur Rechtsverordnung bezieht sich die Allgemeinverfügung auf eine konkrete Sache, beispielsweise die Widmung einer Straße zum Gemeingebrauch (sog. dinglicher Verwaltungsakt). Um eine sog. **Benutzungsregelung** (§ 35 S. 2, 3. Var. VwVfG) handelt es sich, wenn der Adressatenkreis lediglich individualisierbar ist, indem die Benutzer einer bestimmten Sache angesprochen werden. Dies ist beispielsweise bei Benutzungsregelungen (Nutzungsordnungen) für öffentliche Einrichtungen, wie Parks, Schwimmbäder, Museen, der Fall. Einen praktisch häufigen Anwendungsfall bilden Verkehrszeichen, die Benutzungsregelungen für einen konkreten Straßenabschnitt darstellen und damit für ein umgrenztes Gebiet hinreichend konkret sind, was eine Eingrenzung des Adressatenkreises zur Folge hat (st Rspr seit BVerwGE 27, 181 [182]; BVerwGE 59, 221 [224]).

(vi) Als letztes Merkmal muss die behördliche Maßnahme **Außenwirkung** besitzen, d. h. der Adressat des Verwaltungsakts darf nicht zum Rechtskreis der erlassenden Behörde zählen, muss also dieser gegenüber rechtlich selbstständig sein. Abgegrenzt werden damit Fälle behördeninterner Regelungen, z. B. konkret-individuelle Einzelweisungen des Vorgesetzten an den nachgeordneten Sachbearbeiter oder abstrakt-generelle Verwaltungsvorschriften, die nur für den verwaltungsinternen Gebrauch bestimmt sind, aber keine Regelungswirkung gegenüber externen Wirtschaftsteilnehmern entfalten können.

▶ *Der Verwaltungsakt ist das Handlungsinstrument, mit dem die Verwaltung die Rechtsbeziehung zum Wirtschaftsteilnehmer einseitig-hoheitlich, verbindlich und im Einzelfall konkret regelt. Die Merkmale des Verwaltungsakts sind in § 35 S. 1 VwVfG legaldefiniert.*

3.3.2.2 Gebundene Entscheidungen und Ermessensverwaltungsakte

Grundlagen
Bevor die Wirtschaftsverwaltung einen Verwaltungsakt erlässt, muss sie wissen, welchen

Handlungsspielraum die Ermächtigungsgrundlage der Erlassbehörde für ihr Handeln durch Verwaltungsakt einräumt. Das Prinzip der Gesetzmäßigkeit (Vorrang und Vorbehalt des Gesetzes) bindet die Verwaltung vollumfänglich an Tatbestand und Rechtsfolgen der Ermächtigungsgrundlage.

▶ *Wiederholen Sie an dieser Stelle den Aufbau von Rechtsnormen! Jede vollständige Rechtsnorm besteht aus Tatbestand („wenn") und Rechtsfolge („dann"); sie beinhaltet ein Konditionalprogramm, so dass die Rechtsfolge erst bzw. nur dann eintreten kann, wenn alle Tatbestandsmerkmale vollständig gegeben sind.*

Um der Verwaltung einen gewissen Spielraum bei ihren Entscheidungen einzuräumen, ihre größere Sachnähe zu berücksichtigen und abstrakt-generelle Regelungen (Gesetze) von zu großer Detailliertheit zu entlasten, kann der Gesetzgeber den **Grad der rechtlichen Gebundenheit** der Verwaltung unterschiedlich ausgestalten. Dies gilt sowohl für den Tatbestand als auch für die Rechtsfolgen einer Norm. Räumt der Gesetzgeber der Exekutive eigenständige Entscheidungsspielräume ein, muss er dabei stets abwägen, dass jegliches Verwaltungshandeln demokratisch legitimiert und rechtsstaatlich kontrollierbar (effektiver Rechtsschutz) sein muss. Je geringer der Grad der rechtlichen Gebundenheit der Verwaltung ausgestaltet ist, umso höher sind die Anforderungen aus dem Demokratie- und Rechtsstaatsprinzip an die Kontrollierbarkeit „unabhängiger" Entscheidungsspielräume. Dies ist vor allem in Rechtsbereichen relevant, in denen Expertenrat und oftmals hochspezifischer technischer, wirtschaftlicher oder wissenschaftlicher Sachverstand als Grundlage für Verwaltungs-, aber auch politische Entscheidungen dienen, die aber wiederum zu massiven Grundrechtseingriffen bei den Betroffenen führen können. Weltweite Megatrends, wie Globalisierung, Digitalisierung, aber auch Ökologisierung (Nachhaltigkeit) von Wirtschaftsbeziehungen, führen dazu, dass sowohl im europäischen als auch im nationalen Wirtschaftsverwaltungsrecht expertengeleitete Entscheidungsstrukturen „wie Pilze aus dem Boden schießen".

> **Beispiel**
>
> *Die rasante Entwicklung des Agenturwesens in der EU, aber auch die Einbeziehung von externem, meist interdisziplinärem Sachverstand (z. B. des Sachverständigenrates zur Beurteilung der gesamtwirtschaftlichen Lage, der sog. „Wirtschaftsweisen", des Wissenschaftlichen Arbeitskreises für Regulierungsfragen bei der BNetzA, der Nationalen Akademie der Wissenschaften oder des Robert-Koch-Instituts) in politische Entscheidungen, gerade auch in Krisensituationen.* ◀

Unbestimmte Rechtsbegriffe

Um bestimmen zu können, in welchem Umfang die Erlassbehörde handlungsbefugt ist, kommt es zunächst auf die Tatbestandsvoraussetzungen der Ermächtigungsgrundlage an. Zerlegt in einzelne Tatbestandsmerkmale, normiert der Tatbestand die Voraussetzungen der Ermächtigungsgrundlage. In der Regel sind die Tatbestandsvoraussetzungen klar und eindeutig bestimmt, sodass die Verwaltung den Sachverhalt darunter einfach subsumieren kann. In Ausnahmefällen räumt der Gesetzgeber der Exekutive auf Seiten des Tatbestandes durch mehr oder weniger unbestimmte Termini jedoch eigene Entscheidungsspielräume ein, die in einer spezifischen Situation erst von der Verwaltung näher ausgefüllt werden sollen; diese werden als unbestimmte Rechtsbegriffe mit **Beurteilungsspielraum** bezeichnet.

> **Beispiel**
>
> *Unbestimmte Rechtsbegriffe finden sich beim gewerberechtlichen Begriff der Zuverlässigkeit (§ 35 Abs. 2 GewO, § 4 GastG-Bund), bei der Eignung des Beamten (§ 8 BBG), der Bewertung der „gesamtwirtschaftlichen Lage" (StabG); bei Planungs-, Prüfungs- und Prognoseentscheidungen sowie bei Maßnahmen pluralistisch besetzter Gremien.* ◀

Die Anwendung unbestimmter Rechtsbegriffe durch die Verwaltung ist grundsätzlich durch die Verwaltungsgerichte in vollem Umfang überprüfbar. Eröffnet der Gesetzgeber der Verwaltung jedoch sog. Beurteilungsspielräume, ist deren Auslegung durch die Verwaltung auch nur eingeschränkt überprüfbar. Die Kontrolldichte ist (ähnlich wie bei Ermessen Abschn. „Ermessen") auf grobe Beurteilungsfehler beschränkt, die beispielsweise in einer fehlenden Begründung, sachfremden Erwägungen oder einem unrichtigen Sachverhalt liegen können.

Ermessen

Auch bei den Rechtsfolgen kann der Gesetzgeber die Behörde strikt binden oder ihr Handlungsspielräume, sog. Ermessen, einräumen. Knüpft der Gesetzgeber an die Erfüllung des Tatbestandes eine konkrete Rechtsfolge, handelt es sich um eine gebundene Entscheidung. In diesem Fall sind der Verwaltung keine Spielräume eingeräumt, und ihr stehen insoweit keine Letztentscheidungskompetenzen zu. Gewährt der Gesetzgeber hingegen der Behörde Handlungsspielräume, liegt die Entscheidung „im Ermessen" der Behörde, die dieses als Entschließungs- („ob") bzw. **Auswahlermessen** („wie") ausüben kann. Dass es sich um eine Ermessensnorm handelt, verdeutlicht der Gesetzgeber sprachlich regelmäßig durch die Verwendung des Verbs „kann".

> **Beispiel**
>
> *Ermessensnormen finden sich etwa in § 48 Abs. 1 S. 1 VwVfG sowie § 35 Abs. 1 S. 2 GewO (Normen nachlesen!).* ◄

Da bei Ermessensentscheidungen mehrere Rechtsfolgen denkbar sind, muss die Behörde ihr Ermessen pflichtgemäß ausüben (§ 40 VwVfG). Ebenso wie in Bezug auf unbestimmte Rechtsbegriffe mit Beurteilungsspielraum ist die gerichtliche Kontrolldichte bei Ermessensentscheidungen eingeschränkt, sprich sie sind nur insoweit überprüfbar, wie die „gesetzlichen Grenzen des Ermessens überschritten sind oder von dem Ermessen in einer dem Zweck der Ermächtigung nicht entsprechenden Weise Gebrauch gemacht ist", so § 114 S. 1 VwGO. Die Verwaltungsgerichte kontrollieren Ermessensentscheidungen somit „nur" auf sog. **Ermessensfehler**, die typischerweise in Ermessensnichtgebrauch, Ermessensunter- oder -überschreitung sowie Ermessensfehlgebrauch eingeteilt werden.

> **Beispiel**
>
> *Ein Fall von Ermessensnichtgebrauch liegt vor, wenn die Behörde trotz Ermessensnorm von einer gebundenen Entscheidung ausgeht. Von Ermessensunter- bzw. -überschreitung spricht man, wenn die Behörde die Grenzen des Ermessens verkennt, indem sie diese nicht ausnutzt oder aber überdehnt. Ermessensfehlgebrauch ist der Fall, wenn die Behörde fehlerhafte oder sachfremde Erwägungen in ihr Ermessen einfließen lässt.* ◄

Ausnahmsweise, vor allem bei Auswahlermessen, kann das Ermessen reduziert sein. Liegt der Fall einer **Ermessensreduzierung auf Null** vor, wird das generelle „Können" der Behörde im konkreten Einzelfall auf ein „Müssen" verkürzt. Es besteht für die Behörde dann nur noch die Möglichkeit, *eine einzige* rechtmäßige, insbesondere auch verhältnismäßige Ermessensentscheidung zu treffen.

> **Beispiel**
>
> *Eine Ermessensreduzierung auf Null (eigentlich: auf Eins) tritt beispielsweise ein, wenn das Verwaltungshandeln über einen gewissen Zeitraum für bestimmte Sachverhalte immer gleichförmig war, die Verwaltung sich somit im Wege der Selbstbindung auf eine bestimmte Vorgehensweise festgelegt hat und sich daran aus Gleichheitsgesichtspunkten (Art. 3 Abs. 1 GG), z. B. bei der Vergabe von Subventionen oder der jährlich wiederkehrenden Zulassung von Schaustellern zu Märkten, festhalten lassen muss.* ◄

3.3.2.3 Nebenbestimmungen, § 36 VwVfG

Ein Blick in die Verwaltungspraxis zeigt, dass uneingeschränkte, dem Antrag voll entsprechende Genehmigungen oder auch schlichte Versagungsbescheide eher selten vorkommen. Oftmals steht die Behörde vor dem Problem, einen Antrag nicht mit einem strikten „Nein" ablehnen zu wollen, sondern eine „ja, aber"-Lösung zu bevorzugen. Das dafür notwendige, flexible Verwaltungshandeln wird durch Nebenbestimmungen ermöglicht, mit Hilfe derer die Verwaltung die Interessen der Wirtschaftsteilnehmer stärker berücksichtigen kann. Zu finden sind Nebenbestimmungen in zahlreichen wirtschaftsverwaltungsrechtlichen Vorschriften (z. B. § 12 BImSchG, § 5 GastG-Bund); bedeutsam sind sie vor allem im Zusammenhang mit begünstigenden Verwaltungsakten, beispielsweise gewerbe- oder baurechtlichen Genehmigungen. Der Sinn und Zweck von Nebenbestimmungen besteht darin, die Kernregelung des Verwaltungsakts zu ergänzen oder zu beschränken, also zusätzliche Bestimmungen einzufügen, die sich auf den **Hauptinhalt** beziehen und diesen **modifizieren**. Sofern nicht spezialgesetzlich näher bestimmt, richtet sich die Zulässigkeit von Nebenbestimmungen nach § 36 VwVfG.

Bevor die fünf Arten von Nebenbestimmungen (§ 36 Abs. 2 VwVfG) skizziert werden, ist deren Zulässigkeit zu prüfen. Handelt es sich um einen rechtlich gebundenen Verwaltungsakt, darf dieser nur mit Nebenbestimmungen versehen werden, wenn dies gesetzlich vorgesehen ist (z. B. § 12 BImSchG, § 5 GastG-Bund). Bei sog. nebenbestimmungsfeindlichen Verwaltungsakten, wie z. B. Prüfungsentscheidungen oder statusbegründenden Beamtenernennungen, sind Nebenbestimmungen prinzipiell ausgeschlossen. Bei Ermessensverwaltungsakten sind sie hingegen allgemein zulässig, wobei § 36 Abs. 2 VwVfG der Verwaltung die Wahl zwischen fünf Arten ermöglicht, die in den Nr. 1 bis 5 abschließend aufgezählt sind. Als sog. **unselbstständige** Nebenbestimmungen gelten Befristung, Bedingung, Widerrufsvorbehalt, wohingegen Auflage und Auflagenvorbehalt sog. **selbstständige** Nebenbestimmungen sind, die mit dem Hauptverwaltungsakt verbunden werden können (vgl. § 36 Abs. 2 VwVfG: „verbunden werden mit"). Der Zweck des Verwaltungsakts, der die Hauptregelung vorgibt, bildet in jedem Fall die Grenze für den Einsatz von Nebenbestimmungen (§ 36 Abs. 3 VwVfG).

Sowohl **Befristung** (Nr. 1) als auch **Bedingung** (Nr. 2) bestimmen den zeitlichen Geltungsbereich des Verwaltungsakts, indem sie den Beginn bzw. das Ende der Wirksamkeit der Hauptregelung festlegen. Beide Nebenbestimmungen unterscheiden sich insoweit, als die Befristung einen bestimmten Termin festlegt, während die Bedingung (i. S. d. §§ 158 ff. BGB) die Abhängigkeit von einem (ungewissen) Ereignis regelt, wobei das (nach *ob* oder *wie*) auch im Verhalten des Begünstigten liegen kann.

> **Beispiel**
>
> *Bei der Erlaubnis, den Freisitz einer Gaststätte nur während der Sommermonate (1.6.–30.9.) zu betreiben, handelt es sich um eine Befristung (§ 36 Abs. 2 Nr. 1 VwVfG). Hingegen stellt die Aufenthaltserlaubnis (Verwaltungsakt), die an die Arbeitstätigkeit bei einem bestimmten Arbeitgeber gebunden ist, eine Bedingung dar (§ 36 Abs. 2 Nr. 2 VwVfG) dar, weil hiervon die Wirksamkeit der Erlaubnis auflösend abhängt.* ◄

Beim **Widerrufsvorbehalt** (§ 36 Abs. 2 Nr. 3 VwVfG) handelt es sich um einen besonderen Fall der auflösenden Bedingung, da der Widerruf sozusagen das „Ereignis" ist, das die Wirksamkeit des Verwaltungsakts beendet. Mit dieser Nebenbestimmung behält sich die Behörde die Möglichkeit des Widerrufs zu einem späteren Zeitpunkt vor, weist den Adressaten auf die mögliche Aufhebung aber bereits bei Erlass der Hauptregelung hin. Der Zweck eines Widerrufsvorbehalts besteht darin, die Entstehung schutzwürdigen Vertrauens (s. zum Vertrauensschutz Abschn. „Rücknahme und Widerruf") auszuschließen, weshalb an die Beifügung eines Widerrufsgrundes strenge Anforderungen zu stellen sind; ein Widerrufsvorbehalt „auf Vorrat" bzw. „zur Absicherung" ist unzulässig.

> **Beispiel**
>
> *Steuerbescheide werden regelmäßig mit einem Widerrufsvorbehalt versehen, der auf § 120 Abs. 2 Nr. 3 AO gestützt ist. So kann das Finanzamt Fehler wie Zahlendreher oder Kommafehler bei der einbehaltenen Lohnsteuer nach Erlass des Bescheids jederzeit korrigieren.* ◂

Die **Auflage** (§ 36 Abs. 2 Nr. 4 VwVfG) ergänzt den Hauptverwaltungsakt durch eine eigenständige Sachregelung und unterscheidet sich damit von Bedingung und Befristung. Die Auflage verpflichtet den Adressaten der Hauptregelung zu einem bestimmten Tun, Dulden oder Unterlassen, wobei die Wirksamkeit des Hauptverwaltungsakts – anders als bei der Bedingung – nicht von der Erfüllung der Auflage abhängt. Die Auflage hat daher eine Doppelnatur, sie ist einerseits selbst ein Verwaltungsakt mit eigenem Regelungsinhalt, andererseits Nebenbestimmung zum Hauptverwaltungsakt und damit von der Wirksamkeit der Hauptregelung abhängig.

> **Beispiel**
>
> *Ein Taxiunternehmer erhält seinen Personenbeförderungsschein (§ 2 Abs. 1 Nr. 4 i. V. m. §§ 47, 46 PBefG) unter der Auflage (§ 15 Abs. 3 PBefG), sich einmal jährlich einem Sehtest zu unterziehen. Der Bäckermeister, der eine bauliche Grundsanierung seines Ladengeschäfts bei der zuständigen Bauordnungsbehörde beantragt, erhält die erforderliche Baugenehmigung (z. B. nach § 59 SächsBO) mit der Pflicht (= Auflage), an der Außentreppe noch ein Geländer anzubringen.* ◂

In der Verwaltungspraxis ist die Abgrenzung zwischen aufschiebender Bedingung und Auflage teilweise schwierig, aber gerade für den gegen die Nebenbestimmung möglichen Rechtsschutz von entscheidender Bedeutung. Als Abgrenzungsformel gilt, dass die Bedingung die Wirksamkeit des Verwaltungsakts (nur) hinausschiebt, sprich suspendiert (von lat. *suspendare* = aufschieben), aber nicht zwingend wirkt, wohingegen die Auflage aufgrund ihrer selbstständigen Regelungswirkung zwingt (und damit auch selbstständig anfechtbar ist), aber die Wirksamkeit des Hauptverwaltungsakts dadurch nicht berührt wird.

▶ *Die Bedingung suspendiert, zwingt aber nicht; die Auflage zwingt, suspendiert aber nicht.*

Als **Auflagenvorbehalt** (§ 36 Abs. 2 Nr. 5 VwVfG) gilt ein selbstständiger, wenn auch mit der Hauptregelung verbundener Verwaltungsakt, mit dem die Behörde sich vorbehält (Ermessen!), im Nachhinein Auflagen zu erlassen. Ein solcher Vorbehalt wird regelmäßig dann erklärt, wenn zum Erlasszeitpunkt der Hauptregelung bestimmte Auswirkungen abstrakt denk-, aber noch nicht konkret feststellbar sind (z. B. Emissionen), oder wenn sich die Behörde die Möglichkeit offenhalten will, auf eine spätere Änderung der Verhältnisse (z. B. fehlende Parkflächen) zu reagieren.

> **Beispiel**
>
> *Die zuständige Gewerbeaufsicht erteilt der S-GmbH eine gewerberechtliche Genehmigung für ein Sportstudio unter dem Vorbehalt der Auflage, im Falle von Lärmbelästigungen für die Nachbarschaft Lärmschutzmaßnahmen nach BImSchG zu ergreifen.* ◂

Die Rechtsnatur des Auflagenvorbehalts ist umstritten, da es sich einerseits – wie bei der Auflage – um eine selbstständige Regelung handelt, diese aber andererseits eine Nebenbestimmung zum Hauptverwaltungsakt darstellt und somit von diesem abhängig ist.

Für alle Arten von Nebenbestimmungen gilt, ihren Regelungsinhalt sauber zu bestimmen und vom Hauptverwaltungsakt abzugrenzen. Ein erstes Indiz ist dabei die jeweilige Bezeichnung der Nebenbestimmung in der Hauptregelung, die beispielsweise unter dem Vorbehalt des Widerrufs ergeht oder mit einer Auflage versehen ist. Entscheidend ist zudem der Wille der Behörde, der ihre Intention erkennen lässt. Dabei gilt, dass der Verwaltungsakt regelmäßig dann mit einer Bedingung verknüpft wird, wenn die Beachtung der Nebenbestimmung der Behörde so wichtig ist, dass die Wirksamkeit des Verwaltungsakts davon abhängen soll. Die Auflage (bzw. der Auflagenvorbehalt) ist daher in der Regel das weniger einschneidende und damit verhältnismäßige (Übermaßverbot!) Mittel. Zusammenfassend gilt daher, dass unselbstständige Nebenbestimmungen (Befristung, Bedingung und Widerrufsvorbehalt) Beginn oder Ende der Wirksamkeit eines Verwaltungsakts näher bestimmen. Sie begrenzen lediglich den Hauptverwaltungsakt, da ihnen ein eigenständiger sachlicher Regelungsgehalt fehlt. Hingegen enthalten selbstständige Nebenbestimmungen (Auflage und Auflagenvorbehalt) eine eigenständige, aber vom Hauptverwaltungsakt akzessorische Sachregelung, die im Falle der Auflage (§§ 36 Abs. 2 Nr. 4 VwVfG) sowohl isoliert angegriffen (Widerspruch, Anfechtungsklage) als auch von der Verwaltung vollstreckt werden kann.

3.3.2.4 Fehlerfolgen von Verwaltungsakten

Das Vorhandensein aller Merkmale eines Verwaltungsakts (§ 35 VwVfG) sagt noch nichts darüber aus, ob der Verwaltungsakt bereits Rechtswirkungen „nach außen", d. h. gegenüber den von ihm Betroffenen (Adressat oder andere Dritte) entfaltet. Entscheidend ist vielmehr, dass der Verwaltungsakt wirksam und damit „in der Welt" ist. Die Wirksamkeit ist wiederum von der Frage der Rechtmäßigkeit des Verwaltungsakts zu trennen, denn auch ein rechtswidriger Verwaltungsakt ist regelmäßig wirksam und entfaltet damit Rechtswirkungen, die von den Betroffenen beachtet werden müssen. Unwirksam und damit nichtig sind Verwaltungsakte nur bei ganz speziellen, schweren Fehlern, die im Gesetz (§ 44 VwVfG) ausdrücklich aufgezählt sind. Für die Fehlerhaftigkeit, d. h. die Fehlerfolgen von Verwaltungsakten (sog. Fehlerfolgenlehre) ist daher begrifflich streng zwischen der **Rechtswidrigkeit** (von wirksamen, aber aufhebbaren) und der **Nichtigkeit** von (unwirksamen) Verwaltungsakten zu unterscheiden.

Wirksamkeit und Nichtigkeit

Die Wirksamkeit des Verwaltungsakts beginnt mit seiner Bekanntgabe und endet, sofern und soweit der Verwaltungsakt keine Rechtswirkungen mehr zeitigt; dies kann durch Aufhebung, Erledigung oder Nichtigkeit der Fall sein (§ 43 Abs. 2 VwVfG). Die ordnungsgemäße Bekanntgabe ist somit nicht Rechtmäßigkeits-, sondern – wie allgemein beim Zugang von Willenserklärungen (§ 130 BGB) – Wirksamkeitsvoraussetzung und damit Existenzbedingung des Verwaltungsakts.

Die Bekanntgabe erfolgt gegenüber demjenigen, der vom Verwaltungsakt betroffen wird, regelmäßig dem Adressaten (§ 43 Abs. 1 VwVfG). Der Zeitpunkt der Bekanntgabe (§ 41 VwVfG) ist entscheidend für den Beginn von Widerspruchs- und Klagefristen. Umgekehrt bedeutet dies: Lässt der Adressat die ab Bekanntgabe laufende Frist für Rechtsbehelfe ungenutzt verstreichen, erwächst der Verwaltungsakt in **Bestandskraft** und ist ohne Einschränkungen zu beachten, auch wenn er rechtswidrig ist. Die Behörde kann einen bestandskräftigen Verwaltungsakt jederzeit per Vollstreckung durchsetzen, aber auch von sich aus aufheben (s. dazu Abschn. „Rücknahme und Widerruf").

Der Begriff der **Bekanntgabe** wird in § 41 VwVfG nicht legal definiert, lässt sich aber generell als wissentliche, willentliche und in amtlicher Eigenschaft erfolgende Mitteilung der Existenz und des Inhalts des Verwaltungsakts durch die sachlich zuständige Behörde beschreiben. Den Normalfall bildet die individuelle Bekanntgabe, § 41 Abs. 1 VwVfG, bei der es auf den Zugang beim Adressaten ankommt; bei mehreren Adressaten kann die Wirksamkeit des Verwaltungsakts zu unterschiedlichen Zeitpunkten eintreten. Ein Verwaltungsakt kann mündlich, schriftlich oder auch elektronisch bekanntgegeben werden; teilweise ist eine förmliche Zustellung vorgeschrieben (§ 41 Abs. 5 VwVfG i. V. m. VwZG).

3.3 Handlungsformen und Instrumente

▶ *Wird – wie normalerweise der Fall – ein Verwaltungsakt schriftlich im Inland durch ein Postunternehmen übermittelt, gilt dieser „am dritten Tag nach der Aufgabe zur Post als bekannt gegeben" (§ 41 Abs. 2 S. 1 VwVfG), sog.* **Drei-Tages-Fiktion.** *Ein tatsächlich früherer Zugang, z. B. dadurch, dass der Adressat den Brief bereits einen Tag früher erhielt und öffnete, ist unerheblich. „Zerstört" wird die Rechtswirkung der Fiktion nur dadurch, dass der Betroffene eine zeitlich frühere Bekanntgabe erklärt. Eine Ausnahme von der Drei-Tages-Fiktion besteht jedoch dann, wenn der Verwaltungsakt später, z. B. erst am fünften Tag nach Aufgabe zur Post, zugeht; dann gilt der tatsächliche Zugang, sodass der Verwaltungsakt auch erst zu diesem Zeitpunkt bekanntgegeben wird.*

Die Bekanntgabe ist der maßgebliche Startpunkt für die Berechnung von Rechtsbehelfs- und Klagefristen, allen voran für Widerspruch (§ 70 Abs. 1 VwGO) und Anfechtungs-/Verpflichtungsklage (§ 74 Abs. 1, 2 VwGO), die jeweils im Normalfall innerhalb eines Monats (nicht vier Wochen!) nach Bekanntgabe des Verwaltungsakts, ausnahmsweise innerhalb einer Jahresfrist (§§ 70 Abs. 2, 58 VwGO) zu erheben sind. Für die **Berechnung der Fristen** verweist § 57 Abs. 2 VwGO über § 222 Abs. 1 ZPO auf die Vorschriften in §§ 187 ff. BGB.

▶ *Fällt der Zugang nach der Drei-Tages-Fiktion auf einen Samstag, Sonntag oder gesetzlichen Feiertag, so ist – wenn der tatsächliche Zugang innerhalb der ersten drei Tage nach Postaufgabe erfolgt – dieser Tag maßgeblich! § 222 Abs. 2 ZPO ist nur für ein Fristende anwendbar; die Drei-Tages-Fiktion wirkt sich aber allein auf den Fristbeginn aus. Fällt das Fristende beispielsweise auf den Karfreitag als gesetzlichen Feiertag, verschiebt sich das Fristende entsprechend § 222 Abs. 2 ZPO auf den Dienstag nach Ostern.*

Die öffentliche Bekanntgabe, § 43 Abs. 4 VwVfG, bildet die Ausnahme und muss entweder durch Rechtsvorschrift zugelassen sein (§ 41 Abs. 3 S. 1 VwVfG) oder ist bei einer Allgemeinverfügung möglich, wenn die individuelle Bekanntgabe wegen zu vieler Adressaten untunlich wäre (§ 41 Abs. 3 S. 2 VwVfG).

Beispiel

Verkehrszeichen, ein klassisches Beispiel für Allgemeinverfügungen, werden durch Aufstellen öffentlich bekannt gegeben. Entscheidend für die wirksame Bekanntgabe ist nach st Rspr die Sichtbarkeit des Verkehrszeichens (§§ 39 Abs. 2 und 3, 45 StVO) sowie der Umstand, dass ein durchschnittlicher Kraftfahrer bei Einhaltung der verkehrsüblichen Sorgfalt (§ 1 StVO) das Schild mit einem raschen und beiläufigen Blick erfassen kann, sog. Sichtbarkeitsgrundsatz (BVerwGE 102, 316 [318]; BVerwGE 130, 383 Rn. 11; BVerwGE 138, 21 Rn. 15). Als (z. B. von einem Parkverbotsschild) betroffene Verkehrsteilnehmer gelten auch die Halter geparkter Fahrzeuge, solange sie Inhaber der tatsächlichen Gewalt über das Fahrzeug sind (BVerwGE 154, 365 Rn. 19). ◀

Die Wirksamkeit endet, wenn der Verwaltungsakt keine Rechtswirkungen mehr zeitigt (§ 43 Abs. 2 VwVfG). Dies kann entweder der Fall sein nach Aufhebung seitens der Behörde durch Rücknahme oder Widerruf (§§ 48, 49 VwVfG) oder durch verwaltungsgerichtliches Urteil (z. B. auf Anfechtungsklage hin, § 113 Abs. 1 S. 1 VwGO). Ein Verwaltungsakt kann sich zudem durch Zeitablauf (z. B. bei Befristung als Nebenbestimmung) oder aus anderen Gründen (z. B. Zweckerreichung durch Vollzug, Tod des Adressaten) **erledigen.** Schließlich führen Fälle, in denen ein Verwaltungsakt an schwerwiegenden, offensichtlichen Fehlern leidet, zur sog. **Nichtigkeit** und damit Unwirksamkeit. In der Verwaltungspraxis ist dies jedoch nur selten der Fall. Ob ein Verwaltungsakt nichtig ist, lässt sich anhand der in § 44 VwVfG enumerativ genannten Voraussetzungen feststellen. Als erstes sind die absoluten Nichtigkeitsgründe der sog. Positivliste (§ 44 Abs. 2) zu prüfen, sodann darf die Nichtigkeit nicht anhand der sog. Negativliste (§ 44 Abs. 3 VwVfG) ausgeschlossen sein. Greifen weder Positiv- noch Negativliste, ist der Verwaltungsakt nur nichtig, wenn der Verwaltungsakt nach der Auffangklausel (§ 44 Abs. 1 VwVfG) an (i) einem Fehler leidet, der (ii) schwerwiegend und (iii) offensichtlich ist.

▶ *Bei fehlerhaften Verwaltungsakten ist zwischen rechtswidrigen (und wirksamen, aber aufhebbaren) und nichtigen (unwirksamen) Verwaltungsakten zu unterscheiden. Auch ein rechtswidriger Verwaltungsakt wird bestandskräftig und muss vom Betroffenen (i. d. R. dem Adressaten) befolgt werden, sofern er nicht innerhalb der Rechtsbehelfsfristen (§§ 70, 74, 58 Abs. 2 VwGO) angegriffen wird.*

Rechtmäßigkeit von Verwaltungsakten
Die Wirksamkeit von Verwaltungsakten ist begrifflich streng von der Rechtmäßigkeit zu unterscheiden. Dabei kann nicht oft genug wiederholt werden: Auch der **rechtswidrige Verwaltungsakt ist wirksam**, und umgekehrt: (nur) der unwirksame, weil nichtige oder erledigte Verwaltungsakt entfaltet keinerlei Rechtswirkungen. Bei der Frage nach Rechtmäßigkeit oder Rechtswidrigkeit geht es daher um die Vereinbarkeit mit dem geltenden Recht. Die Voraussetzungen dafür leiten sich aus dem materiellen Recht ab, insbesondere der Ermächtigungsgrundlage, deren Tatbestand und Rechtsfolgen, ergänzt um höherrangiges Recht, z. B. Grundrechte.

▶ *Oftmals ist nicht ganz klar, ob jetzt die Voraussetzungen des § 35 S. 1 VwVfG zu prüfen sind. Deshalb sollte die Aufgabenstellung genau beachtet werden. Ist nach der Rechtmäßigkeit/Rechtswidrigkeit eines VA gefragt, dürfen die Voraussetzungen des § 35 S. 1 VwVfG nicht vertieft („abgespult") werden. Dies ist nur dann geboten, wenn explizit nach der Verwaltungsaktsqualität einer Maßnahme gefragt wird oder wenn (Abschn. 5.4.4) im Rahmen der Zulässigkeit die statthafte Klage-/Antragsart zu ermitteln ist.*

Die Frage der Rechtmäßigkeit von Verwaltungsakten stellt sich immer dann, wenn es sich begrifflich um einen Verwaltungsakt handelt, der wirksam (also bekanntgegeben und nicht nichtig) ist. Die daraus abzuleitenden drei großen **Prüfungspunkte** sind unabdingbar bei jeder Rechtmäßigkeitsprüfung zu berücksichtigen. Demnach ist der Verwaltungsakt rechtmäßig (und sind Widerspruch oder Anfechtungsklage unbegründet, § 113 Abs. 1 S. 1 VwGO), wenn es – erstens – für den Erlass des Verwaltungsaktes eine **wirksame Ermächtigungsgrundlage** gibt; diese ist für Eingriffsverwaltungsakte durch das Prinzip der Gesetzmäßigkeit der Verwaltung (Art. 20 Abs. 3 GG) zwingend. Zweitens müssen seitens der zuständigen Behörde die Verfahrens- und Formvorschriften eingehalten werden, sog. **formelle Rechtmäßigkeit**, wozu insbesondere Anhörung (§ 28 VwVfG), Begründung (§ 39 VwVfG) und Rechtsbehelfsbelehrung (§ 37 Abs. 6 VwVfG, § 58 VwGO) zählen. Schließlich darf – drittens – dem Verwaltungsakt geltendes Recht nicht entgegenstehen, sog. **materielle Rechtmäßigkeit**. Dabei ist zu prüfen, ob die Tatbestandsvoraussetzungen der Ermächtigungsgrundlage vorliegen und ein gegebenenfalls gesetzlich eingeräumtes Ermessen fehlerfrei ausgeübt worden ist. Im Ergebnis der Prüfung lässt sich beurteilen, inwieweit der Verwaltungsakt an formellen und/oder materiellen Fehlern leidet. Wichtig ist zu betonen, dass Verfahrens- und Formfehler allein nicht zur Rechtswidrigkeit des gesamten Verwaltungsakts führen; für diese besteht die Möglichkeit der nachträglichen Korrektur, sog. **Heilung** (§ 45), oder Unbeachtlichkeit (§ 46 VwVfG). Die Fehlerheilung ist durch nachträgliche Begründung (§ 45 Abs. 1 Nr. 2) oder durch Nachholung der Anhörung (§ 45 Abs. 1 Nr. 3 VwVfG) bis zum Abschluss der ersten bzw. letzten Tatsacheninstanz des verwaltungsgerichtlichen Verfahrens (§ 45 Abs. 2) möglich; Fristversäumnisse sind daher entschuldigt.

▶ *Ob ein Verwaltungsakt auf seine Rechtmäßigkeit oder Rechtswidrigkeit geprüft wird, ist insoweit „Geschmacksfrage", als in jedem Fall alle Prüfungspunkte (Ermächtigungsgrundlage, formelle und materielle Voraussetzungen) zu erörtern sind. Wichtig ist jedoch, die Fallfrage zu beachten und deren Formulierung ggf. aufzugreifen. Im Gutachten sollte einheitlich entweder von Rechtmäßig- oder Rechtswidrigkeit gesprochen werden.*

Für die Anwendung am konkreten Fall ergibt sich das folgende Prüfungsschema:

Prüfungsschema Rechtmäßigkeit von Verwaltungsakten

i) Ermächtigungsgrundlage (Vorbehalt des Gesetzes, Art. 20 Abs. 3 GG)
ii) Formelle Rechtmäßigkeit des VA
   (i) Zuständigkeit der handelnden Behörde (sachlich, örtlich, instanziell)
   (ii) Verfahren (insbesondere Anhörung, § 28 VwVfG)
   (iii) Form (insbesondere §§ 37, 39 VwVfG)
   ⇒ bei allen Verfahrens- und Formfehlern beachte §§ 45, 46 VwVfG
iii) Materielle Rechtmäßigkeit des VA
   (i) Tatbestandsseite: Merkmale der Ermächtigungsgrundlage sowie ausnahmsweise unbestimmte Rechtsbegriffe mit Beurteilungsspielraum
   (ii) Rechtsfolgenseite: gebundene Entscheidung ohne Spielraum für Behörde („ist", „hat"), oder Ermessensentscheidung („kann"), § 40 VwVfG
iv) Ergebnis

Rücknahme und Widerruf

Bezogen auf Fehlerfolgen sind unwirksame, weil nichtige Verwaltungsakte streng von solchen zu unterscheiden, die rechtswidrig, aber wirksam und damit von den Betroffenen grundsätzlich zu befolgen sind. Dass auch rechtswidrige Verwaltungsakte – sofern sie nicht angefochten werden – in Bestandskraft erwachsen, dient auf der einen Seite dem **Bestandsschutz** in Gestalt des strikten hoheitlichen (Nach-)Vollzugs durch die ausführende Gewalt. Auf der anderen Seite besteht kein öffentliches Interesse an der Perpetuierung rechtswidriger Verwaltungsakte, denn die Verwaltung gerät dadurch in Widerspruch zum Grundsatz der Rechtsbindung, insbesondere zum Vorrang des Gesetzes (Art. 20 Abs. 3 GG). Um den Gegensatz zwischen Individualinteressen und Allgemeinwohl angemessen zu regeln, eröffnet der Gesetzgeber der Verwaltung die Möglichkeit, ihr eigenes Handeln nachträglich zu korrigieren, indem sie Verwaltungsakte, auch nachdem sie unanfechtbar sind, aufheben kann (nicht zwingend muss). Mit der nachträglichen Korrektur eröffnet der Gesetzgeber der ausführenden Gewalt (Exekutive) weitreichende rechtliche Gestaltungsmöglichkeiten, die sonst nur dem Verwaltungsgericht (Judikative) im Ergebnis einer erfolgreichen Anfechtungsklage (§ 113 Abs. 1 S. 1 VwGO) zugestanden werden.

Die Behörde kann (Ermessen!) einen bestandskräftigen Verwaltungsakt nur unter gewissen, in §§ 48, 49 VwVfG geregelten Voraussetzungen aufheben. Im Einzelnen bemisst sich die Aufhebbarkeit nach der Fehlerhaftigkeit des Verwaltungsakts (rechtswidrig – rechtmäßig) sowie der Rechtswirkung für den Betroffenen (begünstigend – belastend). Soll ein **rechtswidriger Verwaltungsakt** zurückgenommen werden, richtet sich dies nach **§ 48 VwVfG**, während rechtmäßige Verwaltungsakte nach § 49 VwVfG widerrufen werden können. Der **begünstigende** Verwaltungsakt begründet oder bestätigt ein Recht oder einen rechtlich erheblichen Vorteil; dies bestimmt § 48 Abs. 1 S. 2 VwVfG (Legaldefinition). Der **belastende** Verwaltungsakt wirkt sich für den Betroffenen nachteilig aus, indem er in vorhandene Rechtspositionen eingreift oder eine begehrte Leistung ablehnt. Wird ein Verwaltungsakt von der Behörde aufgehoben, hört er auf zu existieren mit der Folge, dass die Verwaltung bereits gezahlte Leistungen vom Begünstigten – mittels eines separaten Rückforderungsbescheids – zurückfordern kann (sog. Rückforderungsanspruch, § 49a VwVfG).

▶ *Die Aufhebung von Verwaltungsakten ist als Oberbegriff für Rücknahme (§ 48) und Widerruf (§ 49 VwVfG) anzusehen. Sowohl die Rücknahme als auch der Widerruf eines Verwaltungsaktes ist jeweils selbst ein Verwaltungsakt, der von der Behörde wirksam bekanntgegeben (§§ 43, 41 VwVfG) werden muss. Für die Anwendung von § 48 bzw. § 49 VwVfG ist weiterhin zu unterscheiden, ob der (aufzuhebende!) Verwaltungsakt begünstigende und belastende Rechtswirkung entfaltet.*

Die Rücknahme eines (im Erlasszeitpunkt) rechtswidrigen Verwaltungsakts, z. B. Subventionsbescheid, richtet sich nach § 48 Abs. 1 S. 1 VwVfG. Handelt es sich um einen begünstigenden Verwaltungsakt (§ 48 Abs. 1 S. 2), der dem Empfänger z. B. einen geldwerten Vorteil gewährt, darf die Behörde diesen nur unter eingeschränkten Voraussetzungen (gemäß § 48 Abs. 2 bis 4 VwVfG) zurücknehmen. Bei der Entscheidung über eine Aufhebung muss die Behörde **Vertrauensschutz**aspekte berücksichtigen (§ 48 Abs. 2 S. 1, 2 VwVfG). § 48 Abs. 2 S. 3 Nr. 1–3 VwVfG normiert andererseits bestimmte Ausnahmetatbestände, in denen stets das Allgemeininteresse überwiegt. Zudem ist eine Rücknahme rechtswidriger begünstigender Verwaltungsakte nur innerhalb der **Jahresfrist** des § 48 Abs. 4 VwVfG möglich; wann diese Frist beginnt, ist aufgrund des unklaren Gesetzeswortlauts zweifelhaft. Vertreten wird, dass die Frist bereits mit Kenntniserlangung von den Tatsachen beginnt, die die Rücknahme bedingen (Bearbeitungsfrist). Hingegen stellt das BVerwG darauf ab, dass die Rücknahmefrist (erst) zu laufen beginnt, wenn die Behörde Kenntnis von der Rechtswidrigkeit *und* allen Tatsachen hat, die für die Rücknahmeentscheidung erforderlich sind (BVerwGE 70, 356 [358 ff.]). Dies überzeugt mit Blick auf den Wortlaut von § 48 Abs. 4 VwVfG und betont „Gründlichkeit vor Schnelligkeit".

Handelt es sich um einen (anfänglich) rechtmäßigen begünstigenden Verwaltungsakt, richten sich die Voraussetzungen des **Widerrufs** nach § 49 Abs. 2 VwVfG. Dieser ist – analog zu § 48 VwVfG – ebenfalls nur nach Abwägung gegen **schutzwürdiges Vertrauen** des Empfängers und in ausdrücklich geregelten Fällen zulässig. Anders als im Fall des § 48 Abs. 2 VwVfG darf ein rechtmäßiger begünstigender Verwaltungsakt nur in bestimmten Fällen (§ 49 Abs. 3) mit Wirkung für die Vergangenheit widerrufen werden. Wichtig ist, dass sowohl Rücknahme als auch Widerruf Ermessensentscheidungen („kann") der Behörde beinhalten, die – nach Bejahung der Tatbestandsvoraussetzungen von § 48 bzw. § 49 VwVfG – ihr Ermessen (Abschn. 3.3.2.2) auf Rechtsfolgenseite in jedem Fall pflichtgemäß (§ 40 VwVfG) ausüben muss.

Bei Wirksamwerden führen Rücknahme und Widerruf zur Aufhebung des jeweiligen Bewilligungsbescheides, mit Wirkung entweder für die Vergangenheit (*ex tunc*) oder nur für die Zukunft (*ex nunc*). Weggefallen ist damit der Rechtsgrund für die Bereicherung, die beispielsweise durch Subventionsgewährung eingetreten ist. Unter Verweis auf das zivilrechtliche Bereicherungsrecht (Abs. 2 S. 1) sieht § 49a VwVfG daher die Festsetzung der (Rück-)Erstattung der gewährten Leistung vor.

In der Verwaltungspraxis zählen die Regeln über Rücknahme und Widerruf zum Kernbestand des allgemeinen Verwaltungsrechts, die immer dann „vor die Klammer gezogen" und damit anwendbar sind, sofern keine spezialgesetzlichen Vorschriften vorrangig gelten. Einige Rechtsbereiche des besonderen Verwaltungsrechts, wie das GastG-Bund oder das BImSchG, greifen in Sonderbestimmungen die Regelungssystematik der §§ 48, 49 VwVfG auf oder verknüpfen spezielle Regelungen mit diesen Vorschriften.

Eigenständige Bedeutung entfalten §§ 48, 49 VwVfG vor allem bei der Rückforderung von Subventionen (Abschn. 4.3), da diese regelmäßig begünstigend wirken und die Behörde die Grundsätze wirtschaftlicher und sparsamer Haushaltsführung (Allgemeinwohl) gegen Belange des

Empfängers am „Behalten-Dürfen" der Mittel abwägen muss.

Beispiel

Das GastG-Bund normiert mit § 15 eine Spezialvorschrift für die Aufhebung der Gaststättenerlaubnis vor allem im Hinblick auf Gründe nach §§ 4, 5. Dabei wird die Rücknahme in § 15 Abs. 1 nicht vollständig geregelt, so dass § 48 VwVfG ergänzend anwendbar ist; dagegen sind die Regelungen über den Widerruf (§ 15 Abs. 2, 3) abschließend. Hingegen enthält das BImSchG in § 21 für den Widerruf der Anlagengenehmigung eine Spezialvorschrift gegenüber §§ 49, 49a, 50 VwVfG, während für die Rücknahme § 48 VwVfG als Ermächtigungsgrundlage heranzuziehen ist. ◄

3.4 Aufgaben der Wirtschaftsverwaltung

3.4.1 Überblick

Wirtschaftsverwaltung umfasst alle Bereiche, in denen öffentliches Wirtschaftsrecht vollzogen wird und daher öffentliche Aufgaben den Wirtschaftssektor in bestimmter Weise tangieren. Die Aufgaben der Wirtschaftsverwaltung sind daher so vielfältig wie wirtschaftliche Abläufe in einer Volkswirtschaft bzw. wie die Aktivitäten einzelner Wirtschaftsteilnehmer, z. B. Gewerbetreibende oder Unternehmen. Um mit dynamischen Entwicklungen auf internationaler, europäischer und nationaler Ebene Schritt halten zu können, diese in gewissen Grenzen zu lenken, teils zu unterstützen, muss die Wirtschaftsverwaltung einen Überblick über laufende, aber auch geplante wirtschaftliche Aktivitäten haben. Vor allem aber muss sie in der Lage sein, Wirtschaftstätigkeit wirkungsvoll überwachen, kontrollieren und Verstöße dagegen notfalls strikt sanktionieren zu können. Aus diesen vielgestaltigen Anforderungen lassen sich allgemeine und spezifische Aufgaben ableiten, die der Wirtschaftsverwaltung übertragen sind.

Zu den **allgemeinen** Wirtschaftsverwaltungsaufgaben zählen **Aufrechterhaltung** und **Weiterentwicklung** einer modernen, an aktuellen Erfordernissen ausgerichteten Wirtschaftspolitik sowie die Beeinflussung wirtschaftlicher Akteure und Abläufe. Dabei entscheiden die allgemeinen Aufgaben über den Umfang der grundrechtlichen Betätigungsfreiheit und sind Voraussetzung für jede wirtschaftliche Tätigkeit.

▷ *Um systematisches Verständnis aufzubauen, ist es wichtig, sich an dieser Stelle nochmals zwei Dinge in Erinnerung zu rufen: einerseits die Funktionen und Schutzgüter der Wirtschaftsgrundrechte, andererseits die Kompetenz- und Organisationsstruktur der Wirtschaftsverwaltung.*

Die **spezifischen** Aufgaben der Wirtschaftsverwaltung beziehen sich auf einzelne **Tätigkeitsbereiche**, beispielsweise bestimmte Branchen, wie das Gewerbe-, Gaststätten- und Handwerksrecht, das der Gefahrenabwehr dient, oder das Recht der Regulierung bestimmter Sektoren, wie Energie, Telekommunikation, Post oder Eisenbahn, dem wirtschaftspolitische Grundentscheidungen zu Privatisierung und Deregulierung zugrunde liegen. Da einige der genannten Bereiche noch gesondert behandelt werden (Kap. 4), wird der Schwerpunkt in diesem Kapitel auf die allgemeinen Aufgaben der Wirtschaftsverwaltung gelegt.

Die gesetzliche Ermächtigung, aufgrund derer die (Wirtschafts-)Verwaltung regelmäßig nur tätig werden darf, dient dabei dem Wohl der Allgemeinheit, sprich der Erfüllung öffentlicher Aufgaben. Die Begrenzung der wirtschaftlichen Entfaltungsfreiheit einzelner Wirtschaftsakteure findet daher im Interesse einer gesamtstaatlichen Verantwortung für bestimmte Schutzgüter (**Allgemeinwohl**) statt und dient in erster Linie dem **Zweck** der **Abwehr von Gefahren** für die öffentliche Sicherheit und Ordnung. Konkrete Allgemeinwohlziele spiegeln sich in den gesetzlichen Zielvorgaben der Wirtschaftsverwaltung wider, die typischerweise der Gefahrenabwehr (GewO, GastG-Bund, HwO), dem Verbraucher- und Anlegerschutz (KWG, WpHG), aber auch der Regulierung neuer Märkte (TKG, EnWG,

PostG, ERegG) oder der Stabilität systemrelevanter Systeme, z. B. kritischer Infrastrukturen, dienen können. Sowohl flexible wirtschaftspolitische Regelungsbedürfnisse als auch transparente und effiziente Gesetzgebungs- und Verwaltungsprozesse („schlanker Staat"; Bürgernähe) bedingen, dass der Wirtschaftsverwaltung mehrere Aufgaben gleichzeitig (Zielbündel) sowie wechselnde bzw. neue Aufgaben übertragen werden können. Ein permanenter, fester Kanon an Aufgaben und Zielen wäre rechts- und lebenswirklichkeitsfremd.

Aus den gesetzlichen Zielvorgaben lassen sich nach dem Zweck, den die Wirtschaftsverwaltung mit ihrem Handeln verfolgt, verschiedene Tätigkeitsfelder ableiten. Eine weitere Systematisierung betrifft die Intensität des durch das Handeln der Wirtschaftsverwaltung verursachten Grundrechtseingriffs, wonach sich das Handeln der Wirtschaftsverwaltung in Lenkungs-, Leistungs-, Eingriffs- und Bedarfsverwaltung unterscheiden lässt (s. unten). Beide systematische Einteilungen stehen selbstständig nebeneinander und werden in der Rechtspraxis regelmäßig in konkret-individuellen Einzelmaßnahmen kombiniert angewendet.

Beispiel

Die Wirtschaftsaufsicht handelt typischerweise durch Eingriffsverwaltungsakt, indem eine beantragte Genehmigung versagt wird. Die Wirtschaftsplanung nutzt verschiedene Formen von Plänen, die den einzelnen Wirtschaftsteilnehmer direkt oder auch nur indirekt tangieren können. Im Rahmen der Wirtschaftsförderung werden öffentliche Mittel, wie Subventionen, durch Leistungsverwaltung vergeben. ◄

Die **vier** typischen **Tätigkeitsfelder** der allgemeinen Wirtschaftsverwaltung umfassen Wirtschaftsplanung, Wirtschaftsstatistik, Wirtschaftsüberwachung und -aufsicht sowie Wirtschaftsförderung.

Wirtschaftsplanung meint die – auch in einer marktwirtschaftlichen Ordnung – zulässige und in gewissen Grenzen auch erforderliche Form der generellen Einflussnahme der öffentlichen Hand auf Wirtschaftsteilnehmer und deren Aktivitäten. Anders als in einer Zentralverwaltungs- oder Planwirtschaft sind bindende („imperative") Planvorgaben mit den Wirtschaftsgrundrechten (Abwehrrechte) unvereinbar und damit ausgeschlossen. Pläne (Abschn. 3.3) haben vielfältige Gestalten, und die Art des dagegen statthaften Rechtsschutzes hängt von der konkreten Regelung ab.

Beispiel

Für die Leistungsverwaltung kann der Ansatz von Fördermitteln im Haushaltsplan (ParlamentsG) ausreichend sein. Im Hinblick auf Parzellenschärfe und Projektbezug können jedoch Bebauungspläne oder Planfeststellungsbeschlüsse Grundlage für die Verwirklichung (oder das Scheitern) konkreter wirtschaftlicher Vorhaben sein, deren Rahmen sie rechtsverbindlich für einzelne Betroffene abstecken. ◄

Unter dem Begriff **Wirtschaftsstatistik** ist eine umfassende, aber nicht abschließend definierbare Sammelkategorie zu verstehen, die Wirtschaftsbeobachtung und -statistik im Sinne einer Eigeninformation erfasst. Darüber hinaus erstreckt sie sich auch auf die Erhebung, Verbreitung, Bewertung sowie Weitergabe von Daten an Wirtschaftsbehörden und andere öffentliche Stellen sowie private Personen und Unternehmen. Grundlage sind allgemeine Statistikgesetze auf Bundes- (BStatG) und Landesebene (z. B. HessLStatG), die durch eine Vielzahl von Spezialvorschriften (z. B. § 18 BBankG) bzw. speziellen Statistikgesetzen (etwa für das produzierende Gewerbe, die Außenhandels- oder Umweltstatistik) ergänzt werden.

Beispiel

Die zahlreichen, anlässlich von Gewerbeanzeigen, Zulassungsverfahren oder Überwachungsmaßnahmen anfallenden „personenbezogenen Daten" (i. S. v. Art. 4 Nr. 1 DSGVO) werden durch das Grundrecht auf informatio-

nelle Selbstbestimmung (Art. 2 Abs. 1 i. V. m. Art. 1 Abs. 1 GG; Art. 8 EuGRCh) geschützt, wonach der Einzelne grundsätzlich selbst über die Preisgabe und Verwendung seiner persönlichen Daten zu bestimmen hat. Sämtliche Statistikgesetze auf Bundes- wie Landesebene, die Regelungen über die „Erhebung", „Verarbeitung" und „Nutzung" personenbezogener Daten treffen, müssen daher den grundrechtlichen Schutzstandard beachten, den das BVerfG – im sog. Volkszählungsurteil (BVerfGE 65, 1) – für einen zweckgebundenen, transparenten und verhältnismäßigen Umgang mit solchen Informationen gesetzt hat. Maßgeblich hierfür sind seit 2018 vor allem umfangreiche Regelungen der europäischen DSGVO (VO [EU] 2016/679 v. 27.04.2016, ABl. L 119, 1), die in allen Teilen verbindlich ist und unmittelbar gilt.* ◀

Wirtschaftsüberwachung und -aufsicht bezeichnen die umfassende Kontrolle wirtschaftlicher Tätigkeiten durch Wirtschaftsaufsichtsbehörden, die von der Aufnahme bis zur Beendigung (und teilweise darüber hinaus) einer bestimmten Wirtschaftstätigkeit reicht. Im Unterschied zur Regulierung bleibt die Verhaltenssteuerung aber weitgehend „global" und generell, d. h. einzelne Transaktionen, insbesondere im Bereich der Finanzaufsicht (über Kreditinstitute, Wertpapiermärkte und Versicherungen), werden nur ausnahmsweise durch Verpflichtungen zur Anzeige oder gar Genehmigungserfordernisse geregelt.

> **Beispiel**
>
> *Praktisch jede Form wirtschaftlicher Tätigkeit wird – wenn auch mit unterschiedlich eingriffsintensiven Maßnahmen – durch die Wirtschaftsverwaltungsbehörden überwacht. Dies gilt sowohl für die erstmalige Aufnahme einer wirtschaftlichen Tätigkeit, die z. B. durch bloße Anzeige (sog. Gewerbeschein, §§ 14, 15 Abs. 1 GewO), aber auch durch behördliche Genehmigung vor Beginn der Tätigkeit (z. B. bestimmte Gewerbebetriebe nach §§ 30 ff. GewO), erfolgen kann, als auch für die laufende Überwachung der Wirtschaftstätigkeit, z. B. durch behördliche Auskunftsrechte (z. B. § 29 GewO) und handels- und steuerrechtliche Berichts- und Bilanzierungspflichten, und schließlich die Gewerbeuntersagung wegen Unzuverlässigkeit (§ 35 Abs. 2 GewO).* ◀

Wirtschaftsüberwachung und -aufsicht bilden die hauptsächlichen Tätigkeitsfelder der Wirtschaftsverwaltungsbehörden und werden daher sogleich noch näher behandelt.

Unter **Wirtschaftsförderung** versteht man eine durch das Sozialstaatsprinzip (Art. 20 Abs. 1 GG) sowie die Pflicht, ein gesamtwirtschaftliches Gleichgewicht (§ 1 StabG, Kap. 2) zu sichern, legitimierte öffentliche Aufgabe. Als solche unterliegt sie zwar dem rechtsstaatlichen (Vorrang und) Vorbehalt des Gesetzes, dem jedoch im Falle der Leistungsverwaltung bereits dadurch genügt wird, dass der Ansatz der Fördermittel in staatlichen Haushaltsgesetzen erfolgt. Die Vergabe öffentlicher (Förder-)Mittel muss stets im Einklang mit dem Gleichheitsgrundsatz (Art. 3 Abs. 1 GG) stehen. Ausgewählte Fragen der Wirtschaftsförderung werden separat im Abschnitt zum Beihilfen- und Subventionsrecht behandelt (Abschn. 4.3).

> **Beispiel**
>
> *Die Vergabe von Subventionen kann rechtlich unterschiedlich ausgestaltet sein, z. B. durch direkte finanzielle Zuwendungen in Gestalt nicht rückzahlbarer Zuschüsse oder zinsvergünstigter Darlehen (z. B. durch staatliche Förderbanken wie der KfW) oder durch indirekte Vergünstigungen, z. B. durch die Verschonung von Steuerlasten („Steuersparmodelle").* ◀

Wird die Verwaltung gegenüber individuellen Wirtschaftsteilnehmern tätig, hat dies stets nach verhältnismäßiger Abwägung zwischen dem Individualinteresse, d. h. der wirtschafts(grund)-rechtlichen Entfaltungsfreiheit des Einzelnen, und der Abwehr von Gefahren für das Allgemeinwohl, d. h. der gesamtstaatlichen Verantwortung für bestimmte Schutzgüter, zu erfolgen. Unter dem Gesichtspunkt der Eingriffsintensität lassen sich vier Arten des Wirtschaftsverwaltungshandelns unterscheiden: Lenkungs-, Leistungs-, Eingriffs- und Bedarfsverwaltung.

▶ *Um ein Rechtsgebiet gesetzlich umfassend zu regeln und der Verwaltung ein einzelfalladäquates Instrumentarium an die Hand zu geben, kombiniert der Gesetzgeber regelmäßig bestimmte Ziele und Aufgaben mit unterschiedlich eingriffsintensiven Handlungsformen und muss diese zwingend in konkreten Befugnissen normieren. Denn – wir erinnern uns – ein Schluss von der generellen Aufgabe auf die konkrete Befugnis ist verboten!*

Ziel der **Lenkungsverwaltung** ist es, eine – umfassende oder partielle, unmittelbare oder mittelbare – Steuerungswirkung auf bestimmte Wirtschafts- und Lebensbereiche auszuüben und diese damit in gewissen Grenzen planerisch zu lenken. Eine globale Steuerung, die die Kräfte des freien Marktes völlig oder weitgehend außer Kraft setzte, stößt auf verfassungsrechtliche Grenzen. Sie widerspräche dem Konzept der offenen Marktwirtschaft mit freiem Wettbewerb (Kap. 2). Deshalb kommen allenfalls punktuelle Wirtschaftslenkungsmaßnahmen in Betracht, betreffend bestimmte Wirtschaftssektoren, Politikbereiche, Wirtschaftssituationen oder -regionen. Unmittelbare Steuerung liegt vor, wenn der Staat durch rechtsverbindliche Regelungen, wie Ge- oder Verbote bzw. die Auferlegung von (finanziellen) Lasten, einseitig in den Status der Akteure eingreift. Mittelbar ist die Einwirkung dann, wenn staatliche Maßnahmen eine Veränderung des Marktverhaltens bewirken sollen, dieses aber zusätzlich vom Willen des Marktteilnehmers abhängt. Diese „Technik" belässt dem Einzelnen grundrechtsverbürgte Entscheidungsfreiheit und stellt lediglich rechtliche Rahmenbedingungen auf.

Als Teile der **Eingriffsverwaltung** beschneiden Maßnahmen der Wirtschaftslenkung und -überwachung in vielfältiger Weise die Rechte der Wirtschaftsteilnehmer, aus Gründen der Gefahrenabwehr bzw. solchen gesamtwirtschaftlicher oder sektorieller Herkunft. Die typischen Instrumente sind hier Ge- und Verbote in Gestalt von Anzeige- und Genehmigungs- oder auch Bußgeldvorschriften (Abschn. 3.4.2.3); sie dienen der Aufrechterhaltung eines geordneten Zusammenlebens (im Sinne der öffentlichen Sicherheit und Ordnung) und sind aufgrund ihrer für den Einzelnen belastenden, weil grundrechtsverkürzenden (negativen) Wirkung besonders eingriffsintensiv.

Hingegen zählen zur **Leistungsverwaltung** alle Formen des begünstigenden Wirtschaftsverwaltungshandelns, durch die in einem System staatlicher Förderung, z. B. durch Bereitstellung öffentlicher Einrichtungen oder Vergabe von Subventionen, eine indirekte Verhaltenssteuerung bei den Wirtschaftsteilnehmern über Anreize (positiv) herbeigeführt werden kann. In der Rechtspraxis nicht unüblich sind Überschneidungen von Lenkungs- und Fördermaßnahmen, weil auch die Wirtschaftslenkung Förderungsinstrumente einsetzen kann, andererseits Förderungen selektiv erfolgen und daher Einzelnen gegenüber belastend wirken können.

Handelt die Wirtschaftsverwaltung zum Zweck der Deckung des eigenen Bedarfs, sog. **Bedarfsverwaltung**, hat dies regelmäßig keine (negativen) Außenwirkungen auf die Wirtschaftsteilnehmer. Die Bedarfs- oder auch Fiskalverwaltung dient der Beschaffung (mit Steuermitteln) der notwendigen Sach- und Personalmittel für Verwaltungstätigkeit, beispielsweise durch Einstellung von Personal, Errichtung und Unterhaltung von Gebäuden oder Anschaffung von IT-Ausstattung.

3.4.2 Insbesondere Wirtschaftsüberwachung und -aufsicht

3.4.2.1 Begriff und Gegenstand

Wirtschaftsüberwachung ist eine klassische **Staatsaufgabe** und Korrektiv der Gewerbefreiheit (§ 1 GewO). Ihre aktuelle Legitimation ergibt sich aus dem Grundsatz der offenen Marktwirtschaft mit freiem Wettbewerb und aus den grundrechtlichen Schutzpflichten des Staates (Kap. 2). Denn je offener und freiheitlicher eine

Wirtschaftsordnung ausgestaltet ist, umso mehr müssen Wirtschaftsgesetzgebung und -verwaltung das wirtschaftliche Geschehen zum Zweck und mit den Mitteln der Gefahrenabwehr kontrollieren können. Dabei hat die Wirtschaftsüberwachung die einzelnen Wirtschaftsteilnehmer – als „Risikofaktor Mensch" – ebenso im Blick wie durch sie gesteuerte gefährliche Betriebe (Unternehmen), Produkte und Transportmittel oder Anlagen, teils auch die Beschäftigten. Gegenstand der Wirtschaftsüberwachung und -aufsicht sind nicht nur private, sondern auch öffentliche Unternehmen; bei diesen tritt freilich, sofern sie öffentlich-rechtlich organisiert sind, neben die allgemeine Überwachung noch eine Sonder(rechts)aufsicht, etwa nach § 52 KWG für öffentliche Kreditinstitute. Einzelheiten der Wirtschaftsüberwachung sind nicht in einem einheitlichen „Gefahrenabwehrgesetzbuch" normiert, sondern finden sich verstreut über zahlreiche Wirtschaftsverwaltungsgesetze, beispielsweise im BImSchG, ProdSG, GüKG, PBefG, KWG oder AtG, und auch in regulierten Sektoren (etwa §§ 44 f. PostG, §§ 127 ff. TKG 2012).

Die Anforderungen an die Überwachung, die der Abwehr von und dem Schutz vor Störungen dient, basieren auf dem sog. **Verursacherprinzip**, das entsprechend dem Grad der Überwachungsbedürftigkeit unterschiedliche Maßstäbe für die Kontrolle und ggf. Sanktionierung von Störern anlegt; Verschulden spielt dabei zunächst keine Rolle.

Ausgangspunkt und Kernanliegen der Wirtschaftsüberwachung sind die **Abwehr von Gefahren**, die von wirtschaftlicher Betätigung ausgehen, sowie die Gefahrenvorsorge. Gefahr wird dabei als Sachlage definiert, die bei ungehindertem Geschehensablauf in absehbarer Zeit mit hinreichender Wahrscheinlichkeit zu einer (nicht völlig unerheblichen) Verletzung von Rechts- und Sachgütern führt. Der wirtschaftsverwaltungsrechtliche Gefahrenbegriff ist dabei inhaltlich enger gefasst als der ökonomisch determinierte Begriff „Risiko". Hinreichend wahrscheinlich im Sinne des juristischen Gefahrenbegriffs ist jede nicht entfernte Möglichkeit eines Schadenseintritts.

Das **Ziel** der Gefahrenabwehr ist die Vermeidung von Schäden an bestimmten Rechtsgütern, wie Leben, Gesundheit oder konkreten Eigentumspositionen, sowie die Beseitigung von Störungen, die die öffentliche Sicherheit und Ordnung nicht nur geringfügig (im Sinne bloßer, aber hinzunehmender Belästigungen) beeinträchtigen. Zu diesem Zweck nimmt die Wirtschaftsüberwachung Bezug auf die Person des Unternehmers, beispielsweise bei dessen „Zuverlässigkeit", oder stellt gewisse Mindestanforderungen an den Betrieb bzw. die (gefährliche) Anlage; auch eine Kombination aus personen- und sachbezogenen Kriterien ist möglich.

Will die Wirtschaftsverwaltung rechtsförmlich, d. h. dem Wirtschaftsteilnehmer gegenüber rechtlich bindend handeln, muss sie dabei den **Verhältnismäßigkeitsgrundsatz** beachten. Das bedeutet, dass alle der spezifischen Gefahrenabwehr dienenden Maßnahmen die Gewerbefreiheit nicht unverhältnismäßig einschränken dürfen. Dies betrifft sowohl die jeweilige gesetzliche Regelung (Ermächtigungsgrundlage) als auch deren Vollzug durch die Exekutive.

▶ *Wiederholen Sie an dieser Stelle die Elemente des Verhältnismäßigkeitsgrundsatzes (aus Kap. 2). Angewendet auf die Wirtschaftsüberwachung, können Maßnahmen derselben – abstrakt-genereller (z. B. legislatives ParlamentsG) wie konkret-individueller (z. B. exekutiver Verwaltungsakt) Art – nur dann rechtmäßig sein, wenn der jeweilige Rechtsakt zur Erreichung eines legitimen Zwecks geeignet, im Sinne des geringstmöglichen Eingriffs erforderlich und angemessen, d. h. zumutbar ist.*

3.4.2.2 Schutzgüter

Der Schutzzweck der Wirtschaftsüberwachung besteht im Schutz unterschiedlicher, kollektiver wie individueller Rechtsgüter. Schutzwürdige **kollektive Rechtsgüter** sind vor allem öffentliche Sicherheit und Ordnung, öffentliche Sittlichkeit, Schutz von Umwelt, etwa Gewässern, Tieren, Pflanzen und gefährdeten Arten, aber auch (funktionierender) Wettbewerb.

> **Beispiel**
>
> *So besteht der Zweck des BImSchG darin, „Menschen, Tiere und Pflanzen, den Boden, das Wasser, die Atmosphäre sowie Kultur- und sonstige Sachgüter vor schädlichen Umwelteinwirkungen zu schützen und dem Entstehen schädlicher Umwelteinwirkungen vorzubeugen" (§ 1 Abs. 1). Kollektive Schutzgüter benennen auch § 1 AMG (Interesse einer ordnungsgemäßen Arzneimittelversorgung von Mensch und Tier für die Sicherheit im Verkehr mit Arzneimitteln), § 1 S. 2 UWG (Interesse der Allgemeinheit an einem unverfälschten Wettbewerb) sowie § 27c LuftVG (sichere, geordnete und flüssige Abwicklung des Luftverkehrs).* ◄

Hingegen beziehen sich **individuelle Rechtsgüter** auf Angehörige besonders schutzbedürftiger Gruppen, wie Verbraucher, Nachbarn, Arbeitnehmer, Minderjährige (Kinder und Jugendliche), Gäste, ferner Gläubiger oder Konkurrenten.

> **Beispiel**
>
> *Den Schutz individueller Rechtsgüter formulieren beispielsweise § 1 Abs. 2 LFGB („Schutz der menschlichen Gesundheit im privaten häuslichen Bereich durch Vorbeugung gegen eine oder Abwehr einer Gefahr, die von Erzeugnissen ausgeht oder ausgehen kann"), § 1 S. 1 UWG („Dieses Gesetz dient dem Schutz der Mitbewerber, der Verbraucherinnen und Verbraucher sowie der sonstigen Marktteilnehmer vor unlauteren geschäftlichen Handlungen") sowie § 4 Abs. 1 GastG-Bund (S. 1 Nr. 1 „Unerfahrene, Leichtsinnige oder Willensschwache ausbeuten ... oder dem Alkoholmißbrauch, verbotenem Glücksspiel, der Hehlerei oder der Unsittlichkeit Vorschub leisten ... oder die Vorschriften des Gesundheits- oder Lebensmittelrechts, des Arbeits- oder Jugendschutzes nicht einhalten ... ").* ◄

3.4.2.3 Instrumente

Damit die zuständigen Wirtschaftsverwaltungsbehörden den – kollektiven wie individuellen – Rechtsgüterschutz sicherstellen können, bedarf es eines situations- wie adressatenbezogenen, feinabgestimmten Instrumentariums. Dieses umfasst abstrakt-generelle Vorschriften sowie Maßnahmen (für den Einzelfall), welche die Aufnahme, Ausübung oder Beendigung einer wirtschaftlichen Tätigkeit und die Errichtung oder den Betrieb von Anlagen oder Erzeugung von Produkten regeln. In Bezug auf eine systematische Erfassung und Einordnung der Maßnahmen ist – in zeitlicher Dimension – zwischen dem Zeitpunkt der erstmaligen Betriebsaufnahme („ob") sowie der sich anschließenden Phase der laufenden Überwachung der gewerblichen Tätigkeit bzw. des Marktverhaltens („wie") zu unterscheiden. In beiden Phasen lassen sich, abhängig von der gefahrenabwehrrechtlichen Prognose der jeweiligen typischen Tätigkeit, unterschiedlich intensive **Überwachungs- und Kontrollmechanismen** abgrenzen.

▶ *Um die verschiedenen Wirtschaftsüberwachungsmaßnahmen nicht zu vermischen, ist es wichtig, die jeweiligen Anknüpfungspunkte sauber voneinander zu unterscheiden: Während auf einer gedachten Zeitschiene die Aufnahme der gewerblichen Tätigkeit (Zugangskontrolle) von deren laufender Überwachung abzugrenzen ist, ist die Eingriffsintensität (bei Erlaubnisanforderungen wie bei laufender Kontrolle) abhängig vom Gefahren„potential" der Gewerbetätigkeit.*

Zugangskontrolle bei der Betriebsaufnahme

Bei der erstmaligen Aufnahme einer gewerblichen Tätigkeit („ob") variiert die Bandbreite der wirtschaftsaufsichtsrechtlichen Kontrollbefugnisse erheblich. Die behördliche Überwachung des Zugangs zu einer bestimmten gewerblichen Tätigkeit reicht von der vollkommenen Anmeldefreiheit über unterschiedlich eingriffsintensive (Art. 12, Art. 14 GG) Erlaubnisse mit Kontrollvorbehalt bis zum absoluten Verbot bestimmter wirtschaftlicher Tätigkeiten.

(1) Ohne jegliche Zulassung oder Anzeige und somit anmeldefrei sind solche Tätigkeiten, in

3.4 Aufgaben der Wirtschaftsverwaltung

denen die Wirtschaftsaufsichtsbehörden auf jegliche Kenntnisnahme der Betriebsaufnahme verzichten. Da es keine Pflicht gibt, eine solche **Anmeldefreiheit** gesetzlich zu regeln, finden sich nur ausnahmsweise Vorschriften, die diesen Umstand ausdrücklich normieren.

Beispiel

Eines der wenigen Beispiele liefert § 4 TMG, wonach Telemedien „im Rahmen der Gesetze zulassungs- und anmeldefrei" sind. ◂

(2) Das Instrument mit der geringsten Eingriffsintensität bei der **Eröffnungskontrolle** findet sich beim **Verbot mit Anzeigevorbehalt** (auch Mitteilungsvorbehalt). In solchen Fällen muss die Behörde „gleichzeitig" (§ 14 Abs. 1 S. 1 GewO) mit Aufnahme der gewerblichen Tätigkeit (und nicht bereits vorher!) über Art und Umfang der Tätigkeit informiert werden, um bei drohender Gefahr dagegen einschreiten (Gefahrenabwehr) zu können. Wichtigster Anwendungsfall eines Verbots mit Anzeigevorbehalt ist der sog. **Gewerbeschein** für stehendes Gewerbe (§§ 14, 15 Abs. 1 GewO, unbedingt lesen!), bei dem es sich rechtstechnisch nicht um eine Genehmigung, sondern nur um die Empfangsbestätigung der Anzeige der aufgenommenen Tätigkeit handelt (§ 15 Abs. 1).

Beispiel

Weitere Anwendungsfälle, die anhand der Vorschriften nachgelesen werden sollten, liefern § 6 TKG, § 36 S. 1 PostG sowie § 5 (S. 1) EnWG. ◂

Schuldhafte Zuwiderhandlungen gegen Verbote mit Anzeigevorbehalt sind regelmäßig (nur) mit einem Bußgeld bedroht (§ 146 Abs. 2 GewO). Sprich: der unangemeldete Betrieb eines Gewerbes ist nicht rechtswidrig, sondern die Tätigkeit findet rechtmäßig statt. Daraus folgt, dass die zuständige Gewerbeaufsicht einen unangemeldeten Gewerbebetrieb nicht ohne weiteres beenden kann, sondern eine Schließung auf eine Untersagungsverfügung (§ 35 GewO), die einen Verwaltungsakt (§ 35 S. 1 VwVfG) darstellt, stützen muss.

(3) Unter höheren Voraussetzungen als die bloße Eröffnungskontrolle steht die Kontrollerlaubnis beim sog. **Verbot mit Erlaubnisvorbehalt** (auch Zulassungsvorbehalt). Bei den Verboten mit Zulassungsvorbehalt handelt es sich um striktere Regelungen, bei denen der Präventionscharakter (für den Schutz des Allgemeinwohls) im Vordergrund steht; damit einher gehen regelmäßig intensivere Eingriffe in die Berufsfreiheit (mindestens als Berufszulassungsregelungen auf 2. Stufe, Kap. 2), die nur aus gewichtigen öffentlichen Interessen zu rechtfertigen sind. In der Gewerbeaufsichtspraxis ist die behördliche Vorabkontrolle eines Genehmigungsanspruchs, z. B. auf Eröffnung eines Pfandleihhauses (§ 34 GewO), der **Regelfall**, denn die Gewerbeaufsichtsbehörde kontrolliert vor Beginn (präventiv) der Gewerbetätigkeit die Genehmigungsvoraussetzungen; sind diese gegeben, wird das formale Verbot aufgehoben und – bildlich gesprochen – öffnet sich die „Schranke" des Erlaubnisvorbehalts, indem die Genehmigung erteilt wird. Im Umkehrschluss folgt daraus, dass eine fehlende Kontrollerlaubnis die Aufnahme der gewerblichen Tätigkeit solange hemmt (Sperrwirkung), bis das Verwaltungsverfahren (durch begünstigende Konzession, Genehmigung, o. ä.) abgeschlossen ist.

Beispiel

Wer beispielsweise Bankgeschäfte betreiben oder Finanzdienstleistungen erbringen will, benötigt dafür eine Kontrollerlaubnis, die als präventives Verbot mit Erlaubnisvorbehalt nach §§ 32, 33 KWG ausgestaltet ist. Ein weiteres typisches Beispiel liefert eine nach §§ 2–4 GastG-Bund beantragte Gaststättengenehmigung, die erst erteilt wird, wenn der Antragsteller die persönlichen wie sachlichen

Merkmale erfüllt. Die Bundesländer, die für das Gaststättenrecht die ausschließliche Gesetzgebungskompetenz besitzen (arg. ex Art. 74 Abs. 1 Nr. 11 „ohne" das Recht der Gaststätten i. V. m. Art. 125a Abs. 1 GG), verfolgen teilweise eine entgegengesetzte Regelungstechnik, die Gaststätten „erlaubnis" ist hier im Grundsatz als bloßer Anzeigevorbehalt ausgestaltet (vgl. § 2 Abs. 1 SächsGastG; § 2 Abs. 2, § 3 HessGastG). ◀

Betrachtet man gewerberechtliche Genehmigungen genauer, lassen sich verschiedene Arten von Konzessionen, sog. Personal- und Sachkonzessionen sowie Mischformen aus beiden, unterscheiden.

Ist der Genehmigungsvorbehalt an personenbezogene Merkmale geknüpft, sind Eigenschaften oder Fähigkeiten in der Person des Gewerbetreibenden entscheidend für die Konzessionserteilung. Aufgrund ihrer Personenbezogenheit „erlöschen" Personalkonzessionen regelmäßig mit dem Tod der natürlichen Person als Genehmigungsinhaber. Typische **Personalkonzessionen** liegen vor, wenn die gewerberechtlichen Genehmigungsvoraussetzungen an eine bestimmte fachliche Eignung, an Qualifikationsnachweise (z. B. Berufsabschlüsse) oder bisherige Tätigkeiten anknüpfen oder aber von der Genehmigungsbehörde eine Prognose zum unbestimmten Rechtsbegriff der Zuverlässigkeit (zum Begriff näher Kap. 4) des Gewerbetreibenden verlangt wird.

Beispiel

Auf die Zuverlässigkeit des Gewerbetreibenden stellen ab etwa § 34c Abs. 2 Nr. 1, 2 GewO, § 4 Abs. 1 Nr. 1 GastG-Bund oder auch § 33 Abs. 1 S. 1 Nr. 4, Abs. 2 KWG. ◀

Die Gewerbegenehmigung für den Betrieb von (gefährlichen) Anlagen ist oftmals abhängig von sachbezogenen Merkmalen, die unabhängig von der Person des Gewerbetreibenden vorliegen müssen und sich auf den Betrieb, die Anlage oder die örtliche Lage als „Gefahrenquelle" beziehen. **Sachkonzessionen** dürfen daher nur erteilt werden, wenn das öffentliche Interesse der im Betrieb oder der Anlage Beschäftigten (Stichwort Arbeitssicherheit) gewahrt ist sowie die unmittelbar von Emissionen betroffene Nachbarschaft, die Verbraucher oder die Allgemeinheit angemessen geschützt sind.

Beispiel

Sachbezogene Merkmale finden sich etwa in Genehmigungen zu Geräte- und Produktsicherheit (nach ProdSG), als Verbote zu bestimmten Tätigkeiten im Reisegewerbe (§ 56 GewO) sowie bei immissionsschutzrechtlichen Genehmigungen (§§ 4 ff. BImSchG). ◀

Schätzt der Gesetzgeber ein, dass das Gefahrenpotenzial des Gewerbes aus personen- und sachbezogenen Merkmalen resultieren kann, werden die Genehmigungsvoraussetzungen in sog. **gemischten Konzessionen** kombiniert.

Beispiel

Um gemischte Konzessionen handelt es sich beim Betrieb von Privatkrankenanstalten (§ 30 Abs. 1 S. 2) sowie der gewerbsmäßigen Schaustellung von Personen (§ 33a Abs. 2 GewO), aber auch bei Erlaubnissen im Bankwesen (§ 33 KWG). ◀

Der Anspruch auf Erteilung einer solchen gemischten Konzession besteht daher nur, wenn alle Genehmigungsvoraussetzungen kumulativ vorliegen und der Gesetzgeber der Behörde kein Ermessen einräumt. Steht der Behörde jedoch ein Ermessensspielraum zu, hat der Antragsteller nur einen Anspruch auf einen sog. **Dispens** (von lat. *dispensa* = Erteilung einer Gunst), d. h. eine ermessensfehlerfreie Entscheidung (über das „ob" und „wie"), nicht aber auf die Konzession selbst.

▶ *Der Gesetzgeber wählt immer dann die Form der Personalkonzession, wenn der Gewerbetreibende aufgrund persönlicher Eigenschaften, z. B. Unzuverlässigkeit, zur potenziellen Gefahr für die Allgemeinheit werden kann. Liegt das Gefahrenpotenzial, z. B. durch Emissionen, in der Anlage oder* dem Betrieb, spricht dies für eine Sachkonzession. Drohen Gefahren für das Allgemeinwohl sowohl aus personen- wie aus sachbezogenen Merkmalen, werden die Anforderungen in gemischten Konzessionen „kumuliert".

In allen Fällen, in denen eine Genehmigung nach Prüfung der Erlaubnisvoraussetzungen (durch wirksamen Verwaltungsakt, §§ 35, 41 VwVfG) erteilt wurde, gelten deren rechtsgestaltende Wirkungen, z. B. bei Gaststätten- oder Anlagengenehmigung, bis zu einer möglichen Aufhebung (durch Rücknahme oder Widerruf, §§ 48, 49 VwVfG) oder Wegfall (z. B. durch Befristung) des Genehmigungsverwaltungsaktes. Daraus folgt auch, dass die Gewerbebehörde nicht ohne Grund gegen die einmal genehmigte Betätigung einschreiten kann. Ausnahmen in Gestalt von behördlichen Anordnungen, z. B. durch nachträgliche Auflagen gegenüber genehmigten Betrieben, wie nach § 17 BImSchG oder § 5 GastG-Bund, sind immer dann zugelassen, wenn dies aus Gründen der Gefahrenabwehr (z. B. nach BImSchG bei schädlichen Umwelteinwirkungen oder sonstigen Gefahren oder nach GastG-Bund bei Gefahren für Leben, Gesundheit oder Sittlichkeit der Gäste) erforderlich scheint.

▷ Machen Sie sich an dieser Stelle nochmals das Zusammenspiel der allgemeinen verwaltungsrechtlichen Grundlagen, wie Wirksamkeit (§§ 43, 41), Nebenbestimmungen (§ 36) sowie Rücknahme und Widerruf (§§ 48, 49 VwVfG), mit den gewerberechtlichen Anwendungsfeldern, insbesondere der GewO, aber auch des BImSchG, GastG-Bund oder KWG, bewusst. Durch Wiederholung erkennen Sie systematische Zusammenhänge besser, können diese für sich nachhaltig „abspeichern" und reduzieren später hektisches und stupides Auswendiglernen.

Wird die Gewerbetätigkeit trotz Auflagen oder Komplettverbot ausgeübt, kann die Behörde unmittelbar durch **Sanktionen** (Kap. 4) einschreiten, z. B. durch eine Gewerbeuntersagung (§ 15 Abs. 2 GewO). Die schuldhafte Zuwiderhandlung stellt regelmäßig eine Ordnungswidrigkeit (§§ 144 Abs. 1, 145 Abs. 1 GewO), in Sonderfällen sogar eine Straftat (§ 54 KWG) dar.

(4) Gravierende Beschränkungen der wirtschaftlichen Entfaltungsfreiheit sind mit sog. **repressiven Verboten mit Befreiungsvorbehalt** verbunden, die aufgrund ihrer hohen Eingriffsintensität nur in bestimmten Branchen unter besonderen Voraussetzungen zulässig und daher in der Verwaltungspraxis relativ selten sind. Repressive Verbote mit Befreiungsvorbehalt stellen dem Grunde nach eine behördliche Vorabkontrolle dar, wobei auch bei Vorliegen aller Genehmigungsvoraussetzungen kein Anspruch auf Zulassung (wie beim Erlaubnisvorbehalt), sondern nur auf ermessensfehlerfreie Entscheidung, sog. Dispens oder Befreiung) der zuständigen Behörde besteht.

Beispiel

Anwendungsfälle finden sich für Reisegewerbebetätigkeiten in § 56 GewO, das Kriegswaffenrecht in § 6 KWKG, für Sende- und sonstige Telekommunikationsanlagen in § 90 TKG sowie ferner mit Blick auf die knappe Ressource Wasser bei Erlaubnissen im Wasserrecht. ◂

(5) Nur ausnahmsweise gerechtfertigt sind **absolute Verbote** bestimmter wirtschaftlicher Tätigkeiten, da mit ihnen regelmäßig schwere Eingriffe (zumeist als objektive Berufswahlregelungen auf 3. Stufe) verbunden sind, die nur durch den Schutz und die Abwehr von schweren Schäden für überragend wichtige Gemeinschaftsgüter gerechtfertigt sein können.

Beispiel

So verbietet es § 5 LBFG, Lebensmittel für andere derart herzustellen oder zu behandeln, dass ihr Verzehr gesundheitsschädlich ist. ◂

(6) Betrachtet man Erlaubnisvorbehalte im Wandel der Zeit, sind Kontrollvorbehalte fester Bestandteil des wirtschaftsverwaltungsrechtlichen Instrumentariums und mit diesem einem stetigen Anpassungsdruck an die Dynamik der Wirtschaft unterworfen. Perspektivisch unterliegt der Einsatz von Erlaubnisvorbehalten daher einem gewissen Wandel, wobei gegenläufige Entwicklungen zwischen der Entwicklung auf nationaler und auf EU-Ebene zu verzeichnen sind. Die Bemühungen um stärkere **Deregulierung** führen, bedingt durch die Schaffung und Öffnung neuer Märkte, auch zur Abschaffung von Erlaubnissen; gleichzeitig entstehen neue Gefahrenpotenziale, z. B. durch neue Produkte oder Vertriebskanäle, die besonders unter dem Gesichtspunkt des Verbraucher- und Kundenschutzes neue Zulassungskontrollen fordern. Die Umsetzung politischer Entscheidungen zu Deregulierung und **Privatisierung** bestimmter (kritischer) Infrastrukturen und Sektoren, wie Energie, Telekommunikation oder Post, fordert auf der anderen Seite staatliche Maßnahmen, insbesondere Gesetze, zur unmittelbaren Wirtschaftslenkung; dabei dient der hoheitliche Eingriff nicht dem Ziel der Gefahrenabwehr, sondern der Durchsetzung spezifischer wirtschafts-, aber auch sozialpolitischer („soziales Gewissen") Interessen, wie Antidiskriminierung oder Verbraucherschutz. Regelungstechnisch setzt der Gesetzgeber diese Ziele mit dem Rechtsinstitut des sog. **Kontrahierungszwangs** um, vermittels dessen der Abschluss (Genehmigungsbedürfnis) oder der Inhalt eines – regelmäßig zivilrechtlichen – Vertrags durch eine Rechtsnorm inhaltlich vorgeprägt und damit der Grundsatz der Privatautonomie teilweise außer Kraft gesetzt wird (Abschn. 3.3.1.2). Der Kontrahierungszwang gilt für staatliche Stellen und für Unternehmen vor allem in infrastrukturellen Bereichen wie Energieversorgung, Post-Universaldienst oder Personenbeförderung (Kap. 4). Bei privaten bzw. privatisierten Unternehmen kann ein Kontrahierungszwang allenfalls aus dem kartellrechtlichen Diskriminierungsverbot (§ 20 GWB) bzw. aus spezialgesetzlichen Regelungen, wie TKG, PostG oder VAG, oder aus vorsätzlicher sittenwidriger Schädigung (§ 826 BGB) abgeleitet werden. Daneben besteht stets die Kontrolle von (Allgemeinen) Geschäftsbedingungen (AGB) über die zivilrechtlichen Vorschriften der §§ 305 ff. BGB, die durch die Zivilgerichte erfolgt. Ein der AGB-Kontrolle vergleichbarer Maßstab findet sich insbesondere im Kommunikations-, Post- und Verkehrswesen für Preise und Tarife.

Beispiel

Eine Kontrolle von Preisen und Tarifen findet sich in §§ 27 ff. TKG und §§ 19 ff. PostG sowie §§ 23a, 24 EnWG. Im Außenwirtschaftsrecht (§ 15 AWG) gilt ebenfalls ein Genehmigungserfordernis für spezielle Verträge mit der Folge, dass ohne die erforderliche Genehmigung vorgenommene Rechtsgeschäfte schwebend unwirksam sind (Abs. 1 S. 1). ◄

Überwachung der laufenden Tätigkeit

Aus dem Umstand, dass ein Gewerbe die aufsichtsrechtlichen Hürden der erstmaligen Zugangskontrolle („ob") genommen hat, folgt keineswegs, dass die laufende Tätigkeit frei von jeglicher Überwachung oder Kontrolle ist. Vielmehr ist das Gegenteil der Fall, da auch bei der laufenden Überwachung der gewerblichen Tätigkeit bzw. des Marktverhaltens („wie") allgemeine Schutzgüter, insbesondere die öffentliche Sicherheit und Ordnung, sowie spezielle Schutzgüter, teilweise auch in Kombination, Berücksichtigung finden. Abhängig von der gefahrenabwehrrechtlichen Prognose hat der Gesetzgeber den Wirtschaftsüberwachungs- und -aufsichtsbehörden unterschiedlich eingriffsintensive Überwachungs- und Kontrollbefugnisse an die Hand gegeben, von denen nachstehend die wichtigsten unter dem Gesichtspunkt der zunehmenden Eingriffsintensität kurz systematisiert werden.

Anzeige- und Mitteilungspflichten sind immer dann vorgesehen, wenn sich Ort oder Inhalt der wirtschaftlichen Betätigung ändern, beispielsweise bei Betriebsverlegung eines Gewerbes (§ 14 Abs. 1 S. 2 Nr. 1 GewO) oder Wechsel des Gegenstandes (Nr. 2). Ähnlich schwache Eingriffe in die wirtschaftliche Betätigungsfreiheit (in Art. 12 Abs. 1, 14 Abs. 1 oder Art. 2 Abs. 1 GG) mit sich bringen besondere Informationspflichten in Gestalt von Kennzeichnungs- und Warnhinweispflichten, wie nach § 6 TMG, oder die Pflicht zum Nachweis von Sicherheitsleistungen, beispielsweise für Reiseveranstalter in Gestalt des sog. Reisesicherungsscheins nach § 651r BGB. Auf gleicher Stufe einzuordnen sind Werbeverbote, wonach bestimmte Arten von Werbung durch die jeweils zuständige Behörde untersagt werden kann; Beispiele finden sich allgemein für vergleichende Werbung (§ 6 UWG) oder speziell in Bezug auf Werbung für Verbraucherdarlehensverträge, die falsche Erwartungen in Bezug auf die Möglichkeit, ein Darlehen zu erhalten oder in Bezug auf die Kosten eines Darlehens weckt (§ 23 Abs. 1 KWG).

Eine etwas höhere Eingriffsintensität besitzen **Auskunfts-, Erklärungs- und Berichtspflichten**, beispielsweise nach § 29 GewO oder § 22 GastG-Bund, die die zuständige Behörde ermächtigen, „zum Zwecke der Überwachung Grundstücke und Geschäftsräume des Betroffenen während der üblichen Geschäftszeit zu betreten, dort Prüfungen und Besichtigungen vorzunehmen, sich die geschäftlichen Unterlagen vorlegen zu lassen und in diese Einsicht zu nehmen" (§ 29 Abs. 2 S. 1 GewO). Dienen die Geschäftsräume zugleich Wohnzwecken, wird hierdurch die Unverletzlichkeit der Wohnung (Art. 13 GG) zur Abwehr „dringender Gefahren für die öffentliche Sicherheit und Ordnung" eingeschränkt. **Betretens- und Nachschaurechte**, die die Überwachung von personen- oder sachbezogenen Konzessionen (Abschn. „Zugangskontrolle bei der Betriebsaufnahme") ermöglichen, befugen die zuständige Behörde, sich ein „Bild vor Ort" von persönlichen Eigenschaften, z. B. der Zuverlässigkeit des Gewerbetreibenden (GewO, GastG-Bund) oder räumlichen Gegebenheiten (BImSchG, GastG-Bund) des genehmigten Gewerbebetriebs zu verschaffen. Erkenntnisse, die die Behörden aus den konkreten Überwachungsmaßnahmen ableiten, dienen in erster Linie der laufenden Kontrolle. Sollte hingegen die Gefahrenprognose die Annahme rechtfertigen, dass ein umfangreicheres behördliches Einschreiten mit Sanktionswirkung (s. nachfolgender Abschnitt), z. B. Gewerbeuntersagung oder Aufhebung der Konzession, erforderlich ist, zeigt sich, dass Überwachungs- und Sanktionsbefugnisse in der gewerbeaufsichtsrechtlichen Praxis eng miteinander verbunden sind bzw. aufeinander aufbauen.

3.4.2.4 Sanktionierung, insbesondere Befugnisse der Aufsichtsbehörden

Grundsätzlich gilt: Verletzt eine Person gesetzliche Vorschriften oder behördliche Anordnungen, so können sich aus diesem Fehlverhalten unterschiedliche nachteilige Folgen für sie ergeben. Dabei hängen deren Art und Ausmaß vor allem davon ab, ob der Verstoß schuldhaft, d. h. vorsätzlich oder fahrlässig erfolgt ist oder nicht. **Strafen** und auch **Geldbußen** können nur verhängt werden, wenn schuldhaftes Handeln oder Unterlassen vorliegt; dies folgt aus dem strafrechtlichen Prinzip *nulla poena sine lege* (vgl. § 46 Abs. 1 StGB), dem der Schutz der Menschenwürde (Art. 1 Abs. 1 GG) zugrunde liegt.

Die Verletzung von Vorschriften des öffentlichen Wirtschaftsrechts sowie Verstöße gegen behördliche Anordnungen (z. B. durch Verwaltungsakt) dürfen daher nicht ohne Folgen für den „Störer" bleiben, wobei zwischen straf- und verwaltungsrechtlichen Sanktionen zu unterscheiden ist. In jedem Falle sind Sanktionen nur dann rechtmäßig sind, wenn ihre Intensität je nach Schwere des Fehlverhaltens (ab)gestuft ist und den **Verhältnismäßigkeitsgrundsatz** berücksichtigt.

Charakteristisch für wirtschaftsverwaltungsrechtliche Sanktionen, insbesondere als Folge der laufenden Kontrolle, sind behördliche Auflagen oder Anordnungen, die die Art und Weise der Betriebsführung betreffen und die die zuständige Behörde nachträglich zur und ohne Änderung der Gewerbegenehmigung erlassen kann.

> **Beispiel**
>
> *Diesen Zweck verfolgt die Behörde regelungstechnisch typischerweise durch Auflagen- (§ 36 Abs. 2 Nr. 4 VwVfG) oder auch Widerrufsvorbehalte (Nr. 3), die als Nebenbestimmungen, etwa spezialgesetzlich nach § 17 Abs. 1 BImSchG oder § 5 GastG-Bund oder allgemein nach § 36 VwVfG, zum Genehmigungsverwaltungsakt wirken.* ◄

Zudem kann die Behörde das Gewerbe untersagen, sprich die weitere Fortführung des Gewerbes ganz oder teilweise beenden, wenn Tatsachen die Annahme rechtfertigen, dass der Gewerbetreibende nicht (mehr) die erforderliche Zuverlässigkeit, z. B. nach § 35 Abs. 1 GewO, besitzt. Die **Gewerbeuntersagung** ist immer dann erforderlich, wenn es sich um ein (nur) anzeigepflichtiges (§§ 14 Abs. 1, 15 GewO) stehendes Gewerbe handelt, das keiner positiven Erlaubnis bedarf. Beruht das Gewerbe auf einem Genehmigungsbescheid (Verbot mit Erlaubnisvorbehalt), muss die zuständige Behörde die einmal erteilte Genehmigung ausdrücklich – durch Rücknahme oder Widerruf – aufheben; sofern für die Aufhebung keine spezialgesetzlichen Vorschriften, etwa § 44 TKG, § 9 PostG oder § 15 GastG-Bund, einschlägig sind, stützt die Behörde ihren Bescheid auf die allgemeinen verwaltungsrechtlichen Aufhebungstatbestände der §§ 48, 49 VwVfG.

▶ *Machen Sie sich an dieser Stelle das Spezialitätsverhältnis (Klammerprinzip) zwischen den Vorschriften des allgemeinen und besonderen Wirtschaftsverwaltungsrechts klar. Die Ermächtigungsgrundlage (Art. 20 Abs. 3 GG) für die Wirtschaftsüberwachungsmaßnahme muss zunächst in den Vorschriften gesucht werden, die den engsten Bezug zum Sachverhalt aufweisen (z. B. GewO, HwO, GastG, BImSchG). Wird man dort nicht fündig, muss die Behörde ihr Handeln auf die einschlägigen allgemeinen Normen, z. B. zu Rücknahme und Widerruf (§§ 48, 49 VwVfG), stützen. Denken Sie daran, dass die Rückerstattung von finanziellen Leistungen durch einen gesonderten Verwaltungsakt, basierend auf spezialgesetzlichen Regelungen oder auf § 49a VwVfG, erfolgen muss.*

Die **Aufhebung** der Erlaubnis – durch Rücknahme und Widerruf – ist ebenso wie die Gewerbeuntersagung ein eigener, weiterer Verwaltungsakt (§ 35 VwVfG), gegen den der Betroffene mit Widerspruch und Anfechtungsklage (Kap. 5) vorgehen kann.

Schließlich können den Gewerbetreibenden auch nach Ende seiner Gewerbetätigkeit noch Rechtspflichten, z. B. zu **Entsorgung und Abfallbeseitigung** (§ 36 KrWG), treffen, die die Behörde notfalls mit Zwang (Verwaltungsvollstreckung) durchsetzen kann, wenn durch die frühere Tätigkeit oder den Betrieb spezielle Umweltgefahren oder allgemeine Gefahren für die öffentliche Sicherheit und Ordnung ausgehen.

Verwaltungs- oder privatrechtliche Sanktionen können auch lediglich dazu dienen, einer bestimmten Person die finanziellen Konsequenzen ihrer Zuwiderhandlung aufzubürden, indem sie ihr einen ungerechtfertigten Vermögensvorteil wieder entziehen oder ihr das Risiko (des Fehlschlags) eines Verhaltens (endgültig) zuweisen, weil ihr andernfalls auch der Ertrag hieraus zustehen würde.

> **Beispiel**
>
> *Dies ist vorgesehen etwa in § 49a Abs. 1 VwVfG sowie § 44 Abs. 1 TKG.* ◄

Schadensersatz hingegen kann ein Opfer in der Regel nur im Hinblick auf ein vorwerfbares Fehlverhalten einer anderen Person fordern, wie beispielsweise in § 38 PostG geregelt ist; Art und Umfang des Schadensersatzes bemessen sich nach zivilrechtlichen Grundsätzen (§ 280 Abs. 1 bzw. § 823 Abs. 1 BGB).

Bei **Personen- und Sachschäden**, die aus einem „Fehler" (§ 3 ProdHaftG) eines „Produkts" (§ 2) herrühren, trifft den „Hersteller" (§ 4) eine prinzipielle verschuldensunabhängige **Produkthaftung**, die allerdings summenmäßig beschränkt ist (§ 1 Abs. 1 i. V. m. §§ 7 ff.). Dem Hersteller obliegt auch der Nachweis, dass zu seinen Gunsten Ausnahmen von der Ersatzpflicht nach § 1 Abs. 2 oder Abs. 3 ProdHaftG eingreifen.

Soweit ein Schaden nicht durch höhere Gewalt verursacht wurde (§ 4 UmweltHG), ist ferner der Inhaber bestimmter, wirtschaftlich bedeutsamer „**Anlagen**" (§ 3 Abs. 2, 3), von der die betreffenden „Umwelteinwirkungen" (§ 3 Abs. 1) ausgegangen sind, auch ohne Verschulden wiederum nur eingeschränkt ersatzpflichtig (§ 1 Abs. 1 i. V. m. §§ 5, 12 ff.). Eine Vermutung (zugunsten des Geschädigten), dass der Schaden aus dem Betrieb dieser Anlage entstanden sei (§ 6 Abs. 1), gilt aber nur, wenn der Betrieb nicht „bestimmungsgemäß" erfolgte (§ 6 Abs. 2–4 UmweltHG).

Liegen schwerwiegende Verstöße gegen Regelungen des öffentlichen Wirtschaftsrechts vor, droht schuldhaft zuwiderhandelnden (natürlichen) Personen entweder eine **Kriminalstrafe** im Hinblick auf eine Straftat (nach StGB) oder – bei „nur" sozialschädlichem Fehlverhalten – ein Bußgeld wegen einer **Ordnungswidrigkeit** (nach OWiG). Sowohl das Straf- als auch das Ordnungswidrigkeitenrecht erfassen in ihrem Kernbereich jeweils auch **Wirtschaftsdelikte**. Allerdings adressieren StGB- wie OWiG-Vorschriften nur selten Unrechtshandlungen, die ausschließlich oder überwiegend Unternehmer bzw. Arbeitgeber betreffen. Ausnahmen bilden das Vorenthalten und Veruntreuen von Arbeitsentgelt (§ 266a StGB), das Berufsverbot (§ 70 StGB) oder auch die Verletzung der Aufsichtspflicht in Betrieben und Unternehmen (§§ 30, 130 OWiG).

Zumeist werden hingegen generell gegen fremdes Eigentum oder Vermögen gerichtete oder allgemeine Standards des Rechtsverkehrs missachtende Verhaltensweisen mit strafrechtlichen Sanktionen oder zumindest Bußgeldern geahndet, wie beispielsweise in §§ 242 Abs. 1, 263 StGB, § 117 OWiG. Sanktionsbefugt, auch gegenüber Unternehmen, sind die jeweils zuständigen, speziellen Verwaltungsbehörden, z. B. die BNetzA nach § 50 PostG, die BaFin nach § 60 KWG, oder aber die allgemeinen Verwaltungsbehörden (z. B. § 1 f. SächsOwiZuVO).

Abschließend sei darauf hingewiesen, dass sowohl das **StGB**, aber auch das **OWiG** keineswegs jegliches kriminelle oder sozialschädliche Verhalten erfassen, sondern nur einen mehr oder weniger großen Kern. Beide Gesetze enthalten neben solchen speziellen Regelungen über typisches Unrecht in einem „allgemeinen Teil" (§§ 1–79b StGB; §§ 1–34 OWiG) auch Vorschriften, die ebenso für in anderen gesetzlichen Bestimmungen normiertes Fehlverhalten relevant sind, das sog. Nebenstrafrecht sowie das sog. Ordnungswidrigkeitenrecht. Das OWiG befasst sich zudem in seinem zweiten Teil auch mit dem „Bußgeldverfahren" (§§ 35–110).

Umgekehrt – und als Ausdruck der Einheit und Widerspruchsfreiheit der Rechtsordnung – verweisen Gesetze des öffentlichen Wirtschaftsrechts, wie §§ 144, 148 GewO, in eigenen Abschnitten zu „Straf- und Bußgeldvorschriften" auf Vorschriften des Nebenstrafrechts, vor allem aber das OWiG.

Seit einigen Jahren wird darüber diskutiert, ob die herkömmliche Beschränkung strafrechtlicher Sanktionen auf menschliches Fehlverhalten nicht durch ein Unternehmens- oder Verbandsstrafrecht ergänzt werden müsse, wie dies in anderen Staaten (etwa Österreich) bereits der Fall ist. Dabei geht es nicht nur um eine effizientere Ahndung von kriminellen Delikten, sondern auch um die Auswirkungen auf die Stellung von Unternehmen im (Straf-)Prozessrecht (vgl. BVerfG, Urt. v. 27.06.2018, 2 BvR 1287/17 – Jones Day).

3.5 Fälle und Lösungshinweise

Fälle

Fall 1 – Verwaltungskompetenzen zwischen Bund und Ländern (nach BVerfGE 119, 331 – ARGE/Hartz IV; BVerfGE 108, 169)

Um die Ausführung von Bundesgesetzen auf dem Gebiet der Grundsicherung für Arbeitsuchende zu verbessern, hat der Bund die Verwaltung von Arbeitslosen- und Sozialversicherung in der sog. Hartz-IV-Gesetzgebung neu geregelt. Ziel ist es, dass jeder, der Sozialleistungen bezieht, „aus einer Hand", d. h. von einer einzigen Stelle betreut wird und eine einzige Leistung erhält. Gestützt auf Art. 91e Abs. 1 GG *sollen* Arbeitslosen- und Sozialhilfeleistungen in Form von Arbeitsgemeinschaften (ARGE) in sog. Jobcentern organisiert werden. Errichtet wurden die Jobcenter-ARGEs zwischen den Agenturen für Arbeit, die der

Bundesanstalt für Arbeit zugeordnet sind, und den kommunalen Gebietskörperschaften (Gemeinden und Landkreise) als Träger der Jobcenter. Die Gemeinde G sieht in der Pflicht, eine Jobcenter-ARGE zu gründen, eine Verletzung ihrer kommunalen Selbstverwaltungsgarantie sowie einen Verstoß gegen das Verbot der Mischverwaltung. Nehmen Sie dazu Stellung!

Fall 2 – Rücknahme von Verwaltungsakten (angelehnt an BVerwGE 74, 357; BVerwGE 88, 278)

Mit dem Ziel, die Überproduktion von Milch im EU-Binnenmarkt abzubauen, gewährt das sächsische Landwirtschaftsministerium Subventionen für die Umstellung von Milchkuh- auf Schlachtviehbestände („Milchkuhprämie"). Die Subvention können Landwirte beantragen, wenn sie nachweisen, dass sie auf die Vermarktung von Milch und Milcherzeugnissen von Milchkühen verzichten. Landwirt (L) beantragt eine Milchkuhprämie für die Nichtvermarktung von Milch und Milcherzeugnissen von Milchkühen beim Landwirtschaftsministerium. Die Landesanstalt für Landwirtschaft, die mit der Subventionsvergabe durch das Ministerium beauftragt wurde, gewährt ihm die Subvention in Höhe von 20.000 Euro. Unmittelbar nach Antragstellung teilt L der zuständigen Landesanstalt mit, dass er – bereits vor Antragstellung – 20 Kühe verkauft und dafür 20 neue Kühe gekauft habe. Die Landesanstalt antwortet L, dass diese Angaben für die Subventionsbewilligung nicht relevant seien. Nach Auszahlung der Subvention an L erfährt das Landwirtschaftsministerium, dass L 20 Milchkühe verkauft und dafür 20 Schlachtkühe gekauft hat und hebt den Subventionsbescheid auf. In der zuvor stattgefundenen Anhörung betonte L, dass er das Geld bereits verbraucht habe. Ist die Aufhebung des Subventionsbescheides rechtmäßig?

Fall 3 – Wirtschaftsaufsicht (angelehnt an VG Köln, N&R 2009, 276)

Die Bundesnetzagentur (BNetzA) verpflichtete durch Bescheid ein Postunternehmen (P) zur Auskunft über seine wirtschaftlichen Verhältnisse. Unter anderem fragte die BNetzA auch nach Namen, Anschriften und Firmenbezeichnungen von Subunternehmen (S), ohne dies näher zu begründen. P macht geltend, dafür reiche die Rechtsgrundlage im PostG nicht aus; zudem würden dabei auch personenbezogene Daten verarbeitet, ohne dass dies erforderlich sei. Hätte ein Rechtsbehelf von P Aussicht auf Erfolg?

Lösungshinweise

Fall 1

1) Die öffentlich-rechtliche Kompetenzordnung ist zwingend, woraus folgt, dass die Zuweisung einer Kompetenz auch die Wahrnehmung derselben bedeutet. Die Verteilung der Verwaltungszuständigkeiten zwischen Bund und Ländern steht grundsätzlich nicht zur Disposition von Bund und Ländern (BVerfGE 119, 331 [365]). Denn das differenzierte System der Art. 83 ff. GG darf nicht durch neue Verwaltungstypen oder Kombinationsformen unterlaufen werden, insbesondere nicht durch eine Mischverwaltung, die grundsätzlich unzulässig ist. Ebenso wenig darf der Bund, wenn er eine Materie allein den Ländern zuordnet, für einzelne Anwendungsfälle die Zuständigkeit einer Bundesbehörde vorsehen und dadurch in die Verwaltungszuständigkeit der Länder eindringen. Die Zuständigkeitsabgrenzungen müssen – nach dem Gebot der Klarheit und Widerspruchsfreiheit des Rechts – in sich konsistent und nachvollziehbar sein (BVerfGE 108, 169 [181 f.]).

2) Eine Ausnahme könnte sich jedoch aus den, in Art. 91a ff. GG geregelten Gemeinschaftsaufgaben ergeben, die von Bund und Ländern gemeinsam ausgeführt werden. Dazu zählt nach Art. 91e GG auch die Ausführung von Bundesgesetzen auf dem Gebiet der Grundsicherung für Arbeitsuchende, bei der „Bund und Länder oder die nach Landesrecht zuständigen Gemeinden und Gemeindeverbände in der Regel in gemeinsamen Einrichtungen" zusammenwirken. Allerdings darf dadurch der Grundsatz eigenverantwortlicher Aufgabenwahrnehmung nicht verwässert werden, der den zuständigen Verwaltungsträ-

ger verpflichtet, seine Aufgaben grundsätzlich durch eigene Verwaltungseinrichtungen, also mit eigenem Personal, eigenen Sachmitteln und eigener Organisation wahrzunehmen (BVerfGE 119, 331, Leitsatz).

Die Gesetzesformulierung „sollen" postuliert kein zwingendes Gebot; sie bringt lediglich eine in rechtlicher Hinsicht nicht strikt verbindliche Erwartung des Normgebers zum Ausdruck, um eine verfassungsrechtliche Konfliktlage mit der gemeindlichen Selbstverwaltungsgarantie (Art. 28 Abs. 2 GG) zu vermeiden. Das Ob, der Zeitpunkt, der Umfang und die Dauer der Übertragung stehen deshalb im pflichtgemäßen Ermessen der kommunalen Träger. Die gesetzliche Regelung ist daher keine unzulässige Mischverwaltung, sondern mit Art. 28 Abs. 2 S. 1, 2 i. V. m. Art. 83 GG prinzipiell vereinbar. Eine gegenteilige Auffassung, die grundsätzlich vertretbar scheint, birgt die Gefahr, dass die Bereitschaft der gesetzgebenden Körperschaften schwindet, neue Formen der Zusammenarbeit zwischen Bund und Ländern unter Inkaufnahme vorübergehender Unschärfen und Phasen des Experimentierens zu entwickeln.

Fall 2
Die Aufhebung des Subventionsbescheides ist rechtmäßig, wenn die Behörde (das Ministerium) diese auf eine taugliche Ermächtigungsgrundlage stützen kann und der Rückforderungsbescheid formell und materiell rechtmäßig ist.

1) Als Ermächtigungsgrundlage in Betracht kommt § 48 Abs. 1 S. 2 i. V. m. Abs. 2–4 VwVfG. Die Rücknahme des Subventionsbescheides (Verwaltungsakt gemäß § 35 S. 1 VwVfG) war formell nicht zu beanstanden, da die zuständige Behörde (das Landwirtschaftsministerium) handelte und L ordnungsgemäß angehört (§ 28 Abs. 1 VwVfG) wurde.
2) Der Rückforderungsbescheid müsste auch materiell rechtmäßig sein, wofür Tatbestand und Rechtsfolge der Ermächtigungsgrundlage erfüllt sein müssen. Beim Subventionsbescheid handelte es sich um einen rechtswidrigen Verwaltungsakt (§ 48 Abs. 1 VwVfG), da die Gewährung der „Milchkuhprämie" auf offenbar unrichtigen Tatsachen beruhte, denn L hat seine Viehbestände bereits im Vorfeld der Subventionsgewährung umgestellt und war daher nicht berechtigt, die Subvention zu erhalten. Als begünstigender Verwaltungsakt, der eine einmalige Geldleistung – die Subvention in Höhe von 20.000 Euro – begründet (§ 48 Abs. 1 S. 2 VwVfG), darf der Subventionsbescheid nur unter den zusätzlichen Voraussetzungen der Abs. 2 bis 4 (Vertrauensschutz) zurückgenommen werden. Fraglich ist, ob sich L auf Vertrauensschutz berufen kann, obwohl er seine Viehbestände bereits vor Antragstellung von Milch- auf Schlachtkühe umstellte. Das Vertrauen wäre nach § 48 Abs. 2 S. 3 Nr. 2 VwVfG nicht schutzwürdig, wenn L den Bewilligungsbescheid durch Angaben erwirkt hätte, die in wesentlicher Beziehung unrichtig oder unvollständig waren. Dabei muss der Betreffende ziel- und zweckgerichtet gehandelt haben und die Angaben müssen entscheidungserheblich gewesen sein. Eine objektive Unrichtigkeit der Angaben genügt; auf ein Verschulden kommt es nicht an (BVerwGE 74, 357 [364]). Unter Berücksichtigung der Umstände des Einzelfalls ist darauf abzustellen, in wessen Verantwortungssphäre die unrichtigen Angaben fallen. Dabei stehen sich das Amtsermittlungsinteresse der Behörde (§ 25 Abs. 2 VwVfG) und die Mitwirkungspflicht (§ 26 Abs. 2 VwVfG) des Subventionsempfängers gegenüber. Hier hat die Landesanstalt auf die Mitteilung des L, in dem er seine Angaben für die Subventionsvergabe relevanten Angaben zu den Viehbeständen präzisierte, erkennbar keinen Wert gelegt. Da die Angaben in L's Antrag zwar ungenau waren, er diese aber später klarstellte, ist der Tatbestand des Erwirkens (durch unrichtige Angaben, § 48 Abs. 2 S. 3 Nr. 2 VwVfG) nicht gegeben. Nicht entscheidend ist, dass L die Angaben gegenüber der Landesanstalt und nicht gegenüber dem Ministerium abgegeben hat. Wenn das Ministerium die Entscheidung über Subventionen auf nachgeordnete Stellen delegiert, muss es sich

deren Verhalten im Nachhinein auch zurechnen lassen. Im Ergebnis greift kein Ausschlussgrund, der das schutzwürdige Vertrauen des L zerstören könnte. Zudem hat L die Subvention bereits verbraucht, weshalb die Regelvermutung des § 48 Abs. 2 S. 2 VwVfG durchgreift und den Vertrauensschutz des L begründet. Die Aufhebung des formell rechtmäßigen Subventionsbescheides durch das Ministerium war materiell rechtswidrig und daher unzulässig.

Fall 3

1) Auskunftsverlangen (wie hier nach § 45 PostG) sind für die jeweils zur Auskunftserteilung herangezogenen Adressaten ein diese zu Handlungen verpflichtender, daher belastender Verwaltungsakt (hier einer Bundesoberbehörde, § 44 S. 1 PostG – Regulierungsbehörde – i. V. m. § 1 S. 2 BNetzAG) i. S. v. § 35 S. 1 VwVfG. Hiergegen kann P als Adressat nach erfolglosem (aber notwendigen, § 68 Abs. 1 S. 1 VwGO) Widerspruch Anfechtungsklage (§ 42 Abs. 1) zum sachlich (§ 45) und örtlich (§ 52 Nr. 2 VwGO i. V. m. § 1 S. 2 BNetzAG) zuständigen Verwaltungsgericht Köln erheben, da ein Rechtsstreit auf dem Gebiet des öffentlichen Rechts vorliegt (Handeln einer Behörde im Über-/Unterordnungsverhältnis) und keine abdrängende Sonderzuweisung besteht (§ 40 Abs. 1) und P auch als Adressat zumindest in seinem Grundrecht aus Art. 2 Abs. 1 GG verletzt sein kann (§ 42 Abs. 2 VwGO). Sowohl Widerspruch als auch Klage haben keine aufschiebende Wirkung nach § 80 Abs. 1 VwGO, da sich aus § 44 S. 2 PostG i. V. m. § 80 Abs. 2 TKG 1996 (= § 137 Abs. 1 TKG 2004/2012) deren Ausschluss i. S. v. § 80 Abs. 2 S. 1 Nr. 3 VwGO ergibt.

2) Der Rechtsbehelf wäre begründet, wenn die BNetzA objektiv rechtswidrig gehandelt und dadurch P in dessen (Grund-)Rechten verletzt hätte (§ 113 Abs. 1 S. 1 VwGO). Ermächtigungsgrundlage könnte § 45 Abs. 1 Nr. 1 PostG sein. Hiernach kann, soweit es zur Erfüllung der im PostG der „Regulierungsbehörde" übertragenen Aufgaben erforderlich ist, diese Behörde von im Postwesen tätigen Unternehmen (oder Vereinigungen von solchen) Auskunft über „ihre wirtschaftlichen Verhältnisse, insbesondere über Umsatzzahlen" verlangen. Diese Befugnis soll (zusammen mit dem Einsichtnahme- und Prüfungsrecht nach § 45 Abs. 1 Nr. 2 PostG) der BNetzA eine wirksame Aufgabenerfüllung gewährleisten, so dass der Begriff „wirtschaftliche Verhältnisse" weit auszulegen ist. Neben den im Gesetz ausdrücklich genannten Umsatzzahlen gehören dazu die Vermögensverhältnisse, die Art und Weise der wirtschaftlichen Betätigung, die Geschäftsbeziehungen in wirtschaftlicher und rechtlicher Sicht, die Kostenrechnung und Preiskalkulation, etc. Übertragene Aufgabe i. S. d. § 45 Abs. 1 PostG, zu deren Erfüllung die Nennung von Namen, Anschriften und Firmenbezeichnungen von Subunternehmen verlangt wird, könnten die Erteilung und der Widerruf von Lizenzen für Briefdienstleistungen (§ 5 PostG) gem. §§ 6 und 9 PostG sein. P ist auch ein auf dem Gebiet des Postwesens tätiges Unternehmen gem. § 45 Abs. 1 PostG. Die Mitteilungspflicht erstreckt sich zudem auf Geschäftsbeziehungen des Unternehmens in wirtschaftlicher und rechtlicher Hinsicht, einschließlich von Art und Umfang vertraglicher Beziehungen zu vor- und nachgelagerten Wirtschaftsstufen, also auch zu S. Über deren wirtschaftliche Verhältnisse besteht hingegen für P keine Auskunftspflicht, weil § 45 Abs. 1 PostG nur zur Auskunft über eigene wirtschaftliche Verhältnisse verpflichtet. Namen, Anschriften und Firmenbezeichnungen von S betreffen aber weder Art und Umfang vertraglicher Beziehungen zu Geschäftspartnern noch die eigenen wirtschaftlichen Verhältnisse von P; sie korrelieren nicht einmal mit diesen.

Die Ausübung der Ermittlungsbefugnisse stellt zugleich einen Eingriff in die Berufs- und Unternehmensfreiheit (Art. 12 Abs. 1 GG) von P (und hinsichtlich der Betretungs- und Durchsuchungsrechte nach § 45 Abs. 1 Nr. 2 PostG in den grundrechtlichen Schutz der Betriebs- und Geschäftsräume, Art. 13

GG) dar. Dem weiten Anwendungsbereich des § 45 Abs. 1 Nr. 1 PostG korrespondiert deshalb eine Verpflichtung zum transparenten und maßvollen Einsatz des Instrumentariums, um etwaigen Missbrauchsrisiken in rechtsstaatlicher Weise Rechnung zu tragen. Die Behörde muss sich bei ihren Fragen eng an den Zweck halten, für den das Auskunftsersuchen gestellt wird; daher sind in der Anordnung gem. § 45 Abs. 2 S. 2 PostG die Rechtsgrundlage, der Gegenstand und der Zweck des Auskunftsverlangens anzugeben. Darüber hinaus ist das Verhältnismäßigkeitsprinzip strikt zu beachten: Entsprechend den für Kartellbehörden entwickelten Grundsätzen zu § 59 GWB müssen andere der Behörde zur Verfügung stehende geeignete, aber mildere Mittel ausgeschöpft sein, bevor ein Auskunftsersuchen gestellt werden darf.

Soweit es um den Zweck geht, wesentliche Arbeitsbedingungen zu ermitteln (wie Arbeitslohn, Arbeitszeit, Urlaubsregelungen und Vereinbarungen über den Kündigungsschutz), um ggf. eine Entscheidung über den Widerruf einer Lizenz nach § 9 i. V. m. § 6 Abs. 3 S. 1 Nr. 3 PostG treffen zu können, zählen dazu aber Namen, Anschriften und Firmenbezeichnungen von beauftragten Subunternehmen ebenso wenig wie Namen und Anschriften der Arbeitnehmer der P selbst.

Werden für P auch natürliche Personen als Subunternehmer tätig, so dürfen schließlich deren „personenbezogene Daten" (Art. 4 Nr. 1 DSGVO), zu denen sowohl Name (§ 12 BGB) als auch Anschrift und ggf. auch Firmenname (§§ 17 ff. HGB) gehören, von der BNetzA als dafür „verantwortlicher Stelle" (Art. 4 Nr. 7) nur erhoben und weiter „verarbeitet" (Art. 4 Nr. 2) werden, wenn dafür eine Rechtsgrundlage nach Art. 6 (Abs. 1) DSGVO vorhanden ist. Diese könnte sich nur aus Art. 6 Abs. 1 S. 1 lit. e) DSGVO ergeben, also auch aus einem mitgliedstaatlichen Gesetz (Art. 6 Abs. 3 lit. b]) wie dem PostG. § 45 PostG sieht jedoch gerade keine Verpflichtung zur Übermittlung von (personenbezogenen) Daten über Verhältnisse auch der Vertragspartner (S) vor.

Seinem Inhalt nach greift das Auskunftsverlangen also bezüglich der S betreffenden Fragen rechtswidrig in die Berufs(ausübungs)freiheit des P ein und ist daher vom Verwaltungsgericht aufzuheben.

Rechtsprechungsübersicht
BVerfG
    BVerfGE 6, 32 – Elfes
    BVerfGE 8, 143 – Beschlussgesetz
    BVerfGE 12, 205 – Deutschland-Fernsehen
    BVerfGE 15, 235 – Zwangsmitgliedschaft
    BVerfGE 42, 20
    BVerfGE 65, 1 – Volkszählung
    BVerfGE 81, 310 – Kalkar
    BVerfGE 84, 25 – Schacht Konrad
    BVerfGE 97, 228
    BVerfGE 100, 249 – Atomleitlinien
    BVerfGE 104, 249 – Biblis
    BVerfGE 106, 62 – Altenpflegegesetz
    BVerfGE 119, 331 – ARGE/Hartz IV
    BVerfGE 143, 246 – Atomausstieg
    BVerfG, Urt. v. 27.06.2018, 2 BvR 1287/17 – Jones Day
BVerwG
    BVerwGE 27, 181
    BVerwGE 59, 221
    BVerwGE 70, 356 – Rücknahme begünstigender Verwaltungsakte
    BVerwGE 74, 357
    BVerwGE 102, 316
    BVerwGE 107, 169 – Pflichtmitgliedschaft IHK
    BVerwGE 108, 169 – Pflichtmitgliedschaft Handwerkskammer
    BVerwGE 130, 383
    BVerwGE 138, 21
    BVerwGE 154, 296
    BVerwGE 154, 365
    BVerwG, GewArch 1997, 237 ff. – Apothekerkammer

Besonderes Wirtschaftsverwaltungsrecht

Aus der Lektüre der vorangegangenen Kapitel sollte deutlich geworden sein, dass der Begriff Wirtschaftsverwaltungsrecht weder wirklich griffig noch abschließend zu bestimmen ist. Vielmehr ist er so umfassend zu definieren, wie es wirtschaftliche Aktivitäten und Akteure, sprich daran beteiligte bzw. davon betroffene Personen und Unternehmen des Wirtschaftslebens gibt. Im Regelungsbereich des besonderen Wirtschaftsverwaltungsrechts versammeln sich daher vielfältige *einzelne* Wirtschaftszweige und -sektoren, deren Ordnung, Steuerung und Überwachung primär, aber nicht ausschließlich aus einer ordnungspolitischen Sicht erfolgt, wofür Instrumente der Eingriffs-, aber auch der Leistungsverwaltung genutzt werden. Neben dem Kern, dem Recht der herkömmlichen und „klassischen" Gewerbeaufsicht mit der Gewerbeordnung als typischer Eingriffsverwaltung im Mittelpunkt, werden auch Regelungen der Wirtschaftsförderung umfasst, die überwiegend zur Leistungsverwaltung gerechnet werden, wie das mittlerweile stark EU-rechtlich geprägte Subventions-/Beihilfenrecht. Deutlich länger, weil bereits seit Ende des 19. Jahrhunderts werden größere Industrie- und Gewerbe-Anlagen als „lästig" und damit umweltbeeinträchtigend eingestuft; heute werden derartige Immissionen als Teil eines eigenen Rechtsgebiets, des hier nicht näher vertieften Umweltrechts (z. B. nach BImSchG, 4. BImSchV) behandelt. Seit den 1970er-Jahren ist das Abfallrecht mit dem Konzept einer Kreislaufwirtschaft als weitere Schnittmenge von Wirtschaftsverwaltungs- und Umweltrecht immer wichtiger geworden.

Anhand wesentlicher **Referenzgebiete** sollen in diesem Kapitel Rolle und Wirkungsweise von **Eingriffs-** wie von **Leistungsverwaltung** in der und für die wirtschaftliche Praxis erkannt werden. Die Vielzahl von Vorschriften und Vielfalt von Sektoren nötigt dabei im Hinblick auf die Eingriffsverwaltung zu einer Beschränkung auf die Grundlagen des allgemeinen Gewerberechts (Abschn. 4.1.2), die historisch wie dogmatisch den Ursprung des besonderen Wirtschaftsverwaltungsrechts markieren, sowie einige praxisrelevante Bereiche des besonderen Gewerberechts (Abschn. 4.1.3). Kontrastierend und ergänzend dazu stehen neuere Entwicklungen und politische Entscheidungen zu Deregulierung und Privatisierung, die zur Entstehung eines eigenen Rechtsgebiets, des Regulierungsrechts (Abschn. 4.2), führten. Beim Erlernen von dessen Grundzügen können (und sollen!) die Leser die sektorspezifischen Regeln immer auch auf das generelle Verhältnis von Wirtschaft, Gesellschaft und Staat rückbeziehen.

Den Gegensatz zur Eingriffsverwaltung bietet das Subventions- und Beihilfenrecht (Abschn. 4.3), das durch die Besonderheiten der Leistungsverwaltung geprägt ist; dabei dient die Berücksichtigung des Kartell-/Wettbewerbsrechts sowie von vergaberechtlichen Bezügen im Recht der „öffentlichen Aufträge" ein weiteres Mal der Schärfung des

Blicks auf größere systematische und dogmatische Zusammenhänge. Gleiches gilt für die Diskussion von ausgewählten Fragen der eigenwirtschaftlichen Betätigung des Staates (Abschn. 4.4), als „Monopolist" oder als spezifischer Wettbewerber privater Unternehmen; auch hier soll das Verständnis für ordnungspolitische Hintergründe geschult werden.

Lernziele
- Grundlagen des Wirtschaftsverfassungs- und allgemeinen Verwaltungsrechts auf ausgewählte Bereiche von Eingriffs- und Leistungsverwaltung anwenden
- Eingriffsverwaltungsrechtliche Grundstrukturen des allgemeinen Gewerberechts und ausgewählter besonderer Bereiche vergleichend erkennen
- Besonderheiten der Leistungsverwaltung im Subventions- und Beihilfenrecht erlernen
- Ordnungspolitisches Verständnis anhand von Grundlagen des Regulierungsrechts entwickeln

---

4.1 Gewerberecht

4.1.1 Systematischer Überblick

Die **Anfänge** des Gewerberechts gehen auf das Römische Reich bzw. das frühe Mittelalter zurück, wo es jeweils bereits ausgeprägte wirtschaftliche Aktivitäten gab, für die kaufmännischer Handel sowie ein Handwerks- und Zunftwesen kennzeichnend waren. Das Wirtschaftsleben konzentrierte sich dabei auf einzelne Handelsorte, z. B. Rom, Haithabu oder Leipzig, wo auf Märkten und Messen hauptsächlich Waren feilgeboten wurden. Der prosperierende Handel im Hoch- und Spätmittelalter („Handel ist Wandel") brachte auch den Übergang von der Natural- zur Geldwirtschaft mit sich, wodurch, ausgehend von der italienischen *Banca Monte dei Paschi di Siena* (gegründet 1472), auch erste „Geldhandelshäuser" und damit die Ursprünge des heutigen Bank- und Finanzwesens entstanden. Gleichzeitig entwickeln sich mit freien Händlern und **Kaufleuten** sowie **Handwerkern** (neue) selbstständige Berufe und Formen von Erwerbstätigkeit, die zum Teil sehr schnell erhebliche private Vermögen aufbauten; erinnert sei nur an das Kaufmannsgeschlecht der Fugger in Augsburg oder an die Medici in Florenz. Infolge ihrer einflussreichen Stellung, die die Kaufleute nicht selten auch als Kreditgeber der jeweiligen Herrscher hatten (und sich dadurch, wie bei einem Teil der Fugger, auch „verspekulierten"), forderten solche Unternehmer von den Herrschern **Privilegien** (z. B. *ius mercatorum* = kaufmännische Sonderrechte) sowie frühe Formen von (kommunaler) Selbstverwaltung, wie das Zunftwesen. Der Merkantilismus, der politisch mit dem Absolutismus verknüpft ist, beendete die mittelalterliche Lethargie und fehlende Reglementierung. Absolute Potentaten sahen sich zunehmend in der Lage, auf dem jeweiligen Territorium für die Aufrechterhaltung und Gestaltung einer regelgebundenen Ordnung zu sorgen und durch **staatliche Interventionen** wirtschaftliche Abläufe zu „regulieren". Spätestens ab der Reichsgründung (1871) dienten staatliche Eingriffe in das Wirtschaftsleben dem Ziel, eine „gute Ordnung" („gute policey") innerhalb des jeweiligen Gemeinwesens zu schaffen und verfolgten damit ansatzweise die allgemeine Wohlfahrtspflege und -förderung als Staatsaufgabe (s. zur historischen Einbettung Abschn. 1.2.2).

Die **Gewerbeordnung** aus dem Jahr 1869 ist das traditionsreichste, weil älteste Gesetz zum öffentlichen Wirtschaftsrecht in Deutschland und wird daher regelmäßig als „Grundgesetz" des Gewerberechts bezeichnet. Gesetzgeberisches Ziel der GewO war eine einheitliche Kodifizierung des Gewerberechts und damit letztlich dessen, was mittlerweile als (besonderes) Wirtschaftsverwaltungsrecht bezeichnet wird. Durch das Hinzutreten immer neuer wirtschaftlicher Aktivitäten, die bereichsspezifisch durch Spezialgesetze geregelt wurden, ist später eine zunehmende Rechtszersplitterung erfolgt, die teilweise den Blick verstellt für die grundlegende Systematik zwischen dem allgemeinen und besonderen Gewerberecht. Das allgemeine Gewerberecht, vornehmlich die GewO (Inhaltsverzeichnis lesen!), zieht diejenigen Vorschriften „vor die Klammer", die mangels spezialgesetzlicher Regelungen auch im besonderen Gewerberecht Anwendung finden. Hingegen erfasst das besondere Gewerberecht einzelne Gewerbezweige, wie beispielsweise das Gaststättenrecht (z. B. Sächs-GastG, GastG-Bund), das Handwerksrecht (HwO), das Recht der Ladenöffnung (z. B. Sächs-LadÖffG, LadSchlG-Bund) oder der Kreditwesen- und Versicherungsaufsicht (KWG, VAG). Angesichts vielfältiger Überschneidungen zum Gewerberecht zählt auch das Umweltrecht, vor allem geregelt durch BImSchG, KrWG, AtG, WHG sowie (gebietsbezogen) NatSchGe, systematisch zum besonderen Gewerberecht, auch wenn es sich mittlerweile als eigenes Rechtsgebiet verselbstständigt hat. Bei allen gebotenen Differenzierungen darf nicht aus dem Blick geraten, dass gewerberechtliche Regeln typischerweise durch ordnungs- bzw. polizeirechtliche Gefahrenabwehr motiviert sind und diesem Ziel teleologisch auch stets (verhältnismäßig) dienen müssen. Als Kernelemente von Wirtschaftsüberwachung und -aufsicht bezwecken Vorschriften des allgemeinen wie besonderen Gewerberechts den Schutz der Allgemeinheit oder bestimmter Personengruppen, wie Kunden, Beschäftigten oder Nachbarn, vor Gefahren, die vom jeweiligen Gewerbebetrieb oder der „störenden" Anlage ausgehen. Gewerberecht ist damit heute immer auch Gefahrenabwehrrecht, wobei der juristische Gefahrenbegriff nicht gleichbedeutend mit dem weiteren, ökonomisch geprägten Risikobegriff ist; mittlerweile greift allerdings der nationale wie europäische Gesetzgeber auch verstärkt auf „systemische Risiken" zurück, was eine klare Grenzziehung weiter erschwert.

▷ *Das Gewerberecht ist eines der Paradebeispiele für das Ineinandergreifen von Wirtschaftsverfassungs- und -verwaltungsrecht, woraus für Legislative wie Exekutive die Aufgabe folgt, die individuelle Gewerbefreiheit (Art. 12 Abs. 1, 14 Abs. 1, 2 Abs. 1 GG) und die allgemeinwohlbezogene Gefahrenabwehr (einzel)fallbezogen und angemessen gegeneinander abzuwägen. Das Ziel der Gefahrenabwehr wird dabei mit den allgemeinen, typischerweise eingriffsverwaltungsrechtlichen Instrumenten der Wirtschaftsüberwachung und -aufsicht auf die unterschiedlichen Wirtschaftsbereiche des allgemeinen und besonderen Gewerberechts „heruntergebrochen".*

4.1.2 Allgemeines Gewerberecht, insbesondere Grundzüge der Gewerbeordnung

4.1.2.1 Grundsatz der Gewerbefreiheit

Die Gewerbeordnung, auf deren Grundelementen wiederum die Regeln für besondere Gewerbezweige, wie Gaststätten- oder Handwerksrecht, aufbauen, stellt mit dem Grundsatz der **Gewerbefreiheit** (§ 1 Abs. 1 GewO) ein zentrales, objektiv-rechtliches Strukturprinzip des öffentlichen Wirtschaftsrechts auf und gestaltet dieses gleichzeitig als subjektiv-öffentliches Recht aus, dessen Reichweite teils enger, teils weiter als die Berufsfreiheit, jedoch stets in engem Kontext mit Art. 12 Abs. 1 GG zu sehen ist.

Beispiel

§ 1 Abs. 1 GewO gestattet – im Sinne eines Regel-Ausnahme-Verhältnisses – grundsätzlich jedem jede Art von gewerblicher Betätigung, „soweit nicht durch dieses Gesetz Ausnahmen oder Beschränkungen vorgeschrieben oder zugelassen sind". ◀

Dem sachlichen Anwendungsbereich der Gewerbefreiheit liegt die Regelvermutung zugrunde, dass gewerbliche Tätigkeiten prinzipiell ohne besondere Genehmigung(spflichten), sprich zulassungsfrei (unreglementiert) aufgenommen werden können. Eine Beschränkung dessen, insbesondere durch eine Anzeigepflicht (§§ 14, 15 GewO, sog. Gewerbeschein), ist allerdings aus Gründen der Gefahrenabwehr möglich. Der gefahrenabwehrrechtliche Aspekt steht vor allem bei präventiven Kontrollerlaubnissen im Vordergrund, die somit als Ausnahmen von der grundsätzlichen Zulassungsfreiheit einzuordnen sind. Die vermutete **Zulassungsfreiheit** bedeutet jedoch nicht gleichzeitig auch **Ausübungsfreiheit**, da die erstmalige Aufnahme (Eröffnungskontrolle) der gewerblichen Betätigung vom laufenden Betrieb, der erneut Gefahren für die Allgemeinheit bergen kann (daher: laufende Ausübungskontrolle), getrennt werden muss (Kap. 3).

> **Beispiel**
>
> *Wiederholen Sie an dieser Stelle die Bandbreite der wirtschaftsaufsichtsrechtlichen Kontrollbefugnisse, infolge derer die Gewerbeaufsichtsbehörden über unterschiedlich eingriffsintensive Instrumente sowohl für die Zugangskontrolle der Betriebsaufnahme („ob") als auch die Überwachung der laufenden Tätigkeit („wie") verfügen (Abschn. 3.4.2).* ◄

Der persönliche Anwendungsbereich der Gewerbefreiheit (§ 1 Abs. 1 GewO) erfasst grundsätzlich „jedermann", sprich In- und Ausländer gleichermaßen. Bei rein inländischen Sachverhalten wird daher nicht auf die (deutsche) Nationalität abgestellt, wohingegen die Gewerbefreiheit in EU-grenzüberschreitenden Sachverhalten durch die spezielleren Grundfreiheiten (Art. 45 ff., 49 ff., 56 ff. AEUV, Abschn. 2.3.1) verdrängt werden kann. Der weite persönliche Anwendungsbereich der Gewerbefreiheit erstreckt sich auf **natürliche** Personen ebenso wie auf juristische, wobei **juristische Personen** des Privatrechts uneingeschränkt erfasst sind, während bei solchen des öffentlichen Rechts die Besonderheiten öffentlicher Unternehmen (Abschn. 3.3.1.2) berücksichtigt werden müssen.

4.1.2.2 Gewerbebegriff

Obwohl der Gewerbebegriff zentral für die Bearbeitung gewerberechtlicher Fragen und Fälle ist, findet sich in der gesamten GewO keine vollständige, weder positive noch negative Definition der allgemeinen Begriffsmerkmale. Dieser Ansatz mag nur auf den ersten Blick verwundern, denn der Gesetzgeber hat sich bewusst für einen offenen, nicht einer Legaldefinition unterliegenden Gewerbebegriff entschieden, mit dem auch neue wirtschaftliche Betätigungsformen angemessen berücksichtigt werden können. Allerdings nehmen verschiedene Gesetze Bezug zum Gewerbebegriff oder erwähnen diesen in jeweils unterschiedlicher Weise, womit die Notwendigkeit einer klaren begrifflichen Zuordnung umso deutlicher wird.

> **Beispiel**
>
> *Bezüge zum Gewerbebegriff stellen beispielsweise Art. 55, 66 GG; § 15 Abs. 2 EStG; § 14 BGB; § 1 Abs. 2 HGB oder auch §§ 243, 260 ff., 284 StGB her. Lernen Sie „vernetzt", indem Sie Bezüge zum handels- oder steuerrechtlichen Gewerbebegriff erkennen, aber andererseits die Eigenständigkeit des Begriffs im jeweiligen Rechtsgebiet nicht übersehen.* ◄

In Rechtsprechung und Literatur besteht Einigkeit darüber, dass als Gewerbe jede erlaubte, auf Gewinnerzielung gerichtete, selbstständige und auf Dauer angelegte Tätigkeit anzusehen ist, ausgenommen Urproduktion, freier Beruf oder Verwaltung eigenen Vermögens. Aus dieser Definition sind weitere Merkmale ableitbar, die gemeinhin in **vier positive** Elemente (sog. **Gewerbsmäßigkeit**) sowie **drei negative** Elemente (sog. **Gewerbsfähigkeit**) unterteilt werden. Damit eine Betätigung als Gewerbe i. S. d. GewO anzusehen ist, müssen Gewerbsmäßigkeit und Gewerbsfähigkeit kumulativ gegeben sein, sprich die positiven Merkmale müssen vorliegen, während die negativen Elemente die Einordnung als Gewerbe (wieder) ausschließen würden.

Gewerbsmäßigkeit

Die Gewerbsmäßigkeit umfasst diejenigen Begriffsbestandteile, die sich mit der Frage beschäftigen, **wie** eine Tätigkeit (subjektiv) ausgeübt wird, wozu wiederum vier Unteraspekte gehören – erlaubt, Gewinnerzielungsabsicht, dauerhaft und selbstständig.

Erlaubt ist die Tätigkeit, wenn sie im Einklang mit der Rechtsordnung steht, d. h. nicht generell verboten oder – was selten der Fall ist – „sozial unwertig" (und somit nicht nur sittenwidrig) ist.

> **Beispiel**
>
> *Verbotene Tätigkeiten, wie Berufsverbrecher oder Drogendealer, leiten sich in erster Linie aus Verstößen gegen Straf- oder andere Verbotsgesetze ab, etwa § 260 (gewerbsmäßige Hehlerei), § 263 (Betrug), § 263a StGB (Kreditbetrug) oder das BtMG. Relevant können aber auch andere, nicht strafbewehrte Vorschriften sein, z. B. das Transplantationsgesetz (§ 17, Verbot des Organ- und Gewebehandels). Prostitution, umgangssprachlich das „älteste Gewerbe der Welt", ist nur partiell, in Form der Zuhälterei strafbar (z. B. nach §§ 180a, 181a oder 232 StGB) und damit gewerberechtlich verboten, wohingegen die „persönliche Prostitution" (bei Einhaltung aller ordnungsbehördlichen Vorgaben) rechtlich erlaubt ist.* ◄

Das Merkmal der **Gewinnerzielungsabsicht** meint, dass die ausgeübte Tätigkeit auf die Erzielung eines Gewinns ausgerichtet sein muss. Ausreichend dafür ist das bloße Gewinnstreben (Absicht); ob tatsächlich bzw. aktuell ein Gewinn erwirtschaftet wird, ist unerheblich. Als Gewinn anzusehen ist jeder unmittelbare oder mittelbare wirtschaftliche Vorteil, der nicht lediglich der Deckung oder Minderung von Kosten dient. Verneint wird die Gewinnerzielungsabsicht regelmäßig bei karitativen Tätigkeiten, die aufgrund ihrer Gemeinnützigkeit (vgl. Legaldefinition in § 52 Abs. 1 AO) nicht dem Gewerbebegriff unterfallen. Finden in einem Betrieb bzw. Organisation gewinnorientierte und karitative Tätigkeiten statt, ist das Gesamtbild der Betätigung entscheidend (sog. Gesamtbildtheorie, st Rspr, vgl. OVG Rheinland-Pfalz, Urt. v. 21.06.1994, DÖV 1994, 965 f.).

> **Beispiel**
>
> *So fehlt die Gewinnerzielungsabsicht bei einem „Naturfreundehaus", das als gemeinnütziger Verein einen Gaststätten- und Beherbergungsbetrieb betreibt, welcher defizitär geführt wird, da die erwirtschafteten Einnahmen lediglich der Kostenminderung und dem ideellen Vereinszweck dienen, vgl. AG Radolfzell, NVwZ-RR 1998, 233 f.* ◄

Erforderlich ist auch, dass die Tätigkeit nicht nur gelegentlich, sondern **dauerhaft** bzw. fortgesetzt ausgeübt wird; im Umkehrschluss (*e contrario*) folgt daraus, dass nur einmalig ausgeübte Tätigkeiten keiner hoheitlichen Überwachung bedürfen (was auch denklogisch und faktisch gar nicht möglich wäre!). Eine gewisse Dauerhaftigkeit bedeutet dabei nicht, dass die Tätigkeit ununterbrochen ausgeübt wird, so dass auch saisonale und damit regelmäßig unterbrochene Tätigkeiten, z. B. der Kiosk am Badesee oder die Glühweinhütte an der Skipiste, ausreichend sind.

> **Beispiel**
>
> *Eine Fortsetzungsabsicht besteht regelmäßig auch bei sog. Straußwirtschaften, die nach Gaststättenrecht (z. B. § 3 SächsGastG; §§ 10 ff. GastVO Rheinland-Pfalz; § 14 GastG-Bund) nur für eine bestimmte Zeitdauer pro Jahr, dann aber ohne Gaststättenerlaubnis, geöffnet sein dürfen.* ◄

Die Tätigkeit muss schließlich **selbstständig** ausgeübt werden, womit gemeint ist, dass die Tätigkeit in eigenem Namen und für eigene Rechnung, sprich persönlich weisungsunabhängig und unter freier Ressourcen- und Zeiteinteilung erbracht wird. Im Gegensatz zum abhängig beschäftigten Arbeitnehmer (§§ 611a BGB) bzw. Angestellten (§ 84 Abs. 1 S. 2 HGB) trägt der Gewerbetreibende damit regelmäßig ein unternehmerisches Risiko. Das Selbstständigkeitskriterium wird aus § 14 Abs. 1 S. 1 i. V. m. Abs. 3 S. 1 GewO abgeleitet, der seinem Wortlaut nach nur für stehendes Gewerbe, nicht aber für das Reisegewerbe (§§ 55 ff. GewO) gilt. Im praktischen Einzelfall, etwa zwischen Handelsvertreter und -makler (nach HGB), wenn Unternehmen Abteilungen oder Arbeitsbereiche aus wirtschaftlichen Gründen auf Subunternehmer auslagern (sog. *Outsourcing*) oder auch bei Scheinselbstständigkeit bereitet das Selbstständigkeitskriterium Abgrenzungsschwierigkeiten. Für die Bejahung des Merkmals entscheidend ist letztlich das **Gesamtbild** der Tätigkeit, das maßgeblich durch die Verteilung des unternehmerischen Risikos geprägt wird.

Beispiel

Bei der sog. Scheinselbstständigkeit firmiert eine Person zwar rechtlich formal als Selbstständiger, etwa als Verkaufsfahrer in einem Franchisesystem, sie ist aber letztlich ähnlich einem Arbeitnehmer in den Betrieb eines übergeordneten Unternehmens eingeordnet und damit tatsächlich weisungsabhängig (BGH, NJW 1999, 218 – Eismann II). ◄

Die Selbstständigkeit ist regelmäßig auch fraglich bei sog. **Strohpersonen**, die nach außen hin zwar regelmäßig den Gewerbetreibenden darstellen, im Innenverhältnis jedoch letztlich „von langer Hand", nämlich vom wahren Gewerbetreibenden gesteuert werden und diesem lediglich als „Marionette" dienen (BVerwG, GewArch 1977, 14 [15]; BVerwG, GewArch 1982, 200 [201 f.]). Vor allem im Zusammenhang mit der Gewerbeuntersagung (§ 35 GewO) ist diese Problematik relevant.

Gewerbsfähigkeit

Können die Merkmale der Gewerbsmäßigkeit der Tätigkeit bejaht werden, ist des weiteren die Gewerbsfähigkeit zu prüfen. Dies erfolgt anhand von drei negativen Merkmalen, die klären sollen, welche Tätigkeit ausgeübt wird, und infolgedessen bestimmte gewerbsmäßige Tätigkeiten (objektiv) aus dem Anwendungsbereich der GewO ausnehmen. Ein Gewerbe liegt daher nicht vor, wenn es sich um Urproduktion, die Verwaltung eigenen Vermögens oder freiberufliche Tätigkeiten handelt.

Unter **Urproduktion** wird die planmäßige Nutzung der natürlichen Kräfte des Bodens zur Erzeugung von Pflanzen und Tieren sowie deren Verwertung verstanden.

Beispiel

§ 6 Abs. 1 GewO zählt, allerdings nicht abschließend, Fälle von Urproduktion auf, etwa Fischerei, Bergwesen, Viehzucht. Ebenso ausgenommen von der Gewerbsfähigkeit sind Ackerbau, Forstwirtschaft, Garten- und Weinbau, Jagd oder auch das Sammeln von Naturprodukten. ◄

Sofern in einem Betrieb neben der Urproduktion noch weitere Tätigkeiten ausgeübt werden, z. B. in Gestalt des Hofladens auf dem Bio-Landgut oder der Zimmervermietung auf dem Bauernhof, ist das Verhältnis der Tätigkeiten zueinander, etwa als Haupt- und Nebenbetrieb entscheidend. Als Nebenbetrieb anzusehen sind diejenigen Tätigkeiten, die lediglich eine untergeordnete, dienende Funktion besitzen und – wie explizit im Handwerksrecht vermerkt – das gewerberechtliche Schicksal des Hauptbetriebs teilen (vgl. BayObLG, GewArch 1994, 478 [479]; VG Schleswig, GewArch 2001, 373 f.)

Ebenfalls nicht als gewerbsfähig angesehen wird die **Verwaltung eigenen Vermögens**, solange sie sich in einem angemessenen und üblichen Rahmen hält und damit Ausfluss des Eigentumsrechts (Art. 14 GG) ist. Schwierig ist jedoch die Abgrenzung zwischen privater und gewerblicher Vermögensverwaltung, wofür regelmäßig auf das Gesamtbild der Tätigkeit abzustellen und die Intensität des Gewinnstrebens mit zu berücksichtigen ist.

Beispiel

So ist die Verwaltung des eigenen, aus Erbschaften stammenden Millionenvermögens aus Unternehmensanteilen und Immobilien keine gewerbsfähige Tätigkeit. Hingegen ist die Vermietung von als Ferienwohnungen ausgestatteten und entsprechend beworbenen Appartements im eigenen Mehrfamilienhaus als Gewerbe einzustufen (vgl. zur Vermietung von Ferienwohnungen BVerwG, GewArch 1993, 196 ff.; VG Schleswig, GewArch 2002, 292 f.). ◄

Sowohl unter zivil- als auch unter öffentlich-rechtlichen Gesichtspunkten problematisch sind die in jüngster Zeit zahlreichen Sharing-Modelle, bei denen regelmäßig über Online-Plattformen

Mobilien oder Immobilien, beispielsweise Kraftfahrzeuge (Carsharing) oder die selbstgenutzte Wohnung (mit Untervermietungserlaubnis nach § 540 BGB?), vermietet werden. Bei der Vermietung von selbstgenutztem Wohnraum existieren in einigen Bundesländern mittlerweile gesetzliche Regelungen, die bei angespannten Wohnungsmärkten den Gemeinden erlauben, eine bußgeldbewehrte Genehmigungspflicht für die Vermietung von selbstgenutzten Wohnungen zur „Fremdenbeherbergung" vorzuschreiben (vgl. §§ 12a, 13 HWoAufG, s. dazu OLG Frankfurt, Urt. v. 02.08.2019, Az. 2 Ss-OWi 438).

Freiberufliche Tätigkeiten werden regelmäßig aus der Gewerbsfähigkeit ausgenommen, wobei die, wie für die übrigen beiden Merkmale der Gewerbsfähigkeit angeführte historische Tradition, die „freie Tätigkeiten" (vgl. Art. 5 Abs. 3 GG sowie §§ 33a Abs. 1, 55 Abs. 1 GewO) nicht als Gewerbe einstuft, immer weniger zeitgemäß erscheint und kaum noch Überzeugungskraft entfaltet. Den freien Berufen zuzuordnen – und damit kein Gewerbe – sind wissenschaftliche und künstlerische Tätigkeiten bzw. persönliche Dienstleistungen „höherer Art".

Beispiel

§ 6 GewO nennt, nicht abschließend, Regelbeispiele für Tätigkeiten „höherer Art" wie Lehrer, Erzieher, Rechtsanwälte, Wirtschaftsprüfer, Steuerberater und Ärzte. Umstritten ist hingegen, ob die Unternehmensberatung ebenfalls zu den freien Berufen zählt. Nicht erfasst wird der „Fahrlehrer". Als weitere, wenngleich nicht unmittelbar einschlägige Vorschrift sei auch § 1 Abs. 2 S. 2 PartGG genannt, der einen umfangreichen Katalog freiberuflicher Tätigkeiten enthält. ◄

Die weitere Unterteilung der „höheren Art" in wissenschaftliche, künstlerische und schriftstellerische Tätigkeiten einerseits sowie persönliche Dienstleistungen andererseits birgt regelmäßig praktische Abgrenzungsschwierigkeiten; Wissenschaft und Kunst sind jeweils nicht klar umgrenzbar und damit auch gewerberechtlich nur schwer voneinander zu trennen, wie beispielsweise bei Tätigkeiten im Bereich von Fotografie oder Kunsthandwerk sowie bei prominenten Künstlern, die „nebenbei" beträchtliche Werbeeinnahmen kassieren. Generell sollen Dienstleistungen „höherer Art" vorliegen, wenn für diese eine „höhere Bildung", regelmäßig ein Hochschulabschluss vorausgesetzt wird (OVG Lüneburg, GewArch 2002, 293). Nicht klar zu beurteilen, auch im Hinblick auf die (Befreiung von) Gewerbesteuer, ist dies vor allem bei nicht standardisierten, neu entstehenden Berufsbildern, beispielsweise der Unternehmensberatung. Für Apotheken, deren Betrieb spezialgesetzlich geregelt (ApoG, AMG) ist, stellen sich eher die – unter Gesichtspunkten des EU- wie des nationalen Rechts kontroversen – Fragen, welche Vertriebskanäle (Präsenz- vs. Internethandel) diese für ihre Produkte nutzen und inwieweit sie dafür werben dürfen.

4.1.2.3 Gewerbearten

Die Gewerbeordnung unterscheidet in ihrer Systematik (Teil II–IV) drei Erscheinungsformen gewerblicher Tätigkeiten voneinander und knüpft die jeweilige Gewerbeart an unterschiedliche Voraussetzungen. Um die Bedeutung der einzelnen Gewerbearten systematisch zum Ausdruck zu bringen, stellte der historische Gesetzgeber das stehende Gewerbe (§§ 14 ff. GewO) an den Anfang (Teil II); an dieser Rolle hat sich bis heute nichts geändert. Dem Reisegewerbe (§§ 55 ff. GewO; Teil III) folgt schließlich der Abschnitt über Messen, Ausstellungen, Märkte (§§ 64 ff. GewO; Teil IV).

Stehendes Gewerbe

Mit dem stehenden Gewerbe (§§ 14 ff. GewO) prägt der Gesetzgeber den **Grundtypus** jeder gewerblichen Tätigkeit, verzichtet allerdings auf eine Legaldefinition. Um das stehende Gewerbe von anderen gewerblichen Tätigkeiten zu unterscheiden, entwickelten Rechtsprechung und Lehre eine Art Negativabgrenzung, wonach alle diejenigen gewerblichen Tätigkeiten zum stehenden Gewerbe zählen, die weder Reise- noch Marktgewerbe sind.

▶ *Als Ausgangspunkt dient zunächst der Gewerbebegriff, wobei zu prüfen ist, ob die jeweilige Tätigkeit gewerbsmäßig betrieben wird und gewerbsfähig ist. In einem zweiten Schritt ist die Tätigkeit dem stehenden Gewerbe zuzuordnen, wenn sie weder dem Reise- noch dem Marktgewerbe unterfällt.*

Charakteristisch für das stehende Gewerbe ist die **gewerbliche Niederlassung**; eine solche besteht gemäß § 4 Abs. 3 GewO immer dann, „wenn eine selbständige gewerbsmäßige Tätigkeit auf unbestimmte Zeit und mittels einer festen Einrichtung von dieser aus tatsächlich ausgeübt wird", wie beispielsweise bei Ladengeschäften aller Art. Die Einordnung als stehendes Gewerbe wird nicht dadurch aufgehoben, dass die Tätigkeit auch außerhalb der Räume der gewerblichen Niederlassung ausgeübt werden darf. Dies ist typischerweise bei Tätigkeiten auf „vorherige Bestellung" hin der Fall, etwa bei Anfertigung nach Aufmaß oder Konfiguration beim Kunden.

Reisegewerbe

Im Gegensatz zum stehenden Gewerbe wird das Reisegewerbe (§§ 55 ff. GewO) in § 55 Abs. 1 GewO legal definiert und zwar als gewerbsmäßige Tätigkeit außerhalb der (Nr. 1) bzw. ohne (Nr. 2) eine gewerbliche Niederlassung.

Beispiel

Zum Reisegewerbe i. S. v. § 55 Abs. 1 Nr. 1 GewO zählen etwa das Anbieten von Waren und Dienstleistungen auf „Kaffeefahrten" oder sog. Tupper- oder andere Hauspartys als moderne Form des Direktvertriebs; unterhaltende Tätigkeiten, etwa als Schausteller, unterfallen Nr. 2. ◀

Die Tatsache, dass die Überwachung umherziehender Gewerbetreibender ohne feste Niederlassung („fahrende Händler") wesentlich schwieriger und damit auch aus Gründen der Gefahrenabwehr aufwendiger sicherzustellen ist als bei stationärem Gewerbe, kommt in der generellen Erlaubnispflicht für Tätigkeiten im Reisegewerbe zum Ausdruck, die § 55 Abs. 2 GewO anordnet. Der Gesetzgeber regelt die Genehmigungspflicht in Gestalt eines Verbots mit Erlaubnisvorbehalt (Abschn. 4.1.2.4), wobei das Erlaubnisdokument als **Reisegewerbekarte** (§ 55 Abs. 2 GewO) bezeichnet wird. Die Erlaubnis ist (als gebundene Entscheidung!) dem Gewerbetreibenden zu erteilen, wenn er die für die beabsichtigte Tätigkeit erforderliche **Zuverlässigkeit** (§§ 57, 55 Abs. 2 GewO) besitzt (s. zum Begriff Abschn. 4.1.2.4). Als Personalkonzession knüpft die Reisegewerbekarte an die persönlichen Eigenschaften des Gewerbetreibenden an und ist somit nicht übertragbar; letzteres auch deshalb, weil der Nachweis der Genehmigung während der Ausübung des Gewerbebetriebs vom Inhaber stets mitzuführen ist (§ 60c Abs. 1 GewO).

Bestimmte reisegewerbliche Tätigkeiten, die §§ 55a und 55b GewO abschließend aufzählen, sind ausnahmsweise von der Erlaubnispflicht **freigestellt**. Hingegen ist die Ausübung bestimmter, in § 56 GewO genannter Tätigkeiten im Reisegewerbe grundsätzlich **verboten**, womit der Gesetzgeber den Schutzzweck verfolgt, insbesondere Verbraucher vor übereilten Vertragsabschlüssen mit Reisegewerbetreibenden zu bewahren. Unter den Voraussetzungen von § 56 Abs. 2 GewO können Ausnahmen von den Beschränkungen des Abs. 1 zugelassen werden; dies kann entweder durch Rechtsverordnung des Bundes oder eines Landes (S. 1, 2) oder durch behördliche Ausnahmebewilligung (S. 3) geschehen, wobei der Antragsteller bei letzterer nur einen Anspruch auf einen ermessensfehlerfreien Dispens (Abschn. 4.1.2.4), nicht aber auf die Erteilung der Konzession selbst hat.

Messe-, Ausstellungs-, Marktgewerbe

Messen, Ausstellungen und Märkte bilden die dritte gewerberechtliche Erscheinungsform und sind in §§ 64 ff. GewO geregelt, ihre historischen Wurzeln gehen auf die mittelalterliche Marktfreiheit und die damit verbundenen Privilegien (Märkte und Messen, Gerichtsbarkeit, Steuererhebung) zurück. Dies erklärt auch die verschiedenen, jeweils legal definierten Arten von Veranstaltungen, wie Messen (§ 64), Ausstellungen (§ 65), Groß- (§ 66), Wochen- (§ 67), Spezial- und Jahrmärkte (§ 68). Gemeinsam ist allen, dass es sich regelmäßig um öffentlich zugängliche Veranstaltungen handelt, auf denen eine Vielzahl von Anbietern und Ausstellern zusammenkommen, um zahlreichen Dritten Produkte und Dienstleistungen anzubieten bzw. vorzuführen. Auch wenn die Begriffe „Messe" und „Markt" nicht geschützt sind, fallen private gewerbliche Veranstaltungen, etwa Hausmessen und -ausstellungen, nicht unter die gewerberechtlichen Regelungen; gleiches gilt für Floh- oder Gebrauchtwarenmärkte, die, z. B. mangels Gewinnerzielungs- oder Fortsetzungsabsicht, keinen gewerblichen Zweck verfolgen.

Im Gegensatz zum Reisegewerbe ist die Überwachungsbedürftigkeit von Messen, Ausstellungen und Märkte geringer, da sie zumindest für einen gewissen Zeitraum ortsfest und von einem Veranstalter zu koordinieren sind, der die **Festsetzung** der Veranstaltung bei der zuständigen Behörde beantragt (§ 69 Abs. 1 S. 1 GewO). Erteilt die Behörde die Festsetzung, die die Erlaubnis zur Durchführung der Veranstaltung beinhaltet und die einen Verwaltungsakt nach § 35 VwVfG (Abschn. 3.3.2) darstellt, hat sie keinerlei Gestaltungsspielraum, d. h. sie muss die Veranstaltung wie beantragt festsetzen. Mit der Festsetzung verbunden sind zahlreiche **Marktprivilegien**, so dass viele Vorschriften der Titel II und III der GewO nicht gelten. Die Teilnehmer einer festgesetzten Veranstaltung unterliegen weder einer Anzeige- (§§ 14, 15 GewO) noch einer Erlaubnispflicht (Reisegewerbekarte, § 55 GewO); auch Vorschriften zu Ladenschluss (§ 19 Abs. 3 LSchlG-Bund, § 10 Abs. 2 SächsLadÖffG) und Arbeitszeiten (§ 10 Abs. 1 Nr. 9 ArbZG, § 16 Abs. 2 Nr. 2 JArbSchG) sind nicht anwendbar.

Angesichts der Vielzahl der Teilnehmer, sowohl auf Seiten der Anbieter/Aussteller als auch der Besucher, sind bei Messen, Ausstellungen und Märkten verschiedene Rechtsbeziehungen genau voneinander zu trennen, von denen hier nur diejenigen näher betrachtet werden sollen, die in direktem Bezug zu Vorschriften des öffentlichen Wirtschaftsrechts stehen. Das Rechtsverhältnis zwischen Veranstalter (Antragsteller) und Behörde wird im Wesentlichen durch die Regelungen zur **Festsetzung** (§ 69 GewO) bestimmt. In der Folge entsteht eine Rechtsbeziehung zwischen den Besuchern und dem Veranstalter, die durch den **Anspruch auf Teilnahme** (§ 70 GewO) gekennzeichnet ist. Schließlich besteht ein Rechtsverhältnis zwischen den Ausstellern/Anbietern der Veranstaltung und der Behörde, die die Teilnahme, auch einzelner Aussteller/Anbieter, wegen Unzuverlässigkeit untersagen kann (§ 70a Abs. 1 GewO). Handelt es sich bei Märkten oder Volksfesten um **kommunale Einrichtungen**, stehen sich der gewerberechtliche Anspruch auf angemessene Beteiligung (in ermessensfehlerfreiem Auswahlverfahren) und der kommunalrechtliche Zugangsanspruch (z. B. nach § 10 Abs. 2 SächsGemO) gegenüber, wobei sich typischerweise die Frage stellt, welche Auswahlkriterien unter Gleichheitsgesichtspunkten (Art. 3 Abs. 1 GG) sachlich gerechtfertigt sind. Als solche von der Rechtsprechung anerkannt sind die bevorzugte Berücksichtigung Ortsansässiger, ein rollierendes System/Rotationsprinzip (OVG Hamburg, GewArch 1987, 303 [304 f.]), der Prioritätsgrundsatz (VGH München, GewArch 1982, 236 [236 f.]), die Auslosung (BVerwG, NVwZ-RR 2006, 786), der Grundsatz „bekannt und bewährt" hinsichtlich der Gewerbetreibenden (OVG NRW, GewArch 2016, 47), aber auch die Attraktivität des Angebots sowie bei neuen Veranstaltungen oder Produkten die Steigerung von deren Attraktivität (VGH BW, DÖV 2006, 837; VG Neustadt, GewArch 2010, 39 [41]). Unter europarechtlichen Gesichtspunkten, insbesondere mit Blick auf die Dienstleistungsfreiheit von Unionsbürgern (Abschn. 2.3.1) als Anbieter, ist ein diskriminierungsfreies Auswahlverfahren zunehmend von ähnlichen, jedenfalls aber klar und bestimmt formulierten Auswahlkriterien geprägt (vgl. VGH Mannheim, GewArch 2001, 420).

4.1.2.4 Funktionsweise der Gewerbeaufsicht

Die Gewerbeaufsicht verfolgt das Ziel, den gesamten „Lebenszyklus" der gewerblichen

Betätigung zu überwachen, sprich Zugangs- sowie laufende Kontrolle des Gewerbebetriebs. Dabei sind die Befugnisse, die die GewO den Behörden zur Überwachung an die Hand gibt, unterschiedlich weitreichend; die Eingriffsintensität ist abhängig von der Wahrscheinlichkeit und dem Ausmaß der Gefahr, die von der gewerblichen Betätigung zukünftig (Eröffnungskontrolle) bzw. aktuell (laufende Überwachung) und gegebenenfalls auch über die Beendigung der Tätigkeit hinaus (Nachwirkungen) ausgeht. Insgesamt repräsentieren die Befugnisse der GewO zu Überwachung und Kontrolle einen typischen Ausschnitt aus der verwaltungspraktischen Aufgabe der **Wirtschaftsüberwachung**, der Modellcharakter für viele Bereiche des besonderen Wirtschaftsverwaltungsrechts hat(te).

▶ *Machen Sie sich an dieser Stelle das Ineinandergreifen von allgemeinem Wirtschaftsverwaltungs- und Gewerberecht klar, indem Sie Ziele, Aufgaben und Befugnisse der Wirtschaftsüberwachung* (Abschn. 3.4) *wiederholen.*

Zugangskontrolle
Für die Frage, in welchem Umfang die Aufnahme – also das „ob" – einer gewerblichen Betätigung einer Kontrolle bedarf, von herausragender Bedeutung ist der Grundsatz der Gewerbefreiheit (§ 1 Abs. 1 GewO), aus dem die grundsätzliche Genehmigungsfreiheit bei gleichzeitiger Anzeigepflicht der gewerblichen Betätigung folgt.

(1) Die **Anzeigepflicht** besteht „gleichzeitig" mit dem Beginn („anfängt") der Gewerbetätigkeit und umfasst zunächst die Anmeldung (§ 14 Abs. 1 GewO), die jedoch keinen Antrag auf Erlaubnis darstellt. § 15 Abs. 1 GewO bestimmt, dass die zuständige Behörde innerhalb von drei Tagen den Empfang der Anzeige bescheinigen muss. Dieser sog. **Gewerbeschein** ist rechtstechnisch damit weder ein Verwaltungsakt (§ 35 VwVfG) noch eine Erlaubnis, sondern die bloße Eingangsbestätigung der Behörde, die durch einseitige empfangsbedürftige Willenserklärung (§ 130 Abs. 3 BGB) die Gewerbetätigkeit benennt und dem Gewerbetreibenden als Nachweis

derselben dient. Ausgestaltet als Verbot mit Anzeigevorbehalt (Abschn. 3.4.2.3) besteht die Funktion des Gewerbescheins darin, den zuständigen Behörden, regelmäßig den Gemeinden (§ 155 Abs. 2 GewO i. V. m. landesrechtlichen Ausführungsbestimmungen, z. B. § 4 SächsGewODVO), die notwendigen Informationen zur Gewerbeüberwachung sowie für statistische Erhebungen (§ 14 Abs. 4–14 GewO) zur Verfügung zu stellen. Insofern sind nicht nur der Beginn des Gewerbes und dessen Zweigniederlassungen (§ 14 Abs. 1 S. 1 GewO), sondern auch dessen Verlegung, Wechsel und Aufgabe (Um-/Abmeldung) sowie Zweigniederlassungen anzeigepflichtig, wie aus § 14 Abs. 1 S. 2 GewO folgt.

Bezogen auf die drei gewerberechtlichen Erscheinungsformen nach der GewO ist das stehende Gewerbe, zugleich der praktisch häufigste Bereich, im Regelfall lediglich anzeigepflichtig; nur für bestimmte, „gefahrenträchtigere" Gewerbe sieht die GewO eine Erlaubnispflicht vor. Gegen erlaubnisfreie stehende Gewerbe kann daher prinzipiell nur durch repressive Mittel, insbesondere die Gewerbeuntersagung (§ 35 GewO), eingeschritten werden. Hingegen ist das Reisegewerbe stets erlaubnispflichtig (Reisegewerbekarte, § 55 GewO), während das Messe-, Ausstellungs- und Marktgewerbe weitgehend genehmigungs- und nach Festsetzung (§ 69 GewO) auch anzeigefrei ausgeübt werden darf.

(2) Neben den allgemeinen Vorschriften für stehende Gewerbe (§§ 14 ff.) normieren die Gewerbegesetze, etwas §§ 30–34e GewO, aber auch HwO, GastG-Bund/-Länder, BImSchG, KWG sowie PBefG, für bestimmte Gewerbe oder Gewerbetreibende aufgrund des erhöhten Gefährdungspotenzials **spezielle Zulassungspflichten**.

Beispiel

Erlaubnispflichtig sind beispielsweise Privatkrankenanstalten (§ 30 GewO), die Schaustellung von Personen (§ 33a), Spielgeräte mit Gewinnmöglichkeit, Spielhallen/-banken, Glücksspiele (§§ 33c–33i), Immobilienmakler (§ 34c), Versicherungsvermittler oder auch Finanzanlagenvermittler (§ 34f). ◀

Technische Neuerungen wie gesellschaftliche Trends führen regelmäßig dazu, dass sich die Verwaltungsgerichte mit dem Gefahrenpotenzial neuartiger gewerblicher Betätigungen auseinandersetzen müssen.

> **Beispiel**
>
> *Unter dem Gesichtspunkt der Schaustellung von Personen (§ 33a GewO) beschäftigte sich die Rechtsprechung mehrfach mit der Genehmigungsfähigkeit sog. „Peep Shows" (BVerwGE 64, 274 ff., 71, 29 ff.; 84, 314 ff.; BVerwG, NJW 1996, 1423 ff.; BVerwG, GewArch 1998, 419 ff.; BVerwG, NVwZ 2003, 603 ff.) und bejahte diese schließlich, während ein sog. „Zwergenweitwurf" wegen Verletzung der Menschenwürde (Art. 1 Abs. 1 GG) gewerberechtlich untersagt werden durfte (VG Neustadt, NVwZ 1993, 98 f.). Kontrovers hingegen ist die Rechtsprechung zur Frage, inwieweit sog. „Laserdrome"-, „LaserTag"- oder „Paintball"-Anlagen mit der Menschenwürde vereinbar und damit nach § 33h–§ 33i GewO genehmigungsfähig seien (z. B. BVerwGE 115, 189 ff.; BVerwG, GewArch 2007, 247 ff.; VGH München, GewArch 2013, 218 ff.; VG Dresden, NVwZ-RR 2003, 848 ff.; VG München, NVwZ 2019, 1691 ff.; VG Weimar, ThürVBl. 2017, 21 ff.). Nicht endgültig geklärt ist auch die gewerbe-, gaststätten- und bauordnungsrechtliche Zulässigkeit von sog. „Escape Rooms" (VG Hannover, Urt. v. 25.02.2019, Az.: 4 B 692/19).* ◄

Die grundrechtlich garantierte Gewerbefreiheit (Art. 12 Abs. 1 GG, § 1 Abs. 1 GewO) wird in diesen Fällen aufgrund eines erhöhten Gefährdungspotenzials des Gewerbebetriebs eingeschränkt, wobei zwischen verschiedenen **Konzessionsarten** zu unterscheiden ist (s. zu den Begriffen Abschn. 3.4.2.3). Während die Personalkonzession, etwa nach § 34c Abs. 2 Nr. 1, 2 GewO, an persönliche Eigenschaften und Fähigkeiten des Gewerbetreibenden (bzw. einer „Strohperson" als Stellvertreter) anknüpft, hängt die Sachkonzession, z. B. gem. §§ 4 ff. BImSchG, von dinglichen bzw. sachlichen Voraussetzungen, wie Anlagen, Räumen, örtlicher Lage, des Gewerbebetriebs ab. Häufig finden sich auch gemischte Konzessionen bzw. sachgebundene Personalerlaubnisse, die beide Arten der Voraussetzungen kombinieren, wie z. B. in §§ 30 Abs. 1 S. 2, 33a Abs. 2 GewO.

Für die Ausgestaltung der **Zulassungsbedürftigkeit** eines Gewerbes nutzt die GewO rechtstechnisch sowohl Verbote mit Erlaubnisvorbehalt als auch repressive Verbote mit Befreiungsvorbehalt (zu den Begriffen Abschn. 3.4.2.3). Den Regelfall bilden präventive Verbote mit Erlaubnisvorbehalt (z. B. in §§ 30–34e GewO), denn sie greifen weniger intensiv in die Gewerbefreiheit ein; als Verwaltungsakt beinhalten sie in der Regel gebundene Entscheidungen, weshalb Nebenbestimmungen nur möglich sind, wenn sie gesetzlich zugelassen werden (arg. ex § 36 Abs. 1 VwVfG). Hingegen wirken repressive Verbote mit Befreiungsvorbehalt (Dispens) deutlich eingriffsintensiver und sind daher nur selten, etwa in § 56 Abs. 1 GewO, zu finden. Allerdings sind die mit dem Erlaubnisvorbehalt einhergehenden Einschränkungen der Gewerbefreiheit verfassungsrechtlich immer dann hinzunehmen, wenn mildere Mittel, wie Anzeigepflichten oder präventive Verbote mit Untersagungsermächtigung, nicht ausreichen, um eine effektive Gefahrenabwehr zu sichern (am Beispiel des Versicherungsberaters BVerfG, GewArch 2007, 285 ff.).

Keine gewerberechtlichen Zulassungspflichten statuieren Vorschriften über die öffentliche Bestellung von **Sachverständigen** (§ 36 GewO) bzw. Versteigerern (§ 34b Abs. 5). Die Betätigung als Sachverständiger, die lediglich eine Zusatzqualifikation für die weitere Ausübung des bisherigen Berufs darstellt, hängt daher nicht von einer öffentlichen Bestellung ab. Sachverständige haben jedoch nur dann einen Anspruch (Ermessensreduzierung auf Null i. R. e. Verpflichtungsklage, § 42 Abs. 1, 2. Fall VwGO) auf öffentliche Bestellung durch die zuständige Behörde, wenn für das betreffende Sachgebiet ein Bedarf an Sachverständigenleistungen besteht und eine besondere Sachkunde bzw. Geeignetheit gegeben ist (vgl. BVerfGE 86, 28 [38 ff.]).

(3) Kommt der Gesetzgeber zu der Entscheidung (Einschätzungsprärogative), dass eine bestimmte gewerbliche Betätigung aufgrund ihres Gefahrenpotenzials überhaupt nicht (auch nicht durch Dispens) zulassungsfähig ist, kommt als *ultima ratio* ein **vollständiges Verbot** in Betracht (sehr selten, z. B. § 5 LFGB). Ein solches ist jedoch immer nur dann erforderlich, wenn die Tätigkeit nicht bereits als generell unerlaubt, z. B. wegen eines Verstoßes gegen Strafgesetze, etwa wegen Falschmünzerei (§§ 146 ff. StGB), im Rahmen der Gewerbsmäßigkeit ausscheidet.

Laufende Überwachung der gewerblichen Betätigung

Während die Eröffnungskontrolle präventiv wirkt, weil sie auf ein einmaliges Ereignis, die erstmalige Betriebsaufnahme, abstellt, bezweckt die laufende Überwachung eine fortlaufende Kontrolle der dauerhaften bzw. fortgesetzten Gewerbeausübung („wie") und entfaltet insoweit **repressive Wirkung**. Gerade für die Fälle der Erlaubnisfreiheit (Gewerbefreiheit, § 1 Abs. 1 GewO) ist die laufende Überwachung von großer Bedeutung, denn mangels präventiver Zugangskontrolle reduziert sich die behördliche Kontrolle auf die repressive Überwachung. Dies gilt vor allem für den gewerberechtlichen „Normalfall" in Gestalt des stehenden Gewerbes ohne spezialgesetzliche Eingriffs- und Kontrollmöglichkeiten. Mit anderen Worten: gäbe es keine laufende Kontrolle, würde ein wesentliches rechtsstaatliches (Art. 20 Abs. 3 GG) Korrektiv fehlen, um Gewerbetätigkeiten zu beenden, die sich zu einer Gefahr für das Gemeinwohl entwickeln bzw. als solche auswirken. Für die zuständigen Behörden bedeutet dies umgekehrt, dass diese die ihnen zur Verfügung stehenden Kontroll- und Überwachungsbefugnisse abhängig von Gefahrenprognose und Eingriffsintensität verhältnismäßig einsetzen müssen.

Zum Zweck der laufenden Überwachung und um die zuständigen Behörden mit den erforderlichen Informationen als Entscheidungsgrundlage zu versorgen, sieht die GewO – zumeist wenig eingriffsintensive – Auskunfts- und Berichtspflichten sowie Nachschaurechte vor.

(1) Auskunfts-, Erklärungs- und **Berichtspflichten** sind regelmäßig spezialgesetzlich geregelt, beispielsweise in Buchführungs- und Bilanzierungsregeln (in Deutschland nach HGB). Mangels spezieller gewerberechtlicher Regelungen, etwa im Gaststättenrecht (§ 22 GastG-Bund, § 6 SächsGastG), regelt die GewO (§ 29) Auskunfts- und Nachschaurechte einheitlich, weshalb diese sowohl auf erlaubnisfreie (arg. ex § 29 Abs. 4 GewO) wie -pflichtige Gewerbe und insbesondere auch auf Reise- (§ 61a Abs. 1) sowie Messe-, Ausstellungs- und Marktgewerbe (§ 71b Abs. 1 GewO) Anwendung finden. Die Gewerbetreibenden müssen den Beauftragten der zuständigen öffentlichen Stellen auf Verlangen, sprich Anfrage, die für die Überwachung des Geschäftsbetriebs erforderlichen mündlichen und schriftlichen Auskünfte unentgeltlich erteilen (§ 29 Abs. 1 GewO). Zum Zwecke der Überwachung, d. h. um sich ein „Bild vor Ort" zu machen, räumt § 29 Abs. 2 GewO den Behörden bzw. den von diesen Beauftragten Betretens- und Nachschaurechte ein, denen zufolge Grundstücke und Geschäftsräume der Betroffenen während der üblichen Geschäftszeit für Prüfungen und Besichtigungen sowie zur Einsichtnahme von Unterlagen betreten werden dürfen. Die wirtschaftsüberwachenden Nachschaurechte sind verfassungsrechtlich (Art. 13, jedenfalls aber Art. 2 Abs. 1 GG) nicht unproblematisch, wurden jedoch unter gewissen Voraussetzungen vom BVerfG (BVerfGE 109, 279 – Großer Lauschangriff, BVerfGE 32, 54 [76] – Betriebsbetretungsrecht) gebilligt.

(2) Für den Fall der Unzuverlässigkeit des Gewerbetreibenden sieht **§ 35 GewO** die nachträgliche **Gewerbeuntersagung** vor, die systematisch damit das notwendige Gegenstück zur Gewerbefreiheit bildet und als repressives Instrument der Wirtschaftsüberwachung deutlich das gefahrenabwehrrechtliche Element der GewO aufzeigt.

Solange keine präventiven oder speziellen Eingriffs- und Kontrollmöglichkeiten zur Verfügung stehen (§ 35 Abs. 8 GewO), kann die Behörde das Gewerbe nur nachträglich (repressiv) untersagen. Die Gewerbeuntersagung ist damit subsidiär zu Sondervorschriften, die insbesondere für zulassungspflichtige Gewerbe die Aufhebung der Gewerbegenehmigung, entweder spezialgesetzlich oder nach §§ 48, 49

VwVfG, wegen Unzuverlässigkeit vorsehen. Wird ein zulassungspflichtiges Gewerbe ohne Zulassung (unabhängig, ob zuverlässig oder nicht) betrieben, gilt § 15 Abs. 2 GewO. Kernbegriff der Gewerbeuntersagung nach § 35 GewO ist damit die (fehlende) Zuverlässigkeit des Gewerbetreibenden, wobei die GewO selbst keine begriffliche Legaldefinition enthält. Das Erfordernis der Zuverlässigkeit zieht sich durch das gesamte Gewerberecht, spielt aber auch in anderen Gesetzen eine Rolle.

Beispiel

Verwiesen sei nur auf § 20 Abs. 3 S. 1 BImSchG, § 8 Abs. 3 S. 1 Nr. 2 TKG sowie § 4 Abs. 3 LuftVG. ◄

Von der Rechtsprechung (BVerwGE 22, 286 [296]; 61, 1 [2]) geprägt und in der Literatur ebenso verwendet wird eine Definition, die in einer Art Negativabgrenzung die Unzuverlässigkeit beschreibt. **Unzuverlässig** handelt demnach, wer nach dem Gesamteindruck seines Verhaltens keine Gewähr dafür bietet, dass er das von ihm betriebene Gewerbe zukünftig ordnungsgemäß betreiben kann. Der Begriff der Unzuverlässigkeit stellt damit letztlich auf die fehlende persönliche Eignung des Gewerbetreibenden für die Gewerbeausübung ab. Dabei sind nicht jegliche Regelverstöße, sondern vor allem solche gegen öffentlich-rechtliche Rechtsvorschriften, insbesondere einschlägige Strafgesetze, maßgeblich, die den „ordnungsgemäßen Betrieb" des jeweiligen Gewerbes im konkreten Einzelfall beeinträchtigen. Hingegen müssen Rechtsverstöße oder „Unzuverlässigkeiten" im privaten Bereich regelmäßig außer Betracht bleiben, außer wenn sie beharrliche Regelverstöße von erheblichem Gewicht beinhalten.

Beispiel

So hat das BVerwG einen Güternahverkehrsunternehmer, der in seiner Freizeit ein Verkehrsstrafdelikt mit dem privaten PKW begangen hat, seinen Betrieb aber jahrelang ordnungsgemäß geführt hat, wegen des privaten Regelverstoßes noch nicht als unzuverlässig eingestuft (BVerwGE 36, 288 [290]). ◄

Bei der Beurteilung der Unzuverlässigkeit ist auf Tatsachen abzustellen, also konkrete, dem Beweis zugängliche Umstände, die in der Vergangenheit oder Gegenwart aufgetreten sind. Auf ein Verschuldensmoment wird hingegen bewusst verzichtet, um dem unzuverlässigen Gewerbetreibenden *ex ante* keine Exkulpationsmöglichkeit zu eröffnen. Zur Erhebung der relevanten Tatsachen nutzt die Behörde regelmäßig Datenerhebungs- und -verarbeitungsrechte (§§ 11, 14 GewO) sowie Auskunfts- und Nachschaurechte (§ 29), allesamt weniger eingriffsintensive Instrumente der Gewerbeüberwachung (Abschn. 3.4.2.3). Die Feststellung der Unzuverlässigkeit verlangt von der Behörde eine **Prognoseentscheidung**, wonach aufgrund der ermittelten Tatsachen eine ordnungsgemäße Gewerbeausübung in der Zukunft unwahrscheinlich ist. Wie für das Gefahrenabwehrrecht typisch, ist auch in diesem Fall die Wahrscheinlichkeit der nicht ordnungsgemäßen Gewerbeausübung maßgebend. Die Prognose verlangt von der Behörde daher einen wertenden „Blick in die Zukunft", der zugleich verhältnismäßig ist. Je größer und folgenschwerer der Schaden ist, der infolge der Unzuverlässigkeit droht, umso geringere Anforderungen sind an die Wahrscheinlichkeit eines Schadenseintritts zu stellen (sog. differenzierter Wahrscheinlichkeitsmaßstab). Beim Begriff der Unzuverlässigkeit handelt es sich um einen unbestimmten Rechtsbegriff (Abschn. 3.3.2.2), der nach der h. M. gerichtlich voll überprüfbar ist (für § 29d LuftVG a. F., aber unter Hinweis der Übertragbarkeit auf § 35 GewO: BVerwGE 121, 257).

Auch wenn kein fester Katalog von Tatsachen existiert, die den Schluss auf die Unzuverlässigkeit des Gewerbetreibenden zulassen, gibt es bestimmte **Fallgruppen**, die typischerweise für zukünftig fehlende Zuverlässigkeit sprechen. Dazu zählen (i) persönliche Mängel, z. B. Alkohol- oder Drogensucht, allerdings regelmäßig nicht Unerfahrenheit oder fehlende Sachkunde,

(ii) Steuerrückstände (BVerwG, GewArch 1988, 162), (iii) Verletzung sozialversicherungsrechtlicher Pflichten, wie die Nichtabführung von Pflichtbeiträgen (OVG Lüneburg, NVwZ-RR 2008, 28), (iv) die wirtschaftliche Leistungsunfähigkeit, wofür ein Insolvenzverfahren (vgl. § 12 GewO) als Indiz gelten kann (BVerwG, NVwZ 1995, 1096; BVerwG, GewArch 1999, 72), sowie (v) einschlägige Straftaten und Ordnungswidrigkeiten, die in einem Näheverhältnis zum Gewerbe stehen (OVG Bremen, GewArch 2009, 491).

Das Bezugsobjekt für die Gewerbeuntersagung ist regelmäßig der voll geschäftsfähige Gewerbetreibende. Schwieriger zu beurteilen sind dagegen Gewerbe, die von juristischen Personen, wie einer AG oder Anstalt öffentlichen Rechts, ausgeübt werden. Hier kann letztlich nur auf die persönlichen Eigenschaften der gesetzlichen Vertreter, nicht aber von (leitenden) Mitarbeitern abgestellt werden. Hingegen gilt auch der Gewerbetreibende als unzuverlässig, der es zulässt, dass eine unzuverlässige Person, z. B. mitarbeitende Ehepartner, entscheidenden Einfluss auf die Führung des Gewerbebetriebs ausübt (BVerwGE 24, 34). In diesem Zusammenhang relevant sind sog. **Strohmann-Verhältnisse**, bei denen Personen nach außen als Gewerbetreibende „vorgeschickt" werden, um den wirklichen Betriebsinhaber (und oftmals unzuverlässigen Gewerbetreibenden) zu verbergen. Für die Eigenschaft als Strohperson spricht, dass sie dem Hintermann, der auch das Unternehmerrisiko trägt, weisungsunterworfen ist; zudem fehlen Strohpersonen regelmäßig vertiefte Kenntnisse des jeweiligen Gewerbes, wodurch sie von den zuverlässigen Stellvertretern zu unterscheiden sind, die ein Gewerbe nach § 35 Abs. 2 GewO prinzipiell fortführen dürfen. Um Strohmann-Verhältnisse rechtlich einzuhegen, erfasst die Rechtsprechung sowohl die Strohperson als auch den Hintermann als Betriebsinhaber bzw. Gewerbetreibender mit der Folge, dass beide Adressaten einer Untersagungsverfügung (§ 35 Abs. 1 GewO) sein können (BVerwGE 65, 1 [12 ff.]).

Nachdem festgestellt ist, dass der Gewerbetreibende eines (stehenden) Gewerbes unzuverlässig ist, muss auf Tatbestandsseite noch geprüft werden, dass die Gewerbeuntersagung „zum Schutze der Allgemeinheit oder der im Betrieb Beschäftigten erforderlich ist". Damit stellt § 35 Abs. 1 S. 1 GewO auf eine Verhältnismäßigkeitsprüfung (legitimer Zweck, Geeignetheit, Erforderlichkeit, Angemessenheit) ab, bei der abzuwägen ist, ob eine Untersagung ganz oder lediglich teilweise zu erfolgen hat oder zunächst ein Bußgeld ausreichend erscheint; auch Auflagen (§ 36 Abs. 2 Nr. 4 VwVfG) zur Gewerbegenehmigung sind als erforderliche Mittel denkbar und als solche milder als die Komplettuntersagung.

▶ *Machen Sie sich an dieser Stelle einmal mehr das Verhältnis von Wirtschaftsgrundrechten, die die Gewerbefreiheit schützen, und Allgemeinwohlbezug der gewerberechtlichen Gefahrenabwehr klar. Jede Gewerbeuntersagung stellt einen Eingriff in die Berufs- (1./2. Stufe von Art. 12 Abs. 1) und Eigentums- (Art. 14) sowie die allgemeine Handlungsfreiheit (Art. 2 Abs. 1 GG) dar, der nur unter den jeweiligen Schrankenvorbehalten gerechtfertigt werden kann. Je größer und unmittelbarer die Gefahrenprognose für die Allgemeinheit durch die Unzuverlässigkeit des Gewerbetreibenden ist, umso eingriffsintensiver (Bußgeld, Auflage, Komplett-/Teiluntersagung) darf die Behörde nach § 35 Abs. 1 S. 1 GewO vorgehen.*

Liegen die Tatbestandsvoraussetzungen von § 35 Abs. 1 S. 1 GewO vor, besteht auf Rechtsfolgenseite kein Ermessen der Behörde; sie „muss" demzufolge die Gewerbeuntersagung in verhältnismäßiger Weise aussprechen.

4.1.3 Ausgewählte Bereiche des besonderen Gewerberechts

4.1.3.1 Handwerksrecht

Funktion und Handwerksbegriff
Die historischen Ursprünge des Handwerks, die das Verständnis der Handwerksordnung (HwO) maßgeblich prägen, reichen bis ins Mittelalter zurück. Die Handwerkerzünfte und Innungen (Abschn. 1.2.2), zunächst als freiwillige Zusammenschlüsse begründet, dienten vor allem innerhalb der in den Städten erstarkenden Herrschaftsstrukturen

(Merkantilismus) der obrigkeitlichen (hoheitlichen) Kontrolle von Befähigungsnachweisen und damit dem Schutz der Allgemeinheit. Ursprünglich als Teil der GewO, seit 1953 in einem selbstständigen Gesetz, der HwO, werden die Besonderheiten des Handwerks geregelt, das nach wie vor einen der bedeutendsten Wirtschaftszweige bildet und vorwiegend im Rahmen von kleinen und mittelständischen Unternehmen (KMU) erfolgt. Als gewerberechtliches Nebengesetz und damit als Teil des besonderen Gewerberechts besitzt die HwO vielfältige begriffliche Bezüge zur GewO, deren systematische Prägung bis heute klar erkennbar ist. Das daraus abzuleitende **Spezialitätsverhältnis** zwischen HwO und GewO beinhaltet, dass die GewO als *lex generalis* immer dann Anwendung findet, wenn die HwO keine spezielleren Regelungen enthält.

Die Anwendung der HwO steht und fällt mit dem Begriff des Handwerks; dieser ist, wie das Gewerbe in der GewO, der Schlüssel, der die Tür zum Handwerksrecht öffnet. Auch wenn sich in der HwO keine abschließende Begriffsbestimmung findet, bezeichnet § 1 Abs. 2 S. 1 ein stehendes Gewerbe unter zwei weiteren Voraussetzungen – der Handwerksfähigkeit und der Handwerksmäßigkeit – als Handwerksbetrieb. Nur selbstständige (vgl. § 3 Abs. 3 HwO) stehende Gewerbebetriebe können daher handwerksfähig und -mäßig ausgeübt werden, woraus folgt, dass Sesshaftigkeit und Ortsgebundenheit wesensmäßig zum Handwerksbetrieb gehören.

Beispiel

Daher gibt es zwar den „Wandergesellen", aber kein Reisegewerbe-Handwerk. ◀

Die **Handwerksfähigkeit** ist zu bejahen, wenn der Handwerksbetrieb vollständig oder zumindest hinsichtlich der wesentlichen Tätigkeiten nach Anlage A HwO ausgeübt wird. Die begriffliche Gestaltungshoheit hinsichtlich der Handwerksfähigkeit, die der (Bundes-)Gesetzgeber per Verordnungsermächtigung auf das Bundeswirtschaftsministerium delegiert hat (§ 1 Abs. 3 HwO), verleiht dem Handwerksbegriff daher eine gewisse Dynamik und Flexibilität.

Beispiel

Handwerksfähig nach § 1 Abs. 2 Anlage 1 HwO sind beispielsweise die typischen Handwerkstätigkeiten wie Zimmerer (Nr. 3), Maler (Nr. 10), Klempner (Nr. 23), Bäcker (Nr. 30), Fleischer (Nr. 32) und Friseur (Nr. 38), aber auch mittlerweile eher seltene, wie Büchsenmacher (Nr. 22), Böttcher (Nr. 49) oder Orgel- und Harmoniumbauer (Nr. 53). ◀

Das zweite Element des Handwerksbegriffs, die **Handwerksmäßigkeit**, zielt auf die Art und Weise („wie") der Tätigkeit, die manuell (von lat. *manus*), sprich von Hand und damit nicht industriell ausgeübt wird. Mangels Legaldefinition besitzt auch dieses Merkmal eine gewisse, aktuelle Entwicklungen berücksichtigende Flexibilität, bei der das Gesamtbild der jeweiligen Tätigkeit letztlich entscheidend ist (BVerwGE 58, 217 [224]). Voraussetzung der Handwerksmäßigkeit ist, dass das stehende Gewerbe handwerksfähig (Anlage A HwO) ist.

Dem Anwendungsbereich der HwO unterstellt sind zudem die Sonderfälle des öffentlichrechtlichen Unternehmens (§ 2 Nr. 1) sowie des handwerklichen Nebenbetriebs (§ 2 Nr. 2, 3 i. V. m. § 3 Abs. 1, 2). Ein Nebenbetrieb ist kein Hilfsbetrieb (§ 3 Abs. 1, 3 HwO), sondern Teil eines größeren Betriebs (handwerklicher oder nicht-handwerklicher Art), der wie ein normaler Handwerksbetrieb behandelt wird, wobei nur der Leiter des Nebenbetriebs die Voraussetzungen für die Eintragung in die Handwerksrolle erfüllen muss (§ 7 Abs. 5 HwO).

Von Handwerksbetrieben zu unterscheiden sind schließlich sog. zulassungsfreie Handwerke sowie handwerksähnliche Gewerbe (§ 18 Abs. 1 HwO). **Zulassungsfrei** ist das Handwerk, wenn es handwerksmäßig betrieben und in Anlage B Abschnitt 1 der HwO abschließend aufgezählt wird (§ 18 Abs. 2 S. 1). Handwerksähnliche Gewerbe müssen in Abgrenzung zum Industriebetrieb „von Hand" (wie handwerksmäßige Gewerbe) betrieben werden und in der enumerativen Aufzählung in Abschnitt 2 der Anlage B (§ 18 Abs. 2 S. 2 HwO) enthalten sein. Sowohl zulassungsfreie als auch handwerksähnliche Gewerbe bedürfen keiner Eintragung in die Handwerksrolle (Zulassungsfreiheit), sondern sind dem Grundsatz der Gewerbefreiheit (§ 1 Abs. 1 GewO) entsprechend lediglich der zuständigen Handwerkskammer gegenüber anzuzeigen (§ 18 Abs. 1 S. 1 HwO).

Instrumentarium des Handwerksrechts
(1) Der selbstständige Betrieb eines Handwerks ist prinzipiell nicht zulassungsfrei, sondern untersteht einer generellen **Erlaubnispflicht** (§ 1 Abs. 1 S. 1 HwO), die als präventives Verbot mit Erlaubnisvorbehalt (Abschn. 3.4.2.3) ausgestaltet ist. Ein Handwerk selbstständig ausüben dürfen daher nur diejenigen Personen (natürliche und juristische sowie Personengesellschaften), die in die von der Handwerkskammer (§§ 90 ff. HwO) geführte **Handwerksrolle** eingetragen sind (§ 1 i. V. m. §§ 6 ff. HwO).

Für die Eintragung in die Handwerksrolle grundsätzlich erforderlich ist das Ablegen der **Meisterprüfung** (§§ 45 ff. HwO), der sog. Große Befähigungsnachweis (§ 7 Abs. 1 S. 1), der eine Gesellenprüfung, den sog. Kleinen Befähigungsnachweis (§§ 31 ff.) im betreffenden oder verwandten Handwerk voraussetzt. In der Vergangenheit ist der „Meisterzwang" durch mehrfache, auch europarechtlich motivierte Novellen zur HwO stückweise gelockert worden. Gegenüber der Meisterprüfung erleichterte Anforderungen gelten für diejenigen, die über dem jeweiligen Handwerk gleichwertige Qualifikations-Abschlüsse, z. B. als Ingenieure oder Techniker, verfügen (§ 7 Abs. 2 HwO). Die sog. Altgesellenregelung (§ 7b HwO) schafft für Personen, die in einem zulassungspflichtigen Handwerk die Gesellenprüfung abgelegt und einschlägige Berufserfahrung (Abs. 1) haben, eine Ausübungsberechtigung.

Darüber hinaus besteht für EU-Ausländer (§ 8 HwO) sowie andere ausländische Staatsangehörige (§ 9) die Möglichkeit, auf Grundlage einer **Ausnahmebewilligung** in die Handwerksrolle eingetragen zu werden. Gerade im Vergleich zu anderen EU-Staaten, die keine oder niedrigere Zulassungsvoraussetzungen an Handwerkstätigkeiten stellen, war die europarechtliche Bewertung der deutschen Regelungen, insbesondere zur Meisterprüfung, als Marktzutrittsbeschränkung (Abschn. 2.3.1) mehrfach Gegenstand von Entscheidungen des EuGH (vgl. Rs. C-215/01, ECLI:EU:C:2003:662 – Schnitzer; Rs. C-58/98, ECLI:EU:C:2000:527 – Corsten).

Schließlich sind die (auch finanziell) hohen Anforderungen an die Meisterprüfung aus nationaler wettbewerbspolitischer Perspektive nicht unproblematisch, da die wirtschaftlichen Verhältnisse im Handwerksgewerbe, aber auch der Mangel an qualifizierten Fachkräften Ausnahmeregelungen von der gewerberechtlichen Systematik immer weniger zu rechtfertigen vermögen. Die subjektiven Berufszulassungsvoraussetzungen (2. Stufe), die mit der Meisterprüfung aufgestellt werden, können vor den hohen dogmatischen Anforderungen aus Art. 12 Abs. 1 GG nur bestehen, wenn sie – wie das BVerfG betont – der Erhaltung des Leistungsstandes, der Leistungsfähigkeit sowie der Qualitätssicherung als schutzwürdigen öffentlichen Zwecken dienen (BVerfGE 13, 97 [110 ff.]; zweifelnd allerdings BVerfG, DVBl. 2006, 244).

(2) Die **Eintragung** in die Handwerksrolle ist als zweistufiges Zulassungsverfahren ausgestaltet. In einem ersten Schritt teilt die Handwerkskammer, auf Antrag oder von Amts wegen, dem Gewerbetreibenden, sowie ggf. der IHK, gegen Empfangsbescheinigung die beabsichtigte Eintragung in die Handwerksrolle mit (§ 11 HwO). Sodann erfolgt die eigentliche Eintragung, worüber dem Gewerbetreibenden eine Bescheinigung, die sog. Handwerkskarte, ausgestellt wird (§ 10 Abs. 2 HwO); die Handwerkskarte ist eine Urkunde und als solche bei der Gewerbeanmeldung (§ 14 GewO) vorzulegen. Sowohl die Mitteilung über die beabsichtigte (§ 11 HwO) als auch die erfolgte Eintragung in die Handwerksrolle (§ 10) stellen jeweils wirksame Verwaltungsakte (§ 35 VwVfG) dar. Die Eintragung selbst besitzt Legalisierungsfunktion (§ 1 Abs. 1 S. 1 HwO) im Hinblick auf die Ausübung des zulassungspflichtigen Handwerks, und mit ihr wird auch die Zwangsmitgliedschaft in der Handwerkskammer (§ 90 Abs. 2) begründet (Abschn. 2.2.3).

(3) Erfüllt eine gewerbliche Betätigung nicht (mehr) die Voraussetzungen für die Eintragung in die HwO, wird die Eintragung auf Antrag

oder von Amts wegen gelöscht (§ 13 HwO). Rechtstechnisch bedeutet **Löschung**, dass damit die Genehmigung zur Ausübung eines selbstständigen Handwerks aufgehoben wird. Formal erfolgt dies, wie bei der Eintragung in die Handwerksrolle, in einem zweistufigen Verfahren, wobei beide Verfahrensschritte (Mitteilung über Löschungsabsicht, § 13 Abs. 3 HwO, sowie tatsächliche Löschung) selbstständige Verwaltungsakte und damit grundsätzlich isoliert mit Widerspruch und Anfechtungsklage angreifbar sind. Hervorzuheben ist an dieser Stelle, dass die sogleich zu erläuternde Untersagung eines Handwerksbetriebs zwangsläufig zur Löschung in der Handwerksrolle führt (BVerwG, GewArch 1992, 339).

Ebenso wie beim „normalen" stehenden Gewerbe kann die zuständige Behörde, z. B. in Sachsen die Landkreise/Landratsämter und kreisfreien Städte (§ 3 Abs. 2 SächsHwAusfVO), die Fortsetzung des Betriebs eines zulassungspflichtigen Handwerks untersagen (§ 16 Abs. 3 S. 1 HwO), wenn der Betrieb „entgegen den Vorschriften dieses Gesetzes" (HwO) ausgeübt wird. Die Behörde kann ihre **Untersagungsverfügung** dabei einerseits auf § 16 Abs. 3 S. 1 HwO stützen und nach h. M. parallel das Gewerbe auch nach § 35 Abs. 1 GewO untersagen, da die HwO die GewO nur insoweit verdrängt, wie speziellere Regelungen enthalten sind (*lex specialis derogat legi generali*). Da dies für die (Un-)Zuverlässigkeit nicht der Fall ist, bleibt § 35 Abs. 1 GewO anwendbar; ein Ergebnis, das auch aus Gründen der effektiven Gefahrenabwehr bei (allen) stehenden Gewerbebetrieben überzeugend ist.

4.1.3.2 Recht der betrieblichen Öffnungszeiten von Räumen

In Gestalt des Gaststätten- sowie des Ladenöffnungsrechts finden sich weitere Rechtsmaterien, die spezielle Regeln für Öffnungszeiten von Räumen zur betrieblichen Nutzung enthalten. Als **Gewerbe-Nebengesetze** dienen beide Rechtsgebiete der Gefahrenabwehr und enthalten daher jeweils typische Instrumente der Wirtschaftsüberwachung und -aufsicht.

Gaststättenrecht

Ursprünglich in die GewO inkorporiert, wurde das Gaststättenrecht später in einer eigenen gesetzlichen Regelung verselbstständigt, für die der Bund zunächst die konkurrierende Gesetzgebungskompetenz hatte (Art. 74 Abs. 1 Nr. 11 GG a. F.). Die Föderalismusreform (2006) überführte das Recht der Gaststätten in die ausschließliche Gesetzgebungskompetenz der Länder (arg. ex Art. 74 Abs. 1 Nr. 11 „außer"), wobei aber das Bundesgaststättengesetz (GastG-Bund) fortgilt (Art. 125a Abs. 1 S. 1 GG, Abschn. „Zugangskontrolle bei der Betriebsaufnahme"), solange kein entsprechendes Landesrecht erlassen wird. Mittlerweile (Stand 2020) findet sich eine Zweiteilung, denn die Hälfte aller Bundesländer haben eigene Gaststättengesetze erlassen; dies sind

- Brandenburg (BbgGastG v. 02.10.2008, GVBl.I/08, 218),
- Bremen (BremGastG v. 24.02.2009, Brem. GBl. 2009, 45),
- Hessen (HGastG v. 28.03.2012, GVBl. 2012, 50),
- Niedersachsen (NGastG v. 10.11.2011, Nds. GVBl. 2011, 415),
- das Saarland (SGastG v. 13.04.2011, ABl. 2011, 206),
- Sachsen (SächsGastG v. 03.07.2011, SächsGVBl. 2011, 198),
- Sachsen-Anhalt (GastG LSA v. 07.08.2014, GVBl. LSA 2014, 386) sowie
- Thüringen (ThürGastG v. 09.10.2008, ThürGVBl. 11/2008, 367).

Für die übrigen Bundesländer (Baden-Württemberg, Bayern, Berlin, Hamburg, Mecklenburg-Vorpommern, Nordrhein-Westfalen, Rheinland-Pfalz und Schleswig-Holstein) gilt das GastG des Bundes über Art. 125a Abs. 1 S. 1 GG (oder wie in Baden-Württemberg [LGastG v. 10.11.2009, GBl. 2009, 628] ausdrücklich) fort und wird durch jeweils durch landeseigene Rechtsverordnungen (z. B. GastVO Schleswig-Holstein v. 01.04.2003, GVOBl. 2003, 185) ausgeführt.

Angesichts der hohen praktischen Bedeutung wird das Gaststättenrecht nachfolgend unter Bezugnahme auf die Regelungen des GastG-Bund und – angesichts der föderalen Vielfalt – unter Hinweis auf wesentliche landesrechtliche Abweichungen dargestellt.

Wie für die gewerberechtliche Systematik typisch, weist die Definition der jeweiligen gewerblichen Betätigung den Weg in besondere gewerberechtliche Nebengesetze oder die allgemeine GewO. Diese Regelungstechnik nutzt auch das Gaststättenrecht und definiert eine Gaststätte als Gewerbebetrieb, der jedermann oder einem bestimmten Personenkreis zugänglich sein muss und in dem **Getränke** (Schankwirtschaft, Nr. 1) und/oder **Speisen** (Speisewirtschaft, Nr. 2) verabreicht werden (§ 1 Abs. 1 GastG-Bund; § 1 Abs. 1 SächsGastG).

▶ *Ausgangspunkt des Gaststättenbegriffs ist die Definition des Gewerbes nach der GewO, so dass zunächst alle Merkmale des Gewerbes (Gewerbsmäßigkeit plus Gewerbsfähigkeit, Abschn. 4.1.2.2) zu prüfen sind.*

Das GastG-Bund gestaltet die Ausübung eines Gaststättengewerbes als präventives Verbot mit Erlaubnisvorbehalt aus. Die erstmalige Betriebsaufnahme bedarf damit, ebenso wie Änderungen der Betriebsart (arg. ex § 3 Abs. 1 GastG-Bund), im Regelfall einer **Erlaubnis** (§ 2 Abs. 1 S. 1), die vom Gewerbetreibenden vorab beantragt werden muss (§ 31 GastG-Bund i. V. m. § 14 GewO). **Ausnahmen** davon – und damit Erlaubnisfreiheit (aber Anzeigepflicht) – bestehen für besondere Erscheinungsformen von Gaststätten, etwa Schank- und Speisewirtschaften nach § 2 Abs. 2 GastG-Bund, Straußwirtschaften (§ 14), Kantinen (§ 25) sowie bestimmte Selbsterzeugnisse in Bayern und Rheinland-Pfalz (§ 26). Für erlaubnisfreie Gaststättengewerbe kann die zuständige Behörde jedoch Auflagen (§ 5 Abs. 2 i. V. m. Abs. 1 GastG-Bund) erlassen, die als Verwaltungsakt (§ 35 VwVfG) selbstständig anfechtbar sind. Ausnahmen von der Erlaubnispflicht sind zudem im Rahmen einer vorläufigen Erlaubnis (§ 11 GastG-Bund) sowie als Gestattung (§ 12) möglich.

Einige Bundesländer, etwa Hessen, Sachsen und Thüringen, weichen vom Grundsatz der Erlaubnispflicht im Gaststättenrecht ab, indem sie den Betrieb eines Gaststättengewerbes lediglich unter **Anzeigevorbehalt** stellen (§ 1 HGastG, § 1 Abs. 1 SächsGastG, § 2 ThürGastG) und diesen jeweils mit der allgemeinen gewerberechtlichen Anzeigepflicht aus § 14 GewO verknüpfen. Dieser modernere Regelungsansatz ist etwas weniger eingriffsintensiv und gewährleistet durch die jeweils vierwöchige Frist zwischen Anzeige und Betriebsbeginn eine präventive Überwachung und Gefahrenprognose durch die Behörde. Wird eine erlaubnisfreie Gaststätte ohne Anzeige eröffnet oder betrieben, ist dies als Ordnungswidrigkeit bußgeldbewehrt (z. B. § 12 Abs. 1 Nr. 1, 2 SächsGastG, § 10 Abs. 1 Nr. 1, 2 ThürGastG). Beabsichtigt der Gewerbetreibende – was regelmäßig der Fall sein wird – den Ausschank alkoholischer Getränke in der Gaststätte, prüft die zuständige Behörde unmittelbar nach der Anzeige – und damit wegen der Vier-Wochen-Frist noch vor Eröffnung des Betriebs – die Zuverlässigkeit (§ 35 GewO) des Betriebsinhabers (vgl. § 3 HGastG, § 4 Abs. 1 SächsGastG, § 3 ThürGastG).

Unterliegt das Gaststättengewerbe, wie im GastG-Bund, einer grundsätzlichen Erlaubnispflicht, normiert der Gesetzgeber bestimmte Voraussetzungen, unter denen die Erlaubnis erteilt wird; diese sind als negative Tatbestandsvoraussetzungen, sog. Versagungsgründe, in § 4 Abs. 1 GastG-Bund geregelt. Als **gemischte Konzession** (s. zum Begriff Abschn. 3.4.2.3) kombiniert die Gaststättenerlaubnis Elemente einer Personal- mit solchen einer Sachkonzession. Regelungstechnisch nutzt der Gesetzgeber die Versagungsgründe in § 4 Abs. 1 GastG-Bund, um personenbezogene (Nr. 1 und 4) sowie sachbezogene (Nr. 2, 2a und 3) Voraussetzungen zu regeln.

▶ *Die Versagungsgründe (§ 4 Abs. 1 GastG-Bund) haben eine doppelte Funktion; sie liefern im Umkehrschluss die Voraussetzungen der gemischten Konzession und dienen gleichzeitig, und ihrem Wortsinn entsprechend, als Gründe für die Aufhebung (durch Rücknahme oder Widerruf) der Gaststättenerlaubnis nach § 15 GastG-Bund.*

Wesentliche persönliche Voraussetzung ist die **Zuverlässigkeit** des Gewerbetreibenden, für die der Gesetzgeber anknüpfend an den Inhalt von § 35 GewO in § 4 Abs. 1 Nr. 1 GastG-Bund bestimmte Regelbeispiele aufführt, etwa Trunksucht, Ausbeutung Unerfahrener oder Willensschwacher (mit Verbindung zum JSchG), Alkoholmissbrauch, Förderung von Glücksspielen oder Hehlerei.

Inhalt und Umfang der Gaststättenerlaubnis sind in der Erlaubnisurkunde klar zu begrenzen und beziehen sich gemäß § 3 S. 1 GastG-Bund auf eine bestimmte Betriebsart, bestimmte Betriebsräume sowie Betriebszeiten, die sich im Rahmen örtlich durchaus unterschiedlich festgelegter Sperrzeiten (§ 18 GastG-Bund i. V. m. Sperrzeitverordnungen der Länder) halten müssen. Beim Betrieb der Gaststätte stets zu beachten sind zudem spezielle Pflichten für den Ausschank alkoholischer (§ 19 GastG-Bund) bzw. alkoholfreier (§ 6) Getränke sowie allgemeine Verbote (§ 20), etwa „in Ausübung eines Gewerbes alkoholische Getränke an erkennbar Betrunkene zu verabreichen" (Nr. 2). Darüber hinaus können auf Grundlage von § 23 Abs. 2 BImSchG zusätzliche Bestimmungen über einzuhaltende Ruhezeiten existieren, die durch Rechtsverordnungen der Länder konkretisiert werden können.

Beispiel

Das BVerwG erklärte eine frühere Fassung der sog. bayerischen „Biergarten-Verordnung", die auf der Grundlage von § 23 Abs. 2 BImSchG erlassen wurde, für nichtig, weil in der Verordnung zwar frühere Schließzeiten für Biergärten geregelt, aber keine den Lärm betreffenden Anforderungen an die Anlagenbetreiber gestellt wurden, weshalb die Verordnung den gesetzlichen Schutzzweck (Immissionsschutz) verfehlte (BVerwG, DVBl. 1999, 863). ◂

Die Gaststättenerlaubnis kann mit Nebenbestimmungen versehen bzw. jederzeit um solche ergänzt werden. Möglich sind sowohl eine zeitliche Begrenzung (§ 3 Abs. 2 i. V. m. §§ 9–12 GastG-Bund bzw. Befristung, § 36 Abs. 2 Nr. 2 VwVfG) als auch **Auflagen** (§ 36 Abs. 2 Nr. 4 VwVfG), die bestimmten, in § 5 Abs. 1 Nr. 1 bis 3 GastG-Bund genannten Schutzgütern dienen, etwa dem Schutz der Gäste bzw. der Mitarbeiter gegen Ausbeutung und gegen Gefahren für Leben und Gesundheit.

Beispiel

So kann eine Gaststättenerlaubnis (nach § 2 Abs. 1 GastG-Bund) mit einer nachträglichen Auflage i. S. v. § 5 Abs. 1 Nr. 1 versehen werden, die verbietet, alkoholische Getränke ohne Mengenbegrenzung zu einem vorher festgesetzten (und in der Regel nicht kostendeckenden) Preis als sog. „Flatrate-Parties" anzubieten (vgl. VG Hannover, GewArch 2007, 388; VGH München, NVwZ-RR 2008, 26). ◂

Ein wichtiges, weil repressives Instrument der laufenden gewerberechtlichen Überwachung ist die Aufhebung der Gaststättenerlaubnis, die nach § 15 GastG-Bund erfolgt, wobei zwischen der **Rücknahme** einer rechtswidrig erteilten (Abs. 1) und dem **Widerruf** einer rechtmäßigen (Abs. 2, 3) Gaststättenerlaubnis zu unterscheiden ist. Auch wenn die systematischen Parallelen zum allgemeinen Verwaltungsrecht offensichtlich sind, dürfen die §§ 48, 49 VwVfG erst dann herangezogen werden, soweit die spezielleren gaststättenrechtlichen Vorschriften nicht abschließend sind.

▷ *Das BVerwG hat mehrfach bestätigt, dass § 15 GastG-Bund die Aufhebung der Gaststättenerlaubnis nicht in das Ermessen der Behörde stellt und als lex specialis (nur) insoweit §§ 48, 49 VwVfG verdrängt (vgl. BVerwGE 49, 160 [168 f.]; 81, 74 [78]).*

Die hauptsächlichen Gründe für die Aufhebung einer Gaststättenerlaubnis sind das Vorliegen eines oder mehrerer, personen- bzw. sachbezogener Versagungsgründe (§ 4 GastG-Bund) sowie Verstöße gegen Auflagen (§ 5) oder Beschäftigungsverbote (§ 21). Soll eine Gaststättenerlaubnis aufgehoben werden, hat die zuständige Behörde stets den Grundsatz der Verhältnismäßigkeit und insbesondere mildere, aber gleichermaßen erforderliche Mittel (z. B. nach §§ 5, 18, 21 GastG-Bund) zu berücksichtigen.

Gilt für den Betrieb einer Gaststätte nach dem jeweiligen Landesrecht keine Erlaubnis-, sondern nur eine Anzeigepflicht, kann die zuständige Behörde im Falle der Unzuverlässigkeit des Gastwirts das Gewerbe – mangels spezialgesetzlicher Regelung – nach § 35 Abs. 1 GewO untersagen.

Beispiel

Derartige Regelungen enthalten etwa die Gaststättengesetze von Hessen (§ 4 HessGastG), Sachsen (§§ 4, 5 SächsGastG) und Thüringen (§ 7 Abs. 3 ThürGastG). ◂

Neben der Aufhebung der Gaststättenerlaubnis kann die zuständige Behörde auch die **Schließung** einer Gaststätte nach §§ 31 i. V. m. § 15 Abs. 2 GastG-Bund verfügen, wobei beide Überwachungsmaßnahmen aufgrund ihrer unterschiedlichen Voraussetzungen strikt voneinander zu trennen sind. Geschlossen werden darf ein Gaststättenbetrieb, wenn er ohne die erforderliche Erlaubnis (§ 2 GastG-Bund) betrieben wird. Dies kann entweder der Fall sein, weil die erforderliche Erlaubnis nie vorgelegen hat oder weil sie nach § 15 GastG-Bund, etwa wegen Unzuverlässigkeit des Gewerbetreibenden (§ 15 Abs. 1 i. V. m. § 4 Abs. 1 Nr. 1), aufgehoben wurde.

Schließlich sieht § 8 GastG-Bund das Erlöschen der Gaststättenerlaubnis vor, „wenn der Inhaber den Betrieb nicht innerhalb eines Jahres nach Erteilung der Erlaubnis begonnen oder seit einem Jahr nicht mehr ausgeübt hat" (S. 1), wodurch die allgemeine Regelung in § 43 VwVfG konkretisiert wird. Hingegen gewährt § 10 GastG-Bund beim Tod des Erlaubnisinhabers den Hinterbliebenen das Recht, das Gaststättengewerbe aufgrund der bisherigen Erlaubnis weiterzuführen, sog. **Hinterbliebenenprivileg**. Begründen lässt sich diese Privilegierung allein durch den historischen Ursprung der Regelung, die insoweit eine Ausnahme von der prinzipiell personengebundenen gewerberechtlichen Erlaubnis bildet.

▶ *Das Gaststättenrecht verdeutlicht insgesamt sehr anschaulich, wie Normen aus dem besonderem (GastG) und allgemeinem Gewerberecht (GewO) ineinandergreifen und auf verwaltungsrechtlichen Grundlagen (z. B. §§ 48, 49 VwVfG) aufbauen. Versuchen Sie, diese vom Gesetzgeber bewusst angelegte Verzahnung nachzuvollziehen und ersparen Sie sich dadurch unnötigen Lernaufwand, unter dem Motto: systematisches Verständnis statt Schubladendenken!*

Ladenöffnung

Wie bereits das Gaststättenrecht überführte die Föderalismusreform auch das „Recht des Ladenschlusses" aus der früheren konkurrierenden Gesetzgebungskompetenz, von der der Bund erstmals 1956 durch das LadSchlG a. F. Gebrauch gemacht hatte, in die seither ausschließliche Kompetenz der Länder (Art. 74 Abs. 1 Nr. 11 GG „ohne"). Fünfzehn Bundesländer haben mittlerweile eigene, zumeist als **Ladenöffnungsgesetze** bezeichnete Landesgesetze erlassen:

- Baden-Württemberg (LadÖG v. 14.02.2007, GBl. 2007, 135),
- Berlin (BerlLadÖffG v. 14.11.2006, GVBl. 2006, 1045),
- Brandenburg (BbgLöG v. 27.11.2006, GVBl. II 2006, 158),
- Bremen (LadSchlG v. 22.03.2007, Brem.GBl. 2007, 221),
- Hamburg (LÖG HA v. 22.12.2006, HmbGVBl. 2006, 611),
- Hessen (HLöG v. 23.11.2006, GVBl. I 2006, 606),
- Mecklenburg-Vorpommern (LöffG M-V v. 28.06.2007, GVOBl. M-V 2007, 226),
- Niedersachsen (NLöffVZG v. 08.03.2007, Nds.GVBl. 2007, 111),
- Nordrhein-Westfalen (LÖG NRW v. 16.11.2006, GV.NRW 2006, 516),
- Rheinland-Pfalz (LadöffnG v. 21.11.2006, GVBl. 2006, 351),
- Saarland (LÖG Saarland v. 15.11.2006, ABl. 2006, 1974),
- Sachsen (SächsLadÖffG v. 01.12.2010, SächsGVBl. 2010, 338),

- Sachsen-Anhalt (LÖffZeitG LSA v. 22.11.2006, GVBl. LSA 2006, 528),
- Schleswig-Holstein (LÖffZG v. 29.11.2006, GVOBl. SH 2006, 243) sowie
- Thüringen (ThürLadÖffG v. 24.11.2006, GVBl. 2006, 541).

Einzig Bayern hat auf eine eigene landesrechtliche Regelung verzichtet mit der Folge, dass das LSchlG-Bund nach Art. 125a Abs. 1 S. 1 GG fortgilt.

Trotz der Vielfalt stellen sich die Bundes- und Landesgesetze zur Ladenöffnung nicht als föderaler „Flickenteppich" dar, sondern verkörpern ein weitgehend einheitliches Regelungskonzept. Dem zugrunde liegt der gefahrenabwehrrechtliche, gemeinwohlbezogene **Schutzzweck**, Verkaufsstellen zu bestimmten Zeiten aus Gründen des Arbeitszeit- und des Wettbewerbsschutzes bzw. der Wettbewerbsneutralität sowie des Ruheschutzes an Sonn- und Feiertagen („seelische Erhebung", Art. 140 GG i. V. m. Art. 139 WRV) geschlossen zu halten (st Rspr seit BVerfGE 1, 283 [297]; 13, 230 [235]; 59, 336 [352 f.]; 111, 10 [32 ff.]). Aus den gesetzlichen Ladenschlusszeiten folgt umgekehrt, dass Verkaufsstellen zu den übrigen Zeiten geöffnet sein dürfen; Öffnungszeiten berechtigen die Geschäftsinhaber daher zur Öffnung, verpflichten aber keineswegs dazu.

Der Geltungsbereich der Ladenöffnungsgesetze bezieht sich auf die Öffnung von Verkaufsstellen. Der Begriff der **Verkaufsstelle** ist zentral; gemeint sind „Einrichtungen, bei denen von einer festen Stelle aus regelmäßig Waren zum Verkauf an jedermann gewerblich angeboten werden" (§ 2 Abs. 1 SächsLadÖffG, ähnlich § 1 LSchlG-Bund), womit nicht an eine besondere Gewerbeart, sehr wohl aber an das gewerbliche (§ 1 Abs. 1 GewO) Feilbieten von Waren angeknüpft wird, das innerhalb und außerhalb von Verkaufsstellen erfolgen darf.

Beispiel

Als Verkaufsstellen gelten beispielsweise kleine wie größere Einzelhandelsgeschäfte, Lebensmittel-Discounter oder Bau-, Garten- sowie Großmärkte. Von der Ladenöffnung hingegen nicht erfasst werden das Werk- und Dienstleistungsgewerbe, wie beispielsweise Reisebüros, Wäschereiannahmestellen, Videofilmverleihe, Handwerksbetriebe, etwa Friseure oder Schuhreparaturen, sowie Gaststätten; letztere sind spezialgesetzlich dem Gaststättenrecht unterworfen. Ebenfalls nicht erfasst wird die Direktvermarktung landwirtschaftlicher Erzeugnisse durch den Erzeuger, etwa der Verkauf von Erdbeeren, Spargel oder Blumen in provisorischen Verkaufsständen außerhalb der Öffnungszeiten (BayObLG, GewArch 1980, 65). ◂

Die Ladenöffnungsvorschriften finden keine Anwendung auf den Verkauf von „Zubehörartikeln" (vgl. Legaldefinition in § 2 Abs. 1 Nr. 5 HessLÖG), also Waren, die in einem engen sachlichen Zusammenhang mit dem jeweiligen Veranstaltungstyp oder Tätigkeitsbereich stehen, etwa der Verkauf von Fanartikeln bei Sportveranstaltungen oder von Erfrischungsgetränken, Waren zum sofortigen Verzehr und Süßwaren an Besucher von Konzerten, Theatern, Kinos.

Ebenfalls keine Anwendung findet das Recht der Ladenöffnung auf die vielfältigen und rasant sich entwickelnden, neuen Vertriebsformen im **mobile-** sowie **e-commerce**, d. h. Kauf über Internet, soziale Netzwerke, Callcenter sowie aus Automaten; gleiches gilt mangels einer „festen Stelle" für den ebenfalls größtenteils online angebotenen Versandhandel.

Während elf Länder die Ladenöffnung an Werktagen nahezu völlig frei gegeben haben (vgl. § 3 Abs. 1 LadÖG BW, § 3 Abs. 1 BerlLadÖffG, § 3 Abs. 1 BbgLÖG, § 3 Abs. 1 BremLadSchlG, § 3 Abs. 1 HambLÖG; § 3 Abs. 1 HessLÖG, § 3 Abs. 1 NdsLöffVZG, § 4 Abs. 1 LÖG NRW, § 3 Abs. 1 LÖffZG SH, § 3 S. 1 LÖffZeitG LSA, § 3 Abs. 1 ThürLadÖffG), regeln die übrigen Landesgesetze **allgemeine Öffnungszeiten** für Verkaufsstellen von montags bis samstags zwischen 6 und 22 Uhr (vgl. § 3 Abs. 1 S. 1 SächsLadÖffG, § 3 Abs. 1 LÖffG M-V, § 3 Abs. 1 S. 1 Nr. 2 LSchlG-Bund: werktags 6 bis 20 Uhr); für den 24.12. gilt eine eingeschränkte

Öffnungszeit von 6 bis 14 Uhr. Die Öffnungszeiten haben regelungstechnisch daher eine **Doppelwirkung**, indem sie einerseits die unternehmerische Betätigung des Geschäftsinhabers (Art. 12 Abs. 1, Art. 14 Abs. 1, Art. 2 Abs. 1 GG) zeitlich begrenzen und andererseits dem Arbeitnehmerschutz dienen, indem sie die wochen- sowie sonn- und feiertäglichen Beschäftigungszeiten von in Verkaufsstellen angestellten Arbeitnehmern festlegen.

Während Verkaufsstellen während der allgemeinen Öffnungszeiten geöffnet sein *dürfen*, *müssen* sie außerhalb dieser Zeiten geschlossen sein (Regel-Ausnahme-Verhältnis, vgl. § 3 Abs. 1 vs. Abs. 2–5 SächsLadÖffG). Dies gilt insbesondere an **Sonn- und Feiertagen**, die durch Sonn- und Feiertagsgesetze der Länder (z. B. HFeiertagsG, SächsSFG) festgelegt werden und an denen nur Verkaufsstellen öffnen dürfen, die bestimmte Waren des sofortigen Ge- und Verbrauchs (sog. Bedürfnisgewerbe), wie Zeitungen, Backwaren, Blumen (§ 3 Abs. 3, § 7 Abs. 1 SächsLadÖffG) anbieten. Weitere Ausnahmen gelten zudem an Kur-, Wallfahrts- und Ausflugsorten (§ 7 Abs. 2 SächsLadÖffG) für Reisebedarf, Sportartikel, Badegegenstände, Devotionalien und Andenken.

Erweiterte Öffnungszeiten gelten für Verkaufsstellen, die dazu dienen, besondere Versorgungsbedürfnisse der Verbraucher zu befriedigen. Dies gilt für **Apotheken** (§ 4 SächsLadÖffG, § 4 LSchlG-Bund; zur Bereitschaftsöffnung s. § 4 ApoG) und **Tankstellen** (§ 5 SächsLadÖffG, § 6 LSchlG-Bund), die an allen Tagen ganztägig geöffnet sein dürfen; an Tankstellen ist außerhalb der allgemeinen Ladenöffnungszeit nur die Abgabe von Ersatzteilen für Kraftfahrzeuge, soweit dies für die Erhaltung oder Wiederherstellung der Fahrbereitschaft notwendig ist, sowie die Abgabe von Betriebsstoffen und von Reisebedarf (vgl. Legaldefinition in § 2 Abs. 4 SächsLadÖffG sowie § 2 Abs. 2 LSchlG-Bund) gestattet.

Beispiel

In den längeren Öffnungszeiten für spezielle Verkaufsstellen liegt eine Ungleichbehandlung (Art. 3 Abs. 1 GG) der übrigen Geschäfte, da alle Läden unter einen gemeinsamen Oberbegriff im Sinne der Verkaufsstellen fallen. Die Ungleichbehandlung ist jedoch gerechtfertigt, da die genannten Verkaufsstellen besondere Bedarfe, z. B. von Reisenden bzw. der medizinischen Versorgung, befriedigen (BVerfGE 13, 225 [228 f.]). Das BVerwG erachtete die Abgabe bestimmter Waren zu Reisebedarfszwecken an Tankstellen auch außerhalb der Öffnungszeiten für zulässig, sofern ein innerer Zusammenhang zwischen dem Hauptverkaufsgegenstand und der Zusatzware besteht (BVerwG, JZ 1994, 297 ff.). ◀

Auch an **Personenbahnhöfen** (§ 6 Abs. 1 SächsLadÖffG, § 8 LSchlG-Bund) und **Flughäfen** (§ 6 Abs. 2 SächsLadÖffG, § 9 LSchlG-Bund) ist der Verkauf von Artikeln des Reisebedarfs an allen Tagen des Jahres ganztägig gestattet, was gesetzgeberisch ebenfalls mit den besonderen, die zeitliche Wettbewerbsgleichheit überwiegenden Versorgungsbedürfnissen von Reisenden begründet wird (vgl. zu besonderem Bedarf von Flugreisenden BGHZ 84, 130 [132 ff.]).

Als Ausnahmen zu den allgemeinen Ladenschlusszeiten eröffnen die Ladenöffnungsgesetze von Bund und Ländern durch Verordnungsermächtigung die Möglichkeit, die Ladenschlusszeiten örtlich oder regional für bestimmte Waren, Anlässe oder Personenkreise gesondert festzusetzen; im Ergebnis werden damit die ökonomisch durchaus erwünschte, rechtspolitisch allerdings kontrovers beurteilte Ladenöffnung an Sonntagen (§ 8 SächsLadÖffG, § 6 HLöG; § 14 LSchlG-Bund) sowie sog. Eventshopping (vgl. § 3 Abs. 4 SächsLadÖffG) ermöglicht. Der Grundsatz der Sonntagsschließung darf pro Gemeinde für maximal **vier verkaufsoffene Sonntage** pro Jahr zwischen 12 und 18 Uhr (§ 8 Abs. 1 SächsLadÖffG) durchbrochen werden; für jede Gemeinde darf zudem ein weiterer verkaufsoffener Sonntag aus Anlass besonderer regionaler Ereignisse, wie traditioneller Straßenfeste, Weihnachtsmärkte und örtlich bedeutender Jubiläen (bei maximal acht Anlässen pro Gemeinde, § 4 Abs. 2 S. 2 SächsSFG), gestattet werden.

Zum Zwecke der **laufenden Kontrolle** obliegt den Gemeinden die Überwachung der Einhaltung der Vorschriften zu Ladenöffnung bzw. Ladenschluss (vgl. § 9 SächsLadÖffG, § 10 HLöG, § 22 LSchlG-Bund). Dazu verfügen die zuständigen Behörden über die typischen Instrumente zur Gewerbeüberwachung (Abschn. 3.4.2.3), wie Betretens- und Nachschaurechte (§ 9 Abs. 4 SächsLadÖffG). Verstöße der Gewerbetreibenden dagegen (§ 11 Abs. 1 Nr. 4, Nr. 5 und Nr. 6 SächsLadÖffG) werden ebenso wie solche gegen weitere gefahrenabwehrrechtliche Vorschriften zu Ladenschluss/-öffnung als Ordnungswidrigkeiten (§ 11 SächsLadÖffG, § 12 HLöG, § 24 LSchlG-Bund) geahndet.

4.1.3.3 Weitere Wirtschaftsbereiche

Immissionsschutzrecht
(1) Die **Rechtsgrundlagen** zum Immissionsschutz finden sich – als besonderes Umweltrecht – nicht in einem einheitlichen Umweltgesetzbuch, sondern sind, gestützt auf die Gesetzgebungskompetenzen aus Art. 73 Abs. 1 Nr. 6 oder Art. 74 Abs. 1 Nrn. 11, 21–24 GG, auf verschiedene Regelwerke verteilt. Neben dem Bundes-Immissionsschutzgesetz (BImSchG, vollständiger Titel: Gesetz zum Schutz vor schädlichen Umwelteinwirkungen durch Luftverunreinigungen, Geräusche, Erschütterungen und ähnlichen Vorgängen v. 1974, neu gefasst 2002), das durch über 40 Rechtsverordnungen (Stand: 2020) ausgefüllt und ergänzt wird, finden sich relevante Regelungen in einer Reihe von Spezialgesetzen, wie AtG, LuftVG, FluglärmG oder BenzinbleiG, sowie in Verwaltungsvorschriften (zum Begriff Abschn. 3.2 und 3.3, sog. Technischen Anleitungen (TA), etwa der TA Luft oder TA Lärm.

Ergänzt werden die nationalen Vorschriften durch völker- bzw. europarechtliche Regelungen, die sich etwa mit dem Klimaschutz (Pariser Klimaabkommen), dem Schutz der Ozonschicht (sog. Montreal-Protokoll, 1987), bestimmten einzelnen Emissionen (Schwefel, Schwermetalle u. a.), dem Emissionshandel (RL [EG] Nr. 2003/87 v. 13.10.2003, ABl. EU L 275, 32) oder Problemen der Luftverschmutzung befassen, wobei der Grad an rechtlicher Verbindlichkeit für die jeweiligen Vertrags- bzw. Mitgliedstaaten sehr variiert.

(2) Mit dem Ziel, „Menschen, Tiere und Pflanzen, den Boden, das Wasser, die Atmosphäre sowie Kultur- und sonstige Sachgüter vor schädlichen Umwelteinwirkungen zu schützen und dem Entstehen schädlicher Umwelteinwirkungen vorzubeugen" (§ 1 Abs. 1 BImSchG), dient das BImSchG einem allgemeinwohlbezogenen **gefahrenabwehrrechtlichen Zweck**. Parallelen zu Systematik wie Instrumenten des Gewerberechts sind, auch gerade wegen des gewerberechtlichen Ursprungs des BImSchG (früher §§ 16 ff. GewO a. F.), häufig, weshalb Immissionsschutzrecht auch als besonderes Wirtschaftsverwaltungsrecht einzuordnen ist.

Zentral für die Anwendbarkeit des BImSchG ist der Begriff der schädlichen Umwelteinwirkungen, der nach § 3 Abs. 1 durch zwei Elemente gekennzeichnet wird: Es muss sich um **Immissionen** (von lat. *immissio* = Hineinlassen) handeln, die in § 3 Abs. 2 BImSchG legaldefiniert und von Emissionen (von lat. *emissio* = Herausschleudern; Legaldefinition in Abs. 3!) zu unterscheiden sind. Immissionen müssen einen gewissen **Grad von Schädlichkeit** aufweisen, d. h. geeignet sein, „Gefahren", erhebliche „Nachteile" oder erhebliche „Belästigungen" herbeizuführen. Eine Gefahr liegt vor, wenn bei ungehindertem Ablauf des Geschehens ein Zustand oder ein Verhalten mit hinreichender Wahrscheinlichkeit zu einem Schaden führen würde (konkrete Gefahr). „Nachteile" sind Vermögenseinbußen, die durch physische Einwirkungen hervorgerufen werden und unmittelbar zu einem Schaden führen.

> **Beispiel**
>
> *Nachteile sind etwa die Wertminderung eines Grundstücks oder Umsatzrückgang bei einem Hotelbetrieb infolge Baulärms.* ◄

Als „Belästigungen" sind Einwirkungen anzusehen, die das körperliche oder psychische Wohlbefinden des Menschen beeinträchtigen, ohne dass bereits ein Schaden, etwa an der Gesundheit, eintritt, oder die die Arbeitsfähigkeit mindern, etwa Lärm- oder Geruchsbelästigungen. Die Grenze ist fließend, insbesondere bei geringeren Einwirkungen über längere Zeit.

Nach § 3 Abs. 5 BImSchG sind **Anlagen** im Sinne des Gesetzes (i) Betriebsstätten und sonstige ortsfeste Einrichtungen (Nr. 1), (ii) Maschinen, Geräte und sonstige ortsveränderliche technische Einrichtungen (Nr. 2) sowie Fahrzeuge, soweit sie nicht § 38 unterliegen, und (iii) Grundstücke, auf denen Stoffe gelagert oder abgelagert oder Arbeiten durchgeführt werden, die Emissionen verursachen können, ausgenommen öffentliche Verkehrswege (Nr. 3). Als immissionsschutzrechtlicher Maßstab gilt der sog. **Stand der Technik**, worunter der Entwicklungsstand fortschrittlicher Verfahren, Einrichtungen oder Betriebsweisen zu verstehen ist, „der die praktische Eignung einer Maßnahme zur Begrenzung von Emissionen in Luft, Wasser und Boden, zur Gewährleistung der Anlagensicherheit, zur Gewährleistung einer umweltverträglichen Abfallentsorgung oder sonst zur Vermeidung oder Verminderung von Auswirkungen auf die Umwelt zur Erreichung eines allgemein hohen Schutzniveaus für die Umwelt insgesamt gesichert erscheinen lässt" (§ 3 Abs. 6 S. 1 BImSchG).

(3) Im Sinne der allgemeinen gewerberechtlichen Systematik (Abschn. 4.1.2) unterscheidet auch das BImSchG zwischen Errichtung und Betrieb, also zwischen Eröffnungskontrolle („ob") und laufender Überwachung („wie"), und stellt dabei – abhängig vom Gefährdungspotenzial – unterschiedlich hohe Anforderungen an genehmigungsbedürftige (§§ 4–21) und nicht genehmigungsbedürftige Anlagen (§§ 22–25). Ein **Genehmigungserfordernis** sieht der Gesetzgeber bei hinreichend gefahrenträchtigen („lästigen") Tätigkeiten vor, um im Wege eines präventiven Verbots mit Erlaubnisvorbehalt eine vorherige Kontrolle des Vorhabens zu ermöglichen. Die gewerberechtliche „Handschrift" der Bestimmungen, deren Vorläufer in §§ 16 ff. GewO a. F. enthalten waren, ist nach wie vor deutlich erkennbar.

Für weniger gefahrenträchtige, nicht genehmigungsbedürftige Anlagen stellt der Gesetzgeber geringere Betreiberpflichten auf; diese werden durch zahlreiche spezielle Rechtsverordnungen konkretisiert.

> **Beispiel**
>
> *Aufgrund von § 23 BImSchG ergangen sind beispielsweise Verordnungen zu Schornsteinfegerwesen (1. BImSchV), Verkehrslärmschutz (16. BImSchV), Sportanlagenlärm (18. BImSchV), elektromagnetischen Feldern (26. BImSchV), Geräte- und Maschinenlärmschutz (32. BImSchV), Schadstoffklassifizierung für PKW (35. BImSchV), Biokraftstoffquote (36. BImSchV).* ◄

Welche Anlagen unter die **Genehmigungspflicht** fallen, umschreibt zunächst abstrakt § 4 Abs. 1 S. 1 BImSchG; erfasst sind Anlagen, „die auf Grund ihrer Beschaffenheit oder ihres Betriebs in besonderem Maße geeignet sind, schädliche Umwelteinwirkungen hervorzurufen oder in anderer Weise die Allgemeinheit oder die Nachbarschaft zu gefährden, erheblich zu benachteiligen oder erheblich zu belästigen, sowie [...] ortsfeste Abfallentsorgungsanlagen zur Lagerung oder Behandlung von Abfällen". Konkretisiert wird dies abschließend durch die 4. BImSchV, erlassen aufgrund der Ermächtigung in § 4 Abs. 1 S. 3 BImSchG.

Auch beim **Genehmigungsverfahren** findet sich eine Zweiteilung, wonach Anlagen in einem förmlichen Verfahren (§ 10 BImSchG i. V. m. 9. BImSchV, ggf. i. V. m. Umweltverträglichkeitsprüfung nach UVPG) oder im vereinfachten Verfahren (§ 19 BImSchG i. V. m. 9. BImSchV) zu genehmigen sind (vgl. § 2 Abs. 1 Nrn. 1, 2 der 4. BImSchV). Keiner immissionsschutzrechtlichen Genehmigung bedürfen Anlagen, die in § 2 der 4. BImSchV nebst zugehörigem Anhang nicht genannt sind; oft ist aber eine Erlaubnis nach anderen Gesetzen, etwa eine Baugenehmigung, notwendig.

Den Zeitpunkt der Genehmigungsbedürftigkeit bestimmt § 62 Abs. 1 Nr. 1 BImSchG, ab dem Beginn der Anlagenerrichtung ist ungenehmigtes Vorgehen eine Ordnungswidrigkeit; der ungenehmigte Betrieb (§ 18 Abs. 1 Nr. 2 BImSchG) ist dagegen eine Straftat (vgl. § 327 StGB).

Adressat der Genehmigungspflicht ist der Anlagenbetreiber; dazu gehört auch, wer die Anlage zunächst lediglich errichten will. Auf Antrag und bei Vorliegen eines berechtigten Interesses können in einem abgestuften Verfahren eine Teilgenehmigung oder ein Vorbescheid (§§ 8, 9 BImSchG) erteilt werden.

(4) In ihrer Reichweite besitzt die Anlagengenehmigung nach § 13 BImSchG sog. **Konzentrationswirkung**, d. h. sie schließt zahlreiche andere die Anlage betreffende behördliche Entscheidungen ein, insbesondere Bau- und andere Genehmigungen. Nicht umfasst sind jedoch Planfeststellungen, Zulassungen bergrechtlicher Betriebspläne, behördliche Entscheidungen aufgrund atomrechtlicher Vorschriften und wasserrechtliche Erlaubnisse und Bewilligungen (nach §§ 7, 8 WHG) sowie Belange des Arbeitsschutzes (§ 6 Abs. 1 Nr. 2 BImSchG). Gemäß § 14 BImSchG sind nach Unanfechtbarkeit der Genehmigung privatrechtliche, nicht auf besonderen Titeln, z. B. Dienstbarkeit, beruhende Ansprüche zur Abwehr benachteiligender Einwirkungen auf ein Nachbargrundstück ausgeschlossen; die Einstellung des Betriebs einer Anlage kann nicht mehr verlangt werden, lediglich Vorkehrungen gegen benachteiligende Wirkungen oder (nachrangig) Schadensersatz kommen in Betracht. Die Genehmigung ist als gebundene Entscheidung ausgestaltet (vgl. § 6 Abs. 1 BImSchG „ist zu erteilen").

Mit dem Verweis auf § 5 BImSchG macht das Gesetz die Erteilung der Anlagengenehmigung insbesondere von der Einhaltung von grundlegenden sog. Betreiberpflichten abhängig. Danach sind schädliche Umwelteinwirkungen auszuschließen (§ 5 Abs. 1 Nr. 1 BImSchG), ist Vorsorge gegen Emissionen zu treffen (Nr. 2), sind Abfälle zu vermeiden, zu verwerten oder umweltgerecht zu beseitigen (Nr. 3) und ist Abwärme zu nutzen (Nr. 4), schließlich sind auch für die Zeit nach der Betriebseinstellung Vorkehrungen notwendig (Abs. 3).

Beispiel

Weitere Anforderungen an genehmigungsbedürftige Anlagen regeln verschiedene Rechtsverordnungen, die aufgrund von § 7 BImSchG ergangen sind, wie z. B. die Störfall- oder die Altöl-Verordnung. ◄

Einfache **Änderungen** genehmigungsbedürftiger Anlagen sind, ähnlich wie beim stehenden Gewerbe (§ 14 Abs. 1 S. 2 GewO), nach § 15 BImSchG anzeigepflichtig; eine neue Genehmigungspflicht gilt nur für wesentliche Änderungen (§ 16 Abs. 1 S. 1 BImSchG). Eine Änderung der Lage liegt vor, wenn die Anlage insgesamt oder in Teilen einen anderen Standort erhält. Bei einem Neubau an ganz anderer Stelle liegt allerdings eine (Neu-)Errichtung vor. Hingegen bezieht sich die Änderung der Beschaffenheit auf Zustand oder konstruktive Merkmale einer Anlage, insbesondere wenn Teile ersetzt oder beseitigt werden oder die Anlage durch zusätzliche Einrichtungen erweitert wird. Die Änderung des Betriebs meint die Modifizierung der Produktionsprozesse, aber auch der Betriebsweise der Anlage oder der Betriebszeiten; nicht erfasst werden die Betriebseinstellung oder Änderungen in der Person des Betreibers.

Unter den Voraussetzungen des § 17 BImSchG sollen nach Erteilung der Genehmigung bzw. Anzeige einer Änderung Anordnungen (nur) zur Erfüllung der sich aus dem BImSchG und den BImSchV ergebenden Pflichten getroffen werden. Nachträgliche Anordnungen stellen gegenüber Untersagung, Stilllegung und Beseitigung sowie dem Widerruf der Genehmigung (§§ 20, 21 BImSchG) ein milderes Mittel dar. Gegenstand einer Anordnung können alle nach § 12 BImSchG zulässigen Nebenbestimmungen (§ 36 VwVfG) sein, die Fortführung des Betriebs muss möglich bleiben. Die Anordnung kann Mittel oder Ziel angeben und muss eine angemessene Frist zur Erfüllung setzen. Als spezielle Ausprägung des Verhältnismäßigkeitsgrundsatzes enthält § 17 Abs. 2 BImSchG („darf nicht") eine Betreiberschutzklausel zur Abwehr unzumutbarer Anordnungen; kann der Betreiber Kompensationsmöglichkeiten nachweisen, soll die Behörde von Anordnungen absehen (§ 17 Abs. 3a).

Auch bei der **laufenden Überwachung** greift das BImSchG auf gewerberechtliche Instrumente zurück, weshalb die zuständige Behörde aus den in § 20 genannten Gründen, insbesondere bei Unzuverlässigkeit des Betreibers (Abs. 3), die Untersagung, Stilllegung und Beseitigung des Anlagenbetriebs verfügen kann. Ein Rechtsanspruch Dritter auf behördliches Einschreiten besteht nur bei Verstößen gegen drittschützende Normen, etwa nach §§ 5 Abs. 1 Nr. 1, Abs. 3 Nr. 1, 20 Abs. 1a S. 1, 22 Abs. 1 S. 1 Nrn. 1, 2 BImSchG; ein Anspruch auf eine ermessensfehlerfreie Entscheidung (§ 40 VwVfG) ist dagegen stets gegeben. Für den Widerruf der Anlagengenehmigung enthält § 21 BImSchG eine Spezialvorschrift gegenüber §§ 49, 49a, 50 VwVfG (Abschn. 3.3.2.4).

Verkehrsgewerbe
Für das Verkehrsgewerbe gelten höchst vielfältige Bestimmungen nicht zuletzt deshalb, weil sich die einzelnen **Erscheinungsformen** der gewerbsmäßigen Beförderung stark voneinander unterscheiden. Beispielhaft zu nennen sind der Güterkraftverkehr (GüKG), die Personenbeförderung (PBefG), sowie weitere Verkehrsarten, insbesondere der Schienen-, Luft- und Schiffsverkehr; bei letztgenanntem ist zwischen See- und Binnenschifffahrt zu unterscheiden. Zudem ist der Rechtsrahmen einiger Verkehrsarten, insbesondere des (schienen)netzgebundenen Bahnverkehrs der Deutsche Bahn AG (Abschn. 4.2), infolge nationaler Privatisierungsentscheidungen durch einen Instrumentenmix aus Regulierungs- und Wirtschaftsaufsicht geprägt.

Daneben gewinnt die EU-Ebene bei den Verkehrsarten zunehmend Einfluss, indem **unionsweit harmonisierte Aufsichts- und Regulierungsstandards** den Rechtsrahmen prägen, die das „Funktionieren des Binnenmarktes zum Gegenstand haben" (Art. 114 Abs. 1 AEUV). Der damit verbundene „Trend zu Europäisierung und Agenturisierung" (Abschn. 4.2.3.2) in supranationalen Verwaltungsverbundstrukturen ist auch im Verkehrsgewerbe deutlich sichtbar, wenngleich bislang nur für einzelne Verkehrsarten EU-Agenturen mit sehr unterschiedlich umfangreichen Befugnissen errichtet wurden.

Beispiel

So gibt es EU-Agenturen für das Eisenbahnwesen (European Railway Agency, ERA), die Sicherheit des Seeverkehrs (European Maritime Safety Agency, EMSA) sowie die Flugsicherheit (European Aviation Safety Agency, EASA). ◄

Auf der Ebene der nationalen Aufsicht findet sich keine einheitliche Aufsichtsbehörde, sondern eine nach **Verkehrsarten** getrennte „Aufsichtslandschaft", die teils auf Bundes-, teils auf Landesebene angesiedelt ist.

Beispiel

Für den Luftverkehr sind das Luftfahrt-Bundesamt als Bundesoberbehörde sowie die Länder in Bundesauftragsverwaltung (§ 31 Abs. 2 LuftVG) zuständig. Die Überwachung des Güterverkehrs obliegt dem Bundesamt für Güterverkehr (§§ 10 ff. GüKG), das bestimmte Aufgaben an Landesbehörden (§ 11 bzw. § 54 GüKG) übertragen kann. Hingegen sind Genehmigung und Aufsicht über den Personenverkehr (§ 11 bzw. § 54 PBefG) vollständig den Ländern übertragen. Die Privatisierungsentscheidungen führen im Eisenbahnsektor zu einer Art Doppelaufsicht: für regulierungsrechtliche Fragen ist die BNetzA (§§ 66 ff. ERegG) zuständig, während die Eisenbahnaufsicht und -genehmigung separaten Behörden des Bundes, dem Eisenbahnbundesamt (EBA; § 5 AEG), bzw. der Länder obliegt. ◄

Klare Parallelen zur allgemeinen Gewerbeaufsicht zeigt der **Güterkraftverkehr**; dieser umfasst „die geschäftsmäßige oder entgeltliche Beförderung von Gütern mit Kraftfahrzeugen, die einschließlich Anhänger ein höheres zulässiges Gesamtgewicht als 3,5 Tonnen haben" (§ 1 Abs. 1 GüKG). Sofern sich nicht aus unmittelbar geltendem EU-Recht etwas anderes ergibt, ist gewerblicher Güterkraftverkehr zulassungspflichtig, in Gestalt eines (Verbots mit) Erlaubnisvorbehalt (§ 3 Abs. 1 GüKG); dies gilt hingegen nicht für den Werkverkehr (§ 9 S. 1 i. V. m. § 1 Abs. 2, 3 GüKG). Notwendig ist hierbei auch eine Haftpflichtversicherung (§ 7a GüKG). Die Überwachungsbefugnisse der Aufsichtsbehörden sind in § 11 GüKG aufgelistet, Durchführungsbefugnisse ergeben sich aus § 12.

Von den in § 1 Abs. 2 PBefG bezeichneten Ausnahmen abgesehen, unterliegt die entgeltliche oder geschäftsmäßige **Beförderung von Personen** mit Straßenbahnen, mit Oberleitungsomnibussen und mit Kraftfahrzeugen im Linien- oder Gelegenheitsverkehr einer Genehmigung (§ 1 Abs. 1). Als Entgelt sind dabei auch wirtschaftliche Vorteile anzusehen, die mittelbar für die Wirtschaftlichkeit einer auf diese Weise geförderten Erwerbstätigkeit erstrebt werden. Die einem Unternehmer (§ 3) auf Antrag (§ 12) erteilte Genehmigung bezieht sich jeweils auf Bau/ Errichtung, Betrieb und Linienführung (§ 9 Abs. 1 PBefG). Voraussetzungen hierfür ergeben sich aus § 13 PBefG. Sonderbestimmungen für die einzelnen Verkehrsarten enthalten §§ 28 ff. PBefG. Die nähere Bestimmung von Genehmigungs- und Aufsichtsbehörde wird durch § 11 bzw. § 54 GüKG dem Landesrecht zugewiesen.

Finanzsektor
(1) Finanzielle Dienstleistungen besitzen sowohl für nationale Volkswirtschaften als auch für Wirtschaftsverbünde, wie die EU, und nicht zuletzt infolge ihrer globalen Vernetzung zentrale Bedeutung auch für Welthandel und -wirtschaft. Nicht erst im Zuge von Globalisierung und Digitalisierung, aber dadurch beschleunigt wird der Finanzsektor – wie kaum ein anderer Bereich des besonderen Gewerberechts – durch **grenzüberschreitende wirtschaftliche Aktivitäten geprägt**. Um derartig multinational verbundene, teilweise nicht ersetzbare Unternehmensstrukturen, deren Verflechtungen zudem Systemrisiken bergen können (Finanzkrise infolge der „Lehman-Pleite", 2007/08), zu kontrollieren und zu überwachen, sind in erster Linie einheitliche Aufsichtsstrukturen, etwa als Allfinanzaufsicht, auf nationaler Ebene notwendig. Der „transnationale Faktor" lässt sich hingegen nur durch enge Kooperationen, etwa im Rahmen der WTO (GATS mit Anhängen und 5. Protokoll) oder der Bank für Internationalen Zahlungsausgleich (BIZ) auf internationaler Ebene regulieren, wenngleich praktisch schwer umsetzen.

Weitaus wirkungsvoller sind institutionelle Aufsichtsstrukturen wie materielle Aufsichtsstandards, die innerhalb des Finanzdienstleistungsbinnenmarktes der EU bzw. der Eurozone – als *lesson learned* aus Finanz- und Eurokrise (2008/10) mit bemerkenswerter Geschwindigkeit – geschaffen wurden. Mittlerweile sind jedoch die Strukturen der EU-Finanzaufsicht bereits auf der supranationalen Ebene recht komplex geworden. Im Zuge der Reform der EU-Finanzaufsicht (2010) wurden drei EU-Agenturen, im englischen Sprachgebrauch als *authorities* bezeichnet, geschaffen, jeweils eine für Banken (*European Banking Authority*, EBA), Wertpapiermärkte (*European Securities and Markets Authority*, ESMA) sowie Versicherungen (*European Insurance and Occupational Pensions Authority*, EIOPA). Diese drei EU-Behörden, die jeweils Zuständigkeit für alle Mitgliedstaaten (EU-27) besitzen, sind Teil des zeitgleich errichteten **Europäischen Finanzaufsichtssystems** (*European System of Financial Supervision*, ESFS), errichtet durch VO (EU) Nr. 1092/2010 des Europäischen Parlaments und des Rates v. 24.11.2010 (ABl. EU L 331, 1), dem neben den drei „Autoritäten" ein bei der EZB angesiedelter Europäischer Ausschuss für Systemrisiken (*European Systemic Risk Board*, ESRB) angehört, ferner die nationalen Aufsichtsbehörden, etwa die deutsche Bankenaufsichtsbehörde BaFin oder die französische Wertpapieraufsicht (*Autorité des Marchés Financiers*, AMF). Nur für die 19 Teilnehmer der Eurozone, die EU-Staaten des gemeinsamen Währungsraums, existiert zudem seit 2014 ein **Einheitlicher Aufsichtsmechanismus** (*Single Supervisory Mechanism*, SSM), der auf Grundlage von Art. 127 Abs. 6 AEUV („besondere Aufgaben") geschaffen wurde und in dessen Rahmen die EZB als Bankenaufsichtsbehörde für systemrelevante Institute agiert (VO [EU] Nr. 1024/2013 des Europäischen Parlaments und des Rates v. 15.10.2013, ABl. EU L 287, 63). Die sog. **Bankenunion** wurde 2016 um den Einheitlichen Abwicklungsmechanismus (*Single Resolution Mechanism*, SRM) als „zweite Säule" ergänzt, einem Mehrebenenverbund aus nationalen und einer EU-Abwicklungsbehörde (als Agentur), um notleidende Kreditinstitute in der Eurozone nach einheitlichen Regeln abwickeln zu können und damit den „Teufelskreis" (*vicious circle*) aus Banken-, Schulden- und Währungskrisen nachhaltig zu durchbrechen.

Im Ergebnis ist die Finanzaufsicht in supranationalen Verwaltungsverbundstrukturen „neu aufgestellt" worden, wobei diese sowohl vertikal, d. h. im Mehrebenenverbund aus EU- und nationalen Behörden, als auch horizontal, sprich zwischen den einzelnen Aufsichtsbereichen, kooperieren. An der Spitze des jeweiligen Finanzaufsichtsverbunds (ESFS, SSM, SRM) stehen jeweils mehr oder weniger „durchgriffsstarke" EU-Institutionen, entweder als sektorspezifische EU-Agenturen oder unter dem „Dach" der EZB, wobei die Reichweite der einzelfallbezogenen (Eingriffs-)Befugnisse – sowohl der EU- als auch der nationalen Behörden – noch vielfältige Detailfragen offenlässt. Gleichzeitig haben diese Verbundstrukturen Modellcharakter für weitere, dem „klassischen" Regulierungsrecht zuzuordnende Wirtschaftssektoren, weshalb an dieser Stelle die Grenzen zwischen Aufsicht und Regulierung ineinanderfließen und teilweise verwischen (zu den regulierungsrechtlichen Einflüssen Abschn. 4.2).

(2) Trotz der starken europarechtlichen Überformung ist die „Handschrift des Gewerberechts" bei der Aufsicht über das Bank- und Versicherungsgewerbe in **Deutschland** noch klar erkennbar. Die in § 6 Abs. 2 KWG genannten Ziele (Schutzzwecke) der Bankenaufsicht verdeutlichen das gefahrenabwehrrechtliche Gefährdungspotenzial, vor dem die Allgemeinheit im öffentlichen Interesse durch Aufsicht und Überwachung zu schützen ist. Das KWG, aufgrund von Art. 74 Abs. 1 Nr. 11 GG erlassen, unterwirft daher **Bankgeschäfte** (§ 1 Abs. 1 S. 2 KWG) und **Finanzdienstleistungen** (§ 1a Abs. 1 S. 2), die im Inland von einem Unternehmen (nicht: Einzelkaufmann, § 2b Abs. 1 KWG) „gewerbsmäßig oder in einem Umfang, der einen in kaufmännischer Weise eingerichteten Geschäftsbetrieb erfordert", betrieben werden (sollen), einer Zulassungspflicht in Gestalt eines (Verbots mit) Erlaubnisvorbehalt(s). Soweit bestimmte Tätigkeiten nicht bereits verboten sind (§ 3 KWG), sind Versagungsgründe abschließend normiert.

Beispiel

Zu den Bankgeschäften zählen etwa das Einlagengeschäft (§ 1 Abs. 1 S. 2 Nr. 1 KWG), das Kreditgeschäft (Nr. 2), das Depot- (Nr. 5) sowie das Emissionsgeschäft (Nr. 10). Finanzdienstleistungen sind beispielsweise die Anlagevermittlung (§ 1a Abs. 1 S. 2 Nr. 1 KWG) und -beratung (Nr. 1a) oder der Betrieb eines multilateralen Handelssystems (Nr. 1b). ◄

Die überragende volkswirtschaftliche Bedeutung des Sektors rechtfertigt eine strikte Aufsicht auch über den laufenden Betrieb mittels vielfältiger Anzeigepflichten (§§ 24 ff. KWG) und Kontrollbefugnisse (§§ 44 ff.) der **BaFin**, diese kooperiert hierbei eng mit der Bundesbank (§ 7). Dabei wird an einige zentrale Kategorien wie „Eigenmittel" und „Liquidität" angeknüpft, für die in §§ 10 ff. KWG und hierzu ergangenen Durchführungsverordnungen detaillierte Vorgaben getroffen sind. Der Baseler Ausschuss für Bankenaufsicht (BCBS), ein Gremium bei der Bank für Internationalen Zahlungsausgleich, hat dazu – rechtlich unverbindlich – die sog. **Baseler Eigenkapitalstandards** erstellt, die regelmäßig überarbeitet werden (1988: Basel I, 2004: Basel II, 2010: Basel III, 2016/17: Basel IV). Die EU überführte die Eigenkapitalvorschriften in umfangreiche und verbindliche Sekundärrechtsakte, insbesondere die Eigenkapitalrichtlinie (2013/36/EU v. 17.07.2013, ABl. EU L 176, 338), die von den EU-Mitgliedstaaten in nationales Recht umzusetzen waren.

Vor einer Aufhebung der Erlaubnis (§ 35 KWG) kommen bestimmte „besondere Maßnahmen" nach §§ 45 ff. gegen Kredit- oder Finanzdienstleistungsinstitute (§ 1 Abs. 1, 1a), andere Unternehmen sowie in Bezug auf „Geschäftsleiter" (§ 36 i. V. m. § 1 Abs. 2 KWG) in Betracht. Soweit keine Sondermaßnahmen eingreifen, ergibt sich eine allgemeine Befugnis zum Einschreiten aus § 6 Abs. 3 KWG.

Organisiert ist die Finanzaufsicht in Deutschland seit 2002 im Rahmen eines sog. **Allfinanzkonzepts**, das der durch das FinDAG errichteten Bundesanstalt für Finanzdienstleistungsaufsicht (BaFin) die Überwachung aller drei Marktsegmente – Banken, Wertpapiermärkte, Versicherungen – übertragen hat. Allerdings hat die Zusammenlegung der Aufsichtsbehörden *per se* nicht zu einer Vereinheitlichung auch der materiell-rechtlichen und Verfahrensbestimmungen geführt. Die Zuständigkeit der BaFin, die ihre Aufsichtsbefugnisse gemeinsam mit der Bundesbank (§§ 6, 7 KWG) sowie für die Bankenaufsicht im Aufsichtsverbund mit der EZB (i. R. d. Bankenunion) wahrnimmt, ergibt sich aus einer Vielzahl von Spezialgesetzen. Das KWG, das die historischen Wurzeln der deutschen Bankenaufsicht darstellt, regelt die Aufsicht über **Kredit- und Finanzdienstleistungsinstitute** („Institute" i. S. v. §§ 1, 1a KWG). E-Geld-Institute (§ 1 Abs. 3d S. 6 KWG) sowie Zahlungsdienstleister werden über das ZAG erfasst. Die der BaFin übertragene Versicherungsaufsicht wird im VAG normiert, während sich die Aufsichtsbefugnisse über **Wertpapierunternehmen** aus den Vorschriften von WpHG, WpÜG, KWG und InvG ergeben. Sonderbestimmungen in KWG (z. B. §§ 8c, 10 ff.) wie auch im VAG (§§ 245 ff.) befassen sich mit Unternehmensgruppen, z. B. Instituts- und Finanzholding-Gruppen, sowie „Finanzkonglomeraten", für die gesteigerte Aufsichtsanforderungen infolge der mit diesen Gestaltungen verbundenen Risiken vorgesehen sind.

Hingegen ist die **Börsenaufsicht** in Bezug auf die zulassungsbedürftige Errichtung von Börsen sowie die laufende Kontrolle des Börsenbetriebs den Ländern (§ 3 Abs. 1 BörsenG) übertragen.

(3) Auch die **Versicherungsaufsicht** verfolgt ein gefahrenabwehrrechtliches Ziel, bei dem es um den Schutz der Versicherungsnehmer und der Begünstigten von Versicherungsleistungen (§ 294 VAG) geht. Im Sinne der Allfinanzaufsicht unterliegen der Aufsicht durch die BaFin nach § 1 Abs. 1 VAG Unternehmen, die den Betrieb von Versicherungsgeschäften zum Gegenstand haben und nicht Träger der Sozialversicherung sind (Versicherungsunternehmen), sowie Pensionsfonds im Sinne der §§ 236 ff. VAG; weitere Ausnahmen benennt § 1 Abs. 3 VAG. Die nach § 8 VAG erforderliche Erlaubnis wird jeweils nur für eine oder mehrere Versicherungssparten erteilt (sog. Spartentrennung, § 10 Abs. 2, 3). Das VAG enthält eingehende Bestimmungen über eine spezifische Rechtsform (sog. Versicherungsverein auf Gegenseitigkeit, VVaG, nach §§ 171 ff.). Im Übrigen werden ähnlich wie im KWG ausführliche Regelungen zu grenzüberschreitenden Geschäftstätigkeiten innerhalb (§§ 61 ff. VAG) wie außerhalb (§§ 67 ff.) von EU bzw. EWR getroffen.

4.2 Regulierungsrecht

Begriff und Konzept einer „**Regulierung**" (engl. *regulation*) von Personen (Unternehmen) auf Märkten haben sich erst in den letzten drei Dekaden in engem zeitlichen Zusammenhang mit Globalisierung, Digitalisierung und immer stärkerer (systemischer) Vernetzung einzelner Akteure, Wirtschaftssektoren und Volkswirtschaften herausgebildet. Die hier festzustellende dynamische Rechtsentwicklung ist keineswegs abgeschlossen, aber wohl in eine gewisse Konsolidierungsphase eingetreten. Verantwortlich dafür ist auch die politische Einschätzung, ob und wie weit einzelne für das Funktionieren von Wirtschaft und Gesellschaft zentral bedeutsame Bereiche ohne externe Einwirkungen, also autonom, den Anforderungen der Marktteilnehmer (Anbieter wie Nachfrager) und der Öffentlichkeit ohne größere oder längerfristige Probleme gerecht werden können oder aber ob es für die Sicherung von Qualitätsstandards zumindest zeitweilig einer spezifischen bzw. erhöhten Einflussnahme seitens spezieller staatlicher, auch als Regulierungsagenturen bezeichneter Stellen bedarf. Regulierung ist jedoch nicht nur in Situationen eines Umbruchs – insbesondere **Schaffung neuer Märkte**, d. h. Öffnung bisher vom Staat allein wahrgenommener Angelegenheiten durch **Privatisierung** (Abschn. 4.4.2) – und damit lediglich temporär wichtig, sondern kann und soll auch für eine dauerhafte Berücksichtigung von **Gemeinwohlinteressen** sorgen, nicht zuletzt im Sinne schutzbedürftiger Gruppen (Verbraucher, Arbeitnehmer etc.).

Details unterscheiden sich je nach reguliertem (Wirtschafts-)Sektor. Durchweg erweitert und vertieft Regulierung die klassische Wirtschafts-, speziell Gewerbeaufsicht (Abschn. 4.1.2.4), sowohl in Bezug auf die Vielfalt der Zwecke und Ziele als auch im Hinblick auf die Instrumente und Verfahrensmodalitäten. Als typische Sektoren, die zugleich den „Unterbau", die **Infrastruktur**, für andere wirtschaftliche Vorgänge und Tätigkeiten bilden, unterliegen einer (über die allgemeine, kartellrechtliche Überwachung hinausgehenden) Regulierung vor allem die **Netzwirtschaften**. Umschrieben sind damit die Bereiche des Postwesens (Beförderungen von körperlichen „Sendungen"), der Tele- bzw. elektronischen Kommunikation (Übermittlung von Signalen, heute regelmäßig in digitaler Form), der Eisenbahn (zwecks Personen- und Gütertransport durch schienengebundene Verkehrsmittel) sowie der Energiewirtschaft, auch hier auf leitungsgebundene Übertragung (vor allem von Elektrizität und Gas) von Erzeuger zu Nutzer bezogen und beschränkt. Üblich ist die Rede von „Regulierung" auch in Bezug auf Finanzmärkte bzw. den Bankensektor, der aber nicht nur bei der konkreten Art von Vernetzung Besonderheiten aufweist und letztlich durch sachliche Eigenheiten des Geld-, Zahlungs- und Kreditverkehrs geprägt ist, sowohl als wesentliche Grundlage jeglicher wirtschaftlichen Aktivität als auch wegen der Auswirkungen von Fehlentwicklungen oder Krisen auf die Allgemeinheit (Abschn. 4.1.3.3).

4.2.1 Begriff der Regulierung

Die unterschiedlichen Felder oder Wirtschaftssektoren, auf denen Regulierung erfolgt bzw. für die spezifische Regulierungsbehörden errichtet worden sind, lassen sich nur bedingt einem allgemeineren, systematisch einheitlichen Konzept zuordnen, zumal auf regulierten Märkten tätige Unternehmen („Diensteanbieter") sowohl im Hinblick auf ihre Rechtsform divergieren als auch meist allgemeinen Regelungen des Wirtschaftsverwaltungsrechts (Abschn. 3.4) unterliegen. Eine Gemeinsamkeit, deren Vorliegen eine (sektor)spezifische Regulierung erst rechtfertigt, stellt allerdings das gesteigerte öffentliche Interesse an einer funktionierenden Grundversorgung für alle Einwohner eines bestimmten Gebiets dar, das nicht durch staatliche Eigentätigkeit (allein) befriedigt werden kann oder soll, sondern jedenfalls im Normalfall über **Marktprozesse** in einem (gelenkten) Zusammenwirken mehrerer oder vieler privatwirtschaftlich agierender Unternehmen. Wenn direkte staatlich-hoheitliche Wirtschaftstätigkeit auf Ausnahmesituationen wie Not- oder Katastrophenfälle begrenzt bliebe, in denen auf gesetzliche oder behördliche Anordnung hin Güter produziert und gehandelt oder Dienstleistungen angeboten werden (müssen), würde sich eine Lücke auftun: Praktisch treten immer wieder Konstellationen auf, in denen auch **Märkte „versagen"**, weil entweder eine Nachfrage nicht bzw. zu wenig, am falschen Ort oder nur zu überhöhten Preisen gedeckt werden kann, oder auch, wenn zwar die jeweiligen Kunden quantitativ und qualitativ zufrieden gestellt werden, die Kosten der Versorgung aber letztlich (etwa in Form von Lärm oder Luftverschmutzung) auch oder vor allem andere Personen tragen (sog. negative externe Effekte). Hier sorgen Staatsziele und/oder Grundrechte dafür, dass vor allem Gesetzgeber und Exekutive möglichst frühzeitig und effektiv die diversen privaten und öffentlichen Interessen zu einem **(sozial)verträglichen Ausgleich** bringen, indem an unternehmerisches Verhalten nicht nur allgemein Anforderungen aus Gründen der „öffentlichen Sicherheit" oder „öffentlichen Ordnung" angelegt werden (Abschn. 3.4.1), sondern nicht zuletzt zugunsten schutzbedürftiger und -würdiger Verbraucher/Privatpersonen stärker und intensiver auf Form, Inhalt und Preis wirtschaftlicher Leistungen eingewirkt wird. Dies ist vor allem dort relevant, wo (oft aufgrund der historischen Entwicklung) viele neue, zumeist kleine bzw. schwache Marktteilnehmer einem oder wenigen marktmächtigen, oft „öffentlichen" Unternehmen gegenübertreten, also eine Asymmetrie im Verhältnis der Akteure zueinander besteht, die einen fairen Wettbewerb hemmt oder verzerrt und damit die Vorteile eines funktionierenden Marktes verringert oder gar gänzlich ausschaltet.

Regulierung als **„hoheitliche Aufgabe"** des Bundes (so § 2 Abs. 1 PostG, § 2 Abs. 1 TKG 2012) kennzeichnet ein bestimmtes, seit den 1980er entwickeltes Verständnis von öffentlichen Aufgaben, deren jeweiliger Abgrenzung und Ausgestaltung, ihrer Wahrnehmung und Kontrolle der Erfüllung im Verhältnis zwischen Markt bzw. Gesellschaft und Staat(smacht). Wenn und soweit hier Unternehmen im Wettbewerb agieren (sollen), zieht sich der Staat (die „öffentliche Hand") zwar als direkter Leistungserbringer zurück, nimmt aber dennoch weiter Einfluss auf das Handeln der Akteure, um sicherzustellen, dass insgesamt ein zumindest (quantitativ wie qualitativ) hinreichendes Angebot aufrechterhalten wird. Dabei spielen auch die jeweiligen Vorgaben durch EU-Rechtsakte eine wesentliche Rolle, im Hinblick auf (eher allgemeine) Zwecke und Ziele wie auch auf Instrumente, Verfahren und besondere Behörden der Regulierung (Abschn. 4.2.3.2).

Allgemeine, sich ergänzende und teils überschneidende **Zwecke und Ziele** sind jeweils flächendeckend, also bundesweit, die Sicherstellung eines chancengleichen und funktionsfähigen Wettbewerbs auf Märkten und zugleich einer Grundversorgung mit bestimmten (Dienst-)Leistungen bei Wahrung der Interessen von Kunden und auch der „öffentlichen Sicherheit" (so § 2 Abs. 2 Nr. 1–4 PostG, § 2 Abs. 2 Nr. 1, 2, 4, 9 TKG 2012; inhaltlich ähnlich § 1 Abs. 1, 2 EnWG, § 3 Nr. 2, 3, 5 ERegG). Außer im PostG wird zudem die Entwicklung des Binnenmarkts (in) der EU erwähnt (z. B. § 3 Nr. 4 ERegG, § 2 Abs. 2 Nr. 3 TKG 2012). Hinzu treten unterschiedliche sektorspezifische Ziele wie im Postwesen die „Berücksichtigung sozialer Belange" (§ 2 Abs. 2 Nr. 5 PostG), bei der Telekommunikation die effiziente Nutzung von knappen Ressourcen (Frequenzen, Nummern, § 2 Abs. 2 Nr. 7, 8 TKG 2012), bei Eisenbahnen (i. S. v. § 1 Abs. 4 ERegG und § 2 Abs. 1, 2 AEG) die „Steigerung des Anteils des schienengebundenen Verkehrs am gesamten Verkehrsaufkommen" (§ 3 Nr. 1 ERegG), im Strom- und Gasbereich die Umweltverträglichkeit sowie zunehmende Versorgung aus Erneuerbaren Energien (§ 1 Abs. 1, 4 EnWG).

Eine einheitliche Begriffsbildung ist schwierig, weil nicht alle Bereiche des Regulierungsrechts auf Netze bezogen oder an diese gebunden sind, die jeweiligen Instrumente nicht unerheblich divergieren und ein Zusammenhang mit der Privatisierung der Erfüllung öffentlicher Aufgaben, wenn er gegeben ist (sowohl als Beschränkungen abbauende De- wie als die Öffnung von Märkten erst ermöglichende, ergänzende Re-Regulierung), mit Zeitablauf abnimmt. Auch ist Regulierung zwar nicht mit Wirtschaftsaufsicht oder -überwachung gleichzusetzen, aber ebenso wenig einfach mehr oder etwas anderes; vielmehr bestehen „nur" zahlreiche Schnittmengen.

In Anlehnung an § 3 Nr. 13 TKG 1996 lässt sich recht allgemein formulieren, dass „**Regulierung**" alle Maßnahmen umfasst, die zur Erreichung von je spezialgesetzlich genannten Zielen ergriffen werden und durch die das Verhältnis von Unternehmen beim Angebot bestimmter (sektorspezifischer) Dienstleistungen geregelt wird. Damit werden im Wesentlichen drei Fragenkreise relevant:

Zuerst (**1**) geht es um **Marktzugang** (einschließlich des umgekehrten Vorgangs Marktaustritt), also um Notwendigkeit (nicht mehr seit 2004 im TKG) und Voraussetzungen staatlicher Zulassung einer Tätigkeit (etwa gem. § 5 Abs. 1 PostG) durch oder zumindest deren Anzeige/Meldung bei der Regulierungsbehörde (z. B. nach § 6 TKG 2012), einschließlich der Stellung öffentlicher Unternehmen (und vor allem der *incumbents*, d. h. Nachfolger früherer staatlicher Einrichtungen) auf dem jeweiligen Markt.

Beispiel

Der Deutschen Post AG als „Nachfolgeunternehmen" der Deutschen Bundespost (§ 2 PostUmwG) oblagen für die Fortdauer des Briefbeförderungsmonopols bis Ende 2007 (§ 51 PostG a.F.) besondere Pflichten, aber auch Rechte (wie zur Verwendung amtlicher Postwertzeichen, § 53 i. V. m. § 43); nach EU-rechtlich gebotener Aufhebung dieses Ausschließlichkeitsrechts (Art. 143b Abs. 2 S. 1 GG) muss sie weiterhin Universaldienstleistungen nach § 11 Abs. 2, §§ 1 ff. PUDLV erbringen bzw. deren geplante Einstellung oder Verringerung rechtzeitig anzeigen (§ 56 PostG). Ähnliches gilt nach § 150 Abs. 9 i. V. m. §§ 78 ff. TKG 2012 für die Deutsche Telekom AG. ◄

In unterschiedlich striktem Maße wird durch Entbündelungsvorgaben (*unbundling*) bezogen auf die Organisations- und Personalstruktur von am jeweiligen (sachlich abgegrenzten) Markt die

Grundlage für das Wirken von Marktmechanismen geschaffen, am weitestgehenden und differenziert im Energiebereich (§§ 6 ff. ERegG) und bei Eisenbahnen (§§ 5 ff.), nur ansatzweise dagegen im Telekommunikations- (§ 7 TKG 2012) und im Postsektor (§ 10 PostG).

Von Aufnahme bis zu Beendigung der je spezifischen Betätigung erfolgt sodann (2) eine Regulierung des **Marktverhaltens**: Die einzelnen Gesetze (und teils konkretisierende Rechtsverordnungen, wie etwa die auf § 18 PostG gestützte PDLV) stecken den inhaltlichen Rahmen für Rechtsbeziehungen sowohl zwischen am jeweiligen Markt Leistungen anbietenden und diese (bzw. den Zugang zu ihnen) nachfragenden Unternehmen als auch zwischen Diensteanbietern und Endkunden (Verbrauchern) ab. Die Vorgaben betreffen – über einen Universaldienst oder eine Grundversorgung hinaus – zum einen Art, Ausmaß und Qualität von (Beförderungs- und ergänzenden) Dienstleistungen, zum andern dafür zu entrichtende privatrechtliche **Entgelte**, vor allem deren Ermittlung anhand bestimmter Kosten. Insoweit bestehen freilich erhebliche Unterschiede nicht nur im Detail, weniger zwischen den Sektoren Post und Telekommunikation als zwischen diesen und den (insoweit) neueren Vorschriften in EnWG (bzw. ARegV) und ERegG (Abschn. 4.2.3).

Den gesetzlichen Rahmen auszufüllen ist schließlich (3) Aufgabe der seit 2005 auch für Eisenbahn und Energie (neben Post und Telekommunikation) zuständigen **Bundesnetzagentur** (BNetzA) als „unabhängiger" Regulierungsbehörde, innerhalb derer je spezielle, gerichtsähnliche Beschlusskammern für wesentliche Einzelfallentscheidungen zuständig sind (etwa § 77 ERegG, § 59 EnWG); für einige Grundsatzbeschlüsse vor allem im Bereich der Telekommunikation wird hier das dreiköpfige Präsidium (als Präsidentenkammer) tätig (§ 132 Abs. 4 TKG 2012). Weil und soweit hier gesetzlich der Bundesoberbehörde „Regulierungsermessen" eingeräumt wird, ist eine gerichtliche Überprüfung der ergangenen Verwaltungsakte (s. etwa § 132 Abs. 1 S. 2 TKG 2012) nur entsprechend eingeschränkt möglich (Abschn. 3.3.2.2). Dabei stellt sich zudem die Frage, ob nur die direkten Adressaten einer Regulierungsverfügung von diesem Verwaltungsakt rechtlich betroffen werden oder auch deren jeweilige Vertragspartner (Endkunden), wenn und soweit die je getroffene Regelung direkte Wirkungen für den Bestand des privatrechtlichen Vertrages mit diesen hat.

> **Beispiel**
>
> *Die der Deutschen Post AG für bestimmte Entgelte für lizenzpflichtige Postdienstleistungen für den Zeitraum eines Jahres durch die BNetzA erteilte Genehmigung greift in die allgemeine Handlungsfreiheit (Art. 2 Abs. 1 GG) natürlicher und juristischer Personen (Art. 19 Abs. 3 GG) ein, weil sie dem Unternehmen gegenüber nach § 23 PostG beinhaltet, dass vom Endkunden nur die genehmigten Porti verlangt werden dürfen und die Festlegung auf den jeweiligen Beförderungsvertrag „durchschlägt". Die rechtliche Betroffenheit (Klagebefugnis nach § 42 Abs. 2 VwGO) setzt aber zudem voraus, dass der Vertragskunde eine entgeltregulierte Dienstleistung der DPAG tatsächlich in Anspruch nimmt (BVerwGE 152, 355 ff.). Klagebefugt ist stets das Unternehmen selbst, dessen Genehmigungsantrag (teilweise) abgelehnt wird, zudem auch der Wettbewerber auf dem jeweiligen Markt, soweit die für die Entgeltprüfung relevanten Maßstäbe (wie in § 28 TKG 2012) auch oder gerade den Schutz von dessen Interessen bezwecken.* ◂

Die früher einmal beabsichtigte Vereinheitlichung des Rechtsschutzes gegenüber allen Regulierungsmaßnahmen innerhalb eines einzigen Gerichtszweigs ist bisher **nicht** zustande gekommen; im Rahmen des EnWG ist eine Kontrolle durch Zivilgerichte vorgesehen (OLG, BGH; s. §§ 75 ff. EnWG), bei Post, Telekommunikation und auch bei Eisenbahn bleibt es bei der allgemeinen Zuständigkeit der Verwaltungsgerichte für öffentlich-rechtliche Streitigkeiten nichtverfassungsrechtlicher Art (§ 40 Abs. 1 VwGO; Abschn. 5.4).

4.2.2 Regulierungskonzept und Gewährleistungsstaat

Regulierung zunächst durch gesetzliche Rahmengebung und sodann deren Ausfüllung durch (von Marktteilnehmern unabhängige) Regulierungsbehörden ist nicht die einzige, wohl aber wichtigste und charakteristische **Steuerungsform** des „Gewährleistungsstaats". Die Erledigung jeder von Verfassung oder (parlamentarischem) Gesetzgeber als „öffentlich" klassifizierten Aufgabe kann auf vielfältige Weise erfolgen, wobei auch Gesichtspunkte der Wirtschaftlichkeit, Effektivität und Effizienz im Hinblick auf die hierbei anfallenden Kosten und deren Überwälzung/Verteilung auf die Allgemeinheit oder einzelne Gruppen zu bedenken sind. Durch eine **Entkoppelung** von Aufgabenverantwortung (und damit -wahrnehmung) und Aufgabenerfüllung kann ein gewährleistender Staat öffentliche Aufgaben ganz oder teilweise nicht selbst, durch eigene Stellen und Beschäftigte, erfüllen, sondern darf – unterschiedlich weit oder intensiv – private Personen (Unternehmen) und Mittel mit einbeziehen, ohne zugleich jegliche Kontrolle aufzugeben. Die Entwicklung auch in Deutschland in den letzten Jahrzehnten zeigt, dass hier zahlreiche, teils fließende Übergänge und Abstufungen einer Auslagerung (*Outsourcing*) möglich sind: Finden **Privatisierungen** nur der Rechtsform (Umwandlung in eine privatrechtliche Gesellschaft) statt (wie bei der Deutschen Bahn AG) und/oder werden lediglich einzelne Gesellschaftsanteile einer von der öffentlichen Hand gehaltenen Kapitalgesellschaft an Private übertragen, bleibt ohnehin ein maßgeblicher Einfluss des staatlichen Unternehmensträgers erhalten. Je nach konkreter Rechtsgestalt eines „öffentlichen Unternehmens", für deren Wahl das Haushalts- bzw. das kommunale Wirtschaftsrecht Schranken zieht (Abschn. 4.4), kommt allerdings nur noch eine eher schwache Steuerung (über Gesellschafterversammlung und Aufsichtsrat) in Betracht, weil vor allem bei Kapitalgesellschaften die jeweilige Leitung (Vorstand, Geschäftsführer) kraft Gesetzes weisungsunabhängig ist (z. B. § 76 Abs. 1 AktG). Bei derartigen funktionellen Privatisierungen ist daher sorgfältig auf die Beibehaltung angemessener Lenkungs- und Kontrollmechanismen zu achten. Eine echte, d. h. materielle Privatisierung, also auch die Veräußerung aller Anteile an das private Publikum darf jedoch nur erfolgen, wenn die von einem bisher öffentlichen Unternehmen erfüllte Aufgabe auch ihrer Art nach nicht mehr als „öffentlich" eingestuft wird.

Strukturell lassen sich also drei **Grundtypen** einer (gestuften) Verantwortung des Staates für eine verfassungskonforme Erledigung öffentlicher Aufgaben unterschieden: Bei einer **(1) Erfüllungsverantwortung** liegt nicht nur die Wahrnehmung, sondern auch die Ausführung (Erfüllung) öffentlicher Aufgaben beim Staat selbst, sie bleibt ihm organisatorisch zugeordnet. Aufgaben werden ausschließlich durch unmittelbare oder mittelbare staatliche Einheiten (insbesondere der Exekutive) erfüllt, auf zentraler, gliedstaatlicher oder kommunaler Ebene (Abschn. 3.2). Hingegen handelt es sich um **(2) Gewährleistungsverantwortung**, wenn und soweit sich der Staat der Eigenvornahme entledigt, sich aus der Erfüllung herausnimmt. In diesem Fall werden öffentliche Aufgaben je nach Art und Umfang der Privatisierung gemeinsam durch öffentliche Stellen und Private erfüllt oder sogar allein als privatwirtschaftliche Betätigung erbracht, indem funktionierende Marktmechanismen eine gesellschaftliche Selbstregulierung bewirken. Allerdings bleibt der Staat vor allem bei Aufgaben von infrastruktureller Bedeutung oder der „Daseinsvorsorge" weiterhin verpflichtet dafür zu sorgen, dass „seine" Aufgaben – durch andere – ordnungsgemäß erledigt werden, indem er geeignete Vorkehrungen zur Sicherstellung der Aufgabenerfüllung trifft und davon auch bei „Marktversagen" Gebrauch macht. Über bloße Gewerbeaufsicht hinaus wird gerade hierzu Regulierung eingesetzt und werden oft auch neben privaten Marktteilnehmern „öffentliche Unternehmen" tätig, weil deren spezifische Ziele auch zur Vermeidung oder zum Ausgleich (der negativen) Folgen) von Störungen oder Verzerrungen von Wettbewerb dienen sollen bzw. dazu beitragen können. Eine spezielle Konstellation bildet hier der „**Universaldienst**", bei dem leistungsfähige private (oder auch öffentliche) Unternehmen zur Erbringung bestimmter Grundversorgungsleistungen verpflichtet werden können und dabei von den Nachfragen/Kunden nur ein erschwingliches, nicht notwendig auch kostendeckendes Entgelt erhalten. Dieses Konzept (*play or pay*) betrifft auf Basis von EU-Richtlinien explizit nur den Post- und Telekommunikationssektor, bis heute musste aber von den relevanten Regelungen des PostG (§§ 11 ff.) und des TKG 2012 (§§ 78 ff.) kein Gebrauch gemacht werden.

Schließlich existiert auch eine staatliche (3) **Auffangverantwortung** in zwei unterschiedlichen Formen: Allgemein obliegt dem Gesetzgeber (im Hinblick auf seine Bindung an Staatsziele und Grundrechte) dauerhaft eine Kontroll- und Evaluierungspflicht, ob die von ihm getroffenen Vorschriften auch das angestrebte Ziel erreicht haben und/oder die dazu eingesetzten Instrumente hinreichend effektiv gewesen sind; ist das nicht der Fall, so sind Maßnahmen der Nachjustierung bzw. Nachsteuerung erforderlich und ist das geltende Recht entsprechend zu reformieren. Neben diesem generellen „Sicherheitsnetz", das dazu dient, in normalen Zeiten eine reguläre Aufgabenwahrnehmung und -erfüllung zu gewährleisten, gibt es, wie aktuell die Corona-Pandemie zeigt, Situationen, in denen entweder private Wirtschaftsaktivitäten im Hinblick auf entgegenstehende wichtige gesamtgesellschaftliche Interessen (Lebens- und Gesundheitsschutz) mehr oder weniger weitgehend eingeschränkt oder gar untersagt werden, etwa nach § 28 IfSG, und/oder eine staatlich-behördliche Eigenvornahme notwendig ist, wenn und soweit (temporär) keine privatwirtschaftlichen Alternativen vorhanden sind. Vor allem für den Not- und Katastrophenfall müssen Vorkehrungen geschaffen werden, um rasch und wirksam Hilfe für alle bedürftigen Betroffenen leisten zu können, gerade wenn, soweit und solange privatwirtschaftliche Unternehmen dies nicht können oder erst umständlich dazu gezwungen werden müssten (Abschn. 5.5).

Im Rahmen der Verfassung (GG) und des Unionsrechts stehen der Legislative also viele Möglichkeiten offen festzulegen, wie „öffentliche Aufgaben" klassifiziert, bewertet und auf welche Weise bzw. durch wen sie erfüllt werden. Als Klammer, die alle drei Verantwortungsstufen umschließt, fungiert die objektive Verpflichtung des Staates zur Schaffung und Durchsetzung eines Regelungsrahmens für wirtschaftliche Aktivitäten in seinem Gebiet einschließlich einer fortlaufenden Kontrolle auf Fehlentscheidungen hin und deren unverzüglicher Korrektur.

4.2.3 Spektrum unterschiedlicher Regulierungsformen und -instrumente

4.2.3.1 Überblick

Das vor allem EU-rechtlich normierte Prinzip einer sozialen Marktwirtschaft (Abschn. 2.1.1.2) geht notwendig einher mit dem (grundrechtlich verbürgten) Schutz vor staatlichen Eingriffen in weitgehend freie wirtschaftliche Tätigkeit (privater Unternehmen). Nicht nur eine zielgerichtete Beschränkung der Unternehmensfreiheit, sondern auch jede rein tatsächlich nicht nur unerheblich belastende Maßnahme staatlicher Stellen (wie etwa die Auferlegung einer Anzeigepflicht oder die Warnung vor einem bestimmten Produkt) bedarf daher einer hinreichenden verfassungsrechtlichen Legitimation und muss das rechte Verhältnis zwischen diesem Zweck und den zur Erreichung eingesetzten Mitteln wahren. Von der (nur theoretisch vorhandenen) völligen Privatautonomie von Marktteilnehmern bis zu staatlichen (Wirtschafts- bzw. Finanz-)Monopolen und mit diesen korrelierenden Pflichten Privater zur Inanspruchnahme von deren Leistungen erstreckt sich ein breites Spektrum (Abschn. 4.4.1). Den Rahmen hierfür bildet eine polizei- bzw. ordnungsrechtliche Wirtschafts- und Marktaufsicht, die sich nicht nur gegen kriminelles und sonst sozial unverträgliches Verhalten von Wirtschaftsakteuren richtet und dies verhindern soll (zur Ahndung unten Abschn. 5.5), sondern darüber hinaus auch andere Gefahren für die öffentliche Sicherheit (und zuweilen auch die öffentliche Ordnung) abwehren soll. Derartiges Einschreiten erfolgt freilich oft nachträglich und nur repressiv. Wenn und soweit aber wegen der Art oder Höhe hieraus (nicht zuletzt für Dritte) drohender Risiken präventives Handeln angezeigt erscheint, damit bestimmte Anbieter von vornherein ausgeschlossen sind oder Angebote erst gar nicht erfolgen dürfen, muss dies nicht notwendig durch imperative staatliche Maßnahmen (wie Verbote, Genehmigungsvorbehalte, Sanktionsdrohungen) verwirklicht werden. Diese wären zwar geeignet, aber dann nicht erforderlich (und zudem auch kaum angemessen), wenn die Verträglichkeit des Marktverhaltens (oder auch die Sicherheit oder Qualität von Gütern) durch die Teilnehmer selbst, insbesondere die Anbieter sichergestellt werden kann und wird. Eine solche (private) **Selbstregulierung** kann sowohl durch freiwillige Nutzung von hoheitlich eröffneten Verfahren und Formen vonstattengehen (etwa beim sog. Öko-Audit nach der EMAS-Verordnung der EU) als auch durch Bezugnahme auf privat erstellte Regelwerke (wie ISO- oder DIN-Normen) in Rechtsvorschriften (etwa § 4 ProdSG, § 17 FuAG), wenn auf diese Weise im öffentlichen Interesse liegende Anforderungen (z. B. der Produktsicherheit) gewährleistet werden können. Dies kann bis zu einer Beleihung privater Experten mit Prüfungs- und Kennzeichnungsbefugnissen gehen (so bei den TÜV-Ingenieuren nach §§ 23, 29 StVZO) oder als staatlich anerkannte Selbstregulierung eine sonst notwendige behördliche Kontrolle ersetzen oder entlasten (etwa §§ 56, 61 KrWG).

Hoheitliche Regulierung zielt dagegen weniger auf einzelne Akteure, Produkte oder Dienstleistungen als auf bestimmte Märkte, auf denen „funktionierender" Wettbewerb geschaffen bzw. erhalten bleiben muss, weil sie nur dann ihren über die Interessen der konkreten Teilnehmer hinausgehenden, öffentlichen Zweck erfüllen können, für dessen Erreichen der Staat gewissermaßen einzustehen hat. Die aktuell regulierten Wirtschaftssektoren (nicht nur in Deutschland oder im EU-Raum, sondern auch anderswo) zeigen, dass vor allem einer Privatisierung der Aufgabenerfüllung, aber ebenso auch dem Verzicht auf eine Sozialisierung nach Art. 15 GG zwecks staatlicher Eigenvornahme ein Erfordernis der (Re-)Regulierung korrespondiert, das den Staat in die Rolle des aktiven Gestalters drängt. Diese beinhalten die Festlegung (und Gewährleistung) von bestimmten Gemeinwohlanforderungen, eine fortlaufende Kontrolle der Zielerreichung und ggf. Korrektur partiellen Marktversagens und eine hinreichend neutrale, d. h. von den regulierten Unternehmen unabhängige fachkundige Stelle (sog. *regulatory agency*) mit Distanz auch zum allgemeinen Behördenapparat. Diese Eigenständigkeit wird auch durch die Beschränkung des übergeordneten Bundesministeriums auf zu publizierende „allgemeine" Weisungen (etwa § 44 PostG i. V. m. § 66 Abs. 5 TKG 1996; § 61 EnWG) verdeutlicht.

Hierbei kann auf **Instrumente und Verfahren** des allgemeinen Verwaltungs- und speziell des Gewerberechts (Abschn. 4.1.2.4) aufgesetzt werden, vor allem im Hinblick auf Genehmigungs-, Anzeige- oder Meldepflichten zu Beginn und während einer (regulierten) Tätigkeiten (etwa §§ 4, 4c, 5 EnWG), ferner bei Überwachungsbefugnissen (z. B. nach §§ 126 ff. TKG 2012; §§ 68 ff. EnWG; § 45 PostG) und Pflichten zur arbeitsteiligen Zusammenarbeit mit anderen nationalen wie europäischen Behörden (§ 76 ERegG, §§ 123, 123a TKG 2012). Hingegen ist eine wissenschaftliche Beratung nur in Bezug auf die Bundesnetzagentur explizit normiert (etwa § 125 TKG 2012, § 74 ERegG, § 64 EnWG), wird dort auch ein (politischer) Beirat einbezogen (§ 5 REGTPG) und begutachtet schließlich die Monopolkommission im Rhythmus von zwei Jahren Stand und absehbare Entwicklung des Wettbewerbs in den jeweils regulierten Sektoren (z. B. § 62 EnWG).

Regulierung basiert in der Regel auf der Unterscheidung von **zwei Ebenen**: Die untere, infrastrukturelle umfasst Errichtung, Unterhaltung und Betrieb von Netzen (samt zugehöriger Anlagen und Einrichtungen), für die meist eine einzige Organisation (auch eigentumsrechtlich) verantwortlich ist, weil dies die ökonomisch und politisch vorteilhafteste Konzeption ist („natürliches Monopol"). Auf einer darüber liegenden zweiten Ebene werden dann verschiedene spezifische Beförderung-/Übermittlungs-Dienstleistungen erbracht. Außer im Energiesektor dürfen in Deutschland bei Eisenbahn, Post und Telekommunikation die jeweiligen Netzbetreiber, die aus den früheren Staatsverwaltungen Bundesbahn und Bundespost (Art. 87 Abs. 1 GG a. F.) hervorgegangen sind, auch als Diensteanbieter fungieren. Für einen funktionsfähigen Wettbewerb auf der Diensteebene im Verhältnis zu Nutzern bzw. End-Kunden resultieren daraus nach wie vor zwei **Probleme**: Die Bahn- bzw. Post-Nachfolgeunternehmen („**Altsassen**") sind jedenfalls am Anfang wegen der bei ihnen verbliebenen Ressourcen marktmächtig oder gar marktbeherrschend, und zudem kann das auch ihnen gestattete Anbieten von Bahn-, Post- oder Telekommunikationsdienstleistungen dazu führen, dass von ihnen (neue) Konkurrenten auf diesem Gebiet unfair behandelt werden. Zum andern kann sich Wettbewerb um Dienste nur entwickeln und festigen, wenn auch **Newcomer** die je vorhandenen (fremden) Netze für ihre Zwecke und zu möglichst attraktiven Konditionen nutzen dürfen. Hierfür bedarf es aber eines Anspruchs gegen den jeweiligen (marktmächtigen) Netzbetreiber auf Zugang zu dessen Netz (bzw. zu einzelnen Bestandteilen) oder (bei technisch oder räumlich unterschiedlichen Netzen) auf eine Zusammenschaltung der verschiedenen Netze, weil sich nur so die vom (End-)Nachfrager gewünschte Versorgung durchführen lässt. Im Detail unterscheiden sich die Lösungen je nach Sektor: Im Postwesen geht es um das Angebot von Teilleistungen (§ 28 PostG) sowie den Zugang zu Postfachanlagen und zu Informationen über Adressänderungen (§ 29 PostG), in der Telekommunikation befassen sich §§ 16 ff. TKG 2012 mit der Zusammenschaltung mehrerer Betreiber von Fest- und/oder Mobilfunknetzen, statuieren Diskriminierungsver- und Transparenzgebote und schließlich differenzierte Zugangsverpflichtungen; nur beim Zugang zu Endnutzern (§ 3 Nr. 8) spielt die beträchtliche Marktmacht (§ 3 Nr. 4 i. V. m. § 11 Abs. 1 Sätze 3–5) des Betreibers keine Rolle (§ 18 TKG 2012). §§ 47 ff. ERegG behandeln die Bereitstellung von Schienenwegekapazität (§ 1 Nr. 17) und die Zuweisung von – auch netzübergreifenden – Zugtrassen (§ 1 Nr. 10, 20). Die weitreichenden Entflechtungsvorgaben im EnWG für Verteil- und Transportnetzbetreiber (s. § 3 Nr. 27, 31c, 32, 37) ziehen im Hinblick auf die gesetzliche „Verantwortung" solcher Unternehmen im Strom- (§ 12) wie im Gasbereich (§ 15) notwendig Vorgaben für Netzzugang (§ 20) und Netzanschluss (§ 17) nach sich.

Der **privatwirtschaftliche Rahmen** der Aufgabenerfüllung führt auch dazu, dass für gewährten Zugang wie auch für andere wesentliche Leistungen ein Entgelt zu entrichten ist, dessen Ausgestaltung und Höhe nicht lediglich einer allgemeinen Kontrolle auf „Billigkeit" (§ 315 BGB) unterliegen kann, sondern ebenfalls so weit wie möglich „marktgerecht" sein soll, indem Verzerrungen des Ergebnisses durch Ungleichgewichte zwischen den Beteiligten weitestgehend verringert werden. Daher findet durchweg gegenüber marktmächtigen Unternehmen auch eine **Entgeltregulierung** statt: Diese Kontrolle kann *ex ante* (als Genehmigung, z. B. §§ 21 ff. PostG, §§ 31 ff. TKG 2012), aber auch *ex post* (als nachträgliche Überprüfung oder Beanstandung, vgl. §§ 24 f. PostG, § 38 TKG 2012) erfolgen, sie kann sich entweder nur auf Zugangs- oder auch auf Endkundenentgelte (s. § 39 TKG 2012; § 12 AEG zu „Tarifen") sowie preisrelevante AGB-Klauseln (s. § 27 PostG) beziehen, wirkt des Weiteren direkt (privatrechtsgestaltend) auf Inhalt und Bestand des jeweiligen Vertrags ein (etwa § 37 TKG 2012, § 33 Abs. 3 ERegG) und kann schließlich bei den Maßstäben variieren (vgl. § 20 Abs. 2 PostG, § 28 TKG 2012; §§ 21, 21a EnWG; §§ 34, 35 ERegG). Anders als bei Universaldienstleistungen wird jedoch nicht ein „erschwinglicher" Preis vorgegeben. Auch hier ähneln sich die Sektoren Post und Telekommunikation, indem eine Orientierung an den „Kosten der effizienten Leistungsbereitstellung" sowie an allgemeineren Kriterien des Wettbewerbsrechts (und zudem eine **Missbrauchsaufsicht**, etwa nach § 32 PostG, § 42 TKG 2012) vorgesehen ist. Bei Bahn und Energie stehen hingegen andere „Anreize" im Vordergrund, um eine effektivere Nutzung der Schienenwegekapazität bzw. eine effizientere Leistungserbringung bei Strom- oder Gasversorgung herbeizuführen; Missbrauchsaufsicht ist jedoch auch in § 31 i. V. m. § 30 EnWG normiert.

Eine **Universaldienst**-Pflicht und einen dementsprechenden Anspruch des Endnutzers kennen explizit nur Postwesen (§ 3 PDLV i. V. m. § 11 PostG und PUDLV) sowie Telekommunikation (§ 84 Abs. 1 i. V. m. § 78 Abs. 2 TKG 2012). Eine **Grundversorgungspflicht** von Unternehmen gegenüber Haushaltskunden (§ 3 Nr. 22, 25) normiert auch das EnWG in § 18 und § 36 (i. V. m. § 41), und nach § 10 AEG sind öffentliche Eisenbahnverkehrsunternehmen (§ 2 Abs. 3 i. V. m. § 3 Abs. 1), die dem Personenverkehr dienen, regelmäßig zur Beförderung von Personen und Reisegepäck verpflichtet; Gleiches gilt für Straßenbahnen und ähnliche öffentliche Verkehrsmittel nach § 22 PBefG. Solche Kontrahierungszwänge stehen heute in dem größeren Kontext des Kunden- bzw. Verbraucherschutzes, am stärksten ausgeprägt in Teil 3 des TKG 2012 (§§ 43a ff.). Da jeweils eine Grundversorgung der gesamten Bevölkerung bereitgestellt werden soll, decken in aller Regel die für eine Beförderung/Übermittlung zu entrichtenden hinreichend günstigen Entgelte nicht den gesamten Aufwand des jeweiligen Unternehmens, da es diesem generell auch verboten ist, defizitäre Sparten durch die Erträge aus anderen, gewinnbringenden Bereichen „quer" zu subventionieren. Daher muss für finanzielle Lücken ein Ausgleichsmechanismus eingerichtet (z. B. nach § 15 AEG) oder muss zumindest die Belastung auf alle größeren Marktteilnehmer verteilt werden (Universaldienstabgabe nach § 16 PostG bzw. § 82 TKG 2012).

Die Rechtsbeziehungen zwischen Unternehmen, aber auch zwischen solchen Diensteanbietern und Endnutzern sind privatrechtlicher Art; freilich werden vor allem die Rahmenbedingungen im Verhältnis zu Verbrauchern durch Rechtsverordnungen näher abgesteckt (etwa § 18 PostG und PDLV; § 40 EnWG). Auch bei der Zugangsregelung müssen nachfragendes und anbietendes Unternehmen zunächst ernsthaft bemüht sein, eine Vereinbarung über die jeweiligen „Bedingungen" (Vertragsinhalte) auszuhandeln, für die ebenfalls gesetzliche Eckpunkte vorgegeben sind (z. B. Standardangebot nach § 23 TKG 2012). Nur wenn und soweit eine zeitnahe Einigung nicht erreicht wird, muss die Bundesnetzagentur auf Antrag einer Seite oder auch von Amts wegen tätig werden und eine (zu veröffentlichende) Anordnung zur Klärung der offenen Punkte treffen (vgl. §§ 25, 26 TKG 2012, § 31 Abs. 2 PostG).

Reicht das aktuelle Angebot an einem Markt nicht aus, um eine gestiegene oder geänderte Nachfrage zu befriedigen, kann die Regulierungsbehörde schließlich tätig werden und eine entsprechende unternehmerische Tätigkeit anstoßen. So sehen PostG (§ 14) und TKG 2012 (§ 81) im Falle mangelnder Universaldienstleistungen **Ausschreibungen** vor; § 61 TKG 2012 normiert ein (durch die sog. Präsidentenkammer durchgeführtes) Vergabeverfahren vor der Zuteilung von (Funk-)Frequenzen (§ 55 i. V. m. § 3 Nr. 9, 9a), das entweder als Ausschreibung oder **Versteigerung** (Auktion) erfolgen kann, um eine möglichst optimale Nutzung dieser knappen Ressourcen für das Angebot von Telekommunikation einschl. Rundfunkdiensten (s. § 57) zuzulassen. Möglich wäre sogar ein Frequenz-**Handel** über die „Flexibilisierungs"-Klausel des § 62 TKG 2012. Auch im Stromsektor kann für neue Erzeugungskapazitäten, Energieeffizienz- oder Nachfragesteuerungsmaßnahmen ein Ausschreibungs- oder ähnliches, transparentes und nichtdiskriminierendes Verfahren gestartet werden, um Versorgungssicherheit i. S. v. § 1 EnWG zu gewährleisten (§ 53).

4.2.3.2 Einflüsse des Europarechts

Die deutschen Vorschriften zur Regulierung beruhen weithin auf einzelnen Richtlinien oder auch auf „Paketen" sachlich zusammengehörender **Rechtsakte** der Europäischen Union, die mehr oder weniger fristgemäß und inhaltlich korrekt in nationales Recht umgesetzt worden sind; so ist etwa der Ende 2018 von Europäischem Parlament und Rat verabschiedete europäische „Kodex für elektronische Kommunikation" (RL [EU] Nr. 2018/1972 des Europäischen Parlaments und des Rates v. 11.12.2018, ABl. EU L 321, 16) bis zum 21.12.2020 in deutsches Bundesrecht (Art. 73 Abs. 1 Nr. 7 GG) umzusetzen, wohl insbesondere durch eine erneute Reform des TKG. Das 2016 ergangene ERegG beruht auf der (ältere Vorschriften ab 1991 reformierenden) Richtlinie Nr. 2012/34 des Europäischen Parlaments und des Rates v. 21.11.2012 (ABl. EU L 343, 32) zur Schaffung eines einheitlichen Eisenbahnraums, das PostG auf einem EU-Rechtsakt von 1997 (RL [EG] Nr. 97/66 des Europäischen Parlaments und des Rates v. 15.12.1997, ABl. EU 1998 L 24, 1) sowie zwei Änderungen hierzu (2002 und 2008), während für das EnWG formal getrennte, aber inhaltlich aufeinander abgestimmte Richtlinien (für Elektrizität bzw. für Gas) wegweisend waren, bei Strom zuletzt 2019 modifiziert (RL [EU] Nr. 2019/944 des Europäischen Parlaments und des Rates v. 05.06.2019, ABl. EU L 158, 125). Im Hinblick auf wirtschaftliche und technische Entwicklungen ist der europäische Regelungsrahmen – außer bisher im Postwesen – mehrmals aktualisiert und reformiert worden (etwa bei der Telekommunikation 2002 und 2009, im Energiesektor 2019 mit dem vierten „Paket" (insb. VO [EU] Nr. 2019/941–943 des Europäischen Parlaments und des Rates v. 05.06.2019, ABl. EU L 158, 1, 22, 54), im Bereich der Eisenbahnen seit 2001 noch mehrmals, zuletzt 2016).

Eher vereinzelt wurden auch unmittelbar geltende **Verordnungen** erlassen, so zu grenzüberschreitenden Paketzustelldiensten (VO [EU] Nr. 2018/644 des Europäischen Parlaments und des Rates v. 18.04.2018, ABl. EU L 112, 19) im Postwesen, im Telekommunikationsbereich die Roaming-VO ([EU] Nr. 2012/531 des Europäischen Parlaments und des Rates v. 13.06.2010, ABl. EU L 172, 10) und der Rechtsakt über Maßnahmen zum Zugang zum offenen Internet (VO [EU] Nr. 2015/2120 des Europäischen Parlaments und des Rates v. 25.11.2015, ABl. EU L 310, 1), im Energiesektor etwa die Verordnungen (EG) Nr. 714/2009 des Europäischen Parlaments und des Rates v. 13.07.2009, ABl. EU L 211, 15 (grenzüberschreitender Stromhandel), (EG) Nr. 715/2009 des Europäischen Parlaments und des Rates v. 13.07.2009, ABl. EU L 211, 36 (Zugang zu Ferngasleitungsnetzen) und (EU) Nr. 2019/943 des Europäischen Parlaments und des Rates v. 05.06.2019, ABl. EU L 158, 54 (Elektrizitätsbinnenmarkt), für Eisenbahnen zu gemeinwirtschaftlichen Personenverkehrsdiensten zuletzt VO (EU) Nr. 2016/2338 des Europäischen Parlaments und des Rates (v. 14.12.2016, ABl. EU L 354, 22).

Selbst dort, wo EU-Verordnungen gelten, werden diese nach wie vor primär von nationalen (Regulierungs-)Behörden, in Deutschland fast durchweg konzentriert bei der Bundesnetzagentur (zu Ausnahmen s. § 54 Abs. 2 EnWG), durchgeführt; insoweit muss dann eine nationale Kompetenzzuweisung normiert werden (z. B. §§ 54a, 56 EnWG, §§ 116, 126 Abs. 1 TKG 2012). Jedoch ist in jedem Sektor unterschiedlich rasch und dicht ein **Verwaltungs-** bzw. **Regulierungsverbund** zwischen europäischen und nationalen Stellen entstanden, an dem auf der supranationalen Ebene sowohl die **EU-Kommission** als auch eigene Gremien, regelmäßig als EU-**Agenturen** bezeichnet, mit eigener Rechtsfähigkeit beteiligt sind. Deren Einflussnahme im Hinblick auf nationale Regulierungsentscheidungen ist verschieden ausgeprägt und kann bis zu einem Veto reichen (etwa nach § 12 TKG 2012). Die diversen EU-Einrichtungen basieren jeweils auf eigenen Gründungsverordnungen (z. B. [EU] Nr. 2016/796 des Europäischen Parlaments und des Rates v. 11.05.2016, ABl. EU L 138, 1: Eisenbahnagentur; [EU] Nr. 2019/942 des Europäischen Parlaments und des Rates v. 05.06.2019, ABl. EU L 158, 22; für die Zusammenarbeit der Energieregulierungsbehörden/ACER; [EU] Nr. 2018/1971 des Europäischen Parlaments und des Rates v. 11.12.2018, ABl. EU 321, 1: Gremium europäischer Regulierungsstellen für elektronische Kommunikation/GEREK), teils auch auf Beschlüssen/Entscheidungen nach Art. 288 Abs. 4 AEUV (so bei der European Group of Postal Regulators/ERGP). Auch hier bedarf es ergänzender nationaler Vorschriften, um Art und Ausmaß der Zusammenarbeit auszugestalten (z. B. § 123a TKG 2012).

Bisher sind allerdings außer der Kommission als EU-Organ (Art. 13 EUV), das nicht nur nach Art. 290, 291 AEUV Durchführungsbestimmungen treffen kann (sog. Tertiärrecht, ähnlich nationalen Rechtsverordnungen), sondern auch weitestgehend zu berücksichtigende Empfehlungen i. S. v. Art. 288 Abs. 5 AEUV, anderen EU-Einrichtungen kaum eigenständige Entscheidungsbefugnisse eingeräumt worden (vgl. zur Reichweite der „Letztentscheidungsbefugnisse" EuGH, Rs. C-10/56, ECLI:EU:C:1958:8 – Meroni; C-270/12, ECLI:EU:C:2014:18 – ESMA). Jedoch besteht eine institutionelle **Verzahnung** beider Ebenen dadurch, dass im Rahmen der jeweiligen EU-Stellen die Leiter der mitgliedstaatlichen Regulierungsbehörden zusammentreffen, und werden bei wichtigen nationalen Maßnahmen Kommission und/oder andere EU-Einrichtungen nicht nur informiert, sondern beratend und empfehlend funktionell eingebunden, um eine Koordination möglichst für den gesamten EU-/EWR-Raum zu erreichen. Dabei werden ebenfalls im EU-Recht normierte Aufgaben und Befugnisse durch Berichts-, Informations- und andere Kooperationspflichten in nationalen Bestimmungen abgerundet (z. B. §§ 13, 14 TKG 2012, §§ 57, 57a EnWG, § 75 ERegG). Der EuGH hat aber seit längerem (Rs. C-217/04, ECLI:EU:C:2006:279 – ENISA) dargelegt, dass auf Art. 114 AEUV auch institutionelle bzw. organisatorische Regelungen gestützt werden können, wenn dadurch ein funktionierender Binnenmarkt sichergestellt werden soll, und neu errichteten EU-Stellen zumindest einzelne Entscheidungsbefugnisse zugewiesen werden dürfen.

Insoweit findet sich die Struktur der Regulierung als **Mehrebenenverbund** auch bei der Aufsicht über Finanzmärkte, und gerade dort hat der EuGH einer EU-Agentur (ESMA) übertragene hoheitliche Befugnisse ausdrücklich gebilligt (EuGH, Rs. C-270/12 – ESMA). Die supranationale Ebene ist hier freilich noch komplexer als bei den Netzwirtschaften, da sie Elemente der nationalen Wirtschaftsaufsicht mit supranationalen Verwaltungsverbundstrukturen verzahnt (Abschn. 4.1.3.3).

4.3 Subventions- und Beihilfenrecht

4.3.1 Begriff und Arten

Unter dem Begriff der Wirtschaftsförderung (dazu bereits Abschn. 3.4.2) zusammenfassen lassen sich verschiedene Formen staatlicher Einflussnahme auf den Wirtschaftsverkehr, die regelmäßig politisch motiviert wie volkswirtschaftlich begründbar sind und bei den Wirtschaftsteilnehmern eine indirekte, anreizorientierte **Verhaltenssteuerung** bewirken sollen. Mit Hilfe von Subventionen und Beihilfen können beispielsweise bestimmte Regionen, etwa die ostdeutschen Bundesländer („Aufbau Ost"), spezielle Wirtschaftszweige, etwa die Erzeugung erneuerbarer Energien („Ökostromumlage") oder der Bergbau („Kohlepfennig"), konkrete Unternehmen („Bankenrettung" in der Finanzkrise) oder auch einzelne Projekte, beispielsweise Existenzgründungen, gezielt gefördert werden.

Dabei verfolgen alle Wirtschaftsfördermaßnahmen das als **öffentliche Aufgabe** formulierte Ziel, die Position einzelner Wirtschaftssubjekte rechtlich oder tatsächlich (d. h. finanziell!) zu verbessern; sie greifen damit hoheitlich, sprich wirtschaftslenkend in das freie Spiel der Marktkräfte ein. Verfassungsrechtlich legitimiert wird Wirtschaftsförderung durch das Sozialstaatsprinzip (Art. 20 Abs. 1 GG, Abschn. 2.1.2.3) sowie die Pflicht zur Schaffung eines gesamtwirtschaftlichen Gleichgewichts (Art. 109 Abs. 2 GG), die jeweils einfachgesetzlich näher auszugestalten sind, etwa aufgrund der ausdrücklichen Kompetenzgrundlage in Art. 74 Abs. 1 Nr. 17 GG („Förderung"). Möglich ist auch ein Zusammenwirken von Bund und Ländern im Rahmen von Gemeinschaftsaufgaben (Art. 91a, 91b GG), das die föderale Trennung von Organisation und Aufgaben ausnahmsweise modifiziert (Abschn. 3.2.1.2). Neben Bund und Ländern erfolgt Wirtschaftsförderung in beträchtlichem, wenn auch lokal begrenztem Umfang durch die Gemeinden, prinzipiell gedeckt von der kommunalen Selbstverwaltungsgarantie. Die rechtlichen Grenzen von Art. 28 Abs. 2 S. 1 GG sind jedoch immer dann bedeutsam, wenn Gemeinden, etwa im Wettbewerb um Investoren und die Ansiedlung von Unternehmen, Wirtschaftsförderung und eigenwirtschaftliche Betätigung (dazu Abschn. 2.1.2.5) miteinander verknüpfen.

Trotz der Vielfalt an Maßnahmen und Instrumenten erfolgt Wirtschaftsförderung hauptsächlich durch Subventionen oder Beihilfen, wobei die beiden Begriffe nicht synonym zu verwenden sind. Anhand von vier Merkmalen lassen sich **Subventionen** beschreiben als Unterstützungsmaßnahmen (1) gegenüber privaten (wie öffentlichen) Wirtschaftsteilnehmern (Subventionsempfänger), die (2) im öffentlichen Interesse (Subventionszweck) aus (3) staatlichen Mitteln (Subventionsgeber) und (4) ohne marktmäßige, d. h. angemessene Gegenleistung erfolgen.

Direkte Subventionen, auch Subventionen im engeren Sinne, sind vermögenswerte Zuwendungen aus öffentlichen Mitteln, die ein Träger öffentlicher Verwaltung privaten Unternehmen unmittelbar oder durch Dritte ohne marktmäßige Gegenleistung gewährt. Dieser enge Begriff deckt sich weitgehend mit dem strafrechtlichen (§ 264 Abs. 8 StGB). Durch die Gewährung entsteht zwischen hoheitlichem Subventionsgeber und Empfänger ein spezifisches Subventionsrechtsverhältnis.

Beispiel

Direkte oder unmittelbare Subventionen sind verlorene Zuschüsse, wie finanzielle Zuwendungen oder Prämien, sowie Darlehen, die durch öffentliche Förderbanken (z. B. KfW, Investitionsbank Berlin-Brandenburg, L-Bank, Sächsische Aufbaubank) ausgereicht werden, oder Bürgschaften und Garantien, etwa beim Export („Hermes-Bürgschaften"). ◄

Im Gegensatz dazu sind **indirekte** Subventionen, auch Subventionen im weiteren Sinne, oft „versteckt" gewährte vermögenswerte Vorteile, etwa durch Verringerung von allgemeinen Steuern und Abgaben (sog. Verschonungssubventionen). In ihren Genuss gelangt der Empfänger aber erst mittelbar über die Rückerstattung oder Reduzierung einer generell erhobenen Abgabe. Derartige Vergünstigungen sind zwar aus ökonomischer, nicht aber aus wirtschaftsverwaltungsrechtlicher Perspektive als Subventionen zu qualifizieren. Als eigene Kategorie zu nennen ist die Realförderung, die durch das Fehlen einer Geldzahlung bzw. deren Ersparung gekennzeichnet ist, etwa durch die Bevorzugung bei öffentlichen Aufträgen.

Beispiel

Um indirekte oder mittelbare Subventionen handelt es sich etwa bei Sonderabschreibungen (z. B. 50 % der Anschaffungs- und Herstellungskosten) für begünstigte Wirtschaftsgüter oder den Erwerb von Immobilien in bestimmten Regionen (z. B. neue Bundesländer). ◄

Hingegen erfassen Beihilfen alle staatlichen oder aus staatlichen Mitteln gewährten Geld- oder Sachleistungen oder geldwerte Vorteile, die bestimmte Unternehmen oder Produktionszweige begünstigen (Selektion). Der Beihilfenbegriff reicht damit weiter als die reine, subventionsmäßige Begünstigung, denn er erfasst auch sonstige Vergünstigungen.

Einen ähnlich weiten, wenn auch in Einzelheiten abweichenden **Beihilfenbegriff** verwendet das **EU-Recht** in Art. 107 AEUV, indem es jede Art von Wirtschaftsförderung erfasst. Verboten, weil mit dem Binnenmarkt unvereinbar sind jedoch nur solche Beihilfen, die wettbewerbsverfälschend wirken und den Handel zwischen Mitgliedstaaten beeinträchtigen (Art. 107 Abs. 1 AEUV, dazu Abschn. 4.3.3.2). Bereits der primärrechtliche Kontext des Beihilfenbegriffs macht deutlich, dass das Subventions- und Beihilfenrecht zwar als eigenes Rechtsgebiet des nationalen öffentlichen wie des EU-Wirtschaftsrechts zu verstehen ist und zugleich von vielfältigen Bezügen „lebt", die zum Kartell- und Wettbewerbsrecht bestehen. Das Wettbewerbsrecht, dessen Rechtsrahmen durch GWB und UWG abgesteckt und seitens der Kartellbehörden (§ 48 Abs. 1 GWB), insbesondere das Bundeskartellamt, überwacht wird, hat neben seiner privatrechtlichen Prägung durch UWG und GWB immer dann eine öffentlich-rechtliche Dimension, wenn es um die verhaltensrechtliche Kontrolle wettbewerbsrelevanter Staatstätigkeit geht, sog. öffentliches Wettbewerbsrecht. Dabei wird das nationale (öffentliche) Wettbewerbsrecht „vorgespurt" durch die bindenden EU-Wettbewerbsregeln (Art. 3 Abs. 1 lit. b] i. V. m. Art. 101 ff. AEUV), für deren Kontrolle die EU-Kommission, unterstützt durch das Netzwerk europäischer Wettbewerbsbehörden, dem auch das Bundeskartellamt angehört, direkt zuständig ist.

Hingegen existiert im internationalen und damit völkerrechtlichen Kontext kein der EU vergleichbar dichtes Rechtsregime. Sowohl GATT und GATS als auch das WTO-(Anti-)Subventionsabkommen enthalten zwar Regeln zur Herstellung eines unverfälschten bzw. zur Verhinderung eines unlauteren Wettbewerbs. Allerdings verbietet das GATT (Art. XVI B) weder Dumping noch spezifische, z. B. Ausfuhr-Subventionen, sondern ermächtigt nur zu kompensierenden Gegenmaßnahmen in Form von Antidumping- oder Ausgleichszöllen.

4.3.2 Relevante Grundsätze der Leistungsverwaltung

4.3.2.1 Vorbehalt des Gesetzes und Gleichbehandlungsgebot

Im Gegensatz zur eingriffsintensiven Wirtschaftsüberwachung ist das hoheitliche Handeln der Leistungsverwaltung, wie bei der Vergabe von Subventionen, durch ein begünstigendes Element geprägt. Trotz dieser Besonderheit erfüllt auch die Leistungsverwaltung hoheitliche Aufgaben und nutzt dafür öffentlich-rechtliche Handlungsformen, insbesondere den Verwaltungsakt (§ 35 VwVfG). Allerdings gelten für die Leistungsverwaltung einige Besonderheiten, die im Folgenden kurz erläutert werden.

Im Grundsatz unterliegt auch die Leistungsverwaltung dem Prinzip der Gesetzmäßigkeit allen Verwaltungshandelns (Art. 20 Abs. 3 GG, Abschn. 2.1.2.2 sowie Abschn. 3.3.1). Einschränkungen gelten jedoch für den **Vorbehalt des Gesetzes**. Während bei der Eingriffsverwaltung die Ermächtigungsgrundlage Ausgangspunkt und Grenzen der Wirtschaftsverwaltungstätigkeit regelt, ist nach h. M. im Bereich der Leistungsverwaltung ein haushaltsmäßiger Ansatz ausreichend (BVerfGE 38, 121 [126]; BVerwGE 104, 220 [222]). Konkret bedeutet dies, dass die auszuschüttenden Mittel, z. B. finanzielle Zuschüsse, Subventionen, im jeweiligen Haushaltsplan, der als formelles Parlamentsgesetz auf Bundes- oder Landesebene beschlossen wurde, vorgesehen sein müssen. Einzelheiten zur Gewährung und Vergabe der Subventionen können durch Verwaltungsvorschriften, etwa Förderrichtlinien, näher ausgestaltet werden. Zwar entfalten die Verwaltungsvorschriften als verwaltungsinterne Anweisungen regelmäßig keine Außenwirkung, binden aber die Exekutive an „Recht und Gesetz" (Vorrang des Gesetzes), weshalb die Absenkung der rechtsstaatlichen Anforderungen (Vorbehalt des Gesetzes) keinen Bedenken begegnet. Hinzu kommt ein Praktikabilitätsargument, da Fördermittel in Not- und Krisensituationen, etwa in Wirtschaftskrisen oder wie bei „Corona-Soforthilfen" für Soloselbstständige, unter Umständen sehr schnell und flexibel zur Verfügung stehen müssen.

Die fehlende Außenwirkung verwaltungsinterner Vorschriften führt im Weiteren zu der Frage, ob dem einzelnen Wirtschaftsteilnehmer ein subjektiv-öffentliches Recht auf eine Subvention zustehen kann. Ausdrücklich verneint wird ein solcher Förderanspruch in § 3 Abs. 2 HGrG i. V. m. § 3 Abs. 2 BHO/LHO, weshalb der haushaltsmäßige Ansatz sowie dessen verwaltungsinterne Präzisierung nur als **Leistungsermächtigung**, nicht aber -verpflichtung zu interpretieren sind. Selbst wenn der künftige Subventionsempfänger nach den Vergaberichtlinien alle materiellen Voraussetzungen für die Gewährung der Zuwendung erfüllt, handelt es sich bei Subventionsbewilligungen häufig um **Ermessensfragen**. Dem Interessenten stünde dann lediglich ein im Wege der Verpflichtungsklage (§ 42 Abs. 1, 2. Fall VwGO) geltend zu machender Anspruch auf ermessensfehlerfreie Entscheidung (über seinen Antrag) zu.

Allerdings muss die Vergabe öffentlicher (Förder-)Mittel regelmäßig im Einklang mit dem allgemeinen Gleichheitssatz aus Art. 3 Abs. 1 GG stehen, wonach wesentlich gleiche Sachverhalte gleich zu behandeln sind; nur ein sachlicher Grund würde eine Ungleichbehandlung rechtfertigen (Abschn. 2.2.3.4). Für die Gleichbehandlung bei der Leistungsvergabe hat die Rechtsprechung daher die tatsächliche Verwaltungspraxis als maßgeblich erachtet, solange diese über einen gewissen Zeitraum gleichbleibend und damit für die Verwaltung selbst bindend ist (sog. **Selbstbindung der Verwaltung**, st Rspr, z. B. BVerwGE 104, 220 [222 f.]) und soweit sie nicht durch verbindliche Leistungsgesetze überlagert oder verdrängt wird. In der Folge können Wirtschaftsteilnehmer, natürliche wie juristische Personen, immer dann einen ebenfalls auf Art. 3 Abs. 1 GG gestützten Anspruch auf Einbeziehung in das Verfahren der Subventionsvergabe geltend machen, wenn sie unrechtmäßig von der Leistungsgewährung ausgeschlossen wurden.

▶ *Bei der Vergabe von Subventionen besteht kein (Förder-)Anspruch auf die Leistung selbst. Aufgrund der tatsächlichen Verwaltungspraxis kann aber ein Anspruch auf Gleichbehandlung (Art. 3 Abs. 1 GG) bei der Vergabe von Leistungen erwachsen.*

4.3.2.2 Rechtliche Qualifizierung des Subventionsverhältnisses

In der Leistungsverwaltungspraxis sind Subventionsverhältnisse regelmäßig durch mehrere Stufen, etwa Vergabeentscheidung und tatsächliche Abwicklung, gekennzeichnet, was nicht zuletzt darin seinen Grund hat, dass die Auszahlung nicht durch die Verwaltung selbst erfolgt, sondern diese für die Abwicklung häufig auf private Akteure zurückgreift. Dies spart der öffentlichen Hand zeitliche wie personelle Ressourcen, beispielsweise durch die Einschaltung von Förder- oder Geschäftsbanken zur Abwicklung und Überwachung von zinsvergünstigten (Förder-)Krediten. Da die Wirtschaftsverwaltung grundsätzlich frei zwischen zivil- und öffentlich-rechtlichen Gestaltungsformen wählen kann (Grundsatz der Wahlfreiheit, Abschn. 3.3.1.2), ist die rechtliche Qualifikation der einzelnen Stufe/n des Subventionsverhältnisses von großer Bedeutung. In Rechtsprechung und Literatur herausgebildet hat sich dafür die sog. **Zwei-Stufen-Theorie**, die allerdings auch nicht unangefochten ist, da sie als „zweitbeste Lösung" einheitliche Lebenssachverhalte „zerhackt", zu einer Rechtswegspaltung führt und für diejenigen Bereiche nicht mehr zeitgemäß erscheint, in denen eine strikte Trennung zwischen den beiden Stufen nicht gesetzlich, etwa durch spezielle Fördergesetze, vorgeschrieben ist.

Dem Grundsatz nach unterscheidet der Ansatz zwei Stufen: auf der 1. Stufe die **Bewilligung**, infolge derer eine öffentlich-rechtliche Rechtsbeziehung zwischen Bewilligungsbehörde und Subventionsempfänger begründet wird, sowie auf 2. Stufe die tatsächliche **Auszahlung** der Subvention, durch die ein Rechtsverhältnis zwischen auszahlender Institution und Subventionsempfänger entsteht. Auf der ersten Stufe besteht regelmäßig ein öffentlich-rechtliches Rechtsverhältnis mit der Folge, dass der Subventionsgeber infolge der Erfüllung öffentlicher Aufgaben bei der Bewilligung (durch Verwaltungsakt, § 35 VwVfG) an die Grundrechte (Art. 3 Abs. 1 GG) gebunden ist. Die **Rückforderung** von Subventionen kann die Bewilligungsbehörde mangels spezialgesetzlicher Regelungen auf §§ 48, 49 sowie § 49a VwVfG stützen; für Streitigkeiten über die erste Stufe ist der Verwaltungsrechtsweg (§ 40 Abs. 1 S. 1 VwGO) einschlägig. Für die Abwicklung (Auszahlung) des Subventionsverhältnisses – zweite Stufe – kann die Verwaltung zwischen privatrechtlichen Gestaltungsformen, etwa durch Abschluss von Gelddarlehens- oder Bürgschaftsverträgen, oder der Auszahlung durch öffentlich-rechtlichen Realakt wählen; in letzterem Fall ist nur ein einstufiges, verwaltungsrechtliches Verhältnis gegeben. Im Regelfall erfolgt die Auszahlung jedoch auf Grundlage eines privatrechtlichen Vertrags, etwa Darlehensvertrag nach §§ 488 ff. BGB, zwischen dem Auszahlenden, z. B. der (Förder-)Bank und dem Subventionsempfänger. Für Streitigkeiten aus dem Vertrag sind daher die ordentlichen Gerichte zuständig. Im Ergebnis kann es daher zu einer **Rechtswegspaltung** und entsprechend hohen Rechtsverfolgungskosten für den Subventionsempfänger kommen.

Von der normalen Durchführung ist die **Rückabwicklung** eines fehlgeschlagenen Subventionsverhältnisses zu unterscheiden. Fehlen spezielle Regelungen, sind die allgemeinen verwaltungsrechtlichen Vorschriften über Rücknahme und Widerruf von Verwaltungsakten (§§ 48, 49 VwVfG) anwendbar. Da mit der Aufhebung des Bewilligungsbescheides der Rechtsgrund für die Subventionsgewährung weggefallen ist, sieht § 49a VwVfG die Festsetzung der (Rück-)Erstattung der gewährten Leistung vor.

▶ *Wiederholen Sie an dieser Stelle die Grundlagen zu Rücknahme und Widerruf von Verwaltungsakten (§§ 48, 49, 49a VwVfG, vgl. Abschn. 3.3.2.4) und ersparen Sie sich doppelten Lernaufwand, indem Sie dieses Wissen auch im Kontext des Subventionsrechts anwenden.*

4.3.3 Europarechtliche Einflüsse

4.3.3.1 Überblick

Im EU-Binnenmarkt (Art. 26 Abs. 2 AEUV) sind unionsrechtliches Beihilfensystem (Art. 107 ff. AEUV) und nationale Wirtschaftsförderung immer stärker miteinander verzahnt: Die Art. 107 ff. AEUV können besondere Anforderungen an das nationale Subventionswesen stellen und dieses – mit erheblichen praktischen Auswirkungen im Rahmen der Beihilfenkontrolle (Abschn. 4.3.3.3) – auch inhaltlich überformen; gleichzeitig beinhaltet das EU-Beihilfenrecht eigenständige **unionale Verfahrensregeln**, die primär im Verhältnis von Kommission und Mitgliedstaat/en gelten, deren Systematik aber prägend für alle Mitgliedsländer im EU-Binnenmarkt ist.

Das unionsrechtliche Ziel der Beihilfenkontrolle besteht daher sowohl in der Koordinierung der mitgliedstaatlichen Beihilfenpraxis (im Netzwerk europäischer Wettbewerbsbehörden) als auch in der Abwehr nationaler Subventionen, die das Allgemeinwohl und damit das Unionsinteresse schädigen. Während das nationale (deutsche) Recht von einer prinzipiellen Zulässigkeit der staatlichen Leistungsverwaltung in Form von Subventionen ausgeht, statuiert Art. 107 Abs. 1 AEUV ein generelles Verbot für Beihilfen, die den Wettbewerb verzerren oder zu verfälschen drohen.

4.3.3.2 Grundzüge des EU-Beihilfenrechts

Die **Rechtsgrundlagen** des EU-Beihilfenrechts finden sich zunächst in den primärrechtlichen Vorschriften der Art. 101 ff. AEUV. Darauf gestützt sind eine Vielzahl von Sekundärrechtsakten, insbesondere die Subventionsverfahrensverordnung (VO [EU] Nr. 2015/1589 des Rates v. 13.07.2015, ABl. EU L 248, 9), die der Kommission (anstelle der Mitgliedstaaten!) die Beihilfenüberwachung überträgt sowie ein effizientes Vergabeverfahren regelt. Bedeutsam sind weiterhin Fusionskontrollverordnung ([EU] Nr. 139/2004 des Rates v. 20.01.2004, ABl. EU L 24, 1) und Transparenzrichtlinie ([EU] Nr. 2013/50 des Europäischen Parlaments und des Rates v. 22.10.2013, ABl. EU L 294, 13).

Der weite, sich insofern vom nationalen (deutschen) Verständnis der Subvention (Abschn. 4.3.1) unterscheidende **europarechtliche Begriff** bejaht immer dann eine staatliche Beihilfe, wenn vom Staat oder aus staatlichen Mitteln bestimmte private Unternehmen oder Produktionszweige durch Geld- oder Sachleistungen oder geldwerte Vorteile begünstigt werden (sog. Private-Investor-Test). Auch unterscheidet der EuGH nicht zwischen direkten und indirekten Subventionen, sondern erachtet Beihilfen als staatliche „Maßnahmen, die in verschiedener Form die Belastungen vermindern, welche ein Unternehmen normalerweise zu tragen hat" (EuGH, Rs. C-387/92, ECLI:EU:C:1994:100 – Banco Exterior de España).

Allerdings greift das EU-Beihilfenverbot nur ein, wenn keine vorrangige Spezialregelung eingreift. Solche gelten vor allem im Bereich der Agrar- (Art. 42 Abs. 2 AEUV) sowie der Verkehrspolitik (Art. 93, 96); weitere Sonderregelungen existieren für Öffentliche Unternehmen (Art. 106 AEUV).

Eine Einschränkung gilt auch für Beihilfen unterhalb der sog. Schwellenwerte, die in der „De-minimis"-Verordnung ([EU] Nr. 1407/2013 der Kommission v. 18.12.2013, ABl. EU 2013, L 352, 1) geregelt sind (Beihilfe im Umfang von 200.000 Euro in Drei-Jahres-Zeitraum) oder einer EU-Gruppenfreistellungsverordnung unterfallen.

Schließlich ist die Anwendbarkeit des **EU-Beihilfenregimes** davon abhängig, welcher Hoheitsträger – die EU oder ein Mitgliedstaat – die Beihilfe ausreicht. EU-Beihilfen werden von der Kommission oder den Mitgliedstaaten auf Grundlage des EU-Rechts geleistet und sind grundsätzlich nicht wettbewerbsbeschränkend, da die Regelungen in der gesamten Union gelten und damit den Binnenmarkt nicht beeinträchtigen. Davon unbenommen bleibt die Rechtswidrigkeit der Beihilfe, beispielsweise wegen Verstoßes im Einzelfall gegen sonstiges primäres oder sekundäres Unionsrecht. Hingegen besitzen mitgliedstaatliche Beihilfen *per se* eine den Wettbewerb im Binnenmarkt verzerrende Funktion, weshalb sie prinzipiell gegen EU-Recht verstoßen und damit verboten sind. Zulässig sind nationale Beihilfen, wenn sie nicht wettbewerbsverzerrend wirken und zudem die formellen Voraussetzungen (Art. 108 Abs. 3 AEUV, unten Abschn. 4.3.3.3) beachten.

▶ *Die Gegenläufigkeit der Voraussetzungen (Regel-Ausnahme-Verhältnis), die das EU-Recht an EU- bzw. nationale Beihilfen knüpft, unterstreicht den Binnenmarktbezug der supranationalen Beihilfenkontrolle. Während EU-Beihilfen grundsätzlich nicht als wettbewerbsverzerrend eingestuft werden, sind mitgliedstaatliche Beihilfen regelmäßig als binnenmarktschädlich anzusehen.*

Nur unter den Voraussetzungen der Ausnahmetatbestände (Art. 107 Abs. 2 und 3 AEUV) kann vom allgemeinen Beihilfenverbot (Abs. 1) abgewichen und eine Beihilfe, etwa für Not- und Katastrophenfälle (Abs. 2 lit. b]), als mit dem Binnenmarkt vereinbar eingestuft werden. Hintergrund dieser Regelung, die sich in ähnlicher Weise auch in Art. 104b Abs. 1 S. 2, Art. 109 Abs. 3 S. 2 GG findet, ist die vorübergehende Ausnahmesituation in Bereichen, in denen die Befriedigung der Grundbedürfnisse, etwa bei Lebensmitteln, normalerweise durch Private erfolgt.

Unterfällt eine Beihilfe dem EU-Recht, verstößt sie jedoch nur dann gegen das europarechtliche **Beihilfenverbot** (Art. 107 Abs. 1 AEUV), wenn sie mit dem Binnenmarkt unvereinbar ist. Dies ist der Fall, wenn die Beihilfe (i) den Wettbewerb verfälscht oder zu verfälschen droht *und* (ii) den zwischenstaatlichen Handel beeinträchtigt. Eine **Verfälschung des Wettbewerbs** liegt immer dann vor, wenn die Marktposition des Begünstigten verfestigt bzw. der Marktzugang für ein neues Unternehmen erschwert wird. Die Beihilfe beeinträchtigt den zwischenstaatlichen Handel, wenn sie sich über das Gebiet des gewährenden Mitgliedstaates hinaus auf die Konkurrenz mit anderen Unternehmen auswirkt (sog. Spürbarkeitskriterium), etwa bei künstlichem Erschweren von Einfuhren aus oder Erleichtern von Ausfuhren in andere Mitgliedstaaten. Die bloße Eignung der Maßnahme hierzu reicht aus; eine tatsächliche Beeinträchtigung ist nicht erforderlich.

Erfüllt eine Beihilfe die Voraussetzungen des Art. 107 Abs. 1 AEUV, folgt daraus nicht bereits, dass sie zwingend unionsrechtswidrig ist. Vielmehr kann einer der in Abs. 2 oder Abs. 3 geregelten Ausnahmetatbestände vorliegen; diese beziehen sich vorrangig auf Maßnahmen zur Verbesserung der Infrastruktur in bestimmten Gebieten oder auf spezielle Produktionszweige. Solche Formen von (regionaler) Wirtschaftsförderung sind zulässig, da die Wirtschaftspolitiken der (27) Mitgliedstaaten zwar als Angelegenheit von gemeinsamem Interesse (Art. 121 AEUV) betrachtet werden, aber nicht zu den supranationalen Politikbereichen zählen, sondern in der Kompetenz der Mitgliedstaaten verbleiben.

4.3.3.3 Beihilfenkontrolle

Sowohl die primärrechtlichen Regelungen der Art. 101 ff. AEUV als auch die Vielzahl sekundärrechtlicher Bestimmungen zum Beihilfenrecht zeigen den maßgeblichen Einfluss des Unionsrechts auf das nationale Subventionsrecht, das dadurch weitgehend supranationalen Vorgaben unterliegt. Die Befugnis zur EU-Beihilfenkontrolle und -aufsicht, die im nationalen Subventionsrecht zu den typischen Aufgaben der Leistungsverwaltung zählt, übertrugen die Mitgliedstaaten (Art. 3 Abs. 1 lit. b] AEUV) auf die Kommission. Die Gewährung von Beihilfen unterliegt daher regelmäßig einem **förmlichen Kontrollverfahren**, bei dem die ständig laufende repressive Kontrolle (Art. 108 Abs. 1, 2 AEUV) und das präventive Verfahren der Kontrolle (Art. 108 Abs. 3) im Vorfeld geplanter Beihilfen zu unterscheiden sind.

In jedem Fall sind die Mitgliedstaaten verpflichtet, die Kommission über beabsichtigte

Einführungen oder Umgestaltungen von Beihilfen zu unterrichten (sog. **Notifizierung**, Art. 108 Abs. 3 AEUV). Kommt der Mitgliedstaat dem nach, überprüft die Kommission die Rechtmäßigkeit (in Vor- und Hauptprüfungsverfahren) und trifft eine Positiv- oder Negativentscheidung über die Zulässigkeit der nationalen Beihilfe. Unterlässt hingegen der Mitgliedstaat die Notifizierung, so ist die Beihilfe formell rechtswidrig; damit geht ein vorläufiges formelles Auszahlungsverbot für den Mitgliedstaat einher. In diesem Fall leitet die Kommission das (Hauptprüfungs-)Verfahren von Amts wegen ein und entscheidet über das weitere Schicksal der Beihilfe. Bei einer Negativentscheidung dürfen noch nicht gezahlte Beihilfen nicht geleistet werden, im Hinblick auf bereits gewährte ist der Mitgliedstaat nach dem Prinzip der Unionstreue (Art. 4 Abs. 3 EUV) verpflichtet, diese zurückzufordern.

Obwohl mittlerweile richtungsweisende Entwürfe für ein einheitliches europäisches Verwaltungsverfahrensrecht zur Diskussion stehen, etwa des Research Network on EU Administrative Law (ReNEUAL), existiert noch **kein einheitliches Verwaltungsverfahrensrecht der EU**. Daher richtet sich auch die Rückforderung europarechtswidriger Subventionen nach nationalem Verwaltungsrecht, speziell §§ 48, 49 VwVfG (dazu Abschn. 3.3.2.4). Der Verstoß gegen primärrechtliche Vorgaben (Art. 108 Abs. 3 i. V. m. Abs. 2 AEUV) indiziert in der Regel bereits die Rechtswidrigkeit des Bewilligungsbescheids. Obwohl sich die Rücknahme nach nationalem Recht richtet, müssen die für Vertrauensschutz relevanten Aspekte unionsrechtskonform ausgelegt werden.

Das Effizienzgebot, der sog. Grundsatz des *effet utile*, bewirkt, dass nationales Recht die unionsrechtlich gebotene Rückforderung nicht praktisch unmöglich machen darf, sondern das Unionsinteresse an transparenten und rechtssicheren Entscheidungen angemessen zu berücksichtigen ist. Nach übereinstimmender Auffassung von EuGH und BVerwG (sog. Alcan-Rechtsprechung, vgl. EuGH, Rs. C-24/95, ECLI:EU:C:1997:163 – Alcan; BVerwGE 106, 328 ff.) kann **schutzwürdiges Vertrauen** eines Beihilfenempfängers nur dann entstehen, wenn ein ordnungsgemäßes Beihilfeverfahren durchgeführt wurde, insbesondere die Notifizierung gegenüber der Kommission erfolgt ist. Zu den Pflichten eines „sorgfältigen Gewerbetreibenden" zählen daher auch Erkundigungen, etwa die Lektüre des Amtsblatts der EU auf der EU-Webseite, über den Stand des beihilferechtlichen Verfahrens bei der Kommission.

Die Tendenz zur „Europäisierung", sprich der **europarechtlichen Überformung** des deutschen Verwaltungsverfahrensrechts zeigt sich auch bei der Auslegung von Rücknahmefrist (§ 48 Abs. 4 VwVfG) und Ermessen: Der EuGH erachtet die Rückforderung einer ohne bzw. vor Notifizierung gewährten Beihilfe unabhängig vom (Ab-)Lauf der Rücknahmefrist stets für unionsrechtlich geboten, entgegen dem ausdrücklichen Wortlaut der nationalen Vorschrift.

Auch wenn diese strikte Spruchpraxis anfangs auf viel Kritik stieß, ist sie mittlerweile in der (deutschen) Rechtsprechung und Literatur wohl auch deswegen anerkannt, weil sie Teil einer unionsweit einheitlichen und verbindlichen Verwaltungspraxis im Beihilfenrecht ist. Gleichzeitig ist diese Entwicklung ein einprägsames Beispiel dafür, wie nationale Alleingänge verhindert werden können, indem der ansonsten sanktionslosen Missachtung des Unionsrechts durch die Judikative ein Riegel vorgeschoben wurde.

4.4 Eigenwirtschaftliche Betätigung des Staates und öffentliche Unternehmen

4.4.1 Private und staatliche Akteure auf Märkten

Jede staatliche Tätigkeit beansprucht Ressourcen und verursacht Kosten, schafft andererseits vielfach materielle Werte, sei es nur für eigene Zwecke (z. B. Rathaus, Parlaments-/Behördengebäude), sei es für eine größere Zahl von anderen Personen oder gar für die Öffentlichkeit (etwa Planung, Bau und Unterhaltung von Verkehrswegen). Dabei werden vielfältig und letztlich unvermeidbar private Unternehmen einbezogen, zum einen durch Vergabe von „öffentlichen

Aufträgen" im Beschaffungswesen im Hinblick auf Waren oder Dienstleistungen, zum andern zu und bei der Herstellung von Gütern oder dem Anbieten und Erbringen von Diensten für öffentliche Zwecke und nicht zuletzt dann, wenn bei der öffentlichen Hand vorhandene eigene Anlagen oder Geräte wirtschaftlich eingesetzt werden (sollen). Diese „**Zweitverwendung**" kann von vornherein vorgesehen sein (etwa kommunale Mehrzweckhallen; Mensa bzw. Kantine auch für Besucher/Gäste), aber auch als „Randnutzung" erfolgen, soweit in zeitlicher, sachlicher oder persönlicher Hinsicht ein Raum für eine Zulassung Dritter in Betracht kommt (z. B. Hörsäle außerhalb des regulären, für Studierende geltenden Veranstaltungskalenders für andere Bildungsangebote; Schulsportstätten außerhalb der Unterrichtszeiten für örtliche Vereine). Weder beim Auftreten als „öffentlicher Auftraggeber" noch bei Angeboten (auch) an außenstehende Interessenten treten staatliche Stellen in spezifisch hoheitlicher Funktion auf (und ebenso wenig bei der entgeltlichen Überlassung nicht mehr benötigter Gegenstände an Mitarbeiter); vielmehr bedienen sie sich hier bei der Durchführung des Privatrechts (oben Abschn. 3.3.1.2). Grenzfälle liegen vor, wenn statt bzw. zur Abwendung einer sonst zulässigen Enteignung (als hoheitlichem Entzug von Eigentumsrechten, z. B. nach §§ 85 ff. BauGB) ein (An-)Kauf etwa des betreffenden Grundstücks erfolgt; insoweit erfolgt die Güterbeschaffung zwar weiterhin zu einem hoheitlichen legitimen Zweck, aber in den Formen des Privatrechts (§§ 433 ff., 873 ff. BGB).

Staatliche Stellen werden, wenn sie auf Märkten Bedürfnisse mehr oder weniger vieler Nachfrager befriedigen, selten als Monopol-Unternehmen tätig, da mit einer solchen Rechtsstellung zugleich ein Ausschluss des Marktzugangs für alle anderen (potenziellen) Konkurrenten verbunden ist; für diese (von der Regelung direkt und final) Betroffenen liegt also eine objektive Beschränkung der freien Berufswahl vor, für deren verfassungsrechtliche Zulässigkeit überragend wichtige Gemeinwohlinteressen gegeben sein müssen (Abschn. 2.2.2.2). Soweit Verwaltungs- oder Finanzmonopole (s. Art. 105 Abs. 1 GG) aus früheren Zeiten fortbestehen, müssen sich diese heute ebenfalls an Art. 12 Abs. 1 GG messen lassen (vgl. BVerfGE 41, 205 [217 f.]; 108, 370 [388 f.]).

> **Beispiel**
>
> *Ein inhaltlich stark reduziertes Briefbeförderungsmonopol stand der Deutschen Post AG (als Rechtsnachfolger der Deutschen Bundespost) bis Ende 2007 als „gesetzliche Exklusivlizenz" zu (§ 51 PostG).* ◄

Andererseits finden sich auch recht wenige Wirtschaftssektoren, in denen ausschließlich Privatpersonen oder private Unternehmen tätig sind; vielmehr existiert nach wie vor eine breite Palette nicht nur von Staatseigentum, sondern (meist im Zusammenhang damit) von wirtschaftlicher Betätigung staatlicher Stellen. Das Spektrum reicht von internationalen (öffentlichen) Unternehmen (wie der Europäischen Investitionsbank [EIB] oder der BIZ) über Organisationen auf Bundes- und Landesebene (z. B. KfW; Landesbanken; Flughafenbetreiber wie die Fraport AG) bis zu kommunal-wirtschaftlichen Aktivitäten mit örtlichem oder überörtlichem Bezug (etwa Stadtwerke; Wasser- und Boden- oder Abfallwirtschaftsverbände). Grund für Errichtung und Tätigwerden solch' **gemischt-wirtschaftlicher Unternehmen** ist das weite Verständnis von „öffentlichen Aufgaben" und der anerkannte Grundsatz, dass diese auch mittels privatrechtlicher Organisations- und Handlungsformen erfüllt werden können und dürfen (Wahlfreiheit, Abschn. 3.3.1.2). Praktisch ist damit die gleichzeitige Tätigkeit von privaten und öffentlichen Unternehmen auf ein und demselben (sachlich und räumlich abgegrenzten) Markt heute der Normalfall. Die jeweilige staatliche Betätigung stellt dabei eine bloße (nicht finale, aber durchaus erhebliche) Beschränkung der Berufsausübung der privaten Wettbewerber dar und ist so dem Grunde wie in der Regel auch dem Umfang nach mit Art. 12 Abs. 1 GG vereinbar. Neuerdings wird insoweit sogar von einem Öffentlichen Wettbewerbsrecht gesprochen, das sich nicht nur mit der Rechtfertigung öffentlicher Unternehmen (als wichtiger Form wirtschaftlicher Betätigung des Staates) befasst, sondern auch auf einen fairen Wettbewerb abzielt, weil dieser durch Behinderungen oder Verzerrungen gerade durch Träger eines öffentlichen Unternehmens (einschließlich auf diesem Wege erleichterter politischer Interventionen) bedroht sein kann und zudem oft solche Unternehmen im Hinblick auf Größe und spezifischen Gegenstand auch marktmächtig oder gar systemrelevant sind. Gerade bei einer Krise oder befürchteten Insolvenz, aber auch im Hinblick auf die Kreditwürdigkeit auf Kapitalmärkten (*Rating*) dürfen nämlich Gläubiger oder andere Marktteilnehmer davon ausgehen, der Staat werde „seine" Unternehmen nicht einfach „im Stich lassen", sondern Unterstützung leisten bis hin zu einer Aufstockung seiner Beteiligung – etwa dann, wenn ansonsten Arbeitnehmer den Verlust des Arbeitsplatzes gewärtigen müssen.

Systematisch sind also mehrere Fragestellungen zu unterscheiden, bei deren Beantwortung aber auch der Zusammenhang einzelner Schritte zu berücksichtigen ist: Die Wirtschaftsverfassung des GG (und Deutschlands Rolle als Mitgliedstaat der EU) steckt zunächst einen (weiten) Rahmen ab, dessen Vorgaben zudem durch Staatsziele und objektive Wertentscheidungen der Grundrechte wesentlich geprägt werden (Abschn. 2.1.1.2). Im Hinblick auf allgemeinpolitisch erwünschte Einflussnahme auf Wettbewerbsprozesse und -ergebnisse sind dabei Sozialstaats- und Umweltschutzprinzip (Abschn. 2.1.2.4) überaus wichtig, auch (und vor allem auf kommunaler Ebene) als wesentliche Inhalte staatlicher **Daseinsvorsorge**. Hieraus folgt, dass staatliche Beeinflussung des Wirtschaftsgeschehens zur Förderung der eigenen Volkswirtschaft und der gesellschaftlichen Entwicklung dem Grunde nach verfassungsrechtlich zulässig, wenn nicht gar geboten ist. *Wie* dies im Einzelnen erfolgen darf, hängt aber auch davon ab, dass die Funktionsfähigkeit von Wettbewerb auf Märkten faires („lauteres") und nichtdiskriminierendes Verhalten aller Akteure voraussetzt und bedingt. Gerade weil es faktisch viele Unterschiede zwischen Marktteilnehmern gibt, muss Gleiches gleich und Ungleiches ungleich behandelt werden (Art. 3 Abs. 1 GG). Entscheidend ist weniger, wer Träger oder Anteilseigner eines Unternehmens ist als vielmehr, dass jeder Marktteilnehmer seine etwaige Marktmacht nicht missbraucht bzw. gerade öffentliche Unternehmen keine Privilegien (begünstigende Sonderrechte) erhalten oder in Anspruch nehmen, sondern für gleiche Tätigkeit gleiche Regeln gelten. **Öffentliche Unternehmen** befinden sich allerdings sogar, weil sie öffentlichen Interessen dienen sollen, in einer (durch diese Zielsetzung gerechtfertigten) schlechteren rechtlichen Situation als ihre privaten Konkurrenten (etwa die kommunalen Sparkassen gegenüber privaten Banken im Hinblick auf Grenzen von Kreditvergaben). Weil bei ihnen die Erzielung von Gewinnen nur Nebenzweck im Verhältnis zum „öffentlichen Auftrag" (so bei Sparkassen: z. B. § 6 SparkG BW) ist, wird hierdurch auch die generell (verfassungsrechtlich legitime) ordnungspolitische Konzeption deutlich, die von einer grundsätzlichen Dichotomie von Markt/Gesellschaft und Staat ausgeht. Staatliches unternehmerisches Handeln wird so auf eine Ergänzungs- und Ausgleichsfunktion dort beschränkt, wo Märkte das politisch und rechtlich postulierte Gemeinwohlziel (vorübergehend oder auch dauerhaft) nicht erreichen.

Weder das GG noch das EU-Primärrecht behandeln fairen, funktionierenden Wettbewerb als eigenes Staatsziel, wohl aber als zentrales Instrument zur Schaffung und Sicherung menschlichen Wohlergehens im jeweiligen Territorium. Marktmechanismen setzen nicht zwingend eine Konkurrenz von mindestens zwei ausschließlich privaten Akteuren voraus; jedoch gilt nur für diese Gruppe von Unternehmen **Wettbewerbsfreiheit** als grundrechtlich durch Art. 12 Abs. 1, jedenfalls aber durch Art. 2 Abs. 1 GG verbürgtes Abwehrrecht (Abschn. 2.2.2.2) auch gegen staatliche Eingriffe oder Behinderungen, wenn sich diese bei oder aus marktlichen Aktivitäten der öffentlichen Hand ergeben. Zusammen mit Art. 3 Abs. 1 GG (und dem Rechtsstaatsprinzip) wird so einerseits Privatunternehmen Rechtsschutz vor allem durch Gerichte gegen unfaires oder übermäßig übergriffiges Verhalten auch öffentlicher Unternehmen eingeräumt, zum anderen ist aber schon der Gesetzgeber selbst bei der Ausgestaltung des Rechts öffentlicher Unternehmen grundrechtlich gebunden und muss andererseits deren Bindung an öffentliche Interessen (und deren staatliche Träger) durch Organisations- und Verfahrensregeln ausreichend sichern.

Die auch in Art. 114 Abs. 2 GG aufgeführten Haushalts-**Grundsätze der Wirtschaftlichkeit und Sparsamkeit** bilden den Rahmen für jede, nicht nur für eine wirtschaftliche Staatstätigkeit im engeren Sinne eines Tätigwerdens neben Privaten und ähnlich wie diese auf Märkten. Die beiden Grundsätze sind gewissermaßen die (finanzverfassungsrechtliche) Kehrseite (bei Ausgaben) der Finanzierung öffentlicher und speziell staatlicher Aufgaben. Hierfür notwendige Einnahmen erzielt die öffentliche Hand im Hinblick auf Grenzen einer Kreditaufnahme per Vertrag (vor allem durch die „Schuldenbremse" in Art. 115 GG) in erster Linie durch von Privatpersonen und -unternehmen kraft gesetzlicher Ermächtigung erhobene Abgaben, die ihrerseits an grundrechtliche Schranken stoßen, nämlich sowohl das Verhältnismäßigkeitsprinzip (wegen des Eingriffs vor allem in Art. 2 Abs. 1 GG, ggf. auch – bei „erdrosselnder Wirkung" [s. BVerfGE 115, 97 [115] – in Art. 14 Abs. 1 GG]) als auch die aus Art. 3 Abs. 1 GG resultierende Belastungsgleichheit wahren müssen. Ob die relevanten Vorschriften des GG (und ergänzend der Landesverfassungen) auf dem Konzept eines „Steuerstaates" beruhen oder nicht umgekehrt (wie in kommunalrechtlichen Vorschriften explizit normiert, etwa § 73 Abs. 2 SächsGemO) solche Abgaben nachrangig gegenüber anderen (wie Gebühren und Beiträgen) sind, die einen durch staatliches Handeln nur bestimmten Personen(gruppen) zuwachsenden Vermögensvorteil wieder abschöpfen und damit in der Höhe durch die dabei der öffentlichen Hand entstandenen Aufwendungen (Kosten) begrenzt sind, wird unterschiedlich beurteilt. Jedoch besteht Einigkeit darüber, dass die spezielle Finanzierung des Staates im Gegensatz zu einer Privaten vorbehaltenen, „privatwirtschaftlichen" Gewinnorientierung steht, wie sie für „gewerbliche" Aktivitäten kennzeichnend ist (Abschn. 4.1.2.2). Das gilt auch für öffentliche Unternehmen, bedeutet aber gerade dort kein Verbot der Erzielung von Überschüssen, wenn und soweit diese durch effektives und effizientes Wirtschaften generiert werden. Fallen solche Erträge aber auf Dauer an, stellt sich (auch haushaltsrechtlich, vgl. § 7 BHO) die Frage, ob gewinnbringende Tätigkeiten nicht Privatunternehmen überlassen werden müssten.

Staatliches Handeln auf Märkten erfolgt heute selbst bei einer Mittelaufnahme juristischer Personen des öffentlichen Rechts an Kapitalmärkten nur selten durch Stellen der **unmittelbaren Staatsverwaltung** (Ministerien oder andere Behörden), vielmehr wird die Erledigung der jeweiligen Aufgabe in unterschiedlich weitem Maße und auf verschiedene Einrichtungen **ausgelagert**. Vor allem auf kommunaler Ebene ist das nicht immer mit einer rechtlichen Verselbstständigung des Aufgaben-Übernehmers verknüpft, sondern wird internen Einheiten lediglich **organisatorische** oder auch **finanzielle Autonomie** eingeräumt (wie bei Regie- und Eigenbetrieben, „Sondervermögen"). Soll hingegen eine neue, eigene Körperschaft, Anstalt oder auch Stiftung des öffentlichen Rechts errichtet und diese mit öffentlichen Aufgaben betraut werden, bedarf es dafür einer bundes- oder landesgesetzlichen Rechtsgrundlage („organisationsrechtlicher" Vorbehalt des Gesetzes; vgl. BVerfGE 63, 1 [30 ff.]). Auf kommunaler Ebene gewährleistet die Garantie der kommunalen Selbstverwaltung (Art. 28 Abs. 2 GG) zwar auch wirtschaftliche Tätigkeiten, hierfür bleibt aber der gesetzliche Rahmen maßgeblich (vor allem der Gemeinde- und Landkreisordnungen), der diverse Rechtsformen vorsieht und den Kommunen die Wahl zwischen diesen eröffnet, teils sogar neue Gestaltungen geschaffen hat (insbesondere „Kommunalunternehmen", z. B. Art. 89 BayGO). Neben Ausprägungen **mittelbarer Staatsverwaltung**, die auch Verbandskörperschaften oder (rechtsfähige) Anstalten umfassen, in denen mehrere Träger und Ebenen staatlicher Gewalt institutionell zusammenwirken („kommunale Zusammenarbeit", vor allem in Gestalt von Zweckverbänden), sind weitere Formen wirtschaftlicher Betätigung in der staatlichen Sphäre die Konstellationen einer Beleihung Privater; hier werden Hoheitsbefugnisse auf fachlich geeignete Unternehmen (oder gar

Individuen) übertragen, diese sind aber nicht förmlich in die Staatsverwaltung integriert, sondern bleiben privatwirtschaftlich ausgerichtet und organisiert. Eine funktionelle Privatisierung (Abschn. 4.2.3) erfolgt also gerade nicht.

Mit der öffentlich-rechtlichen Rechtsform verbunden ist ein Gebietsbezug der jeweiligen Tätigkeit, weil sich die Kompetenzen des relevanten Trägers immer auf ein bestimmtes Territorium (Gemeinde-, Landes-, Bundesgebiet) beziehen und begrenzen, sodass darüber hinaus Aktivitäten eine Zustimmung der anderen betroffenen Gebietskörperschaft(en) erfordern. Speziell bei öffentlichen Banken hindert aber das „**Regionalprinzip**" nicht (vertragliche) Geschäfte mit gebietsfremden Personen, wenn diese vom jeweiligen Partner ausgehen. Soweit eine Betätigung öffentlicher Unternehmen außerhalb des eigenen Staatsgebiets erfolgt (vor allem im Finanzsektor), wird diese zumeist als „kommerzielles" Handeln gewertet; es kommt also nicht auf Art und Ausmaß der staatlichen Beteiligung oder die Erfüllung einer (aus Sicht des Heimatlandes) öffentlichen Aufgabe an, und vor Gerichten des Gast- oder eines Drittlandes genießen öffentliche Unternehmen daher in der Regel keine staatliche Immunität (vgl. § 20 GVG; BVerfGE 64, 1).

Wohl überwiegend erfolgt eine staatliche Marktteilnahme in **Organisationsformen** des Privatrechts; auch solche Gesellschaften bleiben aber öffentliche Unternehmen, solange sie von einem oder mehreren Trägern von Staatsgewalt beherrscht werden. Art und Umfang dieser Steuerung ergeben sich aus dem Haushaltsrecht (z. B. § 65 BHO) bzw. „kommunalem Wirtschaftsrecht" (wie § 96 SächsGemO) und bestimmen sich ferner nach den spezifischen Charakteristika der jeweiligen Rechtsform. Schon die Gründung bzw. die spätere Beteiligung an einem privatrechtsförmigen Unternehmen erfordert das Vorliegen eines wichtigen öffentlichen Interesses (der staatlichen Anteilsinhaber), das sich nicht anders mindestens ebenso gut und wirtschaftlich erfüllen lässt. Weiter muss die (notwendige) Kapitaleinzahlung auf einen bestimmten (Haftungs-)Betrag begrenzt sein; damit kommen insoweit nur Kapitalgesellschaften, insbesondere die Rechtsformen der GmbH und der AG sowie eingetragene Genossenschaften, in Betracht. Schließlich wird durchweg ein angemessener, nicht zwingend aber mehrheitlicher Einfluss des staatlichen Trägers in einem Überwachungsorgan (etwa dem Aufsichtsrat nach §§ 95 ff. AktG, auch für kommunale GmbHs zwingend, z. B. gem. § 98 Abs. 2, 3 SächsGemO) verlangt. Halten staatliche Einheiten nur Minderheitsbeteiligungen am Kapital und haben demzufolge (weil davon abweichende Sonderstimmrechte, sog. *golden shares*, die mit EU-Grundfreiheiten kaum vereinbar sind, s. EuGH, Rs. C-112/05, ECLI:EU:C:2007:623, Abschn. 4.5) auch keine Mehrheiten in der Haupt-/Gesellschafterversammlung, wird von einem „öffentlichen" Unternehmen (in Abgrenzung von sonstigen Staatsbeteiligungen) nur gesprochen, wenn die öffentliche Hand wenigstens eine „Sperrminorität" von 25 % der Anteile hält (bezogen auf qualifizierte Mehrheitserfordernisse etwa nach § 111 Abs. 4, § 179 Abs. 2 AktG).

Wettbewerb auf einzelnen (sachlich und räumlich abgegrenzten) Märkten zwischen zwei oder mehreren wirtschaftlich handelnden Hoheitsträgern findet allenfalls im (Schienen-)Verkehrs- und (Sozial-)Versicherungsbereich statt; in aller Regel konkurrieren öffentliche mit (vielen) privaten Unternehmen. Gesellschaftspolitisch brisant im Hinblick auf eine erschwingliche Befriedigung eines breiten Bedarfs ist etwa das Angebot von Wohnraum durch kommunale (s. etwa § 94a Abs. 2 SächsGemO), genossenschaftliche und sonstige private Unternehmen.

Zusammenfassend lässt sich festhalten: Der Staat tritt (1) allein oder neben anderen (Privaten) auf Märkten (2) in einer Rolle entweder als Anbieter oder als Nachfrager, (3) entweder direkt als Teilnehmer oder als das Verhalten der Akteure beeinflussende Stelle auf. Als **Anbieter** erbringt er etwa auch vielfältige kulturelle Leistungen, gerade weil sich diese oft nicht für einen privaten Veranstalter profitabel durchführen lassen. Insoweit entfaltet er zudem vielfach „informationelle" Tätigkeiten, indem er über Vorgänge oder Produkte informiert, als Vorbild für gesellschaftlich erwünschtes „gutes" Verhalten agiert (etwa bei Klimaschutz oder Abfallvermeidung) oder auch vor gefährlichen/riskanten Gegenständen warnt; hierbei wird jeweils bewusst auf aktuelle wie potenzielle (andere, private) Anbieter eingewirkt. Als **Nachfrager** tritt der Staat (auch über öffentliche Unternehmen) dadurch unmittelbar mit „der Wirtschaft" in Kontakt, dass er für eigene Zwecke benötigte Waren oder Dienstleistungen von interessierten (privaten) Unternehmen im Wege einer Ausschreibung erwirbt (und auf diese Weise primär die je preisgünstige Offerte annehmen kann). Bei dieser Beschaffung dürfen aber zugleich weitere „Sekundär"-Zwecke verfolgt werden, indem etwa von vornherein nur umweltfreundliche oder ressourcensparende Angebote nachgefragt werden; damit werden freilich auch solche Unternehmen vor anderen, die ähnliche Güter oder Leistungen auf den Markt bringen, begünstigt. Die Vergabe „öffentlicher Aufträge" beinhaltet insoweit, wie heute auch die Einbeziehung der Materie in das GWB (§§ 97 ff.) zeigt, zugleich eine Komponente von **Wirtschaftsförderung** und tritt dabei neben direkte Subventionen (finanzielle Zuwendungen aus öffentlichen Haushalten) und Steuer- wie andere Abgaben-Vergünstigungen (Abschn. 4.3.1). In all' diesen Fällen nimmt der Staat indirekt Einfluss auf die Entwicklung der Nachfrage und damit auch der nachfragenden Unternehmen, indem er einzelne Sektoren, Regionen etc. besser behandelt und damit notwendig alle nicht Begünstigten entsprechend benachteiligt. Verfassungsrechtlich zulässig ist dies nur bei Vorliegen eines hinreichenden sachlichen Differenzierungsgrundes sowie der passenden Unterscheidungskriterien (Art. 3 Abs. 1 GG, s. Abschn. 4.4.2.1).

4.4.2 Privatisierungsrecht

4.4.2.1 Grundlagen und Grenzen

Staatliche Stellen dürfen privatrechtlich handeln, also nicht nur zwecks Beschaffung oder Vertrieb von Gütern und Dienstleistungen (Austausch-) Verträge schließen, sondern auch Einrichtungen in Privatrechtsform (Gesellschaften, Vereine) im Rahmen von Bürgerlichem, Handels- und Gesellschaftsrecht errichten bzw. sich an solchen juristischen Personen des Privatrechts beteiligen (Wahlfreiheit, Abschn. 3.3.1.2). Allerdings muss hier stets ein legitimer „öffentlicher Zweck"

vorliegen, nicht nur zu Beginn, sondern für die gesamte Dauer der entsprechenden Tätigkeit, und die jeweilige Stelle muss allgemein für die betreffende Angelegenheit zuständig sein. Wenn, soweit und solange Hoheitsträger sich der Formen des Privatrechts bedienen, stehen ihnen keine (öffentlich-rechtlichen) Sonderrechte zu, insbesondere nicht im Verhältnis zu anderen Wettbewerbern auf Anbieter- wie auf Nachfrager-Märkten, aber auch nicht im Rahmen gegen sie betriebener Maßnahmen der Einzel- oder Gesamtvollstreckung (Insolvenz).

> **Beispiel**
>
> *Besonderheiten bei der Vollstreckung gelten für Bund, Land oder Gemeinde als Gebietskörperschaft, § 882a ZPO; § 12 InsO; aber nicht für AG oder GmbH in öffentlicher Trägerschaft (wie z. B. Stadtwerke).* ◄

Letztlich bleibt der Staat auch hier (verfassungsrechtlich) gebunden, er handelt zwar *wie ein*, aber *nicht als* Privater, so dass etwa Art. 3 Abs. 1 GG maßgeblich ist. Die früher vorgenommene Abgrenzung zu rein „fiskalischer" Tätigkeit (s. § 89 Abs. 1 BGB) trägt der umfassenden Geltung des Art. 1 Abs. 3 GG nicht hinreichend Rechnung (Abschn. 3.3.1.2).

Wenn, soweit und solange eine staatliche Verantwortung in Bezug auf öffentliche Aufgaben (fort)besteht, darf die Erfüllung solcher Pflichten auch durch **öffentliche Unternehmen** in Privatrechtsform erfolgen, die dann hierzu (wie Private) auch lediglich zivilrechtliche Verträge einsetzen können. Dies gilt immer, wenn nicht im Einzelfall ein (gesetzliches) Verbot bestimmter wirtschaftlicher Betätigungen für staatliche Stellen besteht.

> **Beispiel**
>
> *Kommunen ist in allen Bundesländern (z. B. nach § 97 Abs. 6 SächsGemO) untersagt, „Bankunternehmen" zu betreiben; dies hindert aber weder eine Beteiligung an Kredit-Genossenschaften (juristischen Personen des Privatrechts) noch die Trägerschaft, allein*

oder mit anderen, bei Sparkassen-„Anstalten" (juristischen Personen des öffentlichen Rechts). ◄

Die entscheidende Weichenstellung für jede Form einer Privatisierung ist damit die Festlegung und Abgrenzung von **„öffentlichen Aufgaben"** (Abschn. 1.1.2), erst in zweiter Linie die Art und Weise der Durchführung. Wichtig ist dabei auch, dass der Erwerb hierfür benötigter Gegenstände oder Leistungen nur dann kraft öffentlichen Rechts (durch Enteignung oder Dienstverpflichtung) erfolgen darf, wenn für solche Eingriffe in Grundrechte eine Ermächtigungsgrundlage vorhanden ist – und wenn ein vertraglicher Erwerb (auf Basis des Zivilrechts) scheitert. Fällt später der Bedarf weg, so ist die Veräußerung ebenfalls ein privatrechtlicher Vorgang, während eine hoheitliche Inpflichtnahme nur durch gegenteiligen Verwaltungsakt wieder beendet werden kann. Bei zivilrechtlichen Vorgängen bleibt der Staat speziell gebunden, etwa an Gleichbehandlung im Verhältnis zwischen mehreren Interessenten, aber auch haushaltsrechtlich an den Wirtschaftlichkeitsgrundsatz. Der Wegfall eines öffentlichen Zwecks bzw. einer öffentlichen Aufgabe rechtfertigt eine „Eigentums"-Privatisierung dafür bisher verwendeter Vermögensgegenstände (§ 63 Abs. 2 BHO), jedoch regelmäßig nur gegen angemessenes Entgelt; die öffentliche Hand hat „nichts zu verschenken" (vgl. § 63 Abs. 3–5 BHO; § 90 Abs. 1, 2 SächsGemO).

Davon systematisch zu unterscheiden ist eine mehr oder weniger weitreichende **„Auslagerung"** nur der Erfüllung öffentlicher Aufgaben in **„öffentliche Unternehmen"** vor allem, aber nicht nur auf kommunaler Ebene, was oft benutzte Bezeichnungen eher verschleiern. Solche Unternehmen sind durchweg selbst rechtlich oder wirtschaftlich (als Nutzungsberechtigte) Eigentümer der für ihre Tätigkeit eingesetzten Produktionsmittel und auch Arbeitgeber (im weiteren Bereich des „öffentlichen Dienstes"). Jedoch unterliegen sie aufgrund von Verfassungs- und Haushaltsrecht weiterhin spezieller Kontrolle durch den/die jeweiligen Hoheitsträger, solange sie diesen „gehören". Daran ändern nichts eine nur **„formale** Privatisierung" (der Rechts- und Handlungsform des [nach wie vor] öffentlichen Unternehmens) noch eine **funktionale** Perspektive (Trennung zwischen Verantwortung/Regulierung und Durchführung von Aufgaben). Weder das eine noch das andere bewirkt eine endgültige, **„materielle** Privatisierung" (der Trägerschaft), bei der die (letztlich alle) Anteile an private Gesellschafter übertragen werden (Abschn. 4.4.2.2).

Beispiel

Der im Hinblick auf die notwendige Handelbarkeit von Anteilen (Wertpapieren) nur bei Aktiengesellschaften mögliche „Gang an die Börse" etwa bei der Deutschen Bahn oder der Deutschen Post AG führte nur dann zu einer materiellen Privatisierung des jeweiligen Unternehmens, wenn der Bund als bisheriger Aktionär alle noch gehaltenen Anteile an Externe/private Anleger veräußern würde. Soweit aber an „gemischten Unternehmen" bestehende Anteile schon von Privaten gehandelt werden, dürfen diese damit in gleicher Weise handeln wie Aktionäre rein privater Gesellschaften. ◄

Viele Internationale (genauer: intergouvernementale) Organisationen können ebenfalls als (internationale) öffentliche Unternehmen klassifiziert werden, im Hinblick auf die ihnen von den (staatlichen) Gesellschaftern übertragenen Aufgaben und die Art der Erfüllung. Beide Vorgaben ergeben sich jeweils aus dem völkerrechtlichen Gründungsvertrag.

Andererseits stecken internationale und europäische Rechtsvorschriften auch den Rahmen für in ihrem jeweiligen sachlichen und räumlichen Bereich tätige, in einer nationalen Rechtsordnung gründende öffentliche Unternehmen ab. Im Hinblick auf ihre Aktivitäten und ihr Verhalten auf Märkten normieren sowohl das **WTO**-Recht (Art. XVII GATT, Art. VIII i. V. m. Art. XXVIII lit. h] GATS) als auch das **Unionsrecht** (Art. 106 Abs. 1 AEUV) als Grundsatz die **Gleichbehandlung** von Privat- und „Staatsunternehmen". Das

EU-Primärrecht stellt darüber hinaus in Art. 345 AEUV fest, die „Eigentumsordnung in den verschiedenen Mitgliedstaaten" bleibe „unberührt". Diese wichtige Aussage zur Wirtschaftsverfassung wird aber dadurch relativiert, dass sie nach Ansicht des EuGH weder eine allgemeine Bereichsausnahme (EuGH, Rs. C-367/98; ECLI:EU:C:2002:326 – Kommission/Portugal; Rs. C-385/18, ECLI:EU:C:2019:1121 – Arriva Italia, Rn. 67) noch eine eigene Rechtfertigung für die Beschränkung der Grundfreiheiten enthält (EuGH, Rs. C-105/12, ECLI:EU:C:2013:677; Rs. C-563/17, ECLI:EU:C:2019:144, Rn. 45 f.).

Beispiel

„Goldene Aktien", die typischerweise Privilegien des staatlichen Aktionärs beinhalten, sind regelmäßig als unzulässige Beschränkung der Kapitalverkehrsfreiheit (Art. 63 Abs. 1 AEUV) zu qualifizieren. Die eigentumsrechtliche Entbündelung im Energiesektor ist nur zulässig, weil und soweit sie in verhältnismäßiger Weise zwingenden Erfordernissen des öffentlichen Interesses entspricht, obwohl sie grundsätzlich in den Anwendungsbereich des Art. 345 AEUV fällt. ◄

4.4.2.2 Begriff und Grundformen

Der (im Grundgesetz nicht erwähnte) Begriff der Privatisierung bildet das Gegenstück zur Vergesellschaftung (Sozialisierung) nach Art. 15 GG, allerdings nur bei einer groben Unterscheidung nach der Richtung des Vorgangs und dessen Ergebnis. Dabei wird auf den **Gegenstand** der Maßnahmen und den neuen Träger (Inhaber) von verschiedensten Vermögenswerten abgestellt; jedoch steht die Frage nach (privatem oder öffentlichem) Eigentum i. S. v. § 903 BGB nicht im Vordergrund, sondern der Wechsel von Verantwortung und Verfügungsbefugnis allgemein. Ein gemeinsames Merkmal jeder Form von Privatisierung ist ihr Bezug auf eine (bisher) „öffentliche" oder sogar staatliche Aufgabe, es geht hierbei also um die vollständige oder teilweise Verlagerung einer solchen Aufgabe oder auch nur ihrer Erfüllung in den privaten Sektor bzw. auf ein privates Unternehmen (Rechtssubjekt). Nur im Extremfall der „materiellen" Privatisierung ist zuvor auf der jeweils zuständigen staatlichen Ebene die Entscheidung getroffen worden, eine Aufgabe sei nunmehr nicht mehr als „öffentliche" anzusehen oder ein Vermögenswert diene keinem öffentlichen Zweck (mehr). Zwischen verschiedenen Arten und Stufen einer Privatisierung und wirtschaftlicher Betätigung des Staats durch (eigene) öffentliche Unternehmen besteht also eine enge Wechselbeziehung.

Insofern ist es notwendig, nicht nur zu klären, welche **Aufgaben** heute als rein staatlich, als öffentlich oder als rein privat erachtet werden (soweit Unions- und Verfassungsrecht dazu schweigen, obliegt diese Klassifizierung dem demokratisch legitimierten Gesetzgeber), sondern auch zwischen Verantwortung für eine bestimmte Aufgabe und deren Wahrnehmung zu unterscheiden und dabei zudem die tatsächliche Erfüllung (Durchführung) von der eigentlichen Verpflichtung zu trennen, wonach sichergestellt sein muss, dass eine Aufgabe ordnungsgemäß erledigt wird; erinnert sei in dem Zusammenhang daran, dass ein Schluss von der Aufgabe auf die Befugnis unzulässig ist (Abschn. 3.2.1).

Daraus ergibt sich folgendes Schema der schrittweisen „**Entstaatlichung**", abstellend auf den Grad und das Ausmaß des Verantwortungstransfers auf Privatpersonen/private Unternehmen:

(1) Noch innerhalb der **Organisationstypen** des öffentlichen Rechts kann je einzeln oder miteinander verknüpft eine unterschiedlich intensive Verselbstständigung von Einheiten erfolgen, jenseits der Aufteilung sachlicher Zuständigkeiten (Ressorts, Dezernate etc.) innerhalb von Behörden der unmittelbaren Staatsverwaltung. Dies erstreckt sich etwa auf der kommunalen Ebene vom Regie- über den Eigenbetrieb bis zu (rechtsfähigen) Anstalten. Auf Bundesebene lassen sich dafür die früheren (organisatorisch und wirtschaftlich autonomen) „Sondervermögen" Deutsche Bundespost und Deutsche Bundesbahn (Art. 87 Abs. 1 GG a.F.) nennen, aber auch die Treuhandanstalt nach dem Treuhandge-

setz vom Juni 1990, deren zentrale Aufgabe die „Privatisierung und Verwertung volkseigenen Vermögens nach den Prinzipien der sozialen Marktwirtschaft" war (§ 2 Abs. 1 TreuhG). Für die jeweilige Handlungsform gegenüber Nutzern oder Kunden gilt hier Wahlfreiheit im bereits zuvor (Abschn. 3.3.1.2) aufgezeigten Rahmen.

Beispiel

Insofern hat etwa durch die erste „Postreform" 1989 der Bundesgesetzgeber eine Privatisierung der Rechtsbeziehungen normiert (Poststrukturgesetz), aus Postbenutzern (und Post- oder Telefongebühren) wurden dadurch Kunden, deren Verhältnis zu einem der vorerst weiter als staatliches Sondervermögen organisierten Unternehmen (POSTDIENST oder TELEKOM) nunmehr vertraglich durch AGB gestaltet war und in dem für die Inanspruchnahme von Leistungen privatrechtliche Entgelte geschuldet wurden. ◂

(2) Auch nicht mehr Teil der mittelbaren Staatsverwaltung sind Unternehmen bzw. Organisationen, die in privatrechtlicher Rechtsform errichtet oder in eine solche Form umgewandelt werden, deren Träger aber allein oder zumindest maßgeblich eine staatliche Stelle bleibt. Erschöpft sich der Vorgang in einer solchen „unechten", rein formellen oder **Organisationsprivatisierung**, so wird die bisherige (oder auch modifizierte) öffentliche Aufgabe weiterhin von der öffentlichen Hand wahrgenommen und auch durch eigene öffentliche Unternehmen erfüllt. Oft wird damit die Erwartung verbunden, die neue Rechtsform gestatte und bewirke ein effizientes Verhalten (und dies sowohl für Nachfrager/Kunden als auch in Bezug auf den Träger selbst); auch mag das für Beschäftigte anwendbare allgemeine Arbeitsrecht flexibler sein als Beamten- oder anderes Recht des öffentlichen Dienstes. Allerdings behalten bisherige Mitarbeiter ihre dienstrechtliche Stellung, wenn und soweit sich dies aus Art. 33 Abs. 4, 5 GG (Beamtenstatus) ergibt. Durch das (haushalts)rechtlich vorgeschriebene Mindesterfordernis angemessener Einflussnahme ist hinreichend gesichert, dass das jeweilige Unternehmen weiterhin öffentlichen Zwecken dient.

Beispiel

Die Umwandlung von Deutscher Bundesbahn und Deutscher Reichsbahn in die Deutsche Bahn AG durch die „Bahnreform" 1993 hat aus einem Sondervermögen eine Kapitalgesellschaft gemacht, deren Alleineigner nach wie vor der Bund ist (s. Art. 87e Abs. 3 GG). Bahnbeamte bleiben allerdings nicht zwingend beim Bund (als Dienstherrn) beschäftigt, sondern können zur Dienstleistung einer privatrechtlich organisierten Eisenbahn des Bundes (der AG) zugewiesen werden (Art. 143a Abs. 1 S. 2 GG). Stellt die DB AG neue Mitarbeiter ein, so erfolgt dies durch Abschluss eines normalen privatrechtlichen Arbeitsvertrags. ◂

(3) Formale kann mit **funktionaler Privatisierung** in verschiedener Weise verknüpft sein; stets wirken dann Private (neben öffentlichen Unternehmen oder auch als deren Mitgesellschafter oder Vertragspartner) an der Erfüllung öffentlicher Aufgaben mit, während sich die öffentliche Hand auf eine **Gewährleistungsverantwortung** (für die Infrastruktur) zurückzieht und beschränkt (Abschn. 4.2.2). Das Spektrum der Ausgestaltungen reicht hier von Verwaltungshilfe (etwa Schülerlotse) über (durch Gesetz beruhender) Beleihung bis zu rein vertraglichen oder institutionalisierten Formen „öffentlich-privater Partnerschaft" (*public private partnership*). Vor allem aus sozialstaatlichen Überlegungen will die öffentliche Hand hier gewisse Steuerungs- und Kontrollmöglichkeiten nicht aufgeben, andererseits aber auch etwaige Vorteile bei der Aufnahme von Finanzmitteln an Märkten nutzen.

> **Beispiel**
>
> *In der zweiten „Postreform" 1994 wurden einerseits die seinerzeitigen drei Teil-Sondervermögen in drei Aktiengesellschaften umgewandelt, deren Anteile dann unterschiedlich rasch und breit von jedermann erworben werden konnten (s. Art. 143b GG, PTNeuOG). Durch Art. 87f Abs. 1, 2 GG wurden gleichzeitig die Sektoren Post und Telekommunikation auch für privatwirtschaftliche Tätigkeiten seitens anderer, neuer Unternehmen geöffnet. Da aber die Deutsche Post AG und die Deutsche Telekom AG ebenfalls weiter auf diesen Märkten agieren durften und im Zeitpunkt der Öffnung angesichts der bis dahin bestehenden Monopolrechte (Briefbeförderung nach PostG 1969; Telefon, Funkanlagen nach FernmeldeanlagenG) jeweils eine marktmächtige Stellung inne hatten, wurde gleichzeitig mit dem Wegfall der Ausschließlichkeitsrechte eine spezifische (Re-)Regulierung als Pendant zur funktionellen Privatisierung eingerichtet.* ◄

(4) Ende oder oberste Sprosse der Stufenleiter bildet schließlich eine materielle bzw. **Aufgabenprivatisierung**. Der Gesetzgeber trifft hier die Entscheidung, dass eine bestimmte Angelegenheit jedenfalls in normalen Zeiten auch keiner staatlichen Gewährleistung mehr bedürfe, sondern allein von Privaten und durch das Wirken von Marktmechanismen zufriedenstellend erbracht werden könne. Auch eine solche Maßnahme ist aber durchaus reversibel, wenn sich später herausstellt, dass nicht nur vereinzelt Marktversagen auftritt oder aber auch sich die „politische Großwetterlage" im Hinblick auf die Anforderungen an eine „gute" Regierung ändert. Eine (gewissermaßen natürliche) Grenze findet die materielle Privatisierung dort, wenn es um „Staatsaufgaben" im engeren Sinne geht, deren Wahrnehmung nur einem organisierten Kollektiv obliegen kann (und sollte), weil hierbei notwendig hoheitliche Instrumente (Befehl und zwangsweise Durchsetzung) eingesetzt werden müssen. Eine derartige Auffangverantwortung des Staates bezieht sich insbesondere auf Not- und Krisensituationen (Abschn. 4.2.2) und ist entsprechend sachlich, räumlich und zeitlich begrenzt, andererseits auch nicht nur auf das eigene Gebiet bezogen, sondern schließt internationale Zusammenarbeit ein (z. B. Corona-Pandemie). Wichtig ist dabei nicht allein das Funktionieren während der atypischen Situationen, sondern mindestens genauso die frühzeitige Vorsorge im Hinblick auf der Bevölkerung (Gemeinschaft) und dem Gemeinwohl drohende Risiken durch Strategiekonzepte und Einsatzplanungen, wobei auch leistungsfähige private Unternehmen einbezogen werden müssen. Selbst hier meint also Staatsaufgabe nicht, dass allein staatliche Stellen und deren Bedienstete handeln (dürfen oder müssen).

4.5 Fälle und Lösungshinweise

> **Fälle**
>
> **Fall 1 – Allgemeines Gewerberecht** (nach BayObLG, GewArch 1994, 478; VG Schleswig, GewArch 2001, 373; VG Schleswig, GewArch 2002, 292)
>
> Auf seinem Bio-Landgut betreibt Landwirt (L) einen Hofladen, der pro Woche für 20 Stunden geöffnet ist und in dem landwirtschaftliche Erzeugnisse verkauft werden, insbesondere saisonales Obst und Gemüse aus eigenem Anbau sowie Milch, Butter und Käse aus eigener Herstellung. In geringem Umfang bietet L auch zugekaufte Produkte an, die aber weniger als 5 % des Gesamtumsatzes ausmachen. Zudem betreibt er in einem Nebengebäude seines Vierseithofes eine kleine Pension mit fünf individuell eingerichteten Ferienappartements, die er über ein Onlineportal zur Vermietung von Ferienwohnungen anbietet. Da L handwerklich begabt ist, erledigt er kleinere Reparaturen, die in den Appartements regelmäßig anfallen, gleich selbst und übernimmt als Service für die Gäste auch die Endreinigung. Inwiefern ist das unternehmerische Handeln von L als Gewerbe einzustufen?

Fall 2 – Marktgewerbe (angelehnt an BVerwG, NVwZ 1984, 585; VGH München, NVwZ 1999, 1122; VGH München, NVwZ-RR 2003, 837)

Schausteller A und B sind Inhaber von Fahrgeschäften. Beide möchten am „Großen Vergnügen", einem Jahrmarkt auf dem Hauptmarkt der Stadt L teilnehmen, das von L veranstaltet und als Spezialmarkt festgesetzt wird. Der Jahrmarkt findet in diesem Jahr zum 200. Mal statt und zieht Einwohner wie Touristen gleichermaßen an. Während B schon seit 20 Jahren am Jahrmarkt teilnimmt, bewirbt sich A dieses Jahr erstmalig und hofft, mit formell ordnungsgemäßer Bewerbung beim Marktamt der Stadt L von diesem als „junger Wilder" berücksichtigt zu werden. Die Stadt L hat die Anbieter in Gruppen aufgeteilt und dabei aus Platzmangel am Hauptmarkt nur einen Standplatz für Fahrgeschäfte vorgesehen. Vier Monate vor Durchführung des Jahrmarktes erhält A von der Stadt L die Mitteilung, dass er nicht berücksichtigt werden könne, da sich mehr Bewerber gemeldet hätten als Standplätze zur Verfügung stünden. Den Zuschlag habe die Stadt Mitbewerber B erteilt, da dieser seit Generationen bei den Besuchern des Jahrmarktes überaus beliebt, daher als „Besuchermagnet bekannt und bewährt" und damit unverzichtbar sei. Schausteller A ist wütend über die Ablehnung seines Antrags auf Zulassung. Als Einwohner habe er einen Anspruch auf Zulassung, da er nach den Vorschriften des Kommunalrechts bevorzugt zu berücksichtigen sei. Zu Recht? (s. zum prozessrechtlichen Teil Fall 2 in Kap. 5)

Fall 3 – Besonderes Gewerberecht/Handwerksrecht (nach EuGH, Rs. C-215/01, ECLI:EU:C:2003:662 – Schnitzer; Rs. C-58/98, ECLI:EU:C:2000:527 – Corsten)

Der polnische Tischler (P) wird mit dem Innenausbau eines Einfamilienhauses in Deutschland beauftragt. P verfügt über eine abgeschlossene und einschlägige Berufsausbildung und arbeitet seit 20 Jahren als „zugelassener Handwerker" in Polen. Bei einer Routinekontrolle auf der Baustelle in Deutschland durch die zuständige Behörde kann er jedoch keine Eintragung in die deutsche Handwerksrolle nachweisen, woraufhin die Behörde dem P die Fortsetzung seiner Tätigkeit in Deutschland, gestützt auf § 16 Abs. 3 S. 1 HwO, formell ordnungsgemäß untersagt. Ist die Untersagungsverfügung rechtmäßig?

Fall 4 – Regulierungsrecht/Privatisierung und Grundrechte (angelehnt an BVerfGE 12, 354 – VW-Privatisierung)

Die A-GmbH, ein Hersteller von Automobilen, deren alleiniger Gesellschafter zunächst die Bundesrepublik Deutschland (Bund) war, soll durch ein (Bundes-)Gesetz in eine AG umgewandelt und zu 60 % „teilprivatisiert" werden; die restlichen Anteile sollten je zur Hälfte beim Bund und dem Bundesland verbleiben, in dem das Unternehmen seinen Hauptsitz hatte. Aktien sollen zunächst zu einem ermäßigten Kaufpreis bis zu einem Höchstnennbetrag nur Personen aus zwei bestimmten Gruppen angeboten werden, zum einen einkommensschwächeren volljährigen Deutschen im Inland („Volksaktien"), zum anderen und bis zum doppelten Betrag Arbeitnehmern der A-AG. Die „Sozialrabatte" unterscheiden sich zudem nach Jahreseinkommen, Familienstand und Kinderzahl (§§ 5, 6). Erst nach Ablauf einer Frist können auch andere Personen Aktien ebenfalls in beschränktem Umfang erwerben; dabei sind Kaufanträge von Arbeitnehmern der A-AG vorrangig zu berücksichtigen (§ 7). Der wegen dieser Verkaufsbeschränkungen nicht zum Zuge gekommene N erhebt Verfassungsbeschwerde zum BVerfG direkt gegen die gesetzlichen Privatisierungsvorschriften. Hat diese Aussicht auf Erfolg? (s. zur Zulässigkeit der Verfassungsbeschwerde Fall 1 in Kap. 5)

Fall 5 – Privatisierungsrecht und EU-Grundfreiheiten (angelehnt an EuGH, Rs. C-112/05, C-563/17)

Das in Fall 4 genannte Privatisierungsgesetz enthält auch Vorschriften, die im Hinblick auf die beiden staatlichen Anteilseigner vom allgemeinen Recht (AktG) abweichende Regelungen normieren (§§ 1–4). Die EU-Kommission strengt daher ein Verfahren gegen Deutschland vor dem EuGH an, da diese Ungleichbehandlung einzelner Aktionäre gegen Grundfreiheiten des Unionsrechts verstoße. Zudem macht dieses EU-Organ geltend, die gesetzliche Festlegung, dass Sitz und wesentliche Betriebsstätten der AG in Deutschland belegen sein müssten, sei ebenfalls EU-rechtswidrig.

Fall 6 – Rückforderung unionsrechtswidriger nationaler Subventionen (nach EuGH, Rs. 94/87, ECLI:EU:C:1989:46 – Alcan I; EuGH, Rs. C-24/95, ECLI:EU:C:1997:163 – Alcan II; BVerwGE 106, 328 ff.)

Dem deutschen Aluminiumhersteller (A) wird im Jahr 2013 zur Abwendung betriebsbedingter Kündigungen vom Land Rheinland-Pfalz, wo auch der Hauptsitz von A liegt, eine Subvention in Höhe von 8 Mio. Euro gewährt. Die EU-Kommission erfährt von der Auszahlung der Subvention aus der Tagespresse; eine vorherige Anmeldung der Subvention bei der Kommission hat nicht stattgefunden. In dem daraufhin eingeleiteten Überprüfungsverfahren stellt die Kommission fest, dass die Beihilfe nach Art. 107 AEUV mit dem Binnenmarkt unvereinbar ist, und fordert die Bundesrepublik Deutschland auf, die Beihilfe zurückzufordern. Als Deutschland der Rückforderung nicht nachkommt, erhebt die EU-Kommission mit Erfolg Klage vor dem EuGH, woraufhin das Land Rheinland-Pfalz den begünstigenden Verwaltungsakt im Jahr 2016 aufhebt und von A die Subvention zurückfordert. Gegen diese Rückforderungsentscheidung wehrt sich A vor dem zuständigen Verwaltungsgericht, später vor dem BVerwG. A trägt jeweils vor, dass sie auf die Rechtmäßigkeit der Subventionsgewährung vertraut und die Subvention daher bereits verbraucht habe; im Übrigen sei eine Rückforderung nicht mehr möglich, da die Rücknahmefrist abgelaufen sei.

Fall 7 – Grundrechtsbindung bei eigenwirtschaftlicher Betätigung von öffentlichen Unternehmen (nach BVerfGE 128, 266)

Der deutsche Flughafen F wird von einer Gesellschaft (F-AG) betrieben, deren Anteile zu mehr als 50 % von zwei inländischen Gebietskörperschaften gehalten werden. Auf dem Flughafengelände haben sich unter aktiver Mitwirkung der F-AG vor allem vor der Sicherheitskontrolle zur „Luftseite" hin eine Vielzahl von Läden, Serviceeinrichtungen, Restaurants angesiedelt; zudem gibt es Gebetsräume. Sowohl für die „Luft"- als auch für die „Landseite", d. h. den ohne Bordkarte zugänglichen Bereich hat die F-AG eine Benutzungsordnung für Fluggäste und andere Kunden/Besucher getroffen. Diese sieht u. a. vor, dass Sammlungen, Werbungen sowie das Verteilen von Flugblättern und sonstigen Druckschriften der Einwilligung der F-AG bedürfen und Versammlungen in den Gebäuden des Flughafens unzulässig sind. Auch nach Inkrafttreten dieser Ordnung hat die F-AG selbst auf der „Landseite" wiederholt im öffentlich zugänglichen Bereich Aktionen und Werbeveranstaltungen zur Unterhaltung des Publikums, wie Public Viewing anlässlich von Sportgroßereignissen, durchgeführt. Gegen B, Mitglied einer „Initiative gegen illegale Abschiebungen", der zusammen mit einigen anderen Flugblätter verteilt hat, verhängt die F-AG unter Bezug auf die Benutzungsordnung ein „Flughafenverbot" und kündigt bei Zuwiderhandlung eine Anzeige wegen Hausfriedensbruchs an. B klagt vor dem Amtsgericht auf Feststellung, dass das gegen ihn ausgesprochene „Demonstrations- und Meinungskundgabeverbot" für das Flughafengelände rechtswidrig sei.

Lösungshinweise

Fall 1

Das unternehmerische Handeln des L stellt ein Gewerbe dar, wenn es die Gewerbevoraussetzungen erfüllt, d. h. gewerbsmäßig betrieben wird und gewerbsfähig ist. In Bezug auf die Gewerbevoraussetzungen ist zwischen dem Betrieb des Hofladens und der Vermietung der Ferienappartements zu unterscheiden.

1) Der Hofladen wäre gewerbsmäßig, wenn es sich bei seinem Betrieb um eine erlaubte, dauerhafte und selbstständige Tätigkeit

4.5 Fälle und Lösungshinweise

handelt, die L mit Gewinnerzielungsabsicht ausübt. Daran bestehen keinerlei Zweifel, so dass die Gewerbsmäßigkeit zu bejahen ist. Fraglich ist jedoch, ob der Betrieb des Hofladens auch gewerbfähig ist. Die Gewerbsfähigkeit nimmt bestimmte gewerbsmäßige Tätigkeiten (objektiv) aus dem Anwendungsbereich der GewO aus, weshalb kein Gewerbe vorliegt, wenn es sich um Urproduktion, die Verwaltung eigenen Vermögens oder freiberufliche Tätigkeiten handelt. Der Hofladen könnte zur Urproduktion zählen, die die planmäßige Nutzung der natürlichen Kräfte des Bodens zur Erzeugung von Pflanzen und Tieren sowie deren Verwertung umfasst. Als Annex zur Urproduktion ist der übliche Verkauf eigener Erzeugnisse dann zu qualifizieren, wenn er mit der Urproduktion nach der Verkehrsanschauung eine Einheit bildet. Dies ist insbesondere dann der Fall, wenn selbstgewonnene Erzeugnisse im sog. Nebengewerbe zu verkaufsfertigen Produkten verarbeitet werden, z. B. selbsterzeugte Milch zu Butter und Käse. Produktion und Verkauf solcher Erzeugnisse sind regelmäßig Annex zur Urproduktion (und damit kein Gewerbe), wenn der Betrieb „nebenher mitläuft", sprich der Nebenbetrieb gegenüber dem Hauptbetrieb eine dienende Funktion besitzt, diesem untergeordnet ist und ein räumlicher Zusammenhang besteht; in diesen Fällen teilt der Nebenbetrieb das Schicksal des Hauptbetriebs. Werden hingegen nicht nur hofeigene, sondern auch zugekaufte Erzeugnisse, sog. Handelsware, im Ladengeschäft verkauft, weist die Handelsware regelmäßig keinen engen Zusammenhang zur (hofeigenen) Urproduktion auf; dies gilt unabhängig davon, ob sich der Laden innerhalb oder außerhalb des Bio-Landguts befindet und nur 20 h/Woche geöffnet ist (BayObLG, GewArch 1994, 478 [479]; VG Schleswig, GewArch 2001, 373 f.). Der Verkauf der hofeigenen Produkte (Obst, Gemüse, Milchprodukte) ist als sog. Direktvermarktung ab Hof einzuordnen, die der Urproduktion untergeordnet und als Annex derselben nicht als Gewerbe zu qualifizieren ist. Daran ändert auch der Verkauf von Handelsware nichts, da deren Umfang zu gering ist, als sich daraus die Einordnung als professionell betriebener Hofladen ergeben könnte.

2) Hingegen steht die Vermietung der Ferienappartements nicht in engem Zusammenhang mit der eigentlichen Urproduktion, sodass sie auch keinen Annex zur Urproduktion bildet. Allerdings könnte es sich um die Verwaltung eigenen Vermögens handeln, die ebenfalls nicht gewerbsfähig ist. Entscheidend ist auch hier das Gesamtbild der Tätigkeit. Während die längerfristige Vermietung von eigenen Wohnungen regelmäßig zur Verwaltung eigenen Vermögens zählt, wird dies bei der kurzfristigen Vermietung von Ferienwohnungen abgelehnt, weil der Instandhaltungsaufwand regelmäßige Kontrollen und Reparaturen erfordert, die die Grenze des Unerheblichen deutlich überschreiten. Für die Gewerbsmäßigkeit spricht auch eine umfangreiche Werbung, z. B. mit einer eigenen Internetseite, die eine dauernde Pflege notwendig macht (s. zum Ganzen VG Schleswig, GewArch 2002, 292 [293]). Nach dem Gesamtbild stellt sich die Vermietung der Ferienappartements daher nicht mehr als Verwaltung eigenen Vermögens dar. Vielmehr ist die Vermietung als erlaubte, dauerhafte und selbstständige Tätigkeit mit Gewinnerzielungsabsicht einzustufen und wird somit gewerbsmäßig betrieben. L müsste für die Vermietung der Ferienwohnungen einen Gewerbeschein (§§ 14, 15 GewO) besitzen bzw. seiner Anzeigepflicht gegenüber der zuständigen Behörde nachkommen; ansonsten kann die Behörde die Gewerbefortsetzung untersagen (§ 15 Abs. 2 GewO).

Fall 2

1) A hat einen Anspruch auf Zulassung zum Jahrmarkt, wenn eine taugliche Anspruchsgrundlage vorliegt und die formellen und materiellen Anspruchsvoraussetzungen erfüllt sind. Als Anspruchsgrundlage kommt § 70 Abs. 1 GewO in Betracht. In formeller

Hinsicht ist ein ordnungsgemäßer Antrag des A bei der Stadt L erforderlich, welcher vorliegt. Im Rahmen der materiellen Voraussetzungen sind die Tatbestandsvoraussetzungen der Anspruchsgrundlage (§ 70 Abs. 1 GewO) und anschließend auf Rechtsfolgenseite der Anspruchsumfang zu prüfen. Der Jahrmarkt müsste eine festgesetzte Veranstaltung sein. Die Stadt L hat als zuständige Behörde den Jahrmarkt (Legaldefinition in § 68 Abs. 2 GewO!) nach § 69 Abs. 1 S. 1 GewO als solchen festgesetzt. A müsste dem Teilnehmerkreis der Veranstaltung angehören. Der Teilnehmerkreis richtet sich dabei nach der Veranstaltungsart. Auf einem Jahrmarkt werden von einer Vielzahl von Anbietern Waren aller Art feilgeboten, § 68 Abs. 2 GewO. A bietet allerdings keine Waren feil, sondern betreibt ein Fahrgeschäft. Dies könnte jedoch gemäß §§ 68 Abs. 3, 60b Abs. 1, 55 Abs. 1 Nr. 2 GewO als unterhaltende Tätigkeit zulässig sein. Da der Betrieb eines Fahrgeschäfts unzweifelhaft ein Leistungsangebot mit unterhaltendem Charakter ist, gehört A zum Teilnehmerkreis des Jahrmarktes. Fraglich ist, was Inhalt des Anspruchs ist, da § 70 Abs. 1 GewO dem A lediglich ein Recht auf Teilnahme einräumt. Dies bedeutet, dass der Behörde bei der Entscheidung, ob sie A zulässt, kein Ermessen zusteht, es liegt vielmehr eine gebundene Entscheidung vor; A wäre demnach zuzulassen.

2) Etwas anderes könnte sich jedoch aus § 70 Abs. 3 GewO ergeben, wonach der Veranstalter aus sachlich gerechtfertigten Gründen einzelne Anbieter von der Teilnahme ausschließen darf. Ausgehend vom Grundsatz der Marktfreiheit des Veranstalters besitzt dieser hinsichtlich der Auswahlkriterien für die Verteilung der Standplätze einen weiten Gestaltungsspielraum. Allerdings stellt sich typischerweise die Frage, welche Auswahlkriterien unter Gleichheitsgesichtspunkten (Art. 3 Abs. 1 GG) sachlich gerechtfertigt sind. Nicht zu beanstanden ist, dass der Veranstalter auf die Ausgewogenheit der Angebote achtet und bei Kontingenten nach Angebotsgruppen differen-

ziert, z. B. die Anzahl der Fahrgeschäfte beschränkt (VGH München, NVwZ-RR 2003, 837). Auch „bekannt und bewährt" ist ein grundsätzlich sachbezogenes Kriterium, sofern die konkrete Anwendung die Chancengleichheit von Alt- und Neubewerbern sicherstellt. Die Rechtsprechung verlangt daher, dass Neubewerbern jedenfalls „in einem rechtlich erkennbaren zeitlichen Turnus" eine Zulassungschance eingeräumt wird (BVerwG, NVwZ 1984, 585). Daran bestehen hier berechtigte Zweifel, denn die Stadt L gibt in ihrem Ablehnungsbescheid deutlich zu verstehen, dass sie kein Interesse an einer ausgewogenen Mischung zwischen Alt- und Neubewerbern hat und B daher den Vorzug gab.

Auf einen kommunalrechtlichen Zulassungs- bzw. Bevorzugungsanspruch, das sog. Einwohnerprivileg (z. B. aus § 10 Abs. 2 Sächs-GemO oder § 14 GemO RP), könnte sich A hingegen nur berufen, wenn der Markt als kommunale Einrichtung betrieben und nicht nach der GewO festgesetzt wird. Abgesehen davon, dass die Stadt L den Jahrmarkt nach §§ 69 Abs. 1 S. 1, 68 Abs. 2 GewO festgesetzt hat, müsste der Jahrmarkt als kommunale Einrichtung einen besonderen Ortsbezug aufweisen (VGH München, NVwZ 1999, 1122), etwa durch Ausstellung eines lokalen Kunsthandwerks, regionale Wirtschaftsförderung oder eine spezielle Ausrichtung auf die Einwohnerschaft als Besucherkreis. Das „Große Vergnügen" zieht Besucher aus nah und fern gleichermaßen an und weist daher als überregionale Veranstaltung keinen speziellen Ortsbezug auf.

Im Ergebnis besteht daher kein Anspruch des A auf Zulassung (§ 70 Abs. 1 GewO), wohl aber auf ermessensfehlerfreie Entscheidung der Stadt L nach § 70 Abs. 3 GewO. Das Gericht wird daher ein sog. Bescheidungsurteil gemäß § 113 Abs. 5 S. 2 VwGO (und kein Vornahmeurteil, § 113 Abs. 5 S. 1 VwGO) erlassen, da der Stadt L bei ihrer Entscheidung ein weites Auswahlermessen zusteht, das durch die gerichtliche Entscheidung nicht ersetzt werden kann (keine „Spruchreife").

Fall 3

1) Als Verwaltungsakt (§ 35 S. 1 VwVfG) ist die Untersagungsverfügung rechtmäßig, wenn die Behörde dafür eine taugliche Ermächtigungsgrundlage nutzt und die Verfügung formell wie materiell rechtmäßig ist. Als Ermächtigungsgrundlage beruft sich die Behörde auf § 16 Abs. 3 S. 1 HwO, wonach die Fortsetzung des Betriebs eines zulassungspflichtigen Handwerks zu untersagen ist, wenn der Betrieb „entgegen den Vorschriften dieses Gesetzes" (HwO) ausgeübt wird. Da P die Eintragung in die Handwerksrolle nicht vorweisen kann – und eine solche auch mangels deutscher Meisterprüfung nicht beantragen könnte (§ 7 Abs. 1 S. 1, Abs. 1 a i. V. m. §§ 45 ff. HwO), liegen die Voraussetzungen der Untersagungsverfügung vor.

2) Fraglich ist jedoch, ob die Eintragungspflicht aus § 7 Abs. 1 S. 1, Abs. 1a HwO mit dem freien Dienstleistungsverkehr im EU-Binnenmarkt vereinbar ist, da P sich als Unionsbürger auf seine Dienstleistungsfreiheit (Art. 56 Abs. 1, 57 UAbs. 2 lit. c] AEUV) berufen kann. Die Pflicht zur Eintragung in die Handwerksrolle, die die Meisterprüfung voraussetzt, wirkt zwar für inländische (deutsche) wie EU-ausländische, wie den P, Handwerker gleichermaßen; als Marktzutrittsbeschränkung ist sie jedoch „geeignet, die Tätigkeiten des Dienstleistenden, der in einem anderen Mitgliedstaat ansässig ist und dort rechtmäßig entsprechende Dienstleistungen erbringt, zu unterbinden, zu behindern oder weniger attraktiv zu machen".

Der Zweck der HwO besteht darin, die Qualität von Handwerksleistungen zu sichern (legitimer Zweck), woran ein allgemeines Interesse besteht. Fraglich ist jedoch, inwieweit die Eintragung in die Handwerksrolle verhältnismäßig ist, um den legitimen Zweck zu erreichen. Der EuGH äußerte bereits bei der Geeignetheit und Erforderlichkeit Bedenken, ließ die Eintragungspflicht, die das Ablegen einer Meisterprüfung zwingend vorsah, aber letztlich erst an der Angemessenheit scheitern, da das Erfordernis der Meisterprüfung für Handwerker aus dem EU-Ausland, die in Deutschland eine Dienstleistung erbringen, außer Verhältnis zum legitimen Zweck der HwO stehe (Zweck-Mittel-Relation). Bereits die bloße Pflicht, so der EuGH, zur Eintragung in die Handwerksrolle verzögere, erschwere oder verteuere (durch Verwaltungskosten und Kammerbeiträge) die Erbringung von handwerklichen Dienstleistungen (Art. 49 ff. AEUV) im EU-Binnenmarkt (vgl. EuGH, Rs. C-58/98, ECLI:EU:C:2000:527, Rn. 33, 47 f. – Corsten). Die damit verbundene Beschränkung der Dienstleistungsfreiheit (Art. 56, 57 UAbs. 2 lit. c] AEUV) ist unverhältnismäßig und damit im Ergebnis unionsrechtlich nicht gerechtfertigt. In einem weiteren Urteil interpretierte der EuGH den Anwendungsbereich der Dienstleistungsfreiheit weit, indem er klarstellte, dass allein die regelmäßige bzw. wiederholte Erbringung von Handwerks(dienst)leistungen noch nicht zur Anwendbarkeit der Niederlassungsfreiheit (Art. 49 ff. AEUV) führt (EuGH, Rs. C-215/01, ECLI:EU:C:2003:662 – Schnitzer). Im Ergebnis kann sich P auf seine Dienstleistungsfreiheit berufen, die im grenzüberschreitenden Fall vorrangig anwendbar ist und die (frühere) Vorschrift in der HwO verdrängt (Anwendungsvorrang). Der Rechtsprechung des EuGH trägt die HwO mittlerweile dadurch Rechnung, dass § 9 Abs. 2 HwO die vorübergehende Erbringung von Handwerksdienstleistungen von der Eintragungspflicht ausdrücklich ausnimmt.

Fall 4

Die Verfassungsbeschwerde wäre begründet, wenn die angegriffenen Gesetzesvorschriften formell und oder materiell verfassungswidrig wären.

1) Inhaltlich unterfallen die gesetzlichen Regelungen den GG-Vorschriften über konkurrierende Gesetzgebungszuständigkeit (teils Art. 74 Abs. 1 Nr. 1 – Bürgerliches

Recht –, teils Nr. 11 – Recht der Wirtschaft, nicht Nr. 15, da den umgekehrten Vorgang betreffend, aber ggf. analog). Das Gesetzgebungsverfahren richtet sich nach Art. 76–78, 82 GG. Auch der parlamentarische (Bundes-)Gesetzgeber ist als Teil der „öffentlichen Gewalt" nach Art. 1 Abs. 3, 20 Abs. 3 GG an Grundrechte und sonstiges Verfassungsrecht gebunden. Die Privatisierung bisher staatlicher Vermögenswerte durch Verkauf der (Mehrheit von Gesellschafts-)Anteilen an private Personen ist verfassungsrechtlich nicht verboten, verstößt insbesondere nicht gegen Art. 15 GG, da dort lediglich eine Ermächtigung für einen gegenteiligen Vorgang (entschädigungspflichtige Vergesellschaftung von Grund und Boden bzw. bestimmter Produktionsmittel) vorgesehen ist, als Ergänzung zur Gewährleistung privaten Eigentums durch Art. 14 GG und speziell zur ebenfalls entschädigungspflichtigen Legal- oder Administrativenteignung Art. 14 Abs. 3 GG). Der Rahmen für gesetzgeberisches Handeln wird daher geprägt und abgesteckt durch Staatsfundamentalprinzipien wie Sozial- und Rechtsstaatsgrundsatz sowie Demokratie und insbesondere durch Vorgaben zur Gleichbehandlung.

2) Die Begrenzung des allgemeinen Käuferkreises bei „Volksaktien" auf im Inland lebende eigene Staatsangehörige bezieht sich auch nicht auf nach Art. 3 Abs. 3 GG unzulässige Differenzierungskriterien und ist im Rahmen der sozialpolitisch beabsichtigten Förderung schwächerer Bevölkerungsgruppen im Hinblick auf Art. 3 Abs. 1 GG sachlich hinreichend gerechtfertigt. Gleiches gilt für die Anknüpfung an Volljährigkeit als Regelfall der für den Aktienerwerb erforderlichen Geschäftsfähigkeit (§§ 2, 104 BGB). Ebenfalls im Rahmen der Sozialstaatlichkeit liegt die erhöhte Begünstigung von Familien, die zugleich dem besonderen Schutz von Ehe und Familie nach Art. 6 Abs. 1 GG Rechnung trägt. Schließlich wird die weitgehende Sonderstellung von Arbeitnehmern des betroffenen Unternehmens gerechtfertigt durch deren besondere Nähe zu „ihrem" Unternehmen/Arbeitgeber und ist auch vom Umfang her gegenüber anderen, nicht oder weniger begünstigten Personengruppen nicht übermäßig hoch, daher ebenfalls eine mit Art. 3 Abs. 1 GG vereinbare wirtschafts-/sozialpolitische Entscheidung.

Demokratische Legitimation vermittelt gerade dem je zuständigen parlamentarischen Gesetzgeber einen Gestaltungsspielraum bezüglich weiterer wesentlicher Gesetzesinhalte, etwa in Bezug auf die Festlegung des Grundkapitals (Höhe insgesamt, Nennbetrag einzelner Aktien) und die (Kauf-)Preisbildung. Diese Gestaltungsfreiheit gilt auch für Abweichungen vom allgemeinen Aktienrecht (AktG), soweit dies sachliche Gründe hat (d. h. mit Art. 3 Abs. 1 GG vereinbar ist) und in einem auch rechtsstaatlich korrekten Verfahren erfolgt. Eine Grundrechtsverletzung des N kann daher nicht nachgewiesen werden; seine Verfassungsbeschwerde hat keine Aussicht auf Erfolg.

Fall 5

1) Die weder gegen Art. 3 Abs. 1 GG noch (zumindest theoretisch) gegen Art. 20 EuGRCh verstoßende Abweichung einzelner Vorschriften des Privatisierungsgesetzes vom allgemeinen Aktienrecht könnte mit unmittelbar anwendbaren und auch die Gesetzgebungsorgane Deutschlands als EU-Mitgliedstaat bindenden EU-Grundfreiheiten unvereinbar sein. Die Beteiligung an Unternehmen durch Erwerb bzw. Halten von Aktien wird (vom EuGH) als Fall des Kapitalverkehrs angesehen, zum einen wegen der entsprechenden Einordnung in Ziff. 1 des Anhangs zur Richtlinie 88/361/EWG, zum andern, weil Direktinvestitionen dann als Kapitalbewegungen gewertet werden, wenn sie zwecks Schaffung oder Aufrechterhaltung dauerhafter und direkter Beziehungen zwischen Anteilsinhaber und Unternehmen getätigt werden. Eine (rechtfertigungsbedürftige) „Beschränkung" des durch Art. 63 Abs. 1 AEUV gewährleisteten freien Kapitalverkehrs ist jede nationale, dem Staat zuzurechnende

Maßnahme, die geeignet ist, den Aktienerwerb zu ver- oder zu behindern oder Anleger aus anderen EU-Mitgliedstaaten davon abzuhalten, Kapital in ein Unternehmen zu investieren. Der EuGH hat insoweit eine gesetzliche Regelung beanstandet, die den (beiden) staatlichen Aktionären eine Position einräumt, die die Möglichkeit für ausländische Anleger einschränken kann, sich an der Gesellschaft zu beteiligen, um dauerhafte und direkte Wirtschaftsbeziehungen mit ihr zu schaffen oder aufrechtzuerhalten, die es ihnen ermöglichen, sich effektiv an ihrer Verwaltung oder ihrer Kontrolle zu beteiligen. Dafür seien weder Rechtfertigungen nach Art. 65 (Abs. 1, 2) AEUV noch ungeschriebene zwingende Gründe des Allgemeininteresses ersichtlich, wie ein Schutz von Arbeitnehmerinteressen oder von Minderheitsaktionären. Diese gerichtliche Feststellung (Art. 258, 260 AEUV) verpflichtet den Mitgliedstaat, zur Behebung des Verstoßes gegen Unionsrecht das nationale Gesetz zu ändern.

2) Die weiteren (besonderen) gesetzlichen Vorgaben für die A-GmbH beziehen sich auf die sowohl natürlichen als auch juristischen Personen gewährleistete Niederlassungsfreiheit nach Art. 49 (und Art. 54) AEUV und greifen in deren Schutzbereich (freie Standortwahl) ein, indem sie eine Verlagerung in andere EU-Mitgliedstaaten verbieten. Auch hier ist die zentrale Frage, ob und wie weit solche Beschränkungen durch geschriebene (Art. 52 AEUV) oder ungeschriebene zwingende Gründe des Allgemeininteresses gerechtfertigt werden können. Insoweit reichen der Schutz von inländischen Arbeitsplätzen sowie allgemeine sozial- oder wirtschaftspolitische Erwägungen als Legitimation trotz der großen volkswirtschaftlichen Bedeutung der Automobilbranche kaum aus, so dass eine Verletzung der Niederlassungsfreiheit zu bejahen sein dürfte, wenn und soweit nicht bereits Anforderungen des sekundären Unionsrechts zum Gesellschaftsrecht (s. Art. 53 Abs. 1 bzw. Art. 114 AEUV) nicht eingehalten werden.

Fall 6

1) Der EuGH, dem die Rechtssache vom BVerwG im Wege der Vorabentscheidung (Art. 267 AEUV) vorgelegt wurde, stellte fest, dass die Rückforderung der Beihilfe grundsätzlich nach Maßgabe des einschlägigen nationalen Rechts – hier des VwVfG – zu erfolgen habe. Allerdings schränkte der EuGH ein, dass das nationale Recht die unionsrechtlich vorgeschriebene Rückforderung nicht praktisch unmöglich machen darf, eine Folge des unionsrechtlichen Effizienzgebots, das aus dem Grundsatz der Unionstreue (Art. 4 Abs. 3 EUV) hergeleitet wird. Die mitgliedstaatliche Rechtspraxis darf die praktische Wirksamkeit, den sog. *effet utile*, des Unionsrechts nicht beeinträchtigen oder dessen Durchsetzung praktisch obsolet machen.

2) Ausgangspunkt im nationalen Recht ist hier die auf § 48 VwVfG zu stützende Rücknahme eines rechtswidrigen Verwaltungsaktes (Abs. 1 S. 1), der begünstigend wirkt, da er eine Geldleistung zum Gegenstand hat (Abs. 1 S. 2 i. V. m. Abs. 2–4); als Ermächtigungsgrundlage dient daher § 48 Abs. 1 S. 2, Abs. 2–4 VwVfG. Der Rückforderung nach nationalem Recht entgegen stehen einerseits Vertrauensschutzaspekte (§ 48 Abs. 2 S. 2 VwVfG), da A die Subvention bereits verbraucht hat, andererseits die Ausschlussfrist (§ 48 Abs. 4); beide Vorschriften beeinträchtigen die Wirksamkeit des materiellen Unionsrechts. Nach Rechtsprechung des EuGH, dem sich das BVerwG anschloss, kann das Interesse der Union an einer Rückforderung der Beihilfe und damit der Schutz der Wettbewerbsordnung im Binnenmarkt dazu führen, dass bestimmte Regelungen des § 48 VwVfG unionsrechtlich überformt und damit teilweise nicht angewendet werden.

a) Bei Rücknahme unionsrechtswidriger nationaler Beihilfen wird im Zuge der Interessenabwägung (§ 48 Abs. 2 S. 1 VwVfG) das mitgliedstaatliche öffentliche Interesse an der Wiederherstellung eines rechtmäßigen Zustandes gesteigert durch das öffentliche Unionsinteresse an der Durchsetzung der einheitlichen EU-Wettbewerbsordnung. Gegeneinander abzuwägen sind daher das gesteigerte Rücknahmeinteresse an der Rückforderung der Subvention und das private Bestandsschutzinteresse des Subventionsempfängers A. Das unionsrechtlich gesteigerte öffentliche Rücknahmeinteresse führt dazu, dass der Vertrauensschutz eingeschränkt sein kann – und zwar unabhängig von den Voraussetzungen des § 48 Abs. 2 S. 3 VwVfG. Ein solcher Fall liegt vor, wenn die staatliche Beihilfe gewährt wurde, ohne die zwingend vorgeschriebenen Verfahrensvorschriften des Art. 108 AEUV, insbesondere die Notifikation (Abs. 3), einzuhalten. Das Land Rheinland-Pfalz hat es versäumt, die Subvention vor Auszahlung bei der Kommission anzuzeigen, und damit gegen Art. 108 Abs. 3 AEUV verstoßen. Dieser Verstoß führt zur Unionsrechtswidrigkeit der Beihilfengewährung, die infolge des *effet utile* die nationale Rechtswidrigkeit der Subventionsgewährung bewirkt. Auf Vertrauensschutz, insbesondere den Verbrauch der Subvention (§ 48 Abs. 2 S. 2 VwVfG) kann sich A daher nicht berufen.

b) Auch die Rücknahmefrist des § 48 Abs. 4 VwVfG darf den unionsrechtlichen *effet utile* nicht „aushebeln", sprich praktisch unmöglich machen, und ist daher im Falle der Rückforderung unionsrechtswidriger nationaler Beihilfen nicht anwendbar. Entsprechend der Vorlageentscheidung des EuGH bestätigte das BVerwG die Rücknahmeentscheidung des Landes Rheinland-Pfalz, sodass A mit ihrer Klage scheiterte und die Subvention zurückzahlen musste.

Fall 7

1) Zulässigkeit der Klage

Für die Feststellungsklage (§ 256 ZPO) des B ist der Zivilrechtsweg nach § 13 GVG eröffnet, weil hier auf Kläger- (B) wie Beklagtenseite (F-AG) zwei (formal) private Personen stehen und es um die Zulässigkeit der B gegenüber auf das Eigentums- bzw. Hausrecht gestützte Maßnahmen der F-AG geht, auch wenn sich diese auf Grundrechte des Klägers auswirken und die Anteilseigner der Beklagten mehrheitlich (deutsche) staatliche Stellen sind. Im Hinblick auf die Rechtsform AG liegt gleichwohl kein öffentlich-rechtliches Handeln vor, weil (und soweit) die F-AG nicht mit der Wahrnehmung hoheitlicher Befugnisse beliehen ist. Die sachliche Zuständigkeit des AG ergibt sich aus § 23 GVG i. V. m. § 1 ZPO, die örtliche aus §§ 12, 17 ZPO. Notwendig ist auch ein berechtigtes Feststellungsinteresse des Klägers. Hier wäre zu diskutieren, dass B „nur" als Mitglied der Initiative agiert (hat), aber offenbar direkt (und unabhängig davon) als Störer mit einem Verbot belegt worden ist, so dass hier die Klärung einer zwischen Kläger und Beklagten streitigen Rechtsbeziehung (Geltung/Reichweite von Kommunikationsgrundrechten) als vorliegend zu erachten ist.

2) Begründetheit der Klage

Eine (Verfassungs-)Rechtswidrigkeit des Verbots und der „Warnung" vor weiteren Maßnahmen wäre gegeben, wenn dieses sich zunächst aus der privaten Rechtsposition der F-AG (§ 1004 i. V. m. § 903 BGB) ergebende Verhalten deshalb unzulässig wäre, weil die F-AG direkt oder mittelbar gegenüber B dessen Grundrechte aus Art. 5 Abs. 1 S. 1 und Art. 8 GG angemessen berücksichtigen müsste.

Aus Art. 1 Abs. 3 und 20 Abs. 3 GG resultiert eine umfassende Bindung des Staates im Rechtsverkehr, auch bei privatrechtlichem Handeln und wenn er sich privatrechtlicher Organisationsformen bedient (zumindest soweit und solange das betr. „gemischtwirtschaftliche" Unternehmen unter staatlicher Kontrolle im Hinblick auf Kapitalbeteiligung und Stimmrechte bleibt); eine „Flucht ins Privatrecht" zur Vermeidung einer solchen Bindung lässt das GG nicht zu. Unabhängig davon, ob zu einer Privatperson eine vertragliche Beziehung besteht (wie etwa zu Luftfahrtunternehmen bzw. deren Fluggästen) oder nicht (wie bei dem nur tatsächlich auf dem Gelände anwesenden B), sind öffentliche Unternehmen, deren Anteil mehrheitlich in staatlichem Eigentum stehen wie hier, unmittelbar gegenüber Privaten grundrechtsgebunden und sind daher bei der gerichtlichen Kontrolle ihres Verhaltens von den Zivilgerichten die einschlägigen Vorschriften des Privatrechts im Lichte der relevanten Grundrechte auszulegen. Umgekehrt ist die F-AG selbst zwar grundrechtsverpflichtet, aber nicht ihrerseits grundrechtsberechtigt (etwa aus Art. 12 und/oder Art. 14 GG); ihr Hausrecht leitet sich daher nicht aus dem Grundrecht auf Eigentum, sondern aus einfachgesetzlichem Eigentums- bzw. Besitzrecht ab (§ 1004 i. V. m. § 903, § 854 i. V. m. § 862, § 858 BGB).

Vor allem auf der „Landseite" eines Flughafens macht der Betreiber, also die F-AG, regelmäßig neben den nach Straßenrecht im „Gemeingebrauch" stehenden Räumen auch andere Bereiche (rechtlich und tatsächlich) öffentlich zugänglich, damit sowohl Fluggäste ihre Reise antreten oder beenden als auch andere Personen die auf dem Gelände angesiedelten weiteren privaten Läden aufsuchen können, um dort Waren zu erwerben oder Dienstleistungen zu empfangen. Wenn und soweit die F-AG mit solchen dritten Unternehmen Miet-/Nutzungsverträge schließt, ist sie auch insoweit gehalten, sowohl die wirtschaftlichen Grundrechte dieser Unternehmen zu beachten als auch zwischen verschiedenen Gruppen/Branchen dem allgemeinen Gleichbehandlungsgrundsatz aus Art. 3 Abs. 1 GG Rechnung zu tragen. Um die Vielzahl der unterschiedlichen Personen und Vielfalt der Interessen auf dem Flughafengelände in ein angemessenes Verhältnis (auch von Haupt- und Nebenzwecken) zu bringen, ist die F-AG grundsätzlich auch berechtigt, insoweit eine „Ordnung" zu treffen, die einen möglichst störungsfreien und sicheren Ablauf aller Vorgänge (wieder vor allem auf der „Landseite") bewirkt. Dabei ist das Ziel die Herstellung praktischer Konkordanz, d. h. alle von der „Ordnung" betroffenen Personen dürfen in ihren jeweiligen (Grund-)Rechten nicht mehr als unbedingt notwendig beeinträchtigt werden. Das gilt auch für „demokratische" Grundrechte wie Meinungs- und Versammlungsfreiheit, so dass insoweit ein umfassendes Verbot ebenfalls ein unverhältnismäßiger Eingriff in die betreffenden Rechte (hier des B) wäre. Dass der Schutzbereich sowohl des Art. 5 Abs. 1 S. 1 GG (Kundgabe einer wertenden Meinung in jedweder Form) als auch des Art. 8 („Versammlung" als Ansammlung mehrerer Personen zu einem bestimmten Zweck, hier Protest gegen bestimmte Ausländerpolitik) eröffnet ist, bedarf keiner Vertiefung. Soweit die F-AG ihre Räume öffentlich zugänglich macht, sind auch solche (nicht-wirtschaftlichen) Verhaltensweise davon generell erfasst und können nur im Rahmen von Art. 5 Abs. 2 bzw. Art. 8 Abs. 2 GG (wenn das Merkmal „unter freiem Himmel" zu bejahen ist) beschränkt werden. Die möglichst reibungslose Gewährleistung des Hauptzwecks eines Flughafens lässt daher für öffentlich zugängliche Räume einschränkende Regelungen (auch zwecks öffentlicher Sicherheit) zu, aber keine Totalverbote. Nicht gestattet sind aber auch Maßnahmen, die noch nicht direkt wirken, sondern eine Sanktion erst in Aussicht stellen, wenn diese sich auf ein (zu Unrecht umfassend untersagtes) Verhalten bezieht, wie hier die konkrete Ankündigung der Anzeige wegen einer Straftat (§ 123 StGB).

Die Feststellungsklage des B ist daher zulässig und begründet; die F ist aber nicht daran gehindert, eine entsprechend modifizierte neue Ordnung zu erlassen, die auch Vorschriften zu Demonstrationen enthält.

Rechtsprechungsübersicht

BVerfG (amtliche Sammlung)
BVerfGE 1, 283 – Ladenschlussgesetze
BVerfGE 12, 354 – VW-Privatisierung
BVerfGE 13, 97 – Handwerksordnung
BVerfGE 13, 225 – Bahnhofsapotheke Frankfurt
BVerfGE 13, 230 – Ladenschlussgesetz I
BVerfGE 32, 54 - Betriebsbetretungsrechts
BVerfGE 38, 121
BVerfGE 59, 336
BVerfGE 86, 28 – Sachverständigenbestellung
BVerfGE 109, 279 – Großer Lauschangriff
BVerfGE 111, 10 – Ladenschlussgesetz III
BVerfGE 115, 97
Nicht in der amtlichen Sammlung abgedruckt
BVerfG, DVBl. 2006, 244
BVerfG, GewArch 2007, 285

BVerwG (amtliche Sammlung)
BVerwGE 22, 286
BVerwGE 24, 34
BVerwGE 36, 288
BVerwGE 49, 160
BVerwGE 58, 217
BVerwGE 61, 1
BVerwGE 65, 1
BVerwGE 64, 274
BVerwGE 71, 29
BVerwGE 81, 74
BVerwGE 84, 314
BVerwGE 104, 220
BVerwGE 106, 328
BVerwGE 115, 189
BVerwGE 121, 257
BVerwGE 152, 355
Nicht in der amtlichen Sammlung abgedruckt
BVerwG, GewArch 1977, 14
BVerwG, GewArch 1982, 200
BVerwG, NVwZ 1984, 585
BVerwG, GewArch 1988, 162
BVerwG, GewArch 1992, 339
BVerwG, NVwZ 1995, 1096
BVerwG, NJW 1996, 1423
BVerwG, GewArch 1998, 419
BVerwG, GewArch 1999, 72
BVerwG, DVBl. 1999, 863
BVerwG, NVwZ 2003, 603
BVerwG, NVwZ-RR 2006, 786
BVerwG, GewArch 2007, 247

BGH
BGH, NJW 1999, 218 – Eismann II

Instanzgerichte
BayObLG, GewArch 1980, 65
BayObLG, GewArch 1994, 478
OVG Bremen, GewArch 2009, 491
OVG Hamburg, GewArch 1987, 303
OVG NRW, GewArch 2016, 47
OVG Lüneburg, GewArch 2002, 293
OVG Lüneburg, NVwZ-RR 2008, 28
OVG Rheinland-Pfalz, DÖV 1994, 965
VGH Mannheim, GewArch 2001, 420
VGH München, GewArch 1982, 236
VGH München, NVwZ 1999, 1122
VGH München, NVwZ-RR 2003, 837
VGH Mannheim, DÖV 2006, 837
VGH München, NVwZ-RR 2008, 26
VGH München, GewArch 2013, 218
OLG Frankfurt, Urt. v. 02.08.2019, Az. 2 Ss-OWi 438
VG Dresden, NVwZ-RR 2003, 848
VG Hannover, GewArch 2007, 388
VG Hannover, Urt. v. 25.02.2019, Az.: 4 B 692/19
VG München, NVwZ 2019, 1691
VG Neustadt, NVwZ 1993, 98
VG Neustadt, GewArch 2010, 39
VG Schleswig, GewArch 2001, 373
VG Schleswig, GewArch 2002, 292
VG Weimar, ThürVBl. 2017, 21
AG Radolfzell, Urt. v. 22.09.1997, NVwZ-RR 1998, 233

EuGH
EuGH, Rs. C-387/92, ECLI:EU:C:1994:100 – Banco Exterior de España
EuGH, Rs. C-24/95, ECLI:EU:C:1997:163 – Alcan
EuGH, Rs. C-58/98, ECLI:EU:C:2000:527 – Corsten
EuGH, Rs. C-367/98, ECLI:EU:C:2002:326 – Kommission/Portugal
EuGH, Rs. C-215/01, ECLI:EU:C:2003:662 – Schnitzer
EuGH, Rs. C-112/05, ECLI:EU:C:2007:623
EuGH, Rs. C-105/12, ECLI:EU:C:2013:677
EuGH, Rs. C-270/12, ECLI:EU:C:2014:18 – ESMA
EuGH, Rs. C-217/14, ECLI:EU:C:2006:279 – ENISA
EuGH, Rs. C-563/17, ECLI:EU:C:2019:144
EuGH, Rs. C-385/18, ECLI:EU:C:2019:1121 – Arriva Italia

5 Rechtsschutz und Sanktionierung von Verstößen gegen Vorschriften des öffentlichen Wirtschaftsrechts

Recht haben und Recht bekommen sind bekanntlich zwei verschiedene Dinge. Das gilt auch für das öffentliche Wirtschaftsrecht, bei dem die Kenntnis der einzelnen Rechtsgebiete, etwa des Wirtschaftsverfassungs- und -verwaltungsrechts, noch nicht viel über die prozessuale Durchsetzbarkeit der jeweiligen subjektiv-öffentlichen Rechte bzw. Ansprüche aussagt. Allerdings spielen Fragen des Rechtsschutzes und dessen Erfolgsaussichten sowie die Sanktionierbarkeit von Normverstößen gerade in der praktischen Rechtsanwendung eine wichtige, unter dem ökonomischen Gesichtspunkt der Rechtsverfolgungskosten manchmal sogar die entscheidende Rolle. In der Fallbearbeitung bieten Rechtsschutzfragen regelmäßig Gelegenheit, systematisches Verständnis für das Zusammenspiel von materiellem und Verfahrensrecht und damit ein „Händchen" für Problembewusstsein unter Beweis zu stellen.

Im Kapitel zum Rechtsschutz wird die Zweiteilung zwischen Verfassungs- und Verwaltungsrecht erneut aufgegriffen, um beide Teilbereiche des öffentlichen Wirtschaftsrechts auch unter prozessualen Aspekten zu beleuchten. Am Beginn stehen allgemeine Grundsätze des Prozessrechts (Abschn. 5.1) sowie ein Überblick über die wichtigsten verfassungsprozessualen Rechtsbehelfe (Abschn. 5.2). Nicht unberücksichtigt bleiben zudem systematische Querverbindungen zum Rechtsschutz auf EU- und internationaler Ebene sowie zu Schiedsgerichten. In der täglichen Rechtspraxis besitzt jedoch das Verwaltungsprozessrecht die ungleich höhere Bedeutung, weshalb dem verwaltungsbehördlichen Widerspruchsverfahren (Abschn. 5.3) sowie dem Verwaltungsrechtsschutz hier mehr Raum eingeräumt werden.

> **Lernziele**
> - Verfassungsrechtliche Grundlagen, europarechtliche wie internationale Einflüsse sowie die wichtigsten verfassungsprozessualen Rechtsbehelfe kennenlernen
> - Grundzüge des Verwaltungsprozessrechts, das Widerspruchsverfahren sowie verwaltungsgerichtliche Klagen verstehen
> - Verknüpfungen zwischen materiellen und verfahrensrechtlichen Fragen im Wirtschaftsverfassungs- und -verwaltungsrecht systematisch erfassen

5.1 Grundlagen

5.1.1 Verfassungsrechtliche Einfassung

Innerhalb der Staatsfundamentalnormen besitzen vor allem rechtsstaatliche Grundsätze (Art. 20 Abs. 3 GG, s. ausführlich oben Abschn. 2.1.2.2) maßgeblichen Einfluss auf das Verfahrens- und

Prozessrecht. Denn das Rechtsstaatsgebot gewährleistet nicht nur grundlegende materiellrechtliche Prinzipien, wie die Gesetzmäßigkeit der Verwaltung, sowie die Grundrechte als subjektiv-öffentliche Abwehrrechte, sondern sichert gerade auch deren effektive Durchsetzung (sog. wehrfähige Rechte) mit Hilfe von grundrechtsgleichen Rechten (Justiz- oder Prozessgrundrechte) – und zwar im verwaltungsbehördlichen wie -gerichtlichen Verfahren. Anders ausgedrückt wären individuelle Rechte, die bloß „auf dem Papier" existierten, nur ein stumpfes Schwert gegen die öffentliche Gewalt; hingegen sichert ihre „Wehrfähigkeit" die verfahrens- und prozessrechtliche Funktion der Abwehrgrundrechte. Zu den (grundrechtsgleichen) **Justiz-** oder **Prozessgrundrechten** zählen die Grundsätze des effektiven Rechtsschutzes (Art. 19 Abs. 4 GG), des rechtlichen Gehörs (Art. 103 Abs. 1) sowie des gesetzlichen Richters (Art. 101).

Die **Rechtsweggarantie** aus Art. 19 Abs. 4 S. 1 GG eröffnet jedem, der durch die öffentliche Gewalt in seinen Rechten verletzt ist, den Rechtsweg und gewährleistet somit, dass materiellrechtlich begründete subjektive Rechte gegen die öffentliche Gewalt überhaupt erst „wehrfähig", d. h. prozessual durchsetzbar werden. Die Rechtsweggarantie ist daher ein zentraler prozessrechtlicher Grundsatz, der die Auslegung und Anwendung sämtlicher Prozessordnungen, z. B. ZPO, StPO, VwGO, ArbGG, GVG, bestimmt. Die Rechtsweggarantie ist in erster Linie ein Leistungsrecht, beinhaltet also einen Anspruch auf Justizgewähr (sog. Justizgewährungsanspruch). Daneben enthält Art. 19 Abs. 4 S. 1 GG die institutionelle Garantie einer Gerichtsbarkeit, die dem Rechtsschutzauftrag gerecht wird.

▶ *Art. 19 Abs. 4 S. 1 GG gilt nur bei möglichen Rechtsverletzungen durch die öffentliche Gewalt. Eine Rechtsweggarantie bei Rechtsverletzungen durch Private bietet der allgemeine Justizgewährungsanspruch, der aus Art. 2 Abs. 1 i. V. m. Art. 20 Abs. 3 GG abgeleitet wird.*

Der **Grundsatz des rechtlichen Gehörs** (Art. 103 Abs. 1 GG), ein im deutschen Prozessrecht allgemein vorherrschender Verfahrensgrundsatz, besagt, dass jedem Beteiligten das Recht zusteht, vor einem Gericht mit seinem Vorbringen gehört zu werden. Damit verbunden sind insbesondere das Recht des Beschwerten auf (i) Akteneinsicht, d. h. der jederzeitigen Information über den Verfahrensstoff, (ii) auf Äußerung, schriftlich wie auch mündlich, im betreffenden Verfahren vor Erlass einer Entscheidung, (iii) auf Berücksichtigung verfahrenserheblicher Angaben sowie (iv) auf Benachrichtigung über den Ausgang des Verfahrens sowie die getroffene Entscheidung.

> **Beispiel**
>
> *Das Verwaltungsrecht regelt die Grundsätze des rechtlichen Gehörs sowohl in Bezug auf das verwaltungsbehördliche wie -gerichtliche Verfahren, etwa das Recht auf Akteneinsicht (§ 29 VwVfG, § 100 VwGO), das Anhörungs- bzw. Äußerungsrecht (§ 28 VwVfG, § 108 VwGO) oder auch das Recht auf Benachrichtigung (§ 41 VwVfG, §§ 73 Abs. 3, 97, 116 Abs. 1 VwGO).* ◀

Allerdings gewährt das rechtliche Gehör lediglich die Möglichkeit, sich in einem Verfahren zu äußern. Macht der Betroffene von diesem Anspruch keinen Gebrauch, ist ihm dennoch Genüge getan worden.

Aus dem **Prinzip des gesetzlichen Richters** gemäß Art. 101 GG folgt, dass niemand seinem gesetzlichen Richter entzogen werden darf (Abs. 1 S. 2). Zuständigkeitsregeln, die sich mit der sachlichen, funktionellen und örtlichen Zuständigkeit der Gerichte befassen, müssen durch formelle Gesetze geregelt werden (Art. 74 Abs. 1 Nr. 1 GG); bei jedem einzelnen Gericht ist durch Geschäftsverteilungspläne im Vorhinein festzulegen, welcher Richter bzw. welche Kammer für welche Rechtsstreitigkeiten zuständig sind. Schließlich regelt Art. 101 Abs. 2 GG, dass Ausnahmegerichte unzulässig sind und dass Gerichte für besondere Sachgebiete, wie etwa die Verwaltungs- (VwGO), Sozial- (SGG) oder Finanzgerichtsbarkeit (FGO), nur durch Gesetze errichtet werden können.

Dem Rechtsstaatsprinzip entstammen noch weitere Verfahrensgrundsätze, die teilweise für alle Gerichtsbarkeiten gelten und in den jeweiligen Prozessordnungen (des Zivil-, Straf-, Verwaltungs- und Verfassungsrechts) verankert sind, etwa der Öffentlichkeitsgrundsatz; bestimmte Prozessrechtsgrundsätze gelten teilweise aber auch nur für bestimmte Rechtsgebiete, etwa der Amtsermittlungsgrundsatz, der für Verwaltungsverfahren und -prozess maßgeblich ist (Abschn. 5.3 und 5.4).

5.1.2 Prozessuale Zweiteilung in Zulässigkeit und Begründetheit

Eine Klage ist erfolgreich, wenn das Gericht im Sinne des Klägers entscheidet; dies gilt im Verwaltungs- wie Verfassungsprozessrecht und auch in der ordentlichen Gerichtsbarkeit, etwa im Zivil- wie Strafprozess.

Beispiel

Eine verwaltungsrechtliche Klage hat beispielsweise Erfolg, wenn das Verwaltungsgericht den angefochtenen Verwaltungsakt aufhebt (Anfechtungsklage, § 42 Abs. 1, 1. Alt. VwGO) oder den Beklagten zum Erlass des vom Kläger beantragten Verwaltungsakts verurteilt (Verpflichtungsklage, 2. Alt.). ◀

Prozessrechtlich setzt der Erfolg voraus, dass die **Klage zulässig** und **begründet** ist, wobei über die Begründetheit erst entschieden werden kann, wenn bestimmte Zulässigkeitsvoraussetzungen allesamt erfüllt sind. Ist dies nicht der Fall, ergeht jedenfalls keine Sachentscheidung, sprich das Verwaltungsgericht prüft dann nicht, ob der vom Kläger geltend gemachte Anspruch, z. B. auf Erlass eines Verwaltungsakts, besteht.

▶ *Ist nach den Erfolgsaussichten einer Klage gefragt, ist der Aufbau durch die Fallfrage zwingend vorgegeben: Zunächst ist die Zulässigkeit der Klage zu prüfen. Erst wenn sämtliche Zulässigkeitsvoraussetzungen bejaht werden können, darf die Begründetheit der Klage geprüft werden. In der Begründetheit stehen materielle (wirtschaftsverwaltungsrechtliche) Rechtsfragen, etwa die Rechtmäßigkeit einer Gewerbeuntersagung einschließlich der Vereinbarkeit mit höherrangigem Recht, insbesondere Wirtschaftsgrundrechten, im Mittelpunkt.*

Es ist daher streng zwischen der Zulässigkeit und Begründetheit einer Klage zu unterscheiden.

▶ *Sollte die Zulässigkeit der Klage verneint werden, müssten – im Sachverhalt angelegte – materiell-rechtliche Probleme in einem **Hilfsgutachten** zur Begründetheit geprüft werden. Ansonsten läuft man Gefahr, sich durch die – möglicherweise sogar unzutreffende – Verneinung der Zulässigkeit der Klage wesentliche Probleme des Falles „abzuschneiden". Umgekehrt kann die Fallfrage aber auch nur die Zulässigkeit von Klagen oder Rechtsbehelfen betreffen; dann darf keinesfalls, auch nicht hilfsweise, die Begründetheit geprüft werden (häufig fehlt dafür auch die Zeit!).*

5.1.3 Bedeutung des Unionsrechts sowie internationale Einflüsse

Nicht nur im materiellen Wirtschaftsverwaltungs- und -verfassungsrecht, sondern auch im Bereich des Rechtsschutzes wird die Tendenz zur „**Europäisierung**" deutlich. Dies schlägt sich allerdings weniger in unmittelbar geltendem Unionsrecht, wie etwa primärrechtlichen Grundfreiheiten oder sekundärrechtlichen Verordnungen, oder in einheitlichen, materiellen wie prozessrechtlichen Verfahrensvorschriften, etwa zum Widerspruchsverfahren, nieder. Denn die Zuständigkeit des Europäischen Gerichtshofs beschränkt sich allein auf Streitigkeiten, meist zwischen EU-Organen und Mitgliedstaaten, in Einzelfällen auch gegenüber klagebefugten Individuen, die sich auf die Auslegung und Anwendung des Unionsrechts (Art. 19 EUV; Art. 251 ff. AEUV) beziehen. In den meisten Fällen sind es jedoch nationale

Rechtsakte und Verwaltungsmaßnahmen, die der Durchführung (Umsetzung) von EU-Recht dienen, den einzelnen Wirtschaftsteilnehmer aber in Formen des nationalen Rechts direkt, sprich grundrechtsrelevant (be)treffen. In solchen Fällen muss dem EU-Recht die größtmögliche praktische Wirksamkeit (*effet utile*) zukommen, so der EuGH in st Rspr (seit Rs. C-41/74, ECLI:EU:C:1974:133 – van Duyn), was dazu führt, dass das nationale Recht europarechtskonform auszulegen und anzuwenden ist. Der daraus vom EuGH entwickelte Effektivitätsgrundsatz (Rs. C-24/95, ECLI:EU:C:1997:163 – Alcan; Rs. C-205/82, ECLI:EU:C:1983:233 – Deutsche Milchkontor) führte an vielen Stellen, insbesondere auch im Wirtschaftsverwaltungs- und Verwaltungsprozessrecht, zur Überformung der nationalen Rechtsordnung durch Unionsrecht.

> **Beispiel**
>
> *Besonders eindrucksvoll zeigt dies das Beispiel der Rücknahme von nationalen Subventionsbewilligungsbescheiden, die aufgrund eines Verstoßes gegen EU-Recht, konkret die Notifizierungspflicht aus Art. 108 Abs. 3 S. 1 AEUV, rechtswidrig waren, deren Rücknahme bei rein nationaler Sichtweise jedoch an den Voraussetzungen (Vertrauensschutz, Frist des § 48 VwVfG) scheiterte. Wie der EuGH in seiner sog. Alcan-Rechtsprechung (Abschn. 4.3.3.3) urteilte, darf das nationale Recht die Wirkung und Durchsetzbarkeit des Europarechts aber nicht erschweren oder gar praktisch unmöglich machen.* ◄

Während die Grundsätze der Rückforderung europarechtswidriger Beihilfen, nach anfänglicher Kritik, mittlerweile fester Bestandteil des nationalen Subventionsrechts sind, findet die fortschreitende Europäisierung von Wirtschaftsaufsicht und Regulierung (Abschn. 4.2.3.2) aktuell noch (zu) wenige Entsprechungen auf der Ebene des Rechtsschutzes. Dies gilt vor allem für ein einheitliches europäisches Verwaltungs- (einschließlich des Widerspruchs)verfahren, aber auch für Gestaltungsklagen von Individuen gegen Entscheidungen der Kommission oder von EU-Agenturen als „Aufsichtsbehörden" in EU-Verwaltungsverbünden, etwa in der Finanzaufsicht oder in den „klassischen" Regulierungssektoren wie Energie oder Telekommunikation. Gerade in supranationalen Verwaltungsverbundstrukturen, die den Charakter des Mehrebenensystems betonen und sich daher in immer mehr europäischen Politikbereichen etablieren, sind einheitliche Verfahrensregeln als Teil eines eigenständigen **EU-Verwaltungsprozessrechts** unumgänglich, um die „Rollenverteilung" zwischen nationalen und EU-Behörden im Vorfeld festzulegen und den Wirtschaftsteilnehmern, die von eingriffsintensiven Aufsichts- und Regulierungsmaßnahmen betroffen sind, effektive Rechtsschutzmöglichkeiten zur Verfügung zu stellen.

> **Beispiel**
>
> *Dazu zählt die Individualnichtigkeitsklage nach Art. 263 AEUV, die seit 2009 (Vertrag von Lissabon) von natürlichen und juristischen Personen auch gegenüber der EZB und EU-Agenturen (als Einrichtungen und sonstige Stellen i. S. v. Abs. 5) erhoben werden kann, um Rechtsakte dieser Stellen unter bestimmten Voraussetzungen (Abs. 4) vor dem Europäischen Gerichtshof direkt anzufechten.* ◄

In transnationalen, **globalen Wirtschaftsbeziehungen**, die über die EU-Rechtsordnung hinausgehen, sind Rechtsstreitigkeiten regelmäßig mit hohen wirtschaftlichen wie rechtlichen Risiken verbunden; umgekehrt sind Rechts- und Investitionssicherheit ein hoher wirtschaftlicher Anreiz für (ausländische) Direktinvestitionen, deren volkswirtschaftliche Bedeutung groß, für einige Staaten sogar „überlebenswichtig" ist und die daher durch bilaterale wie multilaterale Investitionsschutzabkommen abzusichern sind. Auf Ebene des Völkerrechts besteht mit dem Internationalen Zentrum zur Beilegung von Investitionsstreitigkeiten (*International Centre for Settlement of Investment Disputes*, ICSID) eine Schiedsorganisation zur Streitbeilegung, die, unabhängig von den jeweiligen nationalen Gerichtsbarkeiten, sowohl zwischenstaatliche Verfahren zwischen Heimatstaat und Gaststaat, insbesondere vor **Schiedsgerichten**, als auch sog. Investor-Staat-Verfahren (nach ICSID-Regeln) überwacht.

Prinzipiell handelt es sich bei Schiedsverfahren um private Gerichtsverfahren zur Beilegung von Streitigkeiten, die durch vertragliche Abrede der Parteien (Schiedsvereinbarung) eingesetzt werden. Die Kontrollmöglichkeit von Schiedssprüchen ist verfassungsrechtlich geboten (Art. 19 Abs. 4 GG, Art. 6 Abs. 1 EMRK) mit der Folge, dass die nationale Rechtsordnung, wie etwa §§ 1025 ff. ZPO, den für beide Parteien bindenden Schiedsspruch anerkennt und dieser von staatlichen Gerichten, wie sonst nur Urteile, für vollstreckbar erklärt werden darf (§ 1055 ZPO).

Das **EU-Recht**, das seinerseits den Zugang zu unabhängigen Gerichten sichert, steht der Einrichtung von Investitionsschiedsgerichten, wie etwa im Falle des Freihandelsabkommens CETA zwischen der EU und dem Drittland Kanada, grundsätzlich nicht entgegen, so der EuGH (Gutachten 1/17, ECLI:EU:C:2019:341 – CETA). Mit dem EU-Recht unvereinbar sind hingegen sog. Intra-EU-Schiedsverfahren vor privaten wie internationalen Schiedsgerichten, denn sie würden eine parallele Rechtsprechungsinstitution zulassen, die außerhalb der nationalen und europäischen Gerichte verbindliche Entscheidungen über die Auslegung von EU-Recht vornimmt (EuGH, Rs. C-284/16, ECLI:EU:C:2018:158 – Achmea sowie Gutachten 2/15, ECLI:EU:C:2017:376 – EMRK).

5.2 Verfassungsprozessrecht

Das Verfassungsprozessrecht regelt formal den Ablauf von Gerichtsverfahren vor dem BVerfG sowie vor den Verfassungsgerichtshöfen der Länder; materiell haben verfassungsrechtliche Streitigkeiten die Vereinbarkeit hoheitlicher Maßnahmen mit der Verfassung (des Bundes, dem GG, oder den Landesverfassungen) zum Gegenstand. Der nachfolgende Überblick über die wichtigsten verfassungsprozessualen Rechtsschutzmöglichkeiten beschränkt sich, entsprechend der Schwerpunktsetzung dieses Lehrbuchs, auf das Verfassungsprozessrecht des Bundes, somit den Katalog aus Art. 93 Abs. 1 sowie Art. 100 GG. Besondere Bedeutung kommt dabei der Individualverfassungsbeschwerde zu, quasi dem verfassungsprozessualen „Werkzeug" zur Durchsetzung von (Wirtschafts-)Grundrechten. Allerdings ist an dieser Stelle bereits darauf hinzuweisen, dass das **BVerfG keine Superrevisionsinstanz** darstellt, weshalb der Beschwerdeführer sich nur auf die Verletzung spezifischen Verfassungsrechts, etwa der Berufs- oder Eigentumsfreiheit, nicht aber auf die Verletzung von unterhalb der Verfassung stehenden Rechtsnormen, z. B. Gesetzen, Rechtsverordnungen oder Satzungen, berufen darf.

5.2.1 Normenkontrollverfahren

Im Rahmen der **abstrakten** Normenkontrolle, die in Art. 93 Abs. 1 Nr. 2 GG, §§ 13 Nr. 6, 76 ff. BVerfGG geregelt ist, wird durch ein objektives Verfahren überprüft, ob Bundes- oder Landesrecht mit dem GG vereinbar ist. Was die abstrakte von der konkreten Normenkontrolle unterscheidet, ist die Tatsache, dass die abstrakte Normenkontrolle, wie der Name schon sagt, unabhängig von einem konkreten Prozess oder Rechtsstreit durchgeführt wird. Insoweit existiert auch kein Antragsgegner.

Beispiel

Abstrakte Normenkontrolle wäre die Klage einer Landesregierung gegen ein (Bundes-)Gesetz, das eine Pflicht zur Schutzimpfung gegen das neuartige Corona-Virus für alle Inländer über 18 Jahre normiert. ◄

Im Gegensatz dazu geht es bei der **konkreten** Normenkontrolle nach Art. 100 Abs. 1 Nr. 1 GG; §§ 13 Nr. 11, 80 ff. BVerfGG um die allgemeine Vereinbarkeit einer Norm mit dem GG. Im Fokus steht hier ein konkretes gerichtliches Verfahren, in dessen Rahmen ein Instanzgericht die Verfassungsmäßigkeit einer Rechtsnorm überprüfen lassen will und dann mangels eigener Prüfungskompetenz diese Rechtsfrage dem BVerfG vorlegt.

> **Beispiel**
>
> *Etwa eine Klage gegen einen Bußgeldbescheid, der aufgrund eines Verstoßes gegen das BImSchG ergangen ist, wobei das Instanzgericht die Regelungen des BImSchG für zu unbestimmt hält und die Rechtsfrage daher dem BVerfG zur Klärung unterbreitet.* ◄

5.2.2 Organstreit

Der Organstreit, geregelt in Art. 93 Abs. 1 Nr. 1 GG, §§ 13 Nr. 5, 63 ff. BVerfGG, stellt eine verfassungsgerichtliche Innenrechtsstreitigkeit dar, bei der Handlungen eines obersten Bundesorgans auf ihre Verfassungsmäßigkeit hin überprüft werden. In der Regel begehrt der Antragsteller vom BVerfG die Feststellung, dass er durch eine Maßnahme des Antragsgegners in seinen verfassungsmäßigen Rechten verletzt ist.

> **Beispiel**
>
> *Die Bundesregierung klagt gegen den Bundespräsidenten, da dieser sich weigert, ein Gesetz auszufertigen.* ◄

5.2.3 Bund-Länder-Streit

Beim Bund-Länder-Streit, normiert in Art. 93 Abs. Nr. 3 GG, §§ 13 Nr. 7, 68 ff. BVerfGG, geht es – wie der Name schon andeutet – um Kompetenzstreitigkeiten zwischen Bund und Ländern oder zwischen zwei Bundesländern. Im Streit stehen gegenseitige Rechte und Pflichten aus der Verfassung, insbesondere bei der Ausführung von Bundesrecht durch die Länder (Art. 83 ff. GG) und bei der Ausübung der Bundesaufsicht.

> **Beispiel**
>
> *Hält beispielsweise ein Bundesland den Bund für nicht berechtigt, eine Anweisung zur Stilllegung aller Atomkraftwerke zu erteilen, kann das Bundesland diese Frage im Wege eines Bund-Länder-Streits vor dem BVerfG klären lassen.* ◄

5.2.4 Verfassungsbeschwerde

Mit Hilfe der Verfassungsbeschwerde, deren einzelne Voraussetzungen sich aus Art. 93 Abs. 1 Nr. 4a GG, §§ 13 Nr. 8a, 90 ff. BVerfGG ergeben, kann der Beschwerdeführer überprüfen lassen, ob er durch einen Akt der öffentlichen Gewalt in seinen Grundrechten oder grundrechtsgleichen Rechten verletzt wurde. Auch wenn erfolgreiche Verfassungsbeschwerden in der Praxis sehr selten sind (und die Erfolgsaussichten nur bei knapp 2 % liegen), sind bei der gutachterlichen Prüfung wie auch sonst Zulässigkeit und Begründetheit nacheinander zu prüfen.

Im Rahmen der **Zulässigkeitsvoraussetzungen** ist, nach der Zuständigkeit des BVerfG (Art. 93 Abs. 1 Nr. 4a GG, §§ 13 Nr. 8a, 90 ff. BVerfGG), die **Beschwerdeberechtigung** zu untersuchen; „jedermann" ist derjenige, der Träger von Grundrechten oder grundrechtsgleichen Rechten (§ 90 Abs. 1 BVerfGG) ist, somit alle natürlichen Personen, z. B. Handwerker (Art. 12 GG), sowie juristische Personen des Privatrechts (Art. 19 Abs. 3 GG, Abschn. 2.2.2.1), sofern das Grundrecht wesensmäßig auf sie anwendbar ist (z. B. GmbH, die sich auf Art. 14 GG, nicht aber auf den Schutz der Familie nach Art. 6 Abs. 1 GG berufen kann). Tauglicher **Beschwerdegegenstand** kann jeder Akt der öffentlichen Gewalt (Art. 93 Abs. 1 Nr. 4a GG, § 90 Abs. 1 BVerfGG) sein, wozu Maßnahmen sämtlicher Staatsgewalten zählen.

> **Beispiel**
>
> *Als Akte öffentlicher Gewalt einzustufen sind etwa ein Urteil im Verwaltungs- oder Strafprozess, ein immissionsschutzrechtliches Bundes- oder Landesgesetz oder auch Verwaltungsakte wie eine Erlaubnis für genehmigungsbedürftige Wirtschaftstätigkeiten, ein Subventions- oder ein Widerspruchsbescheid.* ◄

Bei einer Urteilsverfassungsbeschwerde kommen mehrere Beschwerdegegenstände in Betracht, denn dem Urteil sind regelmäßig ein Ausgangsverwaltungsakt, eventuell auch ein

Widerspruchsbescheid vorausgegangen, die der Beschwerdeführer mittels Klage bereits angegriffen hat; Gegenstand der Verfassungsbeschwerde ist dann zumindest das letztinstanzliche Urteil.

Der Beschwerdeführer ist **beschwerdebefugt**, wenn die Möglichkeit einer Grundrechtsverletzung besteht und er durch den Akt der öffentlichen Gewalt selbst, gegenwärtig und unmittelbar betroffen ist. Die Möglichkeit einer Grundrechtsverletzung besteht, wenn eine solche Beeinträchtigung nicht von vornherein ausgeschlossen ist.

▶ *Ob Grundrechte tatsächlich verletzt sind, ist eine Frage der Begründetheit und muss daher an dieser Stelle nicht geprüft werden.*

Der Beschwerdeführer muss **selbst**, d. h. in eigenen (subjektiv-öffentlichen) Rechten betroffen sein, wodurch Popularklagen ausgeschlossen werden. Die Selbstbetroffenheit ist bei Adressaten einer hoheitlichen Maßnahme, etwa eines Urteils oder eines Verwaltungsaktes, zu bejahen.

Beispiel

Hingegen kann eine Gruppe von Naturschützern aus Umweltschutzbelangen nicht gegen die Rodung oder Enteignung des Waldes klagen, der in fremdem Eigentum steht. ◀

Die **gegenwärtige** Betroffenheit ist gegeben, wenn die Grundrechtsverletzung schon bzw. noch besteht, d. h. wenn sie schon begonnen hat bzw. noch andauert. **Unmittelbar** betroffen ist der Beschwerdeführer, wenn kein weiterer Vollzugsakt notwendig oder möglich ist, etwa bei Verfassungsbeschwerden gegen Gesetze, die direkt grundrechtsbeeinträchtigend wirken.

Beispiel

Sofern eine Impfpflicht für ansteckende Krankheiten, wie Masern oder das Coronavirus, gesetzlich (direkt im IfSG) geregelt wird, ergibt sich die unmittelbare Betroffenheit bereits durch das Gesetz selbst. ◀

Sind hingegen Ausführungsakte gesetzlich vorgesehen, etwa in Gestalt von Rechtsverordnungen, Satzungen oder Verwaltungsakten, oder möglich (z. B. auch bei behördlichen Realakten), wird der Beschwerdeführer regelmäßig (erst) durch diese Ausführungsakte und nicht (schon) durch das Gesetz unmittelbar betroffen.

Beispiel

Die unmittelbare Betroffenheit ist beispielsweise zu bejahen, wenn die Polizei eine Demonstration auflöst und ein Demonstrant sich gegen den polizeilichen Platzverweis gerichtlich wehrt. ◀

Der Beschwerdeführer darf erst Verfassungsbeschwerde erheben, nachdem er sämtliche anderen Rechtswege und ihm möglichen Rechtsbehelfe ausgeschöpft hat, sog. **Rechtswegerschöpfung** (§ 90 Abs. 2 BVerfGG). Darin zum Ausdruck kommt der Grundsatz der Subsidiarität, der besagt, dass es zunächst Aufgabe der Fach- bzw. ordentlichen Gerichte ist, effektiven Rechtsschutz (Art. 19 Abs. 4 GG) zu gewähren. Bei Gesetzesverfassungsbeschwerden ist im Rahmen der Rechtswegerschöpfung jedoch immer danach zu fragen, ob Rechtsschutz vor dem Verwaltungsgericht mit einer inzidenten Überprüfung des entsprechenden Gesetzes – und damit „einfacher" im Wege der Normenkontrolle (Art. 100 Abs. 1 Nr. 1 GG; §§ 13 Nr. 11, 80 ff. BVerfGG, oben Abschn. 5.2.1.) – erreicht werden kann. Hiervon ausgeschlossen sind jedoch Parlamentsgesetze, gegen die § 90 Abs. 2 S. 1 BVerfGG direkt die Verfassungsbeschwerde erlaubt.

Schließlich muss die Verfassungsbeschwerde **schriftlich** verfasst sein, § 23 Abs. 1 S. 1 BVerfGG, und ist substantiiert zu begründen, S. 2. Für die Urteilsverfassungsbeschwerde maßgeblich ist die **Frist** aus § 93 Abs. 1 BVerfGG, wonach die Verfassungsbeschwerde binnen eines Monats nach Zustellung der Entscheidung einzureichen ist (S. 2). Eine Gesetzesverfassungsbeschwerde, gegen die der instanzgerichtliche Rechtsweg nicht offensteht, muss binnen eines Jahres nach Inkrafttreten des Gesetzes erhoben werden, Art. 93 Abs. 3 BVerfGG. Wenn alle Voraussetzungen vorliegen, ist die Verfassungsbeschwerde zulässig; anderenfalls wird sie das BVerfG als unstatthaft abweisen.

Begründet ist die Verfassungsbeschwerde, wenn der angegriffene Akt der öffentlichen Gewalt den Beschwerdeführer in seinen Grundrechten oder grundrechtsgleichen Rechten verletzt. An dieser Stelle ist jede der behaupteten Grundrechtsverletzungen einzeln und anhand des bekannten Aufbaus (Schutzbereich – Eingriff – Rechtfertigung) genau zu prüfen.

▶ *Nutzen Sie für die Grundrechtsprüfung das Prüfungsschema* (Abschn. 2.2.2) *und wiederholen Sie dies an dieser Stelle.*

Stellt sich im Ergebnis heraus, dass tatsächlich ein oder mehrere Grundrechte verletzt sind, ist die Verfassungsbeschwerde begründet und hat Erfolg. Das BVerfG wird ihr stattgeben und die angegriffenen Gerichtsentscheidungen aufheben (§ 95 Abs. 2 BVerfGG) bzw. das angegriffene Gesetz für nichtig erklären (§ 95 Abs. 3). Ist die Verfassungsbeschwerde zulässig, aber unbegründet, hat sie keinen Erfolg.

5.3 Widerspruchsverfahren

5.3.1 Standort zwischen Verwaltungsverfahren und Verwaltungsprozess

Auch wenn Verfassungsklagen in letzter Zeit regelmäßig für tagespolitische Schlagzeilen sorgen, besitzen Verwaltungsrechtsstreitigkeiten sowohl zahlenmäßig als auch rechtspraktisch die ungleich höhere Relevanz. Begrifflich umfasst das Verwaltungsprozessrecht zunächst alle Arten von Rechtsstreitigkeiten, die vor allgemeinen wie besonderen Verwaltungsgerichten erst- sowie folgeinstanzlich ausgetragen werden. Hingegen ist das Widerspruchsverfahren ein eigenständiges Rechtsbehelfsverfahren, das durch die Exekutive als Herrin des Verfahrens geführt wird; allerdings weist es deutliche Parallelen zu gerichtlichen Verfahren auf. Zudem hat ein Widerspruch immer dann verwaltungsprozessuale Bedeutung, wenn seine erfolglose Durchführung (Sachurteils-)Voraussetzung für eine verwaltungsgerichtliche (Anfechtungs- oder Verpflichtungs-)Klage ist. Das Widerspruchsverfahren bildet daher typischerweise den Startpunkt für verwaltungsprozessuale wie verfahrensökonomische Überlegungen, weshalb seine Darstellung auch am Anfang steht. Schließlich zeigt sich an der Verknüpfung von Widerspruchs- und Klageverfahren noch eine weitere Besonderheit, denn der Verwaltungsrechtsschutz ist prozessual nicht allein der Verwaltungsgerichtsbarkeit, sondern zunächst der (Wirtschafts-)Verwaltung zugewiesen. Mit anderen Worten: Widerspruch wie auch nachfolgende Anfechtungsklage beziehen sich materiellrechtlich auf denselben wirtschaftsverwaltungsrechtlichen Streitgegenstand, sind aber je nach Verfahrensfortschritt der Behandlung durch unterschiedliche Staatsgewalten, nämlich zunächst die Exekutive, später die Judikative zugewiesen.

5.3.2 Funktionen

Bereits angedeutet wurde, dass das Widerspruchsverfahren Elemente des Verwaltungsverfahrens mit dem Prozessrecht funktional verknüpft, weshalb in erster Linie die Verwaltung, aber auch die Judikative daran beteiligt sind. Dem Widerspruchsverfahren ist daher eine **Doppelrolle** immanent, denn es ist einerseits **Vorschaltverfahren** und damit Sachurteilsvoraussetzung für Anfechtungs-/Verpflichtungsklage (§ 68 Abs. 1 S. 1, Abs. 2 VwGO), andererseits eigener **außergerichtlicher Rechtsbehelf** und insoweit spezielles Verwaltungsverfahren (§ 79 VwVfG).

Die **Zwecke** des Widerspruchsverfahrens bestehen (i) in der Gewährung von effektivem **Rechtsschutz** (Art. 19 Abs. 4 GG) für den Einzelnen, etwa Bürger oder Unternehmen, (ii) in der **Entlastung** für die Verwaltungsgerichte sowie (iii) in der **Selbstkontrolle** für die Verwaltung. Der Widerspruch gibt dem vom Verwaltungsakt Betroffenen, der meist juristisch nicht vorgebildet ist, eine effektive und gleichzeitig niedrigschwellige Überprüfungsmöglichkeit, da er nicht durch hohe Verfahrenshürden von einer

Überprüfung „abgeschreckt" wird; vielmehr kann er die Aufhebung des (belastenden) Verwaltungsakts ohne Einschaltung der Gerichte erreichen. Den Interessen der Verwaltung dient das Widerspruchsverfahren insofern, als dass diese „gesichtswahrend" ihre Entscheidung (Verwaltungsakt) nochmals überprüfen und im Falle der Unzweckmäßigkeit oder Rechtswidrigkeit aufheben kann – und dadurch auch die Gerichte entlastet, die erst „eine Runde später", im Verwaltungsprozess eingeschaltet werden.

Die Wirkungen des Widerspruchs umschreiben der sog. Suspensiv- sowie der Devolutiveffekt. **Suspensiveffekt** (von lat. *suspendere* = aufschieben) meint, dass der Widerspruch (wie auch die Anfechtungsklage) aufschiebende Wirkung besitzen (§ 80 Abs. 1 VwGO), d. h. dass ein Verwaltungsakt nach Erhebung des Widerspruchs regelmäßig nicht sofort vollstreckt werden darf. Den Vollstreckungsschutz, den der Suspensiveffekt gewährleistet, kann die Verwaltung nur unter den in § 80 Abs. 4 S. 1 i. V. m. Abs. 2 VwGO genannten Voraussetzungen außer Kraft setzen, indem der Verwaltungsakt für sofort vollziehbar erklärt wird, etwa bei Gefahr im Verzug (§ 80 Abs. 2 S. 1 Nr. 4 VwGO). Selbst bei Verwaltungsakten, die für sofort vollziehbar erklärt werden, ist der betroffene Wirtschaftsteilnehmer nicht rechtsschutzlos gestellt; vielmehr kann er im Wege des sog. einstweiligen Rechtsschutzes, § 80 Abs. 5 VwGO, beim Verwaltungsgericht beantragen, dass dieses die aufschiebende Wirkung des Verwaltungsaktes anordnet (§ 80 Abs. 2 S. 1 Nr. 1–3 VwGO) bzw. wiederherstellt (Nr. 4). Handelt es sich nicht um einen Verwaltungsakt, kann Eilrechtsschutz über die sog. einstweilige Anordnung, § 123 Abs. 1 VwGO, gesucht werden.

Die zweite Wirkung des Widerspruchs wird als sog. **Devolutiveffekt** bezeichnet; umschrieben wird damit der Grundsatz, dass der Widerspruchsbescheid grundsätzlich von der nächsthöheren Behörde erlassen wird, § 73 Abs. 1 Nr. 1 VwGO. Um den Devolutiveffekt zu verstehen, ist es sinnvoll, sich den zeitlichen Ablauf des Widerspruchsverfahrens vor Augen zu führen.

5.3.3 Ablauf

Grundsätzlich gilt, dass nicht in allen Fällen ein Widerspruchsverfahren durchzuführen ist. Gemäß § 68 Abs. 1 S. 2 VwGO findet kein Vorverfahren statt, wenn (i) dies gesetzlich, etwa in Ausführungsgesetzen der Länder zur VwGO, für entbehrlich erklärt wird, § 68 Abs. 1 S. 2, 1. Alt. VwGO, (ii) wenn der Verwaltungsakt durch eine oberste Bundes- oder Landesbehörde, etwa ein Bundes- oder Landesministerium, erlassen wird, § 68 Abs. 1 S. 2 Nr. 1 VwGO, oder (iii) im Fall des § 68 Abs. 1 S. 2 Nr. 2 VwGO.

In allen anderen Fällen – und somit in aller Regel – ist ein Widerspruchsverfahren durchzuführen; dessen Startpunkt bildet der Erlass eines Verwaltungsakts durch die sog. Ausgangsbehörde. Gegen den Verwaltungsakt kann der Betroffene, der sog. Widerspruchsführer, fristgerecht (§ 70 Abs. 1 VwGO), d. h. binnen eines Monats nach Bekanntgabe (§§ 43, 41 VwVfG) des Verwaltungsakts Widerspruch erheben; der Einfachheit halber kann der Widerspruch sowohl bei der Ausgangs- als auch der Widerspruchsbehörde erhoben werden. Dem Zweck des Rechtsbehelfsverfahrens entsprechend erhält die Ausgangsbehörde durch den Widerspruch Gelegenheit, ihre Entscheidung (Verwaltungsakt) nochmals zu überprüfen und gegebenenfalls zu revidieren. Hält die Ausgangsbehörde den Widerspruch für zulässig und begründet, gibt sie dem (erfolgreichen) Widerspruch statt und erlässt einen sog. **Abhilfebescheid**, § 72 VwGO. Will die Ausgangsbehörde dem Widerspruch hingegen nicht abhelfen, muss sie diesen an die nächsthöhere Behörde, die sog. **Widerspruchsbehörde**, weiterleiten; der Devolutiveffekt kommt in § 73 Abs. 1 S. 1, 2 VwGO zum Ausdruck. Im Ergebnis der Prüfung des Widerspruchs durch die Widerspruchsbehörde bestehen zwei Möglichkeiten: (i) Die Widerspruchsbehörde hält den zulässigen Widerspruch für begründet; sie verweist die Entscheidung zurück an die Ausgangsbehörde, die dem Widerspruch abhelfen muss (§ 72 VwGO), oder die Widerspruchsbehörde erlässt einen Widerspruchsbescheid, da sie den Widerspruch für unbegründet erachtet, und weist ihn daher – in Gestalt eines ablehnenden oder negativen Widerspruchsbescheids – zurück. Dem Devolutiveffekt entsprechend erlässt den **Widerspruchsbescheid** stets die Widerspruchsbehörde, wie § 73 Abs. 1 S. 1 VwGO explizit regelt. Sollte der Widerspruchsführer die mit dem Rechtsbehelf verfolgten Interessen aufrechterhalten, muss er dagegen nun im Klagewege, etwa mit einer Anfechtungsklage (§ 42 Abs. 1, 1. Alt. VwGO), vor das Verwaltungsgericht „ziehen".

5.3.4 Sachentscheidungsvoraussetzungen des Widerspruchs

Steht die Frage nach den Erfolgsaussichten eines Widerspruchs im Raum, sind entsprechend der für gerichtliche Verfahren bekannten Zwei-Schritte-Prüfung zunächst die Zulässigkeit und nachfolgend die Begründetheit des Widerspruchs zu untersuchen.

> **Beispiel**
>
> *Der Obersatz müsste daher lauten: Der Widerspruch hat Erfolg, wenn er zulässig und begründet ist.* ◄

5.3.4.1 Eröffnung des Verwaltungsrechtswegs

Als erste Voraussetzung der Zulässigkeit ist zu prüfen, ob es sich um eine Streitigkeit handelt, für die der Verwaltungsrechtsweg eröffnet wäre. Herangezogen wird dafür die **Generalklausel** des § 40 Abs. 1 S. 1 VwGO, die im Widerspruchsverfahren analog anzuwenden ist. Da der Widerspruch als Vorschaltrechtsbehelf im System der VwGO fest verankert ist, der Gesetzgeber § 40 VwGO ausdrücklich aber nur auf das gerichtliche Verfahren bezieht, liegt eine planwidrige Regelungslücke vor, die die analoge Anwendung der Norm rechtfertigt. Prüfungsvoraussetzungen wie -reihenfolge von § 40 Abs. 1 VwGO sind daher in Widerspruchs- und Klageverfahren identisch.

Aufdrängende Sonderzuweisungen
Die Generalklausel des § 40 Abs. 1 VwGO ist nur dann anwendbar, wenn keine sog. aufdrängende Sonderzuweisung existiert. Dabei handelt es sich um spezielle Normen, die unabhängig von § 40 Abs. 1 VwGO anordnen, dass für bestimmte Rechtsstreitigkeiten der Rechtsweg zu den Verwaltungsgerichten direkt eröffnet ist. Liegen die Voraussetzungen einer solchen Sonderzuweisung erfüllt, „drängt" sich diese „auf", weshalb § 40 Abs. 1 VwGO nicht mehr zu prüfen ist.

> **Beispiel**
>
> *Aufdrängende Sonderzuweisungen finden sich beispielsweise im Beamtenrecht, etwa in § 54 Abs. 1 BeamtStG oder § 126 Abs. 1 BBG.* ◄

Generalklausel des § 40 Abs. 1 S. 1 VwGO
Sofern keine aufdrängende Sonderzuweisung die verwaltungsgerichtliche Zuständigkeit bestimmt, ist der Verwaltungsrechtsweg für alle öffentlich-rechtlichen Streitigkeiten nichtverfassungsrechtlicher Art eröffnet – bzw. wäre eröffnet, um in der zeitlichen Perspektive des Widerspruchsverfahrens als Vorschaltverfahren zu bleiben. § 40 Abs. 1 VwGO stellt die Eröffnung des Verwaltungsrechtsweges unter **drei Tatbestandsvoraussetzungen**: (i) öffentlich-rechtliche Streitigkeit, (ii) nichtverfassungsrechtliche Streitigkeit, (iii) Fehlen einer abdrängenden Sonderzuweisung.

Der Verwaltungsrechtsweg ist nur für **öffentlich-rechtliche Streitigkeiten** eröffnet, womit von Streitigkeiten abgegrenzt wird, die der ordentlichen Gerichtsbarkeit, d. h. den Zivil- oder Strafgerichten (§ 13 GVG), unterfallen. Die Unterscheidung spielt jedoch nicht nur im prozessrechtlichen Kontext eine Rolle, sondern in sämtlichen Fallkonstellationen, in denen zwischen öffentliches und privates Recht bzw. Handeln voneinander abzugrenzen ist.

▶ *Erinnert sei an dieser Stelle an die Abgrenzung im Rahmen der Begriffsbestimmung (Was ist öffentliches Recht?* Abschn. 1.1*) oder im Rahmen des Verwaltungsaktes (Maßnahme auf dem Gebiet des öffentlichen Rechts* Abschn. 3.3.2.1*).*

Die herrschende Meinung greift zur Abgrenzung auf die modifizierte Subjekts- oder Sonderrechtstheorie zurück, die in der Regel zu eindeutigen Zuordnungen führt. Öffentliches Recht sei immer dann gegeben, wenn die das Wirtschaftsleben beeinflussende (streitentscheidende) Vorschrift ausschließlich Träger hoheitlicher Gewalt berechtigt, verpflichtet oder organisationsrechtlich beeinflusst; in allen anderen Fällen handelt es sich um Privatrecht. Als griffige Formel gilt, dass eine Norm immer dann dem öffentlichen Recht zuzuordnen ist, wenn sie ausschließlich oder überwiegend Träger der öffentlichen Verwaltung berechtigt oder verpflichtet und damit **Sonderrecht des Staates** darstellt.

▶ *Häufig ist das Vorliegen einer öffentlich-rechtlichen Streitigkeit offensichtlich; dann genügt ein Satz als Begründung, etwa, wenn unzweideutig ein Verwaltungsakt, eine Rechtsverordnung oder eine Satzung eines Trägers öffentlicher Gewalt in Rede steht bzw. angegriffen wird. Wichtig ist allerdings, dass nicht bereits bei der Rechtswegprüfung – sondern erst in der Begründetheit – untersucht werden darf, ob ein Verwaltungsakt, eine Rechtsverordnung oder eine öffentlich-rechtliche Satzung vorliegt.*

Als zweite, in § 40 Abs. 1 S. 1 VwGO genannte Voraussetzung muss es sich um eine Streitigkeit nichtverfassungsrechtlicher Art handeln. Zurückgegriffen werden kann dabei auf die sog. **doppelte Verfassungsunmittelbarkeit**, die zwei Voraussetzungen aufstellt, welche kumulativ erfüllt sein müssen. Demnach handelt es sich immer dann um eine verfassungsrechtliche Streitigkeit, wenn Verfassungsorgane, etwa Bundestag und Bundespräsident, über die Auslegung und Anwendung von Verfassungsrecht streiten, etwa im Bund-Länder-Streit, die Beteiligten unmittelbar am Verfassungsleben teilnehmen und es im Kern um die Anwendung und Auslegung von Verfassungsrecht geht. Wichtig zu erwähnen ist auch, dass sich Individuen, natürliche wie juristische Personen, zwar auf Wirtschaftsgrundrechte berufen können; sie „schöpfen" aber kein Verfassungsrecht, weshalb Streitigkeiten, an denen (auch) Wirtschaftsteilnehmer beteiligt sind, im Regelfall nichtverfassungsrechtlicher Art sind.

▶ *In Fallbearbeitungen kann die nichtverfassungsrechtliche Streitigkeit meist, allerdings nicht immer unproblematisch bejaht werden. Hier empfiehlt es sich umgekehrt zu prüfen und zu fragen, ob eine verfassungsrechtliche Streitigkeit vorliegt, für die der Rechtsweg zu den Verfassungsgerichten (des Bundes oder der Länder) eröffnet wäre. Der Verwaltungsrechtsweg ist in diesen Fällen nicht (parallel) eröffnet.*

Schließlich und drittens darf gemäß § 40 Abs. 1 VwGO keine sog. **abdrängende Sonderzuweisung** vorliegen, d. h. eine gesetzliche Zuweisung, die den Rechtsstreit an ein anderes Gericht verweist, das nicht zur allgemeinen Verwaltungsgerichtsbarkeit gehört.

▶ *Lernen Sie die Voraussetzungen von § 40 Abs. 1 VwGO im systematischen Kontext! Machen Sie sich zunächst klar, dass die Eröffnung des Verwaltungsrechtswegs im Widerspruchs- wie im Klageverfahren dieselbe „Türöffnerfunktion" besitzt. Erkennen Sie zudem, dass sich die Faustformel der streitentscheidenden Norm für die Bestimmung der öffentlich-rechtlichen Streitigkeit sowohl materiell-rechtlich, etwa bei den Merkmalen des Verwaltungsaktes, als auch prozessual im Rahmen der Rechtswegeröffnung nutzen lässt.*

5.3.4.2 Statthaftigkeit

Der Widerspruch ist statthaft, wenn entweder eine **Anfechtungs**- (§ 68 Abs. 1 VwGO) oder eine **Verpflichtungssituation** (§ 68 Abs. 2 i. V. m. Abs. 1 S. 1) gegeben ist. Das Widerspruchsverfahren ist regelmäßig vorgeschrieben, wenn der angegriffene Akt (Anfechtungswiderspruch) oder die begehrte Maßnahme (Verpflichtungswiderspruch) ein Verwaltungsakt (§ 35 VwVfG) ist, der sich noch nicht erledigt haben darf. Zudem darf kein Ausschlussgrund nach § 68 Abs. 1 S. 2 VwGO (Abschn. 5.3.3) vorliegen; ist dies der Fall, wäre sofort eine verwaltungsgerichtliche Klage statthaft.

5.3.4.3 Widerspruchsbefugnis

Für die Widerspruchsbefugnis, die aufgrund der planwidrigen Regelungslücke auf § 42 Abs. 2 VwGO analog gestützt wird, ist die Möglichkeit der Verletzung in eigenen Rechten ausreichend. Bei belastenden Verwaltungsakten ist die Möglichkeit der Rechtsverletzung regelmäßig zu bejahen, da nach der sog. **Adressatentheorie** der Adressat des belastenden Verwaltungsakts zumindest in seiner allgemeinen Handlungsfreiheit (Art. 2 Abs. 1 GG) verletzt ist.

5.3.4.4 Zuständige Behörde

Die zuständige Behörde bemisst sich danach, ob der Widerspruch erfolgreich ist oder nicht. Bei einem zulässigen und begründeten Widerspruch erlässt die Ausgangsbehörde einen Abhilfebescheid (§ 72 VwGO); ansonsten ergeht ein Widerspruchsbescheid, den die Widerspruchsbehörde als **nächsthöhere Behörde** (Devolutiveffekt) trifft (§§ 70, 73 Abs. 1 S. 2 VwGO). Da der Verfahrensausgang für den Widerspruchsführer bei Erhebung des Rechtsbehelfs nicht voraussehbar ist, kann der Widerspruch aus Gründen des leicht zugänglichen und damit effektiven Rechtsschutzes sowohl bei der Ausgangs- als auch bei der Widerspruchsbehörde erhoben werden.

▶ *Stilistisch geschliffener ist die Formulierung, wonach der Widerspruch bei der Ausgangs- oder Widerspruchsbehörde erhoben (nicht eingelegt!) wird.*

5.3.4.5 Beteiligten- und Handlungsfähigkeit

Die Beteiligten- und Handlungsfähigkeit richtet sich nach den §§ 11, 12 VwVfG, wobei zwischen dem Widerspruchsführer und der Behörde zu trennen ist. Der Widerspruchsführer ist als natürliche (§ 11 Nr. 1, § 12 Abs. 1 Nr. 1 VwVfG) oder juristische Person (§ 11 Nr. 1, § 12 Abs. 1 Nr. 3), z. B GmbH, oder Vereinigung (§ 11 Nr. 2, § 12 Abs. 1 Nr. 3), etwa als nicht-rechtsfähiger Verein, beteiligten- und handlungsfähig. Die Beteiligtenfähigkeit der Behörde richtet sich nach § 11 Nr. 3 VwVfG; diese selbst besitzt keine Handlungsfähigkeit, sondern nur die Personen – der Leiter, deren Vertreter oder Beauftragte (z. B. auch Rechtsbeistände) –, welche sie vertreten.

▶ *Beteiligten- und Handlungsfähigkeit sind regelmäßig nur kleine Punkte in der Zulässigkeitsprüfung, zeigen aber bei sauberer Zuordnung der Vorschriften Verständnis für die normativen Unterschiede zwischen den „Parteien", die sich im Widerspruchsverfahren gegenüberstehen.*

5.3.4.6 Widerspruchsfrist und -form

Die Widerspruchsfrist zählt zu den besonders wichtigen Aspekten, denn nach ihrem Verstreichen erwächst der Verwaltungsakt in Bestandskraft (§§ 70, § 58 Abs. 2 VwGO) mit der Folge, dass der Betroffene den Verwaltungsakt nicht mehr angreifen und die Behörde einen bestandskräftigen Verwaltungsakt jederzeit per Vollstreckung durchsetzen kann.

▶ *Verknüpfen Sie gedanklich an dieser Stelle die materiellen Rechtswirkungen des Verwaltungsaktes (Abschn. 3.3.2.4) mit den verfahrensrechtlichen Folgen für bestandskräftige Verwaltungsakte im Widerspruchs- und Klageverfahren.*

Der Widerspruch ist binnen **eines Monats**, „nachdem der Verwaltungsakt dem Beschwerten bekanntgegeben worden ist", bei der Ausgangs- oder der Widerspruchsbehörde zu erheben (§ 73 Abs. 1 S. 1 VwGO). Die Monatsfrist beginnt jedoch nur zu laufen, wenn der Verwaltungsakt eine ordnungsgemäße, schriftliche **Rechtsbehelfsbelehrung** enthält. Fehlt die Rechtsbehelfsbelehrung vollkommen oder ist sie fehlerhaft, etwa, weil eine Frist von vier Wochen statt einem Monat genannt wird, gilt zugunsten der Betroffenen die längere Jahresfrist gemäß §§ 70 Abs. 2, 58 Abs. 1, 2 VwGO. Für die Fristberechnung finden infolge des Verweises aus § 57 Abs. 2 VwGO auf § 222 Abs. 1 ZPO die Vorschriften der §§ 187 ff. BGB Anwendung (s. dazu bereits Abschn. 3.3.2.4).

Für die Form des Widerspruchs gilt, dass dieser schriftlich, in elektronischer Form (§ 3a Abs. 2 VwVfG) oder zur Niederschrift (bei der Rechtsantragstelle) bei der Erlassbehörde zu erheben ist (§ 70 Abs. 1 S. 1 VwGO); die fristgerechte Erhebung kann auch bei der Widerspruchsbehörde erfolgen (S. 2).

5.3.4.7 Allgemeines Rechtsschutzbedürfnis

Zu einem effektiven Rechtsschutz (Art. 19 Abs. 4 GG) zählt auch der allgemeine prozessrechtliche Grundsatz, wonach derjenige, der – als Kläger oder Antragsteller – Rechtsschutz sucht, diesen nur in Anspruch nehmen soll, wenn er hieran ein von der Rechtsordnung anzuerkennendes Interesse („Bedürfnis") hat. In seltenen, von Rechtsprechung und Literatur fallgruppenweise anerkannten Konstellationen wird dieses allgemeine Rechtsschutzbedürfnis verneint, etwa wenn es einen einfacheren oder billigeren Weg der Zielerreichung gibt oder die Inanspruchnahme von Rechtsschutz rechtsmissbräuchlich ist.

> **Beispiel**
>
> *Wird beispielsweise ein Widerspruch erhoben, obwohl die Behörde bereits die Rücknahme des belastenden Verwaltungsaktes angekündigt hat, besteht ein einfacherer (und billigerer) Weg der Zielerreichung. Rechtsmissbräuchlich wäre es, einen Widerspruch ausschließlich mit dem Ziel zu erheben, einen Dritten, etwa den Nachbarn, zu schädigen.* ◄

▶ *Ausführungen zum allgemeinen Rechtsschutzbedürfnis sind nur dann geboten, wenn der konkrete Sachverhalt dazu Anlass gibt. In allen anderen Fällen ist dessen Vorliegen lediglich (in einem Satz!) festzustellen.*

5.3.5 Begründetheit

5.3.5.1 Grundsätze

Sind alle Zulässigkeitsvoraussetzungen gegeben, ist die Begründetheit des Widerspruchs zu prüfen; erst hier entscheidet sich letztendlich, ob der Widerspruch erfolgreich ist oder nicht. Den Inhalt der Begründetheitsprüfung geben die §§ 68 Abs. 1 S. 1, 113 Abs. 1 S. 1 VwGO vor; danach ist zu untersuchen, (i) ob der angegriffene bzw. beantragte Verwaltungsakt rechts- oder zweckwidrig ist *und* (ii) der Widerspruchführer dadurch in seinen Rechten verletzt wird (Obersatz).

Die Prüfung der **Rechtswidrigkeit des Verwaltungsakts** orientiert sich am bekannten Drei-Schritt-Schema (Abschn. 3.3.2.4), wonach (i) Ermächtigungs- (Anfechtungswiderspruch) bzw. Anspruchsgrundlage (Verpflichtungswiderspruch) festzustellen sowie (ii) formelle (Zuständigkeit, Verfahren, Form) und (iii) materielle Rechtswidrigkeit zu prüfen sind. Die materielle Rechtswidrigkeit bezieht sich auf Tatbestandsebene auf die Voraussetzungen der Ermächtigungs- bzw. Anspruchsgrundlage und auf Rechtsfolgenseite auf die pflichtgemäße Ermessensausübung (Zweckmäßigkeitsgesichtspunkte) bzw. ist hier eine gebundene Entscheidung; schließlich umfasst sie die Vereinbarkeit mit höherrangigem Recht, z. B. Wirtschaftsgrundrechten.

Im zweiten, meist viel kürzeren Teil der Begründetheitsprüfung ist die **Verletzung** des Widerspruchführers **in eigenen Rechten** zu prüfen, womit Bezug auf die bei Behandlung der Widerspruchsbefugnis bejahte Möglichkeit der Rechtsverletzung genommen wird. Ist der angegriffene bzw. abgelehnte Verwaltungsakt rechtswidrig, folgt daraus regelmäßig die Verletzung des Adressaten, entweder in speziellen Grundrechten, zumindest aber in Art. 2 Abs. 1 GG; die Rechtsverletzung ist damit zu bejahen. Sollte der angegriffene bzw. abgelehnte Verwaltungsakt rechtmäßig sein, liegt umgekehrt auch keine Rechtsverletzung vor.

▶ *Für die Fallbearbeitung bietet es sich an, die Frage der Rechtsverletzung knapp abzuhandeln, etwa: Die Rechtswidrigkeit des Verwaltungsaktes indiziert die Rechtsverletzung des Widerspruchführers (bzw. des Klägers).*

5.3.5.2 Sonderfall der reformatio in peius

Je nach Ergebnis der Begründetheitsprüfung ergeht ein Abhilfebescheid (§ 72 VwGO) durch die Ausgangsbehörde oder ein Widerspruchsbescheid (§ 73), den die Widerspruchsbehörde erlässt (s. zum Ablauf oben, 5.3.3.). Mit Blick auf die Reichweite des Entscheidungsspielraums der Widerspruchsbehörde stellt sich das Sonderproblem der sog. *reformatio in peius*, womit in der Übersetzung der lateinischen Formulierung eine Veränderung zum Schlechten bezeichnet wird; sprachlich verunglückt wird auch von „Verböserung" im Widerspruchsverfahren gesprochen. Die *reformatio in peius* beschreibt die äußerst umstrittene Frage, ob die Widerspruchsbehörde ohne ausdrückliche gesetzliche Ermächtigung den angegriffenen Verwaltungsakt auch zum Nachteil des Widerspruchsführers abändern darf. Die h. M. in Rechtsprechung und Literatur räumen der Widerspruchsbehörde grundsätzlich das Recht zur *reformatio in peius* ein (BVerwGE 115, 259 [265 f.]; 65, 313 [319]), betonen aber, dass die gesetzlichen Vorschriften (§ 68 Abs. 1 S. 2 Nr. 2, § 71, § 79 Abs. 1 Nr. 2, Abs. 2 S. 1 VwGO) nichts zu deren materiell-rechtlicher Zulässigkeit besagen; diese bemisst sich vielmehr nach den Tatbestandsvoraussetzungen der jeweiligen Ermächtigungsgrundlage.

Beispiel

Hebt die Ausgangsbehörde beispielsweise einen belastenden Verwaltungsakt auf (§ 48 VwVfG) und ersetzt diesen durch eine noch stärker belastende Regelung, kommt der Frage des Vertrauensschutzes (§ 48 Abs. 1 S. 2 i. V. m. Abs. 2–4 VwVfG) entscheidende Bedeutung zu. Ist das Vertrauen des Widerspruchsführers darauf, dass die Widerspruchsbehörde keine ungünstigere Regelung als die des Ausgangsbescheides trifft, schutzwürdig, überwiegt dieser Belang das öffentliche Interesse an der reformatio in peius (§ 48 Abs. 2 VwVfG analog, da sich der Erlass des Widerspruchsbescheids nach §§ 68 ff. VwGO richtet); die reformatio in peius ist rechtswidrig (unzulässig) bzw. wäre nur gegen die Zuerkennung eines Ausgleichs rechtmäßig (§ 48 Abs. 3 VwVfG analog). ◄

Das nachfolgende **Prüfungsschema** fasst die Voraussetzungen eines Widerspruchsverfahrens fallbezogen zusammen:

[**Prüfungsschema Widerspruch, §§ 68 ff. VwGO**

i) Zulässigkeit
  (i) Eröffnung des Verwaltungsrechtswegs, § 40 Abs. 1 S. 1 VwGO analog
    (a) Öffentlich-rechtliche Streitigkeit
    (b) nicht-verfassungsrechtlicher Art
  (ii) Statthaftigkeit des Widerspruchs (Anfechtungs-, § 68 Abs. 1 S. 1 VwGO, oder Verpflichtungswiderspruch, § 68 Abs. 2 i. V. m. Abs. 1 S. 1)
  (iii) Widerspruchsbefugnis, § 42 Abs. 2 VwGO analog
  (iv) Richtiger Widerspruchsgegner, § 70 VwGO
  (v) Beteiligten- und Prozessfähigkeit, §§ 11, 12 VwVfG
  (vi) Widerspruchsfrist und -form, §§ 70, 58 Abs. 2 VwGO
  (vii) Allgemeines Rechtsschutzbedürfnis
ii) Begründetheit
  (i) Rechtmäßigkeit (und Zweckmäßigkeit) des Verwaltungsakts
    (a) Ermächtigungsgrundlage
    (b) Formelle Rechtswidrigkeit (Zuständigkeit, Verfahren, Form)
    (c) Materielle Rechtswidrigkeit
      (aa) Tatbestand: Voraussetzungen der Ermächtigungs- bzw. Anspruchsgrundlage
      (bb) Rechtsfolge: Ermessens- (Zweckmäßigkeit) oder gebundene Entscheidung
      (cc) Vereinbarkeit mit höherrangigem Recht, z. B. Grundrechte
  (ii) Rechtsverletzung des Widerspruchsführers in eigenen Rechten

5.4 Verwaltungsgerichtlicher Rechtsschutz

5.4.1 Verfahrensgrundsätze

Verwaltungsrechtsschutz kann für sämtliche (wirtschafts)verwaltungsrechtliche Streitigkeiten vor den Verwaltungsgerichten gesucht werden; die prozessrechtlichen Grundlagen für Klagen und sonstige Anträge auf gerichtlichen Rechtsschutz sind in der Verwaltungsgerichtsordnung, kurz VwGO, geregelt.

Für den Verwaltungsprozess gelten allgemeine **Verfahrensgrundsätze**, die ihrerseits in den rechtsstaatlich fundierten (Art. 20 Abs. 3 GG) Justizgrundrechten wurzeln. Die Verfahrensgrundsätze im Verwaltungsprozess decken sich teilweise mit denen des Zivil- bzw. Strafprozesses, etwa beim Grundsatz der Öffentlichkeit oder des rechtlichen Gehörs.

Beispiel

Art. 103 Abs. 1 GG gewährleistet als grundrechtsgleiches Recht (Art. 93 Abs. 1 Nr. 4a GG) mit dem Grundsatz des rechtlichen Gehörs ein zentrales Prinzip, das sich durch sämtliche deutschen Prozessrechtsordnungen zieht; für den Verwaltungsprozess wird der Grundsatz in §§ 86 Abs. 3, 108 Abs. 2 VwGO angeordnet. ◄

Teilweise unterscheiden sich die verwaltungsprozessualen Verfahrensgrundsätze aber auch diametral von denen des Zivilprozesses, etwa bei der Inquisitions-/Untersuchungsmaxime.

Verstöße gegen die nachfolgend beschriebenen Verfahrensgrundsätze sind gravierende Verfahrensfehler, die von den Verfahrensbeteiligten durch **Rechtsmittel**, insbesondere Berufung (§ 124 Abs. 2 Nr. 5 VwGO) und Revision (§ 132 Abs. 2 Nr. 3 VwGO) geltend gemacht werden können.

5.4.1.1 Dispositionsmaxime

Nach der im Verwaltungsprozessrecht, aber auch im Zivilprozess (§ 253 ZPO) herrschenden Dispositionsmaxime entscheiden die Beteiligten über den Umfang des Rechtsstreits. Das **Klagebegehren** (§ 88 VwGO) ist für das Verwaltungsgericht bindend, d. h. mit dem Antrag des Klägers (§ 82 Abs. 1 S. 2 VwGO) bestimmt („disponiert") dieser (über) den Streitgegenstand. Folge der Dispositionsmaxime ist das Verbot für das Verwaltungsgericht, über den gestellten Antrag hinaus zu gehen (*ne ultra petita*, lat. = nicht über das Geforderte hinaus) oder dem Kläger etwas anderes (*aliud*) zuzusprechen als dieser beantragt.

Beispiel

Das Urteil darf dem Kläger nicht quantitativ mehr zuzusprechen, indem etwa die Behörde zum Erlass eines bestimmten Verwaltungsakts verpflichtet (§ 42 Abs. 1, 2. Alt. VwGO) wird statt zur Neubescheidung unter Beachtung der Rechtsauffassung des Gerichts (Fall der mangelnden Spruchreife gemäß § 113 Abs. 5 S. 2 VwGO, Abschn. 5.4.4.1). Der Dispositionsgrundsatz untersagt auch, dem Kläger etwas anderes, etwa eine Leistung statt der beantragten bloßen Feststellung gemäß § 43 Abs. 1 VwGO zuzusprechen. ◄

Folge dieses Verbots, über den gestellten Antrag hinaus zu gehen, ist die grundsätzliche Geltung des Verschlechterungsverbots, der *reformatio in peius*, im Verwaltungsprozess (§§ 88, 129, 141 S. 1 VwGO); für das Widerspruchsverfahren hält die h. M. eine *reformatio in peius* unter strengen Voraussetzungen jedoch für zulässig (s. oben, Abschn. 5.3.5.2.).

5.4.1.2 Amtsermittlungsgrundsatz

Ein zentraler Grundsatz, der Verwaltungsprozess wie -verfahren prägt, ist die Amtsermittlung, auch als Untersuchungsgrundsatz oder Inquisitionsmaxime bezeichnet. Im Gegensatz zum Zivilprozess (Verhandlungsmaxime) erforscht das Gericht im Verwaltungsprozess – ebenso wie im Straf-, Finanz- und Sozialgerichtsprozess – den Sachverhalt **von Amts wegen**, soweit dies für die Entscheidung über das Klagebegehren erforderlich ist (§ 86 Abs. 1 S. 1 VwGO).

5.4.1.3 Öffentlichkeitsgrundsatz

Der Öffentlichkeitsgrundsatz, geregelt in § 55 VwGO i. V. m. § 169 Abs. 1 S. 1 GVG, verlangt, dass die Verhandlung vor dem erkennenden Gericht einschließlich der Verkündung der Urteile und Beschlüsse öffentlich erfolgt (s. auch Art. 6 Abs. 1 EMRK). Alle Personen, also auch die am konkreten Verfahren nicht Beteiligten, müssen daher Zutritt zum Gerichtssaal haben, sofern die örtlichen und räumlichen Verhältnisse dies zulassen. Hierdurch sollen insbesondere die Objektivität der Rechtsprechung und ihre **Kontrolle durch die Öffentlichkeit** (Allgemeinheit) sichergestellt und damit eine „Geheimjustiz" verhindert werden. Der Ausschluss der Öffentlichkeit für bestimmte Verfahren, etwa im Jugendstrafprozess (§ 48 Abs. 1 JGG), bzw. aus sitzungspolizeilichen Gründen (§§ 171a, 171b, 172, 175 GVG), bemisst sich nach § 55 VwGO i. V. m. §§ 171a, 171b, 172, 175 GVG.

5.4.1.4 Postulationsfähigkeit

Mit der Postulationsfähigkeit wird die Befugnis umschrieben, den Rechtsstreit selbst – und nicht durch einen Prozessvertreter (Bevollmächtigten) – zu führen, sprich Prozesshandlungen, wie das Stellen von Anträgen, vornehmen zu können. Vor dem Verwaltungsgericht steht die Postulationsfähigkeit den Beteiligten selbst zu („**Selbstvertretungsrecht**"), § 67 Abs. 1 VwGO. Die Beteiligten „können" sich vor dem Verwaltungsgericht namentlich durch einen Rechtsanwalt als Bevollmächtigten vertreten lassen (§ 67 Abs. 2 S. 1 VwGO), sie „müssen" es aber nicht. Anders hingegen vor den Oberverwaltungsgerichten bzw. Verwaltungsgerichtshöfen und dem BVerwG: Dort „müssen" sich die Beteiligten jeweils grundsätzlich durch Prozessbevollmächtigte vertreten lassen (§ 67 Abs. 4 S. 1 VwGO); es herrscht Anwalts- bzw. Vertretungszwang.

5.4.2 Allgemeine Sachentscheidungsvoraussetzungen im Überblick

Um den Erfolg einer verwaltungsrechtlichen Klage zu beurteilen, müssen in bekannter zweigeteilter Prüfungsreihenfolge Zulässigkeit und Begründetheit geklärt werden. Für sämtliche Klagen gelten dabei allgemeine und besondere Zulässigkeitsvoraussetzungen, sog. Sachentscheidungsvoraussetzungen. Bei den allgemeinen Zulässigkeitsvoraussetzungen handelt es sich um solche, die jede verwaltungsgerichtliche Klage(art) erfüllen muss. Hingegen gelten die besonderen Zulässigkeitsvoraussetzungen nur für bestimmte Klagearten; sie müssen zusätzlich zu den allgemeinen Zulässigkeitsvoraussetzungen erfüllt sein.

Zu den allgemeinen Zulässigkeitsvoraussetzungen zählen die Eröffnung des Verwaltungsrechtsweges, die statthafte Klageart, die Klagebefugnis, Form und Frist, der (richtige) Klagegegner, die Beteiligten- und Prozessfähigkeit, sowie das allgemeine Rechtsschutzbedürfnis.

5.4.3 Eröffnung des Verwaltungsrechtswegs

5.4.3.1 Generalklausel des § 40 Abs. 1 S. 1 VwGO

Grundvoraussetzung der Zulässigkeit eines jeden verwaltungsgerichtlichen Rechtsbehelfs ist, dass für die konkrete Streitigkeit der Rechtsweg zu den (allgemeinen) Verwaltungsgerichten eröffnet ist.

Verwaltungsgerichte sind, ebenso wie die Zivil-, Straf- oder Verfassungsgerichte, nicht für alle Streitigkeiten, sondern nur dann entscheidungsbefugt, wenn ihnen die Zuständigkeit ausdrücklich zugewiesen ist. Grundvoraussetzung der Zulässigkeit einer jeden verwaltungsgerichtlichen Klage ist, dass für die konkrete Streitigkeit der Verwaltungsrechtsweg eröffnet ist. Im Gegensatz zum Widerspruchsverfahren, wo § 40 Abs. 1 VwGO analog anzuwenden ist, bestimmt die Generalklausel des § 40 Abs. 1 S. 1 VwGO für das gerichtliche Verfahren direkt die Voraussetzungen der Rechtswegeröffnung. Liegt **keine aufdrängende Sonderzuweisung** vor, ist der Verwaltungsrechtsweg in allen **öffentlich-rechtlichen Streitigkeiten nichtverfassungsrechtlicher Art** eröffnet. Ausführlich wurden Prüfungsreihenfolge und Voraussetzungen der Eröffnung des Verwaltungsrechtsweges bereits im Rahmen des Widerspruchsverfahrens erörtert, weshalb an dieser Stelle darauf verwiesen wird (s. Abschn. 5.3.4.1.).

Schließlich können **abdrängende Sonderzuweisungen** aus Bundes- oder Landesrecht öffentlich-rechtliche Streitigkeiten nichtverfassungsrechtlicher Art direkt Gerichten zuweisen, die nicht zur Verwaltungsgerichtsbarkeit gehören (§ 40 Abs. 1 S. 1, 2 VwGO). Ist eine abdrängende Zuweisung nicht ersichtlich, genügt es, dies in *einem* Satz knapp festzustellen. Für die Praxis bedeutsam ist § 23 EGGVG, wonach die ordentlichen Gerichte (Zivil- und Strafgerichte) über Klagen gegen bestimmte Amtshandlungen, sog. Justizverwaltungsakte, entscheiden.

> **Beispiel**
>
> *Weitere Beispiele für abdrängende Sonderzuweisungen finden sich in Art. 14 Abs. 3 S. 4 GG (Entschädigungsansprüche bei Enteignung) sowie Art. 34 S. 3 (Amtshaftungsstreitigkeiten).* ◂

5.4.3.2 Verwaltungsgerichtliche Zuständigkeit und Instanzenzug

Die **sachliche Zuständigkeit** betrifft die Frage, welches Gericht innerhalb der Verwaltungsgerichtsbarkeit den Rechtsstreit in erster Instanz zu entscheiden hat. Nach § 45 VwGO ist dies in erster Instanz regelmäßig das Verwaltungsgericht. Von diesem Grundsatz abweichend entscheidet das Oberverwaltungsgericht, das in einigen Ländern die Bezeichnung als Verwaltungsgerichtshof gemäß § 184 VwGO weiterführt (z. B. Bayerischer Verwaltungsgerichtshof), in erster Instanz gem. § 47 Abs. 1 VwGO in bestimmten Normenkontrollverfahren und gem. § 48 VwGO in den dort aufgelisteten Angelegenheiten (z. B. über atomrechtliche Streitigkeiten). Die Zuständigkeit des BVerwG in erster Instanz ergibt sich aus § 50 VwGO für die in dieser Norm genannten Situationen, etwa für öffentlich-rechtliche Streitigkeiten nichtverfassungsrechtlicher Art zwischen Bund und Ländern und zwischen verschiedenen Ländern.

Die **örtliche Zuständigkeit** der Verwaltungsgerichte regelt § 52 VwGO, wo bestimmt wird, welches von den verschiedenen sachlich zuständigen Verwaltungsgerichten den konkreten Rechtsstreit entscheidet. Da eine Regelung zur örtlichen Zuständigkeit nur dort erfolgen muss, wo es mehrere sachlich zuständige Verwaltungsgerichte gibt, trifft § 52 VwGO keine Aussagen zum BVerwG bzw. zu Oberverwaltungsgerichten. Die Oberverwaltungsgerichte bzw. Verwaltungsgerichtshöfe sind jeweils für das gesamte Gebiet eines Bundeslandes, entweder erstinstanzlich, etwa im Rahmen von Normenkontrollverfahren, oder als Rechtsmittelinstanz zuständig. Das BVerwG ist als oberstes Bundesgericht, in Ausnahmefällen als Eingangs-, regelmäßig als Rechtsmittelinstanz, für das gesamte Bundesgebiet zuständig.

5.4.4 Statthafte Klageart

Für die statthafte Klageart maßgeblich ist das Begehren des Klägers (§ 88 VwGO) und somit die Frage, was das **Ziel** der Klage ist.

> ▶ *Um bei der Bestimmung der statthaften Klageart zu sauberen Ergebnissen zu kommen, ist es unbedingt wichtig, das Begehren des Klägers genau zu erfassen. Dabei hilft regelmäßig die simple, (nur) anhand des Sachverhalts zu beantwortende Frage: Was will der Kläger mit der Klage erreichen?*

5.4.4.1 Anfechtungs- und Verpflichtungsklage

Gemeinsamkeiten und Unterschiede

In den Konstellationen des Wirtschaftsverwaltungsrechts zählen Anfechtungs- und Verpflichtungsklagen, beide geregelt in § 42 Abs. 1 VwGO, zu den häufigsten verwaltungsrechtlichen Klagearten. Diese Klagearten sind nur statthaft (einschlägig), wenn sich das Klagebegehren auf einen Verwaltungsakt (§ 35 VwVfG) bezieht, der sich noch nicht erledigt haben darf; ist dies nicht der Fall, etwa bei informellem Verwaltungshandeln oder verwaltungsinternen Maßnahmen, muss auf andere Klagearten, z. B. Feststellungs- oder Leistungsklage, zurückgegriffen werden. Allerdings besteht zwischen Anfechtungs- und Verpflichtungsklage auch ein wesentlicher Unterschied: Während bei der **Anfechtungsklage** nach § 42 Abs. 1, 1. Alt. VwGO das Klagebegehren regelmäßig auf die **Aufhebung eines Verwaltungsaktes** gerichtet ist, zielt die **Verpflichtungsklage** gemäß § 42 Abs. 1, 2. Alt. auf **Erlass eines Verwaltungsaktes** ab.

Beispiel

Mit der Anfechtungsklage kann beispielsweise die Aufhebung einer gewerberechtlichen Untersagungsverfügung (§ 35 GewO) oder eines Kostenbescheids bezweckt werden. Einer Verpflichtungsklage bedarf es etwa, wenn die zuständige Behörde die Erlaubnis für einen zulassungspflichtigen Gewerbebetrieb, etwa die Eintragung in die Handwerksrolle (§ 1 i. V. m. §§ 6 ff. HwO) oder die Gaststättenerlaubnis (nach GastG-Bund), verweigert. ◄

Besondere Sachurteilsvoraussetzungen

Als besondere Sachurteilsvoraussetzungen für Anfechtungs- und Verpflichtungsklagen sind die Klagebefugnis, das Vorverfahren sowie die Klagefrist zu prüfen; alle genannten Aspekte sind, zusammen mit den allgemeinen Sachurteilsvoraussetzungen, im Rahmen der Zulässigkeitsvoraussetzungen zu klären. Ein schematischer Überblick zu Zulässigkeit und Begründetheit einer Anfechtungsklage findet sich am Ende dieses Abschnitts.

(1) Für die **Klagebefugnis**, die sich für Anfechtungs- und Verpflichtungsklagen aus § 42 Abs. 2 VwGO ergibt, muss der Kläger geltend machen, durch den angegriffenen oder unterlassenen Verwaltungsakt in seinen Rechten verletzt zu sein. Wie bereits im Rahmen der Widerspruchsbefugnis (Abschn. 5.3.4.3.) dargelegt, ist für die Klagebefugnis schon die Behauptung, d. h. die Möglichkeit der Rechtsverletzung ausreichend. Ob der Kläger tatsächlich in eigenen Rechten verletzt ist, wird erst im Rahmen der Begründetheit der Klage geprüft (§ 113 Abs. 1 S. 1 VwGO).

▶ *Die Möglichkeit der Rechtsverletzung sollte unter Bezugnahme auf die Adressatentheorie substantiiert dargelegt werden, etwa weil der angefochtene Verwaltungsakt möglicherweise unverhältnismäßig oder von der gesetzlichen Ermächtigungsgrundlage nicht gedeckt ist und deshalb in Grundrechte des Klägers, zumindest in Art. 2 Abs. 1 GG, eingreifen könnte. Allerdings darf die Klagebefugnis nicht zu einer vorweggenommenen Begründetheitsprüfung ausarten.*

(2) Vor Erhebung von Anfechtungs- bzw. Verpflichtungsklage ist, wie § 68 Abs. 1 S. 1 bzw. Abs. 2 VwGO regelt, regelmäßig ein Vorverfahren, das **Widerspruchsverfahren** gemäß §§ 68 ff. VwGO (Abschn. 5.3.), durchzuführen. In seiner Rolle als Vorschaltverfahren für den Verwaltungsprozess ist das Widerspruchsverfahren demnach unbedingte Sachurteilsvoraussetzung, die es zu erfüllen gilt.

▶ *Wurde das Widerspruchsverfahren ordnungsgemäß, aber in der Sache erfolglos durchgeführt, ist es für die Fallbearbeitung wichtig, die Erfüllung dieser Sachurteilsvoraussetzung kurz festzustellen. Eine ausführliche Prüfung des Widerspruchsverfahrens ist im prozessrechtlichen Stadium der Klage nur dann notwendig, wenn der Sachverhalt dazu besonderen Anlass gibt.*

Nur in den in § 68 Abs. 1 S. 2 VwGO genannten Ausnahmefällen ist die Durchführung eines Vorverfahrens entbehrlich.

Beispiel

Dies ist beispielsweise der Fall bei Verwaltungsakten von Bundes- oder Landesministerien als obersten Bundes- oder Landesbehörden (§ 68 Abs. 1 S. 2 Nr. 1 VwGO), da dem Devolutiveffekt nicht entsprochen werden kann; es gibt schlicht keine „nächsthöhere Behörde". ◄

Ist das Vorverfahren hingegen zwingend erforderlich, wird es aber nicht durchgeführt oder ist der Widerspruch verfristet, führt dies unweigerlich dazu, dass Anfechtungs- oder Verpflichtungsklage als unzulässig (unstatthaft) abgewiesen werden. Eine Ausnahme besteht jedoch im Falle der sog. rügelosen Einlassung der Widerspruchsbehörde. Läßt sich die (Widerspruchs-) Behörde auf einen verspäteten Widerspruch oder auf die ohne Vorverfahren erhobene Anfechtungsklage in der Sache ein, geht die Rechtsprechung von einer Heilung dieses Zulässigkeitsmangels aus (BVerwGE 64, 325 [330]; 148, 217 [227]). Begründet wird dies mit der Rolle der Widerspruchsbehörde als Herrin des Verfahrens, die auf die Durchführung des Vorverfahrens verzichten könne, etwa wenn der Zweck des Vorschaltverfahrens anderweitig (Klage) erreicht oder überhaupt nicht mehr erreichbar ist.

(3) Die **Anfechtungsklage** muss binnen einer **Frist** von einem Monat (nicht 4 Wochen!) nach Zustellung des Widerspruchsbescheids erhoben werden, § 74 Abs. 1 VwGO. Klage- und Widerspruchsfrist sind daher jeweils gleich lang; es gelten dieselben Grundsätze für die Fristberechnung (Abschn. 5.3.4.6). Ist ein Vorverfahren entbehrlich (§ 68 Abs. 1 S. 2 VwGO), muss die Klage innerhalb eines Monats nach Bekanntgabe des Verwaltungsaktes (gegenüber dem Kläger) erhoben werden. Wichtig ist, dass die Klagefrist nur zu laufen beginnt, wenn der Widerspruchs- bzw. der Ausgangsbescheid eine ordnungsgemäße, d. h. vollständige und auch inhaltlich zutreffende Rechtsbehelfsbelehrung enthält (§ 58 Abs. 1 VwGO). Ist die Rechtsbehelfsbelehrung unzureichend oder fehlt sie ganz, gilt zugunsten des Klägers eine **Jahresfrist** nach § 58 Abs. 2 VwGO.

Für die **Verpflichtungsklage** gilt die Monatsfrist entsprechend, wenn der Antrag auf Vornahme des Verwaltungsakts abgelehnt worden ist (§ 74 Abs. 2 VwGO).

Rechtswirkung des Urteils

Hat die **Anfechtungsklage** Erfolg, hebt das Gericht den angegriffenen Verwaltungsakt (in Gestalt des Widerspruchsbescheids) auf (§ 113 Abs. 1 S. 1 VwGO); die Aufhebung „reicht" dem Kläger aus, da seinem Klagebegehren durch die rechtsgestaltende Wirkung des Urteils (**Gestaltungsklage**) vollumfänglich entsprochen wird. Da das Urteil in vollem Umfang rechtsgestaltend wirkt, sprich die Rechtswirklichkeit entsprechend dem Tenor verändert wird, bedarf es keines weiteren Rechtsakts, etwa einer Aufhebung des angegriffenen Verwaltungsakts durch die Behörde. Aus betriebswirtschaftlichen wie prozessökonomischen Gesichtspunkten ist dies ein großer Vorteil der Anfechtungsklage.

Bei der **Verpflichtungsklage** wäre hingegen die bloße (negative) Aufhebung der Ablehnung des beantragten Verwaltungsakts, somit des Widerspruchsbescheids, nicht zielführend für den Kläger, da dieser den (positiven) **Erlass eines bestimmten Verwaltungsakts**, etwa einer gewerberechtlichen Erlaubnis oder Zulassung, begehrt (§ 88 VwGO). Die Gestaltungswirkung des Urteils ist jedoch begrenzt, denn das Verwaltungsgericht kann sich durch sein Urteil nicht über Zweckmäßigkeitserwägungen hinwegsetzen, die einen besonderen (diskretionären) Entscheidungsspielraum der Exekutive bei Ermessensentscheidungen ausfüllen. Handelt es sich beim beantragten Verwaltungsakt um eine gebundene Entscheidung, etwa die Erteilung einer Reisegewerbekarte (§§ 57, 55 Abs. 2 GewO, Abschn. 4.1.2.3) oder die Genehmigung nach § 6 Abs. 1 BImSchG (Abschn. 4.1.3.3), ist die sog. Spruchreife gegeben. Gemäß § 113 Abs. 5 S. 1 VwGO „spricht das Gericht die Verpflichtung der Verwaltungsbehörde aus, die beantragte Amtshandlung vorzunehmen". Handelt es sich beim beantragten Verwaltungsakt hingegen um eine **Ermessensentscheidung**, wie bei der Rücknahme von Verwaltungsakten (§§ 48, 49 VwVfG Abschn. 3.3.2.4) oder bei der Bewilligung einer Subvention (Abschn. 4.3), besteht nur ein Anspruch auf eine ermessensfehlerfreie Entscheidung; mangels Spruchreife verpflichtet das Verwaltungsurteil die Behörde lediglich dazu, „den Kläger unter Beachtung der Rechtsauffassung des Gerichts [neu] zu bescheiden" (§ 113 Abs. 5 S. 2 VwGO).

Fortsetzungsfeststellungsklage

Eine spezielle Anfechtungssituation regelt die sog. Fortsetzungsfeststellungsklage, § 113 Abs. 1 S. 4 VwGO. Wie der Begriff bereits vermuten lässt, handelt es sich nicht um eine Gestaltungs-, sondern (nur) um eine Feststellungsklage. Das Klagebegehren (§ 88 VwGO) ist auf die Feststellung gerichtet, dass der angefochtene Verwaltungsakt rechtswidrig war, und an dieser Feststellung muss ein **berechtigtes Interesse** bestehen (sog. Präjudizinteresse), etwa zur Vorbereitung eines Amtshaftungsprozesses, bei Wiederholungsgefahr bzw. schwerwiegenden Grundrechtseingriffen oder im Falle eines Rehabilitationsinteresses.

> **Beispiel**
>
> *Typische Anwendungsgebiete der Fortsetzungsfeststellungsklage sind das Polizei- und Sicherheitsrecht, etwa bei Beschlagnahme durch die Polizei (sog. Abschleppfälle).* ◄

Statthaft ist die Fortsetzungsfeststellungsklage, wenn sich der angefochtene Verwaltungsakt nach Erhebung der Anfechtungsklage, etwa durch Zeitablauf, **erledigt** hat; durch das Wort „vorher" stellt der Gesetzgeber auf den Zeitpunkt der gerichtlichen Aufhebung des Verwaltungsaktes nach Erhebung der Anfechtungsklage ab.

Hat sich der Verwaltungsakt bereits vor Klageerhebung erledigt, ist § 113 Abs. 1 S. 4 VwGO zwar seinem Wortlaut nach nicht unmittelbar, aber analog anwendbar, da eine vergleichbare Interessenlage wie bei Erledigung nach Klageerhebung besteht.

> **Beispiel**
>
> *Im Gewerberecht denkbar wäre der Fall, dass der Antrag eines Schaustellers auf Zulassung zu dem nach §§ 60b Abs. 2, 69 Abs. 1 GewO festgesetzten (s. zum Marktgewerbe Abschn. 4.1.2.3) gemeindlichen Volksfest von der Behörde rechtswidrig abgelehnt wird. Da das Verwaltungsgericht über die zulässige Verpflichtungsklage (§ 42 Abs. 1, 2. Alt. VwGO) des Schaustellers bis zum Termin des Volksfestes noch nicht entschieden hat, der Schausteller aber befürchtet, auch im nächsten Jahr nicht zum jährlich stattfindenden Fest zugelassen zu werden, kann er analog § 113 Abs. 1 S. 4 VwGO einen Fortsetzungsfeststellungsantrag stellen.* ◄

5.4.4.2 Weitere Klagearten

Die Einordnung einer behördlichen Maßnahme als Verwaltungsakt unter der Generalklausel des § 40 Abs. 1 S. 1 VwGO beschränkt den Verwaltungsrechtsschutz jedoch nicht auf Klagen gegen Verwaltungsakte (§ 35 VwVfG). Vielmehr regelt die VwGO explizit weitere Klagearten, wie die Feststellungsklage (§ 43 VwGO) sowie die Normenkontrolle (§ 47 VwGO); darüber hinaus ist die Allgemeine Leistungs- bzw. Unterlassungsklage anerkannt.

Allgemeine Leistungsklage

Die allgemeine Leistungsklage wird in der VwGO nicht explizit geregelt, jedoch in den §§ 43 Abs. 2, 111, 113 Abs. 4 VwGO erwähnt.

Die allgemeine Leistungsklage ist statthaft, wenn der Kläger die Vornahme eines schlichten Verwaltungshandelns begehrt, welches nicht im Erlass eines Verwaltungsakts besteht, oder das Unterlassen einer Handlung.

> **Beispiel**
>
> *Im Subventionsrecht sind allgemeine Leistungsklagen immer dann statthaft, wenn die tatsächliche Auszahlung der Subvention begehrt wird, nachdem die Subvention durch Verwaltungsakt bewilligt wurde, die Auszahlung (Realakt) aber durch die Behörde nicht erfolgte. Erfolgt die Auszahlung (2. Stufe i. R. d. Zwei-Stufen-Theorie) durch einen Dritten, z. B. eine Förderbank, wäre ein Rechtsstreit darüber vor den Zivilgerichten auszutragen (Gefahr der Rechtswegspaltung, Abschn. 4.3.2.2).* ◄

Für die Klagebefugnis ist nach h. M. § 42 Abs. 2 VwGO analog auf die Leistungsklage anzuwenden. Begründet wird dies mit der Rechtsweggarantie (Art. 19 Abs. 4 GG), die nur dann schützt, wenn die Möglichkeit einer Rechtsverletzung besteht; beispielsweise, wenn der Kläger einen Anspruch auf die begehrte Leistung (oder Unterlassung) hat.

Im Rahmen des allgemeinen Rechtsschutzbedürfnisses wird gefordert, dass der Kläger vor Klageerhebung einen entsprechenden Antrag bei der zuständigen Behörde stellt. Vorverfahren oder Klagefrist sind hingegen für die Leistungsklage nicht vorgesehen.

Feststellungsklage

Die in § 43 VwGO geregelte, allgemeine Feststellungsklage ist statthaft, wenn das Klagebegehren (§ 88) gerichtet ist auf die Feststellung des Bestehens (§ 43 Abs. 1, 1. Var.) oder Nichtbestehens (2. Var.) eines Rechtsverhältnisses oder der Nichtigkeit eines Verwaltungsakts (3. Var., sog. Nichtigkeitsfeststellungsklage).

> **Beispiel**
>
> *Eine Feststellungsklage wäre beispielsweise statthaft, wenn die Behörde für den Betrieb eines kleinen Gemüseladens eine Erlaubnis fordert, obwohl es sich um eine genehmigungsfreie Tätigkeit handelt, die von der Gewerbetreibenden ordnungsgemäß angezeigt wurde.* ◄

Die Feststellungsklage ist gegenüber Gestaltungs- und Leistungsklagen **subsidiär** (§ 43 Abs. 2 S. 1 VwGO). Prozessökonomisch bedeutet dies, dass der Kläger erst dann eine Feststellungsklage erheben kann, wenn sein Klageziel nicht mit einer Gestaltungs- oder Leistungsklage erreicht werden kann. Die Subsidiarität gilt allerdings nicht für die Erhebung einer Nichtigkeitsfeststellungsklage (§ 43 Abs. 2 S. 2 VwGO). Um Popularklagen auszuschließen, bedarf es auch hier einer Klagebefugnis, wobei § 42 Abs. 2 VwGO analog anzuwenden ist. An der Feststellung muss zudem ein besonderes Interesse des Klägers, sog. Feststellungsinteresse, bestehen. Im Gegensatz zu den Gestaltungsklagen kennt die Feststellungsklage jedoch weder ein Vorverfahren noch eine Klagefrist.

Normenkontrolle

Die verwaltungsrechtliche Normenkontrolle nach § 47 VwGO zielt, ebenso wie die Normenkontrollverfahren vor dem BVerfG (Abschn. 5.2.1), darauf ab, Rechtssätze, etwa Gesetze im materiellen Sinne, auf ihre **Vereinbarkeit mit höherrangigem Recht zu überprüfen**. Die verwaltungsgerichtliche Normenkontrolle ist kein kontradiktorisches Verfahren, sondern findet nur auf Antrag statt (daher die Terminologie „Antragsteller" und „Antragsgegner"); sie dient der Rechtssicherheit (Art. 20 Abs. 3 GG) sowie dem effektiven Rechtsschutz (Art. 19 Abs. 4). Zuständig für die Normenkontrollverfahren ist das Oberverwaltungsgericht (bzw. der Verwaltungsgerichtshof, § 148 VwGO).

Statthaft ist die Normenkontrolle in zwei Konstellationen: nach § 47 Abs. 1 Nr. 1 VwGO speziell zur Überprüfung untergesetzlicher Normen im Bauplanungsrecht, etwa gemeindlichen Bebauungsplänen (§ 10 Abs. 1 BauGB) oder Rechtsverordnungen nach § 246 BauGB; nach Nr. 2 können andere im Rang unter den Landesgesetzen stehende Rechtsvorschriften, wie sonstige Satzungen oder Verordnungen, Gegenstand der Normenkontrolle sein, sofern das Landesrecht dies bestimmt. Von dieser Möglichkeit Gebrauch gemacht haben beispielsweise Baden-Württemberg (§ 4 AGVwGO) und Sachsen (§ 24 SächsJG).

> **Beispiel**
>
> *Statthaft wäre eine Normenkontrolle in den genannten Ländern beispielsweise gegen die Rechtsverordnung über infektionsschützende Maßnahmen gegen die Ausbreitung des Coronavirus, sog. Corona-Schutz-Verordnungen, oder auch die Marktgebührensatzung einer Gemeinde.* ◄

Begründet ist ein Normenkontrollantrag, wenn die angegriffene Rechtsnorm gegen höherrangiges formelles oder materielles Recht verstößt.

5.4.5 Klagegegner

Der richtige Klagegegner, d. h. die Frage, gegen wen die Klage zu richten ist, bestimmt sich nach § 78 VwGO.

▶ *Aufbautechnisch ist umstritten, ob der richtige Klagegegner – jeweils als eigener*

Prüfungspunkt – bereits in der Zulässigkeit oder erst in der Begründetheit, unter dem Begriff der Passivlegitimation, zu prüfen ist. Nach hier vertretener Auffassung ist der Klagegegner in der Zulässigkeit zu prüfen, da es hier (noch) nicht um die Frage geht, wer materiell-rechtlich der Anspruchsgegner ist.

§ 78 VwGO zählt zu den (besonderen) Sachurteilsvoraussetzungen, wobei die Vorschrift unmittelbar nur für Anfechtungs- und Verpflichtungsklage gilt; für andere Klagearten muss die Anwendbarkeit gesetzlich bestimmt sein, etwa nach § 126 Abs. 3 BRRG für beamtenrechtliche Streitigkeiten. Für Klagen und andere Rechtsbehelfe, die sich gegen Verwaltungsakte bzw. deren Nichterlass richten, wird § 78 VwGO analog angewendet, etwa bei Fortsetzungsfeststellungs- (§ 113 Abs. 1 S. 4 VwGO) und Nichtigkeits(feststellungs)klage (§ 43 Abs. 1 VwGO).

Die Bestimmung des richtigen Klagegegners nach § 78 Abs. 1 Nr. 1 VwGO richtet sich für Anfechtungs- und Verpflichtungsklagen grundsätzlich nach dem sog. **Rechtsträgerprinzip**. Die Klage ist demnach nicht gegen die (Erlass- oder Widerspruchs-)Behörde zu richten, sondern gegen ihren Rechtsträger in Gestalt von Bund, Land, Gemeinde oder sonstiger juristischer Personen des öffentlichen Rechts. Nach § 78 Abs. 1 Nr. 2 VwGO ist die Behörde nur dann Klagegegner, wenn das Landesrecht dies ausdrücklich vorsieht (Behördenprinzip).

5.4.6 Beteiligten- und Prozessfähigkeit

Die Beteiligten- und Prozessfähigkeit bestimmt, wer – als Kläger und Beklagte – am Verwaltungsprozess beteiligt ist bzw. sein darf. Da nicht jeder Beteiligtenfähige auch prozessfähig ist, sind Beteiligte und Prozessfähigkeit streng voneinander zu unterscheiden. **Beteiligtenfähig** nach § 61 VwGO sind alle natürlichen Personen (Nr. 1, 1. Alt.), also auch Minderjährige und Geschäftsunfähige (s. §§ 104 ff. BGB). Nach § 61 Nr. 1, 2 Alt. VwGO sind alle juristischen Personen, etwa eine privatrechtliche GmbH oder eine Anstalt öffentlichen Rechts, beteiligtenfähig.

▶ *Auch bei der Prüfung des Klagegegners ist für Klagen gegen (Verwaltungsakte von) Behörden auf das sog. Rechtsträgerprinzip abzustellen, also den Bund, das Land oder die Gemeinde, die Rechtsträger der Erlass- bzw. Widerspruchsbehörde sind. Beteiligtenfähig ist dementsprechend der Rechtsträger nach § 61 Nr. 1, 2. Alt. VwGO – und nicht etwa die Behörde oder gar deren Angestellte oder Beamte.*

§ 61 Nr. 2 VwGO bestimmt, dass auch nicht vollrechtsfähige Vereinigungen beteiligtenfähig sind, soweit ihnen ein Recht zustehen kann, etwa eine Umweltschutzinitiative als Veranstalterin einer Demonstration. Zudem kann das Landesrecht – gemäß § 78 Abs. 1 Nr. 2 VwGO, der vom Rechtsträgerprinzip abweicht – regeln, dass (einzelne) Behörden beteiligtenfähig sind, § 61 Nr. 3 VwGO.

Die Prozessfähigkeit meint die rechtliche Fähigkeit, selbst oder durch einen Bevollmächtigten Prozesshandlungen, wie Klageerhebung, wirksam vornehmen zu können. § 62 VwGO regelt die **Prozessfähigkeit** für den Verwaltungsprozess. Gemäß § 62 Abs. 1 Nr. 1 VwGO sind die nach BGB Geschäftsfähigen (§§ 2, 104 Nr. 2) prozessfähig; für beschränkt Geschäftsfähige gilt § 62 Abs. 1 Nr. 2 VwGO. Vereinigungen und Behörden sind (trotz möglicher Beteiligtenfähigkeit nach § 61 Nr. 3 VwGO) selbst nicht prozessfähig; für sie handeln ihre gesetzlichen Vertreter und Vorstände nach § 62 Abs. 3 VwGO. Unter den Begriff der Vereinigung fallen auch alle juristischen Personen des privaten wie öffentlichen Rechts; demnach auch der Bund, die Länder und Gemeinden, die ebenfalls durch ihre gesetzlichen Vertreter oder besonders Beauftragte vertreten werden.

5.4.7 Allgemeines Rechtsschutzbedürfnis

Sind die gesetzlich normierten Sachurteilsvoraussetzungen der jeweiligen Klageart erfüllt, besteht in aller Regel auch das allgemeine Rechtsschutzbedürfnis, das als prozessrechtlicher Grundsatz ausdrücklich anerkannt, aber nicht normiert ist (Abschn. 5.3.4.7). Abzulehnen wäre das allgemeine Rechtsschutzbedürfnis etwa, wenn es einen einfacheren oder billigeren Weg der Zielerreichung gibt oder die Klageerhebung rechtsmissbräuchlich ist.

> **Beispiel**
>
> *Dies wäre beispielsweise der Fall, wenn die Wirtschaftsverwaltungsbehörden die Rückforderung einer Subvention im Klagewege gegen ein Unternehmen durchsetzen, obwohl sie ihren Anspruch durch Verwaltungsakt, gestützt auf § 49a Abs. 1 S. 2 VwVfG, geltend machen können. Abzulehnen ist das Rechtsschutzbedürfnis auch im Falle der missbräuchlichen Klageerhebung, die ausschließlich das Ziel verfolgt, den Beklagten zu schädigen.* ◄

Das nachfolgende **Prüfungsschema** fasst die Voraussetzungen einer Anfechtungsklage fallbezogenen zusammen:

Prüfungsschema Anfechtungsklage, § 42 Abs. 1, 1. Alt. VwGO

i) Zulässigkeit
  (i) Eröffnung des Verwaltungsrechtswegs, § 40 Abs. 1 S. 1 VwGO
    (a) Öffentlich-rechtliche Streitigkeit
    (b) nicht-verfassungsrechtlicher Art
  (ii) Statthafte Klageart (§ 88): Anfechtungsklage (§ 42 Abs. 1, 1. Alt. VwGO)
  (iii) Klagebefugnis, § 42 Abs. 2 VwGO
  (iv) Vorverfahren, §§ 68 ff. VwGO
  (v) Frist, § 74 VwGO, und Form, §§ 81, 82 Abs. 1 VwGO
  (vi) Beteiligten- und Prozessfähigkeit, §§ 61, 62 VwGO
  (vii) Klagegegner, § 78 VwGO
  (viii) Allgemeines Rechtsschutzbedürfnis
ii) Begründetheit
  (i) Rechtswidrigkeit des VA
    (a) Ermächtigungsgrundlage
    (b) Formelle Rechtswidrigkeit (Zuständigkeit, Verfahren, Form)
    (c) Materielle Rechtswidrigkeit: Vereinbarkeit des VA mit Voraussetzungen (Tatbestand, Rechtsfolgen) der Ermächtigungsgrundlage sowie mit höherrangigem Recht
  (ii) Rechtsverletzung des Klägers

5.5 Sanktionierung von Verstößen gegen Vorschriften des öffentlichen Wirtschaftsrechts

5.5.1 Begriff und Arten von Sanktionen

Wie schon in Kap. 3 dargelegt, zielt Verhaltenslenkung durch Rechtsvorschriften und deren Durchsetzung in erster Linie darauf ab, dem jeweiligen Adressaten richtiges (rechtmäßiges) Handeln zu ermöglichen bzw. ihn hierzu zu veranlassen. Dazu zählt auch die Einräumung eines Rechts auf Abwehr von Übergriffen anderer (privater) Personen in die je eigene Rechtssphäre, um damit die Einhaltung des allgemeinen Schädigungsverbots (als Kehrseite des gebotenen Wohlverhaltens) durch jedermann sicherzustellen. Agiert ein Mensch oder ein Unternehmen im Rechts- und Geschäftsverkehr rechtswidrig (illegal), so muss hierauf zumindest jedem dadurch in eigenen Rechten Betroffenen eine legale Reaktion zur Verfügung gestellt werden. Vor allem im Hinblick auf Vertragsverletzungen, aber auch sonst im privaten Rechtsverkehr genügt es insoweit vielfach, wenn ein Geschädigter **zivilrechtliche Ansprüche** gegen den Schädiger auf Beseitigung einer bereits eingetretenen Beeinträchtigung, auf Unterlassung künftigen rechtswidrigen Verhaltens (auch schon vor Eintritt des Erfolgs bei unmittelbar drohenden Schädigungen) und auf möglichst umfassenden Ersatz einer erlittenen Vermögenseinbuße (materieller Schaden) hat. Derartige Rechtsansprüche ergeben sich durchweg aus dem allgemeinen Zivilrecht, etwa aus §§ 280 ff., 823 ff., 1004 BGB. Der jeweilige Gläubiger ist allerdings im Hinblick auf die ihm gewährleistete Privatautonomie frei darin, ob er einen Schuldner bei mutmaßlichem Fehlverhalten überhaupt belangen und seine Ansprüche hieraus gar durch eine Klage zu den ordentlichen (Zivil-)Gerichten geltend machen will. Nur wenn er aber gegenüber einem nicht zu einer einvernehmlichen Lösung bereiten Schuldner diesen Rechtsweg beschreiten, wird er in der Regel einen Vollstreckungstitel (§ 794 ZPO) erlangen, auf dessen Grundlage er dann (ebenfalls mit gerichtlicher Hilfe) letztlich eine tatsächliche Erfüllung seiner Geld- oder anderen Forderungen bewirken kann.

Neben der (nötigenfalls zwangsweise realisierten) **Haftung** eines Rechtsverletzers als zivilrechtliche Sanktion gibt es allerdings diverse weitere Arten, bei denen im Hinblick auf öffentliche Interessen eine Ahndung nicht rechtskonformen Verhaltens direkt über hoheitliche Maßnahmen gegen den Störer herbeigeführt wird. Auch behördliche Ge- oder Verbote als Verwaltungsakte (Abschn. 3.3.2.1) müssen, wenn ihnen der davon Betroffene nicht (rechtzeitig) Folge leistet, in einem zweiten Schritt mit **Zwangsmitteln** durchgesetzt werden; jedoch erfolgt dies in einem schlankeren Verfahren, weil die eine Regelung treffende Behörde regelmäßig auch (nach Eintritt der Bestandskraft oder bei sofortiger Vollziehbarkeit schon ab Wirksamwerden) selbst zur **(Verwaltungs-)Vollstreckung** berufen ist (VwVG; §§ 328 ff. AO). Gegen Anordnung, Festsetzung und Durchsetzung von Zwangsmitteln ist aber, ähnlich wie einem Vollstreckungsschuldner im Zivil(prozess)recht, dem jeweiligen Adressaten die Möglichkeit des **Rechtsschutzes** vor einem zuständigen allgemeinen oder besonderen Verwaltungsgericht eröffnet (§ 18 VwVG).

Zunehmend werden Behörden auch informelle Befugnisse eingeräumt, deren Ausübung die Betroffenen im Ergebnis kaum weniger hart trifft als die Auferlegung strikter Verhaltenspflichten. Wenn es dabei nicht nur um eine Veröffentlichung geht, die unmittelbar als Folge eines anderen Hoheitsaktes eintritt (wie Eintragung „negativer" Informationen in staatliche Register, etwa nach § 3 BZRG, § 149 GewO), muss für eine dabei regelmäßig eintretende Ruf- und in der Konsequenz Vermögensschädigung durch **staatliches Informationshandeln** im Hinblick auf Art. 19 Abs. 4 GG eine (verwaltungs)gerichtliche Überprüfung und Korrektur im Wege einer Unterlassungs- oder Feststellungsklage (§§ 40, 43 VwGO) vorgesehen sein. Staatliche Stellen können sich hierbei, da sie keine Grundrechtsträger, sondern Grundrechtsverpflichtete sind, nicht auf Meinungs- oder Medienfreiheit (Art. 5 Abs. 1 GG) stützen, vielmehr muss ihre Äußerung in Form und Inhalt rechtsstaatlichen Anforderungen (Sachlichkeit, Neutralität etc.) genügen und die Auswirkungen auf die „Reputation" (sog. Prangerwirkung) von Unternehmen wegen des damit einhergehenden Eingriffs in die Berufsfreiheit hinreichend beachten (vgl. BVerfGE 105, 279 – Osho; BVerfGE 148, 40 – Lebensmittelpranger).

Beispiel

Die Bundesanstalt für Finanzdienstleistungsaufsicht macht auf ihrer Internetseite nach §§ 60b–60d KWG bestimmte bestandskräftige Maßnahmen und Sanktionen wegen Rechtsverletzungen etwa durch ihrer Aufsicht unterliegende Institute (§ 1 Abs. 1b KWG) und deren Geschäftsleiter (§ 1 Abs. 2 KWG) öffentlich bekannt, auch zu Art und Charakter des Verstoßes, muss dabei aber Privatsphäre und Persönlichkeitsschutz der Betroffenen angemessen wahren. ◄

Wenn und soweit staatliche Informations„politik" (von Ministerien und anderen Behörden, aber auch von Gerichten) keinen Regelungsgehalt hat, wird es bislang als ausreichend angesehen, dass dies allgemein zur Aufgabe staatlicher Stellen im Sinne von Transparenz gehört. Jedoch finden sich vor allem im Hinblick auf den Schutz von Verbrauchern diesbezüglich konkrete Aufgabenzuweisungen (z. B. § 4 Abs. 1a FinDAG), selten aber einzelne Befugnisnormen (wie in § 40 LFGB), weil auch Empfehlungen oder Warnungen (etwa nach § 26 Abs. 2 S. 2 Nr. 9 ProdSG, § 39 Abs. 2 S. 2 Nr. 9 LFGB) nicht ohne weiteres als „Eingriffe" im Sinne des Vorbehalts des Gesetzes (Abschn. 2.2.2.2) gelten.

5.5.2 Hoheitliche Reaktionen auf sozial unverträgliches Verhalten einschließlich Rechtsschutz

5.5.2.1 Straf- und Ordnungswidrigkeitenrecht

Seit etwa 50 Jahren unterscheidet das deutsche Recht zwischen zwei unterschiedlich gravierenden Arten des illegalen und mit staatlichen Sanktionen gegen den jeweiligen Rechtsverletzer geahndeten abweichenden Verhaltens, wenn hierbei dem Täter oder anderen Tatbeteiligten ein Verschuldensvorwurf gemacht werden kann, also dieser schuldfähig war und schuldhaft (vorsätzlich, oft auch nur fahrlässig, s. § 15 StGB, § 10 OWiG) gehandelt hat. **Kriminelles Unrecht** ist dabei sowohl im Hinblick auf die wichtigsten allgemeinen Aspekte (§§ 1 ff.) als auch auf fast alle wesentlichen vom Gesetzgeber („keine Strafe ohne Gesetz", Art. 103 Abs. 2 GG) als strafbar erachteten Handlungen (§§ 80 ff.) kodifiziert im StGB; allerdings finden sich gerade auch für Wirtschaftsstraftaten weitere Bestimmungen (Straftatbestände) in speziellen Gesetzen, wie dem AWG (§§ 17, 18), dem KrWaffKontrG (§§ 19 ff.), der GewO (§§ 148, 148a) oder dem KWG (§§ 54–55b). Hingegen beschränkt sich das OWiG weithin auf allgemeine Regelungen bezüglich **sozial unverträglichen,** aber **noch nicht kriminellen Fehlverhaltens** und nennt lediglich einige wenige generell verpönte Ordnungswidrigkeitentatbestände (§§ 111 ff.). Die große Mehrzahl von solchen Bußgeldvorschriften ist in diversen Fachgesetzen normiert (etwa § 19 AWG, §§ 144 ff. GewO, § 56 KWG, §§ 117, 118 HwO, § 62 BImSchG). An sich nur als Ordnungswidrigkeit (§ 1 OWiG) eingestuftes abweichendes Verhalten wird oft dann zu einer strafbaren Handlung hochgestuft, wenn es wiederholt („beharrlich") erfolgt oder sonstige erschwerende Faktoren gegeben sind (wie Gefährdung von Leib oder Leben anderer Personen, von fremden Sachen von bedeutendem Wert, s. § 148 GewO).

Straf- und Ordnungswidrigkeitenrecht weisen zahlreiche **Gemeinsamkeiten** auf, beginnend beim zeitlichen und räumlichen Geltungsbereich (Inland, Deutscher) über Grundlagen (Unterscheidung zwischen Verwirklichung des objektiven und subjektiven Tatbestands einer Vorschrift, Rechtfertigungsgründe sowie Schuldfähigkeit, -form und -ausschließungsgründe) bis hin zu Täterschaft und anderer Beteiligung sowie Zusammentreffen mehrerer Gesetzesverletzungen. Gerade im Wirtschaftsverkehr bedeutsam sind die Vorschriften über die Gleichstellung von aktivem Tun und pflichtwidrigem Unterlassen (§ 13 StGB, § 8 OWiG) und „Handeln für einen anderen" (als Vertreter oder sonst Beauftragter); hier sehen § 14 (i. V. m. § 28) StGB und § 9 OWiG eine Zurechnung besonderer persönlicher Merkmale des Vertretenen/Auftraggebers an den Vertreter/Beauftragten, d. h. den Mitarbeiter einer Organisation zu.

Freiheits- oder Geldstrafen als hauptsächliche Rechtsfolgen einer (vollendeten oder auch nur versuchten, §§ 22 ff. StGB) Straftat (§§ 38 ff.) können derzeit nur gegenüber mündigen Menschen verhängt werden. Dagegen sind Bußgelder als alleinige Rechtsfolge einer verübten Ordnungswidrigkeit auch unmittelbar gegenüber juristischen Personen und (nicht oder nur teilrechtsfähigen) Personenvereinigungen zulässig (§ 30 OWiG; ferner § 59 KWG). Dies kommt nicht zuletzt dann in Betracht, wenn ein Unternehmensinhaber schuldhaft gegen Aufsichtspflichten verstoßen hat (§ 130 OWiG).

Beispiel

Missachtet der Vorstand eines als AG organisierten Kreditinstituts (§ 1 Abs. 1 KWG) eine vollziehbare Anordnung der BaFin, nach der ein verantwortlicher Geschäftsleiter (§ 1 Abs. 2) abzuberufen ist (§ 36 Abs. 1), droht nicht nur den Vorstandsmitgliedern (§ 76 Abs. 1, 2 AktG) ein Bußgeld (nach § 56 Abs. 1 KWG), sondern auch der AG als solcher (§ 30 OWiG), selbst wenn deren Hauptsitz in einem anderen EU-/EWR-Land liegt (§ 59 i. V. m. § 53b Abs. 1 S. 1, Abs. 7 S. 1 KWG). ◄

Die Struktur straf- und ordnungswidrigkeitenrechtlicher Regelungen vermittelt den Eindruck, es gehe hierbei um nachträgliche Ahndung im Sinne von Vergeltung oder Sühne. Diese Funktion ist jedoch nachrangig; bereits die Androhung staatlicher Sanktionen (und deren zwangsweiser Vollstreckung, §§ 449 ff. StPO; §§ 89 ff. OWiG) soll sowohl (generell) die Bevölkerung insgesamt als auch (speziell) zu sozialunverträglichem Handeln tendierende Individuen von einer Rechtsverletzung abhalten (**Prävention**).

Weitere wirtschaftsrelevante Rechtsfolgen sind die **Einziehung** von mit dem Fehlverhalten in Zusammenhang stehenden Gegenständen (§§ 74 ff. StGB; §§ 22 ff. OWiG) als gesetzliche Ausgestaltung der Schranken von Privateigentum (Art. 14 Abs. 1 S. 2 GG) sowie der **Verfall**, also die Einziehung des Wertes von Taterträgen (§§ 73 ff. StGB, § 29a OWiG). Nur im Strafrecht kann das Gericht auch ein vorläufiges oder endgültiges **Berufsverbot** aussprechen, wenn ein Verurteilter die Tat „unter Missbrauch seines Berufs oder Gewerbes oder unter grober Verletzung der mit ihnen verbundenen Pflichten begangen" hat (§ 70 Abs. 1 S. 1 StGB). Ähnlich wie die Gewerbeuntersagung ist auch hier zur Wahrung der Verhältnismäßigkeit die Wiedergestattung der Betätigung möglich (zunächst als Aussetzung zur Bewährung, §§ 70a, 70b StGB), wenn die Gefahr weiterer erheblicher Verstöße nicht mehr gegeben scheint.

5.5.2.2 Zuständigkeiten und Verfahren

Straftaten werden in aller Regel von Amts wegen verfolgt (**Legalitätsprinzip**, § 152 Abs. 2 StPO); der Fall, dass Staatsanwälte und ihre Hilfsbeamten („Ermittlungspersonen", § 152 GVG) nur auf einen Strafantrag (§§ 77 ff. StGB) hin aktiv werden dürfen, ist äußerst selten (etwa beim Hausfriedensbruch, § 123 StGB). Für **Ordnungswidrigkeiten** gilt demgegenüber das **Opportunitätsprinzip**, ihre Verfolgung liegt im „pflichtgemäßen Ermessen" der je örtlich und sachlich zuständigen Verwaltungsbehörde (§ 47 Abs. 1 i. V. m. §§ 35 ff. OWiG). Je nach Sachverhalt wirken Behörde und Staatsanwaltschaft aber zusammen (Übernahme oder Abgabe), wobei letztlich die Einordnung durch letztere maßgeblich ist (§ 44 OWiG).

Ein den Gerichten vorbehaltenes **Strafverfahren** (dazu BVerfGE 22. 49 [73 ff.] – Verwaltungsstrafverfahren) kommt nur aufgrund der Erhebung einer „öffentlichen Klage" durch die **Staatsanwaltschaft** (§§ 141 ff. GVG, § 152 Abs. 1 StPO) zustande, wenn diese nicht (als „Herrin" des Verfahrens) von der Strafverfolgung absieht (nach §§ 153 ff. StPO) und das Verfahren (vorläufig) einstellt (§ 170 StPO). Über die Eröffnung eines Hauptverfahrens entscheidet dann auf der Basis der Anklageschrift das sachlich und örtlich zuständige Strafgericht (§§ 199, 200 StPO; §§ 1 ff. StPO i. V. m. §§ 24, 74, 74a GVG, §§ 7 ff. StPO). Regelfall ist eine mündliche Hauptverhandlung, in der der Untersuchungsgrundsatz gilt (§§ 243 f. StPO). Nur bei „Vergehen" (§ 12 Abs. 2 StGB), also nicht bei „Verbrechen" (§ 12 Abs. 1) kann stattdessen zunächst ein schriftliches Verfahren durchgeführt werden; ergeht hier ein Strafbefehl, können nur einzelne Rechtsfolgen ausgesprochen werden (§ 407 Abs. 1, 2 StPO). Legt der Angeklagte gegen eine solche Entscheidung (§ 409 StPO) zulässig Einspruch ein, kommt es auch hier zur Hauptverhandlung (§ 410). Urteile in Strafsachen können mit den Rechtsmitteln Berufung (§§ 312 ff.) oder Revision (§§ 333 ff. StPO) angefochten werden. Besondere Verfahrensregeln gelten bei Einziehung und Vermögensbeschlagnahme (§§ 421 ff. StPO).

In **Bußgeldverfahren** sind die Vorschriften der StPO und des GVG nur ergänzend und nachrangig anwendbar; § 46 und § 47 Abs. 2, 3 OWiG schließen die Geltung einzelner Regelungen sogar ausdrücklich aus. Die Zuständigkeit für die Sachverhaltsermittlung liegt hier primär bei **Polizeibehörden** (§ 53 OWiG). Eine Verwarnung (mit oder auch ohne Verwarnungsgeld) bei geringfügigen Ordnungswidrigkeiten können auch diese Stellen aussprechen (§§ 56 ff. OWiG). Im Normalfall ahndet die je (z. B. nach § 60 KWG) zuständige Verwaltungsbehörde (s. §§ 35 ff. OWiG) jedoch das Fehlverhalten mit einem Bußgeldbescheid (§ 65 OWiG). Die Höhe der jeweils verhängten Geldbuße darf gerade im Wirtschaftsverwaltungsrecht oft über den Betrag von 1000 Euro (§ 17 Abs. 1 OWiG) weit hinausgehen.

Beispiel

§ 56 Abs. 6 Nr. 1 KWG sieht gegenüber natürlichen Personen als Betroffenen eine Obergrenze der Geldbuße von 5 Mio. Euro vor, § 56 Abs. 6a Nr. 1 gegenüber juristischen Personen oder Personenvereinigungen sogar 20 Mio. Euro oder 10 Prozent des Gesamtumsatzes im vorherigen Geschäftsjahr. Beachtliche Beträge normieren auch § 81 Abs. 4 GWB oder § 19 Abs. 6 AWG, während in der GewO (außer bei § 147c) 50.000 Euro die Höchstsumme bilden. ◄

Gegen Bußgeldbescheide (§§ 65, 66), aber auch gegen andere Verwaltungsmaßnahmen (s. § 62) ist der Rechtsbehelf des **Einspruchs** gegeben (§ 67), über den das Amtsgericht entscheidet (§ 68 OWiG). Wird eine Rechtsbeschwerde (zum OLG) nicht nach § 80 OWiG zugelassen, so kommt dieses Rechtsmittel nur in Betracht, wenn eine Geldbuße von mehr als 250 Euro festgesetzt worden ist (§ 79 Abs. 1 S. 1 Nr. 1 OWiG). Die Vollstreckung erfolgt weithin ähnlich der Verwaltungsvollstreckung (s. § 90 Abs. 1); um das Bußgeld beizutreiben, kann ggf. Erzwingungshaft gegen den Betroffenen eingesetzt werden (§§ 96, 97 OWiG). Gerichtliche Entscheidungen in der Vollstreckung können dann mit sofortiger Beschwerde angefochten werden (§ 104 Abs. 3 OWiG).

Zu den allgemeinen Verfahrensbestimmungen des OWiG treten zuweilen spezielle Regeln nach einzelnen Fachgesetzen hinzu. So haben nach § 21 AWG Hauptzoll- und Zollfahndungsämter Ermittlungsaufgaben und -befugnisse oder sind nach § 118a HwO die zuständigen Handwerkskammern über Einleitung und abschließende Entscheidung in Bußgeldsachen zu unterrichten.

5.6 Fälle und Lösungshinweise

Fälle

Fall 1 – Verfassungsbeschwerde

Sachverhalt nach BVerfGE 12, 354 (s. Kap. 4, Fall 4). Prüfen Sie, ob die von N erhobene Verfassungsbeschwerde zulässig ist.

Fall 2 – Klagearten im Verwaltungsprozess (angelehnt an BVerwG, DVBl. 2000, 1614; OVG Magdeburg, DVBl. 1996, 162; OVG Lüneburg, NVwZ 2003, 531)

Fortsetzung von Fall 2 (aus Kap. 4) Schausteller A ist immer noch wütend über die Ablehnung seines Antrags auf Zulassung zum Jahrmarkt durch die Stadt L. Nach erfolglosem Widerspruch erhebt A drei Wochen vor Beginn des Volksfestes Klage beim zuständigen Verwaltungsgericht. Welche Klageart ist gegen den Ablehnungsbescheid statthaft, wenn a) der Markt noch bevorsteht, b) der Markt in der Zwischenzeit stattgefunden hat?

Fall 3 – Sanktionierung im OWiG-Verfahren (nach StA Braunschweig, Beschl. v. 13.06.2018, 411 Js 27840/18)

Die V-AG steht wegen Abgasmanipulationen bezüglich des Ausstoßes von Stickoxiden an Dieselmotoren bei von ihr produzierten Fahrzeugen in der Kritik. Die ermittelnde Staatsanwaltschaft B hat gegen die V-AG wegen fahrlässiger Verletzung von Aufsichtspflichten ein Bußgeld in Höhe von 1 Mrd. Euro verhängt, das von der V-AG als m Adressatin des Bescheids nicht angefochten worden ist. Der Betrag setzt sich aus einem Ahndungsteil (5 Mio. Euro) und einem Abschöpfungsteil (995 Mio. Euro, bezogen auf der V-AG ersparte Aufwendungen) zusammen. Berücksichtigt wurde auch, dass durch die Höhe der

Zahlungspflicht nicht die Durchsetzung zivilrechtlicher Zahlungsansprüche von Autokäufern gegen die Gesellschaft gefährdet werden soll. Hätte ein Rechtsbehelf der V-AG Aussicht auf Erfolg gehabt?

Lösungshinweise

Fall 1

Die Verfassungsbeschwerde (Art. 93 Abs. 1 Nr. 4a GG, §§ 13 Nr. 8a, 90 ff. BVerfGG) des N gegen ein (förmliches) Gesetz ist nur zulässig, wenn neben den generellen Voraussetzungen der §§ 90 ff. BVerfGG (Beschwerdegegenstand, Beschwerdeberechtigung, Besch-werdebefugnis, Form und Frist) der Beschwerdeführer durch diesen Akt öffentlicher Gewalt selbst, gegenwärtig und unmittelbar betroffen sowie der Rechtsweg erschöpft ist (§ 90 Abs. 2 BVerfGG).

1) Beschwerdeberechtigt ist „jedermann", d. h. derjenige, der Träger von Grundrechten oder grundrechtsgleichen Rechten (§ 90 Abs. 1 BVerfGG) ist, somit auch N als natürliche Person.

2) Tauglicher Beschwerdegegenstand kann jeder Akt der öffentlichen Gewalt (Art. 93 Abs. 1 Nr. 4a GG, § 90 Abs. 1 BVerfGG) sein, wozu Maßnahmen sämtlicher Staatsgewalten, auch die Gesetzgebung zählen.

3) Der Beschwerdeführer ist beschwerdebefugt, wenn zumindest die Möglichkeit einer Grundrechtsverletzung besteht und er durch den Akt der öffentlichen Gewalt selbst, gegenwärtig und unmittelbar betroffen ist. N gehört zum Kreis der generell kaufberechtigten Personen, die Wirkung der Einschränkung (Entfallen der Kaufoption) tritt sofort ab Inkrafttreten (der §§ 5–7) des Gesetzes auch gegenüber N ein, und hierzu ist kein weiterer (staatlicher) Vollzugsakt nötig, sondern allein der Fristablauf bezüglich der bevorrechtigten Personen und die von diesen wahrgenommene Kaufoption. N ist daher möglicherweise in seinen Grundrechten aus Art. 14 Abs. 1, Art. 15 sowie aus Art. 3 Abs. 2, Abs. 1 GG verletzt.

4) Der Beschwerdeführer darf erst nach Ausschöpfung des Rechtsweges Verfassungsbeschwerde erheben (§ 90 Abs. 2 BVerfGG), sog. Grundsatz der Subsidiarität. Bei Gesetzesverfassungsbeschwerden ist im Rahmen der Rechtswegerschöpfung immer danach zu fragen, ob Rechtsschutz vor dem Verwaltungsgericht mit einer inzidenten Überprüfung des entsprechenden Gesetzes – und damit „einfacher" im Wege der Normenkontrolle (Art. 100 Abs. 1 Nr. 1 GG; §§ 13 Nr. 11, 80 ff. BVerfGG) – erreicht werden kann. Hiervon ausgeschlossen sind jedoch Parlamentsgesetze, gegen die § 90 Abs. 2 S. 1 BVerfGG direkt die Verfassungsbeschwerde erlaubt. Dies ist hier Fall, weshalb N unmittelbar gegen das „Privatisierungsgesetz" Verfassungsbeschwerde vor dem BVerfG erheben kann.

5) Die Verfassungsbeschwerde müsste form- und fristgerecht erhoben werden (§ 23 Abs. 1, § 93 Abs. 1, 3 BVerfGG), wobei N die Gesetzesverfassungsbeschwerde binnen Jahresfrist ab Inkrafttreten des „Privatisierungsgesetzes" erheben müsste (§ 93 Abs. 3 BVerfGG). Die Verfassungsbeschwerde ist demnach zulässig.

Fall 2

1) Die statthafte Klageart richtet sich nach dem Begehren (§ 88 VwGO) des Klägers (A), der seine Zulassung zum diesjährigen Jahrmarkt in L erreichen will.

a) Eine Anfechtungsklage (§ 42 Abs. 1, 1. Var. VwGO) wäre statthaft, wenn A die Aufhebung eines belastenden Verwaltungsakts begehrt. Die Ablehnung seines Antrags in Gestalt des Widerspruchsbescheids ist zwar ein belastender Verwaltungsakt. Würde dieser vom Verwaltungsgericht im Falle des Klageerfolgs aufgehoben (Gestaltungsklage), hätte A damit aber nicht sein Klageziel – die Zulassung zum Jahrmarkt als rechtsgestaltenden Verwaltungsakt – erreicht. Eine Anfechtungsklage ist daher nicht statthaft.

Statthaft ist jedoch eine Verpflichtungsklage (§ 42 Abs. 1, 2. Var. VwGO), denn A verfolgt mit der Klage das Ziel, die Stadt L zum Erlass eines abgelehnten Verwaltungsakts – hier der Zulassung zum Jahrmarkt – zu verpflichten. Zudem hat sich die Wirkung des Verwaltungsaktes auch noch nicht, etwa durch Zeitablauf, erledigt (§ 43 Abs. 2 VwVfG), da der Jahrmarkt noch bevorsteht.

b) A ist auch klagebefugt (§ 42 Abs. 2 VwGO), da er durch die Ablehnung der beantragten Zulassung möglicherweise in subjektiv-öffentlichen Rechten aus § 70 Abs. 1 GewO i. V. m. Art. 12 Abs. 1, 2 Abs. 1 GG verletzt sein könnte. Zudem hat A ein Widerspruchsverfahren, das als Vorverfahren zwingend vorgeschrieben ist (§ 68 Abs. 2 i. V. m. Abs. 1 VwGO), erfolglos durchgeführt. A müsste innerhalb eines Monats nach Bekanntgabe des Widerspruchsbescheids Klage erheben (§ 74 Abs. 2 i. V. m. Abs. 1 VwGO).
Die Klage ist gegen die Stadt L zu richten, die als Rechtsträger ihrer Behörden, hier des Marktamtes, richtiger Klagegegner (§ 78 Abs. 1 Nr. 1 VwGO) ist. Die allgemeinen Sachurteilsvoraussetzungen (Form, Beteiligten- und Prozessfähigkeit, Rechtsschutzbedürfnis) liegen ebenfalls vor. Die Verpflichtungsklage des A wäre demnach zulässig.

c) Im Ergebnis der Begründetheit (Abschn. 4.5, Fall 4) wurde festgestellt, dass kein Anspruch auf Zulassung (§ 70 Abs. 1 GewO) besteht, wohl aber ein Anspruch des A auf ermessensfehlerfreie Entscheidung der Stadt L nach § 70 Abs. 3 GewO. Das Gericht wird daher ein sog. Bescheidungsurteil gemäß § 113 Abs. 5 S. 2 VwGO (und kein Vornahmeurteil, § 113 Abs. 5 S. 1 VwGO) erlassen, da der Stadt L bei ihrer Entscheidung ein weites Auswahlermessen zusteht, das durch die gerichtliche Entscheidung nicht ersetzt werden kann (keine „Spruchreife").

d) Fraglich ist, ob A auch die Zulassung des B zum Jahrmarkt im Wege einer zusätzlichen Anfechtungsklage (§ 42 Abs. 1, 1. Var. VwGO) angreifen muss. Eine Ansicht bejaht dies. Die Verurteilung der Stadt L zur Zulassung des A reiche nicht aus, da der Stadt eine Zulassung des A so lange tatsächlich unmöglich ist, wie der Platz an B vergeben wäre. Deshalb müsste A zusätzlich dessen Zulassung durch Anfechtung beseitigen. Eine andere Ansicht verneint die Notwendigkeit einer zusätzlichen Anfechtungsklage. Diese Auffassung argumentiert mit dem Gebot des effektiven Rechtsschutzes (Art. 19 Abs. 4 GG). Dem Betroffenen ist oft nicht bekannt, wer statt ihm die Zulassung erhalten hat, er weiß deshalb gar nicht, welche Verwaltungsakte er anfechten muss. Außerdem stelle es ein unzumutbares Kostenrisiko dar, wenn der Rechtsschutzsuchende bei vielen Mitbewerbern eine Vielzahl von Zulassungen anfechten müsste (hätte A hier z. B. kein Fahrgeschäft, sondern einen Bratwurststand, wovon auf dem Jahrmarkt 20 vorgesehen sind, müsste A alle 20 Zulassungen anfechten und hierzu zunächst herausfinden, wer die 20 Mitbewerber sind). Die Argumente der zuletzt genannten Auffassung überzeugen indes nur, wenn tatsächlich mehrere Plätze infrage kommen. Hier ist nur ein einziger Platz umstritten. Mit der h. M. ist es dem A durchaus auch unter dem Gesichtspunkt des Art. 19 Abs. 4 GG zumutbar, zunächst die Zulassung des B anzufechten und so den Platz „frei zu machen" und anschließend die Stadt zu verpflichten, ihm den dann freien Platz zur Verfügung zu stellen (BVerwG, DVBl. 2000, 1614; OVG Magdeburg, DVBl. 1996, 162). Prozessökonomisch gedacht würde A zunächst Anfechtungsklage gegen die Zulassung des B erheben und die Verpflichtungsklage auf eigene Zulassung unter der aufschiebenden Bedingung des Erfolgs der Anfechtungsklage erheben. So würde, wenn die Anfechtungsklage keinen Erfolg hat (B den Platz also nicht räumen muss), über die Verpflichtungsklage nicht verhandelt und entschieden werden, was Gerichtskosten spart.

2) Hat der Jahrmarkt bereits stattgefunden, wäre eine Fortsetzungsfeststellungsklage gemäß § 113 Abs. 1 S. 4 VwGO analog statthaft; der Verwaltungsakt (hier die Nichtzulassung des A) hat sich bereits *vor* Klageerhebung erledigt. Die Fortsetzungsfeststellungsklage ist auch unabhängig davon statthaft, ob A Rechtsschutz vor Erledigung durch eine Verpflichtungsklage oder – nach der hier (s. Fallvariante 1]) vertretenen Auffassung – durch eine Kombination von Anfechtungs- und Verpflichtungsklage gewährt wird (OVG Lüneburg, NVwZ 2003, 531).

Fall 3

1) Die V-AG hätte als „Betroffene" den gegen sie (als juristische Person privaten Rechts, § 1 Abs. 1 S. 1 AktG) gerichteten Bußgeldbescheid (§§ 65, 66 OWiG) binnen 2 Wochen nach Zustellung schriftlich oder zur Niederschrift bei der erlassenden „Verwaltungsbehörde" – hier nach § 35 Abs. 1 i. V. m. § 40 OWiG die Staatsanwaltschaft B – Einspruch einlegen können (§ 67 Abs. 1 S. 1), ggf. beschränkt auf die Höhe des Bußgelds (§ 67 Abs. 2). Über diesen Rechtsbehelf entscheidet das nach § 68 Abs. 1 OWiG (örtlich) zuständige Amtsgericht. Findet ein Hauptverfahren statt (§§ 71 ff.), so sind vorbehaltlich spezieller Regeln im OWiG die Vorschriften der StPO maßgeblich, die nach zulässigem Einspruch gegen einen Strafbefehl gelten (§§ 407 ff. StPO).

2) Grundlage des OWiG-Verfahrens ist § 130 Abs. 1, eine der wenigen Möglichkeiten nach deutschem Recht, Unternehmen direkt für Fehlverhalten von Mitarbeitern mit Zahlungspflichten in Form von Bußgeldern zu belegen. Danach kann – anders als in den strafrechtlichen Ermittlungsverfahren, die sich immer nur gegen lebende natürliche Personen richten können – auch ein (privates wie öffentliches, s. § 130 Abs. 2 OWiG) Unternehmen mit Geldbuße belegt werden, wenn festgestellt wird, dass erforderliche Aufsichtspflichten vorsätzlich oder fahrlässig (s. § 10) unterblieben und dadurch strafrechtlich relevante Pflichtverletzungen erfolgt sind.

Die Pflichtverletzung bezieht sich zunächst auf den „Inhaber" und erfasst alle schuldhaft unterlassenen Aufsichtsmaßnahmen, die erforderlich sind, um im Betrieb oder Unternehmen Zuwiderhandlungen gegen Pflichten zu verhindern, die den Inhaber treffen und deren Verletzung mit Strafe oder Geldbuße bedroht ist, wenn durch gehörige Aufsicht (einschl. Bestellung, Auswahl und Überwachung von Aufsichtspersonen) die Zuwiderhandlung verhindert oder wesentlich erschwert worden wäre. Die Verletzung der Aufsichtspflicht nach § 130 OWiG (durch Unternehmensorgane, insbesondere den Vorstand, § 76 Abs. 1 AktG) betrifft ausschließlich Abgasmanipulationen bezüglich des Ausstoßes von Stickoxiden bei Dieselmotoren einzelner Typen. Ansatzpunkt der strafrechtlichen Relevanz ist, dass mit dem Einbau der Abschalteinrichtung in den mit diesen Motoren ausgestatteten KfZ Fahrzeuge produziert worden sind, die nicht der Typengenehmigung (nach §§ 20, 22, 22a StVZO etc.) entsprachen. Dieses Verhalten kann als Betrug i. S. v. § 263 StGB erachtet werden.

Für die Höhe der Geldbuße gilt § 130 Abs. 3 i. V. m. § 30 OWiG, letztere eine bezüglich des Höchstbetrages gegenüber § 17 Abs. 1, 2 speziellere und daher vorrangige Regelung. Maßgeblich sind aber auch hier die allgemeinen Bestimmungen über die Zumessung nach § 17 Abs. 3 OWiG, also die Bedeutung der Ordnungswidrigkeit und der Vorwurf, der den Täter (die V-AG) trifft, ferner dessen wirtschaftliche Verhältnisse. Zudem soll nach § 17 Abs. 4 OWiG die Geldbuße den wirtschaftlichen Vorteil des Täters aus der Ordnungswidrigkeit übersteigen (S. 1) und darf insoweit auch das gesetzliche Höchstmaß (nach § 130 und § 30: 5 Mio. Euro) überschritten werden (S. 2). Die vorgesehene Berücksichtigung der wirtschaftlichen Verhältnisse der V-AG gestattet es, auch die verbleibende Fähigkeit zur Erfüllung zivilrechtlicher Haftungsansprüche (aus Kaufvertrag, § 437 BGB, oder Delikt, § 823 Abs. 2 BGB i. V. m. § 263 StGB, § 831 BGB) in die Festsetzung einzubeziehen.

Die Nichteinlegung eines Rechtsbehelfs war demnach plausibel, da der Bußgeldbescheid wohl formell und materiell rechtmäßig war und ein Einspruch dagegen keinen Erfolg gehabt hätte.

3) Das bei der Abgasmanipulation direkt beteiligte Personal der V-AG bzw. die dafür in der Unternehmenshierarchie verantwortlichen, d. h. weisungs- oder kontrollbefugten Mitarbeiter können unabhängig von der Sanktion gegenüber der AG selbst (als natürliche Personen) nach den allgemeinen Voraussetzungen (Verwirklichung eines Straftatbestandes, Rechtswidrigkeit, Verschulden) wegen strafbarer Handlungen durch Tun oder pflichtwidriges Unterlassen (§ 13 StGB) belangt werden.

Rechtsprechungsübersicht
BVerfG
BVerfGE 12, 354 – VW-Privatisierung
BVerfGE 22, 49
BVerfGE 105, 279 – Osho
BVerfGE 148, 40 – Lebensmittelpranger
BVerwG
BVerwGE 64, 325
BVerwGE 65, 313
BVerwGE 115, 259
BVerwGE 148, 217
Nicht in der amtlichen Sammlung abgedruckt
BVerwG, DVBl. 2000, 1614
OVG Lüneburg, NVwZ 2003, 531
EuGH
Entscheidungen
EuGH, Rs. C-41/74, ECLI:EU:C:1974:133 – van Duyn
EuGH, Rs. C-205/82, ECLI:EU:C:1983:233 – Deutsche Milchkontor
EuGH, Rs. C-24/95, ECLI:EU:C:1997:163 – Alcan
EuGH, Rs. C-284/16, ECLI:EU:C:2018:158 – Achmea
Gutachten
EuGH, Gutachten 2/15, ECLI:EU:C:2017:376 – EMRK
EuGH, Gutachten 1/17, ECLI:EU:C:2019:341 – CETA

Perspektiven und Ausblick 6

Die Darstellung in den vorhergehenden Kap. 2, 3, 4 und 5 konzentriert sich auf den aktuellen Stand des Jahres 2020. Öffentliches Wirtschaftsrecht wird sich freilich, wie schon in der Vergangenheit, weiter dynamisch entwickeln. Die Diskurse der näheren Zukunft dürften beherrscht werden von **vier großen Themen**, die miteinander zusammenhängen, sich gegenseitig bedingen und unterschiedlich stark verschränkt sind. Im Einzelnen sind dies (i) der Einfluss von Globalisierungsprozessen, (ii) eine sich verstärkende Europäisierung und Supranationalisierung, das (iii) Spannungsfeld von Wirtschaft, Gesellschaft und Staatlichkeit (bzw. *Governance*) sowie (iv) die zunehmende Ökonomisierung von Wirtschaftsverwaltungshandeln.

i) Bezogen auf Ebenen bzw. Räume werden wirtschaftsrelevante Regelungen, Instrumente und Verfahren weiterhin und wohl noch intensiver durch **Globalisierungsprozesse**, im regionalen Rahmen in Form zunehmender Europäisierung, universell durch wachsende Bedeutung völkerrechtlich-internationaler Regimes geprägt oder zumindest davon beeinflusst werden. Als (maßgeblicher) Mitgliedstaat der **Europäischen Union** ist die Bundesrepublik Deutschland einerseits politisch Initiator und Treiber der EU-Integration und der zahlreichen „Politiken" auf supranationaler Ebene, auf der anderen Seite organisatorisch und normativ eingebunden in EU-Rechtsakte verbindlicher, aber auch „weicher" Natur und damit in der eigenen Wirtschafts(- und vor allem Währungs)politik nur noch sehr bedingt zu autonomer Gestaltung in der Lage. Bei der Rechtssetzung auf Unionsebene im Trilog ist auch das größte Mitgliedsland nur *ein* Akteur unter vielen; dies zeigt sich etwa im (meist mit qualifizierter Mehrheit beschließenden, Art. 16 Abs. 3 EUV) Rat der (nationalen) Minister. Deutsche Interessen spielen sowohl im Europäischen Parlament (bei den aus Deutschland gewählten, aber der Union insgesamt verpflichteten Abgeordneten, s. Art. 10 EUV) als auch in der Kommission, deren Mitglieder ihr Wirken allein an den allgemeinen Interessen der Union auszurichten haben (Art. 17 Abs. 1 EUV), nur mittelbar eine Rolle. Lediglich im Sinne einer äußersten Grenze wirkt zunächst bei der politischen Verständigung im Gesetzgebungsverfahren und dann bei der rechtlichen Bewertung des Ergebnisses das primärrechtliche Gebot aus Art. 4 Abs. 2 EUV, das den Schutz der jeweiligen nationalen Identität sichern soll. Zudem ist es regelmäßig dem EuGH vorbehalten, über die formelle und materielle Gültigkeit von (sekundärem) EU-Recht zu entscheiden, um die „Wahrung des Rechts bei der Auslegung und Anwendung der (Unions-)Verträge" zu gewährleisten (Art. 19 Abs. 1 S. 2 EUV).

Als „Rechtsgemeinschaft" ist andererseits die bis heute in ihrer Supranationalität einzigartige EU Mitglied oder doch Kooperationspartner diverser **Internationaler Organisationen** mit wirtschaftlich-finanzieller Relevanz und ferner

Partei zahlreicher **völkerrechtlicher Verträge**. Damit hat sie zumindest für die Dauer ihrer jeweiligen rechtlichen Bedingungen und nach dem Grad von deren Intensität (strikt oder „weich") den freiwillig eingegangenen Verpflichtungen auf internationaler Ebene nachzukommen und muss in ihrem internen Recht diesbezügliche Umsetzungsmaßnahmen treffen. Auch insoweit ist zwischen unterschiedlichen Arten von Rechtsetzungsakten und der Befolgung (schieds-)gerichtlicher Entscheidungen zu differenzieren; jene bedürfen regelmäßig eines Gesetzgebungsverfahrens im EU- und/oder mitgliedstaatlichen Rahmen, letztere hingegen betreffen in der Regel die Streitpartei EU in ihrer Rolle als (Völker-)Rechtssubjekt, so dass eine Durchsetzung gegenüber sich im Hoheitsgebiet der Union ansässigen oder befindlichen Personen, wenn deren Rechtsposition hierdurch tangiert wird, erst nach einem zweiten Schritt, einer Anerkennung und Vollstreckbarkeit im Inland, in Betracht kommt. Eine Investor-Staat-Streitbeilegung nach dem Modell des ICSID-Übereinkommens ist daher bis auf weiteres die Ausnahme, und auch dort ist die Frage, wie ein obsiegender Staat gegen einen ausländischen privaten Kläger vorgehen kann, weithin ungeklärt, jedenfalls gilt Art. 54 des Abkommens hierfür nicht ohne weiteres.

ii) Ein wesentlicher Strukturunterschied zwischen der **Funktionenteilung** in der **EU** und in den **Mitgliedstaaten** zeigt sich bislang beim Aufbau der jeweiligen Verwaltung und den für diese relevanten Verfahrensregeln. So ist die Durchführung auch von unmittelbar geltendem EU-Recht, vor allem von Verordnungen, weiterhin in erster Linie Angelegenheit der nationalen Exekutive(n), und diese wenden dabei ihr jeweiliges innerstaatliches Verwaltungs(verfahrens)recht an, soweit nicht, was eher selten vorkommt, in einzelnen Rechtsgebieten (etwa dem Zollrecht) auch derartige Aspekte in einem Unionsrechtsakt mitbehandelt werden. Folgerichtig unterliegen hierbei getroffene behördliche Maßnahmen dann zunächst auch der Kontrolle durch mitgliedstaatliche Gerichte; eine EU-weit einheitliche Anwendung und Auslegung wird lediglich im Einzelfall dadurch bewirkt, dass dem EuGH die Frage nach dem unionsrechtskonformen Verständnis einer nationalen Vorschrift vorgelegt wird (Art. 267 Abs. 3 AEUV, Art. 19 Abs. 3 b] EUV). Die Schaffung eines gemeineuropäischen allgemeinen Verwaltungsrechts, insbesondere in Bezug auf Handlungsformen und Verwaltungsverfahren, steht erst ganz am Anfang, auch wenn dazu durchaus Konzepte wie der Musterentwurf des Research Network on EU Administrative Law (ReNEUAL) von 2015 existieren. Solange und soweit keine einschlägige EU-Gesetzgebung vorangetrieben und finalisiert wird, eröffnen Bestimmungen der EuGRCh (Art. 41 ff.) auf einzelstaatlicher Ebene die Option, autonom und schrittweise eine Rechtsangleichung herbeizuführen, indem hierbei die besten Praktiken (*best practices*) und Erfahrungen anderer Mitgliedsländer zur Kenntnis genommen, ausgewertet und, soweit passend bzw. in modifizierter Form, in die eigene Rechtsordnung eingefügt werden. Insoweit erweist sich auch die zunehmende, teils formalisierte Zusammenarbeit von Fachbehörden zwischen EU-Mitgliedstaaten als förderlich, vor allem in Bereichen des Regulierungs- und Wettbewerbsrechts. Andererseits ermöglicht das primäre Unionsrecht in seiner Auslegung durch den EuGH in weit größerem Maße als bisher geschehen die **Errichtung von EU-Behörden** in Gestalt von „Agenturen" oder anderen „Einrichtungen", die zumindest im Hinblick auf grenzüberschreitende Sachverhalte Unionsrecht direkt ausführen und dazu auch mit Durchsetzungsbefugnissen betraut werden (dürfen). Mit deren Zunahme wird aber auch das Problem des Verhältnisses von „unabhängiger" Aufgabenerfüllung und hinreichender **demokratischer Legitimation** sowie entsprechender, wirksamer Kontrolle europäischer öffentlicher Gewalt immer akuter. Selbst bei der EZB, der explizit funktionale Unabhängigkeit in der Währungspolitik zugewiesen ist (Art. 130 AEUV), bedarf es angemessener rechtsstaatlicher und demokratischer (Rück-)Bindungen ihres Handelns im supranationalen Rahmen und nötigenfalls der Prüfung durch nationale Verfassungsgerichte, ob nicht eine offenbare Kompetenzüberschreitung und damit ein Handeln *ultra vires* stattgefunden hat.

iii) Wellenartig verläuft der Konflikt um die richtige Bestimmung von öffentlichen Aufgaben im **Spannungsfeld von Markt, Gesellschaft und Staatlichkeit**, zumal sich bei der je konkreten Ausgestaltung aktuelle politische Strömungen ebenso wie langfristig angelegte politöko-

6 Perspektiven und Ausblick

nomische Überlegungen maßgeblich auswirken. Privatisierung (von bisher der öffentlichen Hand gehörenden Unternehmen bzw. Vermögenswerten) und Deregulierung (im Sinne der Öffnung wirtschaftsrelevanter Bereiche für Wettbewerb und Marktmechanismen einschließlich Entbürokratisierung) stehen dabei Vergesellschaftung/Verstaatlichung (vor allem auf lokaler Ebene, als Re-Kommunalisierung) und Re-Regulierung (zumindest temporär bis zur Konsolidierung eines funktionsfähigen Wettbewerbs) gegenüber. Weder staatliche Verfassungen noch Unions(primär)-recht enthalten insoweit hinreichende präzise Vorgaben zu Inhalten und Modalitäten einer „guten" Politik, sondern lassen hierbei viel Raum zur Ausfüllung für die jeweils zuständigen und legitimierten Stellen. Letztlich muss immer die „praktische Konkordanz" unterschiedlicher (und unterschiedlich rechtlich geschützter) Interessen verschiedener Personen und Gruppen gemeinwohlverträglich organisiert werden; sowohl ein „Markt"- als auch ein „Staatsversagen" sollen möglichst verhindert werden. Daraus ergeben sich dann auch neue Formen einer **Zusammenarbeit** von öffentlichen (staatlichen) und privaten Organisationen, etwa als *Public Private Partnership* oder *Public Private Finance*, aber zudem das Erfordernis einer Fokussierung der jeweiligen Akteure auf Kernkompetenzen, im öffentlichen Sektor vor allem öffentliche Sicherheit, öffentliche Ordnung oder öffentliche Gesundheit bzw. Vermeidung und Bewältigung von gesamtgesellschaftlich spürbaren Krisen, wie etwa der Corona-Pandemie. Bei nur gemeinsam zu schulternden Herausforderungen wirtschaftlichen, finanziellen und sozialen Ursprungs sind dann sowohl die öffentliche Hand als auch der private Einzelne (bzw. die private Wirtschaft) zu möglichst reibungslosem Zusammenwirken gehalten, damit die je unterschiedlichen Kenntnisse, Fähigkeiten und Fertigkeiten zielgerichtet gebündelt und in ihrer Wirkung verstärkt werden können. Dafür sind neuartige Instrumente und Verfahren wichtig, ohne jedoch vorschnell auf bewährte und damit akzeptierte Organisations- und Handlungsformen zu verzichten, und stecken auch künftig Staatsziele bzw. „Werte" (s. Art. 2, 3 EUV) den Rahmen der Politikgestaltung ab.

iv) Damit zusammen hängen schließlich Änderungen bei der (notwendigen) Wirtschaftssteuerung im Sinne einer stärkeren **Ökonomisierung**, schon weil auch die öffentliche Hand (vor allem auf EU-Ebene) nur auf **begrenzte** finanzielle und andere **Ressourcen** zurückgreifen kann, so dass sie nicht weniger als private Unternehmen gehalten ist, effektiv und effizient zu agieren. Die personal- und sachmittelintensive Nutzung der Instrumente des Ordnungsrechts, von Maßnahmen direkter Verhaltenslenkung (und deren Durchsetzung durch Zwangsmittel) weicht daher mehr und mehr einer Beeinflussung von Menschen und Unternehmen durch indirekte, positive wie negative wirtschaftlich-finanzielle Anreize oder durch *Nudging*, also informelle, aber psychologisch wirksame Mechanismen. Diese Mittel können sich sowohl untereinander ergänzen als auch „klassische Maßnahmen" abrunden, wie nicht zuletzt der Einsatz von Sanktionen für abweichendes bzw. unerwünschtes Verhalten zeigt, wenn deren Art und Ausmaß abschreckend wirkt und damit präventiv zur Sicherung von Regeleinhaltung dient, weil dies den potenziellen Störer „weniger kostet". Zudem kommen **marktkonforme Instrumente** zur Erfüllung öffentlicher Aufgaben in Betracht, bei denen hoheitliche Vorgaben privatwirtschaftliche Tätigkeiten im Sinne des Gemeinwohls einrahmen: Beim „Emissions(zertifikate)handel" soll auf diese Weise ein insgesamt (nicht nur national, sondern europaweit oder gar global) möglichst wenig umweltbeeinträchtigendes Verhalten herbeigeführt werden, ohne aber (lebens)wichtige Wirtschaftsaktivitäten übermäßig zu beschränken; bei der Vergabe öffentlicher Aufträge soll einerseits durch Ausschreibungen oder Auktionen das „beste" Angebot gefunden, kann aber zugleich durch die Beschreibung der nachgefragten Leistung auch ökologischen und sozialen Aspekten angemessen Rechnung getragen werden. Fördern EU- oder mitgliedstaatliche Stellen Innovationen, so bildet bei der Auswahl der Empfänger die (voraussichtliche) Relevanz der Neuerung für die Gesellschaft bzw. das Gemeinwesen ein zentrales Kriterium.

Seit März 2020 zeigt sich deutlich die Schattenseite der ökonomisch-ökologischen

Globalisierung und werden **Schwachstellen** der derzeitigen nationalen wie internationalen Wirtschaftsordnung sichtbarer als zuvor. Der Kampf gegen die Corona-Pandemie fordert rasche, effektive und effiziente internationale Kooperation sowie menschliches Verhalten, das der Abwehr der Gefahr angemessen ist – weltweit und so gut wie möglich. Die Krisensituation hat demgegenüber rasch die „wunden Punkte" in Bezug auf die (nicht zuletzt territorial) begrenzte Reichweite von Kompetenzen, also Zuständigkeiten wie Befugnissen, und die Notwendigkeit, aber auch Schwierigkeit der Einbeziehung unabhängigen wissenschaftlichen Sachverstands offengelegt. Deutlich wurden zudem der nicht unproblematische Rechtsschutz gegen „Notmaßnahmen", die sich schon innerhalb jedes einzelnen Staates (ggf. verstärkt durch föderale Strukturen) einstellen, aber letztlich bei einer globalen Bedrohung auf verschiedenen Ebenen – sowohl der bei der öffentlichen Sicherheit starken Nationalstaaten als auch der regionalen und globalen (Internationalen) Organisationen – erwachsen. Sachlich geboten, aber politisch weitaus schwieriger und nur in zähem Ringen zu realisieren sind ein effektives Krisenmanagement und eine baldige Rückkehr zu einer gesamtgesellschaftlichen Normalität bereits auf supranationaler Ebene (der EU), aber noch viel mehr im Rahmen der Vereinten Nationen und ihrer fachlich zuständigen Sonderorganisation, insbesondere der Weltgesundheitsorganisation (WHO). Um die seit längerem theoretisch beschriebene ***Multilevel Governance*** in der Praxis zu organisieren und zu vertiefen, böte allerdings der Schutz der menschlichen Gesundheit und des menschlichen Lebens als höchstes Gut einen ausgesprochen wichtigen und zugleich nachhaltigen Anlass. Hierzu kann und sollte – das sollte nach der Arbeit mit diesem Buch deutlich geworden sein – auch die Weiterentwicklung des öffentlichen Wirtschaftsrechts Entscheidendes beitragen.

Stichwortverzeichnis

A
Abgabe 180
Allgemeine Handlungsfreiheit 56
    Freiheit der informationellen Selbstbestimmung 57
    Schrankentrias 58
    Wettbewerbsfreiheit 57
    wirtschaftliche Betätigungs- und Entfaltungsfreiheit 57
Amtsermittlungsgrundsatz 211. *Siehe auch* Verfahrensgrundsätze
Anfechtungsklage 214
Aufgabe, öffentliche 178. *Siehe auch* Staatsaufgaben
Auslegung 13
    Auslegungsmethoden 13
    europarechtskonforme 13
    grammatikalische 13
    historische 13
    systematisch-logische 13
    teleologische 13
    verfassungskonforme 13
    Wortlaut 13

B
Berufsfreiheit 45
    Drei-Stufen-Theorie 47
Bestimmtheitsgrundsatz 25
Betätigung, eigenwirtschaftliche 177
    Beleihung Privater 180
    Organisationsformen 181
Binnenmarkt 61
Bundesstaat 34, 84
Bund-Länder-Streit 202

D
Daseinsvorsorge 179
Demokratie 33, 85
Dispens 122
Dispositionsmaxime 211. *Siehe auch* Verfahrensgrundsätze

Drittwirkung von Grundrechten 38
    mittelbare 38
    unmittelbare 38

E
Eigentumsfreiheit 49
    Enteignung 52
    Inhalts- und Schrankenbestimmung 51
    Recht am eingerichteten und ausgeübten Gewerbebetrieb 50
Eingriff 43
Eingriffsverwaltung 4, 118
Einspruch 223
Eintragung in die Handwerksrolle 148
Ermessen 107
    Ermessenreduktion auf Null 107
    Ermessensfehler 107
    gebundene Entscheidung 107
EU-Grundrechtecharta 37
Europäische Union 21, 60
    EU-Verwaltungsprozessrecht 200
    Grundfreiheit 62
    Rechtsakte 169
    Staatenverbund 21
Europäische Zentralbank 67
    Europäisches Systems der Zentralbanken 67
EU-Wirtschaftsrecht 5

F
Feststellungsklage 217
Finanzsektor 159
Fortsetzungsfeststellungsklage 215
Freihandelsabkommen 69

G
Gaststättenrecht 149
Gewerbe
    Begriff 136

Erscheinungsformen 139
Gewerbeaufsicht 141
Gewerbefreiheit 135
Gewerbeschein 142
Gewerbeuntersagung 144
Gewerbsfähigkeit 138
Gewerbsmäßigkeit 136
Messe-, Ausstellungs-,
    Marktgewerbe 140
Reisegewerbe 140
Stehendes Gewerbe 139
Strohpersonen 138, 146
Überwachung, laufende 144
Zugangskontrolle 142
Zuverlässigkeit 145
Gewerberecht 134
    allgemeines 134, 135
    besonderes 135, 146
    Finanzsektor 159
    Gaststättenrecht 149
    Immissionsschutzrecht 155
    Ladenöffnungsrecht 152
    Verkehrsgewerbe 158
Gewohnheitsrecht 8
Gleichgewicht, gesamtwirtschaftliches 19
Gleichheitsgrundrechte 58
    allgemeiner Gleichheitssatz 58
    sachlicher Grund 60
Grundfreiheit 62
    Dienstleistungen 62
    Diskriminierungsverbot 64
    Kapitalverkehr 63
    Liberalisierungsgebot 64
    Niederlassung 63
    Warenverkehr 62
    Zahlungsverkehr 63
Grundrechte 38, 65
    Abwehrrechte 38
    Einrichtungsgarantien 39
    Justizgrundrechte 198
    Mitwirkungsrechte 39
    Schranken 43
    Schranken-Schranken 44
    Schutzbereich 41
    Schutzpflichten 40
    Verfahrensrechte 39
    verfassungsrechtliche Rechtfertigung 43

H

Handlungsformenlehre 97
    Wahlfreiheit 100
Handwerksrecht 146
    Begriff 147
    Eintragung in die Handwerksrolle 148
    Handwerksfähigkeit 147
    Handwerksmäßigkeit 147
    Handwerksrolle 148
    Instrumentarium 148
    Meisterprüfung 148

I

Immissionsschutzrecht 155
Informationshandeln, staatliches 220

J

Justizgrundrecht 198
    gesetzlicher Richter 198
    rechtliches Gehör 198
    Rechtsweggarantie 198

K

Kollisionsregel 14
Kompetenz 85
    ausschließliche Gesetzgebung 87
    ausschließliche Landeskompetenz 88
    Bundesauftragsverwaltung 90
    Bundeseigene Verwaltung 91
    Gemeinschaftsaufgaben 92
    Gesetzgebungskompetenzen 86
    konkurrierende Gesetzgebung 87
    Vollzugskompetenzen 89
Kontrahierungszwang 124
Konzession 122
    gemischte 122
    Personalkonzession 143
    Sachkonzession 143

L

Ladenöffnungsrecht 152
Leistungsklage, allgemeine 216
Leistungsverwaltung 5
Liberalismus 10

M

Marktwirtschaft 11, 18
    freie 11
    soziale 11, 18
Merkantilismus 10
Methodenlehre 12

N

Nachhaltigkeit 32
Nationalökonomie 10
Normenkontrolle 201, 217
    abstrakte 201
    konkrete 201
    verwaltungsrechtliche 217

O

Öffentliches Wettbewerbsrecht 179
Öffentliches Wirtschaftsrecht 3
    Akteure 3
    Gegenstand 3
    Rechtsquellen 7 (*Siehe auch* Rechtsquellen)
    Wirtschaftsteilnehmer 4

Öffentlichkeitsgrundsatz 212. *Siehe auch*
    Verfahrensgrundsätze
Ordnungspolitik 9
Ordoliberalismus 11
Organisation 85. *Siehe auch*
    Verwaltungsorganisation
Organisation, internationale 229
Organstreit 202

P
Personalkonzession 122
Privatisierung 165, 183
    Begriff 184
    Public Private Partnership 231
Privatisierungsrecht 182
    Aufgabenprivatisierung bzw. materielle
        Privatisierung 186
    funktionale Privatisierung 185
    Organisationsprivatisierung bzw. formelle
        Privatisierung 185
    Organisationstypen 184
Prozessgrundrechte 198. *Siehe auch*
    Justizgrundrechte

R
Rechtsbegriff, unbestimmter 106
Rechtsquelle 7
    geschriebenes/positives Recht 7
Rechtsschutz 27, 197
    effektiver Rechtsschutz 27
    EU-Verwaltungsprozessrecht 200
    Schiedsgerichte 201
Rechtsstaat 23, 84
    Vorbehalt des Gesetzes 173
Regulierungsrecht 161
    Auffangverantwortung 166
    Ausschreibungen 169
    Begriff 162
    Bundesnetzagentur 164
    Entgelte 164
    Entgeltregulierung 168
    Erfüllungsverantwortung 165
    Formen und Instrumente 166
    Gewährleistungsverantwortung 165
    hoheitliche Regulierung 167
    Marktverhalten 164
    Marktzugang 163
    Rechtsschutz 164
    Regulierung 161
    Regulierungsermessen 164
    Regulierungsverbund 170
    Selbstregulierung 167
    Universaldienst 168
    Ziele 163
Republik 36
Richterrecht 8
Rückwirkungsverbot 25

S
Sachentscheidungsvoraussetzung
    allgemeine 212
    allgemeines Rechtsschutzbedürfnis 219
    besondere 212
    Frist 215
    Klagebefugnis 214
    Klagegegner 217
    Verwaltungsrechtsweg, Eröffnung des 212
    Vorverfahren 214
Sachkonzession 122
Sanktion 219
    Berufsverbot 222
    Bußgelder 221
    Bußgeldverfahren 222
    Einziehung 222
    Haftung 220
    Kriminalstrafe 127
    Legalitätsprinzip 222
    Opportunitätsprinzip 222
    Ordnungswidrigkeiten 127
    Ordnungswidrigkeitenrecht 221
    Strafrecht 221
    Strafverfahren 222
    Vollstreckung 220
Sonderrechtstheorie 3
Sozialisierung 184. *Siehe auch* Eigentum, Staatsaufgaben
Sozialstaat 27
Staatsaufgabe 22
    Auslagerung von Staatsaufgaben 183
Staatsziel 21, 36
    Landesverfassungen 36
Subsumtion 14
Subventions- und Beihilfenrecht 171
    Arten 171
    Begriff 171
    Beihilfen 172
    direkte Subventionen 172
    EU-Beihilfenrecht 175
    indirekte Subventionen 172
    Rückforderung 174
    Zwei-Stufen-Theorie 174

U
Übermaßverbot 26. *Siehe auch* Verhältnismäßigkeit
Überwachung, laufende 124
    Anzeige- und Mitteilungspflichten 124
    Auskunfts-, Erklärungs- und Berichtspflichten 125,
        144
    Auskunfts- und Nachschaurechte 144
    Betretens- und Nachschaurechte 125, 144
    Sanktionen 125
Umweltschutz 31
Unternehmen, öffentliche
    Beleihung Privater 180
    Organisationsformen 181
Unternehmen, öffentliches 177
    Monopol 178
    Unternehmen, gemischt-wirtschaftlich 178

V

Verbot
    mit Anzeigevorbehalt 121
    mit Erlaubnisvorbehalt 121
Vereinigungs- und Koalitionsfreiheit 54
Verfassungsbeschwerde 201, 202
    Begründetheit 204
    Zulässigkeit 202
Verfassungsprozessrecht 201
Verhältnismäßigkeit 26
Verkehrsgewerbe 158
Verpflichtungsklage 214
Verwaltungsakt 102
    Allgemeinverfügung 105
    Auflage 109
    Auflagenvorbehalt 109
    Bedingung 108
    Befristung 108
    begünstigende Verwaltungsakte 113
    Bekanntgabe 110
    belastende Verwaltungsakte 113
    Fehlerfolgen 110
    Funktionen 102
    Merkmale 102
    Nebenbestimmungen 108
    Nichtigkeit 110, 111
    Rechtmäßigkeit 112
    Rücknahme 113, 114
    Vertrauensschutz 114
    Widerruf 113, 114
    Widerrufsvorbehalt 108
    Wirksamkeit 110
Verwaltungskompetenz
    mittelbare Staatsverwaltung 94
Verwaltungsorganisation 92
    funktionale Selbstverwaltung 95
    Kammern 96
    Selbstverwaltung der Wirtschaft 95
    staatliche Wirtschaftsverwaltung 93
    unmittelbare Staatsverwaltung 93
Verwaltungsprivatrecht 100
    fiskalische Hilfsgeschäfte 100
Verwaltungsprozess
    Beteiligtenfähigkeit 218
Verwaltungsrechtsschutz 211
    Sachentscheidungsvoraussetzungen 212
    Verfahrensgrundsätze 211
Verwaltungsverfahren
    Beteiligtenfähigkeit 218
Vorbehalt des Gesetzes 24
Vorrang des Gesetzes 23

W

Währungsunion 66
Welthandelsorganisation/WTO 5, 69
    GATS 71
    GATT 5, 69
    Inländer(gleich)behandlung 70
    Meistbegünstigungsbehandlung 70
    Streitbeilegung 71
    TRIPS 71
Wettbewerb 176
    fairer 179
    Verfälschung des Wettbewerbs 176
    Verzerrung des Wettbewerbs 176
    Wettbewerbsfreiheit 179
    Wettbewerbsrecht 176
Widerspruchsverfahren 204
    Abhilfebescheid 205
    Ablauf 205
    Begründetheit 209
    Beteiligtenfähigkeit 218
    Devolutiveffekt 205
    Doppelrolle 204
    Form des Widerspruchs 209
    Rechtsschutzbedürfnis 209
    reformatio in peius 210
    Sachentscheidungsvoraussetzungen 206
    Statthaftigkeit 207
    Suspensiveffekt 205
    Widerspruchsbefugnis 208
    Widerspruchsbescheid 206
    Widerspruchsfrist 208
    Zwecke 204
Wirtschaftsförderung 29
Wirtschaftsgrundrechte 36. *Siehe auch*
    Grundrechte
    EU-Grundrechtecharta 37
Wirtschaftsordnung 18
    Wirtschaftsverfassung 3
Wirtschaftsplanung 29
Wirtschaftspolitik 18
Wirtschaftsrecht 2
Wirtschaftssystem 18
Wirtschaftsverfassung 18
Wirtschaftsverfassungsrecht 6
Wirtschaftsverwaltung 115
    Aufgaben 115
    Bedarfsverwaltung 118
    Eingriffsverwaltung 118
    Instrumente 120
    Leistungsverwaltung 118
    Lenkungsverwaltung 118
    Wirtschaftsaufsicht 117
    Wirtschaftsförderung 117, 171
    Wirtschaftsplanung 116
    Wirtschaftsstatistik 116
    Wirtschaftsüberwachung 117, 118
    Zugangskontrolle 120
Wirtschaftsverwaltungsrecht 6, 83
    allgemeines 83
    besonderes 133
Wirtschaftsvölkerrecht 5

Z

Zentralverwaltungswirtschaft 18

The manufacturer's authorised representative in the EU is Springer Nature Customer Service Centre GmbH, Europaplatz 3, 69115 Heidelberg, Germany. If you have any concerns regarding our products, please contact ProductSafety@springernature.com

Printed and bound by CPI Group (UK) Ltd, Croydon, CR0 4YY

25/03/2026

02078181-0020